象征
Symbol

漫漫征途　与书为伴

西方史学名著译丛

陈恒 主编

ANCIENT
IRAQ
两河文明
三千年
上

[法]乔治·鲁(Georges Roux) 著
李海峰 陈艳丽 译

中原出版传媒集团
中原传媒股份公司

大象出版社
·郑州·

图书在版编目（CIP）数据

两河文明三千年 /（法）乔治·鲁（Georges Roux）著；李海峰，陈艳丽译. — 郑州：大象出版社，2022.3
（西方史学名著译丛 / 陈恒主编）
ISBN 978-7-5711-1232-5

Ⅰ.①两… Ⅱ.①乔…②李…③陈… Ⅲ.①亚述学-研究 Ⅳ.①K107.8

中国版本图书馆 CIP 数据核字（2021）第 217677 号

Published in its third edition with the title
Ancient Iraq by Georges Roux
by George Allen & Unwin Ltd.
Copyright© George Allen & Unwin Ltd. ,1964,1980,1992
All translation rights are held by the estate of Georges Roux.
Chinese translation published by Elephant Press Co. ,Ltd. in 2022
All rights reserved

备案号：豫著许可备字-2018-A-0079

两河文明三千年
LIANGHE WENMING SANQIAN NIAN
［法］乔治·鲁（Georges Roux） 著
李海峰 陈艳丽 译

出 版 人	汪林中
责任编辑	李 爽
责任校对	安德华 牛志远 张绍纳
封面设计	王莉娟

出版发行 **大象出版社**（郑州市郑东新区祥盛街 27 号 邮政编码 450016）
发行科 0371-63863551 总编室 0371-65597936

网　　址	www.daxiang.cn
印　　刷	北京汇林印务有限公司
经　　销	各地新华书店经销
开　　本	890 mm×1240 mm　1/32
印　　张	22.125　插页 0.5
字　　数	542 千字
版　　次	2022 年 3 月第 1 版　2022 年 3 月第 1 次印刷
定　　价	148.00 元

若发现印、装质量问题，影响阅读，请与承印厂联系调换。
印厂地址 北京市大兴区黄村镇南六环磁各庄立交桥南 200 米（中轴路东侧）
邮政编码 102600　　　　　　　电话 010-61264834

第三版前言

从第二版(1980)到本次第三版的《古代伊拉克》①出版,12年的光阴即将逝去。在这一相对较短的时间内,古代两河流域文明的研究又取得了长足进步。考古方面,由于在幼发拉底河、底格里斯河及它的一个主要支流上修建三座大坝而引发了对这些地区文物的"抢救性发掘"。考古人员组成的一个精悍而富有成效的国际联合考古队已经发掘了140多个遗址丘,这改变了我们对史前时代的根本看法。在进行"抢救性发掘"的同时,也恢复和扩展了对众所周知的著名遗址的发掘,如马瑞、伊辛、拉尔萨、奥伊里丘、乌鲁克、布腊克丘、阿布-萨拉比克和西帕尔等。在考古发掘的同时,亚述学家一方面忙于破译挖掘出土的楔形文字铭文,一方面加紧修订或重新出版数百条以前出版的部分或不充分的文献集,因此修正和提高了我们对古代两河流域政治、社会、经济和文化的历史认识。这不是例行公事,而是一件非常成功的、前所未有的工作,当然也是计算机辅助的革新。

1980年,我从英国一家顶尖医药公司退休。此后,我有更多的时间可以自由支配,有更多的时间进入巴黎市内的大学图

---

① 本书就是对第三版《古代伊拉克》(*Ancient Iraq*)翻译而成的,为了使读者更好地把握本书内容,将此译本命名为《两河文明三千年》。——译者注。

书馆,我用母语写了一本著作《美索不达米亚》(Le Seuil,1985),这本著作主要以《古代伊拉克》为蓝本,但更加全面并且时间上较新。我意识到我的"英语宝宝"(英文版本)中的许多部分有错误,需要改正和提高。我并没有费很大劲儿就得到了企鹅出版社的版权(愿那布神保佑他们!),可以更加彻底地修正并大幅扩大《古代伊拉克》(第三版)的内容,第三版《古代伊拉克》的确在许多关键点上超越了法文版本。①

在写作过程中,许多专家给予了我重要的鼓励和帮助。在第二版的写作过程中,我要特别感谢英国的 W. G. 兰伯特教授、美国的 S. N. 克雷默尔教授和 J. B. 普瑞查德教授、法国的 J. 波特拉、M. F. 马尔巴恩-拉巴特和 M. J. P. 格雷戈。在第三版的写作中,我要特别感谢大卫教授、J. 奥茨教授,英国的 J. V. 金纳-威尔逊教授和 H. W. F. 萨格斯,法国的 M. O. 鲁奥、M. S. 拉克肯巴赫和 D. 查尔平教授,比利时的 M. 杜切斯尼-吉耶曼和加拿大的 A. K. 格雷森教授。最后同样要非常感谢我的妻子克里斯蒂安,她为我做了大量的工作,使我完成了该著作。

法国圣朱利安　1991 年 11 月

---

① 指作者 1985 年出版的法文版的《美索不达米亚》。——译者注

第一版前言

该著作是对1956年9月至1960年1月期间在《伊拉克石油》杂志上发表的题为《古代伊拉克故事》的一系列论文的修订版,经过了大幅度的扩充和重写。《伊拉克石油》杂志由伊拉克石油公司创办,现已停刊。这些论文是在巴士拉写成的,除了我私人图书馆的材料,并没有其他材料可以利用。这些论文有许多缺陷,远远没有达到甚至接近专业学术论文的基本标准。在我看来,无论它们拥有什么优点,都更多地体现在印刷和插图的华丽形式上,而不是体现在它们内在的质量上。然而,令我吃惊的是,这些"故事"得到了一大批杰出公众人物的热烈欢迎。从日本到加利福尼亚,许多直接或间接看到该杂志的人都不辞辛劳地给期刊编辑或我自己写信,要求提供往期刊物或备用刊物或复印件,他们建议这些论文应该以书的形式进行出版。现在我终于遵从了他们的愿望,不得不说,如果没有他们对我的"纵容式的欣赏"所给予的极大鼓励,我是没有勇气来进行这样一项工作的。

对这些论文取得的意想不到的成功,我只能找到一个理由:虽然它们不完美,但它们填补了一个令人遗憾的学术空白。底格里斯河和幼发拉底河河谷,一个曾被称为"两河流域"的主要位于现在伊拉克境内的区域,形成了一个广阔、连贯、具有明确界限的地理、历史和文化单元。整个古代时期,它的居民——苏美尔人、阿卡德人、巴比伦人和亚述人,共同发展形成了一个辉煌的文明,在近东政治、艺术、科学、哲学、宗教和文学中发挥了主导作用。在最近一百年里,西方各国考古队对伊拉克境内和叙利亚东部省份进行了大量的考古发掘,令人印象深刻的纪念碑被挖掘出土,博物馆堆满了出土于两河流域地下城市遗址的大量艺术品和楔形文字泥板。在文献学领域中取得了不少杰出的成果:苏美尔语和阿卡德语被破译,数以万计的文献被翻译发表。在图书馆里,专门研究两河流域考古、历史和文明某一方面或其他方面的书籍数量十分惊人。然而,尽管有几部有关研究古代埃及、伊朗、叙利亚、巴勒斯坦和安纳托利亚历史的优秀而翔实的历史著作已经出版,供学者和普通大众阅读,直到1962年H. W. F. 萨格斯出版《巴比伦之伟大》之前,就我所知,难以找到一部新近的用英语或者其他语言写成的古代伊拉克的通史性著作。

专业教授不愿意写作一般通俗性著作很容易被理解。对于一个发源于史前时代,延续了30多个世纪的古老文明,要彻底全面地论述它的所有方面,可能会形成几大卷著作,将会占用几个教授多年的时间。并且,几乎每一项新发现都会改写我们对过去的认识,甚至写成的通史性著作也会面临10年之内就会过时的风险。亚述学家和考古学家更愿意在他们个人的研究领域内耕耘。他们的大部分研究成果只面向专业学者或高年级学生。那些致力于面向更多读者的专家也都是写他们最了解的主题。"流行的著作"比如吴雷关于乌尔城的著作、帕罗关于马瑞城的出版物以及克雷默尔关于苏美尔神话与史诗的著作,虽未能得到高度赞扬,但它们是"聚光灯",照亮了广阔图景中的某一块小区域。普通大众无法领会它们的价值,仅仅因为他们无法把书中描述的这些遗址、纪念碑、时间和思想放在它们适当的时间和文化背景中去。历史学家们对这些作品的态度恰恰相反。亚述学家 L. 金(《苏美尔和阿卡德的历史》,伦敦,1910;《巴比伦的历史》,伦敦,1915)、S. 史密斯(《亚述早期史》,伦敦,1928)、A. 奥姆斯特德(《亚述史》,纽约,1923)、B. 迈斯纳(《巴比伦和亚述》,海德堡,1925)和 L. 德拉波特(《两河流域》,巴黎,1923)的著作在他们的年代非常优秀,至今也非常有价值,虽然许多知识点显得已经过时了,但从未被取代。在最近几十年里,法国人、德国人,在较小程度上包括英国人给我们勾勒出了一幅包括整个西亚或者整个近东(包括埃及),甚至整个古代世界的更广阔的图景。E. 迈耶的《古代历史》(1913—1937)、H. 施姆克尔的《小亚细亚古代史》(1957)或者 G. 孔特诺和 E. 多尔姆的《人类与文明》(1950)、L. 德拉波特的《东地中海民族》(1948)及 G. 古森的《普莱伊德百科全书》(1956)中的部分内容,或者正准备出修订版具有里程碑意义的《剑桥古代史》(1923—1925),都是具有广博知识的无价之宝,虽然它们缺乏细节描写和透视描述,但这是人们可以期待的视角。就像在美术馆里,即使是一件杰出的作品,在众多作品环绕的背景下,也往往失去了其独有的特性。无论对于他们研究的两河流域的哪些地方,这些书都未能充分地展示出它的历史和文明的非凡的凝聚力和连续性。

用一种温和的方式来说,目前这些出版物旨在弥合两种出版物——专著和百科全书之间的鸿沟。本书完全致力于伊拉克①,它是一部简明的、在许多方面并未完全充分地对古代两河流域文明政治、经济和文化史进行研究的著作。古代两河流域文明起源于旧石器时代伊拉克东北地区第一批人类的居住地,结束于基督教黎明时代苏美尔-阿卡德文明的彻底崩溃。此外,本书前两章是介绍性的章节,旨在使读者了解两河流域的地理和生态环境,以及在该国所采用的考古技术和考古成果。

《古代伊拉克》的写作不是为了学者,而是为了普通读者和学生。在世界各处,来自各行各业的越来越多的人对历史感兴趣,尤其是对古代东方的历史更感兴趣。这些有文化、渴望学习的人还没有找到一本篇幅适中却能够包含他们对一个有充分理由让他们着迷的国家所需求的所有信息的书。这本书就是为了这些有知识的公众所写。在那些阅读了我发表在《伊拉克石油》杂志上的论文的足够宽容和友好的读者中,也有几位是大学教授。在私人信件和谈话中,他们表达了同一种观点:处于同样水平的著作比论文能够给学生提供一种更加有效的学习手段。为了满足这类读者的要求,在某些可能被认为是不太重要的知识点上,我做了大量的扩展,并在每章都提供了大量的阅读书目及注释说明。我希望,这本书的编撰思想能对喜欢古代史的年轻学生有所帮助,能够缓解普通大众偶尔产生的压力。

我努力使本书变得简洁、清楚和易读,同时还要准确和最

---

① 所有苏美尔、巴比伦尼亚和亚述的古代首都城市都位于伊拉克领土,伊拉克包括了幼发拉底河和底格里斯河流域四分之三的流域,用"古代伊拉克"作为本书的书名是恰当的。然而,我们也应清楚地认识到,许多我们提到的城市遗址事实上位于叙利亚或者土耳其。我要向叙利亚人和土耳其人道歉,并且希望他们不会比比利时人——如果他们的一部分领土被写入一本名为《古代法兰西》的高卢史——更加感到被冒犯。

新。毋庸置疑,这并不是一件简单的工作。为非专业读者撰写科学问题就像走钢丝:总担心陷入迂腐或者琐碎的境地,我没有把握说我能够一直成功地达到某种平衡。在大量可利用的材料中,我不得不艰难地、经常是痛心地做出取舍,但我已经非常小心地避免了过于简单化和教条主义。历史,尤其是有关古代的历史,有大量未解决的问题,即便是今天的真相,可能明天就成为被证实的错误。因此,我冒昧地对一些颇具争议性的问题,比如苏美尔人的起源问题,进行了详细的探讨,并且几乎在每一页上我都强调了知识的暂时性。在更多时候,我尝试把历史事件与以前发生的事件联系起来,或者与地理和经济背景相结合。换句话说,我尽可能地做到解释和描述一样多,因为我觉得如果没有这些解释,尽管它们很大程度上是尝试性或不确定的,历史只不过是一个毫无意义且乏味的日期和数据的集合。最后,我对考古、艺术、文学和宗教给予了更多关注,超过了在这种类型的著作中人们通常的期望,并且我引用了所能允许的尽可能多的文本。现在的大众想尽可能多地了解古代的人们是如何生活的,以及他们的行为和思想,那么让过去复活的最好办法无疑是让他们自己来叙述自己。

我要感谢帮助我完成该著作的所有人,特别是博学的朋友——巴黎法兰西学院的 M. R. 兰伯特教授和布鲁斯,以及列日大学的 M. G. 道森教授,他们给了我巨大的鼓励;《伊拉克石油》杂志编辑 T. E. 皮戈特先生,他刊发了我的论文;L. H. 鲍登先生,他以精湛的技术和艺术绘制了地图;罗浮宫博物馆馆员 M. P. 阿米特、大英博物馆理事 R. D. 巴内特博士、科隆大学 W. 卡斯克尔教授、柏林近东博物馆的 G. R. 迈耶博士和伊拉克政府文物部总监费萨尔·阿尔-韦利博士,他们授权出版各自博物馆馆藏纪念碑的图片。尤其重要的,我要特别感谢伦敦大学亚述学教授 D. J. 怀斯曼博士,他非常热心地阅读了手稿并且提出了许多宝贵建议。最后感谢我的妻子,没有她的自我牺牲、对我精神和语言上的帮助,我就无法完成这部著作的写作。

伦敦　1963 年 8 月

目 录

第一章
地理环境
1

两河
4

地区差异
10

贸易路线
14

第二章
寻找过去
19

被掩埋的伊拉克城市
20

追溯过去
24

伊拉克的考古研究
31

第三章

从穴居到农耕

39

旧石器时代
40

中石器时代
47

新石器时代
50

第四章

从村庄到城市

56

哈苏那时期
58

萨马腊时期
62

哈拉夫时期
64

欧贝德时期
69

第五章

文明的诞生

77

目 录

乌鲁克时期
79

捷姆迭特-那色时期
88

苏美尔人问题
92

第六章

苏美尔众神
98

苏美尔人的万神殿
99

创世神话
107

生命、死亡和命运
114

第七章

英雄时代
120

从"亚当"到大洪水
122

大洪水
126

强人王朝
132

吉尔伽美什的故事
136

第八章
早王朝时期
141

考古背景
145

苏美尔人诸城邦
150

早期的苏美尔统治者
154

历史发展概要
159

第九章
阿卡德人
168

塞姆民族
169

阿卡德的萨尔贡
174

阿卡德帝国
178

第十章

伟大的乌尔王国
186

乌尔-那穆和古地亚
187

舒尔吉、阿马尔-辛和苏美尔帝国
194

乌尔城的陷落
202

第十一章

阿摩利人
207

伊辛、拉尔萨和巴比伦
210

埃什奴那和阿淑尔
214

马瑞和上两河流域王国
217

第十二章

汉穆拉比
226

政治家
228

立法者
233

第十三章
汉穆拉比时代
241

神庙内的神明
242

宫殿中的国王
247

房屋里的公民
254

第十四章
新的民族
259

印欧民族
260

小亚细亚和赫梯人
264

胡里人和米坦尼人
269

叙利亚和埃及
273

第十五章

加喜特人

277

汉穆拉比的继承者

279

加喜特人统治下的伊拉克

283

第十六章

加喜特人、亚述人与东方势力

291

埃及与米坦尼

292

苏皮鲁流马时代

295

亚述和苏萨与巴比伦争霸

300

第十七章

混乱时代

307

以色列人和腓尼基人

309

新赫梯人

313

阿拉米亚人
315

两河流域的黑暗时代
320

第十八章
亚述的兴起
327

帝国的起源
328

阿淑尔那西尔帕
334

沙勒马奈舍尔三世
341

第十九章
亚述帝国
347

亚述的中衰期
348

提格拉特帕拉沙尔三世
354

萨尔贡二世
359

第二十章

萨尔贡家族
368

辛那赫里布
369

埃萨尔哈东
376

阿淑尔巴尼帕
381

第二十一章

亚述的荣耀
391

亚述的国家
392

亚述的军队
401

亚述的艺术
405

第二十二章

尼尼微的书吏
410

两河流域的科学
413

数学和天文学
418

医学
422

第二十三章

迦勒底人诸王
429

尼尼微的陷落
430

尼布甲尼撒
435

巴比伦的陷落
440

第二十四章

巴比伦的辉煌
449

巴比伦,伟大的城市
450

新年节
457

经济生活
462

第二十五章

文明的消亡

467

阿契美尼时期

468

希腊化时期

475

帕提亚时期

482

结语

487

参考文献和注释

494

年表

588

地图

628

索引

648

图版目录

一位妇女(或女神)的雪花石膏头部雕像,出土于乌鲁克遗址

刻写在黏土泥板上的古老铭文,出土于乌鲁克遗址

出土于乌尔王陵的竖琴(大英博物馆提供)

出土于乌尔王陵的头饰和项链

出土于乌尔王陵的黄金匕首(大英博物馆提供)

秃鹫石碑残片,出土于泰罗(罗浮宫博物馆提供)

萨尔贡(?)青铜头像,出土于尼尼微(伊拉克博物馆提供)

拉伽什恩西古地亚的雕像,出土于泰罗(罗浮宫博物馆提供)

那腊姆辛的"胜利石碑"

乌尔塔庙的中央楼梯(罗伯特-哈丁的同事提供,伦敦)

埃比赫-伊勒的雕像,出土于马瑞(罗浮宫博物馆提供)

来自泰罗的还愿狗(罗浮宫博物馆提供)

出土于叙利亚贾布勒的一位神的头像(罗浮宫博物馆提供)

《汉穆拉比法典》石碑的上半部分浮雕,汉穆拉比为巴比伦国王(罗浮宫博物馆提供)

加喜特国王卡润达什神庙的正面,位于乌鲁克(伊拉克博

物馆提供,巴格达)

出土于哈拉夫丘的浮雕(W.卡斯克尔教授提供,科隆)

亚述人雕像,出土于尼姆鲁德(照片由作者提供)

刻在石头上的亚述人的书写标本,出土于尼姆鲁德(由伊拉克石油公司提供)

埃萨尔哈东石碑,出土于津吉尔利(近东博物馆提供,柏林)

亚述战争场景浮雕,出土于尼尼微(罗浮宫博物馆提供)

年表目录 XIII

Ⅰ. 史前时期

Ⅱ. 早王朝时期(约公元前2900—公元前2334年)

Ⅲ. 阿卡德王朝、古地亚王朝和乌尔第三王朝(约公元前2334—公元前2004年)

Ⅳ. 伊辛-拉尔萨、古巴比伦和古亚述时期(约公元前2000—公元前1600年)

Ⅴ. 加喜特时期(约公元前1600—公元前1200年)

Ⅵ. 中巴比伦和中亚述时期(约公元前1150—公元前750年)

Ⅶ. 新亚述和新巴比伦时期(约公元前744—公元前539年)

Ⅷ. 阿契美尼王朝和希腊化时期(约公元前539—公元前126年)

Ⅸ. 帕提亚和萨珊波斯时期(公元前126—公元637年)

地图目录 XIV

古代早期的近东和中东
两河流域南部
两河流域北部和古代叙利亚
亚述帝国

第一章
地理环境

从地中海延伸到伊朗高原，形成了我们所称的近东地区（Near East）。地理环境对历史的影响，或许没有任何地区能像近东的这些国家这么明显。在大沙漠和赤道森林中，或是在临近极点地区，人类受到了威胁其生存的不利环境的沉重打击。另一方面，在温暖地区，在有利且具有挑战性环境中的家园里，人类几乎无处不在。但在干旱的、亚热带的近东，人与自然之间的平衡处于一种微妙的状态。人类能够居住在那里，甚至繁荣起来，但是人们的各种行为极大地受制于地面的起伏、土壤的性质、降雨的数量、泉眼和井的分布以及河流流经的路线和速度。这些因素对人们产生了深远的影响：它们影响了人们贸易和军事冒险的路线，使其倾向于定居为农民或是迫使其过着游牧民的游荡生活，影响其身体和道德品质，在某种程度上，掌控了其思想和宗教信仰。因此，任何近东国家的历史研究都要始于对地貌的研究，古代伊拉克（Iraq）也不例外于此规则。

因为我们没有关于地理方面的古代文本，接下来的描述必然将以今天的伊拉克为基础，虽然它适用于古代，但是要做细微的修正。[1] 在这个国家的部分地区，河流没有完全按照它们过去的路线流动，过去曾经肥沃的土地现在变得贫瘠，反之亦然，高山、平原和河谷的大致格局没有发生明显的改变。古代和现代动物群与植物群之间的比较[2]和从地质学与气象学研究上获得的证据，[3]共同表明过去5000年的气候变动是如此的轻微，以至于可以忽略不计。然而，这一类的科学证据几乎是多余的，因为任何有历史知识的人访问伊拉克，都会发现他自己置身于熟悉的环境中。不仅在古代文献和纪念物里描绘的那些光裸的群山、多石的沙漠、大麦田野、棕榈树林、芦苇丛和泥泞的道路让人追忆过去，就是那些主要城市之外的生活环境也让人想起往昔。在山丘上，牧羊人从圣经时代就开始放牧绵羊和山羊；在沙漠中，贝都因各部落像古时候一样，无休止地从一个水源漫游到另一个水源；在平原上，农民居住在几乎与古巴比伦时期农民居住的那些房屋一样的泥浆房里，而且经常使用类似的工具；同样，在沼泽区的渔民居住在芦苇小屋里，乘坐着与他们苏美尔祖先们一样的船头高耸的平底船。即使月亮、太阳、风、河流不再被崇拜，它们的力量仍然是令人恐惧或是颇受欢迎的，许多古代的习俗和信仰能够参考现在的情况加以解释。的确，世界上很少有国家其历史会奇迹般地延绵，反而在历史学家的"死文献"里得到更加翔实的描述。

我们的研究领域是一个覆盖了约24万平方千米的三角形区域，限制在通过阿勒颇（Aleppo）、乌尔米耶湖（Lake Urmiah）和沙特-埃勒-阿拉伯（Shatt-el-'Arab）河口所画的直线内。今天的政治边界在叙利亚（Syria）和伊拉克之间划分这一三角形区域，后者占据了这个三角形区域的一大半。土耳其和伊朗在三角形区域的北部和东部，这些边界是近代的。实际上，这整个区域组成了一个大的地理单位，底格里斯河和幼发拉底河的河谷为其主轴线。因此，我们可以称它为"两河流域"（Mesopotamia），这一词语在古代由希腊历史学家首创，尽管有些太过局限了，但其意为"在河流之间（的土地）"。令人吃惊的是，"两河流域"的古代居民并没有命名出能够全面涵盖他们居住区域的国家名称，他们使用的术语或是太模糊如"大地"（the Land），或是太精确如"苏美尔"（Sumer）、"阿卡德"（Akkad）、"阿淑尔"（Assur）、"巴比伦"（Babylon）等。所以，深植于他们思想中的是城市国家（city-states）的概念和狭窄的政治-宗教划分，他们显然没有认识到一个领土单位的存在，而这一点我们则很清楚。

在前基督时代，两河流域的地理统一与一种引人注目的文化统一相匹配。在我们的三角形区域内兴起了一个在品质和重要性上仅埃及（Egypt）文明可与之匹敌的文明。根据现在的潮流，我们称之为"迦勒底"（Chaldaean）文明、"亚述-巴比伦"（Assyro-Babylonian）文明、"苏美尔-阿卡德"（Sumero-Akkadian）文明或是"两河流域"文明，实际上这些概念是相同的，是指同一个文明。从深植于史前黑暗时期开始，它慢慢地生长，在历史的曙光中绽放，而且持续了将近3000年。尽管反复地被政治动乱所动摇，反复地被外来民族和外来影响所更新，但它仍然自始至终地保持着统一。在整个近东，促使这一文明形成、保持活力并向外流传的是如乌尔（Ur）、乌鲁克（Uruk）、尼普尔（Nippur）、阿卡德（Agade）、巴比伦、阿淑尔和尼尼微

（Nineveh）这样的城镇，它们全都位于或是靠近现代伊拉克范围内的底格里斯河或幼发拉底河。然而，在基督时代开始之际，两河流域文明渐渐地衰落并消失，至于其原因将在适当的章节里详述。它的一些文化和科学成就被希腊人（Greeks）挽救了，后来变成我们自己文化遗产的一部分；其余的或是被毁坏了，或是被掩埋了数个世纪，等待着考古学家们的挖掘。一个辉煌的过去被遗忘了。在人类关于这些华丽的城市、这些强大的神灵和这些强势的君主们的短暂记忆中，仅有一些经常被曲解的名字幸存了下来。消失的雨水、含砂石的风、裂开大地的太阳，协力去消除所有的物质遗存。那些曾掩埋了巴比伦和尼尼微废墟的荒凉土丘，或许以谦逊的方式为我们提供了能从历史中得到的最好教训。

两　　河

希罗多德（Herodotus）的名言"埃及是尼罗河（Nile）的赠礼"[4]经常被引用。在许多方面，也可以说"两河流域"是两河的一个赠礼。从远古时期开始，底格里斯河和幼发拉底河就已经将它们的泥土沉淀在阿拉伯台地（Arabian platform）到伊朗高原之间的沉积岩床上，在沙漠之中创造了一块平原。这块平原的规模和肥沃程度在从印度河（Indus）延伸到尼罗河的2300英里（约3700千米）的贫瘠土地上找不到与之对等的地方。这一平原也被认为来自大海吗？换句话说，阿拉伯-波斯海湾（Arabo-Persian Gulf）的上端在史前时代早期就到达了巴格达（Baghdad）

的纬度，随着千年时间的逝去，它正渐渐向南推进吗？这就是长久以来作为教条的古典理论，它仍被发现于大部分的教科书中。[5] 然而，在1952年，一个新的理论被提出，它主张底格里斯河和幼发拉底河没有将它们的泥土卸在一个缓慢的沉积盆地中，因此，海岸线在这一过程中可能几乎没有变化。[6]

然而，20世纪70年代开始主要集中于海底阶地和海底沉积物方面的进一步研究显示，这一理论仅能解释一个非常复杂的过程的一部分。更新世（Pleistocene）和全新世（Holocene）世界气候变化也是主要因素，它导致波斯湾水平线的大幅涨落，这必然会影响海岸线的位置和河道水流的坡度。现在，大部分科学家都赞同，约在公元前14000年，在最后一次冰川时代的高峰期，波斯湾是一个深而宽阔的河谷，底格里斯河和幼发拉底河流经其中，并汇聚成一条河流，当冰盖融化时，这一河谷充满了海水。到公元前4000年至公元前3000年，波斯湾的水平面比它现在的水平面高出约1米或2米，所以海岸线位于乌尔和埃瑞都（Eridu）附近。逐渐退后并与来自河流的淤泥相结合，它（海岸线）到达了现在所在的地方。[7] 有些考古学证据表明，在公元前1500年左右，海岸线大约在乌尔和现代的巴士拉（Basrah）中间。[8] 但是，这其中必然有许多其他因素的作用，我们可能永远也无法一探究竟。

底格里斯河和幼发拉底河在亚美尼亚（Armenia）都有它们的源头，前者位于凡湖（Lake Van）的南面，后者靠近阿腊腊特山（Mount Ararat）。幼发拉底河长2780千米，先以"之"字形路线流经土耳其，底格里斯河明显短一些

(1950千米),几乎直接向南流。当它们从托罗斯山脉(Taurus mountains)流出来时,被约400千米的开阔草原分开。幼发拉底河在距离地中海仅150千米的哲拉布鲁斯(Jerablus)向东南方流去,并悠闲地使其流向朝向底格里斯河。在巴格达(Baghdad)附近,它们几乎相遇,相距仅32千米,但是它们很快再次偏离。直到在巴士拉北面100千米处的库尔那(Qurnah),它们的河水才混合,形成了沙特-埃勒-阿拉伯河。然而,这一宽广、壮阔的河流在古代并不存在,那时底格里斯河和幼发拉底河各自分流入海。希特(Hît)-萨马腊(Samarra)一线以北的两河河谷截然不同。穿过一个由坚硬石灰岩和页岩构成且由悬崖峭壁镶边的高原,两条河流降低了它们的河道。在时间的长河中,一些古代城市如卡尔凯米什(Karkemish)[①]、马瑞(Mari)、尼尼微、尼姆鲁德或阿淑尔像它们在数千年前一样,仍然位于河岸或紧邻河岸处。但是,在那一线以南,两个河谷合并且形成一个宽阔、平坦的冲积平原,有时被称为两河流域三角洲。两河在其上以如此低的坡度流动,以至于它们流动得非常缓慢,且延伸出许多分支。像所有缓慢流动的河流一样,它们抬升了自己的河床,所以它们经常在该平原的水平线之上流淌,它们的河水溢出,可能衍生出永久的湖泊和沼泽,而且它们偶尔会改变河道。这就解释了为什么一些曾位于幼发拉底河或是其支流岸边的两河流域南部城市,现在变成了位于距离现代河道几千米处、充满淤泥的沙漠中被遗弃的土丘废墟。虽然追溯和准确定位河

---

① 通常的写法为"Carchemish"。——译者注

床的变化极其困难，但它们在古代确实发生了一些变化。然而值得注意的是，古代两河流域人设法使河流处于掌控之下，因为幼发拉底河下游的两个主要支流沿着几乎相同的路线流动了约3000年的时间，流经西帕尔（Sippar）、巴比伦、尼普尔、舒如帕克（Shuruppak）、乌鲁克、拉尔萨（Larsa）和乌尔等，位于它现在的主河道以东25千米至80千米之内。至于底格里斯河，所有能确定的信息就是它在两河流域南部的古代路线可能与它现在的一个支流沙特-埃勒-加拉夫河（Shatt el-Gharraf）的路线相同：直接从库特-伊马腊（Kut el-Imara）流到那斯瑞亚（Nasriyah）附近地区。或是因为它的河床要在沉积土层中挖得很深才能进行简单的渠灌，或是因为它被广阔的沼泽环绕——像它现在的实际情况那样，所以它似乎在那一地区起的作用相对较小。

伊拉克中部和南部的气候是干旱的亚热带类型，夏季温度高达120华氏度（50摄氏度），冬季平均降雨不到10英寸（254毫米）。因此，农业几乎完全依靠灌溉。然而，平原的规模和轮廓，加上河水的流量，排除了使用如在埃及已实践了的"盆地类型"灌溉。在那里，尼罗河水泛滥，肆意汪洋将河谷淹没，然后消退。底格里斯河和幼发拉底河的联合洪水期发生在4月至6月之间，这对于冬天种植来说太迟了，而对于夏天种植来说又太早了，因此土地必须靠人力供水。这个问题由一套复杂的系统实现了，该系统由灌溉水渠、蓄水池、排水渠、水闸调节器和类似物组成（"持续灌溉"）。[9] 创建一个有效的灌溉水渠网络并维持它们不被快速的淤泥充塞显然是一项庞大而无休止的任务,这需要大量的劳动力和多个公民团体的合作,这些因素构成了地方冲突和政治联合的萌芽。但是,这并不是全部。在年复一年的时光流逝中,有两个重大的危险威胁着两河流域的农民。两个危险中隐蔽性较大的一个是低洼地带的盐分堆积,这些盐分是人工灌溉带来的,聚集在仅位于地表之下的浅水位中。如果没有安装人造排水系统——似乎这样的排水系统在古代并不为人所知——肥沃的土地在相对较短的时间内就会变得贫瘠。通过这种方式,在历史上,越来越多的土地不得不被抛弃,然后变成沙漠。[10] 另一个危险在于两条河流变化无常的流量。[11] 由于供给尼罗河水量的东非大湖泊能起到一个调制机的作用,尼罗河每年洪水泛滥的总量几乎不变。然而,底格里斯河和幼发拉底河联合起来的洪水总量则不可预测,因为它依赖于降落在亚美尼亚和库尔德斯坦(Kurdistan)山区多变的降雨或降雪量。如果几年的低水位意味着干旱和饥荒,那么一次河水泛滥将招致灾难。河流冲破它们的堤岸,所到之处洼地被淹没,不牢固的泥浆房和芦苇小屋被冲毁,庄稼、牲畜和一大部分人的财产一起被冲进一个巨大且满是泥泞的湖中。上一次伊拉克大洪水发生在1954年的春天,场面十分恐怖,所有目睹这场洪水的人永远也无法忘记其惨状。因此,两河流域不断地在沙漠和沼泽之间徘徊。这一双重威胁和不确定性导致人们考虑未来时属于"基本悲观主义",一些作家认为这一特性体现了古代两河流域文明的哲学特性。

虽然有这些不利条件,但底格里斯河和幼发拉底河的冲积平原仍称得上是肥沃的农田,在土地大量发生盐碱化之前的古代甚至更为肥沃。古代伊拉克的全部人口能较容易地依靠国家为生，以多余的谷物交换从外国进口而来的金属、木材和石头等物品。尽管种植了二粒小麦、小麦、粟和芝麻等多种植物，但大麦是从古至今的最主要的谷物，因为它能在轻微含盐的土壤中生长。正如人们所料想的那样，农业方法是原始的，而同时也是彻底有效的。它们在一个被称为《一位苏美尔农民》(*A Sumerian Farmer's Almanac*)的有趣文献中被详细地描述，这一文献约写于公元前1700年。[12] 这一历书原本是一位农民对他儿子进行耕种的详细指导，书中写道：田地首先要适度浇水，由包着铁掌的牛踩踏，然后用铁斧仔细梳整，使其表面平整。耕田和播种用一个木制的播种犁同时进行，该犁的"两根手指"深入到土壤中，犁沟相距大约2英尺（约60厘米）。之后，当大麦生长时，庄稼要再次浇灌三至四次水。该文献还介绍了收割、用马车和雪橇打谷以及扬场。在《路得记》(*Book of Ruth*)中，农夫被劝诫通过在土地上留下一些谷穗的方式以"使土地为年轻人和拾穗者供应食物"。

首次灌溉和耕地在5月至6月间进行，主要的收获通常在来年的4月进行，但填闲作物的收获可能常在冬季降雨之后。田地每隔一年进行休耕。毫无疑问，两河流域中部和南部的冲积土壤在古代十分肥沃，但是，希罗多德和斯特拉波（Strabo）给出玉米产量的200倍至300倍的数值无疑是非常浮夸的。[13] 而赞成将公元前2400年左右伊拉克最南部的大麦产量与现代加拿大大部分大麦产区的产量相类比的陈述则也显得过于乐观了。实际上，现代学者们提出的所有数据都应该谨慎对待，因为他们都是以极少的楔形文献为基础,况且其中一些文献可能也会让人产生误解。然而,最近提出的40倍至50倍的总估算(大约是15世纪中部伊拉克平均值的2倍)似乎是可以接受的数值。[14] 两河流域南部高温湿热的气候和那一地区可利用的充足的供水都是非常有利于椰枣树栽培的条件,椰枣树沿着河渠生长,正如一则阿拉伯谚语所说:"它的脚在水中,它的头在烈日下。"我们从古代文献中得知,早在公元前3千纪,苏美尔国家就有大量的椰枣园,而且人工授粉已经用于实践。[15] 面粉和椰枣——后者含有较高的热量——成为古代伊拉克的主要食物,同时,牛、绵羊、山羊被人工饲养,在未种植农作物的地区和休耕地中放牧,此外,河流、水渠、湖泊和大海提供了丰富的鱼类。包括石榴、葡萄、无花果、鹰嘴豆、小扁豆、菜豆、芜青、韭葱、胡瓜、西洋芹、莴苣、洋葱和大蒜在内的各种各样的水果和蔬菜也在果园里种植,由椰枣树遮光,用一种非常简单的提水装置——dâlu 浇水,这一装置仍在使用其古老的名字。毫无疑问,除却偶然由战争或自然灾害导致的饥荒,两河流域人一般享有丰富的饮食,在这一方面两河流域要远比它的叙利亚、伊朗和小亚细亚诸邻富裕。[16]

地区差异

到目前为止,我们的注意力一直集中于两河流域三角洲即两河之间平原的中轴线上。但如果将注意力转移到周边地区,我们立即会观察到气候和地形方面的极大差异。不考虑较小的地方差异,四个主要的地区应该被描述为沙漠、草原、丘陵和沼泽。

被较深的河谷从中间分割开的丘陵在北部，平坦而无特色的草原位于南部，沙漠位于幼发拉底河整个河道的西部且延伸数百千米进入阿拉伯半岛腹地。[17] 然而，广阔的叙利亚-阿拉伯大沙漠对于古代两河流域人而言是异域，将它与幼发拉底河河谷分隔开的显著界线也标示着前伊斯兰时期定居点的界线。与阿拉伯人不同，苏美尔人和巴比伦人本质上是农耕民族，他们背靠沙漠，坚定地依附于"好的土地"即冲积平原。然而，他们不得不应对那些粗野的游牧民族，这些游牧民族袭击他们的商队，劫掠他们的城镇和村庄，甚至入侵他们的国家，正如阿摩利人（Amorites）在公元前2千纪开始之际和阿拉米亚人（Aramaeans）在其800年之后所做的那样。我们将看到在古代伊拉克历史上，很长的篇幅都充斥着冲积平原上的定居社会与西部沙漠里满怀敌意的游牧部落之间由来已久的斗争插曲。这里我们必须强调，沙漠环境在两河流域的不同地区也都可以发现。不仅是因为沙漠总是潜伏于两河之间，一旦河流改道或是河渠被淤泥阻塞，就准备侵入并且取代麦田和椰枣园，而且还因为底格里斯河和幼发拉底河中部左岸的广大地区一直是一片枯燥的荒地，布满了干河谷和盐湖，即便在最好的时期也很少有人居住，主要的贸易路线也未从此地经过。

在两河流域的西北部，从由阿布德-阿勒-阿兹兹山（Jabal 'Abd-al-Aziz）和辛贾尔山（Jabal Sinjar）组成的单薄山脊直到托罗斯山脚的这一平原被阿拉伯人称为杰济拉（al-Jazirah），意为"岛"，它横跨400千米，将底格里斯河与幼发拉底河分开。众多溪流汇聚并形成幼发拉底河的支流巴里赫河（Balikh）和哈布尔河（Khabur），它们以扇形流经这一地区。同时，十分充足的冬季降雨被源于附近群山积雪的广阔的浅层地下水加以补充。麦田和果园沿着河流伸展，或是在泉水和井水周围聚集。这一绿色网络的网眼布满草原，草原在春季被青草覆盖，为牛、羊和马匹的饲养提供了理想的环境。这一肥沃的平原形成了一个天然"走廊"，是底格里斯河上游河谷与叙利亚的北部平原之间的过渡区。这一地区遍布着令人惊讶的"土丘群"（tells），它们代表了那些被掩埋的城市和村庄，证明了该地区在古代有大量的人口聚集。

对于历史学家来说，特别感兴趣的是伊拉克的东北角，即底格里斯河与库尔德斯坦群山之间的丘陵地区。[18] 那里年降雨量在30厘米至60厘米之间变化。从沿河起伏的平原上，地面从一系列高度逐渐增加的平行褶皱上升到扎格罗斯（Zagros）山脉参差不齐、积雪覆盖的峰群（海拔2500米至3600米），此山脉将伊拉克与伊朗分开。底格里斯河的四条支流，大扎布河（Greater Zab）、小扎布河（Lesser Zab）、阿德黑姆河（'Adhem）和迪亚拉河（Diyala）斜插着流经这一地区，有时穿过山脊切出深深的峡谷，有时成"之"字形沿着它们流淌。其气候夏天炎热，冬天凉爽。这些丘陵现在更加裸露，但是，在它们的斜坡上到处可见一块块牧场，一片片橡树或是松树林，同时，小麦、大麦、果树、葡萄和蔬菜很容易在地势高的谷地生长。这个特别具有吸引力的地区先后成为史前穴居人的家园、新石器时代（Neolithic）近东农业的发源地之一和亚述王国（Assyrian kingdom）的边缘，在两河流域历史上发挥了重要的作用。但是，甚至在亚述时期，文明仍仅限于这些丘陵脚下的那片可耕种的土地。本身很难穿越且易于防御的群山，通常在两河流域诸统治者和"野蛮的"高地民族的军队之间形成一个有争议的边界地带。这些高地民族像西部沙漠中的贝都因人（bedouins）一样，觊觎且威胁着那些平原上的富庶城镇。

在伊拉克的另一端，覆盖了底格里斯-幼发拉底河三角洲南部的广阔沼泽也形成了一个特别的地区，明显不同于两河流域的其他部分。因为其拥有无数的浅水湖泊，有弯弯曲曲穿过密集芦苇丛的狭窄水道，有水牛、野猪和野生鸟类群，有大量的蚊子和令人窒息的高温，它们形成了世界上最奇怪、最令人生畏和最吸引人的地区之一。[19] 尽管它们的范围和构造可能有所变化，古代遗迹和文献表明它们一直存在。而且事实上，沼地阿拉伯人（marsh-Arabs）或者马丹人（Ma'dan）在某种程度上保存了五千多年前居住在沼泽边缘的早期苏美尔人的生活方式。按照考古学的观点，伊拉克的沼泽地仍是大量未知领域。来自旅行者们的报告表明古代定居点的痕迹是极其稀少的，可能是因为它们是由类似于今天的那些芦苇小屋组成，这些芦苇屋或是彻底消失了，或是被埋在泥浆和水下几十英尺处。然而，人们仍然希望使用现代的方法——如直升机的使用——能够最终探明这一在历史遗迹中绝不应该缺失的地区。

综上，在一个明显的统一单元下，伊拉克是一片满是差异的土地。即使北部的草原和南部的沼泽可以被认为是两河流域巨大平原的局部变化，但在平原和丘陵地区之间存在着地势、气候和植被方面的巨大差异，这一差异在历史上也有类似的存在。在整个古代，在南方和北方之间——或者，用政治地理的术语来说，在苏美尔和阿卡德（或是巴比伦尼亚）与亚述之间——一个明确的差异能被发现，有时仅通过文化的差异隐约地表现出来，有时是公开地且以暴力冲突的形式显示出来。

贸易路线

在知道他们脚下埋藏着石油财富之前，伊拉克居民开采了一种原生物质——沥青。他们从国家各处的渗液中获得沥青，尤其是在幼发拉底河中部的希特和腊马迪（Ramâdi）之间。他们在许多方面使用沥青，不仅在建筑方面（砌砖时用作灰浆，浴室和下水道的内里防水），还用在雕刻和镶嵌工艺方面，以及充当给船填缝的材料、燃料甚至是药物。有一些证据表明，至少在他们历史的某些特定时期内，他们开采了它。[20]

即使两河流域富有沥青、黏土和农产品，但是它缺少金属矿石，同时也缺少坚硬的石头和优良的木材。这些物质材料在史前时期就已经从国外进口，因此，能够使铜石并用时代（Chalcolithic）文化在一个明显缺少金属的国家里得到发展。一般认为铜最先被发现于伊朗西北部或是高加索地区（Caucasus），或许最初是从阿塞拜疆（Azerbaijan）或亚美尼亚获得。但是，人们很快就发现了可供选择的供应来源，如安纳托利亚（Anatolia，后来生产铁）、塞浦路斯（Cyprus）和在楔形文献中被称为马干

（Magan）的国家，马干暂时被认为是阿曼（Oman）的山区部分。在腓尼基人（Phoenicians）于公元前1千纪将它从西班牙（Spain）引入之前，锡似乎是从伊朗、高加索甚至是阿富汗（Afghanistan）进口。银大部分来自托罗斯山脉，金子来自分散于埃及和印度（India）之间的各种各样的矿床。[21] 伊朗的一些地区能够提供坚硬的宝石和半宝石（semi-precious stones），马干因被乌尔第三王朝（the Third Dynasty of Ur）的雕刻者们所使用的美丽黑色闪长岩而享有盛名。普通的木材存在于扎格罗斯山脉附近，但珍贵的雪松需从黎巴嫩（Lebanon）或阿马奴斯山（Amanus）进口，同时，其他的各类木材经由海路从神奇的国度麦鲁哈（Meluhha）——可能是印度河谷的古代名字——运来。综上，在很早时期，一个广阔的贸易路线网络就已经很发达了，贸易路线将两河流域各部分联系起来，并将它们与近东地区其他部分连接起来。[22]

在两河流域内部，从一个地方到另一个地方的运输经常受水道的影响。底格里斯河和幼发拉底河从北到南形成了便捷的通道，而且较大的灌溉水渠也可用作乡村与城镇之间的水路交通。如果人们记得河渠本身就是陆地交通的障碍，记得平原大部分地区冬天都被厚厚的泥浆覆盖，而春天则容易被局部淹没，记得直到公元前1千纪骆驼被大规模引进之前，唯一的驮畜是驴子，那么这种水道交流的优势则是显而易见的。

两河流域之外，在朝西的方向有两条大路通向叙利亚和地中海岸。当然，这些道路只是简单的沙漠小道，而那些城市大门之外的铺砌的公路在内陆不太可能铺得太远。

第一条路开始于西帕尔（靠近费卢杰［Fallujah］，与巴格达同纬度），沿着幼发拉底河直至马瑞，或在阿布-凯马勒-迪尔-埃兹-佐尔（Abu-Kemal-Deir-ez-Zor）地区的其他商业中心，经由提德穆尔（Tidmur，即帕米拉［Palmyra］）直接穿过沙漠，到达霍姆斯（Homs）地区。道路在霍姆斯分成几个岔道到达腓尼基诸港口，（然后到达）大马士革（Damascus）或巴勒斯坦（Palestine）。穿越沙漠——虽未超过500千米宽——在夏天并不容易，随时都面临着来自游牧部落的攻击，因此，商队和军队都倾向于第二条路线，虽然更长但是更安全，且能够较好地得到水和饲料的供给。这条商路从尼尼微离开底格里斯河，在摩苏尔（Mosul）的对面穿过扎吉腊（Jazirah）荒原，从东到西经过舒巴特-恩利勒（Shubat-Enlil，可能是雷兰丘［Tell Leilan］）、古扎那（Guzana，即哈拉夫丘［Tell Halaf］）、哈腊奴（Harranu，即哈兰［Harran］），在卡尔凯米什（哲拉布鲁斯）或埃马尔（Emar，即美斯凯奈［Meskene］）穿过幼发拉底河，通过或靠近阿勒颇，在奥伦特河谷（Orontes valley）结束，该道路的最终分支通向地中海岸和中叙利亚。[23] 这一路线上不同地方的道路分支在西北方向最终结束于西里西亚（Cilicia）和安纳托利亚。从尼尼微沿着底格里斯河远至迪亚巴克尔（Diarbakr），然后越过托罗斯山，穿过狭窄的关隘，也能到达亚美尼亚和东部安纳托利亚。

　　与东方的交流则更加困难，居住在扎格罗斯山的部落一般都对外充满敌意，而且这一山脉本身就形成了一道艰难的阻碍，只有三处能够翻越它：罗万杜兹（Rowanduz）附近的腊雅特（Raiat），苏莱曼尼亚（Suleimaniyah）东南的哈拉布贾（Halabja），迪亚拉河上游的卡奈根（Khanaqin）。腊雅特和哈拉布贾关隘能够进入阿塞拜疆和乌尔米耶湖岸。卡奈根通到凯尔曼沙（Kermanshah）、哈马丹（Hamadan），过了哈马丹就是伊朗高原。更向南一些的第四条路与扎格罗斯山并行，从戴尔（Dêr，靠近巴德拉［Badrah］）到埃兰（Elam）首都苏萨（Susa，苏西［Shush］，靠近迪兹富勒［Dizful］）。这条路没有自然障碍，构成埃兰领土的凯尔哈河（Kerkha）和卡伦河（Karun）的下游河谷是两河流域平原向东的自然延伸，但埃兰人是两河流域的传统敌人，因而沿着这条路行进的入侵军队远多过和平商队。

　　古代伊拉克和世界其他部分之间最后一条大的贸易路线是通过阿拉伯-波斯海湾、比特河（Bitter River）和"下海"（Lower Sea）或按照当时的称谓"日出之海"（Sea of the Rising Sun）。从早期伊斯兰时代起，波斯海湾就是伊拉克的"肺"，一扇向印度、之后向远东和西方各国广泛开放的窗口。[24] 在古代，从乌尔到迪尔蒙（Dilmun，今巴林［Bahrain］），且由此到马干（阿曼）和麦鲁哈（印度河谷）的商船航行其上，且在途中驶入几处尚未被识别的港口。根据楔形文献和一些物品（尤其是印章），它很早就为人所知，两河流域和印度河谷的商业联系早在公元前3千纪就已经建立，但是直到近些年，海湾的阿拉伯海岸在考古地图上仍是未知领域。1953年，考古挖掘在巴林开展，随后范围扩展至沙特阿拉伯（Saudi Arabia）、科威特（Kuwait，法拉卡岛［Failakka Island］）、卡塔尔（Qatar）、阿拉伯联合酋长国（the United Arab Emirates）和阿曼，取得了意想不到的收获。他们不仅获得了从公元前15世纪以来这些国家和两河流域以及与伊朗东南部和巴基斯坦之间进行文化和商业交流的实物证据,而且还揭示了人们对当地文化极大的兴趣。[25] 稍后,在某些时期,运送军队或者使者的船只在海湾上航行,因为我们知道,公元前2200年左右的阿卡德诸王和公元前1千纪的亚述诸王,在他们政治和经济的影响范围内,至少努力吸引了迪尔蒙和马干。

这一简短和不完整的描述应该使我们清楚,与普遍观点相反,两河流域没有为其原始文明的发展提供理想的条件。它的两条河流形成了一个肥沃的三角洲,但是,它们在带来富裕的同时也带来了灾难。通过巨大和持久的努力,农业能够形成巨大规模,但金属、石材和木材却极度缺乏。很难穿越并居住着掠夺性民族的沙漠和高山,从四面八方围绕着平原,仅留下一个入口通往一片被荒凉的阿拉伯半岛和波斯海岸环绕了500英里(800多千米)的大海。综合考虑,北部的大草原和库尔德斯坦丘陵似乎比巨大的冲积平原提供了更为有利的环境,这些地区成为两河流域新石器时代和早期铜石并用时代文化的所在地也并不偶然。然而,两河流域文明形成于这一国家的最南端,位于沼泽的边缘。在古代伊拉克,无论人们取得了什么样的成就,都是以与自然和其他民族不断的斗争为代价,这一斗争形成了那一地区历史发展的线索。在走得更远之前(在进一步研究之前),我们必须首先调查历史学家从中获取其原始材料的来源。

第二章
寻找过去

为了重建过去,历史学家使用两种证据:文献和"物品"(object)。在这里,"物品"按照字面意思可理解为任何人工制品,从最精美的建筑到最简陋的厨房用具。虽然物品在被人们关注的近代时期发挥的作用相对较小,但当我们沿着时间坐标回溯的时候,它们的重要性逐渐增加。而且,当历史学家们无法直接接触到非书写性证据时,他们必须依靠那些以挖掘古代城市和墓地为任务的田野考古学家们的出版物。

研究古代近东的历史学家比那些研究古典时代的历史学家更依赖考古学家,因为在两河流域,物品和文献由于众多原因被深埋于地下,只有通过考古挖掘的方法才能获得。伊拉克的考古挖掘始于1843年,从那以后考古活动在持续进行。起初,这一工作是由优秀的业余爱好者来做的,但在20世纪之交,当人们意识到用艺术品来充填博物馆本身并不是发掘的最终结果,找出人们在古代是如何生活的才更为重要之时,它被提升到了科学标准的高度。另外,他们工作的本质就是处理脆弱的挖掘物,例如泥砖和泥板文书。为了深入了解过去,这些挖掘物一经挖掘出来就要去掉它们身上被人类使用过的层层痕迹,这就迫使考古学家得发明合适又精准的技术。由欧洲或美国的博物馆和大学训练和赞助的专家团队,在所有现代科学资源的支持下,被聘用去指导和监督那些操作铁锹和铲子的技术工人。在过去的90年间,超过30个遗址——实际上包括了古代伊拉克的所有主要城市——被全面挖掘,而且300多个土丘"被测量",这一国际性成果令人震惊。我们对古代两河流域历史的认识出人意料地被彻底地改变和拓宽。150年前,除了由《圣经》和一些古典作家提供的数据而没有其他任何信息资源的历史学家,现在承认几乎不能处理年复一年的供他们使用的大量材料,并由衷表达了他们对考古学家们的感谢。[1]

因此,这一章将单独表明敬意,其他的一些原因也促使我们去书写它。这本书从始至终都将谈到土堆或"土丘"(tells),它们代表被掩埋的古代伊拉克各城市;我们将谈到"层级"(levels)和"地层"(layers),同时尽可能地给出"绝对的"和"相对的"定期。在我们看来,读者有权从一开始就知道我们要谈论什么,满足他们好奇心最好的办法是概述和总结现在被普遍认可的"两河流域考古学"的研究对象、方法及其发展历程。

被掩埋的伊拉克城市

对于大多数游客来说,与伊拉克古代遗址的第一次接触是十分惊奇的。他们被带到一座高出平原的小丘上,并被告知这曾经是一座古代城市。当他们走得更近时,他们能够领略到像乌尔的阶梯塔庙(stage-tower)或巴比伦的伊什塔尔门（Ishtar Gate）一样辉煌的历史遗迹。但在大多数情况下，他们看到的是少量的、难看的砖墙和许多散落着破碎陶器的废墟。他们不禁感到困惑，并极力想知道这是如何发生的。

要回答这一问题，我们首先需要解释这些古代城镇不是用其他建筑材料而是用泥土建筑的。石头在伊拉克非常稀少，但是黏土却到处都是。在非常早的时期，房子是由成堆的泥土（即砌墙泥 [pisé]）或是由不成形的泥块（即黏土坯 [adobe]）压在一起建造而成。早在公元前9千纪，人们很快发现可以将黏土和稻草、碎石或是碎瓷片混合在一起制造成砖，将这些砖在太阳下晒干，用石膏浆将它们黏合在一起，用上述方法，可以建造更厚、更坚实和更规则的城墙。当然，用窑烧制的砖更坚固耐用，尤其是它们用沥青黏合在一起的时候。但这是一种更昂贵的材料，因为木材燃料非常稀少，而沥青常常需要从相对较远的地区用船运输过来。因此，烧制的泥砖通常专门用来修建诸神和诸王的房子，当然这不是绝对的规则，[2] 大多数古代两河流域建筑物采用简单且未烧制的泥砖修建。屋顶由泥土覆盖于一个由芦苇席和树干构成的网格物上而成，地面由踏平的泥土制成，有时带有石膏涂层。泥浆石膏涂层通常也被用于城墙之上。

这些由泥砖建造的房子相对来说非常舒适，夏凉冬暖，但它们需要持久的维护。为了迎接冬雨，每年夏天需要在屋顶铺一层新的黏土层，地面时常要被加高。这么做是因为古代的垃圾不是被收集起来处理，而是被扔在街道上，所以街道的地面渐渐高于与之相接的房屋地面，使得雨水和污物流入房内。于是泥土被带进房间里，压在原来的地面上，并被覆盖上另一层灰泥外层。对考古学家来说，在一座房子里发现两层、三层或更多层叠加在一起的地面并不稀罕。如果这些维护的事项做好了，泥砖建筑物也能够使用多年。然而，在将来的某一天可能会发生一些意想不到的事情。无论战争、火灾、传染病、地震、洪水或是河流改道，最终的结果是相同的：城镇部分地或全部地被遗弃，无人看管的屋顶倒塌了，两面墙暴露出来，在雨水不断地侵蚀下最终也坍塌了，坍塌物填满了房间，把主人遗留下来的物品埋藏了起来。在战争的情况下，毁灭当然是直接的，胜利的敌军通常将城市点燃。这些昔日的纵火犯无意中却使现代的"楔形文字学者们"异常开心，因为许多被太阳晒干、易碎的泥板被大火烘烤后，却因此变得几乎不易毁坏。

被遗弃数年乃至数个世纪后，可能因为诸如战略上或是商业上的优势地位、丰富的供水，或者对神灵的持久忠诚等原因，新的定居者会重新占领这片土地，并在神灵的庇护下将之重建。因为他们没有办法将巨大的残骸移走，他们只有将残垣断壁夷为平地，将它们作为他们自己的建筑的地基。随着时间的推移，这一过程被重复了数次，并且作为"居住层"（occupation levels）延续下去，于是城市就慢慢地高于它周围的平原。一些遗址在早期就被遗弃，且被永远遗弃了。其他城市如埃尔比勒（Erbil）和基尔库克（Kirkuk），从古至今，或多或少被持续地居住。但它们中的绝大多数在被居住数个世纪或上千年后，被遗弃在伊拉克一段又一段漫长的历史中。不难想象之后发生了什么：

第二章 寻找过去

风载着沙子和泥土沿着剩余的墙体堆积,填满了街道和每一处空地,同时,雨水将堆积的废墟表面冲刷得很光滑,四散的碎片覆盖了一大片区域。缓慢但不可阻挡地,城镇变成了它现在的形状:大约为一个圆形或不规则的废墟堆,如阿拉伯人所说,使用一个古老的、前伊斯兰时代的词语——"土丘"。[3]

考古学家的任务就是仔细分析那些紧密相连的建筑物——站立或倒塌的墙体和地基、碎石、地面和填土,恢复建筑物的布局,收集和保护它们中可能包含的物品,以识别和定期构成这一土丘的连续的"地层"。根据所能支配的时间和资金,他们选择使用几种方法中的某一种。[4]

粗略了解一个土丘构成的最迅速和最便捷的方法是进行一次"探测"。在土丘的表面,从各个角度掘出几条壕沟。当壕沟被挖深时,发掘的陶器之类的物品可用于定期,遇到地面和几段墙体时可对其进行记录。这一方法显然是不完美的,仅能用于初步的勘测或是用于相对不重要的遗址。另一种探测方法——不在土丘的表面而是在其侧面从顶到底切割一条长长的壕沟——通常被用于高而窄的土丘,就像人们切一个圣诞布丁。尽管几乎不可能圈出任何建筑,但可以用这种方法检测到一系列令人印象深刻的居住层。

还有一种在理论上完美的方法是将该遗址表面划分为几个正方形,依次挖掘每个正方形直到达到一定深度,然后再一次水平切开。将发现于每一个正方形和每一层中的物品仔细地编号,然后绘制在地图上。随着挖掘工作的推进,遗迹渐渐成型。这一耗时又费钱的方法很少被使用。通常,考古学家们倾向于使用一种可以被称为"延伸探测"的方法。在土丘表面，仔细选择一块特定的区域，挖掘一条壕沟，一旦遇到墙体，就沿着墙体挖掘，且使两面都露出来，直到整栋建筑被挖掘出来。不同的区域以同样的方法处理，可能会也可能不会连接起来。只要有需要，挖掘就不断地向下深入，较新的建筑物不得不被破坏，以使更古老的建筑能够被挖掘出土。在一处或多处，一个竖井或是"探坑"被下挖到原始土堆中，让土丘呈现出一个横截面，可以清楚地显现出众多居住层的概况。这一遗址的一些部分必然未被触碰，但如果像神庙、宫殿和一部分私人住宅之类的主要遗迹已经被挖掘了，这一点则显得不那么重要了。尼姆鲁德、巴比伦、乌鲁克、乌尔、尼普尔和伊拉克的所有主要遗址都曾是或正在使用这一方法挖掘，基本上取得了令人满意的成果。

追溯过去

对发现的遗迹和古物进行定期，可能非常简单，也可能非常困难。假如我们知道萨尔贡（Sargon）国王的统治时间，一座其砖上印有"亚述国王萨尔贡的宫殿"的建筑就可以根据"事实本身"被定期。但是，这只是一个例外。迄今为止，考古挖掘发现的大部分物品——当然就史前时代而言——都没有铭文。在这种情况下，定期只能是"大约的"和"相对的"，基于诸如形状、尺寸和风格之类的标准。源于许多土丘挖掘而积累的经验，考古学家们了解到某一尺寸的砖、某种形状和装饰的容器、某种类型的武器和某种风格的雕塑等均是或主要被发现于某一特定地

第二章 寻找过去

层,集合在一起就形成了所谓的"文化视域"(cultural horizon)或是"文化层"(cultural stratum)。如果这些古物当中有一个铭刻有"日期",或者它被发现于另外一个被定期了的遗迹附近且与之有清楚的关系,那么,这一整个文化层在时间坐标轴上就很容易找到位置。否则,人们会尝试着将这些古物的使用时间与较古老的或是较新的时期相关联。举个例子,在两河流域南部的一些遗址中,一种彩绘花瓶(所谓的捷姆迭特-那色 [Jemdat Nasr] 陶器)呈现出一种文化层之下的特点,此外平凸砖(也就是砖的一面是平的,另一面是半球形的)则呈现出一种在以朴素的、浅黄的、黑的或红的陶器占主导的文化层之上的特点。各种各样的铭文使我们将平凸砖定期为公元前3千纪(早王朝时期:公元前2900—公元前2334年)。朴素的陶器虽不能定期,但当乌鲁克遗址所在地被首次挖掘之后,它们构成了所谓的"乌鲁克"文化层的一部分。因此,捷姆迭特-那色文化层可以被定出一个"相对的"日期。它在时间上处于乌鲁克时期和早王朝时期之间,约结束于公元前2900年。它持续了多长时间是另一回事,但有一些方法可以进行粗略估计。

当处理历史问题的时候,用数字表达日期是必要的。研究它们是如何获得的以及我们在多大程度上信任它们是十分有趣的。

古代希腊历史从第一次奥林匹克远动会(公元前776年)开始计算,罗马史始于罗马建城(公元前753年);穆斯林史始于希吉拉(hijra,公元622年),我们有我们自己的基督纪元。然而,古代两河流域直到它们历史的晚期才有固定的纪年体系，当时使用塞琉古纪年（Seleucid era，公元前311年）。在那之前，他们仅简单地提及他们的统治者的统治年代，可以用三种方式表达：(1) 用简单的数字给出统治年，例如：巴比伦王那布那伊德（Nabû-na'id，即那波尼杜 [Nabonidus]）统治的第十二年；(2) 每一任统治者的每一年都用发生于前一年的一些诸如战争胜利、王室婚礼、神庙建设等事件来定义，例如：乌鲁克和伊辛城（Isin）被占领之年；(3) 每一位国王统治的每一年以王国内的一些高官命名（名祖名词，或是亚述的名年官 [limmu] 系统）。在早王朝时期，三种纪年方法在苏美尔似乎都被使用了。第二种方法（年名法）在巴比伦被采用到加喜特时期（Kassite period），然后被第一种纪年方法取代。在亚述地区，名年官纪年法的使用则保持了整个历史时期。[5]

这些纪年方法仅对两河流域人自己有实用价值，如果他们拥有每一个国王的年名表或是名祖名词表，或是拥有每个王朝的带有其国王统治持续时间的王名表，最后则形成了一个统治这一国家的连续王朝的名单。这类名单是存在的，它们中的一些留存了下来。这里举一些例子：

巴比伦国王汉穆拉比的统治年表：[6]

（第1年）汉穆拉比成为国王。

（第2年）他在国家建立了司法。

（第3年）他为巴比伦的南那神（Nanna）的主要高台建造了一个王座。

（第4年）他建造了伽吉雅（Gagia，圣区）的城墙。

（第5年）他建造了（一座名为）"该神是天和地的主宰"（的雕像）。

（第6年）他为宁皮瑞格女神建造了一个王座。①

（第7年）乌鲁克和伊辛被征服了。

（第8年）埃穆特巴勒国（Emutbal）（被征服了）。

从这份年表可以看出，上面所列举的这个日期是国王汉穆拉比统治的第7年。

王表 B，包含了古巴比伦第一王朝：[7]

苏穆阿比（Sumuabi），国王，（统治了）15（14）年。

苏穆莱勒（Sumulail），35（36）年。

萨布（Sabu），他的儿子，同样（即国王），14年。

阿皮勒-辛（Apil-Sin），他的儿子，国王，18年。

辛-穆巴里特（Sin-muballit），他的儿子，国王，30（20）年。

汉穆拉比，他的儿子，国王，55（33）② 年。

叁苏伊鲁那（Samsuiluna），他的儿子，国王，35（38）年。

…………

这一王表继续列举了其他四位国王，以"巴比伦王朝，11位国王"的陈述结束。因此，我们了解了汉穆拉比是巴

---

① 因英文原文中年名不确定，第5、6年年名是译者修改后的。——译者注
② 此处括号内应为"43"。——译者注

比伦王朝的第六位国王,他统治了 55(43)年。①

名年官表(*limmu*-list)(阿达德-尼腊瑞三世统治时期,公元前 810—公元前 783 年):[8]

阿达德-尼腊瑞(Adad-nirâri),亚述王,对曼那(Manna)(作战)。

奈尔伽尔-伊里雅(Nergal-ilia),陆军首领,对古扎那(作战)。

贝勒达严(Bêl-daiân),宫廷传令官,对曼那(作战)。

西勒-贝勒(Sil-bêl),首席持杯者,对曼那(作战)。

阿淑尔-塔克拉克(Ashur-taklak),总管,对阿帕德(Arpad)(作战)。

伊里-伊提雅(Ili-ittia),阿淑尔总督,对城镇哈扎祖(Hazâzu)(作战)。

奈尔伽尔-埃瑞什(Nergal-eresh),腊萨帕(Rasappa)(总督),对城镇巴里(Ba'li)作战。

…………

这些王表所涵盖的时间范围各不相同。一些王表限于某一个地方或是某一个朝代。其他王表,像刚刚列举的王表 B 包括几个国王的统治朝代,这些朝代的统治——至少明显地——是连续的。另一些王表时间跨度则更大,包括非常长的时期和几个王国的朝代。例如被雅各布森

---

① 这个年表中的统治年代是根据一些破损的铭文计算出来的,经常出现错误。括号中给出了正确的统治年数。

(Th. Jacobsen)重建的著名的"苏美尔王表",它的时间范围从"洪水前"传说中的统治者到伊辛第一王朝最后一位国王达米喀-伊里舒(Damiq-ilishu,公元前1816—公元前1794)。[9]

如果没有克劳狄乌斯·托勒密(Claudius Ptolemeus [Ptolemy]),用基督教年代学的术语表达这样的定期是不可能的。托勒密是一个来自亚历山大里亚(Alexandria)的希腊人,公元2世纪,在他的一本书中附了一个包括从那波那萨尔(Nabonassar,公元前747年)到"伟大的亚历山大"(Alexander the Great,公元前336—公元前323年)的巴比伦和波斯全部国王的王表。这一被称为"托勒密经典年表"(Ptolemy's Canon)的王表不仅给出了每一任国王统治的年限,其中还标记了一些在国王统治期间发生的著名天文事件。很幸运的是,通过综合几个亚述年表里的数据,我们能够重建一个长期的、连续的名年官表。它包含了阿达德-尼腊瑞二世(Adad-nirâri Ⅱ,公元前911—公元前891年)至阿淑尔巴尼帕(Ashurbanipal,公元前668—公元前627年)统治时期。而且这一名年官表记载了这一时期内的主要天文现象。在公元前747年和公元前631年之间,这一名年官表的记载和"托勒密经典年表"是一致的,而它们所提到的日食和星辰的运动等也是一致的。天文学家发现在名年官表中记载发生于国王阿淑尔-丹(Ashur-dân)第十年西万月(Sivan,5月至6月)的日食实际上发生于公元前763年6月15日,而这正是通过倒推,并把名年官表上每一任统治的年份加在一起得出的精确的日期。因此,两河流域的绝对定年可以从公元前911

年开始准确地建立起来。[10]而早期的年代学依赖于更脆弱的基础。从理论上来说，根据国王表和朝代表，年代学应该能够被建立起来，但是，这些经常被证明是误导。它们不仅显示出显著的差异，而且还含有一些间断或是抄写上的错误，或是它们给出的连续王朝实际上是有部分重叠的或是同一时代的。因此，在不同的教科书中发现不同数值和偶然改变的观点时无须惊讶。例如，巴比伦国王汉穆拉比的继位年代，在100年以前被确定为公元前2394年（奥博特［Oppert］，1888），在第一次世界大战后确定为公元前2003年（蒂罗-丹金［Thureau-Dangin］，1927），现在在公元前1848年（西德斯基［Sidersky］，1940）和公元前1704年（维德奈尔［Weidner］，1951）之间变化。大部分古代近东的历史学家都声称赞同所谓的"中"年代体系，据此汉穆拉比的统治时间是从公元前1792年至公元前1750年，而且这也是将在本书中所要论述的年代学。[11]

关于这一问题，我们不得不提到那些将年代学建立在更科学的基础上，利用物理方法，特别是1946年以来由芝加哥利比教授（W. F. Libby）提倡的碳14或是放射性探测法[12]进行的尝试。放射性探测法的原理简介如下：所有生命体都含有原子量为12的普通碳原子和一个原子量为14的放射性同位素原子。碳14是在大气上层通过宇宙射线对氮的作用形成的，进入地球后被植物吸收，最终被动物吸收。碳14与碳12的比率在生命的历程中保持恒定：每颗普通碳是十亿分之一克。生命死亡以后就不再吸收碳14，生命体中的碳14的一部分就慢慢地减少，通常还原为氮。因为知道碳14的分解曲线或是"半衰期"曲线（为

5568年),就有可能推算出生命体的死亡日期,因而知道它的年龄。这一方法适用于考古挖掘中的有机物质,如骨头、树木、木炭、贝壳、芦苇等。但它的有效性会受到一些因素的影响(辐射计数技术固有的标准偏差,较旧或较新材料的污染,大气碳14浓度随时间的变化),并且,最近试图通过树木年代学(对树木年轮的研究)去校正放射性碳元素年代估计的尝试已经遇到了一些问题,这意味着放射性碳元素定年必须被谨慎使用。就史前时代而言,它们能起到相当大的帮助——因为几百年的差异并不太重要——但不能被用于精确的历史年代学。

伊拉克的考古研究

曾经繁荣的城市变成土丘的过程远比人们想象得迅速。[13] 希罗多德在公元前4世纪中期看到巴比伦城仍存在,但却疏忽了去参观一个半世纪以前被毁灭的尼尼微城。甚至在公元前401年,色诺芬(Xenophon)率领一万希腊雇佣兵穿过两河流域,途经伟大的亚述都城时也没有注意到它。[14] 四个世纪后,斯特拉波谈及巴比伦城已经是一个废墟中的城镇了,"几乎彻底地荒芜了"[15]。

1000年的时光过去了,覆盖在这些古代城市上的尘埃越来越厚,人们对它们的记忆也渐渐消逝了。阿拉伯的历史学家和地理学家仍知道一些伊拉克辉煌的过去,但欧洲人已经忘记了这一东方(文明)。图德拉(Tudela)的本杰明(Benjamin)在12世纪的游历和德国博物学家罗沃尔夫(Rauwolff)在其后四个世纪的旅行都属于毫无联系的孤立事件。17世纪之后，西方人对古代东方历史的兴趣被唤醒。当时一位意大利贵族皮特罗·德拉·瓦莱（Pietro della Valle）对其穿越两河流域的旅行进行了有趣的描述，并且在1625年将发现于乌尔和巴比伦的砖带回了欧洲，"这些砖上书写有某些未知的文字"。渐渐地，学术界和王室意识到这是一个值得研究的领域。1761年，丹麦国王第一次派出了一个科学考察团前往东方，他命令他们尽可能多地收集包括考古学在内的各个领域的信息。领队卡斯登·尼布尔（Karsten Niebuhr）——一位职业数学家——在波斯波利斯（Persepolis）临摹了许多铭文并将其提供给语言学家使用，语言学家很快就破译了这一神秘的文字。从此之后，几乎所有访问或居住在东方的人都重视探索那些废墟，收集古物（antikas）[①] 和临摹铭文。他们中的杰出者有：约瑟夫·博尚（Joseph de Beauchamp, 1786），一位著名的法国神父和天文学家）；克劳迪乌斯·詹姆斯·里奇（Claudius James Rich, 1807），巴格达的东印度公司代表和英国总领事）；詹姆斯·白金汉（James Buckingham, 1816）；罗伯特·米格南（Robert Mignan, 1827）；詹姆斯·贝利·弗拉塞（James Baillie Fraser, 1834）先生；还有那位非凡的军官、运动员、探险家和语言学家亨利·克雷齐克·罗林森（Henry Creswicke Rawlinson, 1810—1895）先生，他无疑是所有人中最伟大的。这里，我们至少也要提及19世纪早期一次政府资助的考察活动，英国的切斯内（F. R. Chesney）率领"底格里斯-幼发拉底河考察队"，考察了

[①] antikas，梵语，意思为"古董"或"古物"。——译者注

第二章 寻找过去

两河的路线，收集了两河沿岸国家的大量信息。

除了博尚和米格南在巴比伦挖了两个小坑，所有这些人都将他们的活动局限于检查和测量他们所见的废墟，远无法想象这些"荒凉的土丘"内掩藏了什么。出生于意大利的法国驻摩苏尔领事保罗·埃米尔·博塔（Paul Emile Botta）于1843年在霍尔萨巴德（Khorsabad）开始了在伊拉克的第一次考古挖掘，发现了第一座亚述（遗址），开创了一个新的时代。英国人亨利·莱亚德（Henry Layard）立即（1845）在尼姆鲁德和尼尼微效仿他，很快一些土丘被挖掘了。1877年，法国驻巴士拉领事埃内斯特·德·萨尔泽克（Ernest de Sarzec）听说一些雕像被偶然发现于那斯瑞亚附近的泰罗（Telloh），遂决定去那里挖掘，然后发现了一个新的文明——苏美尔文明。因此，在近30年的时间里，一个迄今仍然未知的文明揭示在世人面前，人们惊讶地得知两河流域能够产生出与希腊或是埃及同样丰富的珍宝。博塔、莱亚德、萨尔泽克、洛夫图斯（Loftus）和史密斯（Smith）等那一英雄时代的先驱在各方面来说都是业余爱好者，他们没有考古经验，缺少考古方法。他们的主要目的是去发现和寻找古物，然后将雕像、浮雕、铭文和一般意义上的艺术品送回他们各自国家的博物馆。虽然他们没有将时间用于泥砖和破损的陶罐上，并且在挖掘过程中将文物破坏较多，保存较少，但是，他们开拓了考古的道路，克服了各种障碍，以从未被超越的精力和热情完成了该项工作。

与此同时，在欧洲的各个博物馆，同样热情，但更加有耐心的（语言学）先驱们正在从事破译那些源源不断、成批地送入博物馆里的书写文献的神奇工作。这一持续了

100多年、汇集了来自几个国家的众多学者的极具创造力的智力冒险工作,我们在这里不能讲述得过于简略。[16] 然而,我们应该向以下几位学者表示敬意:格罗特芬德(Grotefend),哥廷根大学的一位希腊语教师,他对尼布尔在波斯波利斯临摹的以楔形文字书写的古波斯铭文做出了第一次认真的尝试解读,并且取得了部分成功;罗林森在1835年至1844年间,不仅冒着生命危险临摹了大流士(Darius)雕刻在伊朗西部贝希斯敦(Behistun)山崖高处的、由三种语言书写的长铭文,而且他还开始去翻译它。这一以古波斯语、巴比伦语和埃兰语书写的铭文被称为"亚述学的罗塞塔石碑"(Rosetta stone of Assyriology),与之不同的是最初这三种语言中没有一种能够被阅读出来。爱尔兰人爱德华·欣克斯(Edward Hincks)及他的法国同事朱利斯·奥佩尔(Jules Oppert)与罗林森一起被称为楔形文字研究的"三剑客",因为他们征服了最大的铭文和语言困难,正如一位他们的现代继承者所指出的,"(他们)打开了被掩埋在古代近东各处的泥板书中布满灰尘的页面"[17]。亚述-巴比伦语(现在称为阿卡德语)破译的确切时间被认为是1848年,到1900年古代两河流域的另一种语言苏美尔语也被广泛地理解了。前者现在几乎没有神秘可言了,后者现在仍有模糊的角落,但确定性也越来越高。保守估计,约有50万块泥板文书——它们中许多尚未出版,但最终会被出版——可以被历史学家们使用,[18]而且随着考古学研究的进步,更多的不计其数的泥板将会被发现。可以毫不夸张地说,世界上没有其他国家能够产生如此丰富且能够保持几千年前书写原样的古代文献。

德国人在19世纪和20世纪之交登上舞台预示着考古挖掘工作新方法的诞生。罗伯特·科尔德威（Robert Koldewey）在巴比伦（1899—1917）、沃尔特·安德烈（Walter Andrae）在亚述（1903—1914），对一个一直由运气和直觉统治的领域引入了严格的甚至一丝不苟的技术。德国人的方法很快被广泛采用，两次世界大战之间的20年或许是两河流域考古史上最辉煌、成果最丰硕的时期。在那段日子里，吴雷（Woolley）在乌尔废墟挖掘出了王陵墓地（1922—1934），海因里希（Heinrich）和他的团队在乌鲁克工作，帕罗（Parrot）在马瑞，英国人在欧贝德、尼尼微、阿尔帕契亚（Arpachiyah）和卡伽尔-巴扎尔丘（Chagar Bazar），美国人在高腊丘（Tepe Gawra）、奴孜（Nuzi）和迪亚拉河谷，英国人和美国人在基什和捷姆迭特-那色。大大小小的土丘一个接一个被打开，它们的神秘也逐渐被揭开。除了更古老的历史，两河流域文明史的主要特征逐渐被确定下来，形成了一个古老而迷人的文化，这一文化对研究该地区文明的起源提供了新的线索。

在这一时期，伊拉克成为一个独立国家。巴格达现在有了自己的博物馆，年轻的伊拉克考古学家们被训练出来。在第二次世界大战期间，考古挖掘远没有达到完全停顿的状态，仍在继续，并在乌凯尔（'Uqair, 1940—1941）、哈苏那（1943—1944）和阿卡尔库夫（'Aqar Quf, 1943—1945）取得了最令人感兴趣的结果。二战结束后，考古挖掘活动继续展开。德国人（伦曾［Lenzen］）在巨大的乌鲁克遗址、美国人（海恩斯和麦考恩［Haines and McCown］）在苏美尔的宗教都城尼普尔、法国人（帕罗）

在中幼发拉底河的重要中心马瑞重新开始了工作。马洛温（Mallowan）代表大英博物馆重新打开了亚述的军事首都尼姆鲁德，尼姆鲁德在过去 70 年里都未被触及。西顿·劳埃德（Seton Lloyd）、塔哈-巴吉尔（Taha Baqir）和福德·萨法尔（Fuad Safar）为伊拉克博物馆挖掘了三个未曾挖掘过的新遗址：埃瑞都，伊拉克最重要的古代宗教城市之一；哈马勒（Harmal），一个小土丘却出土了出乎意料的丰富泥板文献；还有哈特腊丘（Hatra），一个前伊斯兰时代阿拉伯王国的奇怪都城。1958 年之后，年轻的伊拉克共和国更宽泛地向外国考古学家敞开了它的大门。德国人和美国人继续在取之不尽的乌鲁克和尼普尔遗址工作，同时，伊拉克人自己在一处新的史前文化遗址萨万丘（Tell es-Sawwan）和许多听起来比较小的遗址挖掘，而英国人在瑞马赫丘（Tell al-Rimah）、乌姆-达巴吉亚（Umm Dabaghiyah）、乔加-马米（Choga Mami）和阿布-萨拉比克（Abu Salabikh），法国人在拉尔萨，比利时人在戴尔丘（Tell ed-Der），德国人在伊辛，意大利人在塞琉西亚（Seleucia），俄罗斯人在耶里姆丘（Yarim Tepe），波兰人在尼姆鲁德，甚至是日本人在泰鲁勒-阿什-萨拉萨特（Telul ath-Thalathat）都进行了全新的挖掘工作，这里提及的仅是一些主要遗址。在本书写作之际，这些挖掘工作中的一些仍在进行，其他的正在做挖掘计划。古代两河流域所有大城市和许多不是太著名的城镇已经或是正在被挖掘出土，相当数量的恢复工作已经完成或是正在进行，尤其是在尼尼微、尼姆鲁德、巴比伦、乌尔和哈特腊等城市。

20 世纪 70 年代后期，一种新的、有益的考古活动出现了：出于农业用途，在幼发拉底河、底格里斯河及它们在叙利亚、伊拉克的一些支流上修建了大坝，所谓的"抢救性挖掘"成为必要。这些由于修水坝而产生的湖泊必然会淹没一些土丘，在这一情况发生之前，尽可能多地去探测这些土丘势在必行。这些艰巨的任务由叙利亚和伊拉克的考古学家与来自欧洲、美国、澳大利亚和日本的同行们联合执行。这些大规模拯救行动中的第一个拯救项目是由在叙利亚境内的幼发拉底河大湾上建造阿萨德大坝（Assad dam）引起的；随后转到了伊拉克境内，迪亚拉河一条支流河谷中的"哈姆林盆地项目"（Hamrin basin project），幼发拉底河中部的哈迪萨或喀迪西亚（Haditha or Qadissiyah）的抢救挖掘，摩苏尔上游的底格里斯河河谷中的埃斯基-摩苏尔项目（Eski Mosul project）等，总计有将近200个从史前时代到晚期穆斯林时代的遗址被探测，其中一些遗址是局部的和简单性的挖掘，另外一些是全面性的挖掘，需要数月或是数年。这一国际化努力的结果非常有趣：他们不仅探测了一些大城市遗址如埃马尔，而且还探测了一些小城镇遗址如伊拉克幼发拉底河上的哈腊杜姆（Haradum）；它们提供了大量关于在不同时期定居模式的信息，还填补了许多迄今鲜有记录的原始历史文化的空白。[19]

"海湾战争"终止了在伊拉克的全部考古研究活动，但毫无疑问，这类和平的活动迟早会在那里重新开始。单在伊拉克就有近6000个土丘正在等待着挖掘者——足够几代考古学家和铭文学家忙碌于此了。虽然在研究过去的进程中，我们好像倒退了，但在亚述人之后，在巴比伦人之后，在苏美尔人之后，在公元前四五千纪不知名的民族之后，伊拉克的石器时代已被带到探照灯下。尽管我们的知识有不可避免的遗漏,但至少已能够书写一部完整的古代两河流域历史。我们从那些非常遥远的日子开始,当时的人们选择库尔德斯坦的山丘和洞穴作为他们的居所,并在身后留下了可以证明他们存在的简陋燧石削切工具。

第三章
从穴居到农耕

直到1949年,教科书和科学杂志都对伊拉克的史前史保持沉默。考古工作集中于两河流域平原,那里如果存在着史前遗迹的话,现在它们应该被埋在一层非常厚的冲积层之下。一些土丘的最低文化层已经为历史学家们提供了足够的材料去建立起五个连续的史前时代文化。这些文化宣布和解释了公元前3000年左右苏美尔-阿卡德文化的破晓,但是所有这些文化都属于新石器时代晚期和铜石并用时代,时间上最多上溯到几千年。伊拉克石器时代的史前历史,实际上几乎是未知的。一些真正的打制碎石已被发现于叙利亚-两河流域沙漠不同部分的表面。[1] 早至1928年,因对巴勒斯坦史前时代研究而出名的女考古学家加罗德(D. A. E. Garrod)教授已经考察过库尔德斯坦,而且在苏莱曼尼亚附近的两处洞穴中发现了旧石器时代(Palaeolithic)的人工制品。但这些考古发现在人数极少的专家群体之外很少受到关注。20年之后,当布莱德伍德(R. J. Braidwood)教授出版《新石器时代遗址耶莫(Jarmo)》之后,才引起了学界足够多的兴趣去进一步展开对这一长期被忽视领域的研究。[2] 从此之后,美国人在巴达-巴尔卡(Barda-Balka)、帕莱伽瓦(Palegawra)和卡润-舍黑尔（Karim-Shehir）的挖掘（1951），芝加哥大学东方研究所对扎布河盆地的调查（1954—1955）和索莱茨基博士（Dr R. Solecki）从1951年起在沙尼达尔洞穴（Shanidar cave）[3] 中令人惊喜的发现为我们对伊拉克大部分古代过去的认知做出了相当重要的贡献，并且填补了近东史前史一个令人相当遗憾的空白。

旧石器时代

在石器时代三个经典的阶段——旧石器时代、中石器时代（Mesolithic）、新石器时代中，旧石器时代到目前为止被认为经历的时间最为长久，它完全覆盖了被称为更新世（Pleistocene）的整个地质时期。更新世因为是在地球如此漫长的历史中"最近"（即pleistos kainos）的一个章节而得名。更新世大约开始于200万年前，结束于公元前10000年左右，然后被我们仍生活在其中的最晚的全新世所取代。更新世和全新世合起来构成了第四纪（Quaternary era）。

更新世的开始是以前一个时代即上新世最终的、衰弱的动荡为标志。上新世时期在近东形成了托罗斯山脉和扎格罗斯山脉，它们属于阿尔卑斯和喜马拉雅山（Alpine-Himalayan）系列山脉的一部分。这一时期也形成了连接死海（Dead Sea）和红海（Red Sea）直到东非大湖区（great East African lakes）的东非大裂谷（Rift Valley）；坚硬的阿拉伯台地下滑到坚硬度不次于它的伊朗高原之下形成了两河流域平原和阿拉伯-波斯海湾。这些地质运动伴随着相当多的火成岩活动，这一点被大量的火山喷发所见证，它们中的大部分现在都熄灭了，散布在整个土耳其、高加索山脉和伊朗。此外，许多熔岩场也被广为发现，如在叙利亚、大马士革南部的熔岩场。

大约在100万年前，地球表面几乎已经形成了它现在的结构，进入了一个相对静止的时期，主要的活动是地表形成的侵蚀。这一活动很大程度上被覆盖于欧洲和美洲北部上的四个连续冰盖的扩张和回缩所促进：这四次冰川作用在欧洲分别被称为冈兹冰期（Günz）、明德勒冰期（Mindel）、里斯冰期（Riss）和乌尔姆冰期（Würm）及它们的效应期。必须引起注意的是在热带、亚热带和赤道地区，时间较长的暴雨期（雨季）和相对干旱期（间雨期）相互交替，大致与欧洲和北美的冰川期与间冰期相符合。

尽管在托罗斯和扎格罗斯山中存在着一些循环冰川作用的证据，但最大的冰盖从未到达近东的南部。伊拉克处于易受亚冰期和亚雨洪积层等条件影响的结合区域。在更新世期间，气候在伊拉克所发生的变化远没有在世界其他区域所发生的变化大。尽管如此，它们间接地塑造了它的地形特征。正如我们所见，波斯湾的地平线随着极地冰盖的变化而波动，这影响了河流的轮廓和它们的侵蚀运动。[4]另一方面，侵蚀运动活跃的暴雨期与以大量的泥沙和碎石淤积在河床中为标志的干旱期相互交替。在库尔德斯坦丘陵地带，至少有四个这样连续的循环被确定，而且与最后两次的冰川期和间冰期相关联。[5] 很难想象，这里曾有这样的情景：大河流淌穿越沙漠，当时的幼发拉底河和底格里

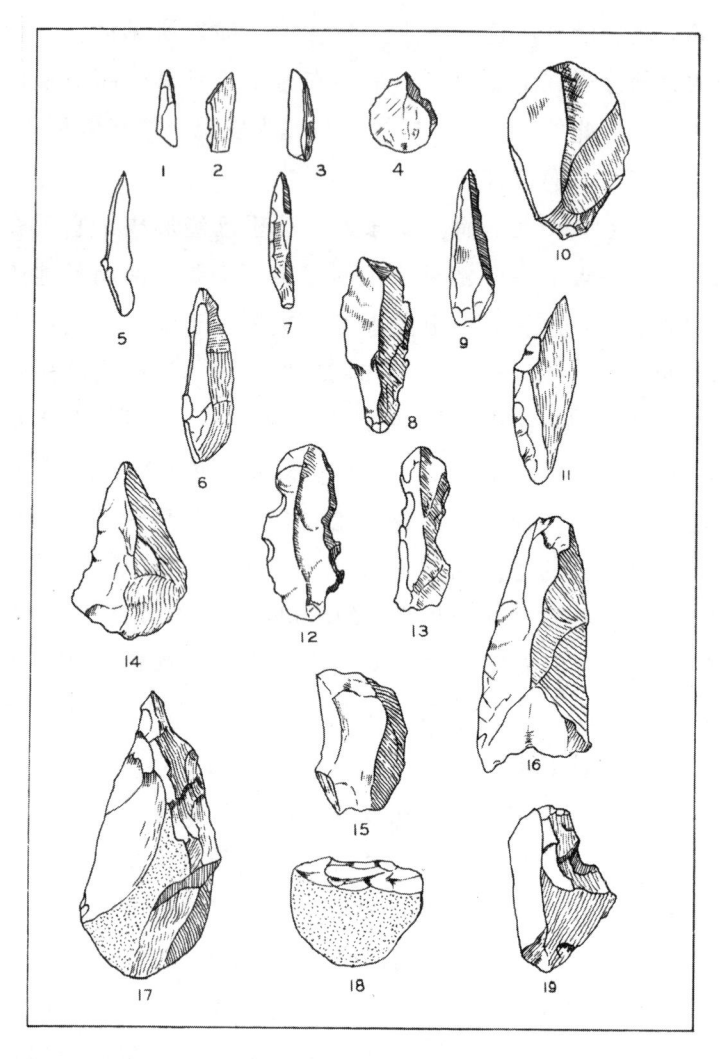

在伊拉克库尔德斯坦的石器：1—4. 细石器（沙尼达尔 B）；5—13. 奥瑞那提亚文化（巴拉多斯坦，沙尼达尔 C）；14—16. 莫斯特瑞安文化（沙尼达尔 D）；17—19. 莱瓦勒森-阿舍利文化（巴达-巴尔卡）。（出自 R. 索莱茨基和 H. 莱特：《苏美尔》VII，1951 和 VIII，1952 [R. Solecki and H. Wright Jnr, *Sumer*, VII, 1951 and VIII, 1952]）

斯河或许与密西西比河一样宽。当时大、小扎布河和迪亚拉河的携水量是它们现在的十倍之多，它们流经库尔德斯坦山脉中并削出又深又宽的河谷。由于相对温和的气候，自始至终，在更新世的大部分时期，伊拉克的西部沙漠和山区均是长满草的荒原和高地，这为史前时代的人们提供了非常有利的生存条件。[6]

  人类出现在伊拉克最古老的踪迹可能是用石灰岩、燧石和石英岩制作的"砾石器"（也就是被剥出薄片的河石，它们可以被用作手斧），它们在几年前被发现于摩苏尔北部的底格里斯河上游的河谷中。[7] 这些工具被断定为"较高的阿舍尔文化期工艺"（upper Acheulaean industry），可以将它们定期为非常漫长的旧石器时代（Lower Palaeolithic）亚期的最后四分之一阶段，距今大约50万年至11万年。这样在时间的尺度上就靠近恰姆恰马勒（Chemchemal）有趣的巴达-巴尔卡遗址时期。恰姆恰马勒位于基尔库克和苏莱曼尼亚之间，于1949年被伊拉克考古学家们发现。在新石器时代的一种巨石文化周围，旧石器时代的燧石工具躺在地上。1951年，两位美国考古学家做了一次探测，将它们的起源追溯到一个曾经开放的"工作间"或是"施工现场"，现在则被埋在3到5英尺（约90厘米到150厘米）厚的淤泥和砂砾之下。[8] 这类燧石工具是由心形或是杏仁形手斧和由薄片构成的边刮器组成。还有由石灰岩制作的"卵石工具"。这一工艺与阿舍利（Acheulaean）文化、塔雅西（Tayacian）文化（克拉克［Clactonian］文化的一种衍生文化）和莫斯特瑞安（Mousterian）文化关系密切，而且被定期于约公元前8万年前瑞斯-乌尔姆（Riss-Würm）

间冰期结束时期。

旧石器时代中期再前进一步的文化是由混合的莱瓦勒森-莫斯特瑞安（Levalloiso-Mousterian）工艺为代表，这一混合工艺1928年由加罗德于哈扎尔-默德（Hazar Merd）的"黑暗洞穴"（Dark Cave）中发现，该洞穴距离苏莱曼尼亚南约19千米。[9] 没有其他地方能够比沙尼达尔洞穴更好地说明莫斯特瑞安文化，这一洞穴由密歇根大学的索莱茨基（Solecki）博士于1951年至1960年间挖掘。[10]

沙尼达尔洞穴是位于能够远眺上扎布（Upper Zab）河谷的巴拉多斯特山（Baradost mountains）南侧的一个巨大的岩窟（四个网球场的尺寸），距离罗万杜兹小镇不远。冬季时该洞穴仍被库尔德（Kurdish）的牧羊人所使用。从它的地面向下挖掘，索莱茨基博士可以到达14米的深度，能够识别出四个居住层。在最低和最厚（8.5米）的D层，混合着骨头和燧石工具的连续炉台和灰烬沉积层证明这一洞穴在旧石器时代中期的各个时期都有人居住。石制的人工制品由尖刺、刮刀和莫斯特瑞安文化末期典型的穿孔器组成。动物的骨头主要是公牛、绵羊和山羊的，显示了这里的地区气候并非非常寒冷，此外还发现了大量的龟壳。非常有趣的是在D层中的9具人类骨架：其中2具是儿童，7具是成年人。这些骨头大多保存得都不完好，但骨架I的头盖骨——一个大约35岁、1.5米高的男人——能够被修复得相对准确。[11] 它展现了一个尼安德特（Neanderthal）男人的全部特征：粗壮的骨头、巨大的无颚下颌、倾斜的前额、突出的眉骨。我们有理由相信（洞穴里）其他的人也属于同一种族。斯图尔特（D. T. Stewart）博士检查了这些尸骨残骸,他诊断出沙尼达尔洞穴中一个男人的胳膊从出生就已经残疾了,后来被一把粗糙的燧石刀切断。其中一些人是被从洞穴顶滚落的巨大岩石砸死的,尽管绝不可能是在相同的时间。一个洞穴居住者的身体依靠在一个由树枝和鲜花铺设的床上,对这些花进行检测,能够将死者的死亡日期确定在"5月底到7月初之间"。三具骨架的时间由放射性碳测法测定,两具分别被定期为距今 46000 年和 50000 年,第三具在地层底部距今大约有 60000 年。[12]

沙尼达尔洞穴 C 层将我们很好地带入了旧石器时代晚期。通过对这一层各个炉台的木炭进行碳 14 检测,能够将其较早和较晚的界限分别固定在"早于 34000 年"和"约公元前 25500 年前"。石制材料是具有奥瑞纳西亚(Aurignacian)文化特征的"有刃工具"(blade-tool)类型,因为它包含一些制作精良、形状特殊的刻刀。索莱茨基博士根据洞穴居于其中的群山为这一工艺建议了"巴拉多斯特"或"巴腊多斯坦"(Baradostian)的名字。C 层的上部和其直接上方的 B 层的大部分都形成了相同工艺的典型物品,但这些人工制品的尺寸有逐渐变小的倾向(细石器)。这一晚期的奥瑞纳西亚文化或是"延伸的格拉维特"(Gravettian)文化在伊拉克北部的几处旧石器时代遗址中被体现。小圆刮刀和"笔刀"(pen knife)刀片尤其是边缘有深深凹痕的刀片,被加罗德女士大量发现于苏莱曼尼亚附近的扎尔兹(Zarzi)洞穴,[9] 被贺维(B. Howe)大量发现于恰姆恰马勒以东 32 千米的帕莱伽瓦洞穴,[13] 它们也存在于布莱德伍德教授和他的工人们于 1954—1955 年探测的各种洞穴中,尤其是位于罗万杜兹以西和以南的凯万尼安（Kaiwanian）和巴腊克（Barak）。似乎这些小物件中至少有一些能被装上把手用作武器去猎杀野马、鹿、山羊、瞪羚、绵羊和猪，这些动物当时生活在一个仍然寒冷但是已经比较干燥的大陆了。

旧石器时代的伊拉克居民不是孤立的，通过叙利亚沙漠——在那里，石器时代的人工制品已经在许多地方被发现了——他们与旧石器时代的叙利亚-巴勒斯坦人进行了交流，这两个国家的燧石工艺有一些共同特征并非偶然。他们还与安纳托利亚高原和伊朗高原有贸易往来。例如，沙尼达尔洞穴 D 层和哈扎尔-默德中的物质材料与伊朗西部的比斯敦洞穴（Bisitun cave）中的物质材料几乎完全相同，在许多细节上类似于土耳其的科林洞穴（Korain cave）中的物质材料。在旧石器时代晚期，沙尼达尔洞穴中的人用黑曜石（火山玻璃）制造了他们的许多工具，最近的黑曜石资源位于亚美尼亚的凡湖地区。实际上，从一个营地到另一个营地，石器制造技术被带到远至欧洲，如果我们相信一些权威，那么奥瑞纳西亚文化发源于近东。然而，由于处在"肥沃新月"（Fertile Crescent）一个角落中的半封闭位置，伊拉克库尔德斯坦保持了它自己的特征。索莱茨基认为"巴拉多斯特"工艺在近东独一无二，尽管沙尼达尔洞穴中的尼安德特人多少比迦密山（Mount Carmel）中的尼安德特人更晚一些，但他们似乎还没有像后者一样与智人混合或朝智人进化，在他们的身体上仍然保留着一些"保守特征"。最后，在西欧旧石器时代后期继承并繁荣了奥瑞纳西亚文化的梭鲁特（Solutrean）文化和马格达林（Magdalenian）文化从未到达伊拉克，也没有到达西亚的任何其他地方。在那些国家，从奥瑞纳西亚文化到细石器（即中石器时代）的过渡是直接的，中石器时代距新石器时代革命仅一步之遥。

中石器时代

中石器时代（或晚旧石器时代）是旧石器时代和新石器时代之间过渡期的名称，或就经济术语而言，是狩猎经济与食物采集和食物生产之间的过渡。它以由非常细小的和形状各异的燧石或黑曜石工具（细石器）组成的石器工艺为特征，由于社会和经济影响，尤其是储存食物和控制资源的需要，它开始向全部或部分定居（sedentism）过渡。在伊拉克，中石器时代的持续时间从公元前 9000 年左右（由碳元素分析法决定的沙尼达尔 B1 层的上限）到公元前 7000 年（与新石器时代耶莫的前陶器时代相近）。[14]

在伊拉克库尔德斯坦，中石器时代第一阶段以沙尼达尔洞穴 B1 层和位于上扎布河左岸的扎维-科米-沙尼达尔（Zawi Chemi Shanidar）的露天遗址为代表。[15] 在这一遗址中，唯一的定居痕迹是一段由田野中的石头和河卵石砌成的低矮、弯曲的墙，可能原是环绕一处小屋和一座帐篷。洞穴和营地中的石器一样，都是细石器的燧石石片，或是"贫瘠的扎兹安（Zarzian）类型"和更大的用具，如研磨器、手推石磨、臼和杵——这些工具在旧石器时代晚期还没出现——很可能用来捣烂野生谷物和染料。其他的新物件有骨制的、有时用几何图案装饰的锥子，有各种人体饰物，比如骨珠、垂饰、动物牙齿和彩色石头等。这些人可能一年当中有一部分时间生活在那里，然后在附近的沙尼达尔洞穴中过冬，他们食用野山羊、野绵羊、野猪和赤鹿，还有鱼、淡水的蚌和龟。发现于沙尼达尔洞穴 B1 层的 26 具人类骨骼大部分聚集在一个"墓地"中，他们躺在石台上，埋葬在扎维-科米的 8 个成年人每一个都有一个儿童陪伴，这显示了一种可怕的仪式。所有被研究的头盖骨都属于原始地中海类型，许多头盖骨显示了颅骨穿孔和疾病的迹象，尤其是龋齿。对这一露天遗址，放射性探测法测试出的日期为公元前 8920 年加（减）400 年。

或许有 1000 年的间隔将扎维-科米-沙尼达尔和其他两处大约同时期的遗址分隔开：卡润-舍黑尔和姆莱法特（Mlefaat）。

卡润-舍黑尔位于恰姆恰马勒东 10 千米，[16] 面积约 2 英亩（约 8000 平方米），仅由一个居住层组成，就在地表之下。那些呈现细石器特征的燧石人工制品可与那些被认作农业工具的物件相联系：燧石镰状叶片、有缺口和被打磨过的石锄、磨石。此外，尽管没有居住的平面图，但是一个整个被非常不规则的卵石路面覆盖的区域表明了屋子的轮廓。如果卡润-舍黑尔如它被认为的那样属于半游牧民的营地遗址，那它代表了在向定居生活发展过程中的一个非常早期的阶段。

一个更持久的农业群落类型可能居住在第三个遗址：姆莱法特。[17] 在靠近基尔库克-埃尔比勒（Kirkuk-Erbil）路上的小土丘里发现了坑舍，其中一些被堆积起来的石墙所环绕，地面上铺着鹅卵石。工具多数由石斧和石臼组成。

在伊拉克之外但仍属两河流域，或是非常接近两河流域，人们能够发现非常有趣的中石器时代遗址，它们提供了良好的发展序列和区域差异示例。这些遗址主要有叙利亚的穆雷贝特丘（Tell Mureybet）和伊朗西南的阿里克什丘（Tepe Ali Kosh）。

位于幼发拉底河大湾处的穆雷贝特丘，[18] 美国考古队和随后的法国考古学家已经揭示了超过1300年（从公元前8600年到公元前7300年）的连续居住证据，并将它分为三个阶段。阶段一的居住地是使用"纳图夫类型"（Natufian）石器的猎人和渔夫的一处营地，之后"纳图夫类型"石器在整个叙利亚和巴勒斯坦地区普及。在阶段二，这一营地已经变成一处由压滤泥浆（在阿拉伯语中为tauf）建成的圆形房屋组成的村庄。而在阶段三，这些圆形房屋部分被由石灰岩块建成的更宽阔、具有多房间的矩形房屋所取代。在那里，库尔德斯坦的山羊和绵羊没有出现在菜单上，所有的肉类（和兽皮）来自被弓箭击落的、附近荒原上的野生和行动敏捷的动物（如野驴、瞪羚、野牛、黄鹿、野猪、野兔）。消耗的野生植物是单粒小麦和二棱大麦、扁豆、野豌豆和开心果。必须注意的是野生小麦和大麦在那一地区根本没有生长，它被假设为是从最近的种植地进口：土耳其的加齐安泰普（Gaziantep）地区，距离93英里（约150千米）之远，然后在本地区重新种植。穆雷贝特丘另一个显著特点是一些建筑包含有野牛的角、头骨和骨头，它们埋葬在矮泥墙之下或悬挂在墙上，这类似于引人注目的、时间更近的位于中安纳托利亚、属于新石器时代的恰塔尔-休于（Çatal-Hüyük）神殿。

阿里克什丘，[19] 美国考古学家在迪赫-鲁兰（Deh

Luran）河谷（卢瑞斯坦［Luristan］）挖掘的几座土丘之一，它被划分为三种不同的文化。最低层的新石器时代居住层（约公元前8000—公元前7000年）出土了带有薄墙、面积非常小的泥砖房屋。可能仅在冬天居住在那里的人们与穆雷贝特丘的居民一样猎获相同的荒原动物，但他们与居住在库尔德斯坦的同时代人一样，也放牧山羊和绵羊。他们收集种类广泛的豆类和野草的种子。但他们似乎从凯尔曼沙地区进口二粒小麦和已经被人工种植的大麦。在这一遗址，大量黑曜石工具和作为装饰品的玛瑙贝壳的出现显示了与遥远的亚美尼亚及附近的波斯湾之间的交流和联系。

新石器时代

从上述这些例子和其他近东遗址挖掘的结果来看，显然中石器时代是一个定居时期，在许多领域进展缓慢但取得巨大成就。在这些重要的几个千年期间，不仅碎石技术完善到可以去生产各种家用的非常精良的工具，而且房屋建造技术也已经得到应用，最重要的是人们进行了无数的实验以确保蔬菜和动物食品的持续供应，确保定居地附近在所有季节都可以获得。在不同地点和不同时期，这些实验最终促进了一种原始但是非常有效的"食物技术"的发展，这种技术使培育和储藏精选的大麦和小麦成为可能，使人们放牧和饲养山羊和绵羊成为可能，随后牛和猪也变成了人工饲养。[20] 中石器时代的男人和女人当然继续去打猎和捕鱼，继续采集可食用的野生植物和果实，但这渐渐成为他们活动中相对较小的部分。当一个特定的聚落开始主要以农业和畜牧业为生时，所谓的"新石器时代革命"就发生了。

据说这一革命发生在"肥沃新月"（根据25厘米雨量线所限定）多山的一侧，因为这里曾经是——现在仍是——世界上唯一一个二粒小麦（Triticum dicoccum）、单粒小麦（T. boetium）和二棱带壳大麦（Hordeum distichum）自然生长的地方。1966年，两位在土耳其东部工作的美国植物学家哈兰（J. R. Harlan）和佐哈瑞（D. Zohary）注意到这类野生谷物仍然覆盖了数千公顷。哈兰带着一把锯齿燧石镰刀走出去，在1个小时内收集到的小麦足够提取出1千克的纯谷物，其蛋白质含量是人工种植小麦的二倍。在3个星期的适度工作后，他计算出一个家庭在1年内收获的谷物多于他们消耗掉的谷物。这两位植物学家感叹："如果野生谷类植物能够以不受限制的数量被收获，那为什么人们还要不辞辛劳地去耕种土地呢？"[21]

为回答这一问题，诞生了许多相关理论。貌似最可信的一种是基于宾福特（Bingford）提出的"均衡模式"（equilibrium model），被弗兰奈瑞（Flannery）继承和发展。[22] 根据他们的理论，在所有旧石器时代的狩猎中，采集团体都生活在"有限的生态龛位"中，并努力保持其成员数量低于环境所能承受的最大数量。但是，当这些"中心区域"人口变得相对过多时，它们中的一些居民就要移入自然资源较差的"边缘"地区，这就刺激了人们要去寻找新的食物来源，尤其是谷物。穆雷贝特和阿里克什就是这类居住地。这一理论与在一些旧石器时代晚期遗址上观察到的"广泛革命"(broad spectrum revolution)是一致的。在那些遗址中,灶台边出现的大量小动物(尤其是蜗牛)遗骸显示了一种开发所有潜在食物的需要,这可能是因为人口过多。

在伊拉克,最重要的新石器时代遗址是耶莫,距离恰姆恰马勒不远,由芝加哥大学布莱德伍德教授在1948年、1950—1951年挖掘,1955年再次挖掘。[23] 这个7米高的人造土丘坐落在一个非常陡峭的山丘顶上,由16层叠加的居住层构成。这些地层中的11层以没有陶器为特征,属于相同的"前陶器新石器时代"文化层。耶莫的居民居住在由压浆(即砌墙泥)建造的方形、多房间的房屋中,房屋中的地面上带有泥炉和泥盆用来烘烤。他们用骨勺吃饭,用骨针缝纫,石制纺轮表明他们能够纺织或编织亚麻或羊毛。他们使用细石器的、正常尺寸的燧石和黑曜石片状工具,特别是由燧石制成、用沥青固定在木头底座上的镰刀。但大部分散落在房间里的较重物件如长柄斧、石斧、手推石磨、人工橡胶、臼、杵和花瓶等多由石灰岩制成,且通常研磨得很漂亮。这些物件和碳化的小麦和大麦颗粒毫无疑问都与耶莫的农业生产相关。同时,在那里发现的动物骨头约有95%属于家养动物:绵羊、牛、猪和狗。扁豆、豌豆、野豌豆和橡子进一步补充了人们的菜单,它们可能被做成浓汤来吃,人们通过将炽热的红石扔进在地下挖掘的圆形或椭圆形的黏土坑里,使汤沸腾起来。其他食物在带有烟囱的土炉里烘烤。新石器时期的人使用简单的黏土或石头项链、大理石雕刻的手镯和贝壳吊坠装饰自己,将死者埋葬在他们房屋的地面之下。他们塑造一些动物雕像及一些丰臀、怀孕的妇女泥塑,她们可能为人们具象化了神秘的繁殖力。通过放射性探测法对蜗牛壳进行测试,耶莫的前陶器时期最初被定期在公元前4750年左右,但是通过在木炭上的进一步测试则给出了一个更高的数值,公元前6750年是一个更可能的定期。

其他一些新石器时代遗址在伊拉克北部被发现,它们中的两个非常有趣。第一个遗址是位于小扎布河上游河谷、距离腊尼雅(Rania)镇不远的、具有悠久历史的莘沙腊丘(Tell Shimshara)的较低地层,由丹麦考古学家在1957年至1959年挖掘。[24] 莘沙腊和耶莫之间唯一的不同在于它的石材工艺,特别是来自亚美尼亚或安纳托利亚的黑曜石所占的主导优势(85%),而且它的存在还填充至少部分填充了耶莫和哈苏那遗址(约公元前5800年)之间的时间间隙。哈苏那是史前一系列定居点中的第一个。第二个遗址是马扎里耶(Maghzaliyeh)——底格里斯河西部平原上一个很重要的土丘,由苏联考古学家在1977年至1980年挖掘。[25] 这一新石器时代的村庄最重要的特点是一面带有半圆形凸起的弧形墙,这使人联想到塔楼。如果情况确实如此的话,那么我们则遇到了在两河流域考古发掘出来的最古老的设防定居点。

因此,在公元前7000年左右,在两河流域北部和近东的其他部分,人们不再是一个靠运气和技能为生的流浪猎人,而是成为依附于一小块土地的农民,他们从土地里获得固定的食物供给。人们用黏土为自己建造房屋,使用新的工具执行新的任务。他们饲养牛和羊,以此获得持久的且易得到的奶、肉、毛和皮。同时,人们的社会倾向也在发展，因为照顾和保护土地要求密切的合作。每一个家庭能够建立自己的农场，耕种自己的土地，放牧自己的羊群，制作自己的工具。几个家庭聚集在一起，形成了一个小村庄，即一种社会组织的萌芽。之后变革接连发生：金属取代石头，村庄发展为城市，城市联合成为王国，王国发展为帝国。然而，生活的根本，依附于大地母亲并受季节循环限制的人类劳动，自从那些遥远的日子以来，一直未发生改变。

16个居住层中的11个都没有发现陶器，这使得耶莫与伊朗的阿里克什和古兰丘（Tepe Guran）、安纳托利亚的哈西拉（Hacilar）、巴勒斯坦的耶利哥（Jericho）一样，成为西亚最早的农村聚落之一，这些是主要的"无陶器"（aceramic）遗址。除了耶利哥遗址带有建造得较好的房子和用未修理的石头建造的坚固城墙，使其看起来像一个中世纪的小镇，所有这些遗址都只是仅占地几英亩并且看起来并不稳定的小村庄。居住在这些村庄里的人使用石碗、用沥青做成的防水篮子，可能还使用毛皮和葫芦作为容器。但是他们已经使用一些技术来处理黏土，用其建造他们房屋的墙壁，在挖在地下的坑或凹地里划线，并制作动物和妇女雕像的模型。[26] 从这种技术发展到烧制的黏土，从而发展到制作陶器，这似乎比之前的认识早了一些，因为粗糙的、轻度烧制的黏土容器已被发现于叙利亚北部的穆雷贝特——一个被放射性碳定年法定期为公元前8000年左右的地层——以及伊朗西部一个8千纪的遗址甘吉-达雷（Ganj Dareh）。类似的容器也发现于公元前6300年左右的耶莫，它们已经与一类装饰性的陶器共存了，这类装饰性陶器的特点是用红色在粉红略泛黄的表面上画上蝌蚪形状的斑点斜线，类似的容器还发现于古兰丘的同时期遗址中。

陶器本身或许不像农业发明那样重大，但对于考古学家们来说它预示着一个新的时代，在这个时代中碗、杯、碟和瓶对于他们，就像化石对于地质学家一样重要。从公元前6000年左右到历史时期开始，超过3千纪的时间将逝去，在这些漫长的年代里，当然充满了文化发展、商业冒险和民族运动，无疑还有战争和争端。但因为书写材料的缺乏，这些都没有被记载下来。我们必须要尝试和重建那些遥远过去的事件，陶器是其中非常有趣的物质遗存，因为它被大量发现于所有遗址，并且有助于比较研究。我们必须小心谨慎地进行解释，因为陶器风格的变化可能由于诸多原因，不一定能显示出一个族群被另一个族群取代的痕迹。[27] 考古挖掘时在不同地层发现的独特陶器既是史前时代晚期两河流域文化持续发展的标志，又是这些文化与这些周边国家之间相关联的相当可靠的标志。

第四章
从村庄到城市

从新石器时代到历史时期,从扎格罗斯丘陵地带简陋的小村庄到底格里斯-幼发拉底河河谷下游规模相对较大、文明程度相对较高的苏美尔城镇,虽然我们的相关信息快速推进,但仍然不准确并且零散,因此我们无法详细讲述这段历史。然而,每一个被挖掘出的新的史前时期的土丘,每一个在未开垦的土地下挖掘出的被埋葬的城市都证实了考古学家们在伊拉克研究了40年所获得的认知:苏美尔人的文明绝不是一个从未知的区域在一个不确定的时间内进入到两河流域的成熟文明。像所有的文明一样——包括我们的——它是一个混合产物,其组成部分在一个模具内经过多年浇筑而成。这些组成部分中的每一个部分都可以追溯到伊拉克史前时期的某一个阶段,其中一些部分无疑是由外来入侵或影响引入的,其他一些深植于我们可以称其为本土的过去之中。此外,在伊拉克开展的考古挖掘活动,在伊朗、叙利亚、巴勒斯坦和土耳其也在同时进行,且数量在日益增长,这阐明了新石器时代和铜石并用时代文化在近东的相互影响,并且提供了足够的比较材料。碳元素定年法能够把两河流域史前时期的6个阶段草拟出一个粗略的、暂时的遗址年代表:

哈苏那时期（The Hassuna period）——约公元前5800—公元前5500年

萨马腊时期（The Samarra period）——约公元前5600—公元前5000年

哈拉夫时期（The Halaf period）——约公元前5500—公元前4500年

欧贝德时期（The Ubaid period）——约公元前5000—公元前3750年

（包括欧贝德第一时期和欧贝德第二时期）

乌鲁克时期（The Uruk period）——约公元前3750—公元前3150年

捷姆迭特-那色时期（The Jemdat Nasr period）——约公元前3150—公元前2900年

每一个文化期都以一个独特的文化集聚为特征，并以该遗址命名。这个遗址并不是最大的甚至也不是最有代表性的，但这个独特的文化集聚却是首先在该地被识别出来的。

正如我们将看到的，被这些文化所覆盖的那些区域从一个时期到另一个时期存在着变化。此外，长久以来被认为是连续的众多文化实际上是同一时代的，或至少是部分重叠的，而在每一时期内都有呈现各种各样地区性的、有趣的亚文化群存在的空间。因此，上述划分多少有些武断，但是它提供了一种方便的框架，这个框架可以将两河流域孕育苏美尔文明3000年间的变化纳入其中。[1]

哈苏那时期

这一文化期的遗址代表是哈苏那丘,一个在摩苏尔南部 35 千米处的低矮土丘。1943 年至 1944 年,伊拉克文物部门在西顿·劳埃德(Seton Lloyd)和福阿德·萨法尔(Fuad Safar)的指导下对其进行挖掘。[2] 散落在荒地上的粗糙的陶器和石器显示了那里是一个新石器时代的农业社区。因为并未发现建筑物的痕迹,所以社区居民应该是居住在小木屋或帐篷里。然而,在这一原始定居点之上覆盖着 6 个房屋层,而且这些房屋的面积更大,修建得更好。这些房屋在规模、布局和建筑材料方面非常类似于今天伊拉克北部村庄的那些房屋。六七个房间沿着一个庭院被排列在两个区域里,一个区域用作住所,另一个用作厨房和储藏室。墙体是由压制泥浆建造,地面铺着一种黏土和麦秆的混合物。粮食装在由黏土制成的未焙烧的大容器里,开口处以下被埋在地下。面包在半球形的烤炉里被烘焙,类似于今天的"塔奴尔"(tanur)。该遗址出现了臼、燧石镰状叶片、石锄、黏土纺轮及粗糙的、明显是坐着的裸体妇女黏土小雕像。装有已逝儿童骨头的大罐子被发现于房屋内,盛放来世生活所需点心的小茶杯和罐子也被放置在房屋内。奇怪的是,人们在处置堆放在房间角落的成年人的骨架时似乎有更大的自由,它们被"未举行任何仪式地"扔进黏土容器中,或是没有放置通常的葬礼礼物就被埋在石棺墓中。这些用于研究的头骨与那些来自比布罗斯和耶利哥的头骨一样属于一个"长头地中海种族的大牙齿变种"（large-toothed variety of the long-headed Mediterranean race），这表明在新石器时代晚期整个"肥沃新月"带族群的统一性。[3]

哈苏那出土的陶器被分为"古典风格"和"标准风格"两类。"古典陶器"的范围是从土丘底部的第一（a）层到第三层，以下几种陶器为其典型代表：（1）由粗糙黏土制成的未加装饰的圆形或是梨形高罐；（2）更精细的碗，由于烧制方法和用石头或骨头磨光的方法，其颜色在浅黄和黑色之间变化；（3）碗和带有短而直的颈的球形罐子，以易碎的红漆精心地装饰着简单的图案（直线条、三角形、交叉线条），并进行了磨光。哈苏那"标准陶器"主要出土于第四层到第六层，由同样彩绘的碗和罐子组成，而图案也是类似的，但油漆是亚光棕色并且更厚，装饰也更加广泛，并以更高超的技巧完成。有些容器几乎完全被浅切口覆盖，有些容器既有绘画又有雕刻。

古体陶器与发现于土耳其（萨克杰-格鲁兹［Sakçe-Gözü］、梅尔辛［Mersin］）、叙利亚（科尔科米什［Kerkemish］、阿穆可平原［'Amuq plain］）和巴勒斯坦（米吉多［Megiddo］、耶利哥）遗址最深层的陶器有一些共同特点，而标准陶器似乎是本地发展起来的，[4]并且分布于伊拉克北部一个相对较小的地区。从底格里斯河东、西岸下至哈姆林山（Jabal Hamrin），在许多未挖掘的土丘表面都能拾到哈苏那陶器碎片，完整的陶器样本被发现于摩苏尔对面尼尼微遗址的最底层和基尔库克以南的马塔腊赫丘（Matarrah）[5]及下扎布河谷的莘沙腊[6]。它们也存在于靠近阿法尔丘（Tell 'Afar）的耶里姆[7] 1号丘的整个

051 第十三层,与方形或圆形房屋的残余、燧石和黑曜石工具、武器、铜片及一些铜和铅制成的装饰品、小黏土坐像、带有黑色圆环及刻有直线或十字图案的由细石和黏土制成的圆盘有联系。这些可能在颈项处缠着细绳的物品,作为所有权的标记被印在附着于篮子或罐子塞子的黏土块上,它们代表了最早的印章雏形,这一印章雏形是两河流域文明一个意义重大的元素——圆筒印章的前驱。然而,一些作者认为它们至少在这一时期是护身符或装饰物。

距耶里姆丘正南48千米,在旱作平原和杰济拉沙漠分界处坐落着乌姆-达巴吉亚,它由狄安娜·基克布瑞德（Diana Kirkbride）在1971年至1973年挖掘。[8] 乌姆-达巴吉亚是一个小的定居点,一个简陋的贸易站。游牧部落从沙漠带来了他们狩猎获得的并剥了皮的野驴和瞪羚,皮毛之后会送到其他地方鞣制。其粗糙的彩陶与哈苏那"古体陶器"有关,但可能更为古老,这一遗址有许多与众不同、奇怪复杂的特征,例如房屋地面经常由大块黏土板铺成,这些黏土板宣告了后期模制砖的到来;地面和墙面被仔细地涂上石膏,并且经常绘上红色。在一栋建筑物里发现了一个壁画残片,上面描绘了一只狩猎的野驴、一只蜘蛛与它的卵和或许正在飞翔的秃鹫。许多房屋里出土了一些被雕刻和抛光得很漂亮的雪花石膏碗。黏土容器主要是碗和有"实用装饰"（applied decoration）的罐子,也就是在烧制之前将动物或人的小雕像粘在容器上。代表哈苏那亚文化群（Hassunan subculture）的其他遗址主要还有靠近耶里姆丘的索托丘（Tell Sotto）和库勒丘（Kül Tepe），[9] 还有处在阿尔法地区的泰鲁勒-阿什-萨拉萨特的二号丘。[10]

第四章 从村庄到城市

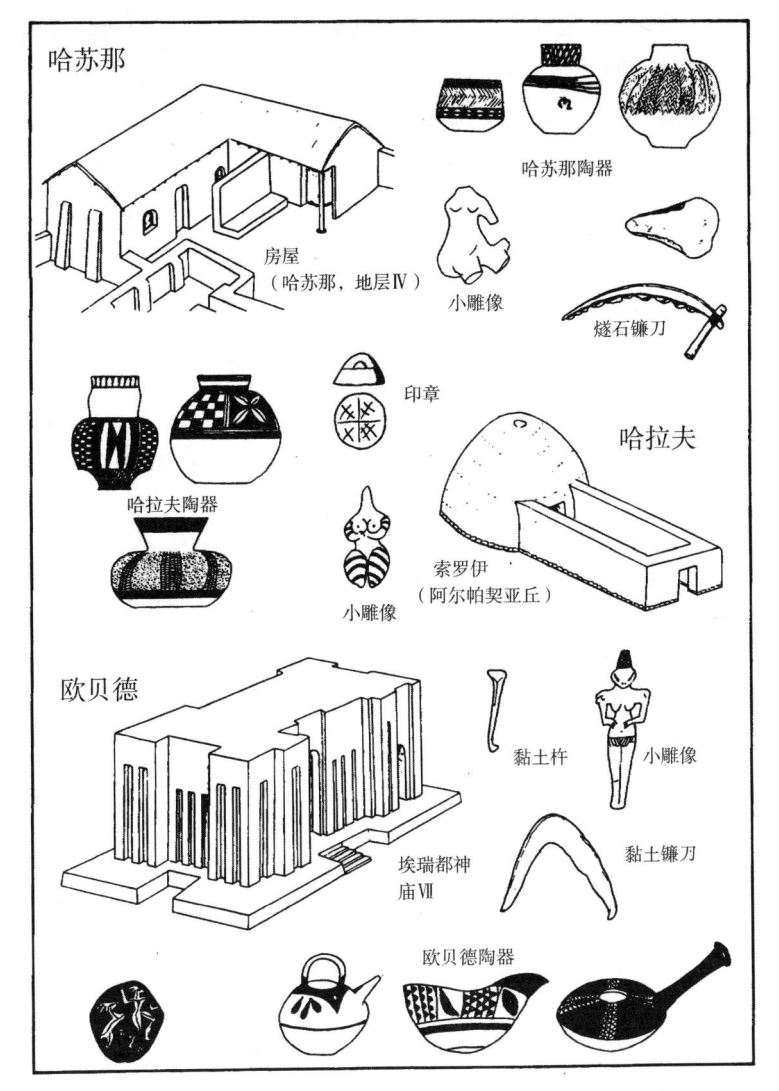

哈苏那、哈拉夫和欧贝德时期有特色的建筑、陶器、小雕像、印章和工具。

058　不出所料，在通往西方和西北方的贸易路线上，一些"乌姆-达布文化"（Umm Dab culture）的元素如灰泥地面和箭头指向叙利亚（位于幼发拉底河的布喀腊斯［Buqras］，甚至腊斯-沙姆腊［Ras Shamra］和比布罗斯），而红色和带壁画的墙则令人想起遥远的与安纳托利亚同时代的恰塔尔-休于。

萨马腊时期

在哈苏那、马塔腊赫、莘沙腊和耶里姆丘的上部地层中，哈苏那陶器混合于一种更吸引人的被称为"萨马腊陶器"的陶器类型中，并渐渐被取代。萨马腊陶器之所以被称为"萨马腊陶器"，是因为它最初发现于一个名叫萨马腊的中世纪小城。这些陶器出土于一个史前时代的墓地里，于1912年至1914年被挖掘。萨马腊文化以螺旋形尖塔而著名。[11] 在大盘子苍白且略为粗糙的表面上，在骨状碗的边缘，在圆肚陶罐的颈和肩处，以红色、深棕色或紫色绘画着排列整齐的几何图案和水平的条纹，或表现人类、鸟类、鱼类、羚羊、蝎子和其他动物的形象。图案的主题是传统的，但它们的分布达到了一种完美的平衡状态，这种处理方式给人一种动感的深刻印象。制作和描绘这些容器的人无疑是伟大的艺术家，长久以来他们被认为来自伊朗，但现在我们知道萨马腊是两河流域的本土文化，属于一种在公元前6千纪后半叶繁荣于底格里斯河河谷中部的未被料知的史前文化。

这一文化在20世纪60年代因伊拉克人在萨万丘的挖

掘被揭露出来。萨万丘是一个位于底格里斯河左岸、低矮但巨大的土丘,在萨马腊南部仅 11 千米处。[12] 萨万丘的居民与他们的哈苏那祖先一样都属于农民,使用相似的石头和燧石工具。但他们最先在一个少雨的地区实践一种原始灌溉农业方式,用底格里斯河河水浇灌他们的田地,种植小麦、大麦和亚麻。[13] 如果在各个地层发现的大而空的建筑被证实是他们的"谷仓",那么他们的粮食产量确实很高。这一村庄的中心部分有一条 3 米深的深沟,以抵御入侵者,深沟被一堵厚厚的两边加固的泥墙隔开。房屋空间很大,布局非常整齐,带有多个房间和庭院。我们必须注意的是它们不再是使用压制泥浆建造,而是使用大的、雪茄形状的泥砖涂以泥浆或石膏建成,一层薄薄的石膏覆盖在地面和墙面上。除了许多粗糙的罐子和盘子或精美的萨马腊容器,这些房屋里还有精致的、半透明的大理石容器。以一种收缩的姿势被包裹在涂有沥青的席子里面的成年人尸体和放置在大罐子里或深碗里的儿童的尸体,都被埋葬在地板之下。正是从这些坟墓里获得了最令人兴奋的发现,如那些或蹲或站的雪花石膏或赤陶妇女(或偶尔为男人)雕像。一些黏土雕像具有"咖啡豆"的眼睛和突出的头部,非常类似于那些欧贝德时期的小雕像。同时其他黏土或石头雕像有用贝壳和沥青镶嵌的大而宽阔的眼睛,上面置有黑色的眉毛,"这令人震惊地想起之后才出现的苏美尔人的技术"。[14] 萨马腊人可能是"欧贝德人",或许甚至是苏美尔人的祖先吗?

到目前为止,没有与萨万丘相类似的定居点被挖掘出来。除了来自幼发拉底河中游的巴胡兹(Baghuz)、杰济拉中心地区的卡伽尔－巴扎尔的复制品或进口品,[15] 萨马腊陶器被发现于一个有限但是相对宽广的地区,沿着底格里斯河河谷,从尼尼微到位于伊拉克－伊朗边界曼达里（Mandali）附近的乔加－马米。[16] 在后来实行了渠灌农业的遗址中,我们不仅发现了类似于"咖啡豆眼睛"的萨万丘的雕像,而且萨马腊陶器在本地发展为一种新的陶器类型（被称为"乔加－马米过渡类型"）,类似于南部伊拉克的埃瑞都和哈吉－穆罕默德（Hajji Muhammad）陶器,它们被认为是欧贝德陶器的早期形式。[17] 这一出乎意料的发现能够为我们的问题提供最初的答案。

哈拉夫时期

两河流域史前第三个文化期以哈拉夫丘命名。哈拉夫丘是一个可以俯瞰哈布尔河的大土丘,靠近土耳其－叙利亚边境的拉斯－艾因（Ras el-'Ain）村。第一次世界大战之前,一位德国考古学家马克斯·弗雷赫尔·冯·奥本海姆（Max Freiherr von Oppenheim）在一位公元前10世纪阿拉米亚统治者的宫殿下偶然发现了一个有漂亮彩陶的厚地层,这一发现直到1931年才公之于众。[17] 当时,人们对近东的史前史所知甚少,奥本海姆对该遗址的定期成为众多争论的主题。但在随后的一些年里,英国人挖掘了尼尼微[18]、摩苏尔附近的阿尔帕契亚丘[19]和卡伽尔－巴扎尔丘[20],还有美国人在高腊丘的挖掘,将哈拉夫时期放入了合适的编年位置,并提供了一个关于其文化组合的完整分类。俄国人在耶里姆2号丘的挖掘,最近伊拉克人伊斯梅尔·希贾腊（Ismail Hijara）在阿尔帕契亚进行的地层勘探，[21] 还有在哈姆林盆地和上底格里斯河河谷进行的探测和部分挖掘，已大大增加了我们对史前文化的认识。[22]

与之前的文化相比，哈拉夫文化呈现出一些新的和非常独特的特征。这些定居点仍是乡村的规模和类型，但至少在阿尔帕契亚丘，铺有鹅卵石的街道表明了一些市政管理。压制泥浆或泥砖仍是标准的建筑材料，矩形的房子变得比以前更小。与更晚期的迈锡尼坟墓类似、被称为索罗伊（tholoi）的圆形房子在这一时期成为占主导地位的房屋建筑。耶里姆丘的圆屋通常较小，许多房屋被分为两个房间，另一些被矩形的房间或被同中心的压制泥砖所建造的泥墙所围绕。相反，阿尔帕契亚的房屋则大得多，直径可达 10 米。他们建在石基之上，许多房屋附加了一个长的前室，这一进一步增加了与迈锡尼坟墓的相似性。由于它们被非常认真地建造及重建，而且它们被发现是空的，所以长久以来它们被认为是神庙的神殿。但在耶里姆丘的发现清晰地表明大部分圆屋是简单的、蜂巢状的房屋，就像那些在北叙利亚阿勒颇现在仍然可见的房屋。实际上，那一时期唯一可能被认为是神殿建筑的是一个带有泥浆基座的小的方形建筑，一个牛头盖骨放置在门槛上，由马洛温（Mallowan）在巴里赫河岸的阿斯瓦德丘（Tell Aswad）挖掘出土。在阿尔帕契亚丘，死者被埋葬在地板之下的坑里或是圆屋的周围，高腊丘还有一些集体埋葬并且尸体被肢解的例子，在耶里姆丘有火葬的例子，或许是出于宗教仪式目的。

与这些圆屋一样有趣的发现是在阿尔帕契亚和其他遗

址出土的一些小物件。我们特别提到了一个带有三角形屋顶的房屋、一个牛头或是一个双面斧形式的护身符，特别提到了鸽子和妇女的赤陶雕像，虽然后者在两河流域不是首次被发现，但它们与之前的样式不同。这个妇女通常蹲或坐在一个圆凳子上，她的双臂托着她沉重的胸部。她的头部缩成一个不成形的肿块，但是身体是逼真的，覆盖着彩色的条状或圆点，可能代表了纹身图案、珠宝或衣服。这些小雕像可能是针对不孕或是分娩危险的护身符，而不是我们经常假设的"母神"。

最后但同样重要的是一种非常显著的彩陶，是曾在两河流域所使用过的最美丽的陶器。[23] 哈拉夫陶器是用一种精细的含铁黏土手工制作的，在烧制过程中稍微上一点釉。容器壁通常很薄，形状多变而大胆：带有大阔颈的圆陶罐、带有外滚边缘的矮罐子、高脚杯、带有棱角轮廓的大而深的"奶油碗"。

陶器上的装饰或许缺少萨马腊陶器那种大胆的动感，但是它完美地与陶器的各种形状结合并制作精密，以"波斯地毯"（Persian rugs）的方式令人赏心悦目。在一个底色为米白色或桃色（的容器上），各种颜色的条纹如滑动般铺展开来，起初是用黑色和红色，后来是用黑色、红色和白色，它们组合成一种紧密相随的图案覆盖了容器的大部分。三角形、正方形、格子形、十字形、扇形和小的圆圈都是最受欢迎的图案，然而鲜花、静坐的小鸟、蹲伏的瞪羚甚至一只跳跃的豹子也能不期而遇。其中最具特色的或许承载宗教象征意义的是双刃斧、"马耳他方形"（Maltese square，一种在每一个角都带有一个三角形的方形）和牛头

第四章 从村庄到城市　　　　　　　　　67

两河流域史前时期装饰陶器的范例：

1. 新石器时代（耶莫）；2—3. 哈苏那文化（3 是一个雕刻罐子）；4—6. 萨马腊文化；7. 埃瑞都文化（欧贝德 1 期）；8. 哈吉-穆罕默德文化（欧贝德 2 期）；9—10. 哈拉夫文化；11—13. 欧贝德 3 期和 4 期文化；14—15. 尼尼微 V 期文化；16. 捷姆迭特-那色文化。这些图片使用了不同的比例尺。

骨（bucranum）①，或是程式化了的公牛牛头。

最近，通过中子活化分析（neutron activation analysis）[24]证明了这一引人注目的陶器是在某些如阿尔帕契亚、布腊克丘、卡伽尔-巴扎尔和哈拉夫丘之类的专业中心批量生产的，并且出口到某些特定的定居点，通过这些定居点，它们渐渐到达更远的地方。输出这一陶器（通过牛背或是牛拉橇）的商人可能装载着诸如海贝、宝石特别是黑曜石之类的"奢侈"品返回，这些物品在大多数哈拉夫文化遗址都被普遍发现。这些也显示了哈拉夫文化形成了一个"等级社会"（也就是形成了社会阶层，而不是经济阶层），显示了陶器生产中心也是当地酋长们的居住地。那些相对较小村庄的居民是农民和牧民，他们种植二粒小麦、普通小麦、单粒小麦、大麦、扁豆、亚麻和其他植物，饲养绵羊、山羊、猪、牛和家犬等。

根据真正的哈拉夫陶器的分布来判断，在其扩张的高峰期，哈拉夫文化的核心占据了一个宽广的新月形地带，该地带完全位于旱作农业带。它从阿勒颇地区延伸至迪亚拉河谷，覆盖了整个杰济拉和后来的亚述，它被复制或是仅进口这一陶器的一圈次要地区所环绕，这些地区包括了东部安纳托利亚的中心地区、西里西亚和延伸至地中海岸的北叙利亚地区、哈姆林盆地、伊朗和外高加索（Transcaucasia）西部的部分地区。

---

① bucranum，拉丁语，指牛的头骨，古典建筑中常用的一种雕刻装饰形式。该词通常被认为起源于戴着花环祭祀牛的习俗。牛头被展示在寺庙的墙上。这一习俗可以追溯到安纳托利亚东部新石器时代的遗址卡塔胡云克，那里的牛头骨上覆盖着白色的石膏。——译者注

萨马腊文化被认为可能是哈苏那文化的一种衍生文化，而哈拉夫文化在两河流域史前时期则没有原型。它非常具有侵入性，而且明显地与安纳托利亚（几乎所有绘在哈拉夫陶器上的图案设计和许多已被描述过的人工制品都令人想起在安纳托利亚新石器时代遗址的发现）有某些联系，但是在目前不可能探讨得更为精确了。[25] 无论"哈拉夫文化"的起源如何，都没有野蛮入侵的证据。实际上，我们对它们的所有了解都表明了一种和平民族的缓慢渗透，他们以和平迁徙的方式来到当时那些人口稀少的地区定居。

欧贝德时期

公元前4500—公元前4300年期间，两河流域北部一些哈拉夫文化时期的定居点被放弃了，同时在其他众多地方，圆形房屋和哈拉夫文化的典型彩陶渐渐地被方形房屋和另外一种以"欧贝德"命名的陶器所取代，该陶器最初在20世纪20年代在挖掘一座名为"欧贝德"的小土丘时被发现，这个土丘坐落在著名的苏美尔城市乌尔附近。[26] 这一名字意义重大，因为它意味着在史前时代的一种单一文化第一次从杰济拉延伸至（甚至超出）底格里斯-幼发拉底河三角洲。在哈拉夫文化和欧贝德文化之间没有断裂，排除了来自南方的"欧贝德人"对北部和中部伊拉克的征服，最合理的假设是一种和平渗透或者文化适应，在经过长期的接触后接受了哈拉夫人的文化。

远在第五千纪中期之前，南部伊拉克就已经有居民居住。1946年至1949年在埃瑞都（阿布-沙赫润［Abu

Shahrain]，乌尔西南 19 千米）进行的考古挖掘活动证明了这一事实。[27] 埃瑞都遗址现在以一个破旧的金字形神塔或阶梯塔庙及其周围的低矮土堆和沙丘为标记，该塔庙是由乌尔第三王朝的国王阿马尔-辛（Amar-Sin，公元前 2046—公元前 2038 年）所建造。但在神庙的一个角落下面，劳埃德和萨法尔挖掘出土了一系列令人印象深刻的史前时期的 17 座神庙，[28] 它们一座建立在另一座之上。这些神庙中最底层的和最早的（第十五层至第十七层）神庙只有一个小的房间，包括祭台、供桌和一个优质的陶器（埃瑞都陶器），陶器上装饰有精心制作的以黑棕色描绘的非常优雅的几何图案，呈现出与乔加-马米过渡期陶器的密切关系。第十二层至第十四层的神庙遗迹保存较差，出土了一种略微不同的陶器，其特征为图案繁多和条状装饰。该陶器与 1937 年至 1939 年德国考古学家在乌鲁克附近的哈吉-穆罕默德丘发现的陶器相同。[29] 所谓的哈吉-穆罕默德陶器也在伊拉克南部的其他遗址出现，特别是在基什以北 8 千米处的腊斯-阿米雅（Ras el'Amiya）丘，[30] 必须指出的是，在那里，墙体、黏土容器和其他物件的碎片被埋在（实际上就像哈吉-穆罕默德丘本身一样）几米厚的冲积层之下，该遗址是偶然被发现的。最后，神庙第六层至第十一层保存较好，包含有大量的标准欧贝德陶器样品。神庙的第一层至第六层可以被定期到乌鲁克文化的早期阶段。埃瑞都和哈吉-穆罕默德陶器与欧贝德早期及晚期陶器关系密切，这四种类型的陶器现在分别被称为欧贝德文化的一、二、三和四期。

最近，正在拉尔萨城附近进行挖掘的法国考古学家们

第四章 从村庄到城市

在一个叫作库埃伊里丘（Tell el-'Queili）的遗址处有了令人震惊的发现。库埃伊里丘是一个相对较小的圆土丘，部分高于当前周围平原的水平线，部分在当前周围平原的水平线之下，它的优势是完全属于欧贝德时期。通过1981年和1983年进行的两次测深，考古学家将其分为20个居住层。[31] 最上面的地层（一到八层）包含有欧贝德四、三和二期的陶器，欧贝德一期（埃瑞都）的样品陶器被发现于第八层至第十一层。但这并没有结束，正如人们所预料的那样，在这些地层之下有不少于8层的额外地层（十二到十九层），这些地层出土了一种迄今未知但与萨马腊陶器有密切关系的陶器（暂时将其分类为前欧贝德或欧贝德零期），同时在第十二层中墙上雪茄形状的泥砖令人想起了在萨万丘出土的泥砖。此外，在第二十层之下（在地下水位中，无法探测）的其他居住层仅模糊可见，没有人能知道两河流域南部的这一不起眼的小村庄的根能回溯到第六个千纪的什么时候。

现在就很清楚了，远在欧贝德时期之前，两河流域南部的大部分地区很可能就已经被那些与萨马腊人有交流和联系的人居住了。萨马腊人因其在底格里斯河中部和曼达里地区引入灌溉农业而将被记住。此外，在许多埃瑞都神庙中可以看到建筑业的发展，但在陶器风格或技术方面却没有突破。欧贝德陶器——如专家们告诉我们的——源于哈吉-穆罕默德陶器，哈吉-穆罕默德陶器源于埃瑞都陶器，埃瑞都陶器又似乎源于萨马腊陶器，或至少与其有共同的祖先。根据埃瑞都神庙和最近在安奴神（Anu）的乌鲁克"白光庙"（见第五章）附近的两个欧贝德神殿的挖掘情况，不可避免地得出另外一个结论，从大约公元前6千纪中期至历史时期，同样的宗教传统在相同的地点代代相传，从一个世纪传到下一个世纪。因此随着挖掘的增多，我们越来越能发现苏美尔文明深深地根植于过去之中。

比哈拉夫陶器更容易识别的是欧贝德陶器，它是这一文化期的显著标志。欧贝德陶器不那么复杂却更有吸引力。被过度烧制的黏土，颜色经常改变，从浅黄到绿色。漆为亚光、深棕色或蓝黑色，装饰通常仅局限于容器的一部分。尽管偶尔出现的植物、动物和宽阔的曲线并非没有魅力，但常见主题（三角形、条纹或十字图案、折线或波浪线）的单调泄露了想象力的缺乏。然而其结构通常很好，一些样品似乎是以一种很慢的轮盘或转盘（tournette）制作的，喷口和环柄首次出现。其中最有特色的是一种钟形的碗，带有篮子把手的罐子，带有嘴的奶油碗，以及一种带有平底、长管状喷口被称为"龟甲"的透镜状容器。除了少数遗址（例如基什），这类陶器被发现于伊拉克南部所有遗址和两河流域北部的许多遗址，但是在欧贝德文化的其他元素方面，北方和南方之间则有着显著差异。

"黏土和水"这样的词汇很适合用来修饰在伊拉克南部的欧贝德文化。石头在这个国家的南部地区非常稀少，它的用途仅限于重工具和一些装饰物，所有其他物件，包括弯曲的"钉子"（实际上可能是搅棒）、镰刀、纺轮、织机、网坠、吊球，甚至是斧子、横口斧和匕首的模具，都由赤陶制作。被错误地称为"母神"的黏土雕像——一位苗条、站立的妇女，其蜥蜴状的头上有一卷沥青做的头发，其咖啡豆状的眼睛令人想起那些在萨万丘和乔加-马米的妇女雕像——非常流行,这里还发现了男人的小雕像。许多房屋的结构是不牢固的,是由木杆支撑着苇席,有时在苇席上涂以黏土建造成的,就像在今天巴士拉周围所见的那样,但是压制泥浆和泥砖也被广泛地用于建造更舒适的建筑。欧贝德时期的埃瑞都神庙是由黏土泥浆砌成的大砖块建成,包括一个较长的长方形中殿,或是由小房间环绕的内堂,角落向外突出。在内殿的一端倚着墙的是一个用来支撑神的雕像的低矮平台,在内殿的另一端则是一个砖制的祭坛。墙体的外部装饰着浅浮壁和壁龛,它们能够捕捉光线,打破了这一灰泥砖砌建筑的单调。我们还注意到这些神庙建造在那些泥砖平台之上,这些平台倾向于变得更宽和更大,预示了后期塔庙建筑的形成。

多年来几乎鲜为人知的欧贝德时期的世俗建筑现在在两河流域下游和哈姆林盆地得到了很好的展示。例如,在库埃伊里丘上部属于晚期欧贝德文化的地层中,法国考古学家出土了许多面积较大并被精心建造的泥砖房屋的残余,这些房屋通过一些公共空间被彼此隔离。这些房屋中有一座特别引人注意,其显著特征在于在其内部和四周有许多小面积、方形、较浅的孔洞位于压制泥浆建造的薄墙之间,这相当令人费解,但或许可以解释为基础结构的粮仓。该村庄坐落于一个非常平坦的地区,溪流纵横,部分地区为沼泽。它的居民种植大麦、椰枣树和其他可食用植物。他们几乎专门饲养以水生植物为食的瘤牛和猪,用黏土烧制的镰刀砍伐芦苇以制作编织品。黑曜石和沥青的存在证明了一定规模的长途贸易。[32]

在伊拉克的最南端和最北端之间的中间位置是哈姆林

盆地，大约有 12 个欧贝德时期的定居点在那里被探测。其中，英国探险队在 1977 年至 1980 年间挖掘的马德胡尔丘（Tell Madhhur）特别引人关注，因为它包含有"曾在两河流域发现的保存最好的史前时期建筑之一"[33]。这是一座相对较小的房子，它建立在包含了欧贝德时期主要建筑物（神庙除外）的所有特点的"三方规划"（tripartite plan）基础之上，带有一座中央十字形大厅，两边是较小的房间。残存的墙体仍高于 6 英尺（约 182 厘米），门和窗仍完全可见。其中一个房间里的一条坡道暗示了上面还有一层，但这一点并未被证实。这个房屋已经被火烧毁，但却保存下来其大部分物品，包括在原地的陶器，与那一时期其他地方基本相同的农业用具和家庭用具，还有数以千计的黏土弹丸，但无烧制的黏土镰刀。

如果现在把目光转到北方，我们将会遇到一些不一样的画面。用芦苇建造的房屋尚未发现，所有建筑物的材料都是泥砖。石头被普遍使用，石质印章在南方非常稀少，在这里则数量众多；它们使用线性图案，但也有动物和看似跳着神话场景和宗教仪式中舞蹈的人的图案。那一文化期伊拉克北部最重要的遗址是高腊丘，[34]在第十三层中，三个带有彩绘墙的巨大神庙形成了一个壮观的"卫城"，几乎可以与埃瑞都神庙匹敌。如同哈拉夫风格的彩色女性坐像一样，两个圆屋背叛了对区域传统文化的坚持。或许更重要的是丧葬习俗与南部的那些遗址有很大差异。在埃瑞都遗址，在定居点之外的一个大型公墓中，在内外都有泥砖覆盖的石棺中，成人和儿童都以相同的方式仰卧在一张铺满了陶瓷碎片的床上。在高腊丘，这里仅有一处是埃瑞都风格的墓葬。其他坟墓是围绕着房屋的简单坑组,大人的尸体弯曲地躺在坑道一边,儿童们被埋在瓮中。这可能表明欧贝德文化的传承者在北方是少数,虽寡不敌众,但未被消灭,哈拉夫人的后人可能仍形成了人口中的大部分,然而南方则完全是欧贝德人的天下。我们将在下一章中看到北方和南方之间的差距是如何渐渐变大的,将会看到南方是如何率先向文明时代迈进的。

这些差异无论如何鲜明,都不能从根本上改变欧贝德文化的统一性。无论是从伊朗西南引入,还是越来越可能从本地发展,这一文化——至少持续了一千年——遍布两河流域平原所有可耕种地区,但幼发拉底河中游和底格里斯河下游河谷是明显的例外。托罗斯山和扎格罗斯山之间的最高链条标志着它的界限,但无论是这些群山,还是那些河流,甚至是海洋,都未能为商业交流造成无法克服的障碍。这一贸易的真实性和范围被在伊拉克南部许多遗址发现的黑曜石,在乌尔发现的黄金和绿长石(一种仅能从印度获取的半宝石),还有在腊斯沙腊、叙利亚海岸和波斯湾的阿拉伯海岸发现的确定无疑的欧贝德陶器所证实。[34]在两河流域南部地区,欧贝德文化定居点沿着幼发拉底河和它的支流分布,彼此之间通过水路交往,就像那些发现于埃瑞都和乌尔的黏土船只模型所阐明的那样。它们中的大部分是村庄,但是那里也有一些大的中心,后来古代苏美尔的所有主要城市都从这些中心发展而来。另一个事实有着更广泛的含义:在欧贝德时期所有的建筑中,神庙总是最大,并且建筑得最好。因此,后来的苏美尔城市看起来并不是围绕着一个宫殿或是一个城堡,而是围绕着一个神殿发展起来的,或许我们可以合理地认为神庙已经成为大多数社会和经济活动所围绕的中心了。在这一阶段讲苏美尔人可能非常大胆,但我们有足够的理由相信欧贝德时期代表了苏美尔文明发展的第一阶段。

第五章
文明的诞生

在公元前4千纪期间，欧贝德时期的文化以一种更快的速度显著地向前发展，这使得苏美尔文明最终繁荣起来。然而这仅仅发生在伊拉克的南半部分，北半部分走了一条多少有些不同的路线，并且在许多方面落后。近年来，人们对南方取得这些优势的原因给予了极大关注。[1]下面将描述过于简单但又合情合理的一系列事件。然而，读者必须被告知，所有的"解释"在很大程度上都是推测，我们可能永远不会知道真正发生了什么。

公元前4千纪中期，在持续了2000年的温暖和湿润之后，近东的气候开始慢慢地变得日益凉爽和干燥。现已证明那时灌溉农业在南方是如此的成功，吸引了来自旱作平原和两河流域北部丘陵的移民迁徙到幼发拉底河下游河谷，考古地面探测已证实那一时期具有村庄规模的定居点在数量上急剧增长。[2]像古老的村庄一样，新的村庄也坐落在河岸上，但是它们倾向于在那些欧贝德时期的居住点周围聚集。欧贝德时期的居住点既是那些所有繁荣都依赖于它们的伟大神灵的居所，又是大的农业社区的中心。供养日益增加又快速增长的人口的需要挑战着人类的自然创造力：犁被发明了，还有用来拖运粮食的橇、运输货物的马车、在水上航行更快的帆。这些技术上的进步使大量剩余食物能被储藏、重新分配、交换进口原料和奢侈品，同时，其他的发明——就像陶轮和铜合金铸造——开始了工业生产的时代。

这样前进了3或4个世纪，到4千纪末的时候，在两河流域南部开始感觉到了干燥的影响，因为幼发拉底河运载的水量越来越少，它的许多支流干涸了。迄今，以前熟悉的合流河道和广阔沼泽地的景观逐渐被一种与现在没有太大区别的新景观所取代：沿着仅存的为数不多的河流、在零星的草原甚至是沙漠之间，散布着棕榈树带、田地和果园。许多村庄消失了，它们的居民在那些渐渐发展为城市规模的较大中心内部或四周重组自己。为了扩展可耕种土地面积，人工灌溉发展了，但这需要巨大的共同努力去挖掘和维持大的灌溉水渠。公平分配水源的需要极大地增强了传统城镇首领、高级祭司们的权威，这与肥沃土地的不足一起，导致了权力和财富集中在少数人手中和少数地方，促进了技术的进步，催生了显著的建筑和艺术成就，启发了作为一种交易记录方式的书写的发明，但是，也带来了武装冲突。由此，苏美尔的城邦似乎诞生了，它们有坚固的城墙，有界限明确的领土及由祭司、书吏、建筑师、艺术家、监督者、商人、工人、士兵、农民、宗教统治者或战争首领等构成的庞大人口总量。

见证上述历史发展的500年被考古学家人为地分为"乌鲁克时期"（约公元前3750—公元前3150年）和"捷姆迭特-那色时期"（约公元前3150—公元前2900年）。毋庸置疑，那些促进南部两河流域城市化的居民与欧贝德人联系紧密，或是被其接纳合并，因为在欧贝德文化和乌鲁克文化之间没有明显的断裂，也没有武装入侵和破坏的迹象。在所有被挖掘的遗址中，如埃瑞都、乌鲁克和乌尔，新的神庙以相同的布局、相同的材料在旧神庙的基础上建造，独特的乌鲁克陶器——一种轮制的、可大量生产、无彩绘但有时是高度抛光的，浅黄色、灰色或红色的陶器，其中一些外形似乎是复制现在被富人们所使用的金属容器——非常缓慢地取代了欧贝德陶器。至于乌鲁克和捷姆迭特-那色文化的其他元素（圆筒印章、锥形的马赛克墙饰、圆形的浮雕和雕塑、高台之上的神庙），它们或是起源于更古老的两河流域模型，或是归功于当地艺术家和建筑师的发明创造。因此，我们在这里面对的不是一种进口的现成文明，而是一种文化演进的最终阶段，这种文化演进开始于埃瑞都创立之时，甚至可能开始于伊拉克北部的更早文化期。

乌鲁克时期

这一文化期以乌鲁克遗址（圣经中的以力［Erech］，现在的瓦尔卡［Warka］）的名字命名，其巨大、令人印象深刻的遗址位于巴格达和巴士拉中间的非沙漠地带，距离萨马瓦（Samawa）小镇不远。它是近东最重要的遗址之一，不仅因为其巨大的规模（400公顷），而且因为它从欧贝德时代到帕提亚时代（Parthian）几乎未中断过居民居住，以及产生了丰富的考古和碑文材料。[3]

乌鲁克城是由两个相距800米远的城镇合并而成：库

拉巴（Kullaba），奉献给两河流域最高神天空神安（或安奴）；埃-安那（E-Anna，"天空的房子"），爱神伊南娜（Inanna，塞姆人称之为伊什塔尔）的主要居所。在埃-安那的中心，仍能见到一座泥砖阶梯塔庙的遗迹，该塔庙由苏美尔国王乌尔-那穆（约公元前2112—公元前2095年）建造，覆盖在一个凸起在巨大平台上的神庙之上，并将其定期到捷姆迭特-那色时期。正是在这一地区，德国考古队从1912年开始反复挖掘了约50年时间，出土了至少7座相邻或是叠加的神庙，以及其他各种各样的宗教仪式设施，它们被定期为乌鲁克文化期的后半段。也是在那里，他们打了一口20米深、直到原始土壤的井，从而获得了这一遗址的地层剖面图，通过其地层剖面图可明显看出该遗址建立于欧贝德文化期。

　　古老的乌鲁克神庙在布局上非常类似于那些已经介绍过的欧贝德时期的埃瑞都神庙：拱壁外观，被小房间围绕的长内殿，长边上的门证明了对建筑传统的坚持，也可能是对信仰和祭祀的坚持。在埃-安那，它们被成对排列，H. 伦岑（H. Lenzen）教授认为这表明它们不仅被奉献给伊南娜，还奉献给她的爱人丰产神杜穆兹神（Dumuzi）。[4]特别值得注意的是有着众多巨大神庙的最低层——其中一座建于石灰岩地基上，测量为87米×33米——和它们不同寻常的"马赛克建筑"（mosaic building）。后者由一座在两个神殿之间延伸的巨大庭院构成，带有一个由八根直径为3米、两排排列的巨大泥砖圆柱组成的凸出门廊。庭院的侧墙、圆柱本身和它们建于其上的平台完全被一种彩色几何图案所覆盖，这些彩色图案是由7厘米到10厘米长的赤陶圆锥体的平端构成，它们被涂成黑色、红色或者白色，然后插入泥浆石膏中。这一独创且有效的装饰手法在乌鲁克和捷姆迭特-那色时期被广泛地使用。在瓦尔卡的废墟上，仍可捡起成千上万个松散的黏土锥体。当被保存下来的时候，圆锥体的颜色失去了光泽，但并不难想象一个新的圆锥体马赛克在东方阳光照耀下的绚丽场景。对颜色的偏爱在壁画的使用中也得到了体现。埃-安那的一座古代神庙即所谓的"红庙"（Red Temple），它的名字源于覆盖在其墙上的粉红色涂料。位于巴格达以南80千米，由伊拉克考古队在1940—1941年间挖掘的乌凯尔丘，一座装饰有壁画的乌鲁克时期的神庙在被发现时其壁画"像刚被涂抹上一样明亮"[5]：不幸被损毁的人像排成了一列，两只蜷缩的猎豹守卫着一位未知神灵的王座。必须要注意的是，所有这些神庙都像欧贝德时埃瑞都的神庙一样建在低矮的泥砖平台上，但这些平台随着时间变得更高，人们更侧重于认为神庙的规模尺寸比建筑本身更为重要。这很可能是金字形神塔的起源，阶梯塔上有一神龛是历史时期两河流域文明的典型代表。这一演变被乌鲁克的安奴神庙所证明，连续建造的6座寺庙最终被包括在一个真正的纪念碑平台中，这个平台高出平原约15米。在这座平台的顶端，是一座完好程度令人惊讶的神庙遗址，即所谓的"白庙"（White Temple），它可以定期到乌鲁克文化晚期。站在这些墙体之间，站在五千年以前天空之神的祭司们主持仪式的地方，是任何一个参观者都不会轻易忘记的经历。

民居建筑在伊拉克南部缺乏典型代表，但我们能在其他遥远的地方看到它——因为乌鲁克文化逐步地传播至整个两河流域,涵盖了和欧贝德文化大致相同的地区。例如在埃尔比勒附近,在喀林-阿格哈丘(Tell Qalinj Agha),[6] 两个巨大的居住区被一条主街道分开,这条主街宽2米至3米,有一些与其成直角的小路相通,相同整齐的布局在位于幼发拉底河大拐弯处的哈布巴-卡比腊(Habuba Kabira)可见。哈布巴-卡比腊是一座占地面积不少于22公顷的城市,被带有方塔的城墙环绕。[7] 在这两个地方的房屋都是用长方形的砖精心建造而成,每个房屋都由3个建筑物构成,每一个建筑都有2个至4个宽敞的房间,围绕着一个大厅或庭院。

乌鲁克神庙的宏伟和私人住宅近乎奢华的一面使其他艺术形式相形见绌。然而,乌鲁克时期的印鉴少有杰作。在这一时期,较早时期的平章几乎全被圆筒印所取代了。这是一种由普通石头或半宝石制作的小圆筒,长度从2.5厘米到8厘米不等,粗的如拇指,细的如铅笔,纵向贯穿,所以能用一根绳子佩戴在脖子上。在其表面雕刻着图案,将其滚在泥板上时,能够无限地重复。这些早期圆筒印章的制作技术已经非常高超,这些图案——其范围从动物或植物装饰到日常生活场景或神话主题——构思巧妙、布局合理。然而,它们的吸引力远超过它们的艺术价值,它们是乌鲁克时期唯一与人们生活密切相关的物品,它们为我们提供了认识佩戴者职业的线索。例如,一个刻画了对战俘进行屠杀的圆筒印章讲述了战争场面,同时,成群漫步、聚集在围栏周围的牛,或是被狮子攻击的牛的频繁出现,唤起了农民的主要关注。由赤裸的祭司执行的神秘仪式也频繁地被呈现。除了微型艺术,我们在这里第一次拥有了一种在所有时期对古代两河流

第五章 文明的诞生

乌鲁克（埃-安那）古代地层的剖面图。在三个地层上的连续神庙。注意建立在平台（属于捷姆迭特-那色时期）之上，乌尔-那穆修建的塔庙之下的神庙及带有陶器模型的欧贝德时期。一直延伸到第三王朝时期（乌尔第三王朝）修建的塔庙模型的欧贝德时期。该剖面图由作者根据H.伦岑1949年发表在《亚述学杂志》上的平面图重建。(H.伦岑，《亚述学》，XLIX, 1949[H. Lenzen's plans in Zeitschrift für Assyriologie, XLIX, 1949])

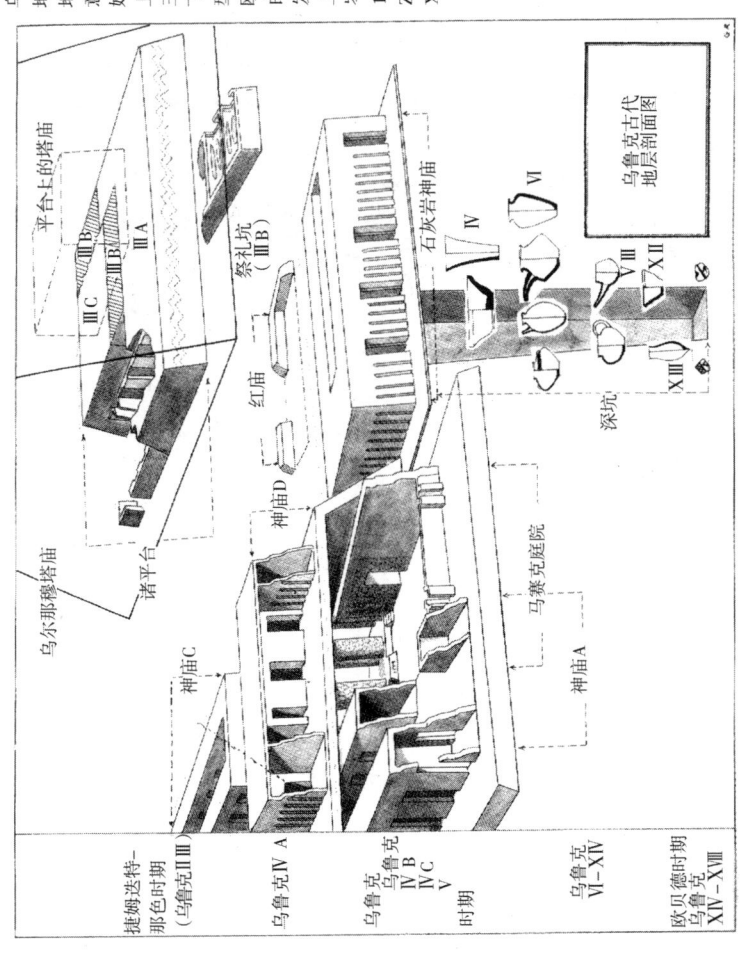

072　乌鲁克时期的圆筒印章。A. 帕罗：《两河流域考古 II》，1953 年（［A. Parrot, *Archéologie Mésopotamienne*, II, 1953］）。

域历史学家都有用的信息来源。[8]

然而，乌鲁克时期见证了另外一个比陶轮、圆筒印章或锥体马赛克装饰重要很多的新奇事物，一项能与新石器时代的农业发明相媲美的划时代的发明。在公元前 3300 年即将结束的时候，在乌鲁克埃-安那的古代神庙中，书写文字第一次以象形文字（pictographic）泥板的形式出现。[9]

在两河流域整个历史时期使用并且被称为"楔形文字"的文字最初是——像过去或现在所有的原始文字一样——一批小的、简单图画或象形图（pictograms）的集合。来自乌鲁

第五章　文明的诞生

克和其他地方的最早文本已经过于复杂,不能代表人类为保存他们的思想所做的第一次尝试。最初的图画文字可能被雕刻在木头上或画在皮肤或叶子上,但这样的媒质一定在很久以前就在伊拉克潮湿的地下土层中分解了,存下来的那些文献书写在黏土之上。写作过程本身是非常简单的:书吏拿一块质地优良、清洗干净的黏土,将它做成一块小而光滑的长方形泥板,几厘米见方。然后,他用一根斜切的芦苇管的末端画线,将泥板的每一面都分成方形,然后在每一个方形里都填入雕刻的图画。随后,对这一"泥板"进行烘烤,有时也不必烘烤。烘烤过的泥板几乎坚硬如石,陈旧的、未烘烤的泥板用手指一捻便可化成碎末,但如果它们被仔细地收集,在阴凉处慢慢地晾干,并在烤箱里变得坚硬,最后它们几乎无坚不摧。然而,必须要补充的是一些古代铭文最初是被刻在石头之上,开始用一种青铜尖,后来用冷凿进行刻画。

随着时间的推移,两河流域文字渐渐失去了它的象形特征。这些符号被水平地排列开来,而不再被雕刻成图画固定地填入正方形或垂直带状中。

它们变得更小、更紧凑、更僵硬、更抽象,最终变得与它们所代表的物体没有任何相似之处。那些笨拙的曲线消失了,被直线所取代,最初是等宽的,后来因为棱柱状的触针被强力按进黏土后,又被轻轻地抽出泥板表面,其印迹变成模糊的三角形或楔形。在公元前3千纪中期,这一变革完成了。真正的"楔形文字"(来自拉丁语 cuneus:楔子、钉子)诞生了,尽管在那以后细微的变化从未停止发生,但也足够使专家们去定期一个文献就如考古学家定期一片陶片那样。[10]

074

	头	手	脚	鱼	鸟	芦苇
古体，约公元前3500年						
乌尔第三王朝时期，约公元前2500年						
古巴比伦时期，约公元前1800年						
中亚述时期，约公元前1100年						
新亚述时期，约公元前750年						
新巴比伦时期，约公元前600年						
苏美尔语	SAG	SHU	DU, GIN GUB, TUM	HA	NAM	GI
阿卡德语	sak, sag shak, rish, ris	shu qad, qat	du, tu kub, gub qub	ha	nam sim	gi, ge ki, ke qi, qe

楔形文字符号在数个世纪期间的发展变化。除了在阿卡德语中的音值，大多数符号都有其中一个表意符意义。比如SHU（苏美尔语中的"手"）在阿卡德语中可以读作 qâtu，"手"；emûqu，"力量"；gamâlu，保护；等等。

第五章 文明的诞生

我们掌握的最早文献是以苏美尔语书写的。该语言大部分属于单音节，如同汉语一样，它的书写基于这样的原则：一个物体或一个想法对应一个读音，对应一个符号。因此第一批象形符号数量极多（超过 2000 个）。它们中的一些代表了容易识别的物体，例如农业工具、花瓶、船、动物的头或人体的某些部分，然而其他一些则似乎是纯粹的传统。因为抽象很难形象地表达出来，一个象形符号经常被用来表达几个词语，并且以多种方式来发音。例如，一个脚的象形符号不仅意为"脚"（在苏美尔语中读为 du），而且还意为如"站立"（gub）、"走"（gin）、"来"或"带来"（tum）等与脚有关的含义。相反，一些意义完全无关但是发音相同的词汇被归类到同一个符号之下。因此，弓的符号被用于表示"箭"（ti），也用于表示"活着"（ti 或 til）。在古典苏美尔语中，一个符号的正确读法通常由上下文或被其他称为"声符""限定词"或"语法助词"的符号来表示；但古代文献里没有这类符号。并且，这些符号明显排列混乱，而且它们中的一些仅在最早时期使用，后来就被放弃了，所以它们的音值（或发音）是未知的。由于上述原因，我们不能"阅读"象形文字泥板。我们只能说它们具有经济档案的全部特征（工人名单、货物名单、收据等），这并不令人感到惊奇，因为书写被发明出来纯粹是为了计数的。早在第七千纪，在伊拉克和伊朗的许多遗址出现了烘焙黏土制成的小球、立方体和圆锥体，它们最初被认为是玩具，后来被认为是代币（token）或陶筹，它们的大小或形状表示交换的单位和亚单位或不确定的货物。约公元前 3500 年，这些陶筹在带有它们内容图示的黏土封套中被发现。[11] 仅带有数字符号（圆圈和短线）的简单泥板也被发现于文化落后地区，如位于迪亚拉河谷的卡法贾（Khafaje）、波腊克丘和哈布巴-卡比腊。[12] 值得注意的是，从如此简单的书写开始，书写符号在两河流域南部地区用一段相对短的时间发展成为一套非常成熟的系统，被用来表达所有的智力活动，包括庞大而令人钦佩的文学作品。

捷姆迭特-那色时期

1925年，一类与众不同的陶器被发现于巴格达与巴比伦之间的捷姆迭特-那色遗址，这类陶器主要由大厚罐子组成，用黑色或红色颜料直接涂在浅黄色黏土上而形成的几何或自然图案进行装饰。[13] 之后，在两河流域其他遗址中也发现了"捷姆迭特-那色陶器"，通常数量较少。这一类型的陶器被认为是上一个文化期即"捷姆迭特-那色时期"的主要特征。必须牢记的是，这一时期的文化元素与乌鲁克时期的文化元素之间并没有根本性的区别，仅是在风格和品质方面简单变化。建筑遗存虽然稀少，但足以证明在神庙的布局和装饰方面没有重大的变化，尽管重点是他们的（纪念碑）平台上，锥体马赛克装饰通常用在镶嵌板上而不是覆盖每一寸墙体。圆筒印章使用相同的宗教和世俗场景，尽管它们倾向于变得更加刻板和传统。文字的使用越来越多，但是图画文字越来越少，越来越不"逼真"，通常单独使用它们的音值。陶器的容积与普通的乌鲁克陶器的容积相等。稀少的"捷姆迭特-那色陶器"，也许受到了伊朗人的启发，可能仅代表了一种短暂的地方时尚。总而言之，雕刻或许是这一新时期对艺术发展的唯一原创性贡献。

从萨马腊时期开始几乎被忘记了的雕刻突然重新出现，并且很快就达到了高度完美的艺术水准，被人们偏爱地应用于各种各样的物品上。狮子袭击公牛、英雄和狮子搏斗、阴沉的野猪、平和的母羊和公羊，它们以浮雕或圆雕的形式被刻在石头花瓶和碗上，被雕刻在水槽上、墙壁的饰板上，被雕刻在幸存下来的、珍稀的印章背面。也是从这一时期（捷姆迭特-那色时期）开始，许多朝拜者的小雕像作为还愿物被使用，一个非常粗糙、描绘了两位有胡须的男人用矛和弓箭杀死狮子的玄武岩石碑被发现于瓦尔卡，它是已知的著名的亚述狩猎场景最古老的祖先。如果所有这些并没有达到较高的品质，那有两个物品——均发现于乌鲁克——在那一时期的整个世界无可匹敌。[14] 一件是一个一米高的雪花石膏花瓶，以完美的技术在其上雕刻有精美浮雕，浮雕显示伊南娜女神正在从一位可能是祭司或首领甚至是神那里接受礼物。这一花瓶被认为是古代艺术品的无价之宝，已用金属夹子修复了。另一件是一个由大理石制作的尺寸几乎与真人面孔相同的女性面具。不幸的是这个面具的眼睛丢失了，但是这张脸的造型是在希腊雕塑古典时代之前鲜少能见到的写实主义和感性的结合。

技术方面的进步、艺术方面的成就和书写，所有这些都是一个完全成熟的、应毫不犹豫称之为"苏美尔语"文明的征兆，基本上可以确定来自捷姆迭特-那色与来自乌尔和乌凯尔丘同时期地层中的泥板都是用这一语言书写而成。

诞生并成长于伊拉克南部的这一文明辐射了整个近东，并对其他的东方文明产生了影响。我们完全可以想象，大约在那一时期，在附近埃兰（波斯西南）地区出现的写在黏土上尚未破译的原始埃兰语是受到了古代苏美尔文字的启发，或者是由与苏美尔人有密切联系的民族所发明，但是却很难理解埃及人是通过何种渠道在何种背景之下从两河流域获得借鉴的。[15] 史前时代晚期的涅迦达（Naqadah）坟墓中出现了典型的捷姆迭特-那色圆筒印章，这一物件本身被埃及人所采纳，埃及人用他们自己的传统图案雕刻它，由于其没有在黏土泥板上滚动，数个世纪来埃及人将其当作护身符使用。类似地，两河流域人喜爱的浮雕主题，如狩猎场景、狮子吞牛或具有长脖颈的野兽被埃及雕刻家所复制，就像第一王朝的埃及建筑师使用两河流域神庙的嵌壁式外观建造他们的王陵一样。实际上，许多权威学者相信苏美尔语的图画文字早于最早的象形文字，并且可能很好地启发了象形文字的发明者。这种单向的影响更为显著，因为在整个古代历史上，近东这两个伟大焦点文明之间的联系一直是出奇地罕见和浅显。

并不意外且同样令人惊讶的是苏美尔人对南部叙利亚的影响。到目前为止，人们几乎对埃卜拉（Ebla）的第一个定居点一无所知，但是，当这一伟大的城市在公元前3千纪繁荣之时，它的大部分建筑和艺术都有着苏美尔味道，其王室宫殿的图书馆中藏有用标准楔形文字书写的苏美尔语和塞姆语文献，这表明该地区很早就与南部伊拉克有紧密联系。在幼发拉底河中游的马瑞也是同样的情况，马瑞的艺术和字母在早王朝时期是纯粹的苏美尔语，尽管这里的民族依然是塞姆人（Semites）。此外，两河流域圆筒印章在伊朗（苏萨、西亚克丘［Tepe Sialk］、希萨尔丘［Tepe Hissar］）、土耳其（阿里嚓尔［Alişar］、特洛伊［Troy］）、黎巴嫩和巴勒斯坦的发现与典型的捷姆迭特-那色陶器在阿曼的发现，都证明了两河流域下游与邻近地区之间广泛的商业联系。

非常奇怪的是，在两河流域区域内，古老的苏美尔文明在长达半个世纪的时间内仅局限于这一国家的南半部分。与此同时，乌鲁克文化的踪迹在北方地区无处不在，捷姆迭特-那色文化的痕迹仅局限于一些被认为是苏美尔人殖民地的遗址内，例如哈布尔河流域的波腊克丘、辛贾尔地区的格莱-雷什（Grai Resh），[16] 20世纪30年代后期在这些地方发现了一些建在平台上用黏土锥装饰的神庙和一些南部风格的神像——有些带有凝视的双眼，其他的则奇形怪状。或者再如在迪亚拉河谷的阿斯马尔丘（Tell Asmar）和卡法贾丘，在这两个地方出土了捷姆迭特-那色陶器、雕刻、圆筒印章和泥板。[17] 因此，似乎出于某种模糊的原因，杰济拉的大部分地区和整个底格里斯河上游河谷没有受到约300千米以南所发生的文化发展的任何影响。未来的亚述在这一时期唯一重要的遗址是高腊丘。然而在整个乌鲁克和捷姆迭特-那色时期，高腊丘的居民用钉头槌和吊索进行战斗，继续使用扁印，手工制作陶器并忽视书写，尽管他们驾驶四轮马车，使用在这一时期南部无法与之媲美的、大量的墓葬家具埋葬他们的首领。"高腊文化"最终被"尼尼微V文化"（在尼尼微测深的第五层）所取代，"尼尼微V文化"以一种轮制、非常吸引人的彩绘或雕刻的陶器为代表,也以苏美尔人的武器和印章为特征。但那时苏美尔已经进入了历史时期。在被阿卡德征服之后,在北方地区第一批书写档案出现之时,整个早王朝时代(约公元前2900—公元前2334年)已经结束了。

公元前4千纪末期在北方和南方之间产生的断裂在古代时期从来没有被完全填补上。阿卡德人(Akkadians)之后,乌尔第三王朝的苏美尔国王和巴比伦的汉穆拉比相继把底格里斯河上游和库尔德斯坦的丘陵地区归于他们的统治之下。然而,从他们的铭文中,人们形成了这样的印象,这些地区在某种程度上被认为是外国,在文化上也更加落后。赫梯人(The Hittite)袭击了巴比伦(公元前1595年),加喜特统治的长期半混乱状态结束了南方的政治优势。北方进行了复仇,亚述和尼尼微的国王们统治了整个两河流域。但是巴比伦人从来不愿意接受这些"野蛮人"的统治,并且不断地尝试摆脱这一束缚。同时,那些虔诚地收集古老的苏美尔文献并定期参加巴比伦新年节的强大的亚述统治者们,也含蓄地承认他们对一个非常古老和令人尊敬的文明欠下了债。

苏美尔人问题

这些苏美尔人是谁?谁的名字现在可以第一次被宣布出来?谁将在接下来的1000年里占据历史舞台?他们能够代表史前时期两河流域一个非常古老的人群吗?或者他们是来自其他的一些国家吗?如果这样的话,他们什么时候来到这里?他们来自何处?自从一个多世纪前苏美尔文明

第五章　文明的诞生

的第一个废墟被挖掘出来,直到今天,这一重要的问题被反复争论。近期的考古发现远不能提供一个解决方案,甚至使它更难回答,但它们至少为这个旧的辩论提供了新鲜而坚实的论据,正是在这种新的视角下,"苏美尔人问题"应该被重新审视。[18]

"苏美尔人"一词来自伊拉克南部的古代名字 Sumer,或者更准确一点是 Shumer,在楔形文献中通常写作符号 KI. EN. GI。[19] 在历史时期开始之际,三个种族群体紧密相连地居住在那一地区:苏美尔人主要居住在从尼普尔(靠近迪瓦尼亚市[Diwaniyah])到波斯湾的最南端,塞姆人主要在两河流域的中部(公元前 2400 年后被称为阿卡德地区),还有一群数量较小、来源不明、分散居住的民族,不能给其贴上明确的标签。从现代历史学家的观点来看,两河流域历史上第一批人口的三个构成部分之间的分界线既不是政治的,也不是文化的,而是语言的。他们有着相同的机构、生活方式、技术、艺术传统、宗教信仰,总之,这一起源于最南部的文明被恰当地归因于苏美尔人。我们能够区分和识别这三个民族的唯一可信赖的标准就是他们的语言。严格来说,"苏美尔人"这一称呼应该意为"讲苏美尔语的人",并且无其他意义;类似地,"塞姆人"是那些讲一种塞姆语方言的人。实际上,要不是因为一些奇怪的非苏美尔语和非塞姆语的人名和地名在古代文献中到处可见,我们不会知道第三个种族元素的存在。这也顺便解释了为什么所有在文献学以外去定义和评估苏美尔人和塞姆人之间关系的努力都注定失败了。[20] 另外一点也应该讲清楚:无论在科学意义上还是一般意义上,都没有一个苏美尔"种族"。来自苏美尔墓穴中的骨架被检测属于长颅型或短颅型,是一种所谓的亚美尼亚人种和地中海人种的混合,后者占主体地位。[21] 至于在纪念物上描绘的物理特征,它们很大程度上属于传统风格,因此并没有实际的价值。大而丰满的鼻子、巨大的眼睛、粗壮的脖子和扁平的后枕骨,一般被认为是苏美尔人的典型特征。这些特征在使用真正的塞姆语名字的个人雕像上也能发现,这些雕像几乎都是在塞姆人居住的马瑞地区发现的。然而,那些更加写实的雕像,如苏美尔拉伽什城邦(Lagash)的苏美尔人总督古地亚(Gudea)的雕像,则显示了一种短而直的鼻子和很长的头颅。

单单文献学本身就常常是一个种族关系的良好线索。因此,尽管覆盖一个广阔的区域,希腊人、赫梯人和印度-雅利安人(Indo-Aryans)通过他们所讲的印欧语彼此相连,并且他们可能来自一个在东南欧的共同故乡。但是,在苏美尔人的案例中,文献学起不到作用。苏美尔语是"黏着的",这意味着它是由动词词根通过语法小品词的同位修饰或内部连接而形成。就此而言,苏美尔语与从匈牙利(Hungary)到波利尼西亚(Polynesia)所讲的数量众多的方言属于同一种类。尽管它与任何已知的语言,无论是尚在使用或是已经死亡了的语言都没有太多的相似之处。苏美尔文学作品为我们呈现了一个高度智慧、勤劳、善辩和笃信宗教的民族画面,但这些对于其起源并不能提供任何线索。苏美尔人的神话和传说几乎总是以河流、沼泽、芦苇、柽柳和椰枣树这些典型的伊拉克南部背景为开篇,仿佛苏美尔人一直生活在这一国家,其中没有任何东西可以

第五章 文明的诞生

清楚地表明一个不同于两河流域的祖先家园。

因此我们不得不回到考古学，也就是说回到苏美尔文明的物质因素。问题是创造出两河流域连续不断的史前时代文化的各类种族中，哪一个可以与历史上讲苏美尔语的民族联系起来呢？用这种方法，这一问题当然是无法解决的，因为我们不知道在乌鲁克时期之前，两河流域使用哪种语言。无论给出什么答案都仅仅是建立在粗略的概括、直观的思考或仅是猜测的基础之上。关于这一问题，学者们一般有两种意见：一组学者认为，苏美尔人在乌鲁克时期来到两河流域；而另一组学者认为，最晚在欧贝德时期他们就已经在那里了。这里我们不能进行详细的讨论，但我个人倾向于第二种理论。实际上，苏美尔人的"文字"第一次出现于乌鲁克时期结束之际，但这并不意味着在之前没有讲苏美尔语。再者，两河流域文学作品中的地名既不是苏美尔语也不是塞姆语，但是它们是否一定代表一个更古老和排他性民族的痕迹呢？至于标志着乌鲁克文化开始时期的陶器的风格变化，我们已经看到可能是因为大量生产导致，而不是外族的入侵或影响。实际上，在所有方面，乌鲁克文化都表现为在欧贝德时期就已经存在的各种条件状况的自然发展。无论如何，如果我们假设苏美尔人是入侵者，那么他们来自何处？一些学者在两河流域东部的山区国家中寻找他们的起源，他们通过陆路或海路到达两河流域。与此同时，另一些人相信他们来自安纳托利亚，沿着幼发拉底河顺流而下到达它的河口处。但是支撑这些理论的论据并不能够令人信服。除此之外，自第二次世界大战以来，在土耳其、伊朗、俾路支（Baluchistan）、阿富汗和中亚进行了大量的考古挖掘活动，它们都没有发现任何类似甚至是模糊地类似于乌鲁克文化和捷姆迭特-那色文化的物品；它们也没能提供任何以苏美尔语书写的铭文，当然苏美尔语书写的铭文是唯一决定性的证据。在这种情况下，为什么不回到两河流域本身呢？

在第四章中已经描述了苏美尔文明的许多物质元素——泥砖建筑、彩色的墙体和壁画、石制花瓶和小雕像、泥塑、印章、金属工艺，甚至是灌溉农业——在公元前第六千纪和公元前第五千纪期间起源于伊拉克北部。在乔加-马米的挖掘已经在萨马腊文化与部分同时代的欧贝德文化及现在被认为属于欧贝德文化早期的哈吉-穆罕默德文化之间建立了一种明确的联系。仅以他们的陶器和不同寻常的雕像为唯一基础，将萨马腊人等同于苏美尔人甚至欧贝德人是让人无法接受的轻率结论，但是，两河流域南部的第一批定居者在某些方面与他们的北部邻居有所关联，或至少受其影响则是毫无疑问的。反过来考虑，萨马腊人可能源于新石器时代的哈苏那或是乌姆-达巴吉亚的农民。因此，我们越是将我们问题的限制回溯，它就变得越稀薄，并消失在史前时期的迷雾中。人们甚至疑惑，是否根本就不存在任何问题。苏美尔人，就像我们所有人一样，是各种种族的混合体，可能也是不同民族的混合体。他们的文明，也像我们的一样，是一种外国和本土元素的混合；他们的语言属于一种语言群体，这一语言群体足够庞大，以致能覆盖整个西亚地区甚至更广。因此，他们可能代表了在新石器时代早期和铜石并用时代，占据近东大部分地区的一个人口（族群）分支。换句话说，他们可能"一直"

就在伊拉克，这就是我们能说的全部。正如一位杰出的东方学者所言："被广泛讨论的关于苏美尔人的起源问题，很可能被证实是在追逐一种虚妄。"[22]

第六章
苏美尔众神

无论苏美尔人的真正起源如何，毫无疑问他们的文明起源于伊拉克自身的史前时代。苏美尔文明反映了稳定、保守的农业社会的情绪和愿望，农业社会始终是这个国家的脊梁，在起源和本质上它是"两河流域的"。出于这一原因，苏美尔人作为一个民族在公元前2000年左右消失以后，苏美尔文明却存活了下来，被在他们之后连续统治两河流域的阿摩利人、加喜特人（Kassites）、亚述人和迦勒底人（Chaldaeans）继承和延续了，但是稍微做了些改进。因此，公元前2千纪至1千纪的亚述—巴比伦文明（Assyro-Babylonian）并没有从根本上不同于苏美尔文明，无论我们从任何角度接近它，总是不可避免地被带入一种苏美尔模式。

这一点对宗教而言尤其准确。3000多年的时间里，苏美尔诸神被苏美尔人和塞姆人以类似的方式崇拜；3000多年的时间里，苏美尔人所倡导的宗教思想在两河流域人们的公共生活和社会生活方面发挥了特别重要的作用，塑造了他们的公共机构，使他们的艺术和文学作品更加绚丽多彩，渗透到从国王们的最高职能到臣民日常职业的每一种活动中。在其他的古代社会，宗教没有占据如此重要的位置。因为在其他古代社会里，人们没有感觉到他们自己是如此彻底地依赖于诸神的意志。苏美尔社会以神庙为中心而形成的事实产生了深远而持久的影响。例如，在理论上，土地永远属于诸神。就像仅统治苏美尔几平方千米的拉伽什的总督是他们的神宁吉尔苏（Ningirsu）的仆人一样，其帝国版图从尼罗河延伸至里海（Caspian Sea）的强大的亚述君主们也是他们的神阿淑尔（God Assur）谦卑的仆人。当然，这并不意味着经济和人类情感在古代伊拉克历史上没有发挥作用，就像它们在其他国家历史上所做的那样。但是，宗教动机不应该被忘记，或者被忽视。作为对我们即将进入的历史时期的介绍，对苏美尔万神殿和宗教思想的简要描述将是非常恰当的。[1]

苏美尔人的万神殿

我们对苏美尔人宗教和道德思想的认识来源于各种各样的文献——史诗故事和神话、宗教仪式、赞美诗、祈祷文、咒语、神表、训诫集、谚语等——它们主要有三个基本来源：尼普尔（苏美尔的宗教中心）的祭司图书馆、阿淑尔与尼尼微的王宫和神庙图书馆。其中一些文献用苏美尔语书写，[2] 其他的文献通常是苏美尔原始版本的亚述或巴比伦抄本或改写本，甚至在许多情况下，它们在迄今发现的苏美尔宗教文学作品中并无对应版本。这些文献实际创作的时间从公元前1900年至基督时代前最后一个世纪不等，但是，我们可以合理地推测，它们体现了可以追溯至早王朝时期的口述传统（verbal traditions），甚至更早。因为一些苏美尔神灵和神话场景可以在乌鲁克和捷姆迭特-那色时期的滚筒印章和雕刻品上识别出来。在这些文献之前缺乏直接的证据,但是,建筑传统的连续性和同一宗教区域神庙的不断重建,表明至少有一些苏美尔神灵在伊拉克南部地区从欧贝德时期就已经被崇拜了。

宗教思想的形成及它们作为神族和在神话中的表达当然是一个缓慢形成的过程,由几个教派的牧师同时进行。不知以何种方式,最终达成了一个普遍认同的原则,每个城市可以保留自己的保护神和自己的一套传说,而整个国家则信仰一些共同的万神殿。[3] 神灵的社会被认为是苏美尔社会的一个复制品,并据此组织起来。天空、大地和地下世界均有神灵居住——起初有数百,后来由于内部融合数量减少了很多,但绝未达到一神教的地步。这些神与希腊诸神一样,有外貌、品质、缺点和人类的情感,但是,他们被赋予了令人难以置信的力量、超自然的能力和永生。此外,他们在耀眼的光环中显示自己,这是一种让人充满恐惧和尊敬的"光辉",给人一种难以形容的与神接触的感觉,这是所有宗教的本质。[4]

两河流域诸神的地位并不都是平等的,将他们进行分类并不是一项简单的任务。在这一等级体系的底部,或许我们应该放置那些属于魔法而非宗教领域的仁慈的灵魂和邪恶的恶魔,还有"人格神"(personal god),一种附属于每个人身上的守护天使,在这个人和更高的神之间起中介作用。[5] 然后一些卑微的神,他们负责诸如犁、砖模、镐之类的工具及陶匠、铁匠、金匠和类似的职业。他们与广义概念上的自然神(河流、群山、矿产、植物、野生和家养动物之神,繁殖、生产和医药之神,风和雷暴雨之神)一样,起初或许是数量最多且最重要的,因为它们人格化了"生命力、现象的精神内核、内在意志和力量"[6],所有这些概念都是所谓的"原始心理"(primitive mentality)的特征。更高一个等级的是地下世界诸神,奈尔伽尔(Nergal)和埃瑞什基伽勒(Ereshkigal),与他们并肩而立的是诸如宁乌尔塔(Ninurta)之类的战神。在他们之上是星际诸神,尤其是月神南那(Nanna,塞姆人称为辛[Sin]),他控制时间(农历月)和"知道所有的命运",但在许多方面仍然保持神秘。还有太阳神乌图(Utu,塞姆语为沙马什[Shamash]),正义之神,当他用耀眼的光芒淹没世界时,揭露了"正义与邪恶"。最后,在这一等级体系的顶端,自然站立着在两河流域巨大万神殿中占据主导地位的三位伟大的男性神灵:安(An)、恩利勒(Enlil)和恩基(Enki)。

安(在阿卡德语中为安奴[Anu]或安奴姆[Anum])的含义为"天空压倒一切的个性",他以此为自己命名,并占据了苏美尔万神殿第一个位置。这个主庙位于乌鲁克的神,最初撑握宇宙中的最高权力,是诸神的长辈和最高统治者。他像父亲一样裁决诸神之间的争端,他的决定像国王的决定一样,不容忍任何上诉。但是,安神——至少在经典苏美尔神话中——并不在尘世事务中扮演重要角色,他以一个有些苍白但却庄严的形象在天空中保持超然的状态。在一些不确定的时代,[7]由于某些不明的原因,尼普尔城的保护神恩利勒的地位实际上升到最高等级,在一定意义上成为苏美尔地区的国家神。很久以后,他反而又被迄今为止仍然较为模糊的巴比伦的马尔杜克神（Marduk）夺去了权威。但与马尔杜克相比，恩利勒确定不是一个篡位者。他（恩利勒）的名字意为"空气之王/主"（Lord Air），他唤起了无限、运动和生命（呼吸），并且有权声称（自己）是真正的"天空之力"（the force in heaven），把地球从天空中分离开来，从而创造了世界。此外，尼普尔的神学家们还使他成为人类之主、众王之王。如果安神仍然保留了王权的荣誉，但选择苏美尔和阿卡德的诸位统治者的正是恩利勒神，且"给他们戴上神圣的王冠"。就像一位贤明的君主，通过其命令维持王国的秩序一样，这位"空气之神"也仅仅通过其嘴巴发出的寥寥数语来维护这个世界：

> 没有恩利勒，这伟大的高山，
> 没有城市将被建造，没有定居点能被居住；
> 没有牛棚将被建造，没有羊圈能被建立；
> 没有国王将被确立，没有高级祭司出生……
> 河流——她们的河水将不会流动，
> 海里的鱼将不会在藤丛中产卵，
> 天空中的鸟儿将不会在荒野的地上筑巢。
> 在天空中，飘浮的云将不能获得它们的水分；
> 植物和兽群——平原的荣耀——将无法生长；
> 在田野和草原，丰饶的谷物将不会开花，
> 种植在高山丛林中的树木将不会产出它们的果实……[8]

恩基神的特性被了解得更加清楚，却也更加复杂。除了（楔形文字符号）外形，我们仍不能确定他的苏美尔语

第六章 苏美尔众神

名字是否意为"大地之主"(en-ki),关于其塞姆语名字埃阿(Ea)的准确含义,语言学家们仍在争论之中。然而,毫无疑问的是恩基或埃阿是流动在河流和湖泊中的淡水之神,在泉水和井水中升起并给两河流域带来生命。他的主要特征是他的智慧,正如苏美尔人所说他具有"宽阔的双耳",这也是他为什么被尊奉为所有技艺、科学和艺术的发明者及巫师们保护神的原因。而且,恩基是执掌"道"(Me)的神,"道"似乎是一个用于描述苏美尔文明的关键词,它也在"命运归属"中发挥重要的作用。[9] 在世界被创造以后,恩基将其无与伦比的智慧应用于恩利勒创造的法规中。一首长篇、几乎超现实主义的诗歌[10] 表明他使世界井然有序。他不仅将他的祝福赐予了苏美尔——它的牛棚、田野和城市,还赐予了迪尔蒙和麦鲁哈,还有叙利亚-两河流域沙漠中的游牧部落。他变成一头公牛,用他的精液中的"闪闪发光的水"注入了底格里斯河。他委托了几十个小神执行一些特殊的任务,最终把整个宇宙交给了太阳神乌图。这一建筑师和工程师的主人说他是"所有土地的耳朵和思想",也是对人类最亲近和最喜爱的神。正是他具有创造人类去完成神的工作的卓见,正如我们将要看到的那样,也是他从大洪水之中拯救了人类。与男性诸神并肩而立的是由各等级女神所构成的一系列女性诸神。她们中的许多神仅仅是男神的妻子,此外其他的神则履行特别的职责。在后者中,最显著的是大母神宁胡尔萨格(Ninhursag,也被称为宁马赫[Ninmah]或宁图[Nintu])与在两河流域神话中扮演重要角色的伊南娜女神(塞姆语为伊什塔尔[Ishtar])。

(公元前)2千纪马瑞宫廷壁画在上半部分,伊什塔尔通过授予金瑞-林(Zimri-Lim)权杖和"王权指环"(ring of kingship)任命他为马瑞国王。在下半部分,两位不知名的女神正手持花瓶向外喷水,作为丰产的一种象征。来自 A. 帕罗:《马瑞考古》Ⅱ, 2, 1958 (A. Parrot, *Mission Archéologique de Mari*, Ⅱ, 2, 1958)。

第六章 苏美尔众神

伊南娜是肉欲、性爱女神,因此她既没有丈夫,也没有孩子。她经常会与许多情人寻欢作乐,这些情人最终会被她抛弃。毫无疑问,她会被想象和描绘为美丽而丰满性感的形象,她经常行为不忠,有愤怒的暴力行为,这使得这一寻欢作乐的化身成为令人敬畏的战争女神。随着时间的推移,她属性中的第二个方面(战争女神)将其提升到那些带领军队进行战斗的男性诸神的地位。[11] 杜穆兹似乎是她唯一温柔地爱过的神,他可能是由两位史前时期的神灵融合而成,因为他既是牛群和羊群的保护者,又是在夏天死亡、春天复活的植物神。苏美尔人认为牛的繁殖与可食用植物和水果的更新只有通过一个仪式才能得到保障。该仪式是在新年的那一天,由国王扮演杜穆兹的角色,与伊南娜完成一次婚姻仪式,伊南娜由她的一个女祭司代表。由明显的性欲混合着温柔情感的爱情诗来庆祝这一"圣婚"(Sacred Marriage),[12] 同时,这一仪式本身也常被描述在一些王室赞美诗中,其中最明确的是一首对伊辛王朝第三位国王伊丁-达干(Iddin-Dagan,公元前1974—公元前1954年)的赞美诗。[13] 一个充满香味的灯芯草铺设而成的床立在宫殿一所特定的房间中,床上铺有一层舒适的被子。女神沐浴之后,将芬芳的雪松油洒在地上。随后,国王到来了:

> 国王骄傲地靠近她纯洁的大腿,
> 他骄傲地靠近伊南娜纯洁的大腿,
> 　　阿马舒伽兰那(Ama'ushumgalanna)① 在她旁边

---

① 杜穆兹的另一个名字。

躺下，

他爱抚她纯洁的大腿。

当这位女士舒展身体躺在床上，躺在他纯洁的大腿上时，

当纯洁的伊南娜舒展身体躺在床上，躺在他纯洁的大腿上时，

她在她的床上与他做爱，

（她）对伊丁-达干说："你绝对是我的爱人。"

圣婚仪式结束后，携带礼物的人们与乐师们一起被邀请进入，并提供一顿特别的晚餐：

宫殿充满了节日气氛，国王异常高兴，

人们度过了充实的一天。

但是，伊南娜和杜穆兹的亲密关系并不总是和谐的，正如一个著名的文献《伊南娜下冥府》所展示的那样。《伊南娜下冥府》有两个版本保存了下来，一个是苏美尔语版本，另一个是亚述语版本。[14] 在苏美尔语版本中，伊南娜下到"无回之国"（冥府），在每一阶段（每过一道门）她被迫拿掉一件衣服或是一件珠宝，她试图从她的姐姐埃瑞什基伽勒手中夺去这一阴郁领地的统治权。埃瑞什基伽勒是苏美尔的珀耳塞福涅（Persephone，希腊冥后）。不幸的是伊南娜失败了，她被处死了，最后被恩基神复活。但是她不允许再返回地上，除非她能找到一个替代者。经过了一个漫长的寻找潜在受害者的过程，她除了她喜爱的爱人找不到任何人。杜穆兹迅速地被恶魔抓住，被带到了地下世界。杜穆兹被抓给他的姐姐吉什廷安娜——酒神，带来了巨大的悲伤。最后，伊南娜被杜穆兹的悲痛感动了：

她决定让他（杜穆兹）在地府度过半年时间，另外半年由吉什廷安娜代替他在地府里度过。

圣婚仪式可能起源于乌鲁克，但在其他城市中也盛行，至少持续到伊辛王朝灭亡（公元前 1794 年）。在那之后，杜穆兹下降为一个相对次要等级的神灵，尽管历法中有一个月以其名字的塞姆语形式塔穆兹（Tammuz）命名，且仍在阿拉伯世界使用。然而，在公元前 1 千纪的最后一个世纪，塔穆兹崇拜在黎凡特（Levant）地区复兴。（塔穆兹是）一位多少有些类似于奥西里斯（Osiris）的植物神，他变成了"阿顿"（adon），也就是阿多尼斯（Adonis）。他每一年都会死（而复生），在耶路撒冷（Jerusalem）、比布罗斯和塞浦路斯，后来甚至在罗马被信仰。在一则希腊神话中，珀耳塞福涅和阿佛洛狄特（Aphrodite）为获得这位年轻而英俊神灵的喜爱而争吵，当时宙斯（Zeus）进行调停，并且裁定阿多尼斯应该与这两位女神分享一年的时间。[15] 因此，《伊南娜下冥府》这则古老的苏美尔神话没有被彻底地忘记：经过少许改编，仍能被识别，通过一些未知的渠道，到达了爱琴海地区，就像许多两河流域的神话和传说所传播的那样。

创世神话

两河流域人将地球想象为一个边缘被群山环绕的平坦圆盘，漂浮在一片由甜水"阿波祖"（abzu）或"阿普苏"（apsû）构成的海洋之上。在群山之上且被大气将之与地球相分离的是苍穹，各种星体在其中旋转。地球之下一个类似的半球构成了死者灵魂生活的地下世界。最后，整个宇宙（anki[9]：天—地）像一个巨大的泡沫浸入一个无边、自在、原始的咸水海洋之中。地球本身仅是由两河流域构成，正中心生活着巴比伦人，或者，可能中心是尼普尔，生活着苏美尔人。

这个世界是如何创造的？是由谁创造的？答案是不同的，毫无疑问因为它们建立在不同的文化传统之上。[16]一则传说表明安奴神创造了天空，恩基神创造了"阿普苏"，即他的居所。另一则传说将世界的创造归因于一次众神的大集会，另外一个传说仅归因于四个大神的集体行动。在一篇针对引起牙痛病的"蠕虫"的咒语开篇中说到，安奴神创造了天空，天空创造了大地，大地创造了河流，河流创造了水渠，水渠创造了沼泽，沼泽创造了蠕虫。但是，这则咒语听起来更像是童谣《杰克建造的房子》（The house that Jack built），或许不应被过于重视。更有趣的是一个来自西帕尔的版本，根据这一版本，伟大的巴比伦神马尔杜克"在水面上建造了一个芦苇平台（或是浮台），然后创造了尘土，并沿着这个平台将尘土倾倒"，这实际上是伊拉克南部沼泽地区的阿拉伯人建造人工岛的方法，他们在人工岛上建造他们的芦苇小屋。[17] 一般而言，苏美尔人相信"原始海洋"——人格化为那穆神（Nammu）——独自孕育出一个男性的天空和一个女性的地球亲密地结合在一起。他们结合的果实——空气之神恩利勒，将天空与地球分开，并与大地一起产生了所有的生物。海洋是宇宙诞生的原始元素，宇宙的形状是由第三方强行将天地分离的结果，这一理论在苏美尔、巴比伦和亚述被普遍接受，并构成了我

第六章 苏美尔众神

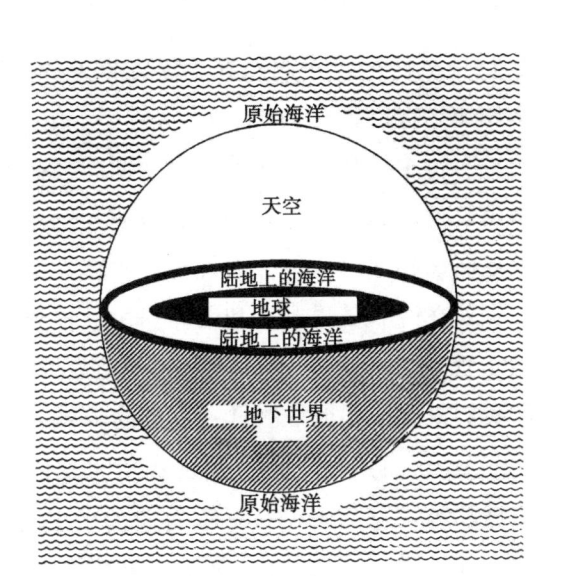

苏美尔人如何想象世界？地球是一个被海洋环绕的平坦圆盘；半球之上和之下是天空（众神的天空居所）和特别神灵的地下世界（阴曹地府）。整个世界漂浮在一片原始的海洋之上。来自 S. N. 克莱默：《历史开始于苏美尔》，1975 年（S. N. Kramer, *L'Histoire commence à Sumer*, 1975）。

们所拥有的最完整和详细的创世故事的基础，即伟大的巴比伦史诗《埃奴马-埃里什》，它的名字来源于史诗的首句"Enuma elish"（埃奴马-埃里什）①，这句话的意思就是"当在高处时……"。但巴比伦的《创世史诗》还有着广泛的哲学意蕴。它所描绘的创造不是一个开始，而是一个终结，不是一位神灵的无端和莫名其妙的行为，而是一次宇宙战争的结果，是自然界的两个对立面之间根本和永恒的斗争：善与恶、秩序与混乱。

---

① "Enuma elish" 实际上是将楔形文字转化为英文字母后的首句诗的前两个字，其意义为"其时居于上之物"，"埃奴马-埃里什"是音译。这首史诗又称《创世史诗》。——译者注

《埃奴马-埃里什》是一篇写在 7 块泥板上的长篇诗歌，最初的版本创作于古巴比伦时期（公元前 2 千纪初），尽管目前发现的所有抄本均写于公元前 1 千纪期间。在大部分抄本中，主角由巴比伦的保护神马尔杜克扮演，但在一个亚述版本中，亚述的民族神阿淑尔神取代了马尔杜克神。另一方面，马尔杜克曾在诗歌《恩利勒和诸神》中被提到，正如我们所知，马尔杜克神曾篡夺了苏美尔神恩利勒的地位和权力。因此，我们很有信心地推测这一史诗的英雄最初是恩利勒，正如在苏美尔人的宇宙起源中曾经提到的那样。[18]

两河流域的神话创作者们从他们自己的国家获得灵感。如果我们在一个有雾的清晨站在现在的伊拉克海岸边，站在入海口的沙特-埃勒-阿拉伯，我们将看到什么呢？低矮的乌云笼罩着地平线；由地下渗出的或是由河水泛滥留下了大量淡水与波斯湾的咸水自由地混合在一起；通常形成景观的低矮泥滩中，可见度不超过几英尺；在我们周围，海洋、天空和地球混合在一片朦胧、模糊、水一样的混沌中。这就是那些必定经常目睹这些景象的诗歌作者们如何想象世界的起源的。当一切事物都还没有名字，也就是说当一切事物都还没有被创造时，他们写道：阿普苏（Apsu）（新鲜的淡水）、提阿马特（Tiamat）（咸水）和穆穆神（Mummu）（云）[19]一起形成了一个单独的混沌体：

埃奴马-埃里什①

当高高在上的天空还没有被命名，

---

① 原著是"Enuma elish la nabû shamamu……"（埃奴马-埃里什……），这里简写为"埃奴马-埃里什"。——译者注

第六章 苏美尔众神

> 下面坚实的大地还没有被取名字时,
> 他们的原初之父阿普苏,
> (和)原初之母穆穆(和?)提阿马特,
> 他们的水混合为一体;
> 芦苇屋尚未被包席子,沼泽地尚未出现;
> 当时,没有任何神灵诞生,
> 没有可称呼的名字,他们的属性尚未被决定——
> 随后诸神在他们之中形成了。

在上述描绘的景象中,当太阳升起时,大块陆地在薄雾中浮现,随后有一条分割线将天空与水、水与陆地分离开来。所以,在这一神话中最先从混沌中浮现的神灵是拉赫穆(Lahmu)和拉哈穆(Lahamu),代表淤泥;然后是安沙尔(Anšar)和基沙尔(Kišar),天空和大地的孪生地平线;安沙尔和基沙尔生了安奴,安奴接着生了埃阿(恩基)。在同一时间或是稍短时间之后,一些较小的神灵在阿普苏和提阿马特出生了。关于这些较小的神灵,诗中除了说他们狂躁和聒噪,其他的什么也没有再说。他们"折磨提阿马特的腹部",而且严重扰乱他们的父母,因此他们(阿普苏和提阿马特)决定消灭他们。当他们听说这一计划时,拉赫穆和拉哈穆、安沙尔和基沙尔、安奴和埃阿这些大神们震惊不已。"他们沉默不语",毫无疑问,他们在思考,并认为生活的繁荣昌盛要比混乱的和平更可贵。"无所不知的埃阿"很快就找到了一种摧毁这一邪恶阴谋的方法。"他设计和制订了一整套方案":他给穆穆施了一个魔咒,使他瘫痪了;以同样的方法,阿普苏被催眠而且被杀死。在这一双重胜利之后,埃阿退回到他刚刚建立于甜水

097 （阿普苏）深渊之上的神庙，与他的妻子达基那（Damkina）生了一个儿子，拥有杰出品质的马尔杜克：

> 他的身体器官是超乎想象的完美……
> 不适合理解，难以理解。
> 他有四只眼睛，四只耳朵；
> 当他动他的嘴唇时，火焰向前喷射。
> 四个听觉器官全部都是巨大无比，
> 而且他的眼睛，扫视万物。
> 他在诸神中最高贵，他的声望最卓越；
> 他的身体非常庞大，他的个子异乎寻常地高。

此时，提阿马特仍然活着并且自由。她精神发狂又愤怒，因而向诸神宣战。她创造了一些凶猛的龙和巨大的蛇，这些蛇具有"锋利的牙齿，冷酷的尖牙和带有毒液的血"，她提拔她的一个儿子金古（Kingu）担任这支可怕军队的首领。诸神恐惧了，安沙尔痛苦得捶胸顿足，咬牙切齿，然后宣布金古应该被处死。但是，谁去做这件事呢？诸神一个接一个地婉拒了参加战斗。最终，马尔杜克接受了这项任务，但他有一个先决条件：他要做他们的王。他说："召开集会"，"宣布我的至高天命，让我的话代替你们的话，来决定命运"。诸神别无选择，只能同意。他们在一场宴会上碰面，喝得微醉，他们授予马尔杜克王权和徽章。马尔杜克选择了他的武器：弓、闪电、暴洪、四面风、网。他以"一个恐怖的盔甲，一条带有可怕光环的头巾"装备他自己，他站在他的暴风雨的战车上独自前进去对抗混沌的力量。一看见他，怪物大军就溃散了，他们的首领金古被俘虏了。至于提阿马特，她被捕进马尔杜克的网中，当她

第六章 苏美尔众神

一张开嘴时，他就将四面风吹进她的肚子里。他用一支箭刺穿她的心脏，他用他的权杖打碎她的头骨，最后像打开"一个贝类"动物那样分离开她的尸体。她的一半，"他将之竖立起来搭成了天空，另一半放在下面当作大地。

在他胜利之后，马尔杜克使宇宙井然有序。在新的天空中固定了太阳、月亮和群星的运行路线，他决定创造人类：

我将创造一个野蛮人（*lullu*），"人类"将是他的名字。

真的，我将创造野蛮人。

他将负责为诸神服务，

这样，他们就可以自由自在了！

按照埃阿的建议，金古被处死了。用他的血液，马尔杜克和他的父亲塑造了第一个人类。其后，马尔杜克将诸神分成了两组：他们中的 300 个居住在天空，300 个和人类一起居住在陆地。作为对他胜利的回报，诸神在巴比伦建造了马尔杜克的伟大的神庙"埃萨吉拉"（Esagila），他们在另一场大的宴会集聚，"宣布了他（马尔杜克）的 50 个名字"。

虽然这一故事听起来有点幼稚，但却承载着对巴比伦人来说非常重大的意义。在他们虔诚的宗教思想深处，这一故事提供了一个"非理性的"但却能够被接受的对宇宙的"解释"。在其他方面，故事描述了世界是如何形成其所谓的形状的；它证实了人类必须是诸神的仆人的事实；它说明了人类天生邪恶的原因，因为人类是由邪恶的金古的血液制造的；它证明了马尔杜克（最初是恩利勒）过高权力的合法性，因为他是被大家推选的及他的英雄事迹。但是，最重要的是，像圣婚一样，它具有强大的、不可思议的美德。在将近 2000 年的时间里，《埃奴马-埃里什》每年都会被巴比伦祭司在新年庆典的第四天吟诵，那是因为巴比伦人认为伟大的宇宙斗争从来没有真正地结束，混沌的力量一直准备去挑战已被诸神建立的秩序。

生命、死亡和命运

人与诸神的交流，像人类自己之间的交流一样，有一定的限度。如果说巴比伦王直接受命于马尔杜克神，那么巴比伦的农民与大麦神阿什南（Ashnan）、牛神舒穆坎（Shumuqan）的关系要比与安奴神和恩利勒神的关系更密切。此外，有足够多的神灵去满足生活中重要事情的需要；无论什么时候需要，一次祈祷或一份椰枣贡品都将讨好生育女神古拉（Gula），或是旅行者的保护神帕萨格（Pasag）。在紧急情况下，人们可以通过神职人员或更直接一点通过他的"人格神"的居所来接近大神们。

苏美尔人、巴比伦人和亚述人尊敬他们的神灵就像仆人们尊敬他们高贵的主人：顺从而恐惧，也有钦佩和爱。对国王和平民而言，顺从神旨是最重要的品质，同时，服务诸神是最重要的职责。同时，对各种节日的庆祝和执行复杂的祭祀仪式是祭司们的任务。为神庙奉献祭品、参加主要的宗教仪式、照顾死者、进行祈祷和忏悔、去遵守几乎标记于人生每一时刻的数不清的规则和禁忌则是每一个公民的责任。一个明智的人"敬畏诸神"，而且小心翼翼地遵守他们的指示。否则，不仅是愚蠢的，还是有罪的。众所周知，罪孽是降临在人类头上最恐怖的惩罚。然而，当赞美诗和祈祷文揭示了最微妙的感情并爆发出真正的情感时，将两河流域宗教视为纯粹的正式事件将是非常错误的。[20] 两河流域人将他们的自信交给他们的神灵；他们依赖神灵就像孩童依赖父母；他们与神灵对话就像与他们"真正的父亲和母亲"对话一样，他们可以被冒犯和惩罚，但也可以得到安抚和宽慰。

贡品、牺牲和遵守宗教规则并不是两河流域诸神从他们的崇拜者那里需求的全部。"使他们的心因祭酒而充满光彩"，使他们"因多汁的食物而欢喜"是真正值得的，但这还不够。神的眷顾给予那些过着美好生活的人，给予善良的父母、乖巧的儿子、和谐的邻居、守法的公民，还有那些遵循了当时与现在一样都被认为是美德的行为，而受人尊敬的人善良而富有同情心，正直而诚实、正义，遵守法律和已经建立的秩序。一则巴比伦的"智慧的忠告"说到，每天都要敬拜你的神。但是不仅如此，还要做到：

> 对弱者展示善意，
> 不要侮辱受压迫的人，
> 做善事，每天都提供服务……
> 不要进行诽谤，讲那些好的消息，
> 不要讲邪恶的事情，讲人们的善行……[21]

作为对虔诚和端正行为的回报，神灵们对处于危险中的人给予帮助和保护，对苦痛和丧亲的人予以慰藉，还给予健康的身体、尊崇的社会地位、财富、许多孩子、较长的寿命、幸福等。按照基督教的标准，这也许不是一个非常崇高的理想,但苏美尔人和巴比伦人对此感到满意,因为他们是务实、脚踏实地的人,热爱生活、享受生活高于一切。长生不老是他们最珍贵的梦想,他们的一些神话——特别是《阿达帕》(Adapa)和《吉尔伽美什史诗》(Gilgamesh cycle)(见下一章)——旨在解释为什么人类被否决了永生的权利。

然而,只有神灵是永生的,对于人类来说,死亡不可避免并且必须要接受:

> 在太阳下(世界上)只有神灵们是永生的,
> 至于人类,他们的日子是计数的,
> 无论他们取得什么成就都随风而去。[22]

死后会发生什么?数以千计的坟墓及其随葬设备证明了人们对来世的一般信仰。在那里,死者随身携带着他们最珍贵的财产,并从活着的人那里得到食物和饮料。我们从神话《伊南娜下冥府》和苏美尔史诗《吉尔伽美什史诗》中获取的关于两河流域来世观的细节内容较少,且经常自相矛盾。"无回之地"是地下某处一个巨大的空间,有一座巨大的宫殿,被埃瑞什基伽勒和她的丈夫、战争与瘟疫之神奈尔伽尔统治,宫殿由许多神灵和卫士保卫。为到达这一宫殿,死者的灵魂必须乘渡船穿过一条河,就像在希腊的地府中一样,此外还要脱掉他们的衣服。从那以后,他们在地府的某个地方过着一种不幸的和枯燥的生活:

> 在那里,灰尘是他们的食物,黏土是他们的生活资料,
> 在那里,他们不见光明,生活在黑暗中,
> 在那里,他们像鸟儿一样,身披羽毛外衣,
> 在那里,门和门栓上遍布灰尘。[23]

第六章 苏美尔众神

然而,我们从其他资料得知,太阳在环绕地球时照耀着冥界,而且太阳神乌图对死者进行审判,以便他们可能不被同样的严刑对待。似乎苏美尔人对地狱的想象与我们一样模糊,而大量的这类文学作品仅是对一个松散主题的诗意想象。

然而,死亡并不是两河流域人唯一关注的事。像我们一样,他们也担忧疾病、贫困、挫折和悲伤。他们也像我们一样疑惑:当诸神统治世界时,这一切将是怎样的呢?邪恶怎么能战胜善良?可以肯定的是,这一切常常可能归责于人类自己。环绕在人周围的规则和禁忌的网是如此的紧,以至于犯罪和冒犯神灵非常容易发生。然而,在某些情况下,众神似乎以最不可思议的方式行事时,无可指责的人却受到了惩罚。一首名为《我要赞美智慧之主》(*Ludlul bêl nemeqi*)的巴比伦诗歌,描绘了一个曾经高贵、富有、健康,现在却被所有人厌弃、憎恶且受最恐怖疾病折磨的人的情感。最终的结果是马尔杜克神怜悯他,并且拯救了他。但是,我们的巴比伦"约伯"(Job)却时时疑惑天空(诸神)的智慧。他痛苦地呼喊:

> 谁知道天空中诸神的意愿?
> 谁理解地下诸神的计划?
> 凡人去哪里可以学习神的行为?
> 昨天他还活着,今天却死了。
> 前一分钟他是沮丧的,突然他就兴高采烈了。
> 某一时刻人们正在欣喜地歌唱,
> 下一时刻他们就像职业的哀悼者们那样呜咽……
> 我被这些事情震惊了;我不能理解他们的

102

意义。[24]

但所谓的巴比伦悲观主义，远不止是一时的绝望爆发。在本质上它是形而上学，不是伦理道德，它植根于两河流域本身普遍存在的自然条件中。底格里斯－幼发拉底河河谷是一片充满暴力和变化无常的土地。同样的河流既能带来生机也能带来灾难。冬天可能太冷或是无雨，夏天的风又太干了，对于椰枣的成熟极其不利。一场暴雨可以在瞬间将一片干燥、尘土飞扬的平原变成一片泥海，而在任何晴朗的日子里，沙尘暴都可能突然使天空变暗，带来破坏。面对这些超自然力量的示威，两河流域人感到迷惑和无助。他们被可怕的焦虑紧紧地抓住；他们认为没有什么是可以确定的；他们自己的生活，他们家庭的生活，他们田地里的生产和他们的牲畜，洪水暴发的节奏和规模，季节的循环，甚至宇宙中的每一个存在一直都危如累卵。如果宇宙没有回复到混乱，如果世界的秩序依然被维持，如果人类的种族幸存，如果酷热的夏季过后生机又重新回到田野中，如果太阳、月亮和群星依然在天空中旋转，这都是诸神意愿的行为结果。但在万物起源上，神圣的决定并没有一劳永逸的宣布。它不得不被反复地重复，特别是在一年之交，就在那个可怕的东方的夏天之前，此时自然似乎已死亡，未来充满了不确定性。在这些危急的情况中，人类唯一能做的是通过执行那些可以确保维持秩序、自然复苏和生命持久的古老仪式来激发诸神做出他们善意的决定。因此，每年春天，一个盛大而寓意深刻的节日在许多城邦特别是巴比伦城举行：阿基图节（akitu）或是新年节。这一节日将伟大"创世"的戏剧表演和每年国王的复职结合起来，最后以所有神灵的聚集而达到高潮,神灵们庄严地"颁布天命"(参见第二十四章)。只有在这一环节之后,国王才能回到王座,牧羊人才能回到羊群,农民才能回到田地。两河流域人也因此而放心了:这个世界将会又存在一年。

第七章
英雄时代

虽然苏美尔人不缺少关于宇宙起源的理论,但他们对于自己的起源则令人遗憾地保持谨慎态度,这与以色列人形成了鲜明的对比。以色列人永远不会忘记他们的祖先亚伯拉罕(Abraham)来自乌尔,他们在位于底格里斯河和幼发拉底河之间的伊甸园("Eden"一词,来源于苏美尔语"edin",意为"平原"或是"开放的原野")中找到了人间天堂。苏美尔人留下了两份提到"一个黄金时代"的文献,不幸的是它们没有提供关于他们起源的信息。第一篇文献是名为《恩美尔卡和主阿腊塔之王》[1](Enmerkar and the Lord of Aratta)的史诗传说,它讲述了在非常遥远的时代,当时没有危险的动物,"所有人用同一种语言一起向恩利勒表达他们的敬意",当恩基和恩利勒之间的竞争导致"语言混乱"时,这一幸福的(语言)统一结束了,这一主题重现于圣经故事《巴别塔》(the Tower of Babel)。

第二篇文献是一篇名为《恩基和宁胡尔萨格》(Enki and Ninhursag)[2]的奇特而复杂的神话。在这篇神话中,故事情节发生于巴林岛(island of Bahrain)即迪尔蒙及其临近地区。简单来说,在这篇神话中,恩基神通过创造淡水水源使迪尔蒙变成一个富饶的国家。同时宁胡尔萨格女神创造了一些治愈神，其中一位是恩沙格（Enshag），在巴林岛和科威特附近法拉卡岛（Failaka）发现的碑刻铭文中他被写为因扎克神（Inzak）。在这一神话的前段部分，迪尔蒙被描述为一个干净、纯洁和明亮的国家，在那里，年老、疾病和死亡不为人所知，在那里：

　　乌鸦没有哀号，

　　ittidu① 鸟没有发出其独特的叫声，

　　狮子不撕咬，

　　狼不吃羔羊，

　　野狗不吓唬小孩……

这是否意味着苏美尔人起源于或至少曾经居住在这一被赞美的岛屿呢？这一神话中没有任何细节能说明这一点。在史诗的字里行间，我们倾向于看到史诗间接地提到了东方——传统的"生命之地"和西方——传统的"死亡之地"，也许结合了苏美尔人试图将因扎克和迪尔蒙——一个在公元前3千纪与他们有着非常紧密商业联系的国家——的所有其他神灵囊括到他们万神殿的尝试。实际上，苏美尔人像大部分古代民族一样，将他们自己的国家视为宇宙的中心，将他们自己视为第一个人类的直接后裔。他们使用了相同的表意文字，"kalam"意为"国家（也就是苏美尔）"，"ukú"意为"一般人"，特指"苏美尔人"。值得注意的是，另一个表意符号"kur"，图形为一座山，意为"国家"，最初仅用于与外国有关的地区。显然，苏美尔人

---

① "ittidu"是一种有独特叫声的鸟类，苏美尔语为"dar mušen"，其中"mušen"单词中的上标符号是鸟类的指示符。——译者注

将他们自己识别为两河流域最早的居民，实际上，就是地球上最初的人口。那么，他们如何想象他们自己的"史前时代"呢？

从"亚当"到大洪水

在前面的章节里，在伟大的巴比伦史诗《创世史诗》中，我们知道了第一个且无名的"野蛮人"是如何从邪恶之神金古的血液中创造出来的。其他的神话，如《阿特腊哈西斯史诗》（Atrahasis，见下文）提到了众神用黏土或次要神灵的血液或两者兼而有之，创造了一两个人类，但是没有文献告诉我们这些"亚当和夏娃们"之后发生了什么。直到现在，苏美尔文学作品都未能为我们提供与圣经故事《失乐园》（Lost Paradise）紧密对应的素材。要寻找两河流域关于人类毁灭的叙述，我们必须向书写于公元前2千纪中期的名为《阿达帕传说》（The Legend of Adapa）的神话史诗进行求助。[3]

被埃阿神（恩基）创造作为"人类模型"的阿达帕是埃瑞都的一个祭司，他要履行埃阿神庙的各项任务，最重要的是为他的主人提供食物。有一天，当他在"大海"（the "great sea"）上钓鱼时，"南风"（the South Wind）突然吹得如此猛烈，以至于他的船倾覆了，他自己也几乎被淹死。出于愤怒，阿达帕进行了诅咒，因此南风——巨大的恶魔鸟——的翅膀折断了，很长一段时间"南风不再吹拂这片土地"。凑巧的是，（东）南风对于伊拉克南部的农业来说是最为重要的，它在冬天带来少量雨水，在夏天促使椰枣成熟。[4] 当大神安奴听说了阿达帕的所作所为之后,自然非常愤怒,并且派人去寻找罪犯(阿达帕)。但是,埃阿神对阿达帕给予了帮助。他告诉阿达帕,当他到达安奴神在天空中的大门时,他会遇到两个植物神杜穆兹和宁基什兹达(Ningishzida)(他们似乎是因为阿达帕阻止南风吹到陆上而间接被"杀死"的),如果他(阿达帕)自己身着丧服且显示出悲痛和悔悟的样子,这两位神灵将被安抚;他们甚至会"微笑"并向安奴为阿达帕求情。然后安奴将不再把阿达帕看作一个罪犯而是一位客人;在东方式的寒暄(oriental fashion)①之后,他(安奴)将为他提供食物和水,提供衣服用来穿戴、油用来给他自己涂抹。最后两样阿达帕可以接受,但是,埃阿警告道:

当他们提供给你死亡面包时,

你不要食用它。

当他们提供给你死亡之水时,

你不要饮用它……

我给你的这一建议,不要忽视;

我给你讲的这些话,一定要遵守!

所有事情都如埃阿所说的那样发生了,甚至超出了预期。因为安奴没有怀疑阿达帕的后悔和真诚的忏悔,代替死亡食物和死亡之水的是提供给阿达帕的"生命面包"和"生命之水"。然而,阿达帕严格遵守他主人(埃阿神)的建议,拒绝了那些能够使其永生的礼物。于是,安奴用这

---

① oriental fashion,目前尚未找到十分合适的中文对应词汇,此处为语境式意译。——译者注

些简单的话语让他离开了：

　　　　带他离开，使他返回大地（家园）。

很难确定是埃阿睿智的预见使其失败（失去永生），还是他故意对阿达帕说谎。总之最后的结果是阿达帕失去了永生的权力。他失去永生是因为盲目地服从，而亚当失去永生是因为傲慢地不服从。在这两种情况中，人类都将自己判处了死刑。

《圣经》中相对应的部分暂时还没有改编太多，因为即使我们在《阿达帕传说》中看到了一个两河流域的亚当，但我们仍然缺少在《圣经》中能将第一个人与希伯来人（Hebrews）真正的祖先亚伯拉罕联系起来的那一长串的子孙后裔。苏美尔人对谱系缺乏热情，那是游牧的塞姆人的特征。他们从一个不同的角度看待他们自己的历史。他们推测诸神创造人类出于一个明确的目的：供养和服务他们（神灵们）。他们自己规定了这一服务的细节，他们"精通仪式，赞扬神圣的法令"。然而，人类只不过是一个数量庞大的、相当愚蠢的群体。他需要牧羊人、统治者，虔诚的国王由诸神选择和任命去执行神圣的法律。因此，在十分遥远的年代里，"尊贵的王冠和君权"在人类被创造以后几乎立即"下降于天"，从那以后，一系列的君主代表诸神，为了诸神的利益而主宰苏美尔和阿卡德的命运。提及最遥远的过去，目的是以此来证明从公元前3千纪开始一直盛行于两河流域的君权神授理论的正确性。然而，一些现代学者持有不同的观点。他们认为苏美尔最初的政治体系是他们认为的"原始民主制"。他们认为君主制在史前时期发展得相对较晚，当时是为了应对短时危机而由公民大会选举出来的军事首领很好地接管了城邦的管理工作。[5]
这一理论最初是由雅各布森通过深入研究而提出来的,该
理论不能被轻易地否定。因为《创世史诗》中描写的选举
恩利勒(或马尔杜克)为"诸神的战士"同提阿马特交战
的片段,可能反映了地球上(人世间)在类似的情况下会
发生的情节。而且毫无疑问,在早王朝时期,苏美尔人当
地的公民大会,尤其是长老会在每一个城市的管理中发挥
着作用。但是,正如其他苏美尔学家们指出的那样,这些
公民大会似乎是由国王在个别情况下召集的单纯的咨询机
构,所以"民主政治"一词在这种背景下或许是一种误
称。从我们所掌握的文献来看,没有清楚的证据表明在苏
美尔传统中有一个时期其城邦国家是由集体机构统治。就
我们所能追溯的过去而言,除了统治者和君主仅次于神灵,
其他我们什么也看不到。

我们偶然获得了一个文献,该文献给出了一个未中断
的、从君主制最初开始直到公元前18世纪的王表,这就是
著名的《苏美尔王表》,该王表由大约15个不同的文献编
辑而成,由雅各布森在1939年首次出版。[6] 忽视它的一些
缺点,这一文献是无价之宝:它不仅体现和概括了非常古
老的苏美尔传统,而且还提供了年代框架,苏美尔英雄时
代大部分伟大的传奇都可以放入其中。像古代希腊人、印
度人和德国人一样,苏美尔人也有他们的英雄时代,这一
时代半神的、超人的国王站在与神灵平等的地位上,他们
完成了勇猛的英雄壮举。

根据《苏美尔王表》君权"下降于天",首先到达埃
瑞都城,值得注意的一点是埃瑞都城是苏美尔人在伊拉克

南部最古老的定居点之一（见第四章）。然后，在不少于64800年的时间里，只有两位国王在埃瑞都进行统治。由于一些不为人知的原因，君权被"带到"巴德－提比腊（Bad-tibira）（3位国王，其中杜穆兹神自己统治了108000年）。从巴德－提比腊，它（君权）相继地被传递到拉腊克（Larak，国王，统治28800年）、西帕尔（国王，统治21000年）和舒如帕克（国王，统治18600年）。[7] 这些令人难以置信的神奇人物，奇怪地令人回忆起《圣经》中亚当的后裔，并没有隐藏的意义。他们只是表达了人们对黄金时代的普遍信仰，那时人们的寿命比通常情况下长得多，并被赋予了真正的超自然的品质。但是，在提及舒如帕克国王乌巴尔－图图（Ubar-Tutu）之后的一个简短的句子被用来与《旧约》进行更密切的比较，这句话也结束了《苏美尔王表》的第一段。这句话是：

洪水席卷各处！

讲到这里，我们不可抗拒地被迫中断我们的叙述，然后审视两河流域考古和神话中最有争议和最吸引人的问题之一：大洪水（the Great Flood）问题。

大洪水

1872年，一位年轻的英国亚述学家乔治·史密斯（George Smith）宣布了一个震惊世界的消息，他在大英博物馆馆藏来自"阿淑尔巴尼帕图书馆"的众多泥板当中发现了一块泥板，上面记载的大洪水的故事情节与《圣经》（《创世记》：第六章第11节—第八章第22节）中所记载的洪水故事惊人地相似。他所拥有的这一故事只是来自书写于十二块泥板之上，稍后我们将讲到的被称为《吉尔伽美什史诗》的长篇诗歌中的一个片段。这一史诗的英雄、乌鲁克国王吉尔伽美什在寻找永生的秘密，他最终遇到了唯一一个被授予永恒生命的人类——舒如帕克国王乌巴尔-图图之子乌特-那皮什提（Ut-napishtim）。在这里我们简单介绍一下乌特-那皮什提对吉尔伽美什所讲的故事：[8]

在一些不确定的时期里，"当时的舒如帕克已是一座古老的城市"，神灵们决定发动一场大洪水以毁灭有罪的人类。但是，埃阿神同情乌特-那皮什提，通过他芦苇屋的薄墙秘密地给他提了许多建议，让他拆除他的房子，抛弃他的财产，建造一艘具有一定规模的船，带上"所有生物的种子"，而且要做好最坏的打算。第二天，建造方舟的工作就开始了，很快一座巨大的七层甲板的大船就准备好了，铺着沥青，装载着金、银、猎物、牲畜和乌特-那皮什提的家人、亲戚和工人。当天气变得"看起来很可怕"的时候，我们的巴比伦的"诺亚"知道大洪水的时间到了。他进入大船，关紧舱门。于是，"当清晨的第一缕微光破晓之际，一团黑色的云越出地平线"，宣布了一场风、雨、闪电和雷交织的人类从未见过的最恐怖的暴风雨来临了。堤坝都垮塌了，大地笼罩在黑暗之中，甚至神灵们都惊恐万分，后悔他们的所作所为：

> 诸神像狗一样蜷缩着，蹲伏在危难之中，
> 伊什塔尔像一个阵痛中的妇女一样哭喊……
> "我怎么能发动一场战争去毁灭我的人们，
> 因为是我创造了我的人们。"……

安奴那基神（Anunnaki）与她一同哭泣；
诸神弓着腰坐着，哭泣着……
六天六夜，
风吹着，大雨如注，暴风雨和洪水淹没了大地……

然而，在第七天，暴风雨平息了下来。乌特-那皮什提说：

我打开一扇窗，让光照在我的脸上。
我观看"大海"，一切都寂静无声，
所有的人类都归于泥土。

方舟在尼西尔山（Nisir）着陆，[9] 但是，除了托住大船的岩石，没有陆地可见。一周时间过去了，乌特-那皮什提放出一只鸽子，但它回来了；他又放出一只燕子，它也回来了；最后他放出了一只乌鸦，但这一次乌鸦找到了陆地，它没有回来。于是，乌特-那皮什提把祭酒倒在山顶上，用甜甘蔗、香柏树和番石榴作祭品向神献祭：

诸神闻到了令人愉快的气味，
诸神闻到了馨香的、令人愉快的气味，
诸神像苍蝇一样聚集在献祭者身边。

如果说伊什塔尔特别高兴的话，那么下令发动这场大洪水且其计划受挫的恩利勒则满是愤怒，并且将失败的屈辱推到埃阿身上。但是，埃阿为他自己的缘由及人类的缘由辩护得如此之好，以至于恩利勒的心被触动了。他进入大船，祝福乌特-那皮什提和他的妻子，他说：

目前为止，乌特-那皮什提还只是一个人类，
但是，现在，乌特-那皮什提和他的妻子将像我们

一样成为神，

在远处，在河口处，乌特-那皮什提应该居住下来。

毫无疑问，乔治·史密斯对这一故事的发表成为那一时期新闻报纸的头条。然而，随着新的楔形泥板文献的不断发现和使用，虽然没有"吉尔伽美什版本"（公元前7世纪成书于尼尼微）完整，但是比其更古老的其他版本的洪水故事被发现，只是英雄的名字不同。在一篇来自尼普尔、约定期于公元前1700年左右的苏美尔语文献中，他被称为兹乌苏德腊（Ziusudra）。在另一篇时间稍晚的巴比伦史诗当中，他被称为阿特腊哈西斯（Atrahasis），（意为）"极其智慧之人"，可能是乌特-那皮什提的一个绰号。[10] 允许其他细节有小的改变，但主体永远是相同的：一场大洪水横扫大地，除了一（或两）个人，所有人都被毁灭了。在漫长的人类历史中，大洪水标志着一次明确的断裂，人类的一个种族被另一个种族取代。与圣经故事的高度相似性当然令人震惊，而且，似乎可能是希伯来人借鉴了两河流域人的悠久传统。很自然地，问题出现了：在两河流域有如此一场大洪水的踪迹存在吗？

迄今为止，由规模巨大而持久的大洪水造成的水溶性黏土和泥沙沉积层仅在两河流域的三个遗址中被发现：乌尔、基什和舒如帕克。在乌尔，最近在吴雷（Leonard Wolley）先生于1929—1934年间挖的14个探坑中发现有7个探坑在不同水平线上形成了这样的沉积。其中最深的和年代最早的沉积层延伸到了属于欧贝德时期的两个定居层之间。虽然没有能令人信服的证据，吴雷却一直主张这就是《圣经》中提及的大洪水。[11] 另一处较薄的乌尔沉积层被定期到约公元前 2800—公元前 2600 年，发现于基什的几处沉积层也是如此。至于唯一一处发现于舒如帕克的"贫瘠层"（洪水层）可能被定期于公元前 2900 年。这些冲积层在遗址中的存在带来了地球物理学的难题，[12] 但它不能提供大面积洪水覆盖数百平方千米的证据，更不用说它覆盖整个近东地区了。它唯一能反映的事件是可能由于河水泛滥或是河流改道造成了"有限的"洪水。例如，必须支持的是，位于距乌尔 20 千米的浅洼地里的埃瑞都遗址，已被挖掘至未被居住的原始土壤层，并没有发现洪水的踪迹。

如果在两河流域（和其他地方）从未发生过一场如《圣经》中规模的灾难性的大洪水，那么两河流域传说的根据是什么？一些理论被提出：从所谓的消除过去某一段时光的普遍渴望，到代代相传的关于更新世暴雨的模糊记忆。然而，这些理论没有哪种能令人满意，甚至有些是毫无关联的。因为从楔形文字文献清楚地知道这场大洪水不是一次自然事件，而是众神要消灭人类的蓄意而为。为什么众神要这样做？《吉尔伽美什史诗》和苏美尔洪水故事在这一点上都保持了沉默。但最近出版的《阿特腊哈西斯》的一个片段给了我们线索。[13] 这一伟大的史诗开始于男人、女人的创造，他们可以减轻小神安奴那基在地球上的繁重工作。起初，一切都进行得很顺利，但是：

  1200 年尚未过去，
   大地扩展了，人类繁衍了，
   地球像一头公牛一样吼叫，

第七章 英雄时代

众神为他们的喧嚣感到烦恼。

为了使喧闹的人群归于宁静,在一场严重的大旱之后,众神发动了一场传染病,但这些都没有太大作用:即使饥饿迫使他们去吃自己的孩子,但是男人和女人继续去繁衍。最后,众神释放了大洪水,但没想到埃阿会去警告并拯救"极其智慧之人"阿特腊哈西斯。对于洪水本身的描写与《吉尔伽美什史诗》中的几乎完全一样。但这一史诗的结尾值得我们注意,因为埃阿似乎是作为马尔萨斯(Malthus)的先驱出现,宣传贫穷、婴儿死亡和独身作为对抗人口过剩的解决方法。埃阿转向母神马米或宁图(Mami/Nintu)说:

哦,生育的女士,命运的创造者……
让生育的妇女和不育的妇女在人们之中,
让毁灭的恶魔(Pashittu-demon)在人们之中,
让他从母亲的腿间抓住婴儿,
设立乌格巴波图(Ugbabtu)女祭司、恩图(Entu)女祭司和伊吉西图(Igisitu)女祭司,
她们实际上是被禁忌的,因此被剥夺生育能力。[①]

这(段话)大概意思是在未来人口增长必须被控制,以防止众神发动另外一场大洪水,这是最根本的解决方法,显然是受到当地大洪水造成的破坏的启发。

作为一个特殊事件在《苏美尔王表》中被提及的大洪水是君权在特定时期内从一个城市转到另一个城市的推动力,虽然并不合情合理,但显示了大洪水可能是由舒如帕

---

① 所有这些女祭司被禁止生育。

克城的书吏们写入《苏美尔王表》的。因为他们目睹了在公元前2900年左右同时发生于该城的两个或三个大灾难：一次军事上的失败，一场严重的大洪水，可能还有一次（相对的）"人口激增"。情况若真如此，那么洪水事件就与洪水神话融合，但在这两个故事中，神话幸存下来，并且永远不会停止吸引我们，并唤起我们的好奇心。

强人王朝

《苏美尔王表》记载，在洪水之后，君权再次"下降于天"，这一次是降到基什城，一座现在被一个重要的土丘群所代表的城市，它位于巴比伦正东16千米。[14] 基什第一"王朝"① 由23任国王统治，每任统治平均持续1000年。如果忽略一位国王，因为从古老的泥板中编纂王表的书吏并不能读懂他的名字，我们注意到在（其余）22位国王中有12位有塞姆语名字或绰号，例如卡尔布姆（Kalbum），意为"狗"；喀卢姆（Qalumu），意为"羊羔"；祖喀齐坡（Zuqaqip），意为"蝎子"。6位国王有苏美尔语的名字，4位国王其名字不知起源。这一现象非常重要，因为它表明了伊拉克南部在很早时期的种族混合现象。塞姆人在基什地区具有优势，苏美尔人和塞姆人在同一城邦之内明显缺乏竞争力。正如我们在下一章将讲到的，我们有很好的理由相信这一王朝至少有一部分属于历史，

---

① "王朝"这个概念在古代两河流域历史上不应被认为是一个皇室家族，而是在某一个时期统治这个城市国家的所有国王的继承序列。《苏美尔王表》只提到了统治整个苏美尔地区的王朝。

而且应被定期于公元前 2800 年后不久。然而，它的一位国王被明确地指定为一个神话人物："埃塔那（Etana），一位牧羊人，他曾上过天堂。"巧合的是，我们所拥有的巴比伦和亚述泥板文献给了我们更多关于埃塔那的细节，在这一点上我们可以详述。[15]

《埃塔那传奇》（The Etana Legend）的开始像一个寓言故事。蛇和鹰生活在同一棵树上，并且像好邻居那样彼此帮助。但是，有一天，鹰吞食了蛇的幼崽，蛇向太阳神沙马什哭诉，沙马什给出了下面的计策：蛇藏在一头死牛的腹中，当鹰去吞食死牛尸体的时候，蛇就进行复仇；它抓住了这只大鸟，打断了它的"脚跟"；扯住它并将它扔进一个深坑。现在，一位没有孩子且极度需要仅生长在天空中的"生育之草"的国王埃塔那也向沙马什哭求，沙马什建议他营救这只鹰，赢得它的友谊并将它作为飞向天空的工具。埃塔那就是这样做的。"他将他的胸紧贴在鹰的胸部，将他的手放在它双翅的羽毛上，他将他的双臂放在它的两侧"。老鹰以这种不舒服的姿势起飞了，经过一系列惊险的飞行，将其依次带去安奴、恩利勒、埃阿、辛、沙马什、阿达德（Adad）和伊什塔尔的大门。或许出于一种冒险精神，它甚至飞得更高。渐渐地，他看见地球缩成一个犁沟的大小，海洋缩成面包篮子的大小。但是，当陆地和海洋不可见的时候，埃塔那恐慌了，他喊道，"我的朋友，我将不再升到天空中"，并且松开了他握紧的双手，一头扎向地面，鹰也紧随其后。由于泥板的残缺，这一故事的结局并不清楚，但我们可以猜测埃塔那达成了他的目的，因为他不仅活了年数可观的 1560 年，而且根据《苏美尔王表》,他有一个儿子作为继承人,名为巴里赫(Balikh)。

《苏美尔王表》给出了这样一个记载:基什第一王朝的最后一位国王阿伽(Agga)在战斗中被乌鲁克第一王朝的第一位国王战败。但是,我们知道这两个王朝有部分重叠,阿伽实际上与乌鲁克第五王吉尔伽美什是同一时代。我们将这一信息归功于一首短的苏美尔语诗歌,[16] 它描述了阿伽如何给吉尔伽美什下达最后通牒,要求乌鲁克服从于基什;描述了乌鲁克如何拒绝了这一最后通牒;描述了乌鲁克被围困,但当敌人一看见吉尔伽美什在墙上向外凝视的目光时,他们便被恐惧淹没了,纷纷倒下。在最后,阿伽成为吉尔伽美什的臣属,且基什服从于乌鲁克,这正如在王表所记载的那样。即使吉尔伽美什的前任们没有统治整个苏美尔国家,而仅仅统治了乌鲁克城,他们同样是杰出的人物,因为我们有其继承顺序:美基伽舍尔(Meskiaggasher),太阳神乌图之子,"他进入了大海,从中出来又到了群山";恩美卡尔,"他建造了乌鲁克城";神圣的卢伽尔班达(Lugalbanda),一位"牧羊人";最后是植物神杜穆兹,在这里被称为"一位渔夫"。归功于4部苏美尔史诗故事的出版,这些英雄和半神中至少有两位的事迹为我们所熟悉,这4部苏美尔史诗曾经构成了"恩美卡尔组诗"和"卢伽尔班达组诗"的一部分。[17] 所有这些传说均围绕着乌鲁克和阿腊塔之间的紧张关系展开,阿腊塔是一个被"七座山丘"与苏美尔分隔开的遥远国家,可能被定位到伊朗。[18] 其中一个传说告诉我们:恩美卡尔在从阿腊塔国王处获得金、银、天青石和珍贵宝石的时候遇到了极大的困难,或是受到威胁,或是以谷物作为交换。

第七章　英雄时代

这种情况在两河流域漫长的历史上一再重演，或许也成为这一国家和山区之国埃兰之间无休止战争的基础。在另一个传说中我们看到乌鲁克被马尔图人（MAR.TU）围困，马尔图人也就是稍后要讲到的叙利亚沙漠中的阿摩利游牧部落，他们在公元前2千纪初侵入伊拉克，并取代了苏美尔人。如果我们能确定这些传说反映了历史初期而不是它们实际被书写的时期（公元前1800年左右）的政治局势，我们能从中发现历史学家们非常感兴趣的事件。

最后，让我们回到乌鲁克第一王朝的第五位国王吉尔伽美什，我们已经知道，他是女神宁顺（Ninsun）的儿子，是乌鲁克库拉波（Kullab）地区的一位高级祭司。吉尔伽美什的功绩让人想起乌里西斯（Ulysses）和赫拉克勒斯（Hercules），他是两河流域所有英雄中最受人欢迎的一位。从捷姆迭特-那色时代的滚筒印章到亚述宫殿的浮雕，在大量的历史纪念物上，吉尔伽美什以一个与公牛和雄狮搏斗的强壮、留有胡须的男人形象出现。与恩美卡尔和卢伽尔班达一样，吉尔伽美什也有他自己的苏美尔传奇组诗，这些组诗明显是与他的生活不相关的事件，其中五个（传说）为人们熟知。[19] 但是，这并不是全部。在公元前2千纪早期，一首长诗被创作出来，它将一些古老的苏美尔人的传说与新材料融合在一起。作为其结果的《吉尔伽美什史诗》偶然地、几乎是完整地幸存下来。毫无疑问，它是亚述—巴比伦文学作品中的杰作，实际上是古代世界最美丽的一首史诗传说之一。我们必须至少尝试对其内容进行简单概括，为读者提供一些已出版了的优秀译著。[20]

吉尔伽美什的故事

"他看到了世界尽头的一切",正如这首诗歌的标题所示,吉尔伽美什是三分之二的神和三分之一的人。他极其强壮、勇敢和英俊,非常热爱他的城市乌鲁克。巴比伦人特别称赞他在乌鲁克城周围建造的坚固城墙——这一早王朝时期约9.7千米长的城墙现在仍然环绕着瓦尔卡废墟。然而,他的傲慢、冷酷和堕落是乌鲁克公民严重关切的主题。他们向大神安奴抱怨,安奴命令阿如如(Aruru)女神创造另一头"野牛",一个"复制的"吉尔伽美什,他能够挑战他(吉尔伽美什),能够使他的注意力从"武士的女儿和贵族的配偶"身上移开。看起来,他不会安静地离开(她们)。因此,阿如如用泥土塑造了恩基都(Enkidu),一个巨大的、粗野的、多毛的生物,与草原上众多的野兽混迹在一起:

他与瞪羚一起吃草,

他与野兽们在小溪边挤来挤去,

与大量的生物混在一起,他的心无比欢乐!

某一天一个猎人在远处看见了恩基都,立刻明白了为什么他设置的陷阱总是不起作用,为什么猎物总是从他手中溜掉。他将事情报告给了吉尔伽美什,吉尔伽美什设置了另一种陷阱来对付这个野人。带着诱惑恩基都并使他过文明生活的指令,一个妇女即一个妓女被送到荒原。这个妓女在履行她第一个使命时没有遇到任何困难。她"像一位母亲"那样牵着恩基都并将他带到乌鲁克,他在那里很快就学会了洗澡，用香油给自己涂油，吃面包，且沉迷于饮酒。但在乌鲁克，当恩基都听说吉尔伽美什想要再一次在"公共住宅"里练习"初夜权"时，他勇敢地挡住了他的去路。一场可怕的战斗打响了，然而却以双方产生情感而和平结束。吉尔伽美什找到了一个伙伴，恩基都找到了主人："他们彼此亲吻并建立了友谊。"

然而，雄心勃勃的吉尔伽美什渴望给自己扬名立万，他劝说恩基都随他去广阔而遥远的雪松林，即胡瓦瓦（Huwawa，或是浑巴巴［Humbaba］）的住所，胡瓦瓦是一个巨人，"他的嘴是火焰，他的气息是死亡"。在准备好武器并向众神祈祷后，这两位朋友离开了乌鲁克。这一旅程通常需要6周时间，但他们在3天内就到达了雪松林：

他们并肩站立，凝视着森林，

他们目测着雪松的高度……

雪松在山上高高耸立，枝繁叶茂，

树影优美，充满欢乐……

抓住了尚未察觉到他们的守卫后，他们进入了这块禁地。正当吉尔伽美什在砍伐一棵又一棵雪松时，胡瓦瓦愤怒地出现在面前。如果没有沙马什及时来救援，胡瓦瓦将屠杀这两个侵入者。沙马什派遣所有的八面风来打击胡瓦瓦。胡瓦瓦瘫痪了，承认自己被击败，并请求饶命。但吉尔伽美什和恩基都砍掉了他的头，随后胜利返回了乌鲁克。

这次探险之后，伊什塔尔女神爱上了吉尔伽美什，并提出要嫁给他，但吉尔伽美什并不同意。想到这位不忠诚的女神如何对待她许多的情人——从"年复一年哀泣"的杜穆兹，到她将之变为狼和蜘蛛的牧羊人和园丁，吉尔伽

美什用最粗鲁的话辱骂她:

> 你只是一个在寒冷中熄灭的火盆,
> 你只是一个不能阻挡狂风和暴风的后门,
> 你只是一个浸透主人的水袋,
> 你只是一只夹痛主人脚的鞋!

伊什塔尔被激怒了,她请求安奴神派天牛(Bull of Heaven)去毁坏乌鲁克。当天牛把人一个接一个地击倒之后,恩基都抓住它的角,同时吉尔伽美什将一把剑插入它的脖子。当伊什塔尔正在诅咒乌鲁克的统治者时,吉尔伽美什扯下这一野兽的右大腿并将它扔在她的脸上。

如此无礼的行为突破了众神所能够忍受的底线。他们决定二者中的一个必须被处死。因此,恩基都患上一种痛苦而漫长的疾病,他回顾了他过去的生命,诅咒了那位妓女,梦到了昏暗的地下世界,他过世了,被他的朋友哀悼了七天七夜,"直到一个蠕虫从他的鼻子中掉出来"。

恩基都的死深深地影响了吉尔伽美什。这一暴躁而无畏的乌鲁克国王第一次意识到死亡的恐惧。他是否也要这样消失?他能够逃脱人类这种死亡的命运吗?

> 我漫步在荒原中,对死亡充满了恐惧;
> 我朋友的事情(去世)沉重打击了我。
> 我如何能够沉默?我如何能够一如既往?
> 我的朋友,我爱的人,已经化为尘土,
> 我,必须也要像他一样倒下,
> 永远、永远不能再站立起来吗?

吉尔伽美什决定去见在大洪水中幸存下来的乌特-那皮什提,从他那里获得永生的秘密。首先,他必须通过巨大而黑暗的落日之山马舒山（Mashu），它的入口由蝎子人守卫。但是，他们同情他并且让他通过了。在山的另一边，他遇到了"居住在海边的酒吧女招待"西杜瑞（Siduri），西杜瑞的建议是停止担忧和徘徊，享受生活。然而，西杜瑞被他的悲伤触动，她告诉他在哪里可以找到乌特-那皮什提：在被"死亡之水"阻挡的浩瀚而危险的海洋的另一边。我们的英雄没有犹豫，他得到了船夫乌尔沙那比（Urshanabi）的帮助，渡过了大海并见到了乌特-那皮什提，他给吉尔伽美什讲述了他自己的故事，即大洪水的故事。乌特-那皮什提能为吉尔伽美什带来帮助吗？是的，他指明了一种多刺的植物，一种生长在深海中的"生命之草"。吉尔伽美什就像波斯湾中的一个采珍珠人，脚上绑着沉重的石头，潜入水中采集到这种植物。唉，在他回家的路上，当他疲惫地靠着一眼泉水睡觉的时候，一条蛇从水中爬出来偷走了这宝贵的收获（"生命之草"）。吉尔伽美什将不会有永恒的生命。故事中隐含的结论就如乌特-那皮什提对我们的英雄所说的一样悲观：

　　我们要建造房屋，为了永远吗？
　　河流会永远上涨，造成大洪水吗？
　　蜻蜓离开了它的壳，
　　它可以但只能瞥一眼太阳。
　　自古以来，就没有永恒；
　　休息者和死者，是多么的相似啊！

　　这就是吉尔伽美什的故事，我们进行了简单的概述，但不幸地剥夺了它诗意的芬芳。根据我们所知的许多亚述-巴比伦语版本及赫梯语（Hittite）和胡里语（Hurrian）的翻译版本来判断，毫无疑问，它是古代近东最著名的史诗传说。[21] 英雄吉尔伽美什当然是一个神化人物，但国王吉尔伽美什呢？几年前，有人曾强烈地怀疑过他的存在，现在有很好的理由相信叫这个名字的国王实际上统治了乌鲁克，尽管仍然缺乏确切的证据。一段时间以来，我们一直有这样的印象：我们站在分隔虚幻与现实的移动而缥缈的边界上；现在我们确信，吉尔伽美什时期对应于两河流域历史的最早时期。

第八章
早王朝时期

像古代伊拉克的史前时代一样,其历史时期也分为不同阶段,每一阶段以主要的政治变迁为特征,同时伴随着社会、经济和文化领域的变迁。这些阶段中的第一阶段开始于公元前 2900 年左右,结束于阿卡德的塞姆族国王萨尔贡(Sargon)对苏美尔的征服,时间在公元前 2334 年,或前后几年。由于这一原因(萨尔贡建立王朝),这一阶段有时被称为"前萨尔贡时代",尽管讲英语的学者们更倾向于用"早王朝(Early Dynasty,缩写为 ED)"这一术语。早王朝时期又分为三个部分:早王朝 I 期(ED I,约公元前 2900—公元前 2750 年),早王朝 II 期(ED II,约公元前 2750—公元前 2600 年),早王朝 III 期(ED III,约公元前 2600—公元前 2334 年)。但有一点我们必须清楚,如果"历史"仅仅意味着对政治事件的记录,或是至少有当地统治者的真正铭文,那么只有早王朝 II 期的部分和早王朝 III 期的全部属于"历史的"。从"历史"的狭义上看,早王朝 I 期和早王朝 II 期的前 10 年都属于史前史,直到偶然发现了一位国王的铭文,他属于《苏美尔王表》中所记载的乌鲁克或基什的最早的国王之一,这一发现一夜之间将历史的开端推回到过去,如同已经发生过的那两次一样。

直到第一次世界大战，我们对早王朝时期的认识几乎完全来自法国在拉伽什——更确切地说是吉尔苏（Girsu）[1]——进行的考古挖掘。吉尔苏是今天的鲁赫丘或泰罗丘（Tell Luh or Telloh），一座靠近加拉夫河的巨大土丘，距那斯瑞亚（Nasriya）正北方48千米。[2] 除了卓越的艺术品，这些考古挖掘还出土了大量的铭文，这些铭文可以非常详细地恢复拉伽什的历史，也使制定从公元前2500年至公元前2000年的统治者名单成为可能。不幸的是，这样获得的信息实际上只局限于一座城市，而且它的统治者们没有出现在《苏美尔王表》中，或许是因为他们被认为没有统治整个苏美尔地区。

随后，在1922年至1923年的冬天，在欧贝德，在曾经装饰过一座早王朝时期小神庙的宏伟青铜雕像和浮雕碎片中，吴雷先生发现了一块大理石碑，上面刻写着：

（献给）宁胡尔萨格：阿-安奈帕达（A-annepadda），乌尔王，乌尔王美萨奈帕达（Mesannepadda）之子，为宁胡尔萨格，建造了（这一神庙）。

阿-安奈帕达和他的父亲都是《苏美尔王表》中的人物，后者是乌尔第一王朝的创立者，该王朝继承了乌鲁克第一王朝。因此，这些长期被认为是虚构的早期苏美尔王公们中的一位第一次被证实是真实存在的。我们有理由相信美萨奈帕达的统治大约在公元前2560年。

最后，1959年，德国学者埃德扎德（D. O. Edzard）在伊拉克博物馆发现了一个大雪花石膏花瓶的碎片，上面用一种非常古老的字体书写了三个符号：

美巴腊西（Me-bárag-si），基什之王。

埃德扎德所展示的[3]这位君主正是《苏美尔王表》中的恩美巴腊吉西（Enmebaragesi），"传说的"基什第一王朝的第二十二位国王，是我们所知道的与吉尔伽美什战斗的国王阿伽的父亲。该国王另一篇发现于卡法贾的铭文，在考古学意义上揭示了早王朝 II 期的结束。乌鲁克王吉尔伽美什有 7 位继承者，在他们的王朝被美萨奈帕达推翻之前，他们合理的统治时间总计为 140 年。我们有把握推测美巴腊西的统治在公元前 2700 年左右，并且将这一日期作为古代伊拉克历史的临时起点。

假如我们忽视《苏美尔王表》分配给他们的令人难以置信的长期统治，那么美巴腊西之前的 21 位基什国王和吉尔伽美什之前同时期的 4 位乌鲁克国王恰好填满了公元前 2900 年与公元前 2700 年之间的空隙。没有理由怀疑这些君主的存在，尽管他们后来变成英雄和半神。但我们没有来自这三个世纪的真正王室铭文，我们对于早王朝 I 期和早王朝 II 期的认识完全基于考古数据，来自乌尔（早王朝 I 期或早王朝 II 期）的古代文献特别难以理解，历史意义有限。

然而，从公元前 2500 年起，我们有足够的王室铭文和经济、法律、行政管理甚至是文学的文献——特别是来自法腊丘（Fara）、阿布-萨拉比克和后来的吉尔苏[4]——去描绘出苏美尔政治和社会历史的粗略轮廓。但是，除了在幼发拉底河中部马瑞发现的短铭文（大部分是国王的名字）和在迪亚拉河谷卡法贾发现的刻有铭文的花瓶和小雕像的残片，所有这些文献都来自两河流域南部，这一国家的北部仍遗憾地没有发现出土文献。然而，我们不能失去所有希望，最近在埃卜拉发现的数以千计的泥板使我们看到考古学仍能带来许多惊喜。

除非人们记得直到1974年我们实际上对公元前3千纪的叙利亚北部一无所知，否则这一发现的影响就不能被充分地理解。幸运的是，在那一年和接下来的两年，曾一直在马尔迪克丘（Tell Mardik）——一座位于阿勒颇西南60千米的巨大土丘——挖掘了10年的意大利考古学家在一座定期于公元前2400年至公元前2250年的宫殿中发掘出约15000块泥板，泥板上刻有在苏美尔城市基什所使用的那类楔形符号。[5] 许多单词和句子借用苏美尔语表意符，但其他的用音节书写，毫无疑问，马尔迪克丘是古代埃卜拉城——一个之前出现在少量两河流域文献中的名字。埃卜拉城所讲的语言是一种迄今仍未知的塞姆语，它迅速被称为"埃卜拉语"（Eblaite），它在某种程度上不同于公元前2千纪的阿卡德语和西塞姆语（阿摩利语［Amorrite］，迦南语［Cananaean］）。

随着这些泥板文献渐渐地被释读，它们的重要性变得日益明显。它们不仅揭示出埃卜拉是一个相当强大的北叙利亚王国的都城，还提供了关于这个长期被遗忘的王国的政治体制、社会结构、经济体系、外交和商业关系、影响范围及文化亲和力方面的丰富信息。没有早王朝时期的苏美尔城邦能为我们留下如此大量且详细的档案，除了一些例外（见原著142页）。埃卜拉文献对古代两河流域历史的贡献尽管是不容忽视的，但到目前为止仍具有一些局限性，随着越来越多的文本被出版，这种情况似乎也不会有大的改观。

考古背景

地表勘探和挖掘显示：公元前3千纪开始之初，在乌鲁克时期就已经开始、涉及整个两河流域的城市化进程已达到了它的顶点。在伊拉克南部，许多村庄的消失对已经较大或是正在发展的城市有利，最好的例子就是乌鲁克，它已经变成一个覆盖面积超过400公顷的大都市，为40000或50000居民提供庇护。同时，在伊拉克北部，城市中心出现了，或许是从史前时代的定居点发展而来。这些城镇中最著名的就是马瑞（哈瑞瑞丘［Tell Hariri］）[6]，它位于叙利亚北部和苏美尔之间。尼尼微以南90千米（现在摩苏尔的对面）的阿淑尔（舍尔喀特堡［Qala'at Sherqat］），[7]以及其他一些不知道其古代名字但也很重要的城镇，例如，位于辛贾尔山脚下的塔亚丘（Tell Taya）[8]，位于巴里赫河和哈布尔河之间的叙利亚-土耳其边界的奎腊丘（Tell Khueira）。[9] 城市增长和农村人口激增的情况也出现在迪亚拉盆地。在那里的调查揭示了在一个约900平方千米的区域内有10个主要城市、19个小城镇和67个村庄的踪迹。顺便说一下，对早王朝时期经典但有时又遭受批判的三分法，要归功于美国考古学家。他们在20世纪30年代挖掘了这一地区的三处遗址：阿斯马尔丘即埃什奴那（Eshnunna），卡法贾即图图卜（Tutub），以及阿喀腊布丘（Tell 'Aqrab）。[10]

一般来说，公元前3千纪早期的两河流域城镇被一层城墙围绕，有时是双层且通常被塔楼加固。这些防御工事证明了频繁的战争，这一观点在苏美尔被早王朝 III 期的文献支持，这些文献提到了城邦之间的斗争和抵抗外国入侵者的斗争。然而，我们将永远不会知道塔亚丘的居民如此恐惧的敌人是谁，他们建造了一个城堡，他们升高城墙，把它建立在 3 米高的石基上。

除了少数例外，所有北部城镇在艺术、宗教建筑，有时在陶器和玻璃制品方面都不同程度地受到了苏美尔人的影响。这是怎么发生的仍不确定。一些学者假设在绝大多数的塞姆人之中有"苏美尔殖民地"的存在，但没有文献或考古证据支持这一理论，至少在早王朝时期，最可信的苏美尔文化载体是流动的工匠和商人。

大部分考古学家都同意早王朝时期的文化产生于捷姆迭特-那色文化，在许多方面确实如此，但有些不连续性也引人注目，并产生了一些难以解释的问题。在早王朝 II 期，由于某种未知的原因，在早王朝 III 期结束之前，一种在两河流域地区之前和之后从未使用过的非常奇特的建筑材料似乎消失了：所谓的"平凸砖"（plano-convex），形状像平底面包条放在边缘，排列成"人"字形。一个更重要的问题是两河流域经典的"三方缔结"的圣殿几乎被完全抛弃，取而代之的是各种设计和尺寸的神庙和神龛，[11] 其中一些在走进去之前与周围的房屋没有什么区别，另一些是独立的，就像卡法贾巨大而壮丽的"椭圆形神庙"，有两个偏角的围墙和在平台上升起的内殿。这一类型的神庙可追溯到乌鲁克时期（乌凯尔丘的椭圆形神庙）。可能由于地理位置原因，一些早王朝时期的圣殿明显地反映出非两河流域的影响。例如在马瑞城，地方女神尼尼－扎扎（Nini-zaza）的神庙里有一块圆锥形巨石碑，这在叙利亚或巴勒斯坦的西塞姆人的露天神庙里常见。再往北，在接近现代土耳其边界的奎腊丘的多座神庙，建于石基之上，有开放的门廊，让人想起安纳托利亚的住宅。

除了一些有趣的墙饰板，一些刻着文字，还有一些诸如出土于吉尔苏的著名的"秃鹫碑"一样的艺术品残片，那一时期的雕刻以崇拜者雕像为主要代表，它们曾矗立在大多数神庙内殿周围的砖凳上。通常直立，但有时坐着，他们双手交叉在胸前，这些有着长发或是光头、刮了胡子或是蓄着胡须的男人们穿着传统的苏美尔羊毛裙，这些包裹着华丽服饰的女人们正在用她们镶嵌在沥青上的"贝壳和天青石"做成的眼睛——一种我们曾在2500年前的萨万丘遇到的眼睛——凝视着一些神圣的雕像。但是，这些小雕像也不全是相同的品质。[12] 在奎腊丘发现的小雕像非常粗糙和笨拙，在亚述地区的古代伊什塔尔神庙中发现的小雕像则很平凡。那些来自阿斯马尔丘"方形神庙"、被广泛宣传的小雕像则显得坚毅和棱角分明，它们有着巨大的、令人难忘的眼睛和波浪起伏的胡须，它们给人一种超越了美丽的深刻印象。相比之下，马瑞出土的雕像则精雕细琢、惟妙惟肖。然而，马瑞距离苏美尔很远，这些卓越的雕像不能被认作苏美尔人艺术的代表：很可能它们是当地艺术家的作品，他们从阿卡德时代伟大雕刻家的祖先——苏美尔人那里获取了创作灵感。奇怪的是，那些在苏美尔中心地区尼普尔和吉尔苏发现的崇拜者雕像，与乌鲁克时期的杰作相比，给人以批量生产和粗糙丑陋的印象。它们是在工作坊为"贫穷的朝圣者"所制造?[13] 或是它们反映了在艺术史上所有特殊时期之后不可避免的衰落?

早王朝 III 期,卡法贾的"椭圆形神庙"。神庙的两个区域分别被 103 米×74 米和 74 米×59 米的墙所围绕。这座神庙奉献给哪位男神或是女神,我们目前并不知晓。来自 P. 阿密特:《古代近东艺术》,1977;来自 P. 达格拉斯:《卡法贾的椭圆形神庙》,1940(P. Amiet, *L'Art Antique du Proche-Orient*, 1977; after P. Delougaz, *The Oval Temple at Khafaje*, 1940)。

公平地讲,在其他领域,早王朝时期的艺术决不颓废。在两河流域中心地区一个有限区域内是非常繁荣的,在早王朝Ⅰ期,一种被称为"猩红陶器"(scarlet ware)的美观彩陶明显源于捷姆迭特-那色陶器。另一方面,底格里斯河上游和哈布尔河流域的许多遗址都出土了非常高雅的"尼尼微5号"(Ninevite 5)陶器,首先它们是着色的,然后是深深雕刻的,最值得注意的是它们的形状:带有底座的高脚果盘,带有瘦削肩部的长颈花瓶,龙骨状的碗。[14] 猩红陶器是短暂的,"尼尼微5号"陶器存在很长一段时间之后,在向早王朝Ⅲ中期迈进时消失了。在整个两河流域,二者都被一种无色的、缺乏艺术性的陶器所取代。

石雕艺术则朝着一个相反的方向向前发展。[15] 早王朝Ⅰ期刻着单调的动物图案或是几何图案(所谓的"提花"风格)、雕刻得短而窄的滚筒印章,在早王朝Ⅱ期和早王朝Ⅲ期被长而宽的印章取代了。这些印章上面具有完全不同的构图,描绘了"宴会场景"或是"动物竞赛场景"。前者描绘的是男人和女人通过一根管子正在从杯子或是高罐中饮酒。后者包括牛被狮子袭击及被裸体英雄与"人首飞牛"(人脸牛身[bull-men])守卫。还有一些如太阳神在一艘船上之类的宗教主题。随着时间的推移,这些题材虽然仍基本相同,但是它们被更高超的技艺所完成。一些印章,尤其是国王们的印章由天青石或其他珍贵半宝石甚至是金子制成,有时它们的两端用银包裹。在乌尔、捷姆迭特-那色和乌鲁克,一个重要的新奇物品是在圆筒印章上首次出现了短篇铭文。

然而,在金属加工方面,苏美尔人取得了最令人震惊的进步，由于在很大程度上他们采用了两种新技术：青铜的脱腊法（失蜡铸造法）和贵金属的凸纹制作术。正如我们在研究出土于乌尔王陵的奇妙作品时看到的那样，早王朝时期金属制作技艺达到了非常熟练的程度，在同时期的其他文明无法与之匹敌。但是，原料却不得不进口，然后以两河流域南部能够提供的物品进行偿付：谷物、兽皮、羊毛、纺织品、加工产品和沥青。那么，苏美尔人如何组织经济管理？他们的社会结构如何？谁是他们的统治者？关于他们的政治史我们能知道什么？为了回答这些问题，我们必须离开考古而回到一些可用的文献中来。

苏美尔人诸城邦

我们的注意力现在集中于苏美尔，我们尝试忘记它实际上是一个小的国家：3万平方千米，比比利时的面积小一些，大约是4或5个英语国家的面积。由于生命仍然集中在幼发拉底河及它的支流和灌溉水渠上，"文明的摇篮"实际上是一片相对狭窄的地段，从巴格达的纬度延伸至阿拉伯-波斯湾海岸的沼泽地带。除此之外，在基什和尼普尔之间的某处还有一个语言的界线，它将北方讲塞姆语的人（未来的阿卡德）与南方讲苏美尔语的人隔开，使苏美尔变得更小。

在公元前3千纪，苏美尔和阿卡德都被划分为我们称之为"城邦"的政治单元。每一个城邦由一个城市、它的郊区、卫星城镇和乡村组成，由包含果园、椰枣林和大麦与小麦田在内，界线明确的领土组成。灌溉区之间的公共草原作为牧场。一个城邦的平均面积目前还难以知晓，但最大的拉伽什城邦据说测量起来大约有 2880 平方千米，有居民 30000 到 35000 人。

对于早王朝时期，在整个苏美尔和阿卡德地区，我们的原始资料能列出来的主要城市名单不超过 18 个。从北到南依次是西帕尔、基什、阿克沙克（Akshak）、拉腊克、伊辛、尼普尔、阿达布（Adab）、扎巴兰（Zabalam）、舒如帕克、温马（Umma）、吉尔苏、拉伽什、尼那（Nina）、巴德提比腊、乌鲁克、拉尔萨、乌尔和埃瑞都。但许多其他尚未能准确定位的城镇和乡村也被提到了，同时，考古学家们也挖掘出了一些定居点——如欧贝德和阿布-萨拉比克——但它们的古代名字目前仍未知。

每一个苏美尔城市都由几个行政区域组成，每一个区域都有它自己的神和神庙。城市是一个整体，它的领土处于一位"国家神"的保护之下，在观念上该神拥有此城邦。以拉伽什为例，它"属于"宁吉尔苏神，它的竞争对手温马属于沙腊神（Shara），乌尔属于南那神。这一虚构的概念和大量可使用的来自一座神庙——巴巴女神（Baba）在吉尔苏的神庙——的第一批行政管理记录，导致了一个轻率的结论：这个城邦所有的土地都是神庙的财产，她的所有居民都是神庙的仆人或顾客。在乌鲁克时期可能是真的，但是，从我们现在所掌握的其他前萨尔贡时期的泥板文献和现代学者对新老数据仔细的重新评估中显露出来的画面，与数年前呈现出来的画面有很大的不同。[16]

根据现在的推测，城市周围耕地的约三分之一为神庙所有。这类神庙土地既不能买卖，也不能进行交换，它被分为三个部分："主人田"（gàna-nì-enna），供给祭司们和神庙雇佣的诸人；"食物田"（gàna-shukura），以小块分给在"主人田"上工作的农民和寺庙官员用以维持他们的生活，但是田地并不完全属于他们，随时都可以被拿走；"耕地"（gàna-uru-là），出租给佃户且收取其收成的七分之一或八分之一。神庙也开采或是出租果园、牧场、鱼塘，以及养殖牛、山羊、绵羊。总的来看，神庙在谷物、水果、牲畜和副产品方面的收入十分可观。它们部分用于维持祭司、书吏和其他神庙官员的生活，部分用作预防干旱的储备粮，部分用于交换进口商品。然而，（收入）最大的部分可能被作为报酬或酬金被重新分配给数以千计的工人——大部分是女人，但也有男人和男女奴隶——他们长期在神庙的作坊和土地上劳动，碾磨谷物、纺织和编织羊毛或毛发、酿造啤酒或作为厨师、园丁和仆人。同样以此取酬（通常是大麦）的还有神庙的农民，在进行战争或实施诸如神殿和防御工事的建造、灌溉水渠的开挖等此类大规模公共工程的情况下，统治者会将他们组织动员起来。他们的工资水平从一个地方到另一个地方且随时间的变化而有很大的变动。

所有这些都要求有连续的规划、掌控和簿记，但苏美尔人有一丝不苟的精神且特别善于组织。不仅因为他们的"官僚们"给我们留下了数以千计的工资名单、付款凭证、工人名单列表和其他的类似文档，我们还从出土于吉尔苏和舒如帕克的泥板中了解到同一职业被划分为高度专业化的团体。例如，对于公驴和母驴有不同的放牧人；根据他们是在淡水、淡盐水还是在海水中捕鱼，也有不同的渔夫；

第八章 早王朝时期

甚至弄蛇人都形成了一个"社团",有他们自己的首领。类似组织的工匠和商人,一部分为普通市民工作,另一部分为国家(神庙或宫廷)工作,而远至阿富汗和印度河谷的国际贸易大部分掌握在后者手中。由书吏、管理者、监工和其他官员组成的一个复杂的机器,在每一个神庙的高级祭司(sanga)的领导下,在大监督官(nu-bànda)和主管(agrig)的指导下,保持了良好有效的运转。

另一个独立的重要经济单元是宫廷,尽管对于它的角色和管理我们所知甚少。出土于舒如帕克的公元前2600年的泥板文献表明统治者供养着600或700个配备装备的士兵——无疑是他的近卫军和城邦的常备军——还雇佣各类职业的人在他的地产上。我们从许多契约中也了解到统治者偶尔也会从富有的个人和高级官吏那里购买土地。我们没有办法估测王室地产的总体规模,但如果我们将王公和他们的家族产业包括在内的话,可能与神庙土地一样大。

最后,其他的契约——的确,用塞姆阿卡德语(书写的)比用苏美尔语本身的更多——告诉我们所有等级的个人都可以自由地出售、交换、赠予或出租房屋、田地、花园、鱼塘、牲畜和属于他们的——或许,更确切地说属于家庭团体的——奴隶。[17] 当然,私人拥有土地的面积会根据所有者社会地位的不同而有所不同:对于一位高级官员,土地面积能够多达240公顷,而对于一位普通公职人员、一位制革匠或一位石匠,可能小至6公顷或1公顷。所有这些人都作为买主出现在契约中。

至于城邦国家的社会结构,我们的文献仅提到了自由人和奴隶。但是,从早王朝时期所描述的三种经济体系中可清楚地知道苏美尔社会被分为三个主要阶层：最底层是奴隶，通常从战犯中补充或是在外国诱骗，但是数量从来没有很多；然后是服务于神庙或宫廷的农民和工人，靠服务维持生计但没有土地；再然后是地主或"自由人"团体，覆盖范围从工匠到王室家族成员。当然，对于以上所有这些，城邦的统治者是我们将要谈论的重点。

早期的苏美尔统治者

对苏美尔人来说，统治者是被神灵选中的"牧羊人"，对人们的安全和城邦的繁荣负责。在来自乌鲁克的古代文献中，统治者被称为"恩"（en），一个被翻译为"主人"的头衔，但却暗示了世俗和宗教的双重职能。恩可能居住在神庙辖区，可以合理地猜测他也是"国家神"的大祭司，神庙的首领。苏美尔城市在神庙周围也快速增长。这一头衔被一直使用到公元前19世纪中期，但在早王朝时期其他的城邦中，统治者被称为"恩西"（ensi），意为"总督"，或被称为"卢伽尔"（lugal），意为"国王"。"ensi"楔形文字符号书写为PA.TE.SI，一个意思不确定的复合词；"lugal"含义简单，意为"伟大的人"。为何一些统治者称自己为恩西，其他的统治者称自己为卢伽尔，或是有些时候根据环境二者都使用，这一点尚不明确。[18] 至少在某些情况下，似乎卢伽尔统治着几个城邦，而恩西是一位卢伽尔的属臣。统治者的妻子在任何情况下都被称为"宁"（nin），意为"王后"，她在公共生活中发挥着重要作用。如在吉尔苏，王后管理着巴巴女神庙的事务。

第八章　早王朝时期

统治者和他的家庭成员生活在一座不同于神庙的宫殿中（é-gal，意为"大房子"）。在两河流域，三座这样的宫殿已经被挖掘出土：一座在埃瑞都，一座在基什，另一座——或更确切地说是相继建立的两座叠加的宫殿——在马瑞。[19] 它们在许多细节上不同，但在布局上却惊人地相似。全部都有一座正方形的中央庭院，三面被房间所环绕，第四面连通着一个长长的矩形房间，可能是一个会客厅。两道平行的厚围墙被一条围绕着该建筑的狭窄走廊隔开。在马瑞，宫殿里包含了很多的仪式设施，暗示了此处为皇家小教堂。在基什，宫殿旁边的第二个建筑包括一个宽敞的大厅，有四根中央泥砖圆柱和一个柱廊。

统治者代表众神统治城邦，像大部分古代和现代国王一样，他领导他的军队对抗外敌，签署和平条约，负责做出公正的裁决。他最神圣的一个职责是神庙的建设、维护和恢复，与人类被创造的目的是服务众神及他仅仅是众神的第一位仆人的信仰保持一致。从乌尔南舍（Ur-Nanshe）到阿淑尔巴尼帕，一些两河流域的君主被描绘在石刻或青铜器上，他们头上顶着篮子，正在为新的神殿搬砖——许多铭文都提到过这类建筑活动。卢伽尔和恩西们在宴会、游行和其他宗教仪式上也发挥着领导作用。在乌鲁克，可能也在其他城邦，早王朝时期的统治者在圣婚仪式中扮演男性神灵。实际上，有理由相信在公元前3千纪早期，在卢伽尔班达、杜穆兹和吉尔伽美什——在《苏美尔王表》中全部有资格称"神"——时代，一些王室夫妇被认为是"活的神灵"，或更确切地说是作为"属于他们城邦的神灵夫妇"的人类复制品。因此，这可能是对两河流域挖掘过

135

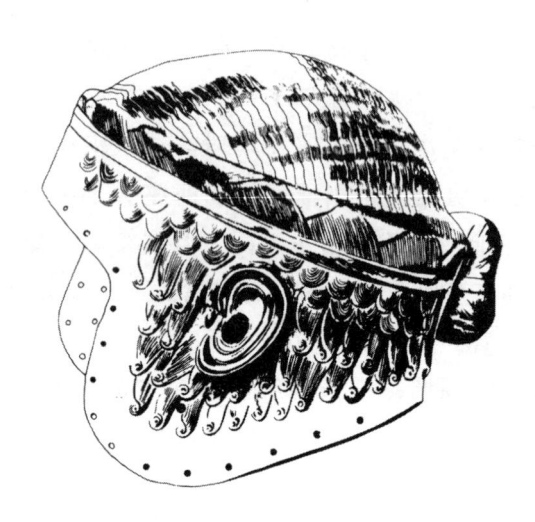

美卡兰杜格（Meskalamdug）的头盔，使用了大量的黄金，出土于乌尔王陵。来自莱纳德·吴雷：《乌尔挖掘Ⅱ》，1934（Sir Leonard Woolley, *Ur Excavations*, Ⅱ, 1934）。

程中最惊人的发现——乌尔王陵——所提出的许多问题的答案之一。

136 　　这里不对王室墓地进行详细描述，我们能够在吴雷先生所著的优秀文章和专著中阅读到这一有趣的主题。[20] 当黄金在他们的挖掘下慢慢从泥土里渗透出来，当一个个奇迹重见天日，除了发掘者本人，没有人能有效地表达出他和他的团队心中的激动和兴奋之情。只有这位杰出的考古学家能描述出这一细致和艰苦的挖掘，对那些陪伴死者的华丽物件、装饰品和武器进行的耐心和熟练的修复：黄金容器和匕首，"在灌木丛抓获的"一只公羊的黄金和天青石雕像，装饰竖琴的金和银制公牛头，曾被称为舒巴德（Shubad）的"普阿比王后"（Queen Puabi）的黄金头饰，

也许最重要的是美卡兰杜格的黄金头饰——这里提及的只是最主要的物品。吴雷戏剧性地唤醒了这些奇怪的葬礼，乐师带着竖琴、士兵带着武器、宫女们身着华丽的服装，他们自愿地追随他们的主人们进入令人畏惧的葬坑，他们在那里被实施麻醉以无痛地死去。这些葬礼一定会给读者留下一种心酸、难以忘记的恐惧感，同时混合着惊奇和钦佩的感觉。

但是，乌尔王陵给历史学家提出了一些非常棘手的难题。毫无疑问，它属于初史时期，属于紧挨着乌尔第一王朝（约公元前 2600 年）之前的时期。乍一看，似乎除了国王、王后和王子，没有人被如此奢华地埋葬。但从 17 座王陵中发现的大多雕刻在圆筒印章上的铭文来看，仅有两个名字美卡兰杜格（"美好土地的英雄"）和阿卡兰杜格（Akalamdug，"美好土地的儿子"）其后有"国王"（lugal）头衔。此外，还有另外两个名字——美卡兰杜格的妻子宁班达（Ninbanda）和一位姓名未知的君主的配偶普阿比享有"王后"（nin）头衔。除了两个坟墓，其他所有古墓在古代都被劫掠的事实可能说明了其他王室铭文缺失的原因，但这种缺失仍令人困惑。更令人困惑的是这种集体埋葬的做法，涉及了数量从 3 个到 74 个不等的侍从，而且大多数是女性——几乎是一整个王室家庭。在其他时期的其他国家，如在第一王朝的埃及、在斯基泰人（Scythians）和蒙古人（Mongols）中，在阿萨姆（Assam），甚至在晚至公元 13 世纪时俄罗斯南部的库蛮人（Comans）中，人殉被证实为以较小规模且（陪葬者）主要是男仆。[21] 即使在两河流域，除了乌尔可能还有基什，大规模的人殉也不存在。同样，我们可以争辩说，在古代伊拉克所有的王室坟墓都被发现并且洗劫了，因此我们也就没有关于皇家葬礼的书面文字描写。然而，对于这种具有至高无上意义的重要仪式保持沉默，还是令人无比惊讶的，只能通过假设把人当作祭品的王室葬礼在很早的时候可能在早王朝时期就被废弃了来进行解释。但是为什么要用人来献祭呢？我们拥有的唯一一篇提到一位国王即将带着他的随从进入坟墓的文献是一首被称为《吉尔伽美什之死》的苏美尔语史诗。[22] 现在，我们知道吉尔伽美什和美卡兰杜格仅隔了几代人，我们也从其他文献知道吉尔伽美什被认为是冥界的一位神灵。这倾向于确认吴雷先生第一次提出的理论，美卡兰杜格、阿卡兰杜格、普阿比和其他王家墓地中匿名的国王和王后，他们超越了君主：他们是神，至少他们在地上代表神灵。同样地，他们被授权带着他们的宫廷（成员）与他们一起进入另一种生活，一种无疑比人类生活更加愉快的生活。然而，这一理论与所有其他理论一样受到了批评，乌尔王陵的故事仍保持着神秘。[23]

即使两河流域的国王们很早就停止去做"众神的替身"了，但他们也一直保留着一些宗教职能。然而，在历史发展过程中的一般趋势是宫殿与寺庙的逐渐分离，这一发展开始于早王朝时期。在公元前 2400 年左右，拉伽什的恩西恩铁美那（Entemena）就已经不再是那一城市的大祭司了，因为在一个他奉献给宁吉尔苏神的漂亮银花瓶上的一篇铭文中明确地提到："在这些日子，杜杜（Dudu）是宁吉尔苏神庙的高级祭司。"甚至有些时期，统治者与祭司会发生公开的冲突。大约在恩铁美那之后一个世纪，拉伽什的最后一个王公乌如宁吉那（Uruinimgina，原称为乌如卡吉那[Urukagina]）在一篇著名的铭文中告诉我们，[24] 作为众神的捍卫者，他在统治前，如何结束了以下这些暴政：统治者的巡查员干涉所有的事务；葬礼，显然还有婚礼被征收重税；房屋被富有的官员们以低价购买；腐败流行；穷人们遭受极大的痛苦。但最重要的是，恩西累积了庞大的地产，他的"洋葱和黄瓜园"侵占了众神最好的土地，由神庙的牛和驴进行耕种。乌如宁吉那撤销了许多官员，降低了税收，在统治者的建筑和田地中"恢复了宁吉尔苏（的统治）"：

> 他从高利贷、垄断、饥荒、盗窃和人身伤害中解放了拉伽什的公民；
>
> 他建立了他们的自由。

即使这些改革措施全部付诸实施，但也没有产生持续的影响，因为就是在乌如宁吉那的统治之下，拉伽什和苏美尔的其他部分落入了非苏美尔人之手。

历史发展概要

重建早期王朝时期的事件序列并不是一件容易的事情。不仅历史文献本身极其缺乏且通常很简略，而且同时并存的一些地方"王朝"以及《苏美尔王表》中未提及的一些统治者所扮演的角色，大大增加了难度。因此，我们的目的仅是对早王朝的历史做一个简单的脉络概述，并提醒读者在我们重建过程中的许多观点具有高度的争议性。

这一段历史本质就是城邦之间以及抵抗外族的战争史。

139　虽然很少被提及，但这些战争毫无疑问都具有一些经济因素，如土地的占用、贸易路线和灌溉水渠的控制等，但有些战争具有地理政治或是宗教动因。因为基什城位于塞姆人地区的中心——尽管它的大部分统治者都有苏美尔语名字①——征服它意味着把苏美尔的两个主要民族语言群体统一在同一规则下。因此，"基什之王"的头衔似乎比其他的头衔更令人垂涎，几乎与后来出现在王室铭文中的"苏美尔和阿卡德之王"或"（整个）国家之王"同义。另一个值得被任何国君——无论是苏美尔人的还是塞姆人的——拥有的目标是控制尼普尔，或至少被它的恩西或祭司所承认。不同于基什、乌鲁克和乌尔，尼普尔从来没有能够或宣布凌驾于其他城邦之上，甚至没有统治者出现在《苏美尔王表》的"王朝"之中，但它是苏美尔人最高神恩利勒的居所，宗教都城，苏美尔人的罗马或麦加（Mecca）。因此，卢伽尔们和恩西们争着给恩利勒的神殿送去最珍贵的礼物，那些将尼普尔囊括进其王国的统治者们积极修复或重建它的神庙。在公元前3千纪末期，"尼普尔被恩利勒选中"成为标准王衔的一部分。这种对尼普尔的态度是否仅仅反映了宗教的狂热，或者正如"原始民主"的支持者所认为的那样，在一个生存的时代，当面对外来入侵的威胁时，来自所有城邦的代表在尼普尔集会，选举一位共同的战争领导人？又或者说，是否尼普尔的祭司和神学家像埃及的赫利奥波利斯（Heliopolis）的祭司一样，对国王施加了某种强大的政治影响，甚至是难以言表？

---

① 例如 Me-barage-si，意为，me（自然和人类制度所固有的权力）注入了王座。

第八章　早王朝时期

与古代历史上的许多问题一样，这些问题也没有明确的答案。

两篇铭文证明美巴腊吉西（Mebaragesi，约公元前2700年）是早王朝时期的第一位国王，但铭文仅给出他的姓名和头衔，而《苏美尔王表》却给出了一些有趣的信息，"他运走埃兰的武器作为战利品"。尽管可能不是首次冲突事件，但这是对埃兰和两河流域之间长期冲突的第一次提及，二者之间的冲突可追溯到史前时期，几乎持续了3000年之久。当美巴腊吉西的儿子阿伽向吉尔伽美什投降时，古老的基什第一王朝结束了。吉尔伽美什的7位继任者——不幸的是《苏美尔王表》仅提及了名字——同时统治乌鲁克和基什一个世纪（约公元前2660—公元前2560年）。但是在那之后不久，我们有三篇有关一位来历不明、名叫美萨林（Mesalim）的王公的短铭文，他自称为"基什王"，但似乎与拉伽什关系密切，他在拉伽什为宁吉尔苏神建立了一座神庙，裁决了拉伽什和温马（约卡丘[Tell Jokha]，吉尔苏西29千米）之间的边界争端，竖立他的石碑作为界碑。

在那期间，与东方的海上贸易极大地富裕了乌尔城与它的统治者（乌尔当时是一个靠近幼发拉底河河口的港口），[25]正如与美卡兰杜伽和阿卡兰杜伽一起埋葬在著名的乌尔王陵（约公元前2600年）中的财宝所展示的那样。我们不知道这两位国王的祖先和后代都是谁，但在公元前2560年，美斯安奈帕达（"天神安选中的英雄"）——我们已经介绍过他了——建立了乌尔第一王朝。很快他就强大到足以击败乌鲁克的最后一位国王和与他同时代的基什王美萨林。尼普尔似乎在他的掌控之中,因为他和他的第二位继承人美基格奴那(Meskiagnunna)重建了那里的图马勒(Tummal)神庙,该神庙是美巴腊吉西所建,但已经"首当其冲变成了废墟"。拉伽什那时与温马和平相处,它的王公乌尔南舍正忙于建造神庙,挖掘灌溉水渠,从迪尔蒙进口商品,将他自己和他的妻子、他的 7 个儿子和 3 位官员一起描绘在一幅著名的墙板上。如果我们从在马瑞发现的、明显是美斯安奈帕达送给他的一位国王的一批珍贵物品来判断,乌尔与遥远的马瑞的关系也非常友好。[26] 这一苏美尔圣殿在乌尔的保护下持续了一百多年,但结局悲惨。基什——可能在第二王朝早期就被地方统治者控制——被来自哈马兹(Hamazi)的民族短暂地占领。哈马兹是一个城镇或者国家,可能位于底格里斯河之外,在迪亚拉河和小扎布河之间。同时,成群的埃兰游牧民族则来自阿万地区(Awan,可能在现代的舒什塔尔[Shushtar]附近),他们在苏美尔的部分地区实施他们的法律。似乎这还不够,拉伽什在它的一位统治者的统治之下变得岌岌可危——这位统治者给我们留下了整个早期王朝时期最广泛和详细的历史记录。

像他的祖父乌尔南舍一样,拉伽什的恩西埃安那吞(Eannatum)① (约公元前 2455—公元前 2425 年)是一位伟大的神庙建造者和河渠开挖者,他所处的环境还使他成为一位伟大的战士。他从埃兰人的手中夺回了苏美尔,通过征服来保护苏美尔的东侧,如果没有像他所宣称的那样

---

① 埃安那吞(E-anna-tum):值得尊敬的埃-安那(伊南娜在拉伽什的神庙)。

第八章 早王朝时期

"埃兰,一座伟大的大山,在它的全境,我进行了恐怖的打击",至少也征服了埃兰边境的一些城镇。他推翻了乌尔和乌鲁克,并"加入拉伽什的王权和基什的王权"。但是,我们所知最详尽的战争只是一场反对温马的局部冲突。[27] 争端的焦点是一块位于两个城邦边界处、特定的、名为古-埃丁(Gu-edin)的田地,双方都宣称对这块田地拥有所有权。但是,现在:

> 温马的恩西,在他的神的命令之下,袭击和吞并了古-埃丁,这块灌溉的土地,这块宁吉尔苏神喜爱的田地……。他拔出了界碑(美萨林所立),进入了拉伽什的平原。

装备有长矛,有厚重保护盾牌的拉伽什步兵,在战斗中与温马的士兵相遇了。埃安那吞取得了胜利:

> 在恩利勒神的祝福之下,他向他们投掷了一张大网,在平原上堆积起他们的尸体……。幸存者们转向埃安那吞,他们为了自己的生命而屈服,他们哭泣了……

这场战斗结束于一个和平条约。这位拉伽什的恩西"与温马恩西恩那卡里(Enakalli)划分了边界;他在从前的地方重新竖立了美萨林碑",并且对温马征收了沉重的大麦税。埃安那吞的胜利——或者说是拉伽什的宁吉尔苏神对温马的沙腊神的胜利,正如文献所呈现的那样——被一座早王朝时期的杰出雕塑所纪念,不幸的是我们只找到残片——"秃鹫碑",如此称呼是因为那些猛禽在撕扯被击败者们的尸体。在他统治即将结束的时候,埃安那吞不得不与由阿克沙克国王祖祖(Zuzu,或温兹[Unzi])所率领的马瑞人和基什人的联盟战斗。[28] 尽管他宣称取得了胜利，毫无疑问这场战争标志着他所建立的小帝国的终结。

就在几年前，人们对早王朝时期马瑞的历史还所知甚少。《苏美尔王表》只记载了6位马瑞国王，总计136年的统治，并且仅有一或两位国王的名字清晰明确。两篇来自乌尔的铭文提到了另一位不知名的马瑞王伊勒舒（Ilshu），在马瑞还发现了四个崇拜者的雕像，雕像上刻写的铭文给出了他们的名字（伊昆-沙马什［Ikun-Shamash］、拉姆吉-马瑞［Lamgi-Mari］、伊波鲁-伊勒［Iblul-Il］和伊什昆-沙马干［Ishkun Shamagan］），但是没有办法知道他们的统治顺序。然而，通过埃卜拉的档案，我们对这一问题已经有所了解，特别是一封马瑞的"恩"（国王）恩那-达干（Enna-Dagan）写给一位名字未知的埃卜拉的"恩"（国王）的信件，使他想起他的3位前任在叙利亚北部所领导的一系列成功的军事行动，特别是伊波鲁-伊勒，他摧毁或占领了大量属于埃卜拉王国的城镇。[29] 这封信的目的并没有说明，但毫无疑问，恩那-达干在尝试给他的对手施加一些压力，并对埃卜拉保持某种控制。这一观点似乎被来自埃卜拉的行政档案所支持，这些档案表明这一王国的统治者们经常给马瑞宫廷送去大量的金、银"礼物"（"贡物"），至少一直延续到埃卜拉最强大的国王埃布瑞温（Ebrium）统治时期。[30] 其他一些档案还表明马瑞和埃卜拉并不总是不和：许多来自马瑞的匠人和艺人实际上在埃卜拉工作，而且这两座城市交换各种各样的商品，或者为自己使用，或是作为地中海和安纳托利亚之间以及地中海与两河流域下游之间的"贸易港口"。[31]

由于这两个王国的统治者与苏美尔众城邦的统治者之间缺乏同步性,还因为他们的统治顺序和统治时间的不确定,他们头衔的意义和他们是否真实存在的不确定性,马瑞和埃卜拉战争发生的准确时间是不可能弄清楚的。然而,一些在此不能展开论述的理由显示,马瑞的伊波鲁-伊勒、埃卜拉的阿雷奴姆(Arennum)和拉伽什的埃安那吞似乎是同时代的人(约公元前2460—公元前2400年)。

埃安那吞去世后(约公元前2425年)的一个世纪陷入了相当混乱的状态。乌鲁克国王恩-沙库什-安那(En-shakush-anna)和阿达布(今天的比斯马亚[Bismaya],在法腊丘以北26千米)的国王卢伽尔-安奈-蒙杜(Lugal-anne-mundu)[32] 相继占领了基什和尼普尔,被认为是苏美尔的宗主。拉伽什,在埃安那吞的侄子恩铁美那(Entemena)① 的统治之下,再次爆发了与温马的战争。在刻在两个黏土圆筒印章上的一篇长铭文中,恩铁美那回忆了过去所发生的事情,告诉我们他如何"使温马人自相残杀",然后坚决反对"田野和田地的掠夺者、邪恶的代言人"新温马"恩西"的要求,并且挖掘了一条界渠作为这两个敌对城市的永久边界。我们还从其他材料知道,恩铁美那与他强大的邻居乌鲁克的卢伽尔-基尼舍-杜杜(Lugal-kinishe-dudu)——他将乌鲁克与乌尔统一为一个王国——订立盟约,恩铁美那的统治以和平和繁荣告终。但几年以后,拉伽什的情况再次恶化。宁吉尔苏神的祭司夺取了王位,并占据了20年之久,正如我们所看到的,他们

---

① En-temena 的意思为"(神庙)平台之主"。

以众神的名义,肆意扩大他们的私人财产。他们被乌如宁吉那——以其社会改革而闻名——推翻,但这位胜利者仅仅统治了 8 年。一位精力充沛且野心勃勃的温马恩西卢伽尔扎吉西(Lugalzagesi)[①]进军吉尔苏,占领并且毁坏了它,这是对两个世纪以来温马挫败的复仇。随即,在这个被焚毁的城市废墟上,一位不知名的书吏书写了一首流传给我们的哀歌:[33]

> 温马人对安塔苏腊(神庙)(Antasurra)放了火,他们运走了银子和珍贵的宝石……他们在南舍(Nanshe)女神的埃-恩古尔(E-engur)神庙中进行了屠杀,他们运走了银子和珍贵的宝石……通过掠夺拉伽什,温马人对宁吉尔苏神犯了罪……至于温马的恩西卢伽尔扎吉西,愿他的尼达巴女神(Nidaba)让他为他不可饶恕的罪恶遭受惩罚!

但是,这一诅咒没有即刻产生效果。在拉伽什之后,卢伽尔扎吉西占领了乌尔,并成为这一城市的国王。然后,他继续去征服苏美尔的其余部分,并且取得了明显成果。实际上,在卢伽尔扎吉西奉献给尼普尔恩利勒神的一个花瓶上他宣称征服了整个两河流域和叙利亚:

> 当恩利勒——各个主权国家的王——授予他整个国家(苏美尔)的王权时,所有人都根据他的眼色行事,所有国家都追随其后,从日出之地到日落之地(每一个地方)服从于他;然后,他使每个人跟随他从下海(阿拉伯海-波斯湾)沿着底格里斯河和幼发拉底河走

---

① Lugal-zage-si 的意思为"任职于圣地的国王"。

到上海（地中海）。从日出之地到日落之地，恩利勒神所向披靡。所有的主权国家（像牛一样）躺在他统治之下的牧场上；在他的统治之下，这一国家正在愉快地浇灌（他的土地）；苏美尔所有附属的统治（者）们和所有独立国家的恩西们，在其位于乌鲁克的仲裁机构面前向他鞠躬。[34]

很难相信卢伽尔扎吉西实际上拥有一个如此庞大的帝国。或许这不过是一些夸大之词；或许乌鲁克的国王曾设法获得了塞姆人的马瑞王国的附属或联盟，反过来，马瑞也可能依靠与乌鲁克政治联盟的影响掌控了在叙利亚的塞姆民族。无论如何，卢伽尔扎吉西的"苏美尔帝国"持续时间没有超过他的统治：24年（约公元前2340—公元前2316年）。一位新来者，一位塞姆人的王公，阿卡德的萨尔贡，给这一帝国以致命一击。

第九章
阿卡德人

我们已经看到，在早王朝时期，苏美尔人在其自然疆界之外产生了巨大的文化影响，尤其是沿着幼发拉底河从基什到马瑞，从马瑞到埃卜拉。然而，由于一些未知的原因，底格里斯河河谷似乎相对被忽视了。没有证据表明苏美尔人的艺术、书写和文学作品的传播是通过武装力量的征服而达成的。如果说苏美尔的统治者在四个世纪期间进行的战斗，（对他们来说）击退来自东方的入侵者和建立他们对其他城邦的霸权远比去征服外国领土更为重要，那么在公元前 24 世纪即将结束之际，卢伽尔扎吉西辉煌的战役预示着一种领土扩张和控制政策的来临，这一政策几乎立即被来自中部伊拉克的塞姆人王公们所采用。萨尔贡和他的继任者们不仅征服了所有的苏美尔城邦，而且他们还征服了整个底格里斯-幼发拉底河流域和部分临近国家，并且着手在波斯湾地区远征，建立了第一个伟大的两河流域王国。两河流域的两个部分自从史前时代欧贝德时期——在当时仅靠松散的文化纽带联结在一起——以来，第一次被紧密地联系在一起，成为一个面积巨大的领土，这一领土范围从托罗斯山延伸至"下海"，从扎格罗斯山延伸至地中海。对那些时代的人们来说，这一领土范围似乎是巨大的；它包含了"世界的四个区域"，它就是"宇宙"。萨尔贡帝国持续了约 200 年，然后在来自扎格罗斯地区的游牧部落和内部反叛的联合压力之下崩溃，但是它确立了一个从未被遗忘的榜样。重建两河流域的统一，到达我们所称的它的自然边界，成为后世所有统治者们的梦想。从公元前 3000 年中期到公元前 539 年巴比伦的沦陷，古代伊拉克的历史就是由他们为实现这一目标的尝试、遭遇的失败和获得的成功所构成的。

那么，这些塞姆人是谁？是谁创造了如此辉煌的历史开端？

塞姆民族

"塞姆的"（Semitic）这一形容词是 1781 年由德国学者施勒策尔（Schlözer）提出的，用来修饰一组关系密切的语言。后来那些讲这些语言的人被称为"塞姆人"（Semites），这两个词都来自谢姆（Shem）——诺亚的儿子，阿淑尔（Ashur）、亚兰（Aram）和希伯（Heber）的父亲（《创世记》第十章：第 21—31 节），后三人也被认为是亚述人、阿拉米亚人和希伯来人的祖先。在这些塞姆语中，阿拉伯语在今天使用得最为广泛；其次是埃塞俄比亚语和希伯来语，后者最近在书面语上复兴了。其他的塞姆语，像阿卡德语（巴比伦语和亚述语）或迦南语方言是死语言，同时，阿拉米亚语幸存了下来，但在一些东方教堂（叙利亚的）的礼拜语言和在黎巴嫩与伊拉克北部一些小而闭塞的社区中所讲的方言都发生了较大的变化。所有这些语言具有许多共同点，形成了一个大而连贯的语族。他们的一个主要特点是几乎所有的动词、名词和形容词均来源于通常由三个辅音组成的词根。在这些辅音之间插入长元音或短元音，使词根以一般方式表达的概念更加精确和真实。因此，在阿拉伯语中，词根 ktb（不插入元音）表达了模糊的"书写"概念，但是 kataba 意思是"他写了"（过去式），yiktib 意思是"他正在写"（一般现在时），kâtib 的意思是"作者"，等等。这类语言被称为"屈折语"，与苏美尔这类的黏着语形成对比。

只要把它们用作语言学目的，词汇"塞姆的"和"塞姆人"对于每一个人来说都是方便和易于接受的。但是，在伟大的伊斯兰教扩张之前，因为塞姆语只在有限的区域内使用，许多学者曾将塞姆人作为一个特殊的种族，或者——由于塞姆种族的概念被现代人类学家所拒绝——认为它是一个同类型的群体，不仅使用相同的语言，而且具有相同的思想、法律、风俗和相同的宗教信仰。换句话说，塞姆人被看作是一个伟大的、单一"民族"。这一观点合理吗？当然，这是一个很重要的问题，必须进行详细的考察。[1]

在历史时代早期，讲塞姆语的民族居住区域主要有阿拉伯半岛和它的北部附属地区：叙利亚沙漠、叙利亚-巴勒斯坦和两河流域部分地区。它是一个边界明显的紧凑区域，所有的边界都被大海和群山所环绕。根据这一古典理论，所有的塞姆人都起源于居住在这一地区中央部分的游牧部落。在不同的间隔期，他们中的一个大群体便离开叙利亚沙漠，以和平或武力方式定居在周边地区，大多是在两河

第九章 阿卡德人

流域和叙利亚-巴勒斯坦。具体情况如下：

公元前4千纪期间，阿卡德人居住在两河流域；

公元前3千纪和2千纪期间，西塞姆人（迦南人-腓尼基人［Cananeo-Phoenicians］、埃卜拉人［Eblaites］和阿摩利人）居住在两河流域和叙利亚-巴勒斯坦；

公元前12世纪，阿拉米亚人全部居住在肥沃的新月带周围；

公元前2世纪到公元6世纪，纳巴泰人（Nabateans）和其他前伊斯兰时代的阿拉伯人；

最后，从公元7世纪，穆斯林阿拉伯人。

这一理论是正确的——尤其对于最后一组民族语言群体——因为它概括地描述出了一定的事件顺序。然而，具体来说，如果没有进行认真的修正，也难以被广泛接受。[2]将叙利亚-阿拉伯沙漠看作是塞姆人扩散的中心是不可能的，只有也门（Yemen）、哈德腊茅特（Hadramaut）与阿曼的一部分和阿拉伯半岛的一些绿洲能够提供合适的生存环境。阿拉伯中部大沙漠在旧石器时期——当时它不是沙漠，而是一个稀疏草原——至公元前1千纪期间是否适于人类居住是非常值得怀疑的。在广袤的沙漠地区，生活以寻找牧场的长途季节性迁徙为前提，但在公元前12世纪开始驯养的骆驼在近东地区广泛使用之前，只有短途迁徙是可能的。在那之前，骑着驴子和饲养绵羊的游牧部落在他们的活动中受到比今天的贝杜因人更严格的限制，他们只能在位于底格里斯河和幼发拉底河之间，在托罗斯山、扎格罗斯山的山脚和黎巴嫩之间延展的草原上游牧，而不能游荡得太远。在那里，他们密切而频繁地与农耕人口接触，那些农耕人口购买他们的绵羊，提供给他们谷物、椰枣、工具、武器和其他一些实用性的物品和设施。游牧民和农耕民之间的交流可以采用各种形式。[3] 一般而言，这两个群体通常在城市大门之外的村庄或集市碰面，交换物品，无疑还伴随着一些思想交流。然后游牧民返回或许仅在几千米之外的草原。偶尔会有一些人离开部落在城镇中寻找工作，成为佣兵、工匠和商人。有时，一个家庭，一个氏族或是一整个部落将会获得（或是被赠予）土地，然后将它的一部分用于种植，一部分用于饲养绵羊。当地政府经常对游牧部落实行一些控制，特别是在有需要时，将他们特别地用作辅助部队。但是，在政治动荡时期，情况可能会反过来：游牧部落或是部落联盟对定居社会发动战争，洗劫城镇，占领或大或小的区域，最终他们将在那里定居。因此，游牧部落的定居是一个缓慢的、几乎连续的过程，其间偶尔会发生武装入侵。它的形式不是从沙漠中心到肥沃边缘地带的外展运动，而是在肥沃边缘地区本身，从草原到灌溉土地进行的一系列中短程运动。因此，肥沃新月带和阿拉伯半岛边缘的部分地区似乎是这些操塞姆语的民族的真正故乡。目前据我们所知道的判断，他们从史前时代就生活在那里了。但他们在不同时期向我们展示他们自己，要么他们采用了某种形式的书写，要么他们在某一特定时刻发动军事活动或产生政治影响，并且在文明定居社会的书写记录中被记载。

虽然古代近东的大部分游牧部落都使用塞姆语，但并不意味着所有讲塞姆语的民族都属于游牧民族。没有意识到这一点曾导致了许多困惑。无论对错，这些特征一般都归结于塞姆人——他们的"英勇、焦躁、多变、敏感的心理类型",[4] 他们的"反神学和反仪式的一神论宗教思想",[5] 他们的以部落为中心的社会政治观念——所有这些实际上仅适用于游牧的塞姆人,并且在很大程度上源于他们特别的生活方式。即使一些阿拉伯人、阿拉米亚人和西塞姆人属于这一类,我们没有丝毫证据证明在两河流域的阿卡德人——在这一方面,也不能证明在叙利亚-巴勒斯坦居住的埃卜拉人和迦南人(Cananaeans)——起源于游牧民族。就两河流域而论,我们不知道塞姆人最初什么时候进入这一国家,如果他们真的"进来"了。我们曾尝试着将某一次原始时代的民族大迁徙与一次塞姆人的入侵联系起来,但众位学者在这一问题上存在着广泛的观点分歧,实际上等同于承认自己的无知。塞姆语的人名与许多以塞姆语书写的文献出现于早王朝时期,[6] 它们在地理上的分布表明塞姆人以较少的数量混居在南部苏美尔人中间。但在基什地区,他们即使不占主导地位,也表现得非常强大和活跃。从马瑞铭文和后来的档案判断,似乎可以确定他们已经形成了伊拉克北部人口中的较大部分。从萨尔贡时代以来,从尼普尔到希特和萨马腊,包括迪亚拉下游河谷在内的两河流域中心区域被称为"阿卡德王国",这一名字通常以苏美尔表意符号 URI 书写。因此,我们可以称呼两河流域最早的塞姆人为阿卡德人。他们的语言也被称为阿卡德语,构成了塞姆语家族中一个特别的分支。他们用由苏美尔人发明的楔形文字符号来表达他们自己的语言——一个微妙而棘手的选择,因为这两种语言之间彼此并没有关系,就像汉语和拉丁语。当一些苏美尔语词汇逐渐演变成阿卡德语的同时，苏美尔人借用了相当多的阿卡德语词汇，如 *hazi*（斧头）、*shám*（价格）或是 *súm*（大蒜）。这是目前可以让我们使用的所有的文献资源。但是，必须指出一点，没有一篇苏美尔文献提及阿卡德人为敌人、入侵者或游牧民。[7] 尽管尚未被证实，阿卡德人的社会组织和政治体系可能不同于在苏美尔城邦所发现的社会组织和政治体系，很明显阿卡德人从事农业，居住在村庄和城镇中，与他们的苏美尔邻居分享生活方式、宗教和文化。据我们目前所知，阿卡德人和苏美尔人之间唯一一个显著的不同是语言方面，在其他所有方面，这两个民族群体之间难以区分。阿卡德人在萨尔贡时期的统治改变了历史进程，但它并没有从根本上改变两河流域文明显著的苏美尔特征。

阿卡德的萨尔贡

　　第一位阿卡德人国王萨尔贡的统治在苏美尔-阿卡德人的心目中留下了这样的印象：他的个性被一个永恒的传奇光环所环绕。一篇写于新亚述时期（公元前 7 世纪）的文献描写了他的诞生以及能让人想起摩西（Moses）、克利须那（Krishna）和其他伟大人物的早期童年时期：

　　　　我的母亲是一个低能儿（?），我的父亲我不认识。
　　　　我父亲的兄弟们喜爱这些山丘。
　　　　我的城市是阿祖皮腊奴（Azupiranu），它位于幼发拉底河的河岸上。
　　　　我的低能儿母亲怀上了我，她秘密地生下了我。

第九章 阿卡德人

她把我放进一个灯芯草编织的篮子里,用沥青封住了盖子。

她把我投入河中,河水未能淹没我。

河流托住了我,并将我传递给了汲水人阿基(Akki)。

阿基,那个汲水人,将我当作他的儿子并且养育了我。

阿基,那个汲水人,任命我为他的园丁。

当我是一位园丁的时候,伊什塔尔女神将她的爱赠予我,

然后,我行使了四和……年①的王权。[8]

这充其量是一段强烈虚构的历史,尽管我们从一些更可靠的资料[9]了解到这位自称为"沙如金"(Sharru-kîn)——意为"正义的(合法的)国王"——的国王有一个卑微的出身。这位基什国王乌尔-扎巴巴(Ur-Zababa)的斟酒人,他成功地——我们不知道如何发生的——推翻了他的主人,并且进军乌鲁克,征服苏美尔。乌鲁克当时由卢伽尔扎吉西统治,这位手下统率50位恩西的国王被击败了,被俘虏了,套上枷锁,在尼普尔的恩利勒神庙的大门处示众。随后,这位篡位者(萨尔贡)袭击了乌尔、拉伽什和温马。他在每一处都取得了胜利,并"拆毁了其城墙"。为了证明他已经征服了全部苏美尔地区,并且握有进入海湾的钥匙,他在拉伽什的港口恩宁基马尔

---

① 原著为"four and…years",楔形文字原文处破损,不知道是"四十年"还是"几十四年",故尊重原文,依旧用省略号表示该处文字破损。但根据王表,萨尔贡(沙如金)约在位55年(公元前2334—公元前2279年)。——译者注

(Eninkimar)做了一件具有象征性的事情，一件将来被其他海岸的君主们不断重复的事情：他在下海（波斯湾）清洗他的武器。

萨尔贡自己可能满意于有很高名望的"基什之王"的头衔，但是他有更大的野心。他在幼发拉底河的某处建立了一个新的首都，阿卡德——古代伊拉克唯一一座其位置尚未探知的王城[10]——他在那里建了一座宫殿，还为他的保护女神伊什塔尔女神和基什的战神扎巴巴建造了神庙。但其统治的主要革新是塞姆人被赋予了凌驾于苏美尔人之上的统治地位。阿卡德人的总督被任命到所有主要的城邦，阿卡德语和苏美尔语一样成为官方铭文的语言。然而，被征服的卢伽尔和恩西似乎仍然行使职能，仅是新设立的官职和新的行省给了阿卡德人，并且苏美尔人的宗教机构仍被尊重。萨尔贡的女儿恩赫杜安那（Enheduanna）——一位曾给伊南娜女神书写过一首优美赞美诗的女诗人[11]——被任命为乌尔城月神南那的女祭司。并且，通过称呼自己为"安奴神的涂油祭司"和"恩利勒神的大恩西"，这位阿卡德国王表明他不希望去打破那些古老且被尊重的传统。

为巩固他对苏美尔政治和道德方面的权威以及最大程度地扩充他的军队，萨尔贡至少在两个方向上开展了一些军事活动：渡过底格里斯河进军伊朗，沿着幼发拉底河进军叙利亚。在东方，他遇到了顽强的抵抗：由阿万国王率领的波斯西南四个统治者的军队。敌人最终被击败了，一些城市被洗劫了，埃兰、瓦腊舍（Warahshe）和临近地区的各种各样的地方长官、总督和国王成为萨尔贡的属臣。

就是在那一时期，苏萨被萨尔贡的总督从一个不大的地方的商业中心提升到一个都城，阿卡德语被推行为埃兰的官方语言。不管是赞成还是仅仅接受这一从阿万山区到埃兰平原的权力转移，这位阿卡德的国王几乎无法预见到：一位埃兰总督促成了他自己王朝的覆亡，或者，数个世纪以来，苏萨这一名字成为两河流域挫败和耻辱的象征。对西北方向的战役看起来或许是错误的，几乎就像一场武装散步，在图图勒（希特），萨尔贡宣称他"亲自在达干神（所有沿着幼发拉底河中游地区都崇拜的谷物神）面前祈祷"，而且"达干神给予他北部地区：马瑞、雅尔穆提（Iarmuti）[12]和埃卜拉，一直远至雪松林和银山"，前者象征着黎巴嫩或阿马奴斯山，后者象征着托罗斯山脉。正如这些山的名字指示的那样，萨尔贡保证了木材和贵金属的供应，它们现在能够安全而自由地沿着幼发拉底河顺流而下至阿卡德，但是，对马瑞和埃卜拉——都是像他自己王国一样的塞姆人王国——的胜利，为阿卡德王除去了两个危险的竞争者。

这些是真实的资料——萨尔贡自己的铭文——带给我们的。然而，它们中没有铭文提到在底格里斯河上游地区的北方战役，这些地区的战役可能要归于萨尔贡的孙子那腊姆辛（Narâm-Sin）。在尼尼微出土的一个华丽的青铜头部雕像可能描述了这位阿卡德的君主以及关于亚述第一批泥板和铭文的简介。[13]但是，我们该如何看待后世的几部年谱、预兆和文学作品呢？这些作品对萨尔贡进行的战役和征服都进行了详细的、经常是诗意的描述。例如，在描述这位阿卡德国王深入到小亚细亚腹地去保护被布如山达国王（Burushanda）勒索的商人、名为《战斗之王的史诗》的文献中，历史在哪里结束？传说从哪里开始？[14] 我们能够接受在库尔德斯坦的成功战役，或许还有远至阿曼的在波斯湾上的远征，但是，我们真的能够相信像一个预言和一张模糊的地理列表所建议的那样，萨尔贡"渡过了西方的海洋"，行走在塞浦路斯和克里特（Crete）吗？第一位伟大的两河流域征服者的形象燃烧起了古代作者们的想象。对于他们，这位国王曾说过：

> 现在，任何一位想称呼自己与我平等的国王，我所到之处，让他走开！[15]

萨尔贡具有完美的征服"世界"的能力，然而极度怀疑和极度轻信一样不合时宜。这些故事，尤其是安纳托利亚的远征，至少包含有一些可信的东西。

萨尔贡的辉煌统治至少持续了 55 年（约公元前 2334—公元前 2279 年）。"在他的晚年"，一个晚期巴比伦编年纪记载：[16] "所有的地方都反叛了他，他们将他围困在阿卡德。"但是，这位老狮子仍有牙齿和爪子："他前去战斗并击败了他们；他打倒他们并毁灭了他们庞大的军队。"后来，我们被告知，苏巴尔图（Subartu）——也就是上杰济拉（Upper Jazirah）（的游牧部落）——在强大的攻击中，向萨尔贡的军队投降了。萨尔贡重创了他们并使他们定居下来。

阿卡德帝国

那些使萨尔贡最后几年（统治）变得黑暗的事件预示

了在他死后，苏美尔和伊朗将要爆发大规模的反叛。他的儿子和继承人瑞穆什（Rimush）以大力去镇压它，但是，即使在他自己的宫廷里，他的权威也受到了挑战：仅在9年（约公元前2278—公元前2270年）的统治之后——在这期间他领导了一次在埃兰的胜利战役——"他的仆人们"，一则巴比伦的预兆说[17]，"用他们的印章（kunukku）杀了他"。"kunukku"是一个通常用来表示圆筒印章或封印泥板的词语，但是，这个词语在这一背景下可能有不同的含义。瑞穆什被马尼什图苏（Manishtusu）所取代，按照他的名字（意思）"谁和他一起？"推测，他可能是瑞穆什的双胞胎兄弟。

马尼什图苏统治期间（约公元前2269—公元前2255年）最主要的一个事件是一次横渡波斯湾的远征。它被描述如下：

> 马尼什图苏，基什之王，当他征服安善（Anshan）和西瑞坤（Shirikum，在伊朗西南）时，他乘船渡过了下海。海的另一边的诸城的国王们，他们中有32人联合起来战斗。他击败他们并征服了他们的城市；他推翻了他们的主人，并且占领了整个国家包括其银矿。海外的群山——他运走了它们的石头，他制作了他的雕像，并且将之奉献给恩利勒。[18]

这些"海外的群山"最可能是阿曼的群山，生产铜和硬岩。这次远征的目的陈述得很清楚，如果我们看看在那一时期两河流域的情况，我们就能理解远征背后的原因。北方地区可能已被萨尔贡的军队横扫过，但是没有进行实质性占领。杰济拉和叙利亚北部的人们再次获得自由，或是重回埃卜拉的统治。更远一点的北方,一个后来将在古代伊拉克历史上扮演重要角色的民族胡里人(Hurrians)占领了托罗斯山脉大半圆的一部分,从尼西宾(Nisibin)附近的乌尔基什(Urkish)到可能在库尔德斯坦某处的纳瓦尔(Nawar),而且或许南至上扎布。他们的东方邻居鲁鲁比人(Lullubi)盘踞在靠近苏莱曼尼亚的舍瑞佐尔平原(Shehrizor plain)。在鲁鲁比人的南面扎格罗斯山中部,蛮族库提人(Guti)环哈马丹而居,再往南是围绕着埃兰动荡不安的各部落。所有这些民族都与阿卡德人没有任何友好关系,他们掌控着从安纳托利亚、亚美尼亚和阿塞拜疆到两河流域的所有主要通道,后者切断了阿卡德人传统的铜、锡和银的供应。"青铜路线"被关闭了,阿卡德人有两个选择:或是保住其他的金属来源,如阿曼;或是在北方进行战斗。

马尼什图苏的儿子那腊姆辛选择了战斗,至少有一段时间取得了胜利。除了"阿卡德之王"的头衔,他还能够骄傲地加上如下头衔:"(世界)四方之王"(*shar kibrat 'arbaim*),"宇宙之王"(*shar kishshati*)。此外,他的名字前面加了"星"符,是"神"的表意符,在苏美尔语中读作"丁吉尔"(dingir),在阿卡德语中读为"伊卢姆"(*ilu*)。因此,这位国王像卢伽尔班达和吉尔伽美什一样成了一个神。妄自尊大吗?或许吧,尽管在公元前1千纪强大的亚述国王从来没有被神化过,但是我们必须承认,在古代两河流域,数量有限的一些君主的神话是一个尚未被充分理解的奇怪存在。人们猜测到神的头衔仅被那些在圣婚仪式中扮演男神角色的君主所采用。另外一些人相信,扮成神灵的姿态是这些早期两河流域帝国的建造者能够保证他们王国内各类恩西绝对服从的唯一方式。然而，两种解释都是高度推测的。

那腊姆辛与他的祖父有着一样的历史印记，而且像他一样成了传奇英雄。他的长期统治中（约公元前 2254—公元前 2218 年）几乎充满了军事行动，而且它们都发生在两河流域外围地区。在西方，"他用达干神的武器屠杀了阿尔曼（Arman，阿勒颇？）和埃卜拉"，并且在归途中毁坏了马瑞的部分宫殿。"他控制了阿马奴斯，雪松山"。[19] 在北方，一场与胡里人的战役被刻在迪亚巴克尔附近皮尔-侯赛因（Pir Hussain）的岩石上的一幅王家雕刻所证实。那腊姆辛在布腊克丘新建了一座王城，它处于哈布尔河流域的关键位置，控制着通向杰济拉的所有道路。[20] 在最南端，马干（阿曼）可能反抗了，因为"那腊姆辛进军马干，并亲自俘虏了他的国王曼丹奴（Mandannu）"。但是，最主要的战役用来对抗强大的鲁鲁比人。阿卡德人对他们的胜利被另一幅在萨尔普勒（Sar-i-Pul，伊朗）附近的达尔班德伊伽乌（Darband-i-Gawr）的岩雕和一个两河流域雕刻中的杰出作品——在苏萨出土且现在是罗浮宫博物馆的骄傲[21]——所纪念。在雕刻上，那腊姆辛胳膊上挎着弓，头上戴着神的冠状角饰，脚踩踏在敌人们的尸体上，正在攀登一座陡峭的山峰，被以较小体格描画的步兵们跟随着。早王朝时期苏美尔人的雕刻上使人类相形见绌的众神现在被明显地变成谨慎的符号：天空中的两颗星。

统治在半灾难中结束了吗？一个被称为"那腊姆辛的库塔入侵传奇"（the Cuthean Legend of Narâm-Sin）的档案

显示：这位阿卡德国王因为一次压倒性的入侵而"不知所措、困惑，沉浸在黑暗、悲伤和疲惫之中"。[22]但是，在这里事实和想象的混合再次要求我们保持极度的谨慎。毫无疑问，那腊姆辛是阿卡德王朝最后一位伟大的君主。他死后不久，帝国各个边境的压力变得日益强大。在他整个统治期间，埃兰和两河流域维持了和平共处的状态：这位国王曾将他的恩惠赐予苏萨，而那位精力充沛的埃兰总督普祖尔－因舒西那克（Puzur-Inshushinak）曾代表扎格罗斯山南部的部落臣服。但是，在那腊姆辛的继任者沙尔－卡里－沙瑞（Shar-kali-sharri）统治时，普祖尔－因舒西那克宣布自己独立，放弃阿卡德语为官方语言，使用了埃兰语，并且大胆使用了"宇宙之王"的头衔。颇具讽刺意味的是，这位名字意为"王中王"的阿卡德王（沙尔－卡里－沙瑞）却无力干涉，他忙于镇压在苏美尔发生的叛乱，以及与鲁鲁比人、库提人和叙利亚游牧民（我们很快将再次讲到的阿摩利人）的战争。

沙尔－卡里－沙瑞像瑞穆什和马尼什图苏一样，消失在一场宫廷政变中（公元前2193年），阿卡德帝国迅速地瓦解了，像它建立时那样迅速。都城的混乱状态就像《苏美尔王表》简述的那样：

> 谁是王？谁不是王？
> 伊吉吉（Igigi）是王？
> 那农（Nanum）是王？
> 伊米（Imi）是王？
> 埃卢卢（Elulu）是王？
> 他们四个是王，（总计）统治了3年！

第九章　阿卡德人

在乌鲁克，一个地方王朝（乌鲁克第四王朝，5 位国王，统治 30 年）从那腊姆辛统治后期就开始独立统治，一些苏美尔城市按照乌鲁克所树立的榜样而纷纷独立了。来自埃兰的普祖尔-因舒西那克快速进入两河流域并到达阿卡德的临近地区。在库尔德斯坦，鲁鲁比国王安奴巴尼尼（Annubanini）将他的形象雕刻在岩石上，并刻上了一篇吹嘘其广泛征服的阿卡德语铭文。[23] 然而，既不是埃兰人也不是鲁鲁比人，而是库提人取得了决战的胜利，尽管我们不知道如何、在哪里、何时发生的，在最后一位阿卡德傀儡国王统治时期，他们就已经在两河流域定居下来。随后将近一个世纪，苏美尔人和阿卡德人臣服于他们（库提人）的统治，他们应该对伊尼马伽贝什（Inimagabesh）或贾拉伽波（Jarlagab）这类奇怪的名字做出反应，但是，他们并不觉得对这场灾难负有责任。一篇名为《阿卡德的诅咒》（The Curse of Agade）的动人的苏美尔语长篇诗歌将这一责任归咎于那腊姆辛，他被指控摧毁了尼普尔的恩利勒神庙——一种无法逃脱惩罚的亵渎神灵的行为。[24]

阿卡德人帝国的起伏跌落为后继所有两河流域帝国的起落提供了一次完美的预演：迅速的扩张，伴随着永不停息的叛乱、宫廷政变和边界战争，最后，被高地人给以致命一击，现在是库提人，将来是埃兰人、加喜特人、米底人或波斯人。在一个国家内基于农业和金属加工而建立起来的文明，如伊拉克，需要两个赖以生存的必备条件：一是在国家自身内部的各种部族和社会政治单位之间的完美合作；二是与邻国的友好或至少中立的态度。不幸的是，其中任何一种都没有持续过较长时间。苏美尔人继承自遥远的过去和建立在他们对地方神灵依恋基础上的狭隘的民族主义，使他们不能容忍自己去服从一位普通的、常常是"外来"的统治者。另一方面，平原上繁荣的城市积累起来的财富总是吸引着丘陵和荒原上贫穷的牧人，因而他们急于劫掠。对于两河流域人来说，对他们敬而远之是不够的：如果他们希望保持他们重要贸易路线的开通，他们就不得不战胜他们，征服他们。在永无休止的双线游击战争中，阿卡德的国王们，以及后来的乌尔、巴比伦和亚述诸王们一样，耗尽了他们的力量，他们的帝国最终走向瓦解。

沙尔-卡里-沙瑞之死标志着"阿卡德时代"——像它通常被称呼的那样——的终结。虽然它是短暂的，但这一时代对两河流域历史产生了深远而持久的影响。苏美尔人的地理范围极大地扩展了。阿卡德人的塞姆语有了较广的受众，伊拉克最初的两个历史民族为了未来的命运密切地融合起来。苏美尔-阿卡德文化和它的载体楔形文字不仅被两河流域北方的人们所采用，而且也被胡里人、鲁鲁比人和埃兰人所采用。相反，两河流域由于大量引入了青铜、银、木材和石材而极大地富裕起来，同时，大量的战俘作为奴隶提供了便宜而丰富的劳动力。埃兰、巴林（迪尔蒙）、阿曼（马干）及整个波斯湾都处于两河流域的影响之下，同时，原始印度的印章、容器和装饰品出土于伊拉克，证明了两河流域与印度河河谷（或许是我们文献中的麦鲁哈）的商业联系。当时的印度河河谷处于灿烂的哈拉帕（Harappa）和摩亨佐-达罗（Mohenjo-Daro）文明的鼎盛时期。[25] 在艺术领域，新的趋势是现实主义，真实的肖像画或多或少地取代了早王朝时期的传统人物。政治方面，

第九章　阿卡德人

这一时期敲响了小城邦的丧钟，预示着规模庞大的中央集权王国的到来。在社会和经济领域，阿卡德人对私有财产的偏爱和大规模王室地产的形成[26]侵蚀了神庙的领地和权力，至少在苏美尔是如此。即使是继"阿卡德人插曲"（阿卡德王朝）之后的苏美尔人的努力也不能彻底地恢复古老的思想和习俗，在许多方面，乌尔王朝的诸王们遵循了萨尔贡和他的王朝制定的模式。

第十章
伟大的乌尔王国

对于推翻阿卡德帝国、统治两河流域近100年之久的库提人，我们几乎一无所知。[1]《苏美尔王表》列出了"库提人游牧部落"的21位国王，但是，他们中几乎没有人为我们留下铭文，其他的资料文献对这一时期也鲜有记载，这些都显示了一段政治动荡时期。入侵者人数肯定不多。他们掠夺了这个国家，可能还洗劫了阿卡德，占领了尼普尔和一些战略点。我们从一篇最近出版的铭文中得知，他们至少有一位国王——埃瑞都-皮兹尔（Erridu-Pizir）为保护阿卡德而与鲁鲁比人和库尔德斯坦的胡里人进行了战斗。[2]许多城市可能享受了几乎彻底的自由，保持了一种民族抵抗精神，这种精神在苏美尔和阿卡德的解放过程中达到了顶峰。约在公元前2120年，乌鲁克的恩西乌图赫伽尔（Utuhegal）召集了一支军队起来反抗"山中的毒蛇"，伊拉克南部的一些王公也追随他。令人痛恨的外国人被击败了，他们的国王提瑞坎（Tiriqan）力图逃跑，却被俘虏了，被交给这位苏美尔人的领导者：

乌图赫伽尔坐了下来，提瑞坎匍在他的脚下。他（乌图赫伽尔）将他的双脚踩在他（提瑞坎）的脖子上，并把苏美尔的统治权收回到手中。[3]

第十章 伟大的乌尔王国

无疑，尼普尔光复了。乌鲁克，这座从吉尔伽美什时代以来在苏美尔建立了不少于 4 个王朝的城市，再次成为众邦之首。但是，它的第五王朝是短暂的：乌图赫伽尔在 7 年统治之后被他自己的一位官员、乌尔总督乌尔-那穆（Ur-Nammu）[①] 所驱逐，乌尔-那穆采用了"乌尔之王，苏美尔和阿卡德之王"的头衔。由此乌尔第三王朝（约公元前 2112—公元前 2004 年）建立了，它代表了古代伊拉克历史中最杰出的时代之一，不仅因为乌尔-那穆和他的继任者在其疆域上恢复了阿卡德帝国，还因为他们给予了两河流域一个世纪相对和平和繁荣的时期，激发了苏美尔艺术和文学各个分支的一次非凡的复兴。

乌尔-那穆和古地亚

与萨尔贡时代相比，乌尔第三王朝——有时被称呼为"乌尔第三"或"新苏美尔"时期——在历史铭文方面明显缺乏，尽管我们很想，但我们不能在那些用来扩大其王国的战役中追踪乌尔-那穆。库提人被驱逐后不久，乌图赫伽尔的意外死亡（"他的尸体被河水冲走了"）导致了彻底的政治真空。我们可以推测，整个两河流域在相对较短的时间里就落入了这位乌尔国王之手。余下的统治（约公元前 2112—公元前 2095 年）用来执行更多国内紧急而重要的任务：恢复秩序和繁荣以及对诸神的关怀。乌尔-那穆"从小偷、强盗和反叛者手中解放了土地"，并且长期以来

[①] "Ur-Nammu" 的意思为"那穆女神的勇士"。

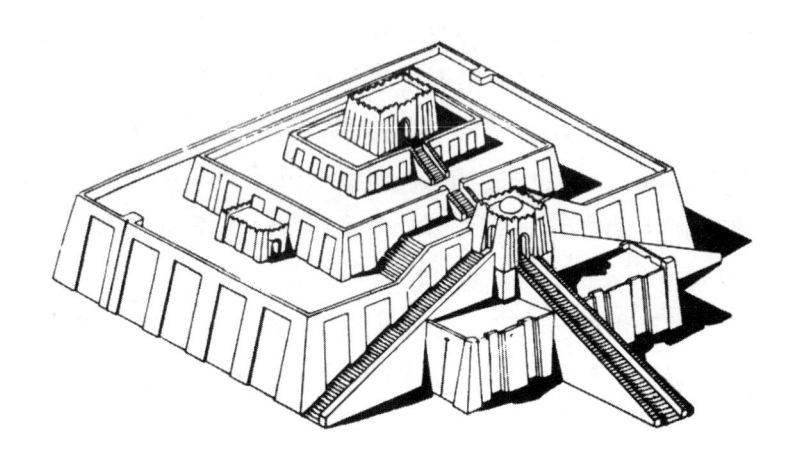

乌尔的金字形神塔复原图，按照乌尔-那穆或舒尔吉所建之时可能的样子复原。引自莱纳德·吴雷：《乌尔挖掘》V，1939（Sir Leonard Woolley, *Ur Excavations*, V, 1939）。

被认为编制了世界上最古老的法律丛集，虽然一块新发现的泥板显示真正的作者似乎是他的儿子舒尔吉（Shulgi）。[4] 从其现状来看，这部"法典"是不完整的。但是，这一法律的剩余部分十分有趣，因为至少有一些罪行（如人身伤害）并没有被处以死刑或肉刑，与后来的《汉穆拉比法典》或希伯来法律一样，犯罪者被迫进行银钱上的补偿，银钱的重量根据罪行的严重性而变化。当然，这是一个通常比想象的更加繁荣和文明的社会的标志。[5] 乌尔-那穆还恢复了农业生产，通过挖掘许多水渠改善了通信和交流；城镇被加固以预防未来的战争，并进行了大量的重建工作。但在考古学家们心中，乌尔-那穆的名字将永远与金字形神塔（ziqqurats）或阶梯塔庙联系在一起。他在乌尔、乌鲁克、埃瑞都、尼普尔和其他各种类型的城市里所建的这些金字形神塔，仍然是这些遗址中最令人印象深刻的纪念物。[6]

这些阶梯塔庙中保存最好的是乌尔的金字形神塔，它可以作为一个典范。[7] 它由泥砖建成，但泥砖外面被一层厚厚的镶嵌在沥青中的烧制砖覆盖。乌尔阶梯塔庙的塔基测量为 60.50 米×43 米。它至少有 3 层，虽然目前仅有第一层和第二层的部分幸存下来，它目前的高度约为 20 米。然而这一庞然大物却给人一种令人惊讶的轻盈印象，一部分是因为它完美的比例，一部分是因为它的所有线条都略为弯曲，这是一个长久以来被认为是接近 2000 年后、建造了万神殿的希腊建筑学家们所发明的手法。在塔的东北面，三条长长的台阶在第一层和第二层平台的中途汇聚，从这一点开始，其他的梯级通向第二层和第三层，最终到达位于整个建筑最顶端的神龛。金字形神塔矗立在"圣城"中心的一个大露台上，这是一个为神明和国王保留的围墙区域，占据了该城北部的大部分地区。金字形神塔将它的阴影投射到南那神的大庭院中——一处低洼的开阔空间，周围被储物间和祭司的住所环绕；投射到月神和他的配偶宁伽勒（Ningal）女神的神庙上；还投射到王室宫殿和一些次要建筑物上。它高耸于都城的城墙之上，映照在沿其西面流淌的幼发拉底河上。即使是现在，圆形红棕色金字形神塔伫立在由大片灰色废墟形成的地表之上，在数千米外依然可见。其他城市的金字形神塔保存得没有如此之好，且在一些细节上与乌尔的神塔有所不同。但是，它们的形状、朝向和它们的位置以及与主要神庙的关系在本质上仍基本相同。可能会有人问，这些遗迹的用途是什么呢？

两河流域考古的先驱们天真地认为，这些金字形神塔是"迦勒底"（Chaldaean）天文学家的观测站，甚至是"贝勒神（Bel）的祭司们为躲避高温和蚊子叮咬在其中过夜"的塔，但这明显没有什么意义。与埃及金字塔的比较立刻浮现在脑海中，实际上，苏美尔的建筑师可能很好地启发了他们的埃及同行。但是，必须要强调的是，不同于埃及的金字塔，金字形神塔没有墓坑或墓室。它们通常建立在早王朝期间所建的那些更古老、更简单的建筑物上。现在一般认为，低矮、单层、古老的金字形神塔源于欧贝德、乌鲁克和捷姆迭特-那色时期支撑神庙的平台。然而，为什么有这些平台？为什么有这些塔？文献学对这一问题不能做出任何解释，因为 ziqqurat（有时抄写为 ziggurat 或 zikkurat）一词来自一个动词 zaqaru，其简单的意思为"建造得很高"，而且我们有几种理论选择。一些学者认为苏美尔人起源于在山顶崇拜他们神灵的高地人，所以他们建造这些高塔作为在平坦的两河流域平原上的人造山。另一些学者拒绝这一过于简单化且充满疑问的解释，他们认为神庙平台（金字形神塔同理）的用途是将这一城市的主神地位提高到其他神灵之上，且保护他免受异教徒的猥亵。然而，另一组学者在纪念碑上看到了一个巨大的楼梯，一座桥连接着神庙底部和上层神殿。例行的崇拜仪式在下层神殿举行。上层神殿则位于天与地之间，在某些特定的时机下，人类和神灵可以在那里相会，我们相信，这更接近事实真相。综合考虑，或许对金字形神塔最好的解释是由《圣经》（《创世记》第十一章：第4节）给出的。《圣经》

中说"巴别塔"（Tower of Babel，也就是巴比伦的金字形神塔）意味着"到达天堂"。在苏美尔人虔诚的宗教思想中，这些巨大、奇异的轻型建筑是"泥砖的祈祷者"，就像我们的哥特大教堂是"石头的祈祷者"。他们向众神发出永恒的邀请，邀请他们降临大地。与此同时，它们也是人类为了改善其悲惨处境，并与神建立亲密联系所做出的最大的努力之一。

印有乌尔-那穆名字的砖在整个伊拉克南部分布的情况显示，建造神庙是国王的特权。的确，在乌尔第三王朝稳固地建立之前，我们就知道距都城（乌尔）不远处有一座城市，在那里，当地统治者以真正的皇家气派实施了一项宏伟的建筑工程，这就是在著名的恩西古地亚（约公元前2141—公元前2122年）统治下的拉伽什。

我们已经知道（第八章），温马的卢伽尔扎吉西通过对吉尔苏众神庙放火并使之变成一堆废墟的方式结束了他的城市与拉伽什之间的漫长冲突。但古代东方的城镇很少像文献呈现的那样被彻底毁灭，不知何故，吉尔苏得以幸存下来。在库提人时代即将结束之际，吉尔苏落入了那些精力充沛的王公手中，他们明显地设法保持了独立，并将他们自己的任务设定为复兴他们城市曾经的荣光。其中的一位就是古地亚（Gudea）①，与最后几位库提国王同时代的人，其大量的雕像和铭文为苏美尔人在艺术和文学领域上的成就提供了最令人钦佩的范例。

古地亚在拉伽什城邦建造了——或是重建了——至少

---

① "Gudea"的意思是"要求权力的人"。

15 座神庙,但其中没有一座能像他对吉尔苏城的守护神宁吉尔苏的"埃-宁奴"(E-ninnu)神庙那样慷慨。在两个大黏土印章和他的一些雕像铭文中,[8] 他详细地解释了他为什么和如何建造了它,顺带地为我们提供了关于在古代两河流域建立神殿必不可少的复杂仪式的宝贵细节。在典型的苏美尔人思维中,建造一座神庙的决定不是统治者的意愿,而是通过神秘梦的形式表达出来的神的愿望的实现:

> 在梦中,这里有一个男人:他与天同高,与地同重……在他的右边和左边,狮子在蹲伏着……他告诉我为他建造一座神庙,但是,我没有理解他的心(他的愿望)……

> 这里有一个女人。她不是谁?她是谁?……在她的手中握着一支闪光的金属笔;她正拿着一块关于天堂的优秀作品的泥板;她沉浸在她的思考之中……

困惑又迷茫,古地亚首先寻求来自他的"母亲"即伽塔杜格(Gatamdug)女神的安慰,然后他乘船前往"释梦者"南舍女神的神庙。南舍女神向他解释那个男人是宁吉尔苏,而那个女人是科学女神尼萨巴(Nisaba)。她建议古地亚为宁吉尔苏献祭一辆"装饰着闪耀的金属和天青石"的战车:

> 然后,像天空一样神秘莫测,神的智慧,或是恩利勒之子宁吉尔苏将会安慰你。他会向你揭示他的神庙的设计图,法令严谨的勇士将为你建造它。

古地亚服从了,他把吉尔苏的市民当作自己的亲兄弟,并对其进行了和平的统治。他重建（desecrated）[1]了古老的神庙，净化了这座城市：

> 他净化了这一神圣的城市，用火将其围住……他在一个非常纯净的地方挖掘黏土；又在一个纯净的地方把泥土变成砖，然后把砖放入模具。他遵循了所有隆重的仪式：他净化了神庙的地基，用火将其围绕，用芬芳的香脂油涂抹平台……

当这些仪式完成后，匠人们从远方而来：

> 从埃兰来了埃兰人，从苏萨来了苏萨人。马干和麦鲁哈从它们的山中收集木材……古地亚将它们聚集在他自己的吉尔苏。
>
> 古地亚，宁吉尔苏伟大的恩-祭司，在从没有人进入的雪松山开辟出了一条路径；他用巨大的斧子砍下它的雪松……雪松像巨蟒一样沿着（河里的）水漂浮而下……
>
> 在从没有人进入的采石场，古地亚，宁吉尔苏伟大的恩-祭司，开辟出了一条道路，然后石头被大块大块地运走……其他许多珍贵金属被运送给恩西。从基马什（Kimash）的铜山……它的群山像尘土……为古地亚，他们从它的群山中开采银，从麦鲁哈大量地运输红宝石……

最后，建筑工作适时地开始了，神殿在一年内完工，布置得十分精美，为神灵的入场仪式做好了准备：

> 对这神庙的敬意——古地亚骄傲地说——遍布全

---

[1] desecrated，原义为亵渎。此处应为原著作者笔误。——译者注

国；陌生人心中充满了对它的敬畏；埃-宁奴（神庙）的光辉像披风一样包裹着宇宙！

唉，这一宏伟的神庙实际上什么也没剩下，若不是因为大部分由非法挖掘出土的17个古怪的恩西雕像，我们忍不住将用夸张的言语去指责古地亚。[9] 它们由来自马干的坚硬、光亮的黑色闪长岩雕刻而成，线条简单、细节简约、表达灵活，这使它们在世界雕塑长廊中占有显著的位置。如果这类杰作在吉尔苏的盛典中被展示，我们完全可以相信其余的装饰品和这些建筑本身都不是劣质品。

这位年轻的男人安静地坐着，他的双唇挂着淡淡的微笑，他的双手在胸前紧握，一座神庙的设计图或一把尺规横在他的双膝上，这是这个人物（古地亚）最好的形象范例，很不幸他很快就消失了：这位完美的苏美尔统治者，虔诚、公正、有修养，忠于古老的传统，将自己奉献给他的人们，对他的城市充满爱和骄傲，至少在这一特定的背景下，充满了和平——所有古地亚的铭文中，只有一次在安善（埃兰东面）的军事战役被提到。因此，在他的建筑活动中（使用的）木材、金属和石材无疑是通过贸易方式而不是领土征服获得的。用什么物品进行交换并没有揭露，但是，这位拉伽什的恩西所进行的广泛商业活动证明了在阿卡德人100余年的统治和将近50年的外族占领之后，一个苏美尔城邦让人难以置信的繁荣。

舒尔吉、阿马尔-辛和苏美尔帝国

"像一个破碎的容器一样被遗弃在战场上"，[10] 乌尔-

第十章 伟大的乌尔王国

那穆死于一场不为人知的战争。他的儿子舒尔吉（Shulgi）[①]继承了他的王位，舒尔吉统治了47年（约公元前2094—公元前2047年）。这一漫长统治的前期主要是进行了一些和平的活动：乌尔-那穆时期开始建立的神庙和金字形神塔竣工，同时许多新的建筑物被建立；在国王任命的高级大祭司的照料下，众神（像）在他们的神殿中复位；历法被改革，一种新的谷物测量单位皇家"古尔"（gur，大约有6蒲式耳）取代了从前使用的地方测量单位；很可能在这一时期王国进行了一场政治、经济和行政重组的彻底改革。此外，宣称已掌握了书写科学的这位国王在乌尔和尼普尔建立了两所大规模的学校，我们可以把如此多的苏美尔文学杰作归功于这两所学校。但是，在他统治的第二十四年，舒尔吉在库尔德斯坦平原和丘陵地区发动了一系列的军事行动。这些行动的核心区域是一个由沙什润（Shashrum）、乌尔比隆（Urbilum）和哈尔西（Harshi）等城镇组成的三角形地带。该地带的中心是西穆如姆（Simurrum），显然它是一个很强大的要塞，在它臣服之前被攻占和"毁灭"了9次。[11]这一地区由胡里人占据，胡里人和他们的同盟鲁鲁比人一起威胁着两条主要的贸易路线：一条沿着迪亚拉河到达伊朗中部，另一条沿着底格里斯河到达亚美尼亚和安纳托利亚。这是一个非常强大的威胁，在三次"胡里人战争"中，有两次苏美尔人都在底格里斯河和扎格罗斯山脉之间建造了防护墙。最后，舒尔吉胜利了，他将库尔德斯坦的这一部分划为苏美尔的一个行

[①] Shulgi，这个名字的意思可能为"高贵的年轻人"，以前被读作 Dungi。

省（公元前2051年）。在伊朗西南，这位苏美尔国王采取了一种更有策略和更宽松的政策。库提人结束了普祖尔-因舒西那克的统治，且使埃兰陷入到比同时期的两河流域更加混乱的状态。舒尔吉利用这一有利时机，声明了他对这一前阿卡德保护国的统治权。他将他自己的女儿们嫁给了瓦腊舍和阿万的统治者。他占领了苏萨，并任命了一位苏美尔人总督。他为埃兰的最高神因舒西那克（Inshushinak）建造了一座神庙，粉碎了一次在安善的叛乱，招募埃兰人士兵组成了"外籍军团"，并将苏美尔东南边界的防御委托给他们。像那腊姆辛那样，舒尔吉称自己为"（世界）四方之王"，无论是在活着还是死后，都要被当作神来崇拜。在整个帝国期间，每月要给他的雕像奉献两次祭品，书写赞美诗来赞美他，[12] 并且，"神圣的舒尔吉"在苏美尔历法中被用作一个月份名。

舒尔吉的儿子阿马尔-辛（Amar-Sin）① 仅统治了9年（公元前2046—公元前2038年）。像他的父亲一样，他的统治时期也被分为神庙建造和在东北地区进行战争两个阶段。他也被神化了，而且毫不谦虚地把自己称为"给予这一国家生命之神"或"国家的太阳神（即法官）"。根据一个后来的预兆文献，阿马尔-辛死于由于鞋子摩擦而造成的感染。他被埋葬在一个巨大而非凡的地下陵墓中，与舒尔吉的墓葬紧挨着，尽管神圣的乌尔城被掠夺过，但他的墓穴被发现时是完整的，在著名的乌尔王陵附近。[13]

---

① Amar-Sin，以前被读作Bur-Sin，有时被拉丁化为Amar-su'en，意思是"辛神的公牛犊"。

第十章 伟大的乌尔王国

在舒尔吉和阿马尔-辛统治期间,这一苏美尔人"帝国"[1]达到了它的顶峰。在对我们来说很模糊的边界内,可以识别出三个不同的区域。在外围地区是如埃兰和马瑞这类的独立国家,通过乌尔-那穆在马瑞[14]和舒尔吉在其他地方实施的联姻政策可以将其划入乌尔的影响范围内。然后是那些被征服了并转化为行省的国家,它们通常由来自当地的一位文职总督(恩西)或一位军事总督(苏美尔语为 *sagin*,阿卡德语为 *shakkanakkum*)进行管理,这一类例子有苏萨、阿淑尔,可能占据了两河流域北部很大一部分地区。乌尔-那穆修复和翻新了那腊姆辛在波腊克丘的宫殿的事实,表明那里可能是被库提人毁坏了。最后,在王国的中心地区(苏美尔和阿卡德),从前的城邦国家现在被降为行省,唯一的卢伽尔是乌尔王,曾经骄傲的恩西变成了仅仅由其任命的用以维持秩序、主持正义、执行王室关于公共工程和征收徭役与赋税命令的行政官员。这片广袤土地的不同部分由一张带有固定休息点的道路网络连接起来。固定休息点相隔一天的步行路程,在那里,由士兵和近卫兵护送的官方旅行者将根据他们的官职等级而收到一定的口粮配给。[15]他们是王室通信员"鲁卡萨"(lu-kasa),也是大臣"苏卡勒"(sukkal),也就是说由国王定期派遣出去确保当地和区域行政管理工作顺利开展的巡视员。他们的首领"苏卡勒马赫"(sukkalmah,伟大的苏卡勒)在中央政府占据最高职位:他是仅对君主负责的"首

---

[1] 必须指出的是,无论是"帝国"这个单词,还是"帝国"的概念,在古代近东时期都不存在。

席大臣"。

乌尔王国一项最重要的特殊制度就是"责任期"（bala，字面意思为"轮流"），一种由苏美尔和阿卡德的每一个恩西轮流负责、通常以牛或羊按月向城邦纳税的税收制度。[16] 这些税收汇集到一个大的收集中心，该中心称为塞鲁什-达干（Sellush-Dagan），即今天的德莱海姆（Drehem），位于尼普尔以南几千米处。它们在那里被分类，其中一些送到尼普尔——越来越重要的苏美尔宗教都城——其余的被送到乌尔。除了这些税收，还有远方行省和一些处于苏美尔保护之下的国家送来的贡品，包括银子、牲畜、兽皮等各种物品，以及由外国统治者们送来的"礼物"。[17] 所有进出的货物都由塞鲁什-达干的书吏进行仔细的记录。

这些德莱海姆的档案和发现于乌尔、尼普尔、吉尔苏和温马的档案一起形成了数量巨大的行政管理档案，其中有约4万块已公开发表了，[18] 即使没有更多，但也有许多档案仍然躺在博物馆、大学和私人收藏的抽屉里。尽管有如此丰富的信息，我们对乌尔第三王朝统治下的苏美尔社会和经济体系的认识也一直不彻底，原因很简单，除了一些合约、书信和法律判决文书，所有这些文献仅能说明国家制度，而至于私人部门，即使有的话，也被完全封闭了。此外，要研究的泥板数量之多、一些苏美尔头衔和职能的不确定意义、如此规模的研究项目所需要的方法论问题等意味着在所有历史学家所期待的连贯的综合研究实现之前，将是一段漫长的时间。

在我们目前的知识状态下，这些档案所反映的一般状

第十章 伟大的乌尔王国

况是在早王朝时期（原著第131—134页）围绕神庙和宫殿发展起来的中央政府类型现在依然存在，但现在的侧重点是在宫殿。乌尔国王对他所有的土地和臣民具有绝对的权威，这一绝对权威建立在他的个人品格和他宣称的从恩利勒神那里获得授权的基础之上，授权的唯一条件是对传统的尊重——这种尊重走得如此之远，恩西和沙金（shagin）的"王朝"可以被容忍，甚至一位行省法官也能够对一个王室裁决提出反对。[19] 在理论上，所有动产和不动产的拥有者，恩利勒神的代表，即国王似乎仅拥有在乌尔城的较小区域内的"食物田"。另一方面，宫廷收到来自各地源源不断的赋税、关税、贡物和礼物供应，这为君主、为他的家族和他的宫廷提供了一笔非常可观的收入。可以公平地说，这笔收入的很大一部分被用于为整个苏美尔帝国的寺庙建设、运河的挖掘和维护以及其他公共工程提供资金。

就像在遥远的过去一样，小麦田和大麦田是由许多为神庙工作的人耕种和管理，他们在由监工、管理员和书吏辅助的"神庙总管"（Shabra）的指挥下工作。农田仍被分为主人田（也就是神的土地）、食物田和耕地，产量是可观的：例如，在阿马尔-辛第二年，在吉尔苏周围就有2550万升大麦被收获。尽管我们偶然会读到国家（也就是神庙和宫廷）繁殖和饲养了大量牛群和羊群，但我们对于牧区经济所知不详。我们回到有更坚实基础的苏美尔"工业"，也就是说农业产品和畜牧业产品的转换——但是没有掌握在匠人手中的金属制造业。[20] 在两河流域整个南部（可能也包括中部）存在着规模较大、自给自足的工厂，它们主要生产皮革、纺织品和面粉等产品。它们雇佣数千名工人，其中大多数是女性。在吉尔苏地区，有15000名妇女受雇于当地的纺织业。[21] 在同一地区，一个谷物转化工厂不仅生产面粉（1100吨每年）和面包，还有啤酒、亚麻籽油、磨石、砂浆、陶罐、编织芦苇和皮革。这一特殊的工厂雇佣了134名专业人员和858名技术工人，其中包括669名妇女、86个男人和103名青少年。虽然有一些个体私人商人和商队的证据，[22] 但国际贸易似乎完全掌握在提供必要资本的国家手中。多数所谓的商人（damgar）实际上是充当中介的文职人员。银子仍然稀有，且用来充当主要的交换标准，但有时也用作"钱"。它们被高级官员们贮藏，不允许流通，除非得到宫廷的授权。

在乌尔第三王朝时期，苏美尔人的社会——从现存的可使用的行政文书可以看出，不考虑存在的那些数量未知的私人文本——似乎可以被分为两类人。一类人是数量相对较少的从"苏卡勒马赫"（sukkalmah）到乡村长官（hazzanum）的中央和行省政府官员，他们的收入和社会地位根据他们的等级而变化。另一类人，人口的大部分受雇于那些规模较大的生产单位。这些单位由大量专门从事不同活动的管理人员管理，人力则由熟练工人和非熟练工人的男性（gurush，"壮丁"）和女性（geme）所组成的团队提供。同时，这些劳动力也被永久地或长期用于诸如收获谷物或采集椰枣和芦苇之类的季节性工作，或用于诸如挖掘和维修灌溉水渠、拖拽河船或建造防御工事之类的临时劳役。对于一些大规模的公共工程，则需要招募士兵（eren）。实际上，如果有需要的话，整个劳动力人口都可以被召集利用。奴隶（arad）的数量较小，专门从那些在战后没有被处死的战俘中补充。[23] 他们被合并入士兵单位或是男劳力队伍，同时，他们的妻子和孩子被迫"发誓"要去神庙服务，或是作为雇工或仆人分配给大的工厂。所有奴隶和其他劳动者享有同样的权利，他们可以被他们所服务的机构释放从而获得自由（即成为自由民）。

与早王朝时期一样，工资是按年、月或按日支付。工资份额的性质和数量根据年纪、性别和等级的不同而不同。[24] 一个非熟练工厂工人的最低份额由每月20升大麦，外加每年3.5升油和2公斤羊毛组成。这听起来，实际上也是非常少的，但在某种程度上分配给他们妻子和孩子的较少口粮以及季节性和偶尔分发的椰枣、豆子、香料、鱼、肉和衣物对他们的生活也是一种补充。另一方面，一个农民（engar），即一个主要的犁耕夫，也是一类农业专家，能收到上述份额的两倍。除此之外，他还会被给予一块食物田，或许还有椰枣树下的一小块家庭菜园，他能在那里种植水果和蔬菜，饲养鹅和山羊。这能给他留下一些盈余，使他能买一或两个仆人，或许还能为他的孩子们买一座房子。总体来说，似乎苏美尔-阿卡德人中很大比例的人口生活得相当不幸，他们中的一些人仅是在维持生活。这些人经常不得不以较高的利率（大麦利率为33%）从公共或私人债主那里借贷物品甚至是银钱；其中一些最穷的人还被迫出租他们的孩子，有时是他们的妻子，作为仆人，直至他们还清了债务。

我们将永远无法得知"街上的男人"对他所生活的社会的看法。他可能是源于财富和权力的滥用和不公正的受害者，但他可能容忍了一个他在其中仅是一个小齿轮的体系。毕竟，他从来不知道其他任何事情，他不得不遵守由诸神建立的秩序。在舒尔吉和阿马尔-辛时代，确保每个人的生活和苏美尔繁荣的巨大经济机器似乎运转得很顺利。与这些国王同时期的人们来说，这一帝国看起来一定是一个巨大、保持完好、几乎坚不可摧的大厦。但在沙漠尘土飞扬的道路上守望的士兵知道，游牧民族已经开始行动了。渡过幼发拉底河和哈布尔河，他们现在似无害的小溪缓缓地流向绿谷。然而，在不远的将来，他们好战的部落将形成一股无法阻挡的洪流。

乌尔城的陷落

在西部边界，局势不像以前一样平静的第一个迹象发生在阿马尔-辛的兄弟和继任者舒辛（Shu-Sin）① 统治期间（公元前2037—公元前2029年）。与先前的乌尔国王一样，"神圣的舒辛"修复了许多神庙，在扎格罗斯山进行了军事征服，他在那里击败了由几个伊朗当地统治者组成的军事联盟。[25] 他还帮助他的女婿西马农（Simanum，马尔丁[Mardin] 北部的一个城镇，在土耳其南部）国王镇压了一场叛乱，将叛乱者带到了苏美尔，在尼普尔附近为他们建造了一个营地：两河流域的第一个战俘营。但是，在他统治的第四年，这种情况突然生变，我们被告知这位国王"建造了马尔图的城堡，远离提德农（Tidnum）"。[26] 我

---

① Shu-Sin 也可写作 Shu-Su'en，意思是"辛神的臣民"。

我们从其他资料得知,苏美尔语的 MAR. TU(马尔图)和阿卡德语的 Tidnum(或者,通常为阿穆如 [Amurrum])是幼发拉底河西岸的一个国家和它的居民的不同名称。这一辽阔的地区相当于今天的叙利亚,包括帕尔米拉周围的沙漠、奥伦特河谷和地中海边界的群山。它人口中的一部分居住在城镇和乡村,但是,当苏美尔人或阿卡德人讲到马尔图或阿穆如——就像我们称呼他们为阿摩利人——他们就想到那些与他们有着特别紧密联系的人:那些漫步在叙利亚沙漠、经常渡过河流在两河流域的荒原上放牧的游牧部落。[27] 从早王朝时期开始,这些游荡的阿摩利人就被苏美尔人所知,他们或是作为放弃他们的部落去居住和工作在城镇中的个人被人所知,或是作为其粗鄙的生活方式被厌恶和蔑视的贝杜因人被人所知:

> 马尔图人,不知道谷物……马尔图人,不知道房子或城镇,群山中的野人……挖掘松露的马尔图人……他们不能弯下他们的膝盖(去耕种土地);他们吃生肉,在活着时没有房屋,在其死后不进行埋葬……[28]

又如:

> 他们准备了小麦和 gú-nunuz(一种谷物)做甜点,一位阿摩利人将食用它,并未分辨它含有什么成分![29]

为对抗这些抢劫村庄和袭击商队的野蛮人,频繁的治安运动被发起,有时还会启动全面、大规模的军事行动。因此,最后一位阿卡德国王沙尔-卡里-沙瑞在"巴萨尔山"(Basar)取得对马尔图的胜利之后,他的一个年名以该军事活动命名。巴萨尔山即比什瑞山（Jabal Bishri），位于帕尔米拉和迪尔-埃兹-佐尔（Deir-ez-Zor）之间。在舒尔吉和阿马尔-辛文献中提到了阿摩利战俘。但现在形势发生了逆转：苏美尔人处于防御地位；他们不得不在马瑞和乌尔之间修建防御工事以防止游牧民族的逼近。

在一段时间之内，这一举措被证明是有效的，因为在接下来的10年里我们没有再听说阿摩利人。与此同时，舒辛去世了，他的儿子伊比辛（Ibbi-Sin）① 在公元前2028年继承了他的王位。我们可能永远不会知道在统治交替期间发生了什么，但是新王刚一登基帝国就彻底地瓦解了。[30]一个接着一个，东方的行省——埃什奴那在伊比辛第二年开始，苏萨在他的第三年——宣布自己独立并脱离乌尔。同时，阿摩利人在王国的各处边界正在施加日益增长的压力。在第十五年，他们打破了防御，渗透到苏美尔中心地区。这位国王与他的一位将军伊什比-伊腊（Ishbi-Irra）之间交换的两封书信表明了当时的形势变得非常严峻，伊什比-伊腊是一个来自马瑞的本地人，他被命令在尼普尔和伊辛附近购买大量的谷物并将之运到乌尔。伊什比-伊腊声称他自己不能执行这一命令，因为马尔图人洗劫了村庄，切断了所有通往都城的路，正准备袭击伊辛和尼普尔。他要求正式受命保卫这两个城市。在回信中国王同意了这一要求，并建议他的这位官员去寻求其他恩西的帮助，并提出要以正常价格的两倍购买这批谷物。不久之后，伊比辛成功地击败了马尔图人，但他的臣民正在挨饿，他的权威受

---

① *Ibbi-Sin*，意思是"辛神所召唤的"。

到了他自己官员的挑战。在其统治的第十一年（公元前2017年），伊什比-伊腊在伊辛——正是他曾经保证代表他的主人去保护的城市——自立为王，而在那之前几年，一位名为那布拉农（Nablânum）的阿摩利酋长已经在距乌尔25千米的拉尔萨自立为王。使情况变得更糟糕的是，埃兰人利用这一有利时机入侵苏美尔，就像他们在过去经常做的那样。被众神所放弃，被饥荒所困扰，在两个方向被攻击，版图实际上减少到仅剩一个都城和与之紧邻的地区，这一伟大的苏美尔帝国现在仅是一个王国的影子。伊比辛战斗到最后，他显然试图去确保与阿摩利人的联盟去对抗埃兰人和他的对手伊什比-伊腊的军队，但是这一计划也失败了。公元前2004年，埃兰人到达了乌尔城墙——那些乌尔-那穆曾经建造的"像闪耀的群山一样高"的城墙。他们攻击了这一伟大的城市，占领了它，洗劫了它，烧毁了它。随后撤离了该城，仅留下一支小的驻军。不幸的伊比辛作为战俘被虏到了埃兰，"到了他们的城市安善的尽头，他自己就像一只鸟一样，被摧毁了"，死在了那里。数年后，当乌尔再一次成为一座繁华的城市时，它的毁灭仍然被苏美尔人当作一场民族的灾难所记忆和哀悼：

> 哦，父亲南那，那个城市变成了一片废墟……
> 它的人们，不是陶片，填满它的各处；
> 它的城墙被打破；人们在呻吟。
> 在它崇高的、人们在那漫步的大门里，死尸横卧各处；
> 在它庆祝节日的林荫大道上，他们的尸体散布各处。

在人们喜欢散步的所有街道上，死尸横卧各处；

在它举办国家庆典的地方，人们尸骸成山……

乌尔——它的虚弱和它的强壮都因饥饿而消亡；

没有离开他们房子的母亲们和父亲们被火吞噬；

躺在他们母亲的腿上的年轻人，像鱼一样被水带走；

在这个城市，妻子被抛弃，儿子被抛弃，财产四散各处。

哦，南那，乌尔被毁灭了，它的人们被驱散了。[31]

第十一章
阿摩利人

公元前3千纪即将结束时乌尔陷落是古代伊拉克历史上一个主要的转折点：它不仅敲响了一个王朝和一个帝国的丧钟，它还标志着苏美尔王国和一种社会类型的结束。埃兰人在最后一刻进入并占领了都城，但是，帝国诸行省的脱离，伊比辛官员的反叛和阿摩利人的入侵才是苏美尔人失败的真正原因。埃兰人很快就被从伊拉克驱逐了，但塞姆人仍在。从那时起，他们将执掌政府统治近1500年。

即使在乌尔被征服之前，苏美尔人的帝国就已经开始崩溃，两河流域被分裂成由或大或小的王国组成的马赛克，其中最重要的是南方的伊辛和拉尔萨，北方的阿淑尔和埃什奴那。尽管绝不是和平地，但这些王国共存了约两个世纪（约公元前2000—公元前1800年），南方的王国为拥有乌尔和对苏美尔与阿卡德的宗主权、北方的王国为了控制那一横穿北部两河流域的巨大贸易路线而彼此争斗。其间，一波又一波游牧的塞姆人从西方继续进入伊拉克，将他们的帐篷一直扎到扎格罗斯山脚，或是沿着他们占领的城镇建立新的王国。这些城镇之一的巴比伦的统治者很快就强大到足以与它的邻居一较高下，在公元前18世纪上半叶，汉穆拉比成功地消灭了他的对手，征服了整个两河流域。

他独自创建的帝国——可以将其称呼为"古巴比伦帝国"——存在时间较短,但是,即使在它衰落之后,巴比伦仍和它的竞争对手亚述一样,成为两河流域历史和文明的两极之一。

取代苏美尔人登上政治舞台的统治者要么是来自伊拉克的阿卡德人,要么是来自叙利亚和西部沙漠的西塞姆人——广义上的术语是"阿摩利人"。前者是高度文明化;后者,据称是粗野的贝杜因人,但以惊人的轻松和快速吸收了苏美尔-阿卡德文化,部分是因为他们来自长期处于其影响之下的地区,部分是因为现在的语言没有给他们带来太大的难度。由于他们讲塞姆语的方言,因此他们在书写时选择了阿卡德语。在私人和官方铭文上,阿卡德语在南方比较缓慢而在北方则比较迅速地战胜了苏美尔语。但这场语言革命几乎没有影响到两河流域原始时代以来的宗教、伦理和艺术观念。新来者崇拜苏美尔诸神,古老的苏美尔神话和史诗被虔诚地抄写、翻译或者进行一些小的修改。至于这一时期稀少的艺术作品,几乎与之前乌尔第三时期的作品没有任何区别。一般而言,苏美尔人创造的文明比苏美尔人活得更久,在这些动乱的年月里幸存了下来,就像它在阿卡德人的统治和库提人的征服中幸存了下来一样。

然而,西塞姆人的到来对古代两河流域的政治、社会和经济结构产生了深刻而持久的影响。[1] 这个国家分裂为几个王国,抹去了城邦的所有痕迹,随着城邦一起消失的还有它们所建立的大多数规则。居民、土地、牛群不再像史前时代一样隶属于众神,也不再像乌尔第三王朝统治之下隶属于神庙和国王。新的统治者占有或购买大片土地,其中一部分由农民为其耕作，另一部分被分配给王室成员和官员，他们又将土地出租给佃户来获得实物租金。因此，形成了一种由大土地或中等土地所有者和占人口大多数的佃户组成的混合社会结构。继承自乌尔第三王朝的"工业"生产单位现在变小了，但是工艺车间成倍地增加。与国外的贸易掌握在商人们手中，[2] 他们仍然是国家的雇员，但也为他们自己工作：他们组织成团体（karum），从事成果丰硕的商业冒险（活动），分享资金、风险和利润；他们还从政府的贷款中获利，从宫廷购买剩余产品并以更高的价格出售，充当长期负债者的债权人。被剥夺了特权的神庙成为"其他土地所有者中的土地所有者，其他纳税人之中的纳税人"。[3] 祭司承担服务神灵和照顾人们精神需要的职责。国王统治和关心臣民的福利，但国家的经济生活不再完全或几乎完全掌握在他们手中。如果像过去一样，每一个王国都认同它的主神，每一个统治者都宣称它的权杖是神的恩惠，除非被尼普尔的恩利勒神选中，否则没有任何国王能统治苏美尔和阿卡德，这一传统观点已经过时了。苏美尔人的卢伽尔们需要祈求恩利勒的祝福去证明他们征服的合法性，对于那些通过刀剑掌握权力、认为征服为最好的规则的冷酷酋长们，当地神灵的授权仪式似乎已经足够了。因此，尼普尔失去了它的重要地位，恩利勒失去了他的王室特权。

以乌尔陷落为始，以汉穆拉比的统治为终的时代——所谓的"伊辛-拉尔萨时代"——在历史事件方面层出不穷。为了更清晰，我们必须从后者开始分开描述两河流域的北部和南部。

伊辛、拉尔萨和巴比伦

伊辛和拉尔萨王国在 8 年之内相继建立,[4] 但是,将近 1 个世纪内伊辛都使拉尔萨相形见绌,当时拉尔萨的阿摩利王公那坡拉农(Naplânum)不得不使自己仅仅满足于所征服的那个城镇。伊辛的伊什比-伊腊有三个重要的中心:尼普尔、乌鲁克和埃瑞都。在他统治即将结束之际,他俘虏了乌尔的埃兰人驻军,恢复了这座被毁灭但仍享有声望的城市。他的儿子舒-伊里舒(Shu-ilishu,公元前 1984—公元前 1975 年)设法从埃兰人手中带回了乌尔的保护神月神南那的雕像。伊丁-达干(公元前 1974—公元前 1954 年)对西帕尔的占领将王国边境从波斯湾扩展到巴格达同纬度。它现在沿着苏美尔的主要大动脉幼发拉底河的下游全线扩展。至于伊什美-达干(Ishme-Dagan,公元前 1953—公元前 1935 年),他袭击了著名的基什城,但没有成功,基什当时是一个小独立王国的首都。

我们记得,伊什比-伊腊是一个来自马瑞的阿卡德人,在他的两个后代的名字中出现了那个城市的伟大神灵即谷物神达干。但是,这些塞姆人认为他们自己是乌尔城的苏美尔国王的真正继承者。他们大多数都像舒尔吉和阿马尔-辛一样被神化了,为了纪念他们,一些赞美诗被创作出来。[5] 他们使用了"乌尔王,苏美尔和阿卡德王"的头衔,修复和装饰了从前的都城,与迪尔蒙重新开始了积极的商业往来。[6] 具有讽刺意味的是,他们不得不保护他们自己的王国,反对那些本该感谢的民族。他们与埃兰人战

第十一章 阿摩利人

斗，建造防御工事抵抗马尔图人，将贡物强加给他们的游牧部落。在来自伊辛的官方铭文上，苏美尔语被专门使用。必须强调的是，实际上发现于尼普尔著名"图书馆"中的所有伟大的苏美尔文学作品，都是在那一时期应那些渴望苏美尔文化的统治者的要求而被创造或抄写的。那时的苏美尔就像日益衰落的罗马帝国，一切东西都是拉丁语的，除了君主们。

伊辛的霸权毫无阻碍地持续到里皮特-伊什塔尔时期（Lipit-Ishtar，公元前1934—公元前1924年），他是《法典》的作者，该《法典》的43条条文和部分前言、后记幸存了下来。[7] 这部《法典》主要处理继承、不动产、雇佣契约和私人拥有奴隶的情况，因此，给了我们对当时正在形成的社会有限但有趣的了解。不幸的是，这一和平的立法者陷入了与一位强大的战士、拉尔萨国王的冲突之中。该国王的名字听起来像是敲打战鼓的声音，衮古农（Gungunum）。衮古农在他统治的第八年（公元前1924年）就已经在扎格罗斯山区进行了军事征服活动，他进攻了伊辛王国并占领了乌尔，宣布了对苏美尔和阿卡德的霸权。几年以后，拉尔萨、苏萨，或许还有乌鲁克落入他的手中。拉尔萨现在拥有伊拉克南部的一半和"下海"的门户。

主要城镇和海港的丢失对伊辛来说是严重的挫败，这一情况随着统治王族的废除而进一步恶化。里皮特-伊什塔尔——死于他丢失乌尔之年——被一个篡位者乌尔-宁奴尔塔（Ur-Ninurta）所取代，乌尔-宁奴尔塔转而被拉尔萨的阿比-萨雷（Abi-sare）击败和处死。大约20年后，另一位名为伊腊-伊米提（Irra-imitti）的篡位者将尼普尔割让给了他的敌人苏穆-埃勒（Sumu-El），很快这一王国就缩小到伊辛城和它的周围地区。伊腊-伊米提死亡和被取代的故事值得被讲述，因为它说明了一种罕见而奇怪的两河流域习俗：有时，当预兆异常沮丧，国王恐惧众神愤怒时，一位普通人将被放置在王座上作为"替罪王"，统治一段时间然后被处死。下面是巴比伦编年纪所描述的在伊辛所发生的情况：[8]

>　　那个王朝可能不会结束，伊腊-伊米提王使园丁恩利勒-巴尼（Enlil-bâni）取代他的位置坐在王座上，并将王冠戴在他的头上。伊腊-伊米提因为吞下了滚烫的肉汤而死在他的宫殿里。坐在王座上的恩利勒-巴尼并没有放弃王权，而是成为了国王。[9]

我们必须补充，当拉尔萨的奴尔-阿达德（Nûr-Adad）和辛-伊丁楠（Sin-idinnam）向北推进他们的军队，征服一座又一座城市之时，这位幸运的园丁被神化了，并设法统治了伊辛王国保留下的如此小的疆域达 24 年（公元前 1860—公元前 1837 年）。然而，到了现在，这两位竞争对手在那一地区有了一个共同的敌人——巴比伦。

伊辛最初几位国王尚能牵制住阿摩利人，但在他们衰落之后，后者再一次大规模地渡过幼发拉底河，涌入伊拉克。在基什、乌鲁克、西帕尔、马腊德（Marad）[10] 和其他一些城镇，他们的首领自称为王，使政治更加混乱。在拉尔萨的苏穆-埃勒第一年（公元前 1894 年），其中一位名为苏穆阿布姆（Sumuabum）的酋长选择了一座在基什以西几千米、位于幼发拉底河左岸的一座城市为他的都城。

这座城市位于两河流域的"腰部",其历史重要性已经被强调过了。至少在乌尔第三王朝统治时期,这座城市已经被一位恩西统治了,但从未在苏美尔人的政治中发挥作用。它的名字苏美尔语为"KÁ. DINGIR. RA",阿卡德语为Bâb-ilâni,均意为"众神之门";在希腊人之后,我们称呼它为巴比伦。从一开始就很清晰,精力充沛而聪明的巴比伦统治者下了坚定的决心,不仅要使它成为一个伟大而富裕的城市,而且要使它成为整个国家的都城。伊辛和拉尔萨之间进行的战争与小阿摩利王国的多样性给予了他们所需要的所有借口。凭借无限的耐心,有时使用外交手段,有时使用残忍的武力,巴比伦第一王朝的前5位国王花费了将近60年的时间一点一点地征服了整个阿卡德国家。他们正在接近苏美尔的关键——尼普尔,这时他们遇到了在拉尔萨掌握王权的外国王公的最强烈的抵抗。

众所周知,那些埃兰人从不错过任何一次介入两河流域事务的机会。公元前1834年,采里-阿达德(Silli-Adad)在一段短暂的统治之后,在与巴比伦的战争中被杀,拉尔萨的王位虚空。库杜尔-马布克(Kudur-Mabuk),一位控制着底格里斯河和扎格罗斯山之间的阿摩利部落的埃兰官员,占据了拉尔萨并任命他的一个儿子为该城之王,他自己满足于"阿穆如的父亲(也就是"保护者")"的头衔。值得注意的是,在拉尔萨相继进行统治的库杜尔-马布克的两个儿子瓦腊德-辛(Warad-Sin)("辛的奴隶")和瑞姆-辛(Rîm-Sin)("辛神的公牛")使用的是塞姆语的名字,而不是埃兰语的名字。更让人注目的是这些新近进入的外国人在各方面的行为都像真正的两河流域的统治者，他们仅在乌尔城就建造了不少于 9 座的神庙和 12 处纪念物。在其他时候，他们可能是伟大的和平统治者，像乌尔-那穆，但只要伊辛仍然存在，巴比伦活跃，在苏美尔就不可能有和平。瑞姆-辛击败了一次由他的巴比伦对手领导的危险联盟，并在公元前 1794 年成功地占领了伊辛，终于打倒了拉尔萨最古老的敌人。两年以后，汉穆拉比登上了巴比伦的王座。

这时，我们必须将注意力离开南方一段时间，转到伊拉克的北部。在那里我们将再次遇到处于激烈竞争中的"敌对的王国"，但冲突的文化背景、政治和经济动机则明显与南方不同。

埃什奴那和阿淑尔

埃什奴那（Tell Asmar，阿斯马尔丘）位于底格里斯河和扎格罗斯山之间，距迪亚拉河东岸 16 千米，它是从两河流域上游到埃兰道路上的一个中转站，因此受到当时三种势力的影响：它位于苏美尔-阿卡德文明范围之内，与北方国家有紧密的联系——它的主神提什帕克（Tishpak）可能被识别为胡里人的泰舒坡神（Teshup），通过强烈的经济、政治和文化纽带与埃兰相联系。[11] 因此，在伊比辛第二年（公元前 2027 年），埃什奴那与苏萨一起成为第一个脱离乌尔的城邦国家，可能不仅仅是巧合。就我们目前所知，通往自由的过程迅速而平坦：埃什奴那的统治者称呼他们自己为"提什帕克神的仆人"取代了"乌尔王的仆人"，在整个苏美尔帝国期间使用的月名和年名被当地的月名和年名取代；在首都，曾经为被神化的乌尔王舒辛所建的神庙被改作俗用，一座巨大的宫殿在它旁边被建立起来；在官方铭文中，阿卡德语取代了苏美尔语。这些拥有塞姆语或埃兰语名字的早期统治者立即扩大了他们的王国，远远超出了最初的边界：在阿摩利人的帮助下，他们占据了整个迪亚拉下游河谷，包括重要的中心图图卜（卡法贾），向北远至基尔库克地区。他们中的国王比拉拉马（Bilalama）————位与伊辛第二位国王同时代的人——被一些学者认为编辑了一部以阿卡德语书写的《法典》，比《汉穆拉比法典》早了约一个世纪，并且在许多观点上与它有共同之处。[12]《埃什奴那法典》被偶然发现于哈马勒丘而不是阿斯马尔丘，哈马勒丘是巴格达郊区的一个小土丘，被伊拉克人在1945—1949年之间挖掘。[13] 哈马勒丘（古代的沙杜普姆［Shaduppum］）是埃什奴那王国一个农业地区的行政管理中心，一部王家法律的抄本被保存在"市政厅"里，以便查询。同一遗址还出土了一些有趣的泥板，特别是一些日期列表和数学问题。

比拉拉马统治之后是一段反复受挫时期，其间，埃什奴那被戴尔（现在的巴德拉，阿斯马尔以东约100千米）国王洗劫，在战争中被基什统治者击败，且被掠夺了大部分财产。但是，这一王国最终幸运地恢复了，约在公元前1850年，随着伊比克-阿达德二世（Ipiq-Adad II）称呼自己为"埃什奴那的扩大者"，埃什奴那开始了一个以占领幼发拉底河上的腊皮库姆（Rapiqum，在腊马迪附近）为标志的新的扩张时期。这一城镇的位置清楚地表明埃什奴那国王的目的是在幼发拉底河上建立一个桥头堡，以便控制一条从北方和西方向他的都城汇集、总体上朝向苏萨的重要"锡路"。他的继承者们所做的努力起初是成功的，但是，他们最终遭遇了失败，因为其他三个主要的势力巴比伦、拉尔萨和伟大的"两河流域上游王国"很快就包围了埃什奴那，形成了反对其统治者野心的强大力量。

从公元前13世纪以来，对两河流域和整个近东历史产生越来越重要影响的亚述王国的诞生和发展，值得在这里追述。将其名字用于这一王国的阿淑尔城[14]①（Assur，或更准确地说是 Ash-shur）位于一个重要的战略位置：建在一个山丘上，可以俯瞰底格里斯河上游，在这个位置底格里斯河经过哈姆林山进入法特-哈乔治（Fat-hagorge）。阿淑尔城一边被伟大的底格里斯河保护，另一边被一条运河保护，具有坚固的防御工事。它控制着从苏美尔或阿卡德沿底格里斯河河谷进入库尔德斯坦或是进入上杰济拉（Upper Jaziah）的道路。萨尔贡、那腊姆辛和乌尔的国王们相继占领这一关键的地方，这一地区的起源可以回溯到早王朝时期，可能更早时期。没有证据表明在公元前2千纪以前阿淑尔是独立的城市。然而，《苏美尔王表》的北方对应物，被发现于霍尔萨巴德，由波贝尔（A. Poebel）于1942年[15]出版的伟大的《亚述王表》给出了一系列的17位阿淑尔国王，如果我们按其表面叙述来看待这一王表，这些国王们可能生活在早王朝时期。但就像在《苏美尔王表》中一样，这里记录的连续的朝代实际上可能是平

---

① 在古代文献里，城市、王国和他们的神都被称作 Ashshur，为了避免模糊不清，在本书中我们用 Assur 表示城市，用 Ashur 表示神，采用传统的拉丁名字 Assyria 表示王国。

行的；此外，我们的档案表明这些国王"生活在帐篷中"，这可能意味着他们实际上并没有统治阿淑尔城，而是统治着它周围的一些重要部落；最后，必须注意的是一些早期亚述君主们的名字——如图迪雅（Tudia）、乌什皮雅（Ushpia）、苏里里（Sulili）或基基雅（Kikkia）——既不是塞姆语也不是苏美尔语，而是属于其他的一些民族语言，可能是胡里语。[16]

在苏美尔帝国衰落以后，阿淑尔城像许多其他的城市一样独立了。在公元前2000年左右进行统治的普祖尔-阿淑尔一世（Puzur-Ashur I）开始了一个新的国王系列，使用诸如萨尔贡或那腊姆辛之类的真正的阿卡德语名字。他们中的两位伊鲁舒马（Ilushuma）和埃瑞舒姆一世（Erishum I）留下了为阿淑尔神、阿达德神和伊什塔尔神在城中建造神庙的铭文。[17] 此外，伊鲁舒马还因在伊辛的伊什美-达干统治期间，深入伊拉克南部进行袭击而闻名。但是，未来亚述人势力的真正建立者是西塞姆人，在公元前2千纪第一个世纪里，他们横扫了伊拉克南部地区和北部地区。哈莱（Halê），一个阿摩利部落的酋长，在哈布尔河和底格里斯河之间的某处搭建了他的帐篷，他的所谓的后代们将两河流域北部（亚述包含其中）变成一个广阔、繁荣和强大的王国，而真正的亚述人在其中发挥的作用较小。

马瑞和上两河流域王国

读者们可能还记得，我们将马瑞的叙述停留在阿卡德的那腊姆辛去北叙利亚的路上征服了这一城镇的时候。在那之后，马瑞被自称为"沙卡那库"（*shakkanakku*）的统治者统治了约三个世纪（沙卡那库字面意思为"军事总督"，最初从他们的阿卡德主人那里得到的头衔，后来尽管他们实际上已经是国王了，但仍继续使用这个头衔）。在这一漫长的时期内，关于马瑞的历史我们所知甚少。但最近在这一遗址的挖掘揭示了沙卡那库的宫殿———一座巨大的建筑，带有令人印象深刻的地下坟墓———和铭文，从中可以按照年代顺序罗列出从公元前2266年至公元前1920年的统治者的名单，曾经我们对他们无从考证。[18]

当我们再次把目光聚焦到马瑞，我们发现两河流域北部最伟大的部分被一大群被称为哈那人（Hana）的阿摩利人所占领。哈那人分为两个主要部落：贝尼-雅米那人（Beni-Iamina）或雅米尼提斯人（Iaminites，字面意思为"右边的儿子"，也就是南部）和贝尼-西马勒人（Beni-Sima'al）或西马里提斯人（Simalites，"左边的儿子"，也就是北部）。[19] 多数雅米尼提斯人属于游牧部落，生活在马瑞西面的沙漠里，但他们中的一些部落也生活在幼发拉底河和哈布尔河下游河岸的村庄和城镇中。与他们相反，大部分西马里提斯人在被称为伊达马腊斯（Idamaras）地区的小国或中等规模的"王国"里聚群定居，伊达马腊斯是一块由哈布尔河的许多支流形成的非常肥沃的三角形地区。杰济拉的东部和底格里斯河河谷也被阿摩利人的部落所居住。

大约在公元前1830年，一位名为亚吉德-林（Iaggid-Lim）的西马里提斯人酋长与另一位阿摩利人伊拉-卡波-卡布（Ilâ-kab-kâbu）建立了友好关系，伊拉-卡波-卡布统治着一个小王国埃卡拉吞（Ekallâtum），一座位于幼发拉底河中游河岸、目前尚未挖掘到其遗址的小镇。这两位酋长交换了"庄严的誓言"，但后来这一友谊被破坏了，原因未知。伊拉-卡波-卡布攻击了亚吉德-林，摧毁了他的要塞并抓住了他的儿子亚赫顿-林（Iahdun-Lim）。几年以后这位埃卡拉吞国王去世了，将王位留给了他的两个儿子中的沙姆西-阿杜（Samsi-Addu，阿卡德语［Shamshi-Adad］的阿摩利语形式）①。我们不知道亚吉德-林何时过世，也不知道他的儿子何时获得了自由。公元前1820年，亚赫顿-林占领了马瑞并宣布他自己为"马瑞和哈那人的国土之王"，这里的"马瑞和哈那人的国土"也就是哈布尔河盆地。古老城市的声誉——它处在叙利亚和巴比伦尼亚之间主要贸易中转站的宝贵地位，以及新国王的"魄力"，使他能够对杰济拉地区的许多独立小王国施以仁慈的保护。亚赫顿-林重建了马瑞和它附近的泰尔喀（Terqa）的城墙，开凿了运河，建造了一座以他名字命名的城镇，为太阳神沙马什建造了一座神庙。他也在叙利亚北部地区进行了一次军事和经济的具有开拓冒险精神的考察，一直到达地中海沿岸。在作为沙马什神庙地基的九块大砖上重复刻写的一段长铭文中，他说他向"海洋"奉献了祭品，祈求海洋让他的士兵泅海而过到达高山以便运回大量的木材，并对那些海岸边上的国家强加永久的贡赋。[20] 亚赫顿-林的一系列行为一定使其他的阿摩利部落酋长们感到惊恐，因为他们中的三位在同一年攻击了他。领土被侵犯和劫掠的

---

① Shamshi-Adad，意思为"阿达德神（暴风雨神）是我的太阳"。

延哈德（Iamhad，阿勒颇地区）国王、北部叙利亚地区的主人苏穆-埃布（Sumu-Ebuh）给予他们支持不足为奇。在同一篇铭文中，亚赫顿-林宣称击败了他们所有人。

与此同时，在杰济拉的东部一系列重大事件发生了。沙姆西-阿杜登上埃卡拉吞王座后不久，继承伊比克-阿达德王位的埃什奴那国王那腊姆辛率领他的军队渡过迪亚拉河进入底格里斯河河谷，占领了埃卡拉吞和其他更北一点的城镇，并且占领了幼发拉底河河谷向上直到马瑞附近。沙姆西-阿杜逃走，避难于巴比伦，一段时间后由此返回并重新征服了他的都城（约公元前 1815 年）。[21] 5 年以后，他解放了阿淑尔。公元前 1800 年左右，在那伽尔（Nagar）击败沙姆西-阿杜的亚赫顿-林被他自己的儿子暗杀了（？），继任者是苏穆-雅曼（Sumu-Iaman），他仅仅统治 2 年之后便被他的仆人谋杀了。这给沙姆西-阿杜提供了一个不费吹灰之力便可占领马瑞的机会，他使他较年轻的儿子雅斯马赫-阿达德（Iasmah-Addu）掌管这一城镇和它周围的领土（约公元前 1796 年）。5 年前，他已任命他的另一个儿子伊什美-达干为埃卡拉吞总督。至于他本人，他似乎从一个地方移动到另一个地方；在他统治后期，他定居在具有 3 千纪历史的小镇舍赫那（Shehna），并将其更名为苏巴特-恩利勒，现在被明确地识别为雷兰丘，一座位于哈布尔河两个东部支流之间的大土丘。[22] 伊拉-卡波-卡布的儿子把他的权力稳固地建立在两个支柱——底格里斯河和幼发拉底河上。

沙姆西-阿杜的第一项任务是通过外交或武力的方式获得众多哈那人王公们的服从，巩固他对两河流域北部或上

第十一章 阿摩利人

两河流域居民的权威。很可能就是在那时,迄今为止仍然独立的城邦尼尼微服从于阿淑尔。在重建的最大范围内,这一新王国的边界在最大程度上大致遵循着现在叙利亚-土耳其-伊拉克边界,从幼发拉底河的大拐弯处到现在伊拉克的最北部,沿着这一河流直至腊马迪附近;在东面,绕过扎格罗斯山脉的丘陵地区到达迪亚拉河。用现代术语来说,它们包括伊拉克的北半部和叙利亚的全部。这一广袤的土地过去被称为、现在仍频繁地被称为"亚述"或"亚述第一帝国",但它应该被称作"上两河流域王国",因为正如一位丹麦(Danish)亚述学家简单概括的:"沙姆西-阿达德的帝国未起源于也未建立于阿淑尔人和阿淑尔城邦的势力之上。"[23] 此外,尽管沙姆西-阿杜(沙姆西-阿达德)出现在《亚述王表》上,他实际上是一个篡位者,后来被亚述的传统所拒绝。

在整个古代伊拉克的历史上,很少有时期能像沙姆西-阿杜和他儿子们的统治被档案记录得那么详尽。此外,我们的信息并非来源于通常的官方铭文,而是来源于历史学家所能期待的最准确和最可信的档案:三位王公之间以及雅斯马赫-阿达德和其他统治者们之间相互交换的信件、各类官员给他们主人的报告。总之,发现于马瑞宫殿、超过5000余块的泥板构成了这一王室档案的一部分。[24] 然而,这些书信通常未标记日期,因此很难以年代顺序排列。它们提供了关于宫廷日常生活,关于阿淑尔、马瑞和埃卡拉吞政府与它们周围各种各样的民族、王国和部落之间关系的珍贵线索。此外——这不是它们最想呈现的——它们提供了这三位统治者的第一手的道德肖像。第一次,我们面前呈现的不仅仅是人名而是带有品格和缺陷的鲜活的人物:伊什美-达干,一位像他父亲一样天生的战士,总是在准备去战斗并且自豪地向他的兄弟(雅斯马赫-阿达德)宣布他的胜利——"我们在西马那赫(Shimanahe)战斗,我占领了整个国家。高兴!"[25]——但有时他将他的兄弟保护在他的羽翼之下:

> 不要写给国王。我所在的地区距离首都更近。将你想写给国王的事情写给我,这样我能给你建议……

马瑞的雅斯马赫-阿达德则与之相反,温顺、服从,但是懒惰、粗心大意、懦弱,他的父亲写道:

> 你仍然像一个孩子,你的下巴上没长胡须,即使在这个成熟的年纪,你还没有建造一个"房子"……

又如:

> 当你的哥哥在这里取得胜利时,你,在那里,躺在女人们中间。所以,现在,你和军队到喀塔农(Qatanum),做一个男人!你的哥哥正在为他自己取得伟大声誉,你,在你自己的国家也要为你自己挣得一个伟大的名声!

最后,这位父亲沙姆西-阿杜,明智、狡猾、一丝不苟,有时幽默,他给他的儿子们建议、训斥或鼓励,并使马瑞处于自己牢牢的控制之下。

与他的前辈们相比,沙姆西-阿杜的王国组织得更严格、更谨慎。王国被划分成行省进行统治。在一些主要的城市,总督由职业文官辅助,并被国王、国王的儿子和皇家监督员所掌控。雅斯马赫-阿达德居住在他接手的亚赫顿-林的完整无损的宫殿里(在那时曾制作了一个财产目录)。

第十一章 阿摩利人

这一王国的书吏们使用最纯正的古巴比伦语,该语言是由亚赫顿-林引入,以取代与埃卜拉语有松散联系的马瑞方言。

政府官员、总督和伟大的国王本人所需面对的国内问题主要有两类:一类是两河流域北部(尤其是伊达马腊斯和辛贾尔山地区)众多小统治者之间的竞争、争端甚至是战争,这种情况可以通过仲裁解决,偶尔需要去平定叛乱;另一类是在马瑞邻近地区某些半游牧部落粗暴的行为,[26]特别是那些雅米尼提斯人,总是准备去劫掠。他们试图摆脱控制,躲避王室的人口普查和募兵,有时甚至去帮助外国入侵者。更不必说那些苏图人(Sutû),他们是积习难改的强盗,袭击商队,劫掠整个地区。在埃卡拉吞,伊什美-达干不得不频繁地与现在称为库尔德斯坦的图如库人(Turukkû)进行战斗,这些人比他们的前辈鲁鲁比人和库提人更令人恐惧,他们一路突袭到富饶的伊达马腊斯。

两河流域北部王国与它邻居们的关系随时间和环境的变化而改变。西方最伟大的王国延哈德是怀有敌意的,主要因为沙姆西-阿杜支持喀特那,甚至在这一小国与阿勒颇之间旷日持久的冲突中,他派遣军队到那里(喀特那)。[27]雅斯马赫-阿达德与喀特那国王之女之间的联姻只会增加那位阿勒颇君主的敌意,但到目前为止没有证据表明在这两个主要的强大势力之间发生过战争。相反,雅斯马赫-阿达德与卡尔凯米什之间具有非常好的关系,他的国王阿普拉汉达(Aplahanda)将"质量上乘的酒"、食物、装饰品和上好的衣物送给他的"兄弟",把自己领土内某些铜矿的垄断权赠给他,提供给他"任何他渴望的东西"。[28]

在东方，情形则大不相同。在那里，埃什奴那的国王像以往一样渴望扩大他们的疆域，向北方和西方扩展。向北，在底格里斯河和扎格罗斯山脉之间的"走廊"向着阿淑尔和埃卡拉吞方向扩展；向西，沿着幼发拉底河向马瑞扩展。这一时期的确切年代仍不确定。当沙姆西-阿杜征服两河流域北部时，假设那腊姆辛从幼发拉底河中游撤军，那一地区的敌对行动可能将由他或是其继承人达杜沙（Dadusha）重新发起，这造成了马瑞的恐慌，因为雅斯马赫-阿达德给他的兄弟写信说道："迅速派给我大量的军队，距离很漫长。"[29] 随后我们发现了一篇沙姆西-阿杜的铭文，他试图将埃什奴那人从喀布腊（Qabra）的中心城镇中驱逐出去，但并未取得多大成功，喀布腊掌握着从南方通向扎布河下游的通道。在这篇铭文中，该国王说："渡过扎布河，劫掠了喀布腊的土地，毁坏了那片土地上的庄稼，占领了乌尔比勒（Urbêl，或埃尔比勒［Erbil］）领地上的许多坚固的城镇，到处建造了要塞。"[30] 在一个至今仍未确定的日期，埃什奴那的一次进攻被停止了，这两个交战国之间签订了一个和平条约。一个最近发现到现在还未完全公布的达杜沙的石碑倾向于支持埃什奴那人与这位强大的北部两河流域统治者之间建立了一个联盟的假设。被认为写于达杜沙去世前一年的铭文描述了一场与乌尔比勒国王布奴-埃什塔尔（Bunnu-Eshtar）之间的战争，并令人惊奇地写到，达杜沙将被征服的领土放弃给了"埃卡拉吞国王"沙姆西-阿杜。[31]

最后，我们探讨巴比伦，亚述第三强大的邻居。（亚述）与巴比伦的关系虽然冷淡，但有礼貌。因为无论是辛-穆

第十一章 阿摩利人

巴里特（公元前 1812—公元前 1793 年）还是汉穆拉比（公元前 1792—公元前 1750 年）——二者均与沙姆西-阿杜是同时代人——都尚未将他们的野心转向北方。因此，沙姆西-阿达德应汉穆拉比的要求派人送去复写泥板文书，雅斯马赫-阿达德将一支滞留在马瑞的商队和一个逃到马瑞城寻求庇护的图如库俘虏送回巴比伦。[32] 仅在一封信中我们感觉到了焦虑的阴影：明显地，雅斯马赫-阿达德被告知了"那位巴比伦人"某些不友好的计划，但是在调查之后，他的一位官员打消了他的疑虑：

现在，愿我主的心平静下来，因为那位巴比伦人将永远不会伤害我主。[33]

然而，大约在 30 年后，汉穆拉比占领并毁灭了马瑞。

第十二章
汉穆拉比

对四个强大王公的胜利和统一两河流域的非凡成就本身就足以凸显汉穆拉比①为两河流域最伟大的君主之一。但是,这位巴比伦国王不仅是一位成功的战争领袖;对其竞争对手的处理,反映出一位成熟外交家的品质;他的《汉穆拉比法典》显示出对正义的热情,在很大程度上平衡了令人厌恶的残酷惩罚;他的铭文显示了他对其臣民利益的真正关心和对于一个国家传统的虔诚尊重,而这一传统对其种族来说毕竟是陌生的;他的信件证明一位阿摩利人酋长的后代能够像一位苏美尔城邦统治者那样,可以以同样的谨慎和对细节的关注来管理一个广阔的王国。汉穆拉比将巴比伦城提升到一个核心都城的地位,使其城神马尔杜克成为最伟大的神灵之一。

此外,他 43 年的漫长统治(公元前 1792—公元前 1750 年)标志着一系列文化变革的顶峰,这些文化变革开始于前一个世纪,持续到他死后 155 年巴比伦第一王朝的突然衰落。这些变革深刻地影响了两河流域人的艺术、语

---

① *Hammurabi* 这个名字应该写作 *Hammurapi*,这个词的意思可能为"汉穆神(Hammu,一个西塞姆民族的神)是一个治愈者"。

言、文学和哲学。直接源于阿卡德和乌尔第三王朝时期的官方雕刻仍然保持着冷静而有力的美,[1]但是,一种以现实主义和对运动的热爱为特征的"流行"艺术应运而生。它被表现在一些青铜小雕像上（如一位不知其名、来自伊斯嚓里［Ischali］的四头神雕像，令人吃惊地展现出正在行走的状态），表现在一些特定的石碑上和一些圆形雕塑品上（一个正在咆哮的狮子头，一位正在嗅花的女神），表现在马瑞王室宫殿美丽的部分壁画上（一个椰枣采集工正在攀爬椰枣树，一只即将飞走的小鸟），尤其表现在大量描绘日常生活情景的赤陶片上（例如一个正在工作的木工，一个骑在瘤牛背上的农夫，一个正在喂小狗崽的妈妈，甚至正在做爱的夫妇）。[2] 两河流域的艺术在任何其他时代都没有如此活跃和自由。

汉穆拉比统治时代也是阿卡德语日益完善的时期,不仅仅体现在它的语法上——《汉穆拉比法典》是亚述学学生学习语法的经典范例——还体现在它清晰而优雅的楔形符号上。从那时起，仅用在王室铭文、信件和所有行政与法律档案上的阿卡德语被称为"古巴比伦语"，它成为一种文学书面语，其"活力和新鲜感后来的语言永远无法匹敌"。[3] 书吏们继续抄写主要的苏美尔文献，但是他们可以自由地进行改编，赋予它们一种塞姆语的味道。同时他们也写作原创作品，产生了许多令人钦佩的文学作品，如埃塔那的传奇和抢劫了恩利勒命运泥板的暴风雨神安祖的传说,《阿特腊哈西斯神话》（Atrahasis myth）和《吉尔伽美什史诗》（Gilgamesh epic）。

最后，这个时代也是个人宗教蓬勃发展的时代，无数代表神灵或恶魔的泥土雕塑和还愿匾额、虔诚的祈祷者、"写给神灵的书信"和街角的小神庙都证明了这一点。但尽管被告知"神灵感同身受地深切关心着人类",[4] 两河流域人们开始去疑惑、怀疑和考虑生与死或善与恶的巨大神秘性。在对他们周围世界异常好奇的驱使下,他们将前辈们和自己所获取的知识提炼和分类,运用他们的才智,去尝试预测他们的未来。因此,智慧文学在加喜特时期得到了全面发展,[5] 各种类型的科学文献包括占卜和巫术也大量涌现。

所有这些变革使公元前18世纪的前半期成为古代伊拉克历史上的决定性时期,毫无疑问,具有政治家和立法者身份的汉穆拉比值得我们给予特别的关注。[6]

政治家

当汉穆拉比登上王位时,他从他的父亲辛-穆巴里特那里继承的是一个相对较小的王国,长约155千米,宽约60千米,从西帕尔延伸到马腊德,用现代地形学术语来说是从费卢杰市到迪瓦尼亚市。王国四周都是更大的城邦和更强大的国王:南面,完全处在拉尔萨的瑞姆-辛统治之下,在两年之前他占领了伊辛并结束了这一敌对的王朝(公元前1794年);北面,矗立着伟大的两河流域北部王国;东面,底格里斯河对面与埃兰人结盟的达杜沙依然统治着埃什奴那。这位新任巴比伦王扩张领域的决心不亚于他的祖先们,但在第一步行动之前他耐心地等待了5年。然后,当他感到在王位上足够安全了,他在三个方向上向外出击:

他从拉尔萨王手中抢走了伊辛，并沿着幼发拉底河继续前进，向南直至乌鲁克（第六年）；对位于底格里斯河和扎格罗斯山脉之间的埃穆特巴勒进行了征服，并占领了那一地区的关键城市马勒古姆（Malgum）（第十年）；最终占领了西帕尔上游的腊皮库姆（第十一年）。此后，根据他的年鉴表，似乎连续 20 年他仅仅将他的时间用于修缮神庙和加固城镇。[7]

　　一系列短暂的军事行动侵犯了拉尔萨和埃什奴那的领土，无疑激起了来自瑞姆-辛和在公元前 1779 年继承了达杜沙王位的伊巴勒-皮-埃勒二世（Ibal-pî-El II）的敌意，但是我们无法知道他们是否和如何进行报复。至于亚述人，如果他们没被严重的问题所困扰，他们会因"埃什奴那人"被羞辱而感到高兴。直到最近才确定沙姆西-阿杜和雅斯马赫-阿达德可能都死于公元前 1776 年发生的一场战斗中（比之前的估计晚了 5 年），[8] 这两位人物的死使马瑞面临着亚赫顿-林的儿子（或许仅有亲密的亲戚关系）金瑞-林（Zimri-Lim）① 的攻击。[9] 然而，伊什美-达干仍然掌控着埃卡拉吞和亚述。金瑞-林最紧迫的任务是维护他对一个比之前小的、开始瓦解的王国的权威。为此，他或是使用武力，或是使用精明的外交手段：他粉碎了一次雅米尼提斯人在哈布尔下游河谷的叛乱，召集伊达马腊斯和辛贾尔地区的王公们举行了一次集会，在会上说服他们承认他为"主人和父亲"。此外，他将他众多女儿中的几位嫁给了他的属臣。[10] 金瑞-林外交政策的目的在于尽可能

---

① *Zimri-Lim* 意为"'林（Lim）神'是我的保护者"。

地保证和平，同时阻止任何形式的侵略。在他统治之初，他与延哈德国王建立了一个联盟，之后迎娶了他的女儿西布图（Shibtu）。他还为阿勒颇的保护神阿达德奉献了一座雕像，出于一些未知但和平的目的，他还远行至叙利亚海岸的乌伽里特（Ugarit）。为对抗传统的东方敌人埃什奴那，他努力将埃兰人作为一个屏障。在马瑞和巴比伦军队的帮助下，埃兰人成功地占领了埃什奴那这一防御坚固的城市。不幸的是，这次成功刺激了埃兰统治者（苏卡勒，sukkal）①的欲望，他在次年派遣两支军队进入两河流域：一支进军巴比伦，一支进军埃卡拉吞。汉穆拉比在希瑞吞（Hiritum，一个尚未被识别的遗址）击败了第一支军队，但埃卡拉吞、舒巴特恩利勒和杰济拉东北的一些城镇则被占领了，这在这些小王国之间激起了骚乱和动荡。公元前1771年，达杜沙精力充沛的继承人、埃什奴那的伊巴勒-皮-埃勒采取了同样的双管齐下的策略进行报复：一支军队在底格里斯河河谷，另一支军队沿着幼发拉底河。埃卡拉吞再一次被占领，但是马瑞幸免于难。在辛贾尔地区一场结果不确定的战役之后，伊巴勒-皮-埃勒倾向于谈判，最终迫使金瑞-林签订了一个承认其霸权的条约。然而，在埃什奴那人刚一离去，马瑞王的属臣们就恢复了对他的臣服。

埃什奴那和埃兰统治者的活动被金瑞-林最友好的朋友汉穆拉比以同样的焦虑密切关注着。因为巴比伦和马瑞掌握着整个幼发拉底河线路，这两位统治者联起手来掌控着一切。金瑞-林在巴比伦宫廷的使者使他能充分了解这个王

---

① "sukkal"在苏美尔语中是一种官职。——译者注

第十二章 汉穆拉比

国"所有重要的事件",反过来,巴比伦人的信使也向汉穆拉比报告他们在马瑞听说的所有消息,似乎这一双边"情报机构"在这两位君主们的充分了解和认可下得以运行。这两位国王彼此提供军队——当汉穆拉比毁灭敌对的拉尔萨王国时,金瑞-林的士兵为他提供帮助——并互相提供睦邻所期待的或大或小的服务。但是,根据后来的事件,汉穆拉比的态度或许没有看起来那样无私,他可能仅仅利用他的同盟去巩固他的势力。渐渐地,从这些档案中浮现出一位有耐心和狡猾的政治家的形象,他观察多于行动,然后等待合适的时机,带着必胜的信念出击。

终于在很久之后,在他统治的第二十九年,这一时机来了——或许比汉穆拉比预期的时机要早。因为根据他自己对事件的描述,巴比伦被埃兰人、库提人、"苏巴里人"(Subarians,即亚述人)和埃什奴那人组成的联盟攻击了:

> 在击败了埃兰人……苏巴尔图人(Subartu)、库提人、埃什奴那人和马勒古姆人组成的联军之后,这位为马尔杜克所宠爱的统治者在群众中赢得了极大的声望,并且凭借着众神的强大力量巩固了苏美尔和阿卡德的基础(30年年名)。

在接下来的一年(公元前1763年),"被一个神谕所鼓励",汉穆拉比采取了攻势并进攻了拉尔萨。瑞姆-辛——他轻蔑地称呼其为"埃穆特巴勒之王",埃穆特巴勒是瑞姆-辛家族的故乡——在60年的统治之后被推翻了,这是两河流域年表中时间最长的统治。

在第三十一年,一个由与以前相同的敌人组成的新联盟成立了。这位"英雄"不仅"瓦解了他们的军队",而且"沿着底格里斯河河岸"前进至"苏巴尔图的边界"。这含蓄地表明了埃什奴那的终结。

现在,两河流域南部和中部的主人汉穆拉比,不是一个能停在那里的人,而是有着更大的野心。当他决定进攻他的老朋友金瑞-林时,伟大的阿卡德和乌尔帝国一定在他的脑海中浮现。进攻的借口是在汉穆拉比与埃什奴那的战争中,金瑞-林没有站在他那边:

> 他在战斗中推翻了马瑞和马勒古姆,并使马瑞和……还有一些苏巴尔图的其他城镇,通过友好协议(听)从他的命令。(32年年名)

最后的这些文字似乎暗示金瑞-林没有丢掉他的王位,但成为汉穆拉比的一个属臣。然而,两年以后,巴比伦人的军队再次被派到马瑞,或许是镇压一次反抗。这一次,该城市的城墙被拆毁,金瑞-林美丽的宫殿被洗劫并被付之一炬,这座幼发拉底河中部的大都市成为一片废墟(公元前1761年)。

最后,在他统治的第三十六和三十八年,汉穆拉比"打败了苏巴尔图(亚述)国家的军队",并"击败了远至苏巴尔图的所有的敌人"。我们不知道阿淑尔受到了怎样的对待,亚述人的王朝以某种方式成功地幸存了下来,但是亚述人在伊拉克北部的支配地位不得不结束了。

如此,在10年间,两河流域的5个王国除了一个其余的都相继消失了,两河流域现在形成了一个处于巴比伦人统治之下的单一国家。汉穆拉比的势力延伸至多远难以确定。一个带有其铭文的石碑据说被发现于迪亚巴克尔,在土耳其东南部,[11] 但是埃兰和叙利亚仍保持独立。当时,他们是更强大的国家，征服他们需要付出比汉穆拉比统一两河流域更多的时间和力量。这位巴比伦人统治者称自己为"强大的国王，巴比伦之王，全部阿穆如国土之王，苏美尔和阿卡德之王，世界四方之王"。但毫无疑问，他很明智，并没有试图去获得对"宇宙"的有效控制。

立法者

当通过武力完成两河流域统一时，汉穆拉比实行了一系列行政管理、社会和宗教改革，其目的在于将一个国家的政府集中掌握在他自己和他的那些继承人手中。这一国家政府是由多元化的民族群体构成，并因其法律和习俗的多样性、万神殿的复杂性、当地传统和特殊主义的持续性而引人注目。汉穆拉比国王在处理国内事务时，既有冷酷的精力，又有精明的节制，正如他在外交政策中所成功地运用的一样。汉穆拉比与两位居住在拉尔萨的高级官员之间交流的书信集表明，他们屈从于异常严格的王室控制。[12] 另一方面，巴比伦人可能有一种自治的幻想，因为在每一个城市里，负责裁决小的法庭案件、收税和处理纯粹本地事务的管理系统由市长（rabiânum）、长老（the Elders）、富裕和有影响力的公民们组成的大会以及"商会"（kârum）组成。但更重要的任务（管理王室地产，确保地区资源的合理开发）由那些国王任命的官员们执行，王室巡视员不定期地进行巡视。士兵们驻扎在主要的城镇，在那里充当警察、预备役军队和从事公共工程的劳动力的警卫。这些军队处于一位被称为"阿摩利人的督察员"

(wâkil amurri)的高级官员的管理之下。一位"商人的督察员"(wâkil tamkari)在"商会"会议上代表国王。在汉穆拉比统治中期,这位国王在他的独裁统治上迈出了一大步:他将他的控制扩展至众神庙的法官。从此之后,他们在印章上称呼自己为"汉穆拉比的仆人",取代了传统的"某某神的仆人"。[13] 为了使其王朝合法化,为了限制未来对苏美尔和阿卡德王权的任何要求,汉穆拉比在万神殿中给予巴比伦城神马尔杜克——迄今为止是一个第三等级的神灵——一个很高的等级。但是,他巧妙地宣称:这一等级是由安奴和恩利勒授予马尔杜克的,而且他汉穆拉比是被同样的大神们"呼唤"去"促进人们的福祉"。[14] 遵循于王室的命令,祭司们重新排列神的谱系,赋予马尔杜克其他众神的品质。但是,古老的苏美尔-阿卡德信仰很难从根本上改变,包括尼普尔在内,各处的神庙都以真正的两河流域王室传统重建、修复和装潢,任何可能伤害人们宗教情感的行动都被小心地避免。

汉穆拉比颁布的著名的《汉穆拉比法典》:[15]

为使在这一国家实行正义,

为消灭邪恶和罪恶,

为使强不凌弱,

不再被认为是"世界上最古老的"——即便不算乌如卡吉那的"改革",现在我们有了来自乌尔-那穆、里皮特-伊什塔尔和比拉拉马统治时的类似档案——但它仍是最完整的,因此值得多说几句。但我们必须强调,"法典"一词是有点误导的,因为我们在这里没有遇到一次彻底的立法改革,也没有遇到像查士丁尼(Justinian)的《法学阶梯》

(*Institutes*)或拿破仑（Napoleon）的《民法典》（*Code Civil*）那样符合逻辑安排的法律条款的详尽文本集。实际上，除了"习惯法"，两河流域人们从未被任何其他体系统治过。"习惯法"由一个朝代流传到下一个朝代，偶尔会被调整以适应盛行于某一特定时期的社会和经济环境。至少从乌如卡吉那开始，每一个统治者最初的行为之一就是"颁布"mêsharum，"mêsharum"是一个可以被翻译为"正义"的词。但在这一背景下却涵盖了许多其他内容，例如：减轻某些债务和劳役，固定某些商品的价格——一种有效调节国家经济的方式，这就是"正义"的含义。例如，根据汉穆拉比第二年年名："他在国家建了正义"，还有一个典型的例子，一个"正义法案"幸存于汉穆拉比的一位继承人阿米嚓杜咯（Ammisaduqa）后 50 年（见第十五章）颁布的"敕令"中。在所有其他事务中，这位新任国王简单采用了他前辈们的法律，从而确保了在该领域传统的延续性，其他领域也如此，这是两河流域文明的一个主要特征。[16] 然而，在统治过程中，社会和经济变革的发生要求法律上的调整，在一些孤立的、对其而言没有前例可循的案件方面，国王做出了判决。这些国王判决（dînat sharrim）被按时记录，最终汇集到一起，供后代法官参考，形成了所谓的"法典"。我们有几个刻在泥板上的《汉穆拉比法典》副本，时间范围从古巴比伦时期到迦勒底人（Chaldean）王朝（公元前 6 世纪）。

在统治即将结束之际，汉穆拉比下令将他的王室裁决刻在那些竖立在神庙里的石碑上，以证明这位国王令人满意地履行了他"正义之王"的重要职责，并根据众神的心意行事。这些石碑中的一块以一种保存得非常好的状态被发现，它本身就是一件卓越的艺术品。最初被竖立在西帕尔的太阳神庙中，后来被埃兰人在公元前12世纪作为战利品运到苏萨，1901年被法国人考古发现并运回罗浮宫博物馆。它是一块8英尺（约244厘米）高的抛光玄武岩石碑，形状大致呈圆锥形。在它的上半部分，雕刻着汉穆拉比以祈祷者的姿态面对一位坐在其王座上的神——马尔杜克或沙马什，太阳神和正义之神——的场景。石碑的其他部分，前面和后面，刻有竖列的文本栏，文本雕刻优美并以最纯正的巴比伦语书写。在一篇长序言之后，列举了这位国王的宗教行为，然后是至少282条法律。[17] 法律条文处理各种违法行为，涉及贸易和商业、婚姻、家庭和财产、职业人员的酬金和义务，与农业、工资和租金有关的法律问题，以及奴隶的买卖。最后，一篇长的后记要求对任何损毁这一石碑或更改"高效国王汉穆拉比竖立的正义法典"之人给以神的惩罚。

根据这一法典和各类其他档案，巴比伦社会似乎分为三个等级：自由人（awêlu）、穆什根奴（mushkênu）和奴隶（wardu）。穆什根奴这一术语在这里没有翻译，通常被认为是"平民""普通人""隶农"或"穷人"（参照阿拉伯人的 meskîn）。但实际上他似乎属于某种军人或平民的"国家依附民"，他们服从于一定的义务或限制，以换取一定的特殊利益。[18] 奴隶的补充部分来自战俘和他们的后代，部分来自那些将他们自己或他们的孩子卖给其债主的因贫困而破产的自由人。剃去胡须，烙上一种独特印记，奴隶被认为是属于他们主人的财产，帮助和藏匿逃亡奴隶的人将受到严厉的惩罚。但他们的状况并没有人们想象的那样无望：他们可以被释放或是被他们的主人收养。在乌尔第三王朝时期，至少他们中的一些人可以获得财产，甚至与自由人之女结婚（第175条至第176条）。酬金和惩罚根据社会状况不同而变化。例如，一种"挽救生命"手术的酬金被固定为一个自由人10舍克勒（shekels）银子，一个穆什根奴5舍克勒银子，一个奴隶2舍克勒银子（第215条至第217条）。类似地，"如果一个人戳瞎了一个自由人的眼睛，他们应该弄瞎他的眼睛"；但"如果他弄瞎一位穆什根奴的眼睛或是打断他的骨头，他应该赔偿1马那（mina，约500克）银子"；如果案件中（受害者）是一个奴隶，则（赔偿）他价值的一半（第196条，第198条，第199条）。构成苏美尔社会惩罚制度基础的实物或银钱赔偿部分被死刑、肉刑或体罚所取代，并且当受害人或是原告是自由人时，即使犯罪行为是无心的，通常也会采用可怕的"同态复仇法"（Law of Retaliation），例如：

如果一位外科医生用一把青铜刀为一位自由人进行一项大的手术，并造成了这个人的死亡……他们要切断他的双手（第218条）。

如果一个泥瓦匠为一位自由人建房，但是他没有加固他的工程，如果他建的房子倒塌了并造成了房主的死亡，这个泥瓦匠要被处死（第229条）。

如果他（泥瓦匠）造成了房主的奴隶的死亡，他要给房屋的主人赔偿一个奴隶（第231条）。

有时就文明的角度来看它是残酷的，但《汉穆拉比法典》的许多条文与我们现代的正义理念惊人地相似。这一法律尤其关注家庭和财产，在保护妇女和儿童免受任意处置、贫困和忽视方面做出了显著努力。如果某一条条款规定的惩罚非常严厉，则可通过承认宽恕和有情可原的情节来减轻惩罚。妻子的通奸行为要被处以死刑，但是如果丈夫能原谅他的配偶，国王宽恕她的情人，他们就免于"捆绑在一起并扔进河中"（第129条）。被俘士兵的妻子，在他丈夫不在期间"进入了另一个男人的房子"，如果她这样做是因为"在她的房子中没有食物可以食用"则免于惩罚（第134条）。一个男人可以离弃他行为不当的妻子，并不给予任何赔偿（第141条）；但如果他离弃她，因为她没有给他生下儿子，"他要付给她价值相当于结婚礼物的银钱，并将她从她父亲的家中带来的嫁妆偿还给她"（第138条）。[19] 一位患病妇女的丈夫可以再娶另一位妇女，但是他必须让他的妻子生活在他的房子中，并长期供养她，"只要她活着"（第148条）。当一个男人死了，他的财产要在他的儿子中间分配，但他的寡妻拥有这一财产的使用权（第171条），并且能够自由地处置任何他赠予她的"田地、果园、房屋或奴隶"（第150条）。当一个女人死亡时，她的嫁妆不能返回她父亲家中，而属于她的儿子们（第162条）。类似的条款保护"第一个妻子"的儿子地位高于"女奴"或妾的儿子们，并保证了儿童的正当权利，以免被冤枉地剥夺继承权（第168条）。

该法典另一个令人感兴趣的问题是频繁地提及被称为伊尔库（*ilkum*）的制度（第26条至第41条）。很明显，这是某些特定的职业，例如警察（*rêdum*）、水手（*ba'irum*）或纳贡人（*nash biltim*）等。他们从国王处收到谷物、土地、绵羊和牛并回报以某些职责,其中最明确的就是军事服务。因此,获得的伊尔库份地,在份地所有者活着时是其私有财产,死后在其继承人之间分配。伊尔库份地既不能出卖,也不能被所有者指定给他的妻子或女儿。如果他(所有者)在为国王服务时被俘虏,则可以用来做赎金。如果他拒绝或放弃他的军事服务职责,他可以将伊尔库份地让给一位替其服役者。那么,很显然,授予一份伊尔库份地不仅仅是为王室提供服务的简单奖励,而很可能是汉穆拉比本人[20]提出的一项措施,目的是将他的一些臣民牢牢地固定在土地上,在他们与国王之间创造一种可以与中世纪欧洲封建关系相媲美的联系主人与封臣关系的纽带。

简而言之,上述就是这一著名法典的一些主要特征。或许没有想象的那么有原创性,但它仍然是独一无二的。因为它的长篇幅,因为它优雅和精确的风格,因为它对那一时期粗野而又相对高度文明社会的揭示。书写于汉穆拉比统治的最后几年,它为其长期而成功的统治加冕。看一看那些成就,这位巴比伦王可以骄傲地宣称:

> 我将明里和暗里的敌人连根拔起;
> 我终结了战争;
> 我促进了这一国家的福祉;
> 我使人们安居乐业;
> 我使他们不被任何人恐吓。
> 伟大的众神呼唤我,
> 所以我成为仁慈的牧羊人,我的王权是正义的;
> 我仁慈的影子遍布我的城市。
> 我将苏美尔和阿卡德国土上的人们拥抱于我怀中;

他们在我的保护之下繁荣；
我和平地统治着他们；
我用我的力量保护他们。[21]

第十三章
汉穆拉比时代

无论不断变化的政治和经济景象多么引人入胜，总是有需要暂停的时候；总有一些时代，文献档案记载得如此丰富，以至于历史学家们觉得有必要将君主和王朝、王国和帝国、战争和外交放在一边，在某种程度上把社会作为一种静止的状态进行研究。人们生活得如何？在每天的日常生活中他们在做些什么？这些都是自然浮现在脑海中的问题，并值得探究答案。[1]

在两河流域，汉穆拉比时代——或更准确地说，在他统治之前60年就开始的世纪（公元前1850—公元前1750年以整数计算）——就是这样的一个时代之一。这一时期，我们的考古和文字资源都特别丰富。我们对伊拉克南部的一些都城所知甚少也是事实：伊辛和拉尔萨刚刚开始显现它们的秘密，在巴比伦的18年挖掘仅仅挖掘了这一巨大遗址的表面，地下水位的高度使德国考古学家们在新巴比伦地层（公元前609—公元前539年）下不能挖掘太深。在进行深探测的较小区域内仅有一些属于巴比伦第一王朝的泥板和残垣断壁被发现，它们大约位于地表层的12米之下。但在其他遗址上，考古学家们就更幸运一些。他们所挖掘的历史遗址——仅提及最重要的：马瑞的王室宫殿、阿斯马尔丘的王室宫殿、乌尔的神庙和私人住宅——或许数量不是很多,但历史价值非常高。关于书写档案,我们有更好的条件,因为我们不仅有《汉穆拉比法典》,汉穆拉比的书信,还有马瑞、莘沙腊和瑞马赫的王室档案,[2]以及众多法律、经济、行政管理、宗教和科学文献,这些文献出土于马瑞、拉尔萨、西帕尔、尼普尔、乌尔、哈马勒和许多其他遗址,总之,大约有三万或四万块泥板。实际上,可以毫不夸张地说,我们对早于基督时代1800年的两河流域比1000年以前的任何一个欧洲国家都更为了解。因此,对于历史学家们来说,描绘出一幅完整而详细的公元前18世纪和公元前19世纪两河流域社会的画卷在理论上是可能的。这将远超我们目前工作的界限,我们应将自己限定在概述这一社会的三个主要方面:神庙内的神明、宫殿中的国王、房屋里的公民。

神庙内的神明

神庙——像它们被称呼的那样,众神的"房子"(*bitu*)——在规模和布局方面有许多不同。有些是路边的小礼拜堂,是一座房子的一部分,由一个带有祭坛和神像基座的开放式庭院组成;[3] 有些是较大的独立式或半独立式建筑,由几个庭院和房间组成;[4] 最后是巨大的神殿建筑群,其中通常包括几个神龛,供奉着保护他们的家庭和随从的小神。[5] 这些神庙不再保留早期苏美尔人神殿令人钦佩的简朴(见第四章)。在整个古巴比伦时期,它们变得日益复杂以吸收有组织的宗教团体的众多服务。此外,它们的布局反映了祭祀仪式执行的高度专业化，而且，神庙中对公众开放的部分和为祭司们或许仅为某些类别的祭司们使用的部分之间具有不同的区分。伟大的神灵可以被逐渐接近的概念是由苏美尔人发展而来还是由塞姆人引入的是一个备受争议的问题，在这里难以讨论。

所有两河流域的主要神庙都有某些共同特征。[6] 它们都含有一个被众多小房间所环绕的巨大庭院（*kisalmahhu*），这些小房间用作住所、为祭司们所使用的图书馆和学校、办公室、工作间、储藏室、地窖和马厩。在巨大的节庆期间，来自其他神庙的众神雕像被庄严地集聚在这一庭院中。但在平时的日子里它对所有人开放，并且我们必须想象出它不是一个空旷而安静的空间，而是处于一个修道院和集市之间的中间状态，满是噪声和活动，拥挤着人群和动物，神庙的神职人员、与神庙做生意的商人们、带来祭品寻求帮助和建议的男人和女人们不停地穿梭其间。穿过巨大的庭院是另一个庭院，通常要小一些，在它的中间有一个祭台，最后是神庙本身（*ashirtu*），除了被称为"*erib bîti*"（"进入神庙的那些人"）的祭司们，其他人不被允许进入那座建筑。神庙被隔断分为三个房间，一个接着一个：门厅、前殿和内殿（至圣所）。内殿里有供奉给该神庙的男神或女神的雕像，通常由木头制作，上面覆盖着金叶，它站立在一个底座上，放置于一个插入神殿后墙上的壁龛中。当所有的门被打开时，可以看到那一雕像在半黑的神龛中微微闪光。要从小庭院而不是大庭院中看，因为它与神庙的大门呈直角，或是隐藏在一个幕帘之后，这取决于神庙的布局。鲜花罐子和香炉被放置在神明的脚下，环绕着内殿和前殿的低矮泥砖凳子支撑着那些崇拜者的雕像，还有王室的石碑和各种各样的请愿书（ex-votos）。一个两阶的祭坛、一张放圣餐的桌子、装满闪着波光清水的水盆、徽章和专用武器，这些构成了神庙装备的剩余部分。在建造神庙时，使用了稀少而昂贵的材料：雪松横梁支撑着它的屋顶，神庙大门由珍贵的木材制成，经常以铜或青铜薄片为内衬。狮子、公牛、狮鹫，或由石头、黏土或木头制作的精灵守卫着入口。在庙区的角落里、埋藏在路面之下的是砖盒子，里面装有青铜或黏土"钉"、王室铭文和建造或修复这一圣殿的国王雕像。这些"地基奠基物"（temenu）证实了这一圣地，标志着它的范围，使地下世界的恶魔们不能靠近。[7]

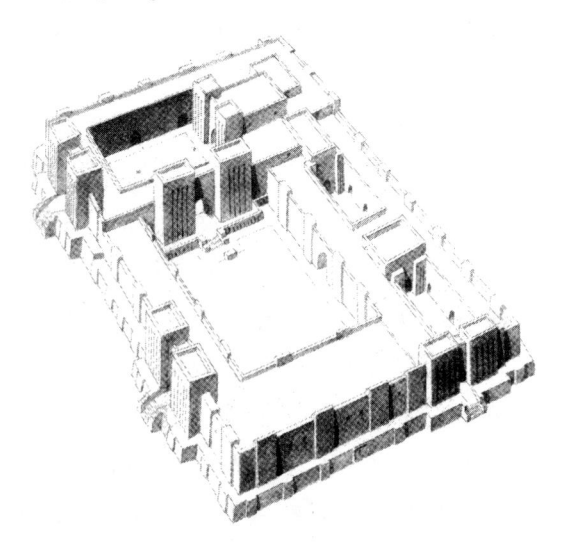

伊斯嚓里（Ischâli）（迪亚拉河谷）的伊什塔尔-基提吞（Ishtar-kititum）神殿。公元前2千纪上半叶。希尔（H. D. Hill）复原。来自 H. 法兰克福：《古代东方的艺术和建筑》，1954（H. Frankfort, *The Art and Architecture of the Ancient Orient*, 1954）。

第十三章　汉穆拉比时代

全年中每一天都有宗教仪式在神庙中举行：空气中震动着音乐，[8] 赞美诗和祈祷；面包、糕点、蜂蜜、黄油、水果被放置在神的桌子上；祭奠用的水、红酒和啤酒被导入容器中；血在祭坛上流淌，烤肉的烟气混合着雪松木、塞浦路斯木和熏香的烟气充满了圣殿。祭祀仪式的主要目的是服务（dullu）众神，众神被假设过着一种物质生活，日常要被清洗、涂油、洒香、穿衣、装扮和喂养，定期的食物供应由"固定贡品"所保证，该"固定贡品"是由作为神职人员最高首领的国王和虔诚的基金会一劳永逸建立的。此外，一个月中被认为是神圣的或吉利的某些天——如月亮出现或消失的日子——被用于专门的庆祝。[9] 还有偶尔的净化仪式和献祭仪式，当然还有盛大的新年节在春天和秋天里在许多城市被庆祝。祭司们也充当人类和神灵之间的中间人，他们比其他人更好地知道接近这些伟大神灵们的合适方式。代表着病人、悲伤的人、忏悔的罪人，祭司提供祭品、背诵祷文和哀歌、吟唱优雅的赞美诗和悔悟的圣歌。因为只有祭司才能读懂神秘的未来，无论是国王还是平民都经常咨询他们并寻求预兆。每一种祭祀仪式都规定了严格而复杂的仪式。最初，祈祷文和咒语是用苏美尔语写成，但在巴比伦第一王朝统治时阿卡德语被允许进入神庙。例如我们有一个"覆盖寺庙定音鼓的仪式"，据说一个特定的祈祷者"通过一根芦苇管"以苏美尔语对着一头公牛的右耳低语，以阿卡德语对着其左耳低语。[10]

神庙主要管理人员为神庙总管桑咖（shanga），是汉穆拉比统治时期由国王亲自任命的高级高僧。他由巡查员和书吏协助，他们登记所有进出神庙商店的人员，指挥较低级的雇员，如守卫、清洁工甚至是理发师。神庙的小麦田和大麦田由伊沙库（ishakku's，恩西的阿卡德语，显示这一曾经有声望的头衔已经下降到如此之低）经营，由农夫耕种，有时是这一城镇或地区全部的劳役者。

大量祭司依附于主要的神庙。[11]祭司的儿孙们在神殿被抚养长大，并在神庙学校或比特-乌米（bît mummi，字面意思为"知识屋"）里接受全面彻底的教育。祭司的首领是高级祭司或恩奴姆（enum 是苏美尔语词汇 en [主人]的阿卡德语形式）和乌瑞伽卢姆（urigallum）。乌瑞伽卢姆最初是门卫但现在是主祭。在专职神职成员之中，背诵咒语的马什马舒姆（mashmashshum）、为众神涂油和摆放供桌的帕西舒姆（pashîshum）、清洗众神雕像的腊姆库姆（ramkum）、倾倒祭酒的尼沙库姆（nishakum）和吟唱咒语并且履行某些神秘职责的卡卢姆（kâlum）最为重要。这些祭司们被供奉者（nash patri，捧剑者）还有歌者和乐师们协助。尽管他参与宗教仪式，但是阿西普姆（ashipum，驱魔师）在狭义上不能被认为是一种祭司，因为他服务公众尤其是病人。同样的定义也适用于释梦者沙伊卢姆（sha'ilum），甚至还有巴如姆（barûm，占卜师），在一个占卜属于日常生活一部分的社会里，占卜师是非常繁忙而富有的人。不幸的是，我们对女性神的神庙几乎一无所知。然而，毫无疑问，性爱女神伊什塔尔神庙是一个放荡的狂热场所，那里有妇女和异装癖者表演的歌曲、舞蹈和哑剧，还有性狂欢。在这些令人震惊但对巴比伦人来说却是神圣的遗址中，被称为阿斯奴（assinu）、库鲁（kulu'u）或库尔伽如（kurgarru）的男人——所有消极的同性恋者，他们中可能有一些阉人——与通常被称为"妓女"的女人们一起参加。实际上，那些真正的妓女（哈尔马图［harmâtu］、克兹雷图［kezrêtu］、沙姆哈图［shamhâtu］），比如引诱恩基都（原著第118页）的那位，仅在神庙周围和酒馆出没。仅那些被称为"伊什塔尔的女信徒"（ishtarêtu）或"奉献者"（qashshâtu）的女性，可能是女性神职人员的一部分。[12]

与所有这些形成强烈对比的是那迪图（nadîtu），她们通常来自最好的家族。她们可以结婚，但只要她们仍生活在神庙的"女观院"（gagû）中过集体生活就不允许生育孩子。与神庙的依附关系比较松散，那迪图实际上是杰出的商业女性，她们通过购买和出租房屋和土地获得财富。在她们死亡后，她们的财富留给她们的父母或亲戚，从而防止财产因婚姻而支离破碎。[13]

所有这些人形成了一个封闭的社会，拥有自己的规则、传统和权利。神庙的生活一部分来源于神庙土地的收益，一部分来源于金融和商业，还有一部分"来源于祭坛",[14]并在国家事务中和每一个两河流域人的私人生活中发挥了重要的作用。然而，神庙控制一个国家的全部社会和经济生活的日子已经一去不返了，因为国家最重要的中枢、心脏和大脑现在是王宫。

宫殿中的国王

赋予王宫（苏美尔语为é-gal，阿卡德语为ekallum，"巨大的房子"）巨大的重要性是古巴比伦时期一个显著的特征。权力在君主手中的日益集中、中央集权管理的要求以及对威望提升的迫切需求,共同促使国王的居所——迄今为止是一处相对朴素的建筑——转变成一处巨大的建筑群,这一建筑群由房间、接待室、办公室、工作间和储藏室组成,并且出于安全的考虑,这些房子四周由坚固的防御墙所围绕。宅邸、城堡和宫殿闺房,王宫已经成为城中城。

这类王室住宅没有比马瑞宫殿更好的例子了。[15] 其被发现时的保存状态非常良好,它如此著名不仅因为它的尺寸——它的长、宽约为200米和150米,覆盖了一个约为2.5公顷的区域——也因为其智慧而和谐的布局、精美的装饰和建筑的质量。考古学家们称之为"古代东方建筑的珍宝",[16] 它在古代也具有如此高的声望,以至于叙利亚海岸的乌伽里特国王毫不犹豫地派遣他的儿子深入600千米的内陆,唯一的目的就是参观"金瑞-林的房子"。[17]

庞大的宫殿外墙(有些地方有15米厚)建立在石基之上,并被塔楼所加固。仅在城墙的北面开了一扇门,穿过守卫森严的门廊、一个小庭院和一处幽暗的走廊,人们能够进入这一宫殿的巨大庭院,一处真正气势磅礴的开放空间(1617平方米),地面铺设着石膏板,光线明亮。在入口对面的一侧,三个优雅的弧形台阶通向一个高高在上的椭圆形房间,现在被视为王宫的保护神伊什塔尔女神的礼拜堂。穿过"荣耀庭院"西墙上的一扇门和一条L形的走廊,王室成员、大使和王国的高级官员与其他重要的来访者被引入另一处庭院,虽然较小但特别整洁和吸引人,有白色石膏的硬地板,墙上覆盖着壁画。其中许多壁画用放在木杆上的遮阳篷来遮雨防热。部分保存下来的明快彩色壁画现在成为罗浮宫和阿勒颇博物馆的骄傲，壁画描绘了国家宗教仪式：一头公牛被带来献祭；马瑞国王"轻轻握着伊什塔尔的手"（一个在新年节期间举行的授权仪式）；献给一位女神的祭品和烧酒；其他一些不完整的场景。[18] 在这个庭院的另一边是两个较长的房间，一个在另一个后面。第一个房间有一个涂着灰泥和彩绘的基座，曾被用来支撑一座雕像——"带花瓶的女神"可能发现于附近，被砍掉头扔在了地面上。另一个房间是王座室，在房间的末端，一个低矮的石基紧靠着墙，该石基肯定用来支撑一座木制的王座。房屋的另一端是一条长长的、壮观的台阶，台阶通向一处被抬高的平台，平台上可能站立着国王祖先们的雕像。在另一处房间，一个楼梯通向国王的房间，其上有许多储藏室。

会客室和王座室及其附属设施构成了王宫的核心。围绕着它们的是各种各样的功能区。在大门的两边是客人和王宫守卫的住处。靠近建筑的西北角是一组装饰精美的房间和浴室——每一浴室有两个赤陶浴缸仍在原处——与一个含有几排黏土长凳、长期以来被错认为是一所学校的一个长形房间，一起构成了现在被认为是王后以及随从人员住所的一部分。再往南是王室行政管理区域。从"荣耀庭院"开始，一系列走廊通向一个双圣殿——可能是奉献给安奴尼特神（Anunit）和伊什塔尔女神——用于国王私人祈祷。王宫其余的 300 多个单人间和庭院被厨房、储藏室、仆人住所、铁匠铺和陶瓷窑所占据。

不亚于其布局的是这一建筑物的构造。这些墙体一般都很厚，有些地方高 16 英尺（约 488 厘米），由覆盖着几层黏土和石膏的大块泥砖筑成。在许多房间中——特别是浴室和盥洗室——用一层沥青来保护地板和墙体的中下部。没有发现窗户，那些房间可能通过它们开向庭院的宽而高大的门或通过天花板上的圆孔采光，这些圆孔可以用蘑菇形状的泥"栓"堵住。一些楼梯的残余表明至少在王宫的一些部分存在着二楼。至于排水，则是通过铺在路面下的砖砌排水沟和铺设在地下 10 米处的沥青内衬黏土管来实现的。整个排水系统的布局和安装都非常巧妙，以至于在挖掘期间某一天暴发的猛烈的暴雨在几小时内就被排泄出去。在被废弃了 4000 年之后，这一排水系统再次最高效地发挥了作用！[19]

王宫的家具或是被那场毁灭了马瑞的大火所烧焦，或是破碎在尘土之中，所以关于那些王座、椅子、桌子或国王的床，我们几乎一无所知。然而，我们或多或少知道国王吃了些什么，我们要感谢最近做了一些相关研究的博特罗（Bottéro）教授，因为对于巴比伦人的饮食问题我们所知甚少。[20] 他做出了一些惊人的发现，从汉穆拉比时代以来（我们目前所知 5 个档案中的 4 个属于公元前 1800—公元前 1700 年期间），正如当时所说，烹调食物或"装饰"食物的艺术已臻于完美，厨师（nuhatimmum）是一位有造诣的艺术家。种类繁多的食物和制备方法（在水中煮沸，有时与脂肪混合，蒸制、烘焙、在灰烬或余烬下烹调），使用不同的工具，在同一种混合物中添加不同佐料，因此产生了微妙的味道，并以可增进食欲的方式呈现完成的菜肴。

第十三章 汉穆拉比时代　　251

217

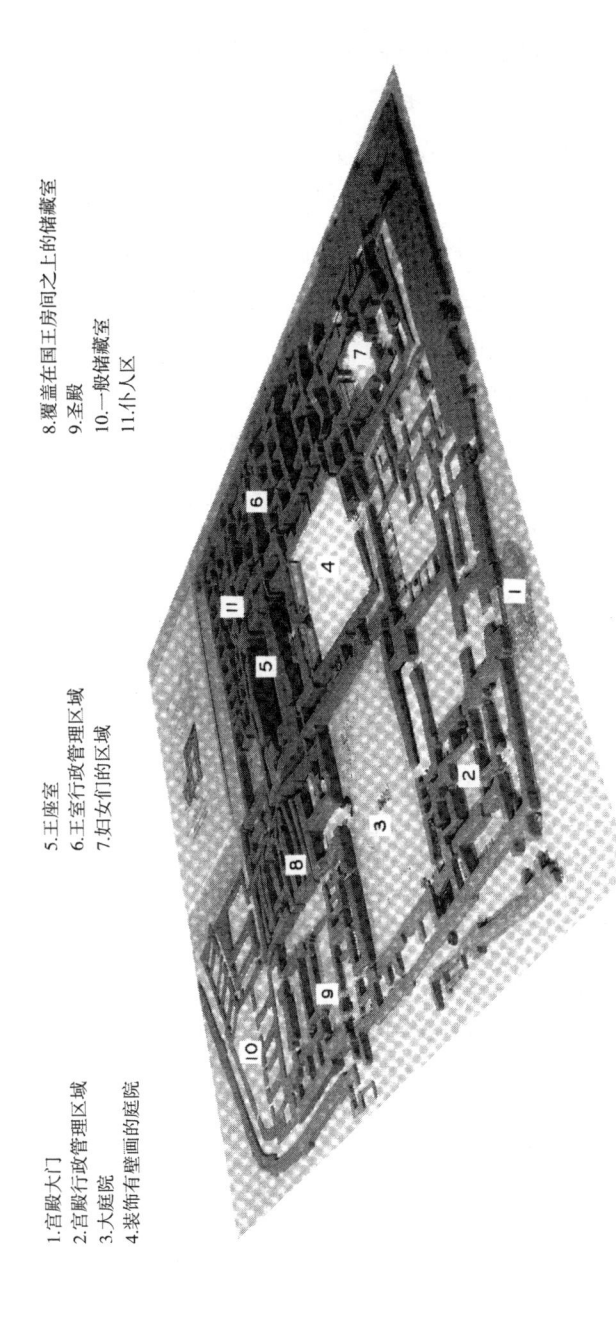

1.宫殿大门
2.宫殿行政管理区域
3.大庭院
4.装饰有壁画的庭院
5.王座室
6.王室行政管理区域
7.妇女们的区域
8.覆盖在国王房间之上的储藏室
9.圣殿
10.一般储藏室
11.佣人区

马瑞的金瑞-林宫殿。伟勒（Vuillet）所制废墟模型。来自J. 马尔盖龙：《罗浮宫博物馆》，巴黎（J. Margueron, *Louvre Museum*, Paris）。

金瑞-林的仆人们烹制各种肉类（牛肉、羊肉、山羊、鹿和瞪羚）、鱼类、鸟类、家禽，大部分是烧烤或烘烤，但也在陶器中炖煮，或在青铜大气锅中煨，并佐以浓郁辛辣的大蒜酱汁。还有精心准备的蔬菜、汤、各种各样的奶酪，新鲜的、晒干的或制成蜜饯的水果，各种形状和尺寸的美味蛋糕，以及不同品质的啤酒和叙利亚葡萄酒。因为没有确切的烹饪时间和温度指示，而且因为我们不能理解某些食物的阿卡德语名字，所以今天重现这些菜肴是不可能的。也许它们的味道也会让我们现代人的味觉受到冲击。然而，这种高级烹饪无疑是今天土耳其和阿拉伯烹饪的鼻祖，是两河流域文明在公元前2千纪之初达到高度文明的另一个见证。

正如马瑞王宫描绘了两河流域国王生活的环境一样，在王宫各个房间里发现的泥板，以及在其他两河流域城市发现的汉穆拉比的信件，为我们清晰地描绘了他们的日常工作。这些档案中浮现出的最令人震惊的事实，或许是国王自己对于王国事务所表现出的兴趣。行省总督、军队将领、派往外国宫廷的使者、各个等级的官员，甚至是个人都不断地写信给他们的君主，使他知道在他们自己的特别领域内发生了什么并寻求建议。在回信中，国王给出命令、鼓励、责备、惩罚或是要求提供更多的信息。由护送信使携带的信件源源不断地进出宫廷。军事和外交事务、司法和公共工程自然构成了国家通信的大部分内容，例如我们看到汉穆拉比处理现在是南方各行省都城的拉尔萨的各项事务，宣布法律裁决、任命官员、召集文职官员到他的宫廷、下令挖掘和清理水渠。同样地，雅斯马赫-阿达德和金瑞-林做出了关于游牧部落人口普查、军事动员、与他们的王室"兄弟们"交换礼物和思想的指示。但是，一些更琐碎的话题也会被提及，正如我们将在一些随机提及的例子中所看到的那样。被亚述篡位者雅斯马赫-阿达德在马瑞所俘虏的亚赫顿-林的女儿们，现在长大了，沙马西-阿杜写信给他的儿子建议将她们送到他在舒巴特-恩利勒的宫殿，她们在那里将被教授音乐。马瑞制造的战车比埃卡拉吞制造的战车质量更好，伊什美-达干要求他的兄弟送给他一些战车和技术高超的木匠。[21] 在泰尔喀[22] 出现了大量蝗虫，该城市的总督送了数篮子蝗虫给他的主人金瑞-林，他像现在的阿拉伯人一样喜爱这一美味。[23] 还是在泰尔喀，一个男人做了一个奇怪的、不祥的梦，成为城里人们谈论的话题，国王将很有兴趣听到它。[24] 萨伽腊吞（Sagaratim）的总督雅吉姆-阿杜（Iaqqim-Addu）[25] 抓住了一头狮子，他将它装在一个木笼子里，正用船将它运送给金瑞-林。在马瑞附近，一个残缺不全的孩童尸体被发现了，宫廷的负责人巴赫迪-林（Bahdi-Lim）向国王保证将立即进行调查。王宫里的一个女奴逃跑了，从阿淑尔逃到马瑞，沙马西-阿杜要求他的儿子将其护送回来。一个被流放到哈兰附近那胡尔（Nahur）的妇女不满意，她祈求金瑞-林："我的主人你可以写一封信吗？这样他们就能将我带回，我就能再次见到我想念的主人了。"[26] 就是这样，以一种简单的、就事而论的风格一封接着一封，与官方铭文浮夸的腔调形成鲜明的对比："对我的主人说，您的仆人X的话如下。"[27] 这是我们能够真正与这些人相处、理解他们的问题和分担他们的忧虑的罕见时机。与此同时，我们意识到书写的艺术已经如此广泛、书吏的数量如此众多、王室的大臣如此高效、国王和他的官员们如此繁忙和尽责。没有什么能比参观马瑞王宫和浏览其档案内容更能给人穿越时光的感觉了。

房屋里的公民

生活在几乎 4000 年前的两河流域普通城镇市民（awêlum）的状况对我们来说还有待研究，为此我们必须沿着幼发拉底河下行约 900 千米，从马瑞到伟大的乌尔。在那里，建筑遗存与文献相结合再次给出几乎我们需要的全部信息。L. 吴雷先生在 1930 年至 1931 年挖掘出的 8000 平方米的街道和私人住宅保存得如此完好，即使在今天，经过多年的风雨，它们也能让人生动地回忆起过去，这样的情形仅在庞培（Pompeii）和赫库兰尼姆（Herculaneum）的废墟中能够看见。[28]

冬天泥泞，夏天尘土飞扬，被扔在房屋外面并永远不收集起来的垃圾所污染，街道几乎没有任何吸引力。它们在紧凑的房屋之间蜿蜒而行，没有太多的规划：空荡荡的、没有窗户的正面偶尔被小门穿过。然而，分布在集市各处或坐落在房屋之间的小商店，在简朴的风景中增添了一种欢乐的气氛。像现在东方的露天商店一样，他们由一间向街道敞开的陈列间、一间或几间用来储藏货物的后室组成。我们并不知道在那里出售什么：陶器，或许还有工具、衣物和食物？或者它们是理发师、鞋匠、裁缝和清洁工们——就像大英博物馆所藏出土于乌尔的一块泥板所叙述的

第十三章 汉穆拉比时代

正在与一位顾客吵架的那类人——的店铺。[29]每隔一段时间，铁匠黑漆漆的车间里的火炉就会发出阵阵红光，餐馆的砖柜台上，人们可以购买并在泥碗里食用洋葱、黄瓜、炸鱼或美味的烤肉片。或者是一个小教堂，在门口两侧悬挂着陶土雕像做宣传。进入庭院，将一把椰枣或是面粉放在祭台上，写一篇短的祈祷文给正在其壁龛中微笑的神，仅花费几分钟时间，却能被授予长久的祝福。

街道上车辆非常稀少：对于二轮运货马车而言它们太窄了，甚至一头大负载的驴子就能阻塞大部分街道。去商店购物的仆人、挑水工、流动小贩，为了躲避太阳的暴晒而紧跟着墙壁的阴影而行。但在清晨或是临近傍晚，在十字路口的一位公共作家或是背诵《吉尔伽美什》故事的讲述者周围能聚集起一小群人。同时，成群、吵闹的孩子们在他们往返学校的路上，每天有两次或三次涌入街道。

如果我们推开一扇门进入一间房屋，一个令人愉悦的惊喜正等着我们，因为它比外面看起来凉爽、舒适和更加宽敞。在一间小前厅中清洗我们的双脚，然后进入被砖铺砌的中央庭院，它的中心有一个垂直的排水沟，所以在雨季它能被冲刷干净且不被淹没。围绕我们周围的就是这样的建筑。墙体用灰泥涂抹均匀，刷成白色，但我们知道它们的上半部分是使用泥砖，它们的下半部分是精心铺设的烧砖，用黏土泥浆勾缝。一米宽的走廊由环绕着院子的木杆支撑着，并将这一建筑分为两层：房子的上一层生活着房屋的主人和他的家人，底层则为仆人和访客保留。我们能认出厨房、工作间和储藏室、浴室和盥洗室以及所有东方居室永恒不变的特征：长长的、椭圆形的房间，里面摆放着（床和）睡椅，客人们在那里受到款待并在此过夜。房屋里的家具，包含一些桌子、椅子、衣柜和床，还有大量的地毯和垫子，当然现在已经消失不见了。[30]

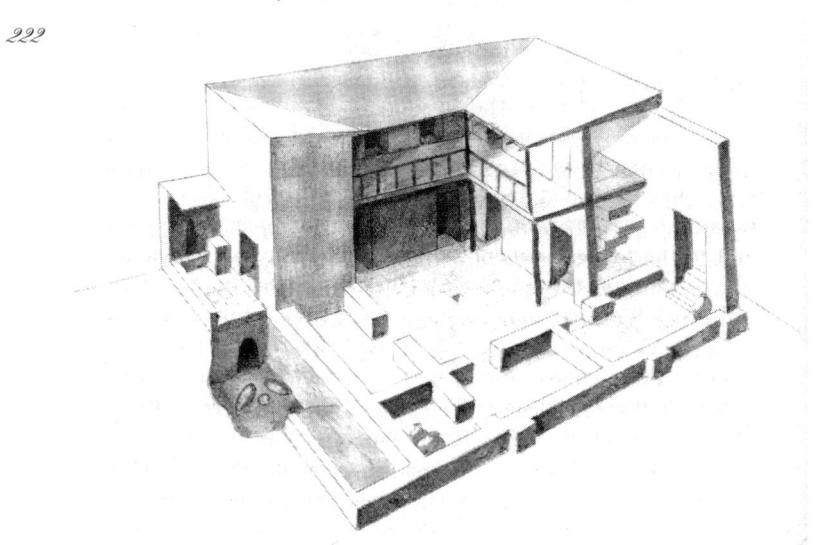

公元前 2 千纪上半叶位于乌尔城的一间私人房屋。要注意在图画的左边，家庭小教堂在墓穴之上。由作者根据莱纳德·吴雷在 1976 年出版的《乌尔挖掘卷七》(Sir Leonard Woolley, *Ur Excavations*, VII, 1976) 中的平面图重建。

上述描述适用于伊辛-拉尔萨和古巴比伦时期乌尔城里的大多数房屋，那些参观过近东的人对这些描述听起来会非常熟悉。它也适用于任何旧式的阿拉伯房屋，就像今天在阿勒颇、大马士革或巴格达的一些地区仍然可见的那些房屋一样。王国和帝国消失了，语言和宗教改变了，许多习俗废弃了，但是这种房屋类型仍然和数千年前一样，只是因为它最适合于那一地区的气候和居民的生活习惯。但我们巴比伦人的房屋有一些附属结构不复存在了：在建筑物的后面是一个长而窄的院子，部分是露天的，部分用顶层屋顶遮盖。这个屋顶保护着一个砖做的祭台和一个刻有凹槽的柱子,柱子上面站着这个家庭保护神的雕像,即巴比伦人心爱的"人格化神"。在庭院的露天部分,在砖砌的路面之下是除孩童之外的所有家庭成员都要依次埋葬于其中的拱形墓,而去世的孩童则要被埋葬在容器或是家庭小教堂的周围。因此,保护神崇拜和祖先崇拜与房屋内部紧密相连。死者不再像早些时期一样埋葬在远离城镇的墓地,而是要继续参与家庭生活。

在房屋内发现的物品和泥板为了解主人的职业提供了宝贵的线索。例如,我们知道一个私人学校的校长名为伊格米勒-辛(Igmil-Sin),他教授书写、宗教、历史和数学。发现于别处的一些其他文献提供了有趣的、有时是好笑的关于那些未来书吏们的时间表、实际工作、竞争精神、成绩、旷课和体罚的信息,甚至有些文献揭露了某些父亲急于看到他们的儿子取得更好的成绩而毫不犹豫地贿赂老师。[31] 尽管我们很难相信发现于铜匠吉米勒-宁吉什兹达(Gimil-Ningishzida)工厂里的苏美尔-阿卡德语文法书是供他自己使用的,但是我们完全理解"旧街1号"(No. 1, Old Street)的铜商、不幸的投机者埃阿-那西尔(Ea-nâsir)是如何把其一部分房屋卖给他的邻居的。[32] 所有这些人都是谦逊的中产阶级市民,从他们房屋的规模、结构和舒适度来看,他们具有较高的生活标准。然而,如果他们中仅有一些人能保持繁荣,那么其他的人则半途才衰落下去。在汉穆拉比统治下,权力和财富从南方转移到伊拉克中部,再加上波斯湾海上贸易的限制,必然严重地影响了乌尔富裕的商人们。[33] 然而,他们的城市不再像伊辛和拉尔萨争霸期间经常发生的那样权力被传来传去。两河流域现在统一于一位强大且令人尊敬的君主之下，对汉穆拉比的众多臣民来说，未来充满了希望。但这一和平和稳定的时期是短暂的：10年，至多20年。下一代将不得不面对新的战争和目睹那些不仅影响两河流域而且影响整个近东的可怕变化的开始。

第十四章
新的民族

公元前 2300 年至公元前 2000 年——在两河流域阿卡德人、库提人和乌尔第三王朝统治时期——在托罗斯山脉和扎格罗斯山脉之间的区域发生了许多重要事件。许多从遥远地区而来的民族进入了小亚细亚，并且在安纳托利亚高原的中心地带建立国家，这个国家便是后来的赫梯王国。大约在同一时期，在亚美尼亚（Armenia）以及伊朗地区，其他的外来者也在胡里人和加喜特人中作为统治贵族安定下来。400 年后，赫梯人袭击巴比伦，加喜特人推翻了汉穆拉比苦心积虑建立起来的王国，胡里人在他们的"米坦尼人"（Mitannian）领导下，牢牢占据着两河流域北部地区的半壁江山。

赫梯人、米坦尼人以及加喜特人的统治阶级，若用民族语言学体系来划分，都属于一个非常庞大的语系——印欧语系（Indo-European），他们的迁移活动仅仅是当时更为广阔的民族大迁徙的一部分，这个民族大迁移不仅对欧洲、印度，也对西亚产生了重要的影响。在上述这些地区，外来民族入侵带来了多重的、深远的以及长期持续的影响，其中最为重要的是在两河流域以及其北部和西部两侧地区兴起了许多年轻、充满活力的国家，以及埃及对近东政治的参与。从公元前 1600 年起，在近东产生的政治问题已经上升到真正的国际层面，再也不能把伊拉克当作是孤立的——或者几乎是孤立的——与世界其他地方隔绝了。两河流域的历史不得不在越来越广泛的背景下描绘，现在包括埃及和安纳托利亚，将来包括拥有米底和波斯的伊朗，最终包括拥有希腊-马其顿（Greco-Macedonian）征服者的欧洲。如果我们想要理解之后的历史事件，我们必须在这个阶段大大放宽我们的眼界。这一章将试图对印欧民族的迁徙做一个鸟瞰，随后对约公元前 20 世纪至公元前 16 世纪的赫梯人、胡里人、叙利亚人以及埃及人的历史进行一个概览。

印欧民族

印欧语系是一个十分庞大的语系，其所包含的语言现在被许多相隔甚远的国家使用，如美国、印度、斯堪的纳维亚（Scandinavia）以及西班牙。所有的现代印欧语（除去巴斯克语［Basque］、芬兰语［Finnish］、匈牙利语［Hungarian］）、亚美尼亚语（Armenian）、波斯语和一些印度方言，以及古代的赫梯语、梵文、希腊语、拉丁语和一些其他语言都属于这一语系。尽管有一些明显的不同，但很容易看出这些语言有非常密切的内部联系，通常认为它们来源于一个没有留下书写材料痕迹的"共同印欧语"（Common Indo-European Language）。[1] 而且，通过对词汇的比较研究，学者们认为所有使用印欧语系的民族，其最初的生活方式和习俗都十分相似：本质上是游牧民，养马技术娴熟，从事间歇性的农业生产，了解车轮、船以及金属工艺，以家庭或部落为单位，崇拜拟人化的神，服从于军事贵族首领的统治。最后，从早期历史时期语言地区分布的情况来推测，印欧语系在发展为许多分支之前的发源地应该在波罗的海（Baltic）和黑海之间，也许位于俄罗斯南部的平原地带。但是，当人们试图将在东欧留下痕迹的各种铜石并用文化与印欧语系民族进行联系时，就会遇到困难，因为书写直到很晚时期才出现在这些地区，而且不能进行精确的识别。但无论如何，这些"黑海"文明，都有一个共同的特征：在墓葬中都出土了石质或铜质战斧，大部分历史学家都认为"战斧武士"（Battle-Axe Warriors）最能代表"最初的"印欧人种。这些考量清楚地表明，接下来对印欧民族迁徙运动的重建在很大程度上属于推测的领域，应该保持相对的谨慎。

  第一次印欧民族的迁徙形式多样，在不同时间到达了不同的国家，行动当然也十分缓慢，用了数十年甚至几个世纪来完成。就目前所能确定的范围而言，他们开始于公元前3千纪末期，以俄罗斯南部的"家乡"为中心向四周迁徙。在欧洲，[2]"战斧武士"沿着伏尔加河（Volga）向北迁徙，横跨波兰和德国的开阔平原向西迁徙。在公元前1600年时，他们已经到达了丹麦（Denmark）和莱茵河峡谷，在那里同可能发源于西班牙的另一个民族"宽口陶器人"（Beaker Folk，因他们使用大的、宽口的喝水容器而得名），进行了融合。他们产生的文明被一些学者视作是繁荣于公元前20世纪末期欧洲中部地区的凯尔特（Celtic）文明的前身（从而形成了语言学上的印欧语系）。但通常并

227

不认为是"战斧武士"将金属传入了欧洲,虽然他们的确加速了金属的扩散。在他们到来之前,和平的商人和工匠早已从高加索或安纳托利亚地区出发,通过多瑙河河谷或地中海将铜传入了这些地区。因此,在一个仍处于新石器时代中期的大陆上,有金属文化的古老岛屿,尤其是巴尔干半岛[3]、匈牙利、西班牙、希腊和克里特。最后两个国家对我们而言尤为有趣,因为它们同爱琴海(Aegean)的诸多国家、埃及以及西亚之间已经形成了密切的联系。

希腊的第一个青铜时代文化,[4] 即早期赫拉迪克(Helladic)文化似乎是由来自安纳托利亚的移民在公元前3千纪之初建立,并且受益于同小亚细亚、基克拉迪群岛(Cyclades)以及克里特密切的商业交流。然而大约在公元前1900年,希腊半岛经历了大规模的入侵,导致其建筑、丧葬习俗以及制陶方式发生了彻底的改变。大型城镇在小村庄的废墟上修建;一种灰色的、轮制的陶器代替了先前的黑色的、手工制成的陶器,这些新移民死后的随葬品中有大量的青铜武器,有时还会有战斧,这似乎都暗示着中期赫拉迪克文化是由印欧民族引入的。紧随其后的后期赫拉迪克文化和迈锡尼文化从许多方面显示了它们源于中期赫拉迪克文化的内部发展。从迈锡尼人(Mycenaeans)使用的一种印欧语系方言,实际上是希腊语——被文特里斯(Ventris)对线性文字 B(Linear B)的释读所证明[5]——人们可以合理地推测出印欧语系移民大约在公元前18世纪初到达了希腊半岛,也就是汉穆拉比统治巴比伦的时间。

当希腊处于被征服和重组的时候,克里特岛则产生了辉煌的米诺斯文明(Minoan)。[6] 克里特是埃及和亚洲影响的交会地，事实上，它的文明发展是由早期与埃及的接触而激发的，本地的青铜产业则起源于安纳托利亚高原。早期米诺斯文明（？公元前 2500—公元前 1850 年）的圆顶墓和双面斧护身符，让人回想起两河流域发现的相似但更加古老的史前时代的纪念碑和古物。然而这一混合的最终结果便是其具有极其原始和惊人的"西欧"特征。如果在克诺索斯（Cnossos）、马利亚（Mallia）和菲斯托斯（Phaistos）的宫殿设计与同一时期在马瑞的宫殿设计相似的话，它们的建筑和装饰也并不比卵形"卡马瑞斯"（Kamares）陶器更归功于外国艺术。米诺斯的象形文字和写在泥板上的线性文字 A（Linear A）——目前都还没有被破解——也不是起源于外国。米诺斯文化中期（公元前 1850—公元前 1550 年）相当于埃及的中王国时期、巴比伦第一王朝时期，在这一时期克里特给予的大于它得到的：它向爱琴海和东地中海诸多国家输出它所生产的物品，帮助希腊大陆年轻的迈锡尼文明逐渐成熟。然而在公元前 1450 年，米诺斯文明被社会和（或）政治动荡残酷地摧毁，而这种动荡的性质尚未完全阐明。迈锡尼人登陆了该岛，反过来又在米诺斯文化上烙上了自己的文化印记，最终建立了一个海岛帝国：印欧民族征服了海洋。

现在我们从欧洲转向亚洲。在亚洲，另一支讲印欧语系的民族——雅利安人或印度-雅利安人（Indo-Aryans），在公元前 3 千纪时从俄罗斯的南部地区向南迁徙。在迁徙途中，有一支队伍一分为二：一支队伍横跨伊朗或高加索，穿过亚美尼亚山区，最终到达托罗斯山麓地界，在这里同一个十分古老的"小亚细亚"民族即胡里人融合；另一支队伍则紧紧地控制其他小亚细亚诸部落和加喜特人,在更南的地域——扎格罗斯山麓和伊朗高原建立了统治。大部分雅利安人则坚持着东南方向的路线,最终到达了以前属于印度现在属于巴基斯坦的德信和旁遮普。通过对印度河河谷的两个遗址摩亨佐-达罗和哈拉帕进行的长达14年的考古发掘发现,在公元前3千纪时,这一地区是印度文明或者说是哈拉帕文化最为繁荣的中心地区。[7] 它的城市经过合理的规划,拥有舒适的砖房,以及吸引人的绘画陶器、精美的雕刻、精心雕刻的印章。哈拉帕文化甚至可以同苏美尔文明相媲美,并且在这里存在着一定的证据证实大约在阿卡德时期,"原始印度人"和两河流域的居民有着商业交流。根据传统理论,哈拉帕文化大约在公元前1550年时被雅利安人毁灭,但最近又有新的设想认为雅利安人入侵印度河河谷并且毁灭它们并非一蹴而就,而是耗时好几个世纪。一些学者则认为其毁灭于巨大的洪水,其他人则认为在更早的时期(公元前1750年),来自印度中部和南部的属于铜石并用时代(Chalcolithic)的部落便已经开始对它们进行破坏。[8]

上述就是我们对两个密切相连的民族进行更加深入研究必须要了解的历史大背景,他们由于特殊的地理位置与两河流域有着紧密的联系,并对其历史发展产生了重要影响:(他们便是)赫梯人和胡里人。

小亚细亚和赫梯人

目前发现的最早的居住点可以追溯到新石器时代(约

第十四章 新的民族

公元前7000—公元前5400年），位于安纳托利亚高原南部（哈西拉、恰塔尔-休于、基兹卡亚［Kizilkaya］）和西里西亚平原地区（梅尔辛、塔尔苏斯［Tarsus］）。大约在同一时期的耶利哥（Jericho）、耶莫（Jarmo）以及哈苏纳，它们在许多方面与这些遗址相似，如工具设备、雕像、建筑等，虽然在恰塔尔-休于遗址的出土物显示了一个更为精细和原创的预制陶器的新石器阶段。[9] 甚至在西里西亚以及附近的阿穆可平原，靠近安堤阿（Antioch），[10] 这些具有浅黄色、棕色或黑色抛光陶器的新石器文化，它们既不来源于叙利亚-巴勒斯坦，也不来源于两河流域。但在随后的早期和中期铜石并用时代（公元前5400—公元前3500年），许多属于哈拉夫文化以及之后欧贝德文化的碎片出现在这些地区，与此同时在恰塔尔-休于、哈西拉以及更西一些的贝塞苏尔坦（Beycesultan）出现了本土的彩陶。

早期青铜时代（约公元前3500—公元前2300年），在小亚细亚的其他地区，人口不断增加，一个十分灿烂的文明在安纳托利亚的西半部地区（特洛伊、阿里嚓尔、阿拉贾［Alaca］、波拉蒂［Polatli］以及其他地区）发展起来，随后向马其顿（Macedonia）、塞萨利（Thessaly）和爱琴海诸岛等地扩展。相比而言，这一国家的东部地区以及亚美尼亚看起来发展得较为缓慢，这可能是一个错误的印象，也许是土耳其在那个地区的考古发掘非常罕见所致。青铜时代文化虽然在细节上因地而异，但许多特征使整个史前时代的小亚细亚具有一定的统一性：陶器以单色为主，磨光、深色，极具吸引力；房屋由石头或泥砖制成，墙壁以木质横梁加固，金属制造业达到了较高的水平，在特洛伊二期文化（约公元前2600年）的所谓"普里阿摩斯宝藏"（Priam treasure）以及在阿拉贾（约公元前2400年）"皇家墓地"中奢华的家具中体现出来。[11]

大约在公元前2200年，入侵者暴力造成的广泛的破坏——可能主要是以卢威人（Luwians，见原著第271页）为主——标志着这个没有名字的文明的结束。小亚细亚西部地区陷入了长达几个世纪的半黑暗时代，但安纳托利亚的中心地区很快恢复过来。这一地区中期青铜时代以重要设防城市的建筑遗址和本土彩陶的广泛应用为特征，包括极具吸引力的"卡帕多西亚"（Cappadocian）陶器。也是在这一时期，安纳托利亚开始有了历史，虽然其第一份书写文献来源于国外。

小亚细亚是古代近东主要的金属冶炼中心之一。两河流域和其北部邻居之间十分悠久且活跃的贸易活动导致了在亚述的萨尔贡一世（Sargon I of Assyria）统治时期（约公元前1900年）——如果不是更早[12]——在托罗斯山脉以外建立了许多亚述的贸易殖民地。其中一个殖民地位于博阿兹柯伊（Boghazköy），后来成为赫梯的首都；另一个——最重要的一个——在库勒丘被发掘出土（古代的卡内什〔Kanesh〕）。在那里，德国和土耳其的考古学家们历时多年挖掘出了贸易者的房屋以及他们大量的"商业信件"。当然，这些信件都是泥板文书，通常装在密封的黏土信封里，使用一种被称为"古亚述语"的阿卡德方言书写。因为这些信件至少包含了六代人的信息，它们告诉了我们关于商人和他们贸易的大量信息，比如他们向亚述出口银子、金子以及大量的铜，进口锡（*annakum*）和纺织材料。锡可能是亚述商人从阿塞拜疆和埃兰得到的,或许安纳托利亚人已经学会使用阿富汗当地生产的铜来制作青铜。白银通常用来充当支付货币。货物用驴车队来运输,我们可以追踪他们从亚述到库勒丘 1500 千米的轨迹,反之亦然,通过杰济拉到托罗斯山口。亚述商业团体的活动由阿淑尔城的富裕家庭提供资金支持,被掌控在一个被称作"卡如姆"(karum)的组织手中,这个组织相当于一个商会,法庭和"领事馆"则被每年一任的主席或"名年官"(limmu)管理。但也许这些信件最重要的价值在于,它是我们了解安纳托利亚历史初期种族以及政治结构的唯一信息来源。他们把整个国家的经济掌控在自己手中,亚述商人通常与本地居民和他们酋长之间的关系十分友好,虽然这些酋长会对商业交易的每一个阶段都收取一定的税收而使自己致富。国家被分成大约十个小王国,似乎服从于一个被称为"王中王"(prince of princes)的统治者。有一些当地人从名字上看应属于古老的"小亚细亚"阶层(哈提人[Hattians]),但大量印欧语系名字的出现,显示了"赫梯人"早已横跨博斯普鲁斯潜入了小亚细亚。

从广义上说,"赫梯人"一词包括了所有的入侵者——三个说不同语言的民族,虽然这些语言与印欧语言有密切的关系:卢威语、巴莱语(Palaic)和涅西特语(Nesite)。卢威人最先到达,他们可能要对标志着早期青铜时代文化结束的破坏负责。其他民族稍晚到达,很快他们便在半岛上四处分散。卢威人,他们的语言后来采用象形文字书写,在西里西亚的西部地区沿海岸定居;巴莱人可能在西瓦斯(Sivas)的丘陵地区定居;所谓的涅西特人则居住在卡帕多西亚——实际上，奈萨城（Nesa）或奈沙城（Nesha）已经初步确认为就是后来的那奈什－库勒丘（Kanesh-Kültepe）。几个世纪之后，这些讲涅西特语的入侵者征服了安纳托利亚平原的中部地区和安卡拉（Ankara）的东部地区，这个国家被当地民族称为哈提（Hatti），他们民族的名字也来源于此。他们变成了赫梯人，在公元前第二千纪的近东历史上发挥了重要的作用。[13]

从最近的文明国家叙利亚，赫梯人借用了两河流域发明的楔形文字符号，并把它们改编后运用到他们自己的印欧语言中。目前我们所拥有的大部分赫梯文献最早不超过公元前14或公元前13世纪，但有时它们会记载更为遥远的事情。例如，在一个文献中，讲述的是库萨腊（Kussara）国王皮特哈那斯（Pitkhanas）和他的儿子阿尼塔斯（Anittas）征服了5个临近的王国（包括哈提），并将他的王宫迁到奈萨。这些统治者的名字也在出土于库勒丘的泥板中出现，而阿尼塔斯发动的这些战役似乎结束了亚述在卡帕多西亚的殖民统治，这些事件的发生日期可以追溯到约公元前1750年。随后发生了一场宫廷政变，另一位库萨腊国王拉巴那斯一世（Labarnas Ⅰ，约公元前1680—公元前1650年）宣称"以海洋为边界"，并把征服的领土在他的儿子们之间分割。拉巴那斯的来历十分模糊，但却被赫梯的君主视为真正的祖先，他为古赫梯王国——一个对赫梯来说短暂但却相当辉煌的时期的建立奠定了坚实的基础，在随后的章节中我们将会看到。

暂时离开赫梯人，我们现在必须把注意力转向他们最有趣的邻居：胡里人。

胡里人和米坦尼人

90年前,因为一个单独的楔形文字文献(一封在埃及阿马尔那[el-Amarna]出土的书信)以及《圣经》中的提及("何利人",《创世记》第三十七章:第20—30节),胡里人成为历史学家和考古学家极感兴趣的主题。与赫梯人不同,他们在公元前15世纪以前的近东政治生活中几乎没有发挥作用,并且也只存在很短的一段时间。虽然现在有大量的证据证明,他们在公元前第二千纪的两河流域和叙利亚的人口中具有重要和积极的影响,但是在许多方面他们仍旧保持着神秘色彩,我们对他们的了解只能用少量句子来描述。[14]

胡里人用楔形文字来书写他们的语言,其语言既不属于塞姆语也不属于印欧语,而属于一个模糊的、所谓的"小亚细亚"语族,与它最接近的语言是乌拉尔图语(Urartian),在公元前第一千纪时被乌拉尔图(Armenia,亚美尼亚)使用。其国家神是泰舒坡神——群山的暴风雨之神,其配偶是赫帕神(Hepa),一位母亲神。胡里人是否拥有自己的艺术风格还有待商榷,但在一些地方出土的与他们相关的陶器却十分独特。这些优雅的高脚杯装饰着花朵、鸟类和几何图案,在深色背景上涂成浅黄色,与当时两河流域的朴素陶器形成鲜明的对比,史前时代的哈拉夫或欧贝德的彩绘器皿可与之媲美。

通过对语言和宗教的分析可以推测出,多山的北部地区,更精确地说亚美尼亚是胡里人的发源地,但从来没有严格限制在哪个地区。我们已经知道（原著第156页）胡里人在阿卡德时期已经在底格里斯河的上游和幼发拉底河上游地区建立了王国。在尼普尔附近的德莱海姆（Drehem）出土的属于乌尔第三王朝时期的经济文献中出现的一些孤立的人名显示，胡里人已经形成了一些小规模的移民团体居住于苏美尔，类似于现在居住在伊拉克的亚美尼亚人。在公元前第二千纪的第一个四分之一时段里，胡里人在"肥沃新月"的渗透，至少在许多地方是以和平的方式进行的。在公元前1800年之初，胡里人便成了位于阿勒颇和安提阿之间的叙利亚城镇阿拉拉赫（Alalah）的主要居民。[15] 同时，用胡里语书写的胡里的私人名字和宗教文献被发现于马瑞和卡伽尔-巴扎尔出土的档案里。大约一个世纪之后，胡里人实际上掌控了伊拉克北部地区。他们占据了靠近基尔库克的城市伽苏尔（Gasur），将它的名字改为奴孜（Nuzi），采用前塞姆语居民的语言和习俗，建立了一个十分繁荣的胡里人社群。[16] 靠近摩苏尔的高腊丘和比拉丘（Billa）[17] 同样地受到他们的影响。在公元前1600年后，胡里人的陶器取代了哈布尔河谷特有的粗糙的彩陶，胡里风格统治了叙利亚北部、伊拉克北部和杰济拉。公元前15世纪初期，胡里王国足够强大，以至于能够遏制东方的亚述人、西方的赫梯人和埃及人。这个王国的中心在巴利克-哈布尔（Balikh-Khabur）行政区，亚述人称之为哈尼伽勒巴特（Hanigalbat），西塞姆人则称之为那哈瑞姆（Naharim）。很可能我们的胡里人（胡里）的称谓在奥罗（Orrhoe）——现代城市乌尔法（Urfa）的希腊语名字——幸存了下来。

在诸多文献中都将杰济拉的胡里王国称作米坦尼（Mitanni），通过这一词衍生出的"米坦尼人"，是在一定时期内从胡里人社会中辨别出来的印欧元素。印度雅利安人在何时、以何种方式同胡里人融合并且控制他们，我们不得而知。但毫无疑问，至少在公元前15世纪至公元前14世纪，他们作为领导阶层的贵族已经和胡里人居住在一起。许多米坦尼国王的名字，如马提瓦扎（Mattiwaza）、图什腊塔（Tushratta），以及运用在武器领域中的术语马瑞安奴（mariannu），很可能来自印欧语系。而且，在米坦尼和赫梯的条约中提到的米特腊西勒神（Mitrasil）、阿如那西勒神（Arunasil）、因达尔神（Indar）以及那萨特亚那神（Nasattyana）就是熟知的雅利安的米什腊神（Mithra）、瓦如那神（Varuna）、因德腊神（Indra）和那萨特亚斯神（Nasatyas），他们经常与泰舒坡神和赫帕神一起被崇拜。毋庸置疑的是俄罗斯平原上的古老游牧民族将驯马术教给了胡里人——一个居住在博阿兹柯伊的胡里人用印欧语的相关术语写了关于这一主题的一篇完整论文——并用这种方法介绍或者推广了马在近东地区的使用。[18]

如果胡里人对两河流域文明的贡献可以忽略，他们对稍微落后一点的叙利亚文明的影响虽然很难去界定但却很大。无论如何，他们对叙利亚大规模的入侵引发了一系列政治动乱和民族运动，这种影响甚至波及遥远的埃及。

此图上面一排是所谓的"哈布尔陶器"（Khabur pottery，公元前 16 世纪）的样品，来自卡伽尔-巴扎尔。下面一排是所谓的"奴孜陶器"（Nuzi pottery，公元前 15 世纪）的样品，来自阿拉拉赫和奴孜。来自 L. 马洛温:《伊拉克》Ⅲ，1936；莱纳德·吴雷:《一个被遗忘的王国》，1953（M. E. L. Mallowan, *Iraq*, III, 1936 and Sir Leonard Woolley, *A Forgotten Kingdom*, 1953）。

叙利亚和埃及

大致相当于现在叙利亚共和国西部和南部的边界线，将古代叙利亚（Syria）[①]分为了两部分——北部起伏的平原和山地，南部的丘陵和沙漠地带——这两个地区在史前时代便有着不同的发展。限于篇幅，我们只能就感兴趣的主题进行简要叙述。[19] 在遥远的早期，叙利亚北部地区就受到了两河流域文明的影响，因为它是连接底格里斯-幼发拉底河流域与地中海——在某种程度上是安纳托利亚地区的纽带。如果北部地区的几百个土丘如同黎巴嫩或巴勒斯坦地区一样被彻底发掘，那么在埃卜拉地区所发现的属于公元前3千纪中期、对苏美尔-阿卡德文明（见原著第142页）做出重要贡献的一个强大的王国就不会让我们完全出乎意料。然而出乎预料的是，埃卜拉的居民们使用的语言是目前仍旧不曾被破译的塞姆语方言，它虽然属于西塞姆语，但与阿卡德语很近似。

在那一时期，南部——当然居住着其他的塞姆人——面临着埃及。[20] 在埃及古王国时期（约公元前2800—公元前2400年）的文献中便已经证实早在前王朝时期，埃及同黎巴嫩或巴勒斯坦便存在交流和联系。这一时期是伟大的金字塔时代，埃及就像它的纪念碑一样：崇高、庞大且坚不可摧。勤劳的平民和外国奴隶组成的军队听从于法老

[①] 此处的"Syria"采用最广义的用法，包含现在的叙利亚、黎巴嫩、巴勒斯坦和约旦。

（Pharaoh）——居住在孟菲斯（Memphis）的神的化身——和他数不清的大臣的命令。虽然尼罗河河谷十分富裕，但却缺少最基本的材料：木材。而埃及附近易于进入的黎巴嫩山区却拥有大量的松树、柏树以及雪松林，因此两个国家为了双方共同的利益建立了十分活跃的贸易往来。比布罗斯（闪米特语称为Gubla，埃及语称为Kepen）最大的木材交易市场强烈地"埃及化"，并以此为据点，埃及文化的影响沿海岸扩展开来。而古埃及人同巴勒斯坦内陆居民之间的关系则没有那么友好。尤其在内盖夫（Negeb）出没的游牧部落，频繁地进攻埃及在西奈（Sinai）半岛的铜矿山。他们偶尔也掠夺尼罗河三角洲地区，从而迫使埃及的法老们采取相应的报复手段，甚至加固他们的东部防线。但古王国的灭亡导致埃及失去了保护，大部分地区被"沙漠民族"和"小亚细亚人"占领，此后经历了300多年的半政府状态。

公元前第二千纪的第一个世纪见证了西塞姆人在叙利亚和两河流域地区的扩张，这已被早期青铜时代文化和中期青铜时代文化之间的断裂，以及在叙利亚-巴勒斯坦居民中西塞姆语名字的优势所证实。当阿摩利王朝在两河流域许多城镇兴起时，北部叙利亚地区也被许多阿摩利人建立的小王国所分割，其中最重要的便是延哈德、卡尔凯米什和喀特那。在当地统治者的宫殿周边修建着许多大型的防御性城市。例如，在阿拉拉赫国王雅瑞姆-林（Iarim-Lim）的宫殿中出土的物品和雕像在质量上绝不低于同一时期在马瑞国王金瑞-林宫殿中出土的物品。我们已经看到马瑞档案中提供了两河流域与叙利亚之间有时是亲密友好的大量

第十四章 新的民族

证据，实际上没有谁能够逃脱已经控制了从地中海到波斯湾的数量庞大的阿摩利国家的影响。同时，叙利亚和克里特之间的商业联系也得到加强。米诺斯商人在乌伽里特（现在的腊斯－沙姆腊）的港口建立了一个自己的殖民地，[21] 因此精致的卡玛莱斯（Kamares）杯盘便出现在通往叙利亚君主餐桌上的道路上。埃及在中王国时期（公元前2160—公元前1660年）得到了完全的复兴，它重建且加强了同黎巴嫩海岸的联系，通过向阿摩利宫廷赠送大量的礼物从而竭力抵制胡里人在叙利亚北部地区不断增强的影响。无论如何，这可能解释了第十二王朝法老为何将花瓶、珠宝和王室雕像送到比布罗斯、贝鲁特（Beirut）、乌伽里特、喀特那和内腊布（Neirab，靠近阿勒颇）。[22]

黎巴嫩的南部地区则向我们展示了一幅不同的画面。这里比叙利亚北部地区贫穷，不易受外部的影响。在青铜时代中期（公元前2000—公元前1600年），巴勒斯坦在政治上处于分裂状态，动荡的国家处于"部落动荡的痛苦中"[23]，在这里，埃及人没有权威，很明显他们没有将他们的政治和经济优势延伸到此地的野心。在这些混乱的部落中，亚伯拉罕和他的家人的到来——一个在近东地区仍能强烈感受到其后期影响的事件——一定没有引起人们的任何注意。在古代小的宗族或大的部落在叙利亚沙漠中总是不断地从一个地方迁徙到另一个地方，因此没有理由去怀疑在《创世记》（第六章：引节）中所记载的亚伯拉罕的移民从乌尔经由哈兰迁徙到希伯伦（Hebron）的真实性。通过将《圣经》的记载同我们所掌握的考古资料和文献资料的对比，这一迁移活动大约发生在公元前1850年或稍晚,[24]它或许是由当时伊拉克南部地区伊辛和拉尔萨分裂而造成的艰难困境所致。父权制的历史特征得到进一步强化——就像许多年前认为的那样——在公元前15或公元前14世纪的楔形文字文献和象形文献中提到了一类好战的民族,被称作哈比如人（habirû,或者埃及语称为apiru）,听起来很像《圣经》中的伊比瑞（Ibri）,即希伯来人。在这里最终出现了期待已久的非希伯来语来源的亚伯拉罕家族的亲属。不幸的是,最近对这些材料进行的彻底的重新评估证明,毫无疑问哈比如和希伯来之间没有任何联系,仅仅限于名字上十分相似而已。他们既不是一个民族也不是一个部落,而是一个由难民和我们现在所称谓的"流离失所者"而组成的社会阶层,他们经常会变成不法之徒。[25]

约公元前1720年,巴勒斯坦酋长们的动荡和敌对态度已经使埃及第十二王朝最后的几任法老们深感焦虑,最终他们成功地入侵了埃及,并且统治了埃及将近150年的时间。他们被称为希克索斯人（Hyksôs,埃及语"hiqkhase"的希腊语形式,意为"一个国外山地国家的酋长"）。虽然他们占领的区域没有超过尼罗河三角洲,但他们在战争、艺术甚至是语言上对埃及都产生了较大的影响。最后,第十八王朝的国王们将喜克索斯人驱逐出埃及,将他们驱赶到加沙（Gaza）地带。这次英勇的驱逐行动开创了我们所称的新帝国（公元前1580—公元前1100年）,它毫无疑问是古埃及历史上最辉煌的时期。相反,两河流域却衰落了,大约在同一时期（公元前1595年）落入了另一个外族——加喜特人的手中,陷入了长期的政治衰败期。

第十五章
加喜特人

对近东地区进行了粗略的介绍后，我们现在必须转回到两河流域，我们会记起我们离开时是在汉穆拉比统治末期，公元前18世纪中期。

刚刚描述的民族迁徙产生了相应的影响：赫梯人在安纳托利亚的土著居民中建立了统治；胡里人和平地入侵了叙利亚北部和伊拉克北部地区；而在扎格罗斯山背后，雅利安贵族将加喜特人组织起来建立了一个军事国家。如果巴比伦宫廷对这些变化保持清醒的话，他们应该没有任何理由惊慌失措，因为似乎没有任何一个民族会对伊拉克形成直接的威胁。事实上，汉穆拉比建立的"大厦"的第一条裂缝并不是来自外族入侵，而是来自其内部虚弱。巴比伦帝国是个人努力的结果，其建立几乎完全依靠其强大的个人魅力。它是通过短时间内对五个长期独立的王国的侵略而建立的，通过暴力建立了早熟的中央集权。国王试图将巴比伦的政治、经济以及精神生活结合起来，从长远来看有利于两河流域融合为一个整体，但其直接影响是毁灭了行省，从而引发了人们大量的不满，尤其是在繁荣的苏美尔城市和沙马什-阿达德的伟大业绩还鲜活地留在人们记忆之中的亚述地区。因此在汉穆拉比死后（公元前1750

年），随即爆发叛乱，导致他的帝国土崩瓦解也就不足为奇了。这些反叛者轻易取得了胜利，汉穆拉比吞并的四个王国中有三个取得了附属国的地位。反叛行为也很流行，因为巴比伦的国王购买或直接拿走大量财产，市场掌控在贪婪的商人手中，而行省尤其是两河流域南部的行省，因为首都及周边地区的利益变得越来越贫穷。

汉穆拉比的继承者努力去平息这些叛乱，但徒劳无功，只能任由帝国崩溃。他们也无力采取新的政治政策来适应新的形式。[1] 为了弥补他们失去的佃农的租金和税收，他们努力地去提高仍旧处在他们控制下的小土地上的农业生产。为了弥补与海湾国家贸易萎缩而带来的利益减少，有许多商人变身为银行家：他们同王室勾结，为小农和小商店主提供贷款以购买器材。[2] 从此上千万的家庭永远地背上了债务，而许多私人债权人则变得更为富裕，甚至可以达到威胁国家的地步。并且，为了增加谷物产量，土地所有者违反土地的休耕原则，使得土壤的肥沃程度降低，加速了土地的盐碱化。[3] 因此，仅在一个世纪内（约公元前1700—公元前1600年），巴比伦尼亚从政治上的瓦解延伸到经济上的无序和生态上的灾难。国家变得摇摇欲坠，仅在赫梯一次小规模的袭击下便土崩瓦解，这便是古巴比伦第一王朝。

讽刺的是，正是加喜特人——一个被认为低等的、半开化的民族——的王子登上了（赫梯人）留下的王座。他们明显地采取了许多必要的措施，慢慢地使巴比伦尼亚发展成一个繁荣的国家，被周围强有力的邻居尊重和敬仰。加喜特人的统治超过了4个世纪，然而遗憾的是，由于相关材料的缺失，这个长久而又有趣的时期成了古代伊拉克历史上被知道得最少的时期。

汉穆拉比的继承者

汉穆拉比的儿子兼继承人——叁苏伊鲁那（公元前1749—公元前1712年）明显具有其父的许多优良品质，因为他在同巴比伦的各式敌人的战斗中表现出了惊人的耐力。[4] 但其所做之事就像是在为一件破烂的斗篷打补丁一般：补好了一个又出现了新的一个，最终的结果便是领土大量丢失。因此在其统治的第九年，有一个自称瑞姆-辛（Rîm-Sin）的冒险家——他的名字与拉尔萨的最后一位国王相同——在靠近埃兰的边疆地区领导了一场至少持续了五年的叛乱，最终被其俘获杀死。

支持瑞姆-辛的埃什奴那国王被抓捕，在巴比伦被勒死。在其后漫长且血腥的战争中，叁苏伊鲁那摧毁了乌尔的城墙，掠夺并且烧毁了它的神庙，部分地摧毁了这座城市。[5] 乌鲁克遭遇了同样的命运，因为它给了埃兰人一个借口去干涉：库图尔那浑泰一世（Kuturnahhunte I）曾入侵过这座城市，在众多财宝中拿走了伊南娜女神像，1000年后阿淑尔巴尼帕又恢复了该女神像。在短暂的停歇后，一个名叫伊鲁马-伊鲁（Iluma-ilu）的人，假称自己是伊辛最后一位国王达米喀-伊里舒的后裔，在苏美尔境内竖起了独立的大旗，成为尼普尔南部地区的统治者，建立了所谓的"巴比伦第二王朝"（Second Dynasty of Babylon）或"海国王朝"（Dynasty of the Sea-Land），其统治延续至公元前

1460年。[6] 大约在同一时期，曾经在汉穆拉比最后一场战役中臣服于巴比伦的东北地区也恢复了它的独立，也许是通过反叛沙姆西-阿杜的一个不知名的继承者阿达西（Adasi）而实现的，而阿达西却在亚述编年史中以"结束了亚述的奴役"而闻名。[7] 除了面对国内一系列的灾难，叁苏伊鲁那不得不保护自己的国家以免外部敌人的入侵：我们从年名中可知，在他统治的第九年他击败了一支加喜特人的军队，在其统治的第十年击败了一支阿摩利人的军队，但却没有提及苏图（Sutaean）侵略者的频繁入侵，他们将抓住的男人和女人当作奴隶卖给两河流域人。在这种灾难统治之后，巴比伦终于安全了，但是这个王国失去了北部和南部的行省，其领土缩小到最初的边界：阿卡德王国统治的范围。

叁苏伊鲁那之后的四个继承者竭力地守护着他们不断减少的领土，维持了大约一个世纪。阿比埃舒赫（Abi-eshuh，公元前1711—公元前1684年）抵抗住了加喜特人的第二次攻击，允许或者鼓励在巴比伦定居的加喜特人从事农业生产，但是却无法阻止加喜特人的首领卡什提里雅什一世（Kashtiliash I）在公元前1700年成为哈那（Hana）的国王。[8] 为了把伊鲁马-伊鲁从他藏身的沼泽地中赶出来，他（阿比埃舒赫）在底格里斯河上筑坝，但是他没有赶走他的对手，伊鲁马-伊鲁继续稳固地统治着苏美尔。有一些证据可以证实阿米迪塔那（Ammi-ditana，公元前1683—公元前1647年）重新征服了其祖辈失去的领土，或至少是暂时的征服。阿米嚓杜喀（公元前1646—公元前1626年）并非因为他的军事功绩而著名，而是因为他颁布的"正义法令"（edict of justice，阿卡德语为 meshârum）而出名。这份文件间接地反映了当时的经济形势以及国王为了减轻人们的负担所做的努力，因此引起了学者们极大的兴趣。它宣布对全体人们免除所有债务，赦免逾期欠款、应付的租金以及"生活必需品"的贷款。对各类人进行大赦，禁止或减少各类税收，废除因债务而导致的监禁，甚至对将债务人告上法庭的法官进行死亡威胁的人也废除监禁。[9] 最后一位国王叁苏迪塔那（Samsu-ditana，公元前 1625—公元前 1595 年）留给我们的只是他统治期间的年名表。就像所有两河流域优秀的国王所做的那样，汉穆拉比的继承者们依旧在这个不断缩小的和日益贫穷的王国的多个地方修葺神庙、开凿运河和建立军事防御重镇。这些热情的、能干的、虔诚的君主们，年复一年地把他们的雕像献给神灵，他们是否会意识到夺走他们王座的风暴会在遥远的西北部甚至远在白雪覆盖的托罗斯山脉之外聚集呢？

在前面我们已经提到一个鲜为人知的赫梯国王拉巴尔那斯一世，他在安纳托利亚建立了一个王国，并迅速扩张到库萨腊地区一个未能确定的城市。其儿子拉巴尔那斯二世（Labarnas II，公元前 1650—公元前 1620 年）则扩大了国家领土，他把位于基兹勒-伊尔马克（Kizil-Irmak）河大湾处的哈提公国加进了王室领地，占领了荒漠城市哈图沙（Hattusas，现在的博阿兹柯伊），从此之后他自称为哈图西里（Hattusilis），"来自哈图西里之人"。很快这个好战的君主认为自己的国土过于狭窄，便积极寻找可以征服的领地。北部庞蒂克（Pontic）区域坐落着凶猛的伽斯伽斯（Gasgas）部落，西面是卢威人，东面是胡里人，他们都限制了他向这些方向征服的野心，形成了三重障碍。只有向南方的路是相对自由的——这条路看起来已经被拉巴尔那斯一世打开了，远至西里西亚——这条路可以越过托罗斯山麓到达叙利亚，越过叙利亚到达埃及或两河流域，这些拥有千年文明的土地上早已积累了大量诱人的财富。因此赫梯人向南方进军。在哈图西里残缺的年代表中，[10] 提到在这个方向至少发生了两次战役。在这个过程中，阿拉拉赫被摧毁，乌尔舒（Urshu，位于幼发拉底河上的城镇，在卡尔凯米什北面）也被包围和占领，阿勒颇的军队在科马根（Commagene）战败，但强大的阿摩利人王国延哈德的首都阿勒颇本身并没有被征服，哈图西里在这场战役中也失去了自己的生命。但是他的养子兼继承人穆尔西里一世（Mursilis I，约公元前 1620—公元前 1590 年）在其父亲失败的地方取得了成功：

  一个赫梯文献记载："他摧毁了哈勒颇城（Halpa）①，将俘虏和财宝从哈勒颇带回哈图沙。"[11]

在阿勒颇之后，卡尔凯米什也被征服。赫梯的军队从卡尔凯米什出发，沿着幼发拉底河顺流而下，突然出现在巴比伦城下，之后发生了什么我们并不清楚，巴比伦的作家们对这件痛苦的事情都自然地保持沉默，我们仅在一个很久之后的年代记中发现了一个简短的记录：

  哈提人冲过来反对叁苏迪塔那，反对阿卡德。

但赫梯文献早已记载得更为明确：

  此后，他（穆尔西里）进军巴比伦并且占领了巴

---

① "哈勒颇"即下文的"阿勒颇"。——译者注

比伦，他也袭击了胡里人，并且将俘虏和财富从巴比伦带到了哈图沙。

显然巴比伦被占领和掠夺。我们可以从其他文献中得知马尔杜克神及其配偶萨尔帕尼吞（Sarpanitum）女神的雕像曾被当作战利品带走，由于某些未知的原因，在赫梯军队返回途中把它们留在了哈那城。对于叁苏迪塔那而言，他不仅弄丢了他的王冠，可能也失去了他的生命。这个由某个不知名的阿摩利人酋长所建立、汉穆拉比统治时而扬名天下的王朝在某一天似乎没有任何阻力地灭亡了，这个王朝持续了 300 年的时间（公元前 1894—公元前 1595 年）。

加喜特人统治下的伊拉克

如果赫梯人占领巴比伦并且进行稳固的统治，可能会改变近东历史的进程。然而事实证明，这一切只不过是赫梯人胆大妄为的劫掠而已。在取得胜利之后，穆尔西里很快便返回了哈图沙，在那里有一场巨大的宫廷阴谋需要他回去处理，从此他再也没有回到过巴比伦。赫梯军队从巴比伦撤退之后，巴比伦的命运充满了不确定性。当时加喜特人的统治者，很可能是王朝的第八位国王阿古姆二世（Agum II，又名卡克瑞美［Kakrime］）坐上了叁苏迪塔那死后空置的王座。此后，加喜特君主对两河流域，或者他们称之为卡尔-杜尼什的地方进行了时间不少于 438 年（公元前 1595—公元前 1157 年）的长期统治。[12]

很久以来加喜特人就在伊朗定居，最初他们占领了扎格罗斯山脉的中心地带，即今天的卢瑞斯坦，紧挨着哈马丹的南边。他们不同于其北部邻居库提人和鲁鲁比人，在公元前3千纪，他们在近东地区的政治上没有扮演任何角色。公元前18世纪中期，他们突然发起了对外扩张。他们的扩张可能是由一二百年前印欧武士从东面侵入而引发的连锁反应。印欧民族教给了加喜特人养马的技术，同时也控制了他们的部落。因为我们并没有拥有全部用加喜特语书写的文献，只有一些阿卡德文献中包含的加喜特语单词和短语、一个简洁的双语神名表和人名表，所以我们只知道加喜特语是一种黏着语，同埃兰语有某种联系。[13] 在加喜特神殿中雅利安神的身上可以看到印欧语元素的存在，如舒瑞雅什（Shuriash，印欧语为 Surya）、马如塔什（Maruttash，印欧语为 Marut）以及布瑞雅什神（Buriash，大概等同于希腊的北风神［Boreas］），它们同苏美尔-阿卡德的神和加喜特的神（卡什舒神［Kashshu］、西帕克神［Shipak］、哈比神［Harbe］、舒马里雅神［Shumalia］、舒喀穆那神［Shuqamuna］）排列在一起，这是我们对这些高山民族关于他们种族和文化背景的仅有认识。

　　遗憾的是，我们对加喜特人统治伊拉克的这段时期了解甚少。虽然随着考古挖掘的进步毫无疑问会出土更多的文献资料，但目前我们所掌握的只有大约200份王室铭文，并且它们中的大部分都比较简短，并无什么历史价值，以及60个"库杜如"（kudurru，见下文）和大约12000块泥板（信件或经济文献）。目前发表的材料不到这些材料的十分之一，对于400年的时间——伊丽莎白一世距我们现在的时间——来说，它们的确太少了。实际上，我们所了解的信息大多来源于巴比伦王朝之外的外国信息，如在埃及发现的阿马尔那信件（见第十六章）或者一个亚述书吏在公元前 17 世纪编写的一个编年史《同步史》(Synchronous History)。[14]文献的缺乏使得加喜特时期成为两河流域历史上最为模糊的历史时期之一，"黑暗时代"（dark age）或"倒退"（decadence）之类的词汇很容易进入人们的脑海。然而，我们将所有的资料进行分析，并且考虑到加喜特国王们所树立的纪念碑，这一长时段的政治停滞对比巴比伦第一王朝最后几年，显示出至少在某些领域是一种复兴甚至是发展进步。例如，在一个遭受了 500 年时间蹂躏的国家里，加喜特人毫无疑问地恢复了秩序、和平和统一，并保持了两河流域好的传统，在任何方面都表现得像两河流域优秀的、贤明的君主。因此在阿古姆-卡克瑞美（Agum Kakrime，约公元前 1570 年）成为巴比伦国王之后，他首先做的几件事情之一就是从哈那城将马尔杜克神和萨尔帕尼吞的雕像带了回来，在他们的神庙里进行修复，并提供了豪华的家具。[15]他的这些举措为他赢得了民心，但它还有更深刻的含义：这意味着这些外族统治者认可马尔杜克神作为他的新王国的主人，并且愿意作为已经灭亡王朝的合法继承人。大约在 80 年之后，乌兰布瑞雅什（Ulamburiash）击败了"海国"国王埃阿-伽米勒（Ea-gâmil），从此巴比伦恢复成为一个完整的苏美尔国家（在公元前 1500 年后）。我们并不清楚巴比伦尼亚和亚述之间是否还存在着其他没有被记录或鲜少有胜利的战争，也不清楚加喜特人是否全部放弃了将他们的权威强加到以前汉穆拉比时期统治下的北部行省，但阿古姆的一个继承者布尔那布瑞雅什一世（Burnaburiash I），同亚述王子普祖尔-阿淑尔三世（Puzur-Ashur III）对萨马腊一带两国的分界线问题达成了共识。约一个世纪之后，卡腊-因达什（Kara-Indash）和阿淑尔-贝勒-尼舍舒（Ashur-bêl-nisheshu，公元前 1419—公元前 1411 年）也签署了一个相似的条约。[16] 因此两河流域被分为两部分——亚述和巴比伦，这个一分为二的划分影响了后世长达千年的时间。在他们自己的统治领域，加喜特国王们修复及装饰了尼普尔、拉尔萨、乌尔以及乌鲁克的圣殿。其中一位国王卡腊-因达什在乌尔的埃-安那神庙开展了一项十分有趣的工程：一座神庙，它的正面由泥砖砌成，这些泥砖用一种奇特的方式铺设在一起，形成了一个与真人大小相同的浅浮雕的神像。[17] 这个独特工艺或许是岩石雕刻的代替品，在两河流域是一个新技术，被后来的迦勒底王朝以及居住在苏萨和波斯波利斯的阿契美尼人（Achaemenians）所使用。最热情的加喜特建筑者当数库瑞伽勒祖一世（Kurigalzu I，约公元前 1400 年），他不仅修复了在叁苏伊鲁那统治时期被毁的神圣之城乌尔，并且还兴建了一个新的且更重要的城市，但现在也变成了阿卡尔库夫遗址丘。

阿卡尔库夫遗址丘高 57 米，它的影子投射在平原之上，在巴格达以西 33 千米处形成了一个显著的地标。它是一个巨大塔庙的核心部分，曾矗立在杜尔-库瑞伽勒祖城的中部，这个设防的城市也是国王库瑞伽勒祖的王家住所。在这里发掘出了塔庙的地基、楼梯、三个神庙以及宫殿的一部分。[18] 宫殿被壁画所装饰，有一个由许多正方形柱子围成的回廊，以及其他一些建筑物。这些神庙奉献给神圣家族恩利勒、宁利勒（Ninlil）及他们的儿子宁奴尔塔。在这个由加喜特人所修建的城市中出现了苏美尔人的神，向我们展示了外族人被本土文明同化的程度。在神庙和宫殿中发掘出了许多有趣的物品，包括一个比真人还大的库瑞伽勒祖国王的雕像，上面雕刻着一篇苏美尔语长铭文，还有用精湛技艺塑造的彩绘陶俑，以及十分精美的黄金饰品。

有时人们认为是加喜特人将马引入了两河流域，严格上来说这并不完全正确。在乌尔第三王朝时期的文献中，零星出现了苏美尔人所称的"驴子来自外国"，而在马瑞的王室通信中则出现了马，它的阿卡德语名字为希苏（sîsû）。[19] 但却是在加喜特人统治时期，胡里人和加喜特人把用马驮运货物变得普遍起来。在近东战场上速度迅捷的马拉战车的出现是一场正如所料的战争革命。而马车取代驴车使商业运输更加方便和快捷。

其他一些或大或小的变革都是加喜特人带来的，或者至少是在他们统治期间发生的。这些变化包括从土地的测量方法到穿戴风格等，这里不进行详细描述。其中有两个对历史学家来说是特别有兴趣的。一个是用简单的"年名"系统代替了古老的纪年系统，因此，从加冕那一年算起，统治的每一年都可以用数字进行表示，"某个国王的第一年、第二年……"。另外一个创新则是"库杜如"（kudurru），在阿卡德语中"kudurru"为"要塞、边界"的含义，这些小"库杜如"通常被称作"界石"。实际上是一个捐赠图表，是王室赐予土地的记录，刻写在石头上，在神庙中保存，其复制在泥板上的复印件则给土地所有者保存。[20] 一个"库杜如"通常被分为两部分：在右面或者

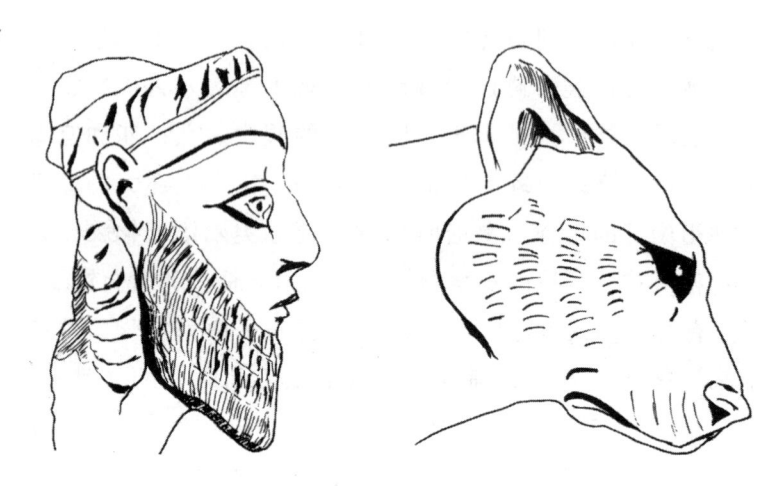

出土于杜尔-库瑞伽勒祖（Dûr-Kurigalzu）遗址阿卡尔库夫丘的男人头赤陶像和母狮头赤陶像，属于加喜特时期，来自塔哈·巴吉尔：《伊拉克》，Ⅷ，1946（Taha Baqir, *Iraq*, VIII, 1946）。

说是上面部分，往往雕刻着各种神灵图像的浅浮雕——经常用他们的象征物来代替，如用太阳圆盘代表沙马什神，用新月代表辛神，用锄头代表马尔杜克神等——在其担保人下面是国王捐赠的物品。[21] 在左面或者雕像的下面则雕刻着在捐助中受益者的名字、被授予土地的准确位置和尺寸，以及各式的免税额和附着的特权，证人的名字和家族，最终还会附上各式各样的咒语，用于反对"在将来污损、更改或损坏'库杜如'的任何人"。

这些小型的纪念碑，同圆筒印章、赤陶土雕像及小雕塑是加喜特王朝遗留下来的仅有的艺术品。"库杜如"上的雕像具有显著的象征意义从而不会有任何的变动，在印章上的新几何图形（菱形、十字形、月牙形）以及许多以往不曾出现的各种动物的形象，如苍蝇、蜜蜂、蚱蜢、狗或猴子，通常都是"在移动中"。许多印章上面都有一个相对长的刻文，会刻上物品所有者的名字、其父的名字和职业，有时还会附上一段祈祷文或者咒语。[22] 在文学领域内，加喜特时期的特点是，他们尽其所能地将在更具创新时代创造的文化遗产传承下去，并用一种新的、典型性的祭司式方式处理道德问题。在伊辛-拉尔萨和古巴比伦时期就编撰的科学著作，如医学著作和天文学著作被重新传抄，分类收藏。楔形文字的字典和字符表也被编撰出来。在巴比伦第一王朝统治时期，大部分伟大的苏美尔-阿卡德人的神话和传说被重新编写，重塑成一种简单、清晰和优雅的语言风格，并重新焕发了活力。而加喜特统治时期，它们被一代又一代的神庙祭司们不断地进行编辑，用更加复杂地道的"标准巴比伦语"（Standard Babylonian）方言，明显不同于本土的"中巴比伦语"（Middle Babylonian）方言。两河流域传统的宗教和哲学思想被保留，但在人与神的关系上，他们强调服从而不是信任，更强调迷信而不是信仰。许多智慧文学，如《鲁得鲁勒-贝勒-内美奇》（*Ludlul bêl nêmeqi*，见原著第 101 页），是这种新精神的典型代表，而目前的这种偏执则反映在这些宗教的"命理"（hemerologies，即幸运和不吉祥日子的立法）和反恶魔的咒语中。所有这些可能不是原创的，但至少这些博学的巴比伦祭司拯救了两河流域的文学，使其不至于被遗忘，就像中世纪的修道士拯救了希腊-罗马文化一样。古代两河流域文学在古代近东地区的威望如此之高，以至于它被从安纳托利亚到埃及的许多国家采用。如《吉尔伽美什史诗》

被翻译为赫梯语和胡里语，巴比伦的许多神话传说故事的抄本被发现于尼罗河流域。此外，在公元前2千纪的下半期，巴比伦语是整个近东地区法庭和军事领域的通用语，虽然在某个时段，巴比伦尼亚在政治上是不活跃的。因此，即使在新的国际演奏会上，两河流域只扮演了第三或第四小提琴的角色，但在文明的领域里它仍具有很高的地位等级。

第十六章
加喜特人、亚述人与东方势力

在加喜特人统治的四个世纪中,有三个世纪被近东各个大国之间的暴力冲突所占据。这些冲突产生的主要原因是埃及人征服了叙利亚,之后赫梯人又重新宣称自己对叙利亚的领土主权,后来又兴起了一个强大的胡瑞-米坦尼王国(Hurri-Mitannian),其势力范围从地中海延伸到扎格罗斯山。米坦尼的存在阻碍了埃及人、赫梯人以及后来亚述人的野心。当离巴比伦位置不远的叙利亚和杰济拉发生领土纠纷时,加喜特国王们或许由于太软弱,或许由于太明智没有允许自己参与到这次冲突中,直到公元前14世纪中期迫于亚述的压力才加入到战争中。从公元前1600年到公元前1350年,除了对"海国"战争的一些胜利和北部边境的一些小规模的冲突,加喜特人几乎享受了完全的和平。甚至在公元前1480年之后,整个近东地区进入火并之时,唯独他们坐在其后,旁观着被准确地描述为"帝国并起"的局面。在公元前2千纪较长时间里巴比伦尼亚和亚述在大的政治动荡中所起的作用极其微弱,因此在这里对这些错综复杂的事件只做一个简单的概括,这些事件的细节可以在处理古代近东更广泛事情的任何历史事件中出现。但是,一些重点还是要放在两河流域发生的或者影响那个国家的命运的事件上。[1]

埃及与米坦尼

由喜克索斯人入侵埃及（约公元前 1700 年）以及巴比伦第一王朝的覆灭（约公元前 1595 年）所带来的新的政治格局的影响并没有立即显现出来。根据目前可利用的少量资料，公元前 16 世纪是近东地区相对稳定的时期，在此期间那些以后会在叙利亚战争中面对面厮杀的国家们要么正在医治战争的创伤，要么正在默默地养精蓄锐。在阿摩西斯一世（Amosis I，公元前 1576—公元前 1546 年）统治时期，喜克索斯人被驱赶出尼罗河三角洲，但第十八王朝初期的法老们忙于在国内树立威望而忽略了对外征服，即便是图特摩斯一世（Tuthmosis I）越过叙利亚到达幼发拉底河（约公元前 1520 年）的著名远征，也并没有产生持久的影响。而此时安纳托利亚的古赫梯王国也在慢慢地衰落，王室内部叛乱的危害不少于外国的军事攻击。公元前 1590 年，攻占了阿勒颇和巴比伦的国王穆尔西里一世被暗杀，他的继承者们则宣称放弃对托罗斯山南部地区的所有要求。阿达西的后辈们统治着亚述地区，阿达西在位时已经摆脱了巴比伦的控制。在建筑铭文中和在《同步史》[2]中提及普祖尔-阿淑尔三世的铭文中，这些后辈王子们仅仅是一个名单上的名字而已。对于巴比伦尼亚而言，它在加喜特人的统治下重新组织在一起，显然它也不愿意或者没有能力沉溺于对外扩张的梦想中。或许在那个时期，在所有的近东民族中，最活跃的就是胡里人和他们的米坦尼军事领主。文献资料的完全缺乏阻止了任何乐观、积极的叙述，至少我们可以根据后面的历史事件进行推测。我们或许可以推测，胡里－米坦尼人利用了由于汉穆拉比帝国崩溃、赫梯人撤离后在叙利亚北部和伊拉克北部形成的权力真空，从而在这一地区为他们自己建立了一个伟大的王国。

然后，在公元前15世纪初期，突然在古代近东一个意想不到的方向发生了麻烦。在尼罗河河谷边界沙漠的庇护下，古埃及在政治上与东方国家隔绝，孤立发展存在了2000多年，虽然在商业上与其他地区有着联系。实际上，它的东北边界易受攻击，"卑鄙的阿穆人"（Amu）、"沙漠旅行者"（Sand-farers）、可恶的亚细亚人多次武装起来跨过苏伊士峡谷，入侵尼罗河三角洲。虽然他们并没有成功地、完全地控制这个国家，但也引起了埃及政府强烈的关注。但喜克索斯人长期和屈辱性的入侵和统治，让埃及人有了一个深刻的教训：为了避免再次相似的入侵，他们必须主动出击，在亚细亚人的领土上与之斗争，减少被奴役的可能。正是在这种理念的影响下，公元前1480年，图特摩斯三世（Tuthmosis III）发动了征服叙利亚的战争，为埃及人的野心打开了新的格局，建立了埃及人的政治模式——一种从古至今都可以遵循的政治模式。经过17年的征服战争，图特摩斯三世成为巴勒斯坦、黎巴嫩沿海地带以及叙利亚地区的主人。事实证明他所对抗的军队远远优于叙利亚－巴勒斯坦地区王子们的军队，或者说他的对手们得到了只有一个强大的国家才能提供的士兵、战马和武器的所有支持。叙利亚地区埃及的真正敌人既不是迦南人也不是阿摩利人，而是长期盘踞在那里并且现在被强有力组织起来的胡里-米坦尼人。米坦尼王国统治的这片区域被亚述人称为哈尼伽勒巴特,是处于底格里斯河和幼发拉底河之间的广阔草原。它的南边是托罗斯山脉,在这片区域,可能在靠近哈布尔河源头的地方,坐落着它的首都瓦什乌坎尼(Washukkanni),然而它的确切位置至今仍未确定。[3] 米坦尼王国的南部边界和北部边界对胡里-米坦尼人来说可能和对我们来说一样模糊不清,虽然我们从赫梯人的记载中了解到,米坦尼人在亚美尼亚建国,对赫梯王国存在着威胁。在公元前15世纪期间,西到叙利亚北部,东到亚述地区都效忠于米坦尼王国。第一位米坦尼国王的名字留存了下来,名叫帕腊塔那(Paratarna,约公元前1480年)。在阿拉拉赫国王伊德瑞米(Idrimi)的雕像铭文中对他有所提及。该铭文如同在基尔库克附近的奴孜出土的泥板铭文一样,将他视作自己的大霸主。[4] 在这座城市(奴孜)还出土了帕腊塔那的继承者舒沙塔尔(Shaushatar)的印章。[5] 此外,也有大量证据显示胡里-米坦尼人在乌伽里特、喀特那都存在着政治影响,在巴勒斯坦地区有间接的影响,甚至在伊拉克北部地区的巨大影响也可以感受到。有充分的理由相信,在公元前1500年至公元前1360年间的亚述国王们都是米坦尼国王的附庸:当他们中有人宣布反抗时,舒沙塔尔就用武力对亚述进行掠夺,并且为瓦什乌坎尼开辟了生财之道("a door of silver and gold"直译为"金银之门")。[6]

图特摩斯三世取得的军事胜利仅仅是把这个广阔王国的部分地区处于埃及的控制之下。在叙利亚地区,米坦尼人管理阿拉拉赫和卡尔凯米什,因此他们能够在他们已经失去的地区滋扰生事，发动叛乱，叛乱的严重性足以证明阿蒙诺菲斯二世（Amenophis II）发动的三次埃及战役是合理的。在图特摩斯四世（Tuthmosis IV，公元前1425—公元前1417年）统治时期，这种长期而间接的敌对关系结束了，底比斯（Thebes）王廷和瓦什乌坎尼王廷之间建立了十分友好的关系：埃及法老"七次"向米坦尼国王阿尔塔塔马一世（Artatama I）要求娶他的女儿，[7] 并且阿蒙诺菲斯三世（Amenophis III，公元前1417—公元前1379年）与舒塔尔那（Shutarna）的女儿基鲁-赫帕（Kilu-Hepa）联姻。[8] 或许是因为对赫梯的恐惧而造成了这种改变，人们常常把对赫梯的恐惧作为上述两国在政治上突然而彻底的改变的原因，但这绝不是确定无疑的答案。大约在公元前1450年，图卡里亚斯二世（Tudkhaliyas II）在安纳托利亚建立了一个新的王朝，并且通过占领阿勒颇，立即重申了赫梯对托罗斯南部地区的权力，他可能与图特摩斯三世有所勾结。[9]然而，他的直接继承人陷入了安纳托利亚的战争泥潭，对埃及和米坦尼来说，他们很难被认为是如此严重的威胁，以至于引发两国之间的和解。很有可能是埃及意识到并没有独占整个叙利亚地区的能力，米坦尼也意识到自己没有能力重新占领巴勒斯坦和叙利亚海岸，因此他们双方便接受了现实，从长期的敌对状态变为友好的联盟。

苏皮鲁流马时代

在沙姆西-阿达德和汉穆拉比之后的公元前14世纪是公元前2千纪中留存文献最丰富的时期。赫梯编年史和条约、亚述的铭文、亚述和巴比伦编年史，尤其是在埃及阿马尔那出土的由诸多西亚大小国王写给法老阿蒙诺菲斯三世和四世的大约400封信件，[10] 为我们审视这么多年的军事冲突和微妙的外交行动提供了有用的信息。而且，这些文献特别清楚地展示了古代东方最强大或者最迷人的一些君王的个人特性：阿蒙诺菲斯四世（Amenophis IV，即Akhenaten，埃赫那吞），一个神秘的法老，对宗教的兴趣大于政治；库瑞伽勒祖二世（Kurigalzu II），唯一一个作为征服者的加喜特国王；阿淑尔-乌巴里特（Ashur-uballit），一位精明的王子，解放了亚述，使亚述再次成为一个伟大的国家；苏皮鲁流马，一位充满精力的赫梯君主，在整个时代都留下了自己的印记。[11]

在这个世纪的前四分之一时间里，埃及和米坦尼之间已经存在的外交和婚姻关系得到了加强，并扩展到了其他国家，这使整个近东地区成了一个幸福的家庭，在这个家庭中，埃及扮演了一个非常富有的亲属角色。图什腊塔继承了父亲舒塔尔那的米坦尼王位（约公元前1385年），将他的女儿塔杜-赫帕（Tadu-Hepa）许配给阿蒙诺菲斯三世。当这个年老的法老生病时，他将尼尼微的伊什塔尔女神的肖像送给他，她具有可以治疗最棘手疾病的美名。与此类似，加喜特国王卡达什曼-恩利勒一世（Kadashman-Enlil I）将他的姐姐和女儿送入阿蒙诺菲斯豪华的后宫，从他那里得到了大量的黄金。甚至亚述人，在他们的霸主米坦尼同意的情况下，毫无疑问地将自己的使臣送到底比斯的王廷。但在公元前1380年，苏皮鲁流马在博阿兹柯伊称王，几年之后便带领着赫梯军队入侵叙利亚。他对处于米坦尼控制下的阿勒颇实行了直接攻击，但是以失败告终。在第二次军事行动中，他在马拉提亚（Malatiya）附近跨过幼发拉底河，从北部进入了米坦尼的国土，在行军路上对瓦什乌坎尼进行了掠夺，随后转向西方，在卡尔凯米什附近再次跨过幼发拉底河，征服了卡尔凯米什南部的奴哈什舍（Nuhashshe）地区，摧毁了喀特那，占领卡叠什（Qadesh）要塞，这个地方是埃及统治叙利亚的北部边界。同时，他巧妙地利用了叙利亚王子们之间的竞争，并设法将包括乌伽里特和阿拉拉赫等不直接横跨在他的征服路线上的王国等置于赫梯人的宗主权之下。最终，他留下了许多热心的拥护者后回到了自己的家乡——安纳托利亚，在那里他耗费了大约 20 年时间来处理重要和棘手的事务。

这一辉煌的军事和外交成果对埃及人来说是一个严重的打击，对米坦尼人而言也是一场迫在眉睫的灾难，他们发现他们被剥夺了幼发拉底河以西的所有财产。在叙利亚，一些最有进取心的当地统治者在赫梯的支持下进攻他们的邻居，这些邻居不断地向埃及求救，他们的求救与不断被哈比如人攻击的巴勒斯坦人的求救交织在一起，充满了阿马尔那档案。但是他们送到阿马尔那的信件大多数都没有得到回应。阿蒙诺菲斯三世年老体弱，已无力调停这些事情，在赫梯军事进攻后不久便去世了，把埃及的王权留给了虚弱、阴柔、充满神学思想的阿蒙诺菲斯四世（公元前1379—公元前 1362 年），在一个相当长的时间里他都深受母亲泰伊（Teye）的影响。基于各种原因，阿蒙诺菲斯四世拒绝卷入叙利亚的纠纷，但也继续遵循着先辈的外交政策，与他父亲最年轻的米坦尼妻子塔杜-赫帕结婚——或许与迷人的涅菲尔提提（Nefertiti）是同一人，与同一时期的加喜特国王布尔那布瑞雅什二世（Burnaburiash II，公元前1375—公元前1347年）尽可能保持良好的关系。在阿马尔那信件里也能读到他与卡尔-杜尼-阿什（Kar-Duni-ash）的国王保持友好关系的细节内容。这两位君主互称对方为"兄弟"，相互交换礼物。加喜特提供马匹、天青石以及其他珍贵宝石，埃及提供象牙、乌木尤其是黄金。有时收到的黄金数量与声称的黄金数量不一致时，巴比伦的国王便会伤心地抱怨：

> 我的"兄弟"先前送来的黄金——因为我的兄弟没有亲自押送，而是我"兄弟"的官员盖印押送——他们带来的40马那黄金，当我将它们放入熔炉的时候，却没有出来这么多的重量。[12]

但这些事情仅仅是过眼烟云。除了"路途遥远、没有水源供应、天气炎热"[13]，在两个国家直接往来反复的信使时常冒着被迦南地区的盗贼和贝都因人攻击的危险。我们得知阿蒙诺菲斯四世也娶了布尔那布瑞雅什的一个女儿，趁此机会他给巴比伦送去了大量聘礼，聘礼清单长达307行之多，写在四栏里面。[14]

为何埃及人对他们叙利亚附属国的求救充耳不闻？为何米坦尼对赫梯人的入侵表现得如此被动，甚至他们也没想过恢复他们之前的统治？答案是他们自己都处于国家的内乱中。图什腊塔靠谋杀他的兄长而取得王位，因此他的权威受到许多王室成员的挑战。在他登上米坦尼的王座时，他其中的一个兄弟阿尔塔塔马则宣称自己是"胡里的国王"，建立了一个分裂的王朝，当然这绝不是像许多史学家认为的那样，国家在两个对手之间被划分了。胡里的国王阿尔塔塔马以及他的儿子舒塔尔那二世（Shutarna II）都向外寻求援助，与仍处于米坦尼控制下的亚述君主建立了友好关系。很快在瓦什乌坎尼内部便形成了一个强大的"亲胡里派"（pro-Hurrian）和"亲亚述派"（pro-Assyrian）。毫无疑问，在这两股势力的挑拨下，宫廷内乱达到了顶峰。公元前1350年，图什腊塔被他的一个儿子谋杀。由于不能保住自己的王位，米坦尼的合法继承人马提瓦扎逃到了巴比伦，但布尔那布瑞雅什坚守自己的中立政策，拒绝为他提供庇护，马提瓦扎最终在赫梯王宫得到了庇护。最终，亚述和另一个坐落于底格里斯河上游河谷的小国家阿勒什（Alshe）"将米坦尼的国土瓜分"。[15] 亚述的阿淑尔－乌巴里特一世（公元前1365—公元前1330年）没有花费一兵一卒，不仅将自己的国家从米坦尼手中解放出来，还导致了他的先辈们需要上交贡品的这个国家的倒台。被他的这些功绩所鼓舞，他采用了"伟大的国王""宇宙之王"的称号与他的"兄弟"阿蒙诺菲斯四世直接通信。[16] 还将他的女儿嫁给了布尔那布瑞雅什，希望他的外孙将来有一天可以统治巴比伦尼亚。

这些事情都发生在赫梯国王苏皮鲁流马离开叙利亚之后不久。当他再回到叙利亚则是20年之后了，整个近东的政治格局已经变得对他有利。埃及法老阿蒙诺菲斯于公元前1362年去世，他的继承人——包括著名的图坦卡蒙（Tut-ankh-Amôn）——因忙于修复他的宗教政策造成的灾难性后果，而无暇对叙利亚事务给予过多关注。在两河流域北部，米坦尼王国四分五裂，阿淑尔－乌巴里特正在忙于他的军队建设。在巴比伦尼亚,在阿淑尔-乌巴里特的外孙被谋杀而引发的短暂内乱后,[17] 库瑞伽勒祖二世于公元前1345年登上了王位。但是这个伟大的创立者和武士的眼光并没有转向西方而是投向了东方:他攻击并且打败了埃兰国王胡尔帕提拉(Hurpatila),至少在他在位期间统治了那个国家。[18] 因此对苏皮鲁流马而言,他主要的目标是清除任何残存的抵抗力量以及对征服地区的有效管理。他与顺从的叙利亚诸侯们签订条约,把阿勒颇交给他的一个儿子管理,把卡尔凯米什交给另一个儿子管理,帮助马提瓦扎恢复他的王位。[19] 在随后的战争中,马提瓦扎取得过短暂胜利,但最终失败了。亚述军队一直向西进发,远至幼发拉底河,清除了米坦尼王国的所有残存力量。当苏皮鲁流马去世时(公元前1336年),整个叙利亚到大马士革地区牢牢地掌握在赫梯手中,但亚述仍旧是近东地区的第二大势力。

亚述和苏萨与巴比伦争霸

由于定居在小亚细亚海岸线一带的亚该亚人(Achaeans)和其他好战民族阻止赫梯人进入地中海,因此,对赫梯人来说拥有像乌伽里特和苏穆尔(Sumur)[20]这样活跃繁荣的港口,毫无疑问是一笔财富。此外,叙利亚本身是非常肥沃的,也可以作为将来在两河流域或者埃及进行军事行动的开始点。但是这些优势在很大程度上却被当地统治者的欺诈和不守规矩的行为破坏了:苏皮鲁流马死后国内便发生了叛乱,这迫使他的儿子和继承人穆尔西里斯二世（Mursilis Ⅱ，公元前 1335—公元前 1310 年）亲自干预，或许对他有些安慰的是在同一时期埃及国王塞提一世（Seti I）在他的属地巴勒斯坦地区也面临着相似的状况。或许由于赫梯在巴勒斯坦地区以及埃及在叙利亚地区的煽动，两地发生了一系列的武装起义。这些起义只不过是两个大国之间更深层次矛盾冲突的一些征兆。当年轻而充满野心的拉美西斯二世（Ramesses Ⅱ，公元前 1304—公元前 1237）重演图特摩斯的远征路线，并且将国家的边界延伸至幼发拉底河时，这场冲突达到了顶峰。他对赫梯国王穆瓦塔里斯（Muwatallis）发动的战争以古代世界著名的一场战役而结束，即卡叠什战役（公元前 1300 年），但却没有取得决定性的结果。[21] 双方都宣称自己取得胜利，各自保持自己的地位。然而 16 年后，拉美西斯同赫梯国王哈图西里斯三世（Hattusilis Ⅲ）签订了和平条约，我们偶然地得到了埃及和赫梯的版本，[22] 顺便说一句，后者是用阿卡德语写成。甚至后来拉美西斯还娶了一位赫梯公主。是因为这两个大国厌倦了战争还是因为亚述的强大使他们和解了呢？就像曾经赫梯的威胁曾使埃及与米坦尼和解一样。在这个协议中最重要的内容是在发生战争时双方要互相帮助的条款，以及同一时期哈图西里斯对加喜特人做出的示好姿态，似乎给第二种理论（亚述威胁论）提供了更多的依据。

自从亚述成为一个国家之后，她的命运就被写在地图之上。在北部和东部地区，属于阿淑尔神的底格里斯河的狭长河谷被高不可攀的群山所包围。以掠夺为生的民族，如库提人和鲁鲁比人，经常出没在这些群山之上，他们只有通过频繁、艰苦的巡查才能阻止。在西方，杰济拉大草原绵延几百千米，为带有敌意的军队或游牧掠夺者敞开了大门。控制这片草原对亚述人来说不仅意味着安全，也意味着控制了这条重要的贸易路线，最终控制了叙利亚北部，为通向地中海打开了一扇窗户。最后，在南方距离较近的地区则是肥沃的平原，以及许多坐落在两河流域三角洲地带的富饶城市，这是充满诱惑的源泉，也是充满焦虑的源泉，因为阿卡德人、苏美尔人和巴比伦人总是宣称他们对两河流域北部地区享有主权。在公元前2千纪，这片区域的边境被重重地防备，当巴比伦特别强大时，亚述人所期望的就是掠夺几个小村庄而已。但是当巴比伦虚弱时，亚述人的所有希望都是可行的，甚至包括到达波斯湾。这样的地理因素解释了从公元前13世纪以来发生的三个系列的战争，这些战争被记载进了亚述年表：在山区的游击战、在杰济拉平原的运动战和在底格里斯河中游的阵地战。这些都是亚述人为了自身的扩张和自由（独立）所付出的代价。

阿淑尔-乌巴里特一把他的国家从米坦尼的敌对统治中解放出来，便开始了上述提到的三种战争。他的儿子恩利勒-尼腊瑞（Enlil-nirâri）被库瑞伽勒祖袭击，但很快双方又归于和平，"他们分割土地，他们划分了行政区域，他们制定了新的边界"[23]。阿瑞克-登-伊鲁（Arik-dên-ilu）的年表残片上提到了在扎格罗斯山区的军事活动，同时我们从他的继承者阿达德-那腊瑞一世（Adad-narâri I）的年表中了解到，他带领着他的军队越过了杰济拉，至少短暂地征服了"远至幼发拉底河岸的卡尔凯米什"。[24]另一个文献显示他强迫加喜特巴比伦签订了新的边界协议。[25] 但这一王朝最伟大的战士无疑是沙勒马奈舍尔一世（Shalmaneser I，公元前 1274—公元前 1245 年），他征服了乌腊德瑞人（Uruadri，又称为乌拉尔图或亚美尼亚）"强大的山脉堡垒"和"善于掠夺的库提人的土地"。然后转而攻击亚述人以前的盟友胡里人，攻击哈尼伽勒巴特的国王沙图瓦腊（Shattuara）以及他的赫梯和阿赫拉穆（Ahlamû）的雇佣兵，并且击败了他们：

> 我发动了一场战争，并且彻底打败了他们。我杀死了他无数战败的、遍布各地的军队……我攻占了他的 9 个要塞及首都。我将他的 180 个城市变成废墟……他们的土地在我的控制之下，他们的其他城市被我用火烧成灰烬。[26]

这些事情发生在卡叠什战役后不久，或许正是这些军事征服促使埃及人与赫梯人走在了一起。由于胡里人已经失去了他们的据点，在卡尔凯米什的亚述人也到达了叙利亚的国门。

公元前 13 世纪中叶，已经受到强大邻居的威胁而岌岌可危的巴比伦，在消失了大约 400 年后又重新登上了政治舞台的埃兰出现后，危急状态急剧加剧。这个在苏萨夺取王位的新王朝由一位位精力充沛的君王们组成，他们决心把他们的权威建立在伊拉克的加喜特人以及早已在伊朗居住的居民之上。公元前 1250 年后不久，不幸的卡什提里雅什四世（Kashtiliash IV）发现他被两个敌人夹击：埃兰的统治者温塔什-那皮瑞沙（Untash-napirisha）——他在苏萨附近修建了宏伟的塔庙以及乔加-赞比勒（Chogha-Zambil）

的神庙——和亚述国王图库尔提-宁奴尔塔一世（Tukulti-Ninurta I，公元前1244—公元前1208年）。[27] 埃兰人赢得了一次战争，但图库尔提-宁奴尔塔却占领了他的首都城市。这次战役给了亚述人极大的骄傲，并形成了目前我们所知的唯一一首亚述史诗故事的主题：一首叙事诗，自然地带有强烈的偏见，名为《图库尔提-宁奴尔塔史诗》。[28] 在史诗中，这次战役完全归责于卡什提里雅什，因为他违背了他的誓言，密谋攻击亚述，从而被他的国家神所抛弃，并且被打败。然而，在亚述发现的一个建筑铭文中对这个战役的简短描述给人们的印象是，图库尔提-宁奴尔塔的行为并不是被激怒的后果：

> 我迫使卡尔-杜尼什的国王卡什提里雅什发动战争；我打败了他的军队，征服了他的武士。在战争中我捉住了加喜特的国王卡什提里雅什。我将脚踩在他高贵的脖子上，就像踩在凳子上。我脱光他的衣服，把他绑起来，带到我的主人阿淑尔神面前。在我的统治下，苏美尔和阿卡德达到其最远边界。在太阳升起的下海处，我建立了我领土的边界。[29]

亚述的三个傀儡王子很快在巴比伦相继登上了王位，但随后遭到了埃兰人的进攻，埃兰人的进攻远至尼普尔地区。被奴役7年之后，巴比伦人重新恢复了他们自己的王朝统治。巴比伦编年史中记载：

> 阿卡德和卡尔-杜尼什的贵族们发动了起义，他们让阿达德-顺-乌苏尔（Adad-shum-usur）坐在其父亲的王位上。[30]

作为第一个到达波斯湾的亚述君主，他（图库尔提-宁奴尔塔）却在几年后可耻地死去了，毫无疑问是因为他罪有应得：

>对于图库尔提-宁奴尔塔，这个将罪恶带给巴比伦的人，他的儿子阿淑尔-那丁-阿皮里（Ashur-nadin-apli）和一些贵族发动了叛乱。他们将他从王位上赶下来，在卡尔-宁奴尔塔（Kâr-Ninurta）的宫殿内将他包围并用剑杀了他。[31]

家族纷争和国内战争严重削弱了亚述的国力，他的继承人只能对巴比伦发动一些小规模的战争。公元前1160年，正是埃兰人而不是亚述人使加喜特人臣服于自己的脚下。也就是在这一年，舒特鲁克-那浑泰（Shutruk-nahhunte）带领大军离开苏萨，入侵伊拉克南部并且展开了一场从未有过的大劫掠。著名的纪念碑、两河流域最精美的雕刻，比如那腊姆辛石碑、《汉穆拉比法典》石碑以及马尼什图苏方尖碑被永久地带到了苏萨。舒特鲁克-那浑泰的长子库提尔-那浑泰（Kutir-nahhunte）被任命为巴比伦的统治者。加喜特的王子恩利勒-那丁-阿赫奈（Enlil-nadin-ahhê）曾在王位上统治了3年，但最终被库提尔-那浑泰打败并俘获（公元前1157年）。巴比伦被占领了，这是强烈的耻辱：马尔杜克神在被赫梯人掠走438年后又被埃兰人俘获。因此巴比伦王朝的统治自此结束了。[32]

加喜特王朝的没落是古代伊拉克历史上的重大事件，但对公元前12世纪的整个近东而言却是无关紧要的事情。当埃兰人征服巴比伦时，在博阿兹柯伊的赫梯王国早已覆灭；埃及刚刚从一场由东部地区发起的入侵中逃离出来，由于国际格局的分裂变得十分虚弱；巴勒斯坦人在迦南建国，摩西带领着他的人们到达了乐土；阿拉米亚人威胁着叙利亚的诸侯和亚述的君主；在遥远的西方，多里安（Dorian）希腊人也入侵了希腊半岛。印欧民族再次向西亚迁徙，就像他们的祖先广泛传播马的使用一样，他们也广泛传播铁的使用，人类历史进入了新的篇章，由于政治动荡而造成的民族迁徙迅速地改变着近东地区的格局。

第十七章
混乱时代

公元前13世纪在东南欧发生的印欧人口大规模运动的影响如果难以进行细致分析的话,只能从它对希腊和西亚的深刻影响中推断出来。这些迁徙的人们或许到达了肥沃的巴尔干(Balkans)地区,好斗的伊利里亚人(Illyrians)将色雷斯人(Thraco-Phrygians)驱逐出安纳托利亚。在那里,他们在公元前1200年之后不久推翻了赫梯王国的统治,将多利安人(Dorians)、埃奥利亚人(Aeolians)和伊奥尼亚人(Ionians)驱赶到了希腊半岛、爱琴海诸岛和小亚细亚西部地区,并在那里摧毁了迈锡尼(或亚该亚)帝国(特洛伊战争,约公元前1200年)。由于这两股入侵势力的驱逐,居住在爱琴海海岸和诸岛的居民,即埃及人称呼的"海上民族"(Peoples of the Sea),[1] 沿着小亚细亚和叙利亚的海岸向南逃跑,来到并威胁着埃及。拉美西斯三世(Ramesses III)在海上和陆地上打击了他们(公元前1174年),他们中的许多武士进入法老的服役队伍,其他人则居住在迦南的沿海地区。后来他们被称为贝莱塞特人(Peleset)或腓力斯丁人(Philistines),后来他们给整个国家起了个名字:巴勒斯坦。几乎在同一时期,另一起鲜为人知但同样重要的民族迁徙在里海(Caspian Sea)周边开始。我们称之为"伊朗人"(Iranians)的操印欧语言的民族从北方进入伊朗,迁徙路线与早期印度－雅利安人(Indo-Aryan)的迁徙路线几乎相同。帕提瓦(Parthava,或帕提亚人[Parthians])和哈腊瓦(Haraiva)仍旧居住在土耳其斯坦(Turkestan)与阿富汗交界地区。米底人、波斯人和基里图人(Zikirtu)则向西方进军占领了从乌尔米耶湖到伊斯法罕(Isfahan)的高原地区,迅速控制了当地装备简陋的土著居民。[2]

这一系列的迁徙,就像他们所做的那样,影响了地中海、安纳托利亚和伊朗的中央地区,只有伊拉克没有受到影响。但这恰逢在叙利亚沙漠游牧的塞姆民族活动加强的时期:苏图人、阿赫拉穆人,最重要的是强大的阿拉米亚部落联盟。赫梯帝国的灭亡、亚述和巴比伦的相对虚弱在叙利亚地区形成了一个权力真空,促使阿拉米亚人侵入叙利亚内陆地区,随后跨过幼发拉底河,越来越深地侵入到两河流域地区,在前进的过程中逐渐定居下来。在整个"肥沃弯月"地区建立了一个由或大或小王国构成的网络,将亚述和巴比伦纳入到一个不断缩小的圆圈中,几乎将他们淹没。同时其他塞姆人,来自西奈沙漠的以色列人,趁着埃及从亚洲撤退后迦南统治的混乱局面,占领了约旦河(Jordan)两岸地区的大部分地区,并将其作为自己的家园。在某种程度上,阿拉米亚人在伊拉克的进展可以通过亚述的王室铭文来追踪,以色列人对迦南地区的征服可以通过《圣经》的叙述来了解,但近东的其他地区在公元前1200年至公元前1000年期间则处于深深的黑暗之中。来自博阿兹柯伊的赫梯档案文献在公元前1190年时突然结束,但来自埃及的资料刚好足以让我们了解那个伟大的王国在最后一位拉美西斯王统治下衰败，以及公元前11世纪初分裂为两个敌对王国的情况。当公元前900年左右曙光再次来临时，西亚的政治地理环境产生了深刻的变化：从黎巴嫩到扎格罗斯区域的阿拉米亚王国蓬勃发展；残余的"海上民族"、腓力斯丁人、扎卡拉斯人（Zakkalas）同以色列人一起分享迦南；沿着黎巴嫩海岸居住的腓尼基人进入了一个伟大繁荣期；叙利亚的北部边缘和托罗斯山麓是一些"新赫梯"王国的地盘；埃及处于分裂之中，十分衰弱；那些接二连三登上巴比伦王座的国王们几乎没有真正的权力，而在亚述一些精力旺盛的王子们则忙于挣脱阿拉米亚人的控制而重建帝国；在扎格罗斯山背后，米底人和波斯人已经站稳了脚跟，虽然他们还没有做好准备去发挥他们的历史作用。这些是亚述人在公元前第一千纪在他们的伟大扩张中所要遇见、对抗和征服的民族，读者对这些民族应该比较熟悉了。

以色列人和腓尼基人

我们对《圣经》如此熟悉，因此对大多数人来说，在这里只需要简单介绍一下早期希伯来人的历史就可以了。我们已经提到（原著第239页），可能在公元前1850年，亚伯拉罕和他的家人从苏美尔的乌尔来到迦南的希伯伦。我们有充分的理由将约瑟夫（Joseph）向埃及的迁徙定期为喜克索斯统治埃及时期（公元前1700—公元前1580年）。至少在四个世纪的时间中，那些当时自称为"以色列人"的民族在尼罗河三角洲地区生活，人口倍增，社会繁荣发展，直到他们被一位"神使他的心变得刚硬"（whose heart the Lord had hardened）的法老所驱逐，这位法老应该是拉美西斯二世（公元前 1304—公元前 1237 年），而不是其继承人美愣普塔（Mernephtah）。[3] 有着极高智慧和强大人格魅力、作为人类史上第一位伟大的宗教改革家的摩西，把以色列人团结在对一个独特的、普世神的信仰周围，带领他们长途跋涉，穿过西奈半岛，最终在到达"乐土"（Promised Land）① 的门槛时不幸去世了。约书亚（Joshua）成为他们接下来的领导者，但对迦南的征服实际上是 12 个部落在选出的首领或法官的领导下，为争夺自己的领土而进行的战争，这个过程至少经历了 100 年的时间。扫罗（Saul）统治下的以色列王国的形成，大卫（David，公元前 1010—公元前 970 年）王对腓力斯丁人、迦南人以及约旦河东岸国家（亚扪 [Amon]、以东 [Edom] 和摩押 [Moab]）的胜利，使亚伯拉罕的子孙在巴勒斯坦具有至高无上的神圣权力。作为东方国家的重要一员，所罗门（Solomon）统治时期是这个年轻的国家相当荣耀的时期。[4] 在巴勒斯坦的历史上这是其第一次服从于一个君主，这个君主的权威从丹（Dan，坐落在赫尔蒙的山脚下）延伸到贝尔舍巴（Beersheba，在内盖夫的边界）。耶路撒冷以前是一个小的、不重要的城市，现在取得了首都的地位，有将近 200000 名施工人员——我们被告知如此——参加修建它的神庙。以色列的军队由铁制武器武装，并配备优良的马和战车。在阿卡巴（Akaba）附近的埃岑-格贝尔（Ezion-

---

① "Promised Land"直译为"应许之地"，这里具体指"迦南"（Canaan），现为以色列所在地。圣经故事里上帝许诺给犹太始祖亚伯拉罕及其后裔的土地。——译者注

Geber），所罗门的船队沿着红海顺流而下，从阿拉伯半岛、埃塞俄比亚（Ethiopia）满载黄金而归。国王本人虽然具有众所周知的超人智慧，却居住在华丽的宫殿中，身处"700名妻子和300名嫔妃"之中。这样的奢侈超出了这个简朴的小国在经济上和道德上的承受能力。辉煌的统治在人们的反抗中结束，所罗门死后（公元前931年），国家在全民投票中一分为二：北部为以色列王国，以撒马利亚（Samaria）为首都；南部为犹大（Judah）王国，仍旧听从耶路撒冷的命令。统一王国时期仅仅维持了一个世纪。

在以色列西北部，居住在黎巴嫩和叙利亚海岸的迦南人——后来希腊人称呼他们为腓尼基人——是公元前12世纪大混乱的第一批受害者。他们最富裕的城市乌伽里特，被"海上民族"永久性摧毁，[5] 而其最大的木材交易市场比布罗斯在阿马尔那时期就因局部战争而饱受蹂躏，最终由于其传统客户埃及在拉美西斯三世继任者统治时期的衰败而遭到彻底的毁灭。但在公元前1000年，这一地区的处境又有了一定的好转，因为他们处在黎巴嫩山脉通往海洋的关键位置。阿瓦德（Arvad）、西杜奴（Sidunu，即西顿[Sidon]，现在的塞达[Saida]）和苏瑞（Sûri，即推罗[Tyre]）成为叙利亚中央地区强大的阿拉米亚王国的港口。在这些城镇最南端的推罗，受益于与以色列人临近，可向他们提供木材、专业工匠和水手。[6] 这三个城市由于贸易迅速变得十分富有，成为腓尼基新的政治和经济中心。

叙利亚-黎巴嫩海岸一直是欧洲和亚洲的交会点。经过2000年来与克里特人（Cretans）、迈锡尼人和塞浦路斯人以及东地中海所有国家的密切联系，在公元前1千纪初，终于形成了一个多样而辉煌的腓尼基文明。[7] 腓尼基人对人类文化成果最主要的贡献无疑是字母的发明,经过稍微修改后,它被希腊人传入欧洲,被阿拉米亚人传入西亚,最终取代了先前所有的音节和表意文字体系。字母文字发明的确切时间和地点是一个棘手的问题,这里无须讨论。不过我们至少应该简单提到,[8] 在公元前第二个千年的最后一个四分之一时段里,地中海沿岸同时使用三种字母——比布罗斯的"古典"和"伪象形文字"字母以及腊斯-沙姆腊(乌伽里特)的楔形文字字母,最后一种字母为一种丰富和极为有趣的文学文献提供了支持,这些文献的发现极大地拓展和修正了我们对古代迦南宗教和神话的认识。[9] 在艺术领域,腓尼基人也许没有那么强的创造力,但事实证明他们是优秀的学习者。受爱琴海和埃及艺术家的启发,他们的工匠在近东地区无与伦比,至少在公元前 1000 年是这样。他们编织漂亮的衣物,用著名的"西顿紫"(Sidonian purple)来刺绣或染色,用半透明的玻璃制作小瓶,雕刻精美的珠宝和象牙。在木质和金属加工方面,他们是专家。除木材外,他们自己国家生产具有极佳声誉的葡萄酒和油。所有这些形成了一种轻便但有价值的货物,本质上是水手的腓尼基人可以自己携带着它们环行世界,就像多里安人入侵希腊从而把海洋从它的前主人迈锡尼人手中解放出来。提尔人(Tyrians)、西顿人和阿瓦德人成为一场惊人的海上和殖民扩张的领导者,这场扩张运动在公元前 9 世纪至公元前 6 世纪达到了顶峰。他们在公元前 814 年建立了迦太基城(Carthage),在马耳他(Malta)、西西里岛(Sicily)、西班牙建造了大量的仓库,并探测了濒临欧洲和非洲的大西洋海岸。

第十七章　混乱时代

新赫梯人

沿着地中海海岸向北行进，我们到达了叙利亚的最北端，生活在那一地区的民族被称作"象形文字赫梯人"，或更简单地称为"新赫梯人"。[10] 这些术语需要进行一些解释。我们知道赫梯人将哈图沙（博阿兹柯伊）作为首都，使用从两河流域借用的楔形文字符号，在泥板上书写他们印欧语系的语言。但在同一时期，小亚细亚还使用另外一种书写符号，在岩石或石块上刻写行政和宗教文献。这种文字系统由图画和象形文字符号组成，与古典苏美尔语的图画文字没有关系，也与埃及或克里特的象形文字没有关系。托罗斯山麓和叙利亚北部的许多地方也出现了许多该种文字的铭文，这些铭文与一些纪念碑有密切联系，这些纪念碑时间可定位于公元前1千纪初期的几个世纪，即赫梯帝国灭亡之后。不同学者对赫梯象形文字的破译——1947年，通过在西里西亚的卡腊丘（Kara Tepe）挖掘出土的腓尼基-赫梯双语铭文确认和完成[11]——表明了它是卢威语的一种方言变体。卢威人是公元前第二千纪初进入小亚细亚，或多或少与讲印欧语的民族有一定联系的民族之一。因此，在公元前12世纪发生的人口大洗牌中，最初占据小亚细亚西南部的卢威人向南部和东部主动或被迫迁移，并在前赫梯王国的南部行省建立了自己的地盘。这些行省曾被弗里吉亚人（Phrygians）饶恕，被"海上民族"绕过。当然，这些在很大程度上是猜测。而且，值得强调的是，在那些地区赫梯文明的传承并未出现任何的间断，"新赫梯人"只不过是一个方便的称谓而已。苏皮鲁流马和他的前辈们给叙利亚带来的赫梯文化的影响比他们多活了将近500年。

从公元前10世纪起,一个紧凑的新赫梯王国,其疆域囊括了托罗斯山麓至奥伦特河之间的领土,形成了亚述人所称的哈提或大哈提(安堤阿省仍然被土耳其人称为"哈蒂"[Hatay])。从北部开始,在托罗斯山脉中部,12个城邦国家联合组成了塔巴勒(Tabal)联盟(《圣经》中为图巴勒[Tubal])。沿着幼发拉底河上游是库马奴(Kummanu)王国,以米利德(Milid,现在的马拉提亚[Malatiya])为首都。接下来是库穆胡(Kummuhu)王国,古典的科马根。古尔衮(Gurgum)王国围绕着马尔喀西镇(Marqasi)。西边,肥沃的西里西亚平原被达奴那-佛克(Danuna-folk)占领,他服从阿塔尼亚(Ataniya,阿达那[Adana])国王,控制着周围高地的居民。在阿勒颇的北面是亚迪亚王国(首都是萨马勒[Sam'al],现在的泽克里[Zencirli]),在阿马奴斯山区,卡尔凯米什和提勒-巴尔西帕(Til-Barsip)控制着幼发拉底河的通道。阿勒颇本身则被米坦尼人和赫梯人轮番控制,对阿帕德而言失去了重要性。在阿穆可平原的阿拉赫,最初被阿扎兹(Azaz)控制,后来被至今仍未确定位置的库那鲁(Kunalua)控制。最后,在哈马(Hama)发现的象形文字铭文证明了新赫梯人对该城的阶段性占领。

在泽克里、萨克杰-格鲁兹(Sakçe-Gözü)、卡尔凯米什、塔亚那特丘(Tell Tayanat)以及最近在卡腊丘的发掘使我们对新赫梯人的艺术和建筑有了相当大的了解,并且使我们了解了亚述人在试图推翻这些虽小但却力量强大的国家时所遭遇的抵抗。这些城镇在规划上大致呈圆形,由一道巨大的双层墙保护着：一道外墙围绕着下城，一道内墙围绕着卫城。王宫坐落在城市的中心，王宫的入口处有一个木制的柱廊，柱廊坐落在石质基座上，上面雕刻着蹲伏的狮子和狮身人面像。王宫的设计通常被亚述人称为比特-黑兰尼（*bit hilâni*）：有一系列长方形的房子，一个接着一个，长边通常与建筑物的正面平行。通往卫城和王宫正面的大道和宫殿墙壁的下部都铺满了玄武岩或石灰岩雕刻板。这些雕刻板的主题通常为狩猎、王室宴会或行军的士兵，其中夹杂着象形文字铭文。这些雕刻虽然没有偏离日常的生活和行为，但雕刻手法粗糙，缺乏技巧，其中有些实际上是非常野蛮、原始的审美水准。多数考古学家认为，我们在这里遇到的是赫梯艺术的带有地方性特色的版本，深受亚述、埃及乃至爱琴海文明的影响。

新赫梯王国繁荣于公元前10世纪至公元前9世纪，当所有赫梯象形文字铭文被精确解读和出版后，将揭示出新赫梯王国的全部历史。在公元前745年至公元前708年之间，他们相继被亚述人征服，[12] 作为独立国家消失了，但是在这之前很久，它们当中有许多已经归顺了他们的近邻——阿拉米亚人。

阿拉米亚人

像我们经常遇到的问题一样，阿拉米亚人的起源问题是一个非常棘手的问题。[13] 阿拉米亚人的语言或阿拉米亚语，像迦南语和希伯来语一样，属于塞姆语系的西北语族方言，但它又在许多方面同阿拉伯语有着密切联系，因此可能显示了阿拉米亚人起源于或曾经在阿拉伯半岛生活过。同时，又有许多证据显示他们的家乡在叙利亚沙漠和肥沃新月地带。我们必须要回忆起来，阿拉米亚人和希伯来人关系密切的——虽然没有明确指明——记录一直被保存在《圣经》中，在那里，雅各被描述为一个"流浪的阿拉米亚人"。[14] 另一个需要解决的问题则是阿拉米亚人是何时开始书写楔形文字铭文的。阿拉米亚人何时第一次出现在楔形文字文献中是另一个颇具争议性的问题。在阿卡德语文献中，乌尔第三王朝和古巴比伦曾偶然提到了城市名阿拉米（Arami）和个人的名字阿拉穆（Aramu），但是这些或许仅仅是一种语音上的相似，有两个时间必须要加以考虑：公元前 14 世纪或公元前 12 世纪，具体是哪个时间取决于对阿拉米亚人和阿赫拉穆人二者之间某种关系类型的接受程度。阿赫拉穆第一次被提到是在一封出土于阿马尔的残缺的巴比伦国王的信件中。此后，在同时期的亚述、尼普尔甚至在迪尔蒙地区也发现了他们的身影。我们已经讲过（原著第 263 页），沙勒马奈舍尔一世在杰济拉击败了胡里人以及他们的联盟赫梯人和阿赫拉穆人。在随后的几个世纪中，他们切断了通往巴比伦和哈图沙的道路，图库尔提-宁奴尔塔一世（公元前 1244—公元前 1208 年）宣称他征服了幼发拉底河周边的马瑞、哈那、腊皮库姆和阿赫拉穆人的群山。[15] 因此，至少从公元前 14 世纪起，我们面临着一个不断制造麻烦的，在叙利亚沙漠、幼发拉底河沿岸和波斯湾一带非常活跃的部落联盟。在有关提格拉特帕拉沙尔一世（Tiglathpileser I，公元前 1115—公元前 1077 年）的一篇铭文中，第一次提到了阿赫拉穆-阿拉米亚人（Ahlamû-Aramaeans，[Ahlamê Armaia]），[16] 从此之后，阿赫拉穆在亚述年表中迅速消失，被阿拉米亚人（Aramû, Arimi）代替。在上述刚刚引用的文献中，Armaia 指的是"种族的"（形容词），这个表述可以翻译为"（那些）阿赫拉穆人（他们是）阿拉米亚人"，在这种情形下，我们可以认为阿拉米亚人是阿赫拉穆部落的重要组成部分，并在某些时期占据主体地位。然而，这两个民族可能没有任何共同之处。但他们共同生活在同一个地区，被定居的两河流域人视为同一个民族，都是可恶的沙漠民族。

无论如何，早在公元前 11 世纪，阿拉米亚人便在叙利亚地区生活和定居了，这一点毫无疑问。我们通过《圣经》可知，扫罗、大卫和所罗门皆与坐落在以色列北部边境的阿拉米亚诸王国作战：贝喀（Beq'a）的阿腊姆－马卡赫（Aram-Ma'akah）、赫尔蒙山周围的阿腊姆－贝特－雷侯布（Aram-Bêt-Rehob）、哈兰地区的盖舒尔（Geshur）以及不久就统治了这些王国的大马士革。再往北，阿拉米亚人控制了奥伦特地区的哈马，并迅速强大起来，足以瓦解新赫梯人的王国。在公元前 10 世纪或公元前 9 世纪，他们征服了阿勒颇地区的萨马勒（曾吉利），重新取名为比特－阿古什（Bît-Agushi），还征服了提勒－巴尔西帕，后来成为比特－阿迪尼（Bît-Adini）的重要城市。叙利亚境内只有安提阿和卡尔凯米什还保留有赫梯人。同时，阿拉米亚人入侵幼发拉底河东面的大草原，许多人定居在那里，以至于该地区被称为"阿拉姆－那哈润"（Aram Naharaim）、"汇流成河的阿拉姆"（Aram of the Rivers）。他们在两河流域建立的最早的王国之一是比特－巴赫雅尼（Bît-Bahiâni），把首都设置在从史前时代就被遗弃的哈拉夫（Tell Halaf，见原著第 55 页）遗址上，现在为古扎那。阿拉米亚人在两河流域的发展进程我们在后面会进行描述，现在则要简单提醒一下大家注意一下阿拉米亚国王的名字，通常是用比特（bît［u］，房子），后加一个先辈的名字组成。尽管与我们的"汉诺威之家"（House of Hanover）、"温莎之家"（House of Windsor）等有着明显的相似之处，但我们在这里有一种典型的部落方式来表达土地所有权：国家、王国既是酋长帐篷（或房屋）周围的领土，也是酋长的所有亲属组成的氏族的领土。

无论商人、农民、牧羊人、士兵还是盗贼，阿拉米亚人最初就是粗鲁的贝都因人（bedouins），对近东文明毫无贡献可言。无论他们古代的宗教信仰是什么，从他们的铭文和他们自己的名字可以看出，他们尊崇苏美尔-阿卡德以及迦南的神灵，如暴风雨神哈达德（Hadad，即阿达德神）、迦南最具权威的埃勒神（El）、辛神、伊什塔尔、腓尼基人的阿那特神（'Anat）以及其他神。在艺术领域，阿拉米亚人也没有原创性，他们遵循定居国家的传统。例如，大马士革的国王雇佣了腓尼基的雕刻家和象牙雕刻师，萨马勒在新主人的统治下保留了新赫梯人城市的所有风格。考古学家在哈拉夫丘的考古发掘使我们对卡帕腊（Kapara）的王公有了一定的了解，一个阿拉米亚的统治者可能在公元前9世纪初期居住在那里。[17] 这个王宫建筑属于比特-黑兰尼风格，用直立石来装饰，或许比同时期叙利亚北部雕塑还要粗糙，并且外形奇特。通过分析，这些近乎病态的雕像是两河流域、赫梯和胡里文化的混合产物。这一特征在另一个地区——哈布尔河谷——也可以见到，三种文化在这里交会。

然而，对这些野蛮的阿拉米亚人来说，他们得到了将他们的语言推广到整个近东地区的权利。这部分取决于他们人数的巨大，部分取决于他们采用了腓尼基字母，而不是笨重的楔形文字。他们将腓尼基字母进行了少许修改，把简单实用的文字随身传播到所去的任何地方。在公元前8世纪初期，阿拉米亚语及其文字与阿卡德语及其文字在亚述地区进行了竞争。从此之后，阿拉米亚语在近东地区逐渐传播开来。[18] 约公元前500年左右，阿契美尼君主寻找一种能被所有属民理解的语言，他们选择了阿拉米亚语，使之成为他们庞大帝国的通用语（lingua franca）。在前基督时代结束之时，苏美尔语甚至希伯来语已经成为死语言，阿卡德语奄奄一息。由马其顿征服者引入的希腊语，几乎成为当时的官方语言，但阿拉米亚语——耶稣（Jesus）使用的语言——作为近东所有民族的共同方言一直没有受到任何挑战，直到阿拉伯人入侵（公元7世纪）时。阿拉伯文字本身来源于阿拉姆语的一种草书形式，亚洲现在和过去使用的所有字母也是如此。此外，在公元6世纪，阿拉米亚语在两河流域北部地区产生了大量的叙利亚文学，景教（Nestorian）传教士将它们传播到蒙古地区（Mongolia），叙利亚语作为几个东方教会的仪式语言而幸存了下来。实际上，阿拉米亚语的方言在近东的许多地区仍被广泛使用，尤其在伊拉克北部的基督教社团中。世界上很少有语言能宣称具有如此悠久和持续的历史传统。

　　现在是我们该回到我们谈论的主题——伊拉克的时候了，我们是在基督时代之前将近12个世纪时，即加喜特王朝结束的时候中止讲述的。

两河流域的黑暗时代

埃兰人打败加喜特人取得胜利后，并没有长久地占领巴比伦。或许是因为征服伊朗西边广大地区消耗了他们全部的力量，或许是因为他们意识到新来的米底人和波斯人像一把匕首在他们身后威胁着他们。然而也有可能是埃兰的驻军撤出或被驱逐，伊辛的王子们建立了巴比伦第四王朝，也被称作"伊辛第二王朝"。[19] 不久新国王们变得足够强大，以至于能够干涉亚述的国内事物。当西拉克-因舒西那克（Shilak-Inshushinak）辉煌的统治结束后，埃兰陷入混乱局面，巴比伦的尼布甲尼撒一世（Nebuchadrezzar I，公元前1124—公元前1103年）①进攻了这个国家。第一场战役以失败告终——"埃兰人紧随而来，我在他面前逃走；我坐在床上哭泣和叹息"[20]——但由于一个埃兰王公西提-马尔杜克（Shitti-Marduk）的背叛，在战争中他站在巴比伦一边，使得第二次战役取得了辉煌的胜利。这场战役的描述被刻写在"界碑"上，作为一种特殊荣耀授予了西提-马尔杜克，以奖赏他给予的帮助，这是古代最有诗意的军事记载之一：[21]

从安奴的神圣城市戴尔出发，他（巴比伦的国王）迅速集结了三十个双重联盟（made a leap of thirty double-leagues）。在塔穆兹月（Tammuz，7—8月）他率兵出发了。刀刃像火一样燃烧，道路上的石头像火炉一样燃烧；河里没有水，井也干涸了；能阻止最强壮的马，能

---

① Nabû-kudurri-usur 意思为："哦，那布神，保护我的后代。"

让最年轻的英雄步履蹒跚。然而他去了,他是被众神支持的国王,他勇往直前,尼布甲尼撒没有对手……

战争在乌拉雅河(Ulaia)的岸边进行:

在伊什塔尔神和战神阿达德神的命令下,埃兰国王胡特鲁迪什(Hulteludish)逃走并且永远地消失了,国王尼布甲尼撒取得了胜利:他占领了埃兰,掠夺了它的财富。

在这些战利品中,便有在加喜特王朝结束时被埃兰人夺走的马尔杜克神的雕像,这给了尼布甲尼撒一个荣耀的光环,或许也使马尔杜克神成为两河流域万神殿中的最高神。[22] 但他的胜利并没有带来持续的政治影响,埃兰并没有被真正征服,尼布甲尼撒的继承者们不得不继续进行战争,一方面为了控制外国的领土,一方面为了保护自己的王国不受永恒的敌人亚述的攻击。

尽管存在严重的继承危机,并且东部行省暂时性被西拉克-因舒西那克夺走,公元前11世纪对亚述人来说总体上是一个繁荣的时代。头发花白、年事已高的阿淑尔丹一世(Ashur-dân I)[23] 和阿淑尔-雷什-伊什(Ashur-rêsh-ishi)与巴比伦第四王朝的第一位国王处于同一时期,得到了苏图的礼物,使阿赫拉穆陷于困境,在巴比伦人的战争中赢得了一些胜利,并对首都的宫殿和寺庙进行了大量的修复工作。但是在这个世纪的末期,风暴从四方席卷而来,若不是自沙马西-阿达德时期以来两三个伟大的君主之一、不知疲倦的提格拉特帕拉沙尔一世(Trglathpileser I,公元前1115—公元前

1077年)[1],亚述可能会灭亡。北部地区的穆什基人(Mushki)——或许与弗里吉亚人有关系——有两万人跨过了托罗斯山脉,沿着底格里斯河向尼尼微方向前进;东部扎格罗斯山区是充满敌意的游牧部落;西部地区的阿拉米亚人——现在首次提及——沿着幼发拉底河建立武装力量,并且开始渡河;南边巴比伦国王马尔杜克-那丁-阿赫(Marduk-nadin-ahhê)占领了埃卡拉吞,将他的边界推进到下扎布河,距离阿淑尔城仅有30千米。提格拉特帕拉沙尔第一次向穆什基进军,屠杀了他们与他们的盟友。随后,他急于保护他的北部边界,登上了奈瑞(Nairi)地区"巍峨的山峰和陡峭的山顶",深入亚美尼亚,在马拉吉德(Malazgird)树立他的"雕像",远远超过了凡湖。同时,他的另一支军队则惩罚了托罗斯山麓下的穆斯瑞(Musri)和库马尼(Qummani)的土地。阿拉米亚人被迫渡过幼发拉底河,被追击到他们的大本营——位于迪尔-埃兹-佐尔以西的比什瑞山,但叙利亚沙漠也充满着新的、强大的敌人:

> 国王说道:"我与阿赫拉穆-阿拉米亚人作战28次,甚至在一年中两次跨过了幼发拉底河。我打败了他们,从位于阿穆如国的塔德马尔(提德穆尔[Tidmur],帕尔米拉),到位于苏胡国(Suhu)的阿那特城(Anat),一直到卡尔-杜尼什(巴比伦尼亚)的腊皮库姆。我将他们的财产作为战利品带回了阿淑尔城。"[24]

可能在这些军事行动期间,提格拉特帕拉沙尔征服了叙

---

[1] "Tiglathpileser"是"Tukulti-apil-Esharra"的希伯来语形式,意思为"我信任伊沙腊(Esharra,即阿淑尔神)的儿子"。

第十七章 混乱时代

利亚,到达了腓尼基海岸,在那里,他得到了阿瓦德、比布罗斯以及西顿的贡品。最终在与巴比伦的战争中也取得了胜利:

> 我向卡尔-杜尼什进军……。我占领了属于卡尔-杜尼什国王马尔杜克-那丁-阿赫的巴比伦王宫,我放火烧毁了它们,我拿走了他宫殿中的物品。第二次,我排起了战车去攻击卡尔-杜尼什的国王马尔杜克-那丁-阿赫,并击杀了他。[25]

除了军事远征,亚述国王还有许多狩猎活动。他出去进行了一场巨大的比赛:在米坦尼杀死了4头"强壮且体格庞大"的野牛,在哈兰和哈布尔河边杀死10头强大的公象,徒步杀死了120头狮子,在皇家战车上击倒了800头狮子,甚至在阿瓦德附近的地中海水域杀死了一头他们称为海马的独角鲸。

然而,提格拉特帕拉沙尔被谋杀而死,结束了这一辉煌的时代。阿拉米亚人的入侵日益高涨,亚述人不顾一切地拼命阻抗,巴比伦无可挽回地颓废下来,使苏美尔和阿卡德向苏图人和阿拉米亚人敞开了大门。国外战争、国内战争、洪水、灾荒,这就是公元前10世纪和公元前9世纪伊拉克所描绘的悲惨图景。如果说曾经有过一个"麻烦和无序""混乱和困苦"的黑暗时代[26],那就是从提格拉特帕拉沙尔一世去世(公元前1077年)到阿达德-尼腊瑞二世登上王位(公元前911年)之间的166年,这个黑暗时代由于资料的缺乏而显得更加黑暗。

根据支离破碎的亚述国王年代表,我们可以大致勾勒出阿拉米亚人在两河流域北部地区的入侵进程。在阿淑尔-贝勒-卡拉（Ashur-bêl-kala，公元前1074—公元前1057年）统治时期，他们还停留在幼发拉底河的右岸，但50年之后他们便跨过了河流，一直前进到哈布尔河。几十年之后，在提格拉特帕拉沙尔二世（Tiglathpileser II，公元前967—公元前935年）时期，我们发现他们在尼西宾（Nisibin）周围居住，处于哈布尔河与底格里斯河的中间。阿淑尔丹二世（Ashur-dân II，公元前934—公元前912年）曾努力将他们赶回去，并宣称取得了巨大的成功。但阿淑尔丹二世及他的继承者们（见第十八章）的年表清晰地显示出，在公元前9世纪末期，阿拉米亚人早已遍布杰济拉草原：阿拉米亚人在幼发拉底河（比特-阿迪尼）和哈布尔河（比特-巴赫雅尼、比特-哈迪佩［Bît-Hadipê］）上建立王国，强大的阿拉米亚人部落占领了尼西宾北面的图尔-阿波丁山脉（Tûr Abdîn）和底格里斯河两岸。亚述人夹在游牧民族和高地人中间，受到了窒息性的威胁。

根据古代编年史记载，[27] 巴比伦尼亚的情形甚至更糟。在尼布甲尼撒第四位继承人阿达德-阿帕勒-伊迪那（Adad-apal-iddina，公元前1067—公元前1046年）统治时期，苏图人掠夺并毁灭了阿卡德最伟大的圣殿——坐落在西帕尔的沙马什神庙——这一事件导致产生了一部伟大的巴比伦战争和毁灭史诗，被称为《埃腊史诗》（*Erra Epic*）。[28] 公元前1024年至公元前978年期间，巴比伦7位国王分割了3个王朝。3个王朝中的第一个王朝（巴比伦第五王朝）由一个出生在海国的加喜特人创立；第二个王朝（比特-巴兹［Bît-Bazi］）或许由阿拉米亚人创立；第三个王朝由一个士兵创立，他也出生在海国，但却有一个埃兰语的名字。在巴比伦

第十七章 混乱时代

第八王朝的第一位国王那布-穆金-阿皮里（Nabû-mukin-apli，公元前977—公元前942年）统治时期，各种各样的不祥征兆都被观测到了，以及"阿拉米亚人变得充满敌意"。他们切断了首都同其周边地区的联系，从而导致了新年节（要求神像能够自由出入巴比伦城）连续多年不能举行："贝勒神（Bêl，即马尔杜克神）不能出去，那布神（Nabû）也不能从（巴尔西帕［Barsippa］，去巴比伦）。"[29] 后继的君主对我们而言仅仅是名单上的名字而已，但可能就是在这一模糊的时期，我们从后来的亚述铭文中了解了许多阿拉米亚人的部落——里塔（Litaû）、普库杜（Puqudû）、伽姆布鲁（Gambulû）在底格里斯河下游和埃兰边境之间定居；卡勒杜（Kaldû，即迦勒底人）入侵了苏美尔。[30] 没有人能够想到，在300年之后，迦勒底人中走出了一位巴比伦历史上最伟大的君主之一、第二个尼布甲尼撒。但也就是在这一短暂的间隔时期，亚述帝国经历了诞生、达到顶峰并最终灭亡。

上图：发现于乌鲁克的一位妇女（或女神）的雪花石膏头像，属于史前乌鲁克文化期（约公元前 3500 年）。

下图：刻写在一个黏土泥板上的史前乌鲁克文化期（约公元前 3300 年）的古朴文字符号。

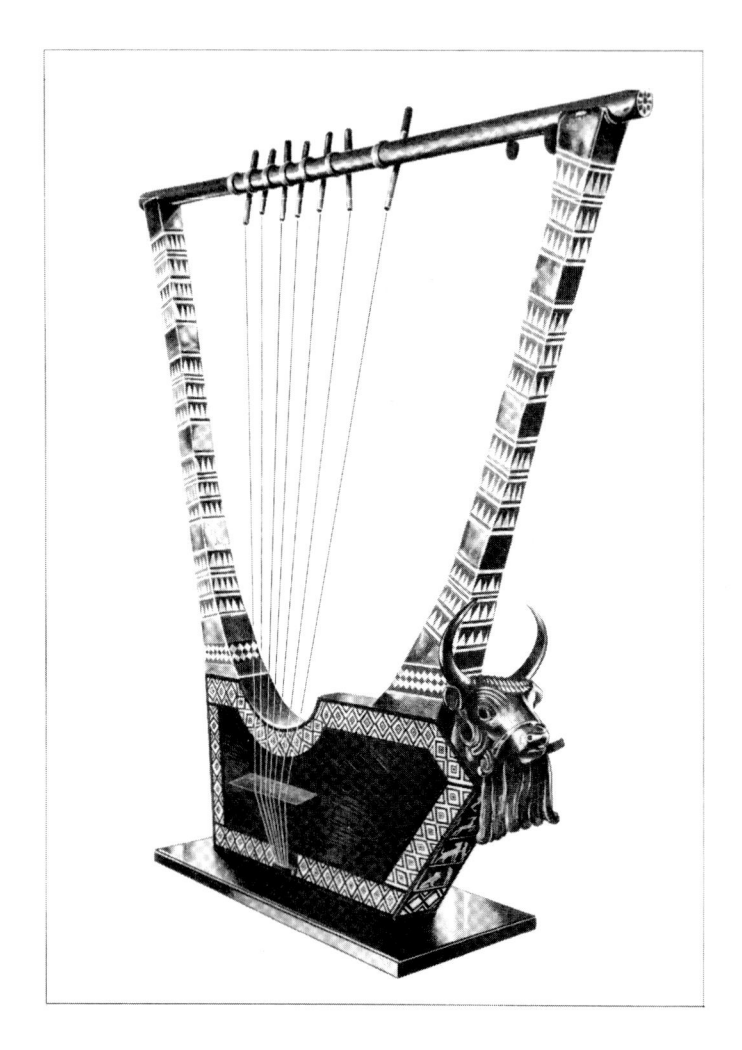

来自乌尔王陵。一把发现于"大死亡坑"的竖琴，部分被修复。在用纯金制作的带有胡须的公牛头下，是一系列刻有动物生活场景的贝壳饰板。

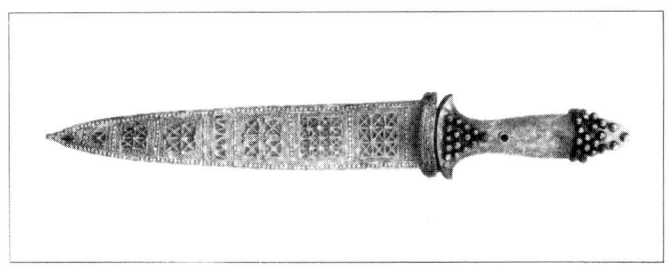

上图：一位妇女的头饰和项链，出土于乌尔王陵的一个公共墓穴（约公元前2600年）。这些饰品由黄金、天青石和玉髓制成。

下图：出土于乌尔王陵的一处无名墓穴，一把黄金匕首，金刀鞘里的刀刃由天青石制成。

左图：秃鹫石碑残片，碑中的形象为拉伽什（泰罗）恩西埃安那吞的士兵。

右图：精美的青铜头部雕像，有四分之三真人大小，出土于尼尼微。据推测是阿卡德国王萨尔贡（约公元前2334—公元前2279年）的头像，更可能是他的孙子那腊姆辛（公元前2254—公元前2218年）的头像。

拉伽什恩西古地亚众多雕像中的一个,他生活于约公元前 2141—公元前 2122 年,稍早于乌尔第三王朝的首位国王。这座雕像高 16 英尺(约 488 厘米),由闪长岩制成。

粉色砂岩石碑，纪念阿卡德国王那腊姆辛对卢卢比人（一个居住在扎格罗斯山区的民族）的胜利。

乌尔塔庙的中央楼梯。祭司们可能是踏着这些台阶登上塔庙顶部的神龛的。

一位来自马瑞的官员埃比赫-伊勒（Ebih-Il）的雕像。这座雕像是早王朝时期最杰出的雕塑作品之一。他的名字是塞姆语，但是雕刻出的神态和服装，还有雕刻家的技术，都是典型的苏美尔风格。

拉伽什的一位高级官员献给宁辛女神（Nin-Sin）的一只还愿狗，"为了苏穆-埃勒（Sumu-El）的生命"，苏穆-埃勒为拉尔萨国王（公元前1894—公元前1866年）。

一位不知名的神的头部雕像，出土于贾布勒（Jabbul），阿勒颇附近。该雕像被认为是胡里艺术家的作品。

上图：刻有《汉穆拉比法典》的石碑的上半部分。巴比伦国王汉穆拉比（公元前1792—公元前1750年）站在首席大法官、太阳神沙马什的面前，他的手放在嘴边是一种祈祷的标志。

下图：位于乌鲁克的加喜特国王卡润达什（Karaindash，约公元前1420年）神庙的正面，显示了模制图案砖的新技术。

卡帕腊（Kapara）王宫墙壁上的一幅装饰浮雕，该国王为古扎那地区的阿拉米亚人（Aramaean）。

一个巨大的亚述人雕像，出土于尼姆鲁德。

刻在石头上的亚述人的书写标本（尼姆鲁德）。

亚述国王埃萨尔哈东（Esarhaddon，公元前699—公元前680年）的石碑，出土于阿马奴斯山区的津吉尔利（Zenjirli）。图中跪着的是埃及国王塔哈尔卡（Taharqa），站着的是西顿国王阿布迪-米勒库提（Abdi-Milkuti），他们正在祈求俘虏了他们的埃萨尔哈东。

战争中的亚述军队。在一个多山和盛产木材的国家里,步兵和骑兵正在用弓箭、长矛和投石器作战,一位骑兵军官在高喊命令进行指挥。来自尼尼微的浮雕,属于阿淑尔巴尼帕统治时期(公元前668—公元前627年)。

象征
Symbol

漫漫征途　与书为伴

西方史学名著译丛

陈恒 主编

ANCIENT
IRAQ
两河文明
三千年

下

[法]乔治·鲁(Georges Roux) 著
李海峰 陈艳丽 译

中原出版传媒集团
中原传媒股份公司

大象出版社
·郑州·

第十八章
亚述的兴起

公元前10世纪末，亚述处于其最低谷期。她的敌人缺乏团结，使她免于迅速毁灭，但其经济处于崩溃的边沿。她失去了底格里斯河西面的所有领土和其重要的经济命脉：横穿杰济拉和山口的重要贸易通道落入了外国人手中。充满了敌意的山区人不仅占领了扎格罗斯山高地，而且占领了一直延续到底格里斯河河谷边缘的山麓，而阿拉米亚人部落几乎在阿淑尔的城门外安营扎寨。亚述的领土仅仅是一个狭长的地带，将近1600千米长，800千米宽，沿着底格里斯河且大部分分布在河的左岸。虽然亚述被削弱、逼入绝境、暴露在外，但她仍然是一个紧凑、坚固和坚韧的国家。她的主要城市依旧是独立自由的，她拥有战车、战马以及武器；她的人民经过多年几乎不间断的训练，成为世界上最好的士兵。更重要的是，她的王朝血统没有被打破，王冠在一个家族中从一个人传递给另一个人，传承了两个多世纪。[1] 就这一时期破碎和混乱的近东而言，没有其他国家能够声称有这样的特权：巴比伦被阿拉米亚人部分占领，并受到定期掠夺；自从尼布甲尼撒一世取得了与胡特鲁迪什（胡特鲁图什-因舒西那克 [Hutelutush-Inshushinak]）的胜利后，埃兰便从政治舞台上消失了；

埃及被尼罗河三角洲的利比亚（Libyan）行省和底比斯阿蒙神庙的祭司统治，几乎没有任何力量；而最后的入侵者——在安纳托利亚的弗里吉亚人，在伊朗的米底人和波斯人——他们仍然是遥远和无害的竞争者；在亚美尼亚，日后强大的竞争对手，乌拉尔图还没有完全成长起来。在所有这些国家中，亚述看起来无疑是最强大的，许多人坚信，只要她觉醒了并进行反击，她将是首屈一指的。[2]

帝国的起源

公元前911年，亚述开始觉醒。在那年登基的王子阿达德-尼腊瑞二世（公元前911—公元前891年），他的名声并不显赫，不像萨尔贡和亚述拔尼帕那样万世流芳。但正是他使亚述王国挣脱了敌人的束缚，在不知不觉中揭开了北部王国历史上最后也是最辉煌的篇章。在他看来，他发动并赢得的战争，是一场民族解放运动。[3] 阿拉米亚人被赶出底格里斯河河谷，被驱逐出能够威胁尼尼微的卡什阿瑞山脉（Kashiari，即图尔-阿布丁［Tûr'Abdin］位于马丁东边一座崎岖的火山）。杰济拉东部"以前从亚述手中夺下的"城市，现在已经被收复，它们的城墙要么被拆除，要么被加固，以防止敌人可能的反击。亚述军队在库尔德斯坦地区也进行了军事征服，该地的居民被"成堆地砍倒"，并被赶回到山区。最后，巴比伦国王——沙马什-穆达米喀（Shamash-mudammiq），巴比伦第八王朝的国王——两次被攻击，两次被击败，不仅失去了迪亚拉河以北的大片土地，而且失去了位于幼发拉底河中部的两座边境城市希特和赞库（Zanqu）。[4] 在另外一场反对他的继承者那布-舒马-乌金（Nabû-shuma-ukîn）的战役中，虽然没有取得胜利，但最终签署了一个条约，保证两个国家享有了大约80年的和平时期。[5] 图库尔提-宁奴尔塔二世（Tukulti-Ninurta II，公元前890—公元前884年）显然与他的父亲一样精力充沛，他活的时间不够久，没能从本质上扩大国家领土，但他"从地基到顶端"重修了阿淑尔城的城墙。他在被阿达德-尼腊瑞重新征服的西南地区进行了一次环行探险，使他赢得了定居在那里的阿拉米亚人的尊重。[6] 在他去世时，亚述的国土已经从哈布尔囊括了整个两河流域北部地区，从哈布尔河到扎格罗斯，从尼西宾到阿那特和萨马腊。他的儿子，年轻的阿淑尔那西尔帕二世（Ashurnasirpal II）继承了这个疆域辽阔、力量强大的王国，迈出了王国转变为我们所称的帝国的第一步。

然而，如果把亚述帝国看作有计划、有组织地把一块块土地、一个个行省添加在原始核心地区而形成的，那就大错特错了。亚述君主年复一年所发动的战争，征服了近东的大部分地区。这些战争——充满了他们的年表，使我们忘记了他们所取得的其他成就——有各种不同的动机，虽然它们密切地交织在一起。[7] 毫无疑问，这些战争中有一些是防御性或预防性的，目的是保护构成亚述核心地区的底格里斯河两岸的狭窄平原，免受公开或潜在敌人的攻击，并保持重要交通贸易线路的畅通，这些贸易线路从杰济拉通往叙利亚，跨过托罗斯山和扎格罗斯山通往安纳托利亚和伊朗，并沿着底格里斯河向南延伸。公元前10世纪末期，这些贸易路线一些被来自草原或山区的游牧部落控制；另一些被巴比伦人控制，他们是一个大国的统治者和士兵，其财富被亚述人觊觎。他们被尊为伟大的苏美尔-阿卡德传统的保持者，同时他们也让人恐惧，因为从阿卡德的那腊姆辛以来，南方的国王从未停止过声称对北方拥有主权，他们蓄意发动的多次"边界战争"就证明了这一点。在所有这些战线上奋战是亚述为了其政治和经济自由不得不付出的代价。但如果他们赢了，那他们的野心将无所控制，包括进入地中海及其海湾。必须要记住的是，亚述是近东地区唯一一个在海上没有"窗户"（没有入海口）的国家。

但这对于亚述的生存来说远远不够：他们必须变得更加富有，才能资助大型农业项目的建筑工程，才能给他们的国王和神提供他们应得的奢侈品。在公元前2千纪的大部分时期，亚述首先从她在卡帕多西亚商人们卓有成效的经营中获得大量的财富，然后从公元前15世纪至公元前14世纪繁荣的"王室贸易"中获得盈余，直到公元前1200年，一场大规模的入侵打破了整个近东地区经济的平衡。但从那时起，图库尔提-宁奴尔塔一世和提格拉特帕拉沙尔一世的战役表明，一个大胆的军事冒险需要付出多少代价？拥有一个广阔的"狩猎场"是多么的重要？从"一个可以对其发起突袭却遇不到多大有效反抗的地理区域"[8]，带回了大量的战利品。只要外国可以被掠夺或可以被劝说为了保持其独立而缴纳赎金，便没有必要直接兼并或统治他们。

当然除了这些经济动机，还必须加上亚述国王们的贪欲和野心，他们典型的东方思维是用荣耀来包裹自己，在自己的臣民面前摆出无敌半神的姿态。

并且,他们的民族神被认为远远高于其他所有的神,作为民族神在地球上的牧师和代言人,他们认为有责任把对阿淑尔神的崇拜推广到全世界。[9] 一般来说,这需要使用武力才能实现,但这并没有什么,因为国王的敌人本身就是神的敌人,邪的鬼怪应当受到惩罚,无论他做了什么。[10] 因此,根据亚述人的政治-宗教理念,掠夺和偶尔的屠杀也是正当的,他们的每一场军事行为都被认为是一种自卫,既是一种强盗的野蛮行为,也是一种"十字军"的宗教行为。

几乎每一年,通常在春季,亚述国王们都会在"阿淑尔神的命令下"集结他们的军队,带着他们行进在两河流域平原尘土飞扬的道路上,或是托罗斯山和扎格罗斯山危险的小道上。最初,他们在这些区域的对手仅仅是部落首领或当地的王公。在他们这些对手中一些人英勇作战,虽然很少取得胜利;一些人逃到了沙漠里或藏在高不可攀的山峰上;其他人"拥抱亚述军事首领的双脚",带来了礼物,并且承诺定期缴纳贡品,这些人被豁免了。但如果他们没有信守承诺将会面临灾难:在一次有针对性的军事运动中,一次惩罚性的征服直接指向他们,一场大风暴席卷了他们的国家:反叛者遭受酷刑,人们被屠杀或奴役,城镇和村庄被纵火,庄稼被烧毁,树木被连根拔起。因为受到惊吓,临近的酋长迅速供奉礼物,宣誓效忠。任务胜利完成后,军队满载着战利品,拖着俘虏、羊群和牛群返回,然后解甲归田。作为亚述在这些战争中获利的一个例子,这里有一份阿淑尔那西尔帕在一个单一小区域比特-扎马尼

（Bît-Zamâni），即现在迪亚巴克尔拿走的塔马图（tamartu，壮观的展示礼物）清单：

  40辆装备有人和马的饰物的战车；

  460匹马，"马轭被打破"；

  2塔兰特的银子，2塔兰特的黄金；

  100塔兰特的铅，100塔兰特的铜；

  300塔兰特的铁；

  1000罐铜；

  2000盘铜；

  铜制的碗和锅；

  1000件色彩明亮的羊毛和亚麻服装，木质的桌子，象牙制作、上面覆盖着金片的沙发，从统治者的王宫里得到；

  2000头牛；

  5000头羊。

  这个清单并没有将统治者的姐妹、"贵族的女儿以及她们丰厚的嫁妆"和他的被掳掠到亚述的15000名阿赫拉穆-阿拉米亚人统计在内。当地的国王被处死，每年的贡品被强加到继承者的头上，包括1000头羊、2000古尔的粮食、2马那黄金和13马那银子。[11] 在同一场战役中，阿淑尔那西尔帕从不少于5个国家和9个主要城市中得到了大量的礼物和战利品。

  随着时间的推移，亚述"狩猎场"的边界被推得越来越远。在他们邻近的小国背后，亚述的国王们发现了许多疆域更大、国力更强的王国：亚美尼亚的乌拉尔图，伊朗高原的米底、埃兰、埃及。掠夺变成了征服战争。亚述变

第十八章 亚述的兴起

得强大的同时,他的敌人也越来越强大和坚韧。距离的增加使征集贡品和镇压叛乱更加困难。在大部分地区,用亚述的总督和行政官员代替当地的统治者和他们的法庭变得很有必要。很早就在亚述本土地区盛行的行省划分被推行到这些边远地区。就这样,一个庞大、复杂、具有完善组织的行政机构的帝国形成了。但其最初的机构并未被废除,勒索税收仍是亚述政府的基础。但可以确定的是,阿拉米亚商人、腓尼基的水手和手工艺者在这个帝国内的收益,一定程度上得益于这片广袤领土上的交通便利和安全,另外也得益于亚述皇宫对奢侈品日益增长的需求。一些落后地区或许被披上了一层薄薄的文明外衣。[12] 但在亚述本土之外——现在包括幼发拉底河和底格里斯河之间的整个草原——并没证据显示,这些征服者做出巨大努力去传播他们高度先进的文明,去关注这些较远的行省和附属国经济的发展,去提高甚至是间接地提高他们居民的生活福利。在尼尼微和尼姆鲁德发现的王室通信,对这个主题保持沉默。叙利亚、巴勒斯坦、亚美尼亚和伊朗几乎没有亚述文本,这些国家出土的遗址普遍缺乏亚述水平,亚述年表中提到的掠夺、屠杀和破坏(无论多么夸张),一切都指向贫困,至多是停滞不前。人民、马、牛和羊被数以千计地进贡给亚述。每年大量的收入,白银、黄金、铜、铁、粮食以及其他商品被王宫的书记员精确地记载,通常这些物品不是靠交易而是靠暴力获得。财富不断地从外围转移到中心,从附属国和保护国转移到两河流域本土。[13] 亚述拿走了许多却付出极少,其结果是,如果这个国家很富有,那她远方的居民则很贫穷,而且几乎不停地反叛。帝国赖以建立的制度本身也具有使其灭亡的根源。

阿淑尔那西尔帕

我们见证了新时期的第一位伟大的亚述君主,即图库尔提-宁奴尔塔的儿子。野心勃勃、精力充沛、勇敢、虚荣、残忍和伟岸,阿淑尔那西尔帕二世(Ashurnasirpal Ⅱ①,公元前883—公元前859年)把他所继承的无情且不知疲倦的帝国建设者的所有品质和缺点都发挥到极致。出土于尼姆鲁德,现存于大英博物馆的阿淑尔那西尔帕二世的雕像上,没有微笑,没有虔诚,几乎没有人性,只有骄傲暴君的僵硬态度、鹰钩鼻、要求绝对服从的直视的眼睛。他的手中握着权杖和弯曲的长矛。[14]

他登上王位后不久,在没有任何借口的情况下就率军洗劫了两河流域北部的丘陵国家。[15] 他最远到达了底格里斯河河谷上游地带的库特穆胡(Kutmuhu),他收到了许多当地王公的贡品,以及来自穆什基(Mushki)或者驻扎在托罗斯山脉南坡的弗里吉亚人的礼物。与此同时,他得到消息,哈布尔河下游的一座阿拉米亚人的城市发生了叛乱,他立刻前往打击叛军——在仲夏时节,他至少行进了300千米:

> 我率军逼近了比特-哈鲁佩(Bît Halupê)地区的苏如城(Sûru),雄伟的阿淑尔神——我的主人——的

---

① 这个名字的准确拼法是 Ashshur-nâsir-apli,意思为"阿淑尔神是继承人的守护者"。

威严征服了他们。城市的首领和长老们为了活命来到我的面前,拥抱我的双脚说道:"如果你愿意,杀死我们吧!如果你愿意,赐我们活命吧!遵从你内心的意愿去做吧!"……凭借我内心的勇气和狂暴的武器,我摧毁了这座城市。我们抓住了所有的反叛者并将他们押回。[16]

在其统治期间,其他的军事活动还包括镇压了卡什阿瑞山区、扎穆阿(Zamua,现在的苏莱曼尼亚[Suleimaniyah]周围)地区以及幼发拉底河中部地区的叛乱。然后,在国内安定下来之后,迈开了亚述向叙利亚和地中海远征的第一步,这是沙姆西-阿达德一世曾经设立的目标,是任何一个有志向的亚述国王都不能忽视的目标。在哈布尔河和巴里赫河之外,在幼发拉底河的大湾内,坐落着一个阿拉米亚人的重要王国比特-阿迪尼。阿淑尔那西尔帕进攻了它,并且用"地雷、重击锤、攻城车"攻下了卡腊比(Kaprabi,或许是乌尔法),这座城市"异常坚固,像从天上垂下来的云"。比特-阿迪尼的统治者阿胡尼(Ahuni)带来了贡品,把人质留在亚述人的手中:在接下来的叙利亚远征中,这种方式的使用更为明显。年表对这次战役进行了详细的记载,我们可以一步一步地跟随国王和他的军队,从卡尔凯米什出发,每天行军30千米,达到安提阿平原,跨过了奥伦特,最后"沿着黎巴嫩的一侧,到达了阿穆如大地的'伟大的海'"。在那里,阿淑尔那西尔帕重复了他的前辈们的行为:

我在深深的大海中清洗我的武器,向诸神供奉羔羊。海岸的贡品——来自推罗、西顿、比布罗斯、马哈拉塔（Mahallata）、美扎（Maiza）、凯扎（Kaiza）、阿穆如以及海岛阿瓦德的居民：金、银、锡、铜、铜质容器、五颜六色的亚麻服饰、大大小小的猴子、乌木、黄杨木、海象的象牙（象牙，一种大海的产品）——这些都是我从他们那里得到的礼物，他们拥抱着我的双脚。[17]

亚述人越过阿马奴斯曼山脉返回自己的家乡，在山里他们砍伐了大量树木，运送到阿淑尔城，并在阿马奴斯山上竖立了王室石碑。令人吃惊的是，叙利亚北部地区的新赫梯人和阿拉米人的王公们没有进行任何反抗。然而与国王声称的相反，这场胜利的战役不是一次征服，而是又一次突袭，这是自两百年前提格拉特帕拉沙尔一世以来，亚述人的第一次远距离突袭。甚至，阿淑尔那西尔帕在两河流域获得的领土也是相对较小的，他的统治产生的最重要的后果是为后继的国王铺平了道路。许多堡垒——如底格里斯河上游的图什汉（Tushhan）、幼发拉底河中部地区的卡尔-阿淑尔那西尔帕（Kar-Ashurnasirpal）和尼巴提-阿淑尔（Nibarti-Ashur）——被修建，并且配备了相应的守卫人员。[18] 亚述在伊拉克北部地区的位置得到了巩固，他的被半边山包围的最近的邻居是他的附庸。整个近东地区，得知亚述人再一次进行军事行动时，便会吓得瑟瑟发抖。

他们有充分的理由去发抖，因为阿淑尔那西尔帕有一个当之无愧的残忍名声。在那个时代，战争中的人道主义概念还不为人知。在各地以文字和图片适当记录和展示的一些惊人的例子，在激发尊重和强制执行方面无疑是很有必要的。古代的（有时在现代）所有征服者都实行恐怖政策，亚述人也不例外，阿淑尔那西尔帕超过了所有人。不仅叛乱和顽固不化的统治者被处死、剥皮，而且他们的皮肤被"平铺在他们城市的城墙上"。有时在少数例外的情况下，一些手无寸铁的囚徒和无辜的平民也被残毒地虐待折磨：

> 我在他的城市的大门上修建了一根柱子，剥去所有造反者首领的皮，用他们的皮覆盖在柱子上。有些被绑在柱子上，有些被刺穿在木桩上，有些被绑在柱子周围的木桩上……我砍下了官员的四肢，砍下了反叛的王宫官员的四肢……
>
> 许多俘虏都被我用火烧死，我也带走了许多活着的俘虏。在其中，我砍下了他们的鼻子、他们的耳朵、他们的手指，有些被我挖出了眼睛。我用活着的人做成一个柱子，用人头做成另一个柱子，以及将他们的头挂在城市周边的树上。我把他们中的年轻男人和女人扔到火里烧死。
>
> 我活捉了 20 个人，把他们囚禁在他宫殿的墙上……
>
> 其余的战士，我把他们流放到幼发拉底河附近的沙漠里，使他们干渴而死……[19]

然而必须注意的是，这些暴行通常都是针对当地叛乱的王公和贵族们。与以色列人因纯粹的种族文化而灭绝亚玛利人（Amalekites）不同，亚述人从不沉迷于惯常的灭绝整个种族的大屠杀。[20]

我们对阿淑尔那西尔帕的记忆必须加上他在其他方面更值得称赞的成就才是公平的。他的嗜血本性部分地被他卓越的狩猎能力所覆盖，他的雕刻家使他名垂千古（把他的狩猎场景雕刻在浮雕上）。他对动物学和植物学感兴趣，他"从旅行过的地方和攀登过的山上"带回来所有种类的野兽、树木和种子，在亚述进行适应、培育。更重要的是，他热衷于修建和修复建筑并为之着迷，这也是两河流域所有伟大君主的特点。他没有忽视对阿淑尔城和尼尼微神庙的修复传统，且在其统治初期便决定在远离旧都的地方修建一座新的"王室住所"。阿拉米亚人的入侵是否显示了位于底格里斯河右岸的阿淑尔城易于从西方进行攻击，或者阿拉米亚人的入侵仅仅是出于对自己的优越感？我们不得而知，但如果从安全考虑，阿淑尔那西尔帕选择的地点卡勒胡（《圣经》中的卡拉赫［Calah］，现在的尼姆鲁德，摩苏尔以南35千米）是非常优秀的战略位置，西边被底格里斯河保护，南部被稍微有点距离的上扎布河保护。公元前13世纪时，沙勒马奈舍尔一世曾在那里新建了一个城镇，但早已变成废墟。成千上万的工人被派遣到这里工作：废墟堆、土丘被夷为平地。建筑工地被扩建，竖起了一座用塔楼加固的大墙，围成了一个方圆8千米的长方形。在长方形的一个角落上有一座半天然、半人工的小山，它成了支撑金字形神塔、几座神庙和王宫的卫城：

> 一座由雪松木、柏树、杜松木、黄杨木、桑树、无花果木和柽柳造成的宫殿，是我的王室住所，也是我可以永远保持放松、愉快的地方。我用石灰石和雪花石膏塑造各种山上和海里的动物，并把它们竖立在王宫门口……我把用雪松、柏树、杜松和桑树制成的门扇挂在门上。我从所征服的地区掠来了大量银子、金

第十八章 亚述的兴起

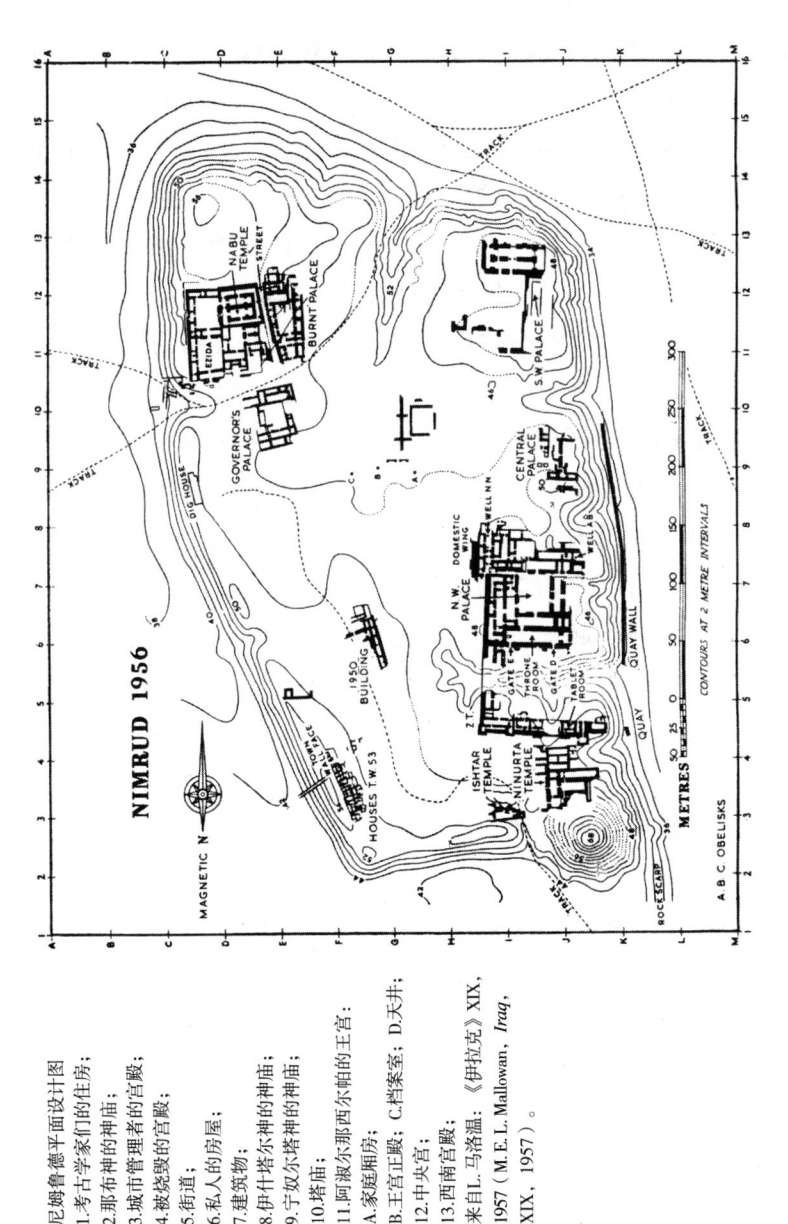

尼姆鲁德平面设计图
1.考古学家们的住房;
2.那布神的神庙;
3.城市管理者的宫殿;
4.被烧毁的宫殿;
5.街道;
6.私人的房屋;
7.建筑物;
8.伊什塔尔神的神庙;
9.宁奴尔塔神的神庙;
10.塔庙;
11.阿淑尔那西尔帕的王宫;
A.家庭厢房;
B.王宫正殿; C.档案室; D.天井;
12.中央宫;
13.西南宫殿。

来自L.马洛温:《伊拉克》XIX, 1957 (M. E. L. Mallowan, *Iraq*, XIX, 1957)。

子、铅、铜和铁,我从其中选取了很多并把它们装饰在大门上。[21]

与此同时,联通扎布河的一条名为帕提-赫伽里(Patti-hegalli)的运河被挖掘,其具有双重目的:一是保护城镇,一是灌溉周围的平原。来自被征服地区的囚犯被安置在新的都城,其守护神是战神宁奴尔塔。

阿淑尔那西尔帕在尼姆鲁德的宫殿是在两河流域发掘的最早的历史遗址之一。在1845年至1851年间,莱亚德曾在它的中心区域工作——令他雇佣的劳工惊叹不已的是——发掘出了许多巨大的带翼公牛、狮子、精灵以及刻有浮雕和铭文的石板。[22]这些珍宝中的一些被运到了英国,现在成为大英博物馆的骄傲;其他一些太重而无法移动的被再次掩埋了起来,一个世纪之后被英国的其他考古学家再次挖掘出来。[23]我们现在掌握了整个王宫的设计,它占地超过3公顷,被分为三部分:行政区域(一系列房间围在一个大庭院的周围);礼仪区域,带有宽敞的接待厅和王座室;最后是家庭厢房,包括王室住所、后宫、仓库以及浴室。在仪式区域,主大门两侧由巨大的"拉穆苏"(lamussû)或保护精灵守卫。泥砖砌成的墙用壁画和具有雕刻和题词的直立石装饰,地板用烧砖铺设,上面刻有国王的名字。家庭厢房区有一个有趣的特征,那就是有一个"空调"系统,在厚厚的墙上开一个宽大的通风口,从上面吸进新鲜的空气。公元前612年,尼姆鲁德同其他亚述城市一样毁于大火,用珍贵木头制作的门页被烧毁,但还是有许多物品幸存了下来,特别是具有精美雕刻或凹槽的象牙板,经常有黄金覆盖其上,黄金曾被用来装饰皇家家具。此外，也有许多武器、铜或铁质工具、泥罐和大量的泥板幸存了下来。阿淑尔那西尔帕的宫殿是保存最为完好的亚述王室住所。在像迷宫一样的房间和庭院里散步的游客，沿着两旁有巨大石板的狭窄的走廊里行走时，在昏暗的灯光下，会突然迎面碰到一个巨大的石头怪物。可以很好地想象，这种情绪一定会被那些进入宫殿、企图接近那些"不害怕战争的伟大牧羊人"的人所抓住。

这个宫殿出土的文物中，有一个巨大的石碑，上面刻着国王的雕像和一段长铭文，从中我们了解了公元前879年伴随该宫殿的启用典礼而举行的一系列的庆祝活动。[24]一场大型的盛宴——菜单进行了详细的记载——是阿淑尔那西尔帕为整座城市的所有居民以及外国的大使、不少于69574位宾客举办的，为期10天。铭文最后一句让我们暂时忘记了这位伟大的君主令人不快的其他方面：

> 所有地区高兴的人们，卡勒胡的人们，我宴请他们，大家一起喝酒、沐浴、受膏，给予他们尊容，庆祝共10天，然后我把他们平安高兴地送回家乡。

沙勒马奈舍尔三世

阿淑尔那西尔帕的儿子沙勒马奈舍尔三世（公元前858—公元前824年）从尼尼微或他的一个行省宫殿开始他的战争生涯，之后就一直在战场上征战，似乎只有在生命的最后几年居住在卡勒胡，度过余生。然而，在那座城市及周边地区发现了他的大多数著名的纪念物。其中一个是"黑色方尖碑"，由莱亚德在一个世纪前在宁奴尔塔的神庙中发现，现在藏于大英博物馆。[25] 石碑由一块 2 米高的黑色雪花石膏制成，底下有台阶，就像一个迷你版的塔庙。石碑周围环绕着一篇长长的铭文，概括总结了国王从事的战争。石碑的每一面有 5 个雕刻的嵌板，描绘了各个不同国家的进贡仪式，包括以色列——在以色列的进贡仪式中，以色列的耶户王俯伏在亚述王的脚下。最近在尼姆鲁德发掘出了一个国王在祈祷时的雕像，以及一个坐落在城墙脚下的巨大建筑，这个建筑是这个国王修建的，由他的继承人一直使用到帝国的崩溃。这座建筑物——考古学家起了一个外号叫"沙勒马奈舍尔堡垒"——事实上是他的宫殿，在文献中为埃卡勒-马沙尔提（ekal masharti）。这座"巨大的仓库"是为了"颁布营地的条例，维护牡马、战车、战争装备以及敌人的战利品"而修建。[26] 在每年一度的战役前，军队在三个巨大的庭院里集结、装备和检查，而周围的房间则是军官们的军械库、商店、马厩和住处。最后，我们拥有了这个非凡的物品，以"巴拉瓦特（Balawat）的青铜门"而著名。它们被莱亚德的助手拉萨姆（Rassam）在 1878 年挖掘出土，发掘地点不是尼姆鲁德，而是巴拉瓦特（古代的伊姆古尔-恩利勒），一个很小的土丘，在城市东北方向几千米处。阿淑尔那西尔帕在那里修建了一个国家宫殿，后被沙勒马奈舍尔占用。这座宫殿的主要大门覆盖着青铜长条，铜条宽约 25 厘米，采用了"冲压"技术。上面展现了沙勒马奈舍尔的一些军事远征事件，伴随图片的是一些简短的传说。[27] 除了可观的艺术和建筑价值，所有这些纪念碑都是无价之宝，因为它们提供了公元前 9 世纪期间亚述人战争的有关信息。

沙勒马奈舍尔军事运动的数量和范围都超过了他的父亲。[28] 其在统治的 35 年时间中，有 31 年都把精力花费在战争上。亚述的士兵到达了他们之前从未到达的地方：他们踏足亚美尼亚，到达巴勒斯坦的西里西亚、托罗斯山脉的中心地带和扎格罗斯山、波斯湾海岸。他们毁坏新的土地，围困新的城市，同新的敌人作战。但由于这些新的敌人比杰济拉的阿拉米亚人或伊拉克库尔德斯坦的小部落更加强大，沙勒马奈舍尔取得的胜利逐渐减少，其整个统治给人的印象是有一项任务没有完成，其付出的巨大努力只获得了较小的结果。例如，在北方，沙勒马奈舍尔越过了"奈瑞之海"（凡湖），进入乌拉尔图，就近在亚美尼亚高山上形成了一个王国。亚述人一如既往地宣传取得了完全的胜利，毁坏了乌拉尔图国王阿腊美（Arame）的许多城镇。但是，他承认阿腊美逃脱了，我们知道在随后的一个世纪中，乌拉尔图成长为亚述的主要对手。同样地，在其统治后期，在东方的一系列的战争使沙勒马奈舍尔和他的总司令达严－阿淑尔（Daiân-Ashur）与在乌尔米耶河周围居住的米底人和波斯人有了直接的对抗。在那里，冲突再一次使短暂的"胜利"没有取得持久的结果：米底人和波斯人实际上可以自由地巩固他们在伊朗的地位。

沙勒马奈舍尔为征服叙利亚所做的多次努力也以失败告终。被阿淑尔那西尔帕突然袭击的新赫梯人和阿拉米亚人有时间来增强他们的力量，亚述人新一轮的攻击对他们最主要的影响是团结起来共同抵抗亚述。通过三次必要的战役，比特－阿迪尼被灭亡，亚述人在幼发拉底河上建立了一个桥头堡。公元前 856 年，比特－阿迪尼的首都提勒－巴尔西帕（现在的阿赫马尔）被占领，亚述人迁入该城居住，改名为卡尔-舒曼那沙雷德（Kâr-Shulmanashared），意为"沙勒马奈舍尔的码头"。随后在一个能够俯瞰幼发拉底河的土丘上修建了一座王宫，作为处理西部边境事务的基地。[29] 然而，亚述人无论是经过阿马奴斯山前往西里西亚，或是经由阿勒颇到达大马士革，他们发现总是要面对当地统治者的联盟。因此，当沙勒马奈舍尔在公元前853年进入叙利亚中心平原地带时，他的对手——哈马的伊尔胡雷尼（Irhuleni）和大马士革的阿达德-伊德瑞（Adad-idri，《圣经》中的本-哈达德二世 [Ben-Hadad II]），带领由"海岸十二国王"提供的特遣队与他相遇。对入侵者来说，他们可以抵抗"阿拉伯半岛的根迪布（Gindibu）"派遣的62900名步兵、1900名骑兵、3900辆战车和1000头骆驼。战役在距离哈马不远的奥伦特河上的卡尔卡腊（Karkara，喀尔喀尔 [Qarqar]）打响。沙勒马奈舍尔说道：

> 我用剑杀死了他们14000名士兵。像暴风雨阿达德神一样，我骤雨般地毁灭了他们……平原太小了，以至于装不下他们的尸体，广阔的田野用来埋葬他们。践踏着他们的尸体，我像跨过一座桥似的跨过了奥伦特河。[30]

然而，无论哈马还是大马士革都没有被占领，这场战役就像是在地中海上进行的一次小小的巡游似的，平淡无奇地在两河流域结束了。之后的第四、五、八年，针对哈马发动了几次战役，取得了局部胜利。许多城镇和村庄被占领、洗劫和烧毁，但都不是主要城市。公元前841年，

第十八章 亚述的兴起

大马士革再次被攻击。幸运的时刻到来了，阿达德-伊德瑞被谋杀，王位被"一个无名之辈的儿子"[31]哈扎勒（Hazael）所取代。哈扎勒在萨尼尔山（Sanir，赫尔蒙）的一次战役中被亚述军队击败，躲在自己的首都里。沙勒马奈舍尔所能做的只有对围绕在大马士革周围的果园和花园进行洗劫，并对富饶的豪兰平原进行掠夺。随后，他占领了通往海岸的道路，在迦密山收到了来自推罗、西顿以及以色列国王胡姆瑞之子雅瓦-马尔-胡姆瑞（Iaua mâr Humri）的礼物，该国王是楔形文字文献中第一次出现的圣经人物。公元前838年，在他们最后一次企图征服大马士革后，亚述人承认了他们的失败，在其余下的统治中让叙利亚独自保持独立。

在巴比伦尼亚，沙勒马奈舍尔则要幸运一些，虽然在这里他又一次没有利用他的成功，错失了提供给他的机会。巴比伦一方面太弱小，无力攻击亚述人，另一方面，又貌似很强大，亚述人也不敢轻举妄动，因此巴比伦第八王朝的国王们努力保持了独立的状态。甚至阿淑尔那西尔帕避过了南部王国，给了与他同时代的那布-阿帕勒-伊迪那时间去修复阿拉米亚人和苏图人在"混乱时代"给其带来的伤害。[32]但公元前850年，国王马尔杜克-扎基尔-舒米（Marduk-zakir-shumi）与其被阿拉米亚人支持的兄弟发生了冲突。亚述人被请求前去营救。沙勒马奈舍尔打败了反叛者，进入了巴比伦，"天与地的纽带，生命的栖息地"，向马尔杜克的神庙"埃萨吉拉"、库特哈和巴尔西帕提供祭品，对那个神圣土地上的居民给予至高无上的仁慈：

为巴比伦和巴尔西帕的人们，无论是"被保护者"

还是伟大神灵的自由民，他准备了宴会。他给他们提供食物和酒，让他们穿上色彩鲜艳的衣服，为他们提供礼物。[33]

之后，他继续向南推进，进入现在被迦勒底人（卡勒杜）占据的苏美尔古国，他猛攻该地，将巴比伦敌人追赶到"他们称之为苦海（nâr marratu）的海岸边"，即波斯湾。不过，这所有的事情不过是一次巡查行为。马尔杜克-扎基尔-舒米宣誓忠诚于他的保护人，以此保留了他的王位。[34] 在亚述的统治下，两河流域的统一并没有遇到太大的困难便完成了。由于一些说不清的原因——可能因为他过多地把精力用于北方和西方——沙勒马奈舍尔所宣称的只是名义上的宗主权，亚述所获得的只是一些领土和南部边境上的几个城镇。南部的迪亚拉河、西部的幼发拉底河、北部和东部的山脉现在是它的界限。它仍旧是一个纯粹的北部两河流域王国，（巴比伦）帝国还没有被征服。

在沙勒马奈舍尔长期统治的末期，因其国内严重的内乱而更加黑暗。他的一个儿子阿淑尔丹尼那普鲁（Ashurdaninaplu），带领27个城市发动了叛乱，这些城市包括阿淑尔、尼尼微、阿巴伊勒（Arba'il）以及阿腊法（Arrapha）。老国王在那时几乎难以离开他在尼姆鲁德的宫殿，把镇压叛乱的任务交给了他的另一个儿子沙姆西-阿达德（Shamshi-Adad），4年来亚述都处于内战的痛苦之中。当沙勒马奈舍尔去世时，战争仍在肆虐。最终沙姆西-阿达德五世登上了王位（公元前824年）。随着新国王的到来，亚述开始进入了接近一个世纪的停滞时期。

第十九章
亚述帝国

公元前827年的大暴动并不是通常意义上的王朝危机，它是一场亚述乡村贵族和自由公民反抗王国巨头贵族的起义，这些贵族包括：富有而骄横的行省总督——阿淑尔那西尔帕及其继任者将征服的土地托付给他们，以及宫廷高级官员，如首席军事长官（turtanu）达严-阿淑尔（Daiân-Ashur）。这些人在沙勒马奈舍尔晚年获得了与他们职责的真实性质不成比例的权力。起义者要求一个拥有实权的国王，能够实行真正的统治，甚至希望其能够在臣属间分配权力。他们在王储的领导下为了一项美好的事业而战，但在这个阶段进行彻底的行政体制变革必然会动摇这个仍然脆弱的王国的根基。沙勒马奈舍尔认为这场反叛必须被彻底镇压，而他精明能干的小儿子就是镇压起义的最佳人选。沙姆西-阿达德五世用了5年的时间征服了27个城市——在那里，他的兄长"煽动暴动、反叛，耍阴谋诡计"，并在其统治的余年（公元前823—公元前811年）致力于维护他对巴比伦人和北部及东部山区臣属的权威，这些臣属利用内战摆脱了亚述的"保护"并拒绝纳贡。[1] 最终，和平与秩序得以恢复，但中央和地方政府都没有发生根本性的变化，隔阂与日俱增，因而导致了随后几年里大大小小暴力冲突的发生。这种长期不稳定影响了国家基础设施，加之其他因素，比如青年劳动力的缺乏、一部分沙姆西-阿达德继任者的玩忽职守，以及敌对国家乌拉尔图在近东政治中的地位与日俱增，这些因素共同导致了亚述在公元前8世纪上半叶的暂时衰弱。

亚述的中衰期

沙姆西-阿达德之子、沙姆西-尼腊瑞三世（Shamshi-nirâri III，公元前810—公元前783年）在其父亲去世时还很年轻。4年来，亚述政府一直掌控在他的母亲萨穆腊马特（Sammuramat）——传奇的塞米腊米斯（Semiramis）手中。这位王后的统治在亚述文献中几乎没有留下一点痕迹，[2] 她如何获得"最美丽、最残酷、最强大也最好色的东方女王"[3] 的名声，令人百思不得其解。《塞米腊米斯传奇》由狄奥多罗斯（Diodorus Siculus）讲述于公元前1世纪，[4] 他的材料来源于现已失传的《波斯史》（*Persica*）。作者克特西亚斯（Ctesias）是一位希腊作家，同时也是阿塔薛西斯二世（Artaxerxes II，公元前404—公元前359年）的宫廷医师。故事讲述了一位叙利亚女神所生的富有男子气概的女人，通过与尼奴斯（Ninus）结婚而成了亚述女王，是传说中的尼尼微城的建立者。她建造了巴比伦，还在波斯建造了令人惊叹的纪念碑，征服了米堤亚（Media）、埃及、利比亚与巴克特里亚（Bactria），并在印度进行了一次失败的军事远征，死后化身成为一只鸽子。这个传说包含了许多要素，首先是把人物事迹弄混，如那齐雅

(Naqi'a) 和扎库图（Zakûtu，辛那赫里布［Sennacherib］的妻子，监管重建了被她丈夫摧毁的巴比伦城）、大流士一世的征服回忆录、亚历山大大帝征服印度的事迹，甚至包括阿契美尼宫廷可怕的太后帕瑞萨提斯（Parysatis）。其次，塞米腊米斯与战争女神伊什塔尔具有许多相似的特质，像她一样也摧毁了自己的爱人。乍一看，所有这些都与我们所认识的阿达德-尼腊瑞的母亲无关。然而，希罗多德和贝罗苏斯（Berossus）[5]都很少提及塞米腊米斯，间接表明了她和萨穆腊马特是同一个人。那么这两个女人之间的联系在哪里呢？整个故事极具伊朗特色，或许萨穆腊马特做了一些让米底人惊奇并铭记在心的事情（她可能向他们发起了战争），她非凡的事迹被伊朗小说家一代又一代地口耳相传，不断被曲解与再加工，直到故事被流传到克特西亚斯耳中。但像其他假说一样，这个观点也无法得到证实。通过多种形式的呈现，狄奥多罗斯对《塞米腊米斯传奇》的叙述获得了巨大的成功，特别是在西欧，一直到本世纪①初。因此，颇具讽刺意味的是，对亚述雄壮国王的记忆通过一个女人之手传递给后代。

一到履行王室职责的年龄，阿达德-尼腊瑞便展现出了一个君主有能力、有进取心的品质。[6] 在他有效统治的第一年（公元前806年），他入侵了叙利亚，并向新赫梯人、腓尼基人、腓力斯丁人、以色列人和以东人征税逼贡。在其祖父失败之处，他取得了成功。他进入大马士革，并从本-哈达德三世得到了"他数不尽的财产和宝物"。[7] 同

---

① 此处的"本世纪"即为20世纪。——译者注

样,在他夸大风格的王室铭文中记载,伊朗的米底人和波斯人都被"带来拜倒在他的脚下",而卡勒杜的所有的国王都变成了臣属。然而这些所作所为纯属突袭而非征服。这位沙勒马奈舍尔三世真正的继承者所做的间断性的努力没有取得任何实际成果,他的猝死标志着亚述漫长衰落时代的开始。

阿达德-尼腊瑞有四个儿子,他们相继为王统治亚述。长子沙勒马奈舍尔四世(Shalmaneser IV,公元前782—公元前773年)的事迹鲜为人知,他的权力似乎非常有限。因为在提勒-巴尔西帕(Til-Barsip,阿赫马尔丘)发现的一个铭文中,他的总司令沙姆西-伊鲁(Shamshi-ilu)大肆炫耀其战胜乌拉尔图人的功绩,甚至没有提及他主人——国王——的名字,这在亚述文献中史无前例。[8] 次子阿淑尔-丹三世(公元前772—公元前755年)统治时期,以在叙利亚中部和巴比伦尼亚地区打了很多败仗为标志。在阿淑尔、阿腊法(基尔库克)和古扎那(哈拉夫丘)地区爆发了瘟疫和多次起义——更不用说还发生了不祥的日食了。正是这次日食,被恰当地记录在名年官表(limmu-list)上,日期可以定期为公元前763年6月15日,它成为两河流域年代学在公元前第一个千年的基石(见原著第25页)。至于第三子阿淑尔-尼腊瑞(Ashur-nirâri,公元前754—公元前745年),他几乎不敢离开王宫,很有可能在卡勒胡爆发的起义中被杀了,随后提格拉特帕拉沙尔三世(Tiglathpileser III)登上王座。[9] 至于他是否是阿达德-尼腊瑞的家族成员仍有争议,他可能是一个篡位者。

因此,在这36年(公元前781—公元前745年)来,亚述实际上处于瘫痪状态。在此期间,近东的政治地理格局发生了许多或大或小的变化。曾在战场上两次被沙姆西-阿达德五世击败仍保持独立的巴比伦尼亚,陷入了无政府主义状态,令人想起10世纪时最糟糕的几年。一部编年史里记载,在公元前790年左右的几年里"这个国家没有国王"。在此期间,埃瑞巴-马尔杜克(Eriba-Marduk,公元前769年)宣称在对阿拉米亚人的一次巡查活动中取得了巨大的胜利,这些阿拉米亚人夺走了属于巴比伦和巴尔西帕居民的许多"田地和花园"。[10] 在叙利亚,阿拉米亚的王公贵族们沉溺于传统的纷争之中,无法团结一致。由于受到两方夹击,一方面被阿达德-尼腊瑞率领的亚述人羞辱,另一方面又被阿哈布(Ahab)率领的以色列人打败,大马士革的君王们失去了他们的政治优势,首先是哈马的利益,然后是比特-阿古什的首都阿尔帕德(瑞法特丘[Tell Rifa'at],阿勒颇附近)的利益。[11] 在伊朗,波斯人开始由北至南,向巴克提雅瑞山(Bakhtiari)迁徙,[12] 这使得米底人可以自由地将他们的控制范围扩展至整个高原。在乌尔米耶湖周围非印欧语系的曼奴亚人(Mannaeans,曼奈人[Mannai])——考古显示他们的文明程度远比人们想象的高,[13] 他们将自己组织成一个小但却很坚固的国家。但主要的发展在亚美尼亚,公元前9世纪至8世纪期间,乌拉尔图从凡湖沿岸的一个小公国发展成为一个与亚述一样强大的王国。在阿尔吉提斯一世(Argistis I,大约公元前787—公元前766年)的统治下,乌拉尔图的疆界大致从俄罗斯亚美尼亚的塞万湖(Lake Sevan)延伸到现在的伊拉克北部边界,从乌尔米耶湖延伸到土耳其境内幼发拉底河的上游。在其国界之外，还有一些附属国和部落，它们向乌拉尔图进贡，承认其宗主权，或通过军事协议与乌拉尔图结成联盟。这些附属国和部落是高加索的西米里安人（Cimmerians），托罗斯地区的所有新赫梯王国（塔巴勒、米利德、古尔衮、库穆胡）以及伊朗的曼奈（Mannai）。阿尔吉提斯的继任者萨杜尔二世（Sardur II，大约公元前 765—公元前 733 年）成功地将阿尔帕德国王马提-伊鲁（Mati'-ilu）从他刚刚与阿淑尔-尼腊瑞五世（Ashur-nirâri V）签署的联盟中分离出来。通过阿尔帕德，乌拉尔图的政治影响迅速在叙利亚北部的阿拉米亚诸王国蔓延开来。

早期和最近在土耳其和俄罗斯亚美尼亚的发掘——尤其在凡湖附近托普腊克-卡勒（Toprak Kale，古代鲁萨黑那［Rusahina］）和埃瑞温（Erivan）附近卡米尔-布鲁尔（Karmir Blur，古代泰贝尼［Teisbaini］）的发掘——为我们提供了丰富的乌拉尔图王国的历史与考古资料。[14] 它的主要城市由石头或泥砖砌成，坐落在石头地基上；城市被巨大的城墙所包围，由雄伟的城堡主宰，在那里存有为战事储备的食物、油、葡萄酒和武器。乌拉尔图的工匠精通冶金术，他们留下了一批非常精美的艺术品，从中可以看出亚述对它的重要影响。在整个亚美尼亚，有数量众多用楔形文字和凡纳语（Vannic language）——胡里语的一个分支——书写的石碑和岩刻，见证了乌拉尔图国王的英雄主义与虔诚信仰。同时，成百上千的泥板使得我们对王国的社会和经济组织有了更深入的了解，王国的基础建立在由战士、战俘和奴隶耕作的庞大的王室庄园之上。阿腊腊特山丘的牧场和肥沃的阿腊克斯（Arax）河谷，使乌拉尔图成为富饶的养牛和农业国，但其大部分财富来自乌拉尔图拥有或控制的亚美尼亚、格鲁吉亚（Georgia）、科马根和阿塞拜疆的铜矿和铁矿。

这样一个庞大、繁荣且强大的民族（或国家）的出现，对亚述的历史产生了决定性的影响。乌拉尔图在近东经济和政治领域扮演的角色越来越重要，不亚于它在伊拉克大门口的出现，这对亚述来说是一个长期的忧患，但也是一个挑战。

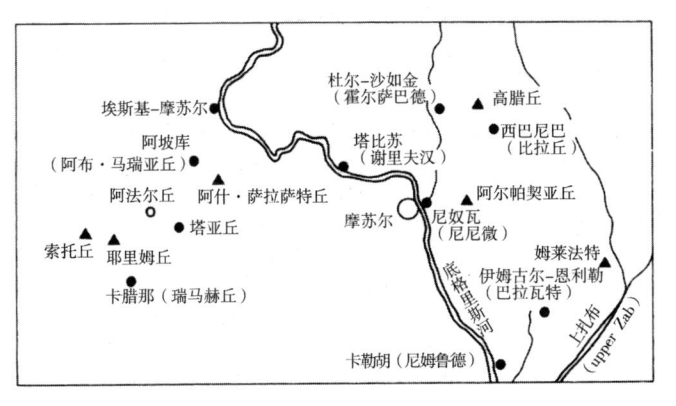

摩苏尔附近的主要遗址。

沙勒马奈舍尔四世时期一系列不幸的经历，使得亚述人明白，在目前的形势下，向乌拉尔图发起直接攻击的任何企图都将遭遇失败。在他们能够直面强大的对手之前，不得不先加强自己在两河流域地区的地位，并且不断征服、占领、牢牢控制叙利亚和伊朗西部，这是乌拉尔图在亚美尼亚之外能够取得优势地位的两大支柱。迅速、轻松、依靠掠夺获得丰硕成果的时代已经过去了。亚述别无选择，成为帝国或者就此衰亡。

提格拉特帕拉沙尔三世

幸运的是,亚述拥有了提格拉特帕拉沙尔三世(Tiglathpileser Ⅲ,公元前744—公元前727年)这位富有聪明才智、朝气蓬勃的君主,他洞察时势,并及时采取了有效的补救措施。他不仅像"打碎罐子"一样——用他自己的话来说——击溃了乌拉尔图和米底的盟友叙利亚,并且将这些被征服的土地纳入亚述的版图,重新改组了军队,进行了期待已久的行政体制改革,使亚述获得了它所需要的内部和平环境。无论从哪一个角度来看,提格拉特帕拉沙尔三世都应该被视为亚述帝国的创建者。

行政体制改革在公元前738年后逐步实施,旨在加强王室权威,削弱大贵族过多的权力。在亚述本土,现有的行政区域数量成倍增加,面积却在变小;在亚述之外,那些通过胜利的军事战争所控制的国家,一旦时机成熟便剥夺地方统治者的权力,并将其转变为行省。每个行省都被视为亚述的一个行政区域,委托给直接向国王负责的"地区长官(*bel pihâti*)"或"总督(*shaknu*,字面意义为:受委任者)"统辖。[15] 不能并入亚述帝国的国家和民族可以保留自己的政府,但处于亚述"监察官(*qêpu*)"的监督之下。王室宫廷与行省之间建立起了高效便捷的通信系统。普通信使和特别的传令官总是不停地将总督、地方长官或他们下属发出的报告与信件传递给国王和宫廷官员,并将国王签署的命令(*amât sharri*,国王的话)传递回去。在某些情况下,国王会派遣自己的私人代表——库尔布图

(qurbutu)官员，负责向国王上报机密事件，并可以根据他们自己的想法行事。地方长官和行省总督拥有强大的军事、司法、行政和财政权力，虽然他们的权力受到狭小领地的限制，并且几乎所有事务都会受到中央政府的干预。他们的主要任务是确保定期纳贡（madattu），确保亚述人和外国人按时缴纳各种赋税。他们也负责执行法律、维护社会秩序及修筑公共工程，负责在本地区的士兵招募。最后提到的这个功能对于亚述本土格外重要。从前，亚述军队由履行军事义务伊尔库（ilku，见原著第206页）的王室依附民及大地主提供的农民和奴隶构成，在每年的军事运动期间，听从国王的调遣。在这种征兵体制中，提格拉特帕拉沙尔又增加了一支常备军（kisir sharruti，国王的保障），主要由外围省份的特遣队组成。一些阿拉米亚部落，如伊图（Itu'）提供了非常出色的雇佣兵。另一个新奇之处在于骑兵而不是战车的发展。这一变化可能是经常在山区国家作战所致，如米底，他们以骑兵为主。[16]

提格拉特帕拉沙尔的另一创举是集体放逐制。整个城镇和区域的居民被驱赶走，他们在遥远的地区定居下来，取而代之的是从其他国家用武力强迫迁徙过来的居民。例如，公元前742年和公元前741年，来自哈马地区的30000名叙利亚人被送去扎格罗斯山脉，而来自底格里斯河左岸的18000名阿拉米亚人被调往叙利亚北部。公元前744年，伊朗有65000人在单独一次运动中被迁移。在另一年，两河流域南部外逃的人数不少于154000人。[17] 这种凄惨的场面常常出现在亚述的浮雕上：肩上扛着小袋子，手里牵着自己骨瘦如柴的小孩，男人排成长长的队伍与军队走在一起，他们的妻子随后而行，坐在敞篷车上或骑在驴或马上。一个悲惨、毫无疑问是部分真实的场景，但也可能为了炫耀而有所夸大。同时，这种做法的其中一个目的是惩罚反叛或者防止反叛，但还有其他目的：铲除现在所谓的"民族精神"——对当地神祇、统治家族和传统的忠诚；在边境、被征服的国家和亚述本土建立新的城镇；重建安置被遗弃的地区并发展他们的农业；不仅向亚述人提供建造城市、寺庙和宫殿的士兵和劳工部队，而且向亚述人提供工匠、艺术家，甚至书吏和学者。[18]我们从皇室信件中得知，行省总督们被告知要确保被驱逐者及其军队护送人员得到良好对待，要提供食物（在至少一种情况下，要求提供鞋子），保护他们，以免受到伤害。我们也从中得知，许多流离失所的人很快就适应了新生活，并效忠新的主人，他们中的一些人还被安排到帝国行政管理中的重要位置。被驱逐者并非奴隶，随着需求的增加，他们遍及全国。他们并没有特殊地位，被简单地"计入亚述人们之中"，这意味着这些放逐者与亚述原始居民拥有同样的权利与义务。民族放逐政策——主要实施于使用阿拉米亚语的地区——被提格拉特帕拉沙尔的继任者继续推行。据估计，在3个世纪内被强行从他们的家乡迁出的人数多达450万。这在很大程度上促进了亚述的阿拉米亚化，这是一个缓慢且连续的进程，加之军队的国际化，这可能在帝国崩溃中发挥了重要作用。

　　提格拉特帕拉沙尔的军事活动留下了他有条不紊的思想的烙印。[19]首先，他远征伊拉克南部，直至乌科奴河（Uknû，凯尔哈河），把巴比伦从阿拉米亚人的压力下解放出来,并提醒那布-那西尔亚述王仍是他的保护者。按照惯例,他向阿卡德和苏美尔圣城里的神灵奉献了"纯洁的牺牲",从西帕尔到乌鲁克。随后,提格拉特帕拉沙尔进攻了叙利亚,更确切地说,袭击了由新赫梯与阿拉米亚王公们组成的联盟,这个联盟由阿尔帕德的马提-伊鲁领导,他听命于乌拉尔图的强有力的国王萨杜尔三世。萨杜尔赶去援助他的盟友,但却在幼发拉底河的萨姆萨特(Samsat)附近被打败,骑着母马颜面扫地逃走了,"借着夜色逃得无影无踪"。阿尔帕被围困,抵抗了三年,最终投降,成为亚述一个行省的主要城镇(公元前741年)。与此同时,他打败了亚迪亚(萨马勒)国王阿兹瑞亚(Azriyau)和他的叙利亚沿岸同盟,进而吞并了叙利亚西北部,也可能征服了腓尼基(公元前742年)。附近无数的王公贵族诚惶诚恐,纷纷送礼献贡。他们包括大马士革国王腊苏奴(Rasunu,雷津[Rezin])、以色列国王米拿现(Menahem)[20]以及一个"阿拉伯女皇"扎比贝(Zabibê)。很有可能叙利亚战争的起点在卡尔凯米什和哈兰之间的哈达图(Hadâtu,今阿斯兰-塔什[Arslan Tash]),在那里考古发掘出土了提格拉特帕拉沙尔的一座行宫。这座精致的建筑虽然规模较小,但在布局上与尼姆鲁德的阿淑尔那西尔帕的宫殿极为相似。在宫殿附近一座奉献给伊什塔尔的神庙中发现了一些非常有趣的雕塑碎片,在另一座建筑物中发现了象牙雕刻嵌板,这些精美的嵌板曾用于装饰大马士革国王哈扎勒的皇室家具,被阿达德-尼腊瑞作为战利品掠回。[21]

就这样处置了乌拉尔图的叙利亚附庸国之后,提格拉特帕拉沙尔将他的矛头指向了东方(公元前737年和公元前736年的战役)。扎格罗斯中部的大部分地区被"划为亚述边境",他率军横穿伊朗高原,到达被"强大的米底人"占领的核心区域,最远到达比科尼山(Biknî,德马温德[Demavend])和德黑兰(Teheran)西南的"盐碱荒漠"地带。在此之前,亚述军队从未在此方向行进至如此遥远的地方。在尼哈温德(Nihavend)附近吉严丘(Tepe Giyan)出土的另一个提格拉特帕拉沙尔的行宫遗址残存和最近在伊朗发现的一块石碑,都证明了这场远征的真实性以及国王在伊朗这些国家中获得的利益。[22]随后(大约公元前735年),他策划了对乌拉尔图的突袭,包围了萨杜尔的首都图什帕(Tushpa),但没有取得胜利。

公元前734年,提格拉特帕拉沙尔转战动乱的地中海沿岸。推罗和西顿因亚述人限制其向腓尼基和埃及出口木材而焦躁不安;军队不得不进行干预,使"人们充满恐惧"。[23]更糟糕的是,阿斯卡龙(Ascalon)和加沙的腓力斯丁统治者组织了一个包括巴勒斯坦和外约旦(Trans-Jordania)所有王国在内的反亚述同盟。提格拉特帕拉沙尔亲自率兵平叛。阿斯卡龙的王公在战役中被杀,"加沙男人"像鸟一样逃往埃及;亚们、以东、摩押、犹大,以及一个叫作沙姆西的阿拉伯女王开始纳贡。两年以后,犹大国王阿哈兹(Ahaz)因受到大马士革和以色列的压迫而向亚述求救。提格拉特帕拉沙尔占领了大马士革,吞并了以色列的半壁江山,将何细亚(Hoshea)立为撒马利亚之王。[24]

与此同时,在公元前734年那布-那西尔去世后,伊拉克南部发生了一系列军事政变。当时,阿拉米亚人的首领乌金-泽尔（Ukîn-zêr）在巴比伦称王（公元前731年）。亚述人试图劝说巴比伦人民起义反对他，并承诺向任何一个脱离他首领的阿拉米亚人免税。当这个外交策略被证明收效甚微后，提格拉特帕拉沙尔派他的军队与这个篡权者作战，并杀死了他和他的儿子。提格拉特帕拉沙尔决定亲自统治巴比伦尼亚地区。公元前728年，在新年节举行期间，"他握了贝勒（马尔杜克）之手"，被宣告为巴比伦之王，取名普鲁（Pulû）。第二年，他就去世了，用巴比伦尼亚的表达方式，"他走向了他的命运"。

萨尔贡二世

提格拉特帕拉沙尔之子沙勒马奈舍尔五世（Shalmaneser V，公元前726—公元前722年）的短暂统治模糊不清。我们所能了解的仅限于以色列的傀儡国王何细亚的反叛，沙勒马奈舍尔围困了撒马利亚长达三年之久。但最终是他还是下一位国王占领了这座城市仍是个有争议的问题。[25] 同样令人费解的是，他的继任者是如何登上王位的？没有人能说清楚他是一个篡权者还是提格拉特帕拉沙尔的另一个子嗣。无论如何，他所使用的名字本身是一个荣耀的承诺，像亚述最早的国王之一，以及阿卡德王朝杰出的创造者一样，他自称为沙如金（Sharru-kîn，萨尔贡［Sargon］）。[26]

在萨尔贡登基前不久，近东地区发生了两件重要的事件，影响了亚述的战略和外交长达百年之久：埃及对巴勒斯坦的干涉以及埃兰对巴比伦尼亚地区的干涉。这两件事都与提格拉特帕拉沙尔的胜利有关，因为他在伊朗高原的前进切断了留给埃兰的唯一贸易通道,同时他对腓尼基的征服从埃及手中夺走了一个主要贸易国。因此,埃兰人、埃及人与乌拉尔图人携起手来,成为亚述公开的敌人。但由于他们双方均没有能力直接攻击一个处于其鼎盛时期的国家,因此他们选择了一个缓慢但更为安全的策略:他们在亚述的附庸国间挑起叛乱,并且每当伊拉克南部阿拉米亚人的族长,或是巴勒斯坦的王公们受到所向披靡的亚述军队的威胁而请求帮助时,他们一定全力以赴,提供一切的人力和武器支持。萨贡统治时期的政治历史,实际上不过是反对这种叛乱的长期斗争的开始。

然而,祸患由内而生,内乱束缚萨尔贡长达一年之久。直到他把亚述公民从沙勒马奈舍尔五世强加给他们的"国家的兵役号召和纳税官的呼唤"中解放出来,这场混乱才得以平息。只有如此,他才能得以处理在改朝换代时期在巴比伦尼亚和叙利亚发生的危急形势。在巴比伦尼亚地区——亚述王冠上的第二颗珍珠——来自波斯湾沿岸比特-雅金(Bît-Iakin)的迦勒底统治者马尔杜克-阿帕勒-伊迪那(Marduk-apal-iddina[①],《圣经·旧约》中的美罗达-巴拉丹[Merodach-Baladan]),与萨尔贡同年登上王位,并得到了埃兰国王胡姆巴尼伽什(Humbanigash)的大力支持。公元前720年,萨尔贡向他宣战,他们决战于底格里斯河和扎格罗斯山脉之间的戴尔(巴德拉)。他的铭文宣称大获全胜,但更加公正的《巴比伦编年史》清楚地记载着,埃兰人独自战胜了亚述人。同时,在另一篇文献中,美罗达-巴

[①] "Marduk-apal-iddina"的意思为"马尔杜克神给了我一个继承人"。

拉丹骄傲地宣称"他击溃遍布各地的苏巴尔图（亚述）军队，摧毁了他们的武器"[27]。一个有趣的细节：美罗达-巴拉丹的铭文发现于尼姆鲁德，公元前710年之后，萨尔贡从乌鲁克夺走了它，在那个城市里用一个黏土圆筒滚印代替，上面刻有他对这件事完全不同的版本。由此可见，政治宣传和"虚假信息"并非我们这个时代的特权。毫无疑问，亚述人受到了抑制，因为我们知道，马尔杜克-阿帕勒-伊迪那统治巴比伦尼亚地区长达11年（公元前721—公元前710年）之久，他不仅仅是一个野蛮部族的首领，更是一位美索不达米亚伟大的君王，并在很多城市中留下了其建筑活动的痕迹。

对亚述而言，哈马国王伊鲁-比迪（Ilu-bi'di）领导的叙利亚各省组成的反叛联盟以及得到埃及军队帮助的加沙国王哈奴那（Hanuna）的叛乱所带来的危险并不亚于上述情况。但这次萨尔贡的运气要好得多。伊鲁-比迪和他的盟友在喀尔喀尔被击败，被俘虏并被剥皮，而哈奴那被饶恕。至于埃及的那位将军西贝（Sib'e），他"像羊群被偷走了的牧羊人，独自逃跑了，消失了"（公元前720年）[28]。八年后，埃及在巴勒斯坦煽动了另一场叛乱。这次首领是阿什都德（Ashdod）的国王雅马尼（Iamani），犹大、以东和摩押一起参加，叛乱得到了埃及法老（可能是波科瑞斯[Bocchoris]）的支持。萨尔贡再次取得了胜利：雅马尼逃往埃及，但很快便被当时统治尼罗河流域的努比亚（Nubian）国王萨巴克斯（Sabakho）遣送回国：

> 他给他戴上脚镣、手铐和铁环，他们就这样把他带到亚述，进行了一段遥远的旅程。[29]

埃及新统治者对亚述如此友好的态度，是巴勒斯坦地区在萨尔贡余下统治时期保持稳定的原因。

我们并不确定埃兰人是否参与了扎格罗斯中央区域统治家族之间爆发的纷争，但却给了萨尔贡在公元前713年征服凯尔曼沙和哈马丹统治下的众多公国和城镇的良机，并获得了米底人的进贡。是谁在曼奴亚人、兹基尔图（Zikirtu）和阿塞拜疆其他部落之间制造麻烦，这点是毫无疑问的，因为乌拉尔图仍然是亚述北部最主要的敌人。浏览一下萨尔贡的信件，立刻便可以发现，分驻在亚述多山地区的官员们"为国王放哨"，告知乌拉尔图国王及其将领所做的每一个举动以及周边民族政治忠诚度的每一个细小变化。[30]然而，尽管萨尔贡不停地干涉，乌拉尔图的鲁萨斯一世还是在公元前719至公元前715年间设法用自己人取代了对亚述友好的曼奴亚统治者。公元前714年，亚述人发动了大规模反攻。萨尔贡在其第八年发动的这场大规模战役被记录在他的年表中，但在一封国王写给"众神之父阿淑尔，命运的男神女神，城市和它的居民以及宫殿"的、以奇怪的措辞为开头的信中，更加详细地描述了这场战争——这肯定是一份在每年战役结束后公开阅读的文件，以期给人留下深刻的印象。[31]在库尔德斯坦地区行军异常艰苦，由于这一地区的地理环境造成的困难并不亚于敌人的抵抗。我们的文本中有许多如下具有诗意描写的片段：

> 西米瑞雅山（Simirria），一座巨大的山峰，犹如矛尖一样矗立，它抬着头仰望群山，那里是贝里特-伊勒塔尼（Bêlit-iltâni）的住所；它的顶峰高高在上支撑着

苍天女神,根基向下,直通冥界的中心;它宛如鱼脊一般,从左至右无法贯通,从后到前无法逾越;它的两侧是难以逾越的幽幽深谷和悬崖峭壁;看一眼就让人产生恐惧……埃阿神和贝里特-伊勒塔尼神赐予我宽广的理解力与内在的精神,他们打开了我的双腿,推翻了敌国,我用青铜镐武装的哨兵使高山上的悬崖峭壁变成碎片漫天飞舞;哨兵打开了通道,我一马当先走在队伍前面。战车、骑兵、在我身侧同行的战士,我使他们像雄鹰一样飞跃这座高山……[32]

萨尔贡跨过山川和河流,在乌尔米耶湖或凡湖一带作战,征服了乌拉尔图最神圣的城市穆萨西尔(Musasir,凡湖以南),掠走了民族之神哈迪雅(Haldia)。乌拉尔图虽然没有被灭亡,但却遭到了毁灭性打击。听到穆萨西尔陷落的消息,乌尔萨(Ursâ,鲁萨斯)羞愧难当:"他用自己的匕首像一头猪一样刺进自己的胸膛,结束了他的生命。"

但乌拉尔图人早就在其他国家激发起反亚述的情绪。公元前717年,仍保持独立的卡尔凯米什统治者密谋反对萨尔贡,但他眼睁睁地看着自己的王国被入侵,并沦为亚述的一个行省。在随后的五年里,同样的命运降临在库伊(Quê,西里西亚)、古尔衮、米利德、库穆胡和塔巴勒的部分地区,用另一句话说,即托罗斯山区的所有新赫梯王国。在这些阴谋与"起义"的背后,不仅仅是"乌拉尔图的男人",还有穆什基的米塔(Mitâ,即弗里吉亚王国的米达斯[Midas]),鲁萨斯曾试图将其纳入自己的势力范围。

公元前710年初,萨尔贡所向披靡。整个叙利亚-巴勒斯坦地区（犹大是一个显著的例外）以及扎格罗斯大部分山区都被亚述牢牢掌握在手中。米底人被视为附庸，乌拉尔图人正在处理伤口，埃及人持友好态度，埃兰人和弗里吉亚人虽然具有敌意但保持和平状态。然而，美罗达-巴拉丹统治下的巴比伦仍旧被亚述视为眼中钉，就在那一年，萨尔贡在其统治时期第二次发动了对它的袭击。这位迦勒底人赢得了居住在古代苏美尔土地上所有部落的支持，他强力抵抗亚述军队长达两年之久。最终，他在杜尔-亚金（Dûr-Iakîn，拉赫姆丘［Tell Lahm］）被围困，手受了伤，他"像老鼠钻洞一样钻进了他的城市的城门"，然后逃往埃兰避难。萨尔贡进入巴比伦，像提格拉尔帕拉沙尔三世一样，"与贝勒神握手"。他的这场胜利影响巨大：弗里吉亚的米达斯主动与他结交，迪尔蒙（Dilmum，巴林）的国王乌佩瑞（Upêri）"听说亚述的强大，献上了他的礼物"。雅特那那（Iatnana，塞浦路斯）的七个国王——"他遥远的居所距离日落之海有七天旅程的地方"，送来了礼物，并宣誓效忠这位伟大的君主，他的石碑的确在拉那卡（Larnaka）被发现。他的敌人为了反抗亚述所做的一次又一次的努力毫无用处。在他统治结束之时，亚述的统治范围和实力明显比以往更加强大。

作为一名军事首领，萨尔贡喜欢居住在帝国的军事首都卡勒胡（尼姆鲁德），他占用、修复并改造了阿淑尔那西尔帕的宫殿。但受到极度自傲感的驱使，不久之后他便决定在自己的城市中修建自己的宫殿。公元前717年，在杜尔-沙如金（Dûr-Sharrukîn）为"萨尔贡堡"打好了基础。杜尔-沙如金位于尼尼微东北24千米处，即现在的霍尔萨巴德村，当时是一片处女地。[33]该城设计为正方形，每条边长超过了1.5千米，城墙上修筑了7座设防城门。在城市的北部，一圈内城墙围绕着一座城堡，内含王宫、那布神庙，以及高级官员的华丽官邸，如国王的兄弟、身为维吉尔（vizier）的辛-阿赫-乌苏尔（Sin-ah-usur）。宫殿坐落在16米高的平台之上，凌驾于城墙之上，宫殿内有200多间房屋和30多个院落。其中一部分——早期发掘者错认为后宫——后来发现是由6个圣所组成，旁边升起一座7层高的塔庙，每一层都被涂以不同的颜色，并用螺旋坡道连接起来。宫殿和那布神庙通过一座用石头垒起来的美丽的高架桥相连，因为在亚述，国王的宗教职能与公共事务职能是紧密交织在一起的。正如所料，这座宫殿装修得十分奢华。宫殿的大门和其他重要正门——实际上，就如城门和城堡的大门一样——都有巨大的"人首飞牛"守卫；圣所使用了刻有神灵符号的蓝色玻璃砖，大多数房间的墙壁上装饰着壁画，排列着刻有雕刻和铭文的直立石，长达1.5英里（约2.4千米）。自杜尔-沙如金修建以来的10年里，数千名战俘、数百名艺术家与工匠在这里工作。在一篇萨尔贡所称的"展示铭文"中写道：

> 对于我，萨尔贡，住在这座宫殿内，愿他（阿淑尔神）保佑我得以长寿，身体健康，内心愉悦，灵魂闪耀着光芒。[34]

杜尔-沙如金 (霍尔萨巴德) 城堡
A. 塔庙;
B. 萨尔贡的王宫;
C—E. 高级官员的住所;
F. 那布神庙;
G. 城市的外墙;
来自G. 劳德和B. 阿尔曼:《霍尔萨巴德》Ⅱ, 1938 (G. Loud and Ch. B. Altman, *Khorsabad*, Ⅱ, 1938)。

但是，神并没有倾听他的祷告。在杜尔-沙如金正式启用仅一年后，萨尔贡"进军塔巴勒，在战争中被杀"（公元前705年）。他的继任者更喜欢尼尼微而不是两河流域的布腊基里雅（Brazilia）。但霍尔萨巴德由总督及其下属居住，一直到亚述灭亡。[35]

第二十章
萨尔贡家族

　　萨尔贡的后代们——有时也称作萨尔贡尼德（Sargonids）——相继、连续统治亚述将近一个世纪（公元前704—公元前609年），将亚述的疆域扩充到了最远距离，将亚述文明推向了顶峰。然而辛那赫里布、埃萨尔哈东（Esarhaddon）和阿淑尔巴尼帕的战争——这些在皇室铭文中用夸张的语言记录的无比荣耀的征服——充其量只是成功的反击。在萨尔贡统治末期，亚述人直接或间接地统治了整个"肥沃弯月"地带和伊朗与小亚细亚的部分地区。他们的门户一边开向地中海，一边开向波斯湾，他们控制了底格里斯河和幼发拉底河的整个航线，控制了穿过叙利亚沙漠、托罗斯山和扎格罗斯山脉的重要商路。由于其臣民、附庸国和联盟提供了各式各样的货物与商品，他们的生活富足繁荣。如果没有越来越频繁的叛乱，这些叛乱源于他们的高压政策和他们受到埃及和埃兰的怂恿——至少在巴勒斯坦和巴比伦尼亚地区是这样，他们本可以和平地生活。埃萨尔哈东征服埃及以及阿淑尔巴尼帕灭亡埃兰，它们既不是传统方式的长途劫掠，也不是有计划的战略成果。它们是这些君主为结束一种无法容忍的局面而采取的防御性措施；它们代表了亚述长期而激烈的冲突的最终结果，这些冲突更多地是她的敌人强加给亚述的，而不是她所希望的。在这场无休止的斗争中，亚述人用尽了他们的力量，耗尽了他们的财产，而且，他们没有足够重视在那一时期作为屏障的扎格罗斯山脉后面所发生的重大事件——导致他们垮台的未来的强大对手米底王国逐渐形成。约公元前 640 年，当似乎最终取得全面胜利时，当阿淑尔巴尼帕战胜所有敌人而崛起时，人们突然发现亚述实为泥足巨人。

辛那赫里布

正如他的名字所暗示的那样，辛那赫里布——Sin-ahhê-eriba，"辛神补偿了兄弟们（之死）"——并非萨尔贡的长子，但由于某些未透露的原因，他被选为合法继承人，他在"继承人之屋"里被养育成人，很早就被赋予较高的行政和军事职能，特别是在北部边境一带的事务。因此，当公元前 704 年他登上亚述王位时，已经为履行他的王室职责做好了充分的准备。[1]

在他统治期间，曾是他父亲许多战争舞台的北部和东部边境保持相对安定。萨尔贡在库尔德斯坦、亚美尼亚和托罗斯的胜利给乌拉尔图和弗里吉亚造成了沉重的打击，他们不再被视为潜在的侵略者。此外，这两个国家还受到了新敌人——西米里安人（亚述语为吉米雷［Gimirrai］）：一个来自俄罗斯南部的好战民族——的攻击，他们于公元前 8 世纪末越过高加索山脉，进入西亚。[2] 在萨尔贡统治的最后几年里，在今格鲁吉亚共和国立足的西米里安人已经发起了反抗他们的宗主国乌拉尔图的起义，并给它带来了沉重的打击。[3] 随后，他们沿着黑海南岸，在庞蒂克的山峦叠嶂中向前推进，侵扰了弗里吉亚及其西邻——年轻而富有的吕底亚王国（Lydia）。与此同时，其他西里安人向伊朗西北角渗透，与曼奈人和米底人结盟。毫无疑问，辛那赫里布已经获悉这些事件，但他又无法对这些遥远的地区加以干涉。他在北部和西部发动的四场战役，都是中等规模和中等范围；它们并非针对西里安人或米底人，而是针对那些难以驾驭的附庸：扎格罗斯中部的王公们、库尔德斯坦的城市首领、西里西亚的统治者——可能得到了爱奥尼亚军队的支持[4]——和塔巴勒的一个国王。

实际上，萨尔贡的死讯一经公开，地中海地区和巴比伦尼亚就发生了极其严重的叛乱，辛那赫里布的注意力几乎完全被这些暴动所吸引。在腓尼基和巴勒斯坦，埃及的宣传工作已经使西顿国王鲁莱（Lulê）、阿斯卡龙国王西德卡（Sidka）、犹大国王以西家（Ezekiah）和埃克荣（Ekron）的居民与尼尼微断绝往来。辛那赫里布在其统治的第四年（公元前700年）亲征惩处叛军。鲁莱逃往塞浦路斯，西德卡被押往亚述，埃及派来营救埃克荣的一支军队也被打败了。在所有这些城市中，对亚述友好的统治者被推上了王位。随后，辛那赫里布攻打犹大，围困并攻占了固如堡垒的拉齐什城（Lachish），[5] 又派兵攻打耶路撒冷。在此，不得不提到《列王纪》（*The Second Book of Kings*）中描述的一个戏剧性场景。[6] 在这座圣城的墙壁上，以西家的三个官员正在用"犹太语"与亚述的三个宫廷大臣——图尔塔奴（Turtânu）、腊布-沙奇（rab-shaqê）

和腊布－沙瑞什（rab-sharish）进行谈判。亚述人嘲笑犹太人，说他们相信"这个受了伤的芦苇秆——埃及"，以两千匹马的条件劝说他们投降，但最终还是采取了威胁手段。以西家由于受到先知以赛亚（Isaiah）的鼓励，坚决拒绝打开耶路撒冷的大门。最后，双方达成了协议：亚述人撤兵，城市得救了，但是，这是付出了何等的代价啊！以西家被迫交出了 30 塔兰特黄金、800 塔兰特白银、"各式各样的珍宝以及他的女儿、妻妾、男女乐师"，还不包括从他的领土中割让给菲利斯丁人的许多城市。长期以来，人们一直认为，在他统治后期，辛那赫里布在巴勒斯坦发动了第二次战役，并计划从那里入侵埃及。当他到达贝鲁西亚（Pelusium，法拉马丘［Farama］，苏伊士运河以东 30 英里［约 48 千米］）时，他的营帐被劫。据《圣经》记载，他的营帐"被耶和华的天使践踏了，天使趁夜而出，重击13000 人"；希罗多德记载"被一大群老鼠践踏了，这些老鼠啃食了绳子或者皮革制成的武器上的所有东西"；抑或如贝罗索斯告诉我们的那样——"一种瘟疫"杀死了"185000 名战士连同他们的指挥官和军官"。[7] 然而，这一事件饱受争议，被大多数学者反对。

在巴比伦尼亚，其局势远比巴勒斯坦糟糕。与阿拉米亚人及其埃兰盟军的战争充满了辛那赫里布统治的大部分时间。[8] 公元前 703 年，他登上王位的第二年，萨尔贡的老对手，马尔杜克－阿帕勒－伊迪那（美罗达－巴拉丹）离开埃兰——我们能够记得，他曾在那里避难——并在埃兰官员和军队的支持下，动员了整个伊拉克南部的阿拉米亚人反抗亚述。他进入都城，并宣称自己为巴比伦之王。几个星期之后,亚述国王率军对他进行攻击。在基什城下被击败后,这个迦勒底人逃跑了,躲在不易被发现的"沼泽和湿地之中"。辛那赫里布洗劫了他的宫殿,俘获了无数俘虏,将208000人驱往亚述。他为巴比伦选出了合乎他心意的国王贝勒-伊波尼(Bêl-ibni),"他是大建筑师的儿子",在尼尼微长大,"像小奶狗一样"。但3年后,美罗达-巴拉丹再次出现在他的故土比特-雅金,并且制造了足够多的麻烦,以致引起了亚述的第二次出兵干涉。贝勒-伊波尼涉嫌与叛军勾结,被赶下台,并由辛那赫里布之子阿淑尔-那丁-舒米(Ashur-nadin-shumi)取而代之。至于美罗达-巴拉丹,他拒不出战:

> 他将全国的神像都聚集在它们的神龛中,把它们装在船上,像一只鸟一样逃往大海中的(埃兰的)那吉特(Nagite)沼泽地。[9]

相对和平的6年过去了。公元前694年,以攻占"比特河对岸"的埃兰人城市——比特-雅金的居民在亚述强大武器面前被迫逃亡散居在那里——为由,辛那赫里布组织了一次强大的陆海军联合行动,确保亚述人通过敌对的"海国"进入波斯湾。[10]一支由叙利亚工匠在尼尼微建造、由腓尼基和塞浦路斯水手驾驶的舰队顺着底格里斯河而下,一直到达乌帕(Upâ,欧比斯[Opis])。[11]到那里后必须改道而行,大概是因为那时底格里斯河河水注入了辽阔的沼泽地区,导致它的下游并不能够通航。于是,这些船只经由陆路运至阿腊赫图运河(Arahtu)在幼发拉底河继续航行。与此同时,陆军则在干旱的陆地上行进,他们在河口附近的巴布-萨里美提(Bab-Salimeti)会师。然后,

第二十章 萨尔贡家族

亚述军队乘船,越过波斯湾顶端,在埃兰的领土上登陆,征服了许多城市,满载战利品而归。此时,马尔杜克-阿帕勒-伊迪那已不再是心头大患了,我们知道他最终在流放期间去世。但埃兰人马上进行了报复,他们的国王哈鲁舒(Hallushu,因舒什那克)侵入两河流域,夺取了西帕尔。随后,巴比伦人抓住了阿淑尔-那丁-舒米,把他交给了埃兰人。埃兰人将他送往伊朗,后来他失踪了,有可能被杀害。[12]哈鲁舒将自己喜欢的一个追随者推上了巴比伦王位,但很快就被亚述人驱逐,取而代之的是当地民众选出的迦勒底王子穆舍兹布-马尔杜克(Mushezib-Marduk)。巴比伦尼亚居民再一次向亚述人发动了大规模起义。公元前689年,他们利用马尔杜克神庙的财富换取了新任埃兰国王乌曼-美那奴(Umman-menanu,胡姆班-尼美那[Humban-nimena])的帮助。一场伟大的战役在底格里斯河上的哈鲁莱(Hallulê)打响。虽然在亚述的记载中是一场胜仗,但实际上是几近失败。[13] 辛那赫里布怒不可遏,对巴比伦进行了报复,做出了令人难以相信的事情:他毁灭了这座繁荣而神圣的城市,帝国的第二大都市,他的祖先们以无限的耐心和尊重对待的"天地之纽带":

> 如飓风一般,我袭击了它;如暴风骤雨一般,我推翻了它……它的居民,无论老幼,我都没有饶恕,并用他们的尸体填满了城市的街道……城镇以及它里面的房屋,从地基到屋顶,都被我破坏,被我摧毁,被我付之于灰烬……在将来,为了神庙的泥土也被遗忘,我用水将其淹没,我把它变成牧场。
>
> 为了使我主阿淑尔神的心安静,人们应该在他至

高无上的力量面前卑躬屈膝。我把巴比伦的泥土移走，送给（最）遥远的人民。在举行新年节的圣殿里（在阿淑尔），我把（一些）泥土储藏在一个有盖的罐子里。[14]

苏美尔和阿卡德的伟大神灵不能不对这样的罪行予以惩处。8年之后，在尼尼微，在提比特月（Tebet）的第二十天（公元前681年1月），当辛那赫里布在神庙中祈祷时，遭受了他应得的结局：他被他的一个儿子刺杀身亡，或者，根据另一种说法，他被保护圣所的"人首飞牛"碾压。[15]

残酷而懦弱——大多数战争都由他的将军们完成——辛那赫里布受到了严厉的批判。然而，我们应该公正地对他进行评价：这位毁灭巴比伦的国王，在亚述做了大量建设性工作，不仅在几个城市中新建或修复了神庙和公共建筑，还在全国范围内修建了规模巨大的水利工程，给农业带来了新的助力。此外，非常古老的尼尼微（尼奴瓦）城——在此之前只有一个简朴的皇室住址——也得到了扩建、加固和装饰，成为一座可以配得上其庞大帝国地位的首都。几年之内，它的周长从3千米拓展到了12千米，包括两个独立的行政区。现在则是位于底格里斯河左岸摩苏尔对面的库云吉克丘和约拿丘（Nebi Yunus）。[16] 尼尼微外墙由巨大的石灰岩石块砌成，"从地面升起有一山之高"，内城墙修建了15个朝向各个方向的大门。城内的广场大大拓宽了；城内的大道和街道重新铺设，使之"如白昼般闪耀"。在城市的北部（库云吉克）矗立着古老的宫殿，但它已经被废弃了，因为底格里斯河的支流特比图河（Tebiltu）侵蚀了它的地基。宫殿被夷为平地，在特比图河上的一个大平台上修建了辛那赫里布宏伟的住所，"无敌宫"：

> 雪松横梁，阿马奴斯山区的产物，被他们艰难地从遥远的山区砍伐，我把它们交叉悬在屋顶。巨大的柏木门扇，开合时香气怡人，我用闪耀的铜带装饰，把它们安放在门上。为满足我高贵的享乐，我仿照他人的宫殿，修建了一个门廊，阿摩利人称之为比特-黑兰尼。[17]

巨大的铜柱安放在青铜狮之上，用模具铸造，就像"半舍客勒硬币"制作那样——辛那赫里布自诩是他发明的技术——并用来装饰宫殿的大门。由银、铜和石头制成的守护神"四面迎风"而立。巨大的石灰石制成的石板上雕刻着战争的场景，被拖进门内，一排排地镶嵌在墙上。最后，在宫殿的一侧开辟了"一个伟大的林园，好像阿马奴斯山一样，在那里种植了各种奇花异草与果树"。为了增加城内及城市周围的植被，通过一条"穿过高山和低地"的运河从遥远的地区取水。杰万村（Jerwan）附近一条引人注目的水渠遗迹证明了王室编年史的真实性以及国王工程师的能力。[18] 由于对自己和自己的工作感到骄傲，辛那赫里布喜欢被描绘在自己国家的山丘上，在这片他狂热献身的"阿淑尔之地"上。在杰万附近的巴维安（Bavian），在多胡克（Dohuk）附近的马耳他以及土耳其、伊拉克边境的朱迪-达格（Judi Dagh），[19] 仍然可以看到岩石上雕刻着这位"强大的国王、广泛民族的统治者"的巨大雕像，矗立在他曾经严重冒犯的众神面前。

埃萨尔哈东

辛那赫里布的遇害使亚述陷入了一场暴力的王朝危机,所幸混乱的局面很短暂,埃萨尔哈东(Esarhaddon)①不得不用武力征服了他原本应该合法继承的王位。[20] 他是辛那赫里布最小的儿子,由其第二任妻子——极具影响力的那齐雅(扎库图)所生,他被立为王储,引起了兄弟们的嫉妒。在他编年史的开篇,埃萨尔哈东讲述了他兄弟们的诽谤指控如何令他父亲对他心怀不满,以至于他不得不离开自己的国家,到一个"藏身之地"寻求庇护——可能是西里西亚或塔巴勒。弑父一事并未被提及,但很显然,辛那赫里布死时,他的儿子们"像孩子一样相互倾轧以争王位",从而失去了亚述人自己的普遍支持。受到神的鼓励,被流放之人(埃萨尔哈东)立即奔回尼尼微,决心宣布他对王权继承的权利。篡位者在底格里斯河以西的广大平原上部署军队,封锁通往都城的道路。但埃萨尔哈东一进攻,他们的士兵就向他投诚,亚述人来迎接他,亲吻他的脚。他率领军队"越过底格里斯河,好像它是一个小沟渠",进入尼尼微,在公元前680年3月,他"愉快地坐上了父亲的宝座"。那些邪恶的兄弟逃往"一个未知的国家",但是,帮助他们的官员连同他们的后裔都被处死了。[21]

这位新登基的君王采取的第一个行动就是重建巴比伦,为辛那赫里布赎罪。众神曾在怒火中宣布,这座城市将在

---

① Ashur-aha-iddin 意为"阿淑尔神已经给了他一个兄弟"。

废墟下躺70年,但祭司们找到了一个非常简单的办法来克服这一困难:"仁慈的马尔杜克将命运之书倒转,并命令在第十一年重建这座城市",因为在楔形文字书写中,数字70倒置过来则会变为数字11,就像我们的数字9倒置过来就变为6一样。到那时卡尔-杜尼雅什的所有居民都被召集起来,"搬运篮子"。在适宜的时机下,巴比伦不仅被重建,还被"扩建、大幅度地加高,变得更加雄伟"[22]。虽然这座伟大的城市可能不像辛那赫里布让我们相信的那样被彻底摧毁,但其修复工作占据了整个统治时期,并且直到阿淑尔巴尼帕登基那年(公元前669年),马尔杜克和其他阿卡德神灵才能从被囚禁的阿淑尔返回,在他们的神庙中被重新树立。这一正义的行为为埃萨尔哈东赢得了巴比伦臣民的友谊:除公元前680年美罗达-巴拉丹的儿子企图夺取乌尔,在其余下的统治期间,伊拉克南部没有发生过任何严重的骚乱。当埃兰的胡姆巴-哈达什(Humba-haldash)于公元前675年入侵他们的国家时,实际上是巴比伦人自己把他打败的。[23] 在帝国另一个棘手地区弗里吉亚,埃萨尔哈东的所作所为证明,他能恕人之过,亦能严惩不赦。西顿国王阿布迪-米勒库提(Abdi-Milkuti)于公元前677年发动叛乱,被俘后砍头示众。西顿被"撕得粉碎扔入大海之中",它的臣民被驱往亚述,其领土被送给敌对之城推罗。[24] 这些极端措施确保了——至少一段时间内——地中海沿岸的和平,并使埃萨尔哈东得以抽身处理沿着北部和东部边境地区已经出现的一些严重问题。

在他统治初期,另一个来自俄罗斯南部的游牧民族斯基泰人(亚述语Ishkuzai),越过高加索,并加入已经在小亚细亚、亚美尼亚和伊朗发展起来的西米里安人中。[25] 这些与他们有密切关系的好战部落的到来，给西米里安人的掠夺活动增添了新的动力。公元前679年，他们突然越过托罗斯山脉，直逼塔巴勒的亚述驻军，并在西里西亚附庸统治者间制造事端。埃萨尔哈东迅速反击，他"脚踏西里西亚反叛者的脖子"，并"用剑"砍杀图什帕（Teushpa）及其追随者，迫使他们退到基兹勒-伊尔马克河对岸。西米里安人和斯基泰人逃往弗里吉亚，3年后，在乌拉尔图人的帮助下夺取了弗里吉亚。看到这股民族洪流从自己的国家移出，埃萨尔哈东非常高兴，便与西米里安人和好，将一位亚述公主嫁给斯基泰人的首领巴尔塔图亚（Bartatua，希罗多德所说的普罗托杜阿斯［Protothyes］），并击退了来自乌拉尔图的鲁萨斯二世（Rusas II）的微弱袭击。然而，在亚美尼亚山脉东侧，亚述人反复努力，以获得曼奈的贡品——曼奈现在受到强大的西里米安人和斯基泰人的影响——遭遇了失败，尽管在皇室铭文中有相反的说法。乌尔米耶湖东南的伊朗高原被米底人占据，理论上受制于亚述，实则独立。此时（约公元前680年）正是达雅库（Daiakku，德奥西斯［Deioces］）之子卡沙什瑞塔（Khshathrita，弗拉欧特斯［Phraortes］）将众多部落收入麾下的时刻。埃萨尔哈东竭尽所能地阻止局势的发展，这种局势的直接影响是米底减少了对亚述军队的马匹供应，其远期后果也隐约可以预见。他多次派遣骑兵发动猛烈的突袭，横跨伊朗高原，最远直到德黑兰东部的大沙漠。曾请求亚述帮助他们对抗自己附庸的三位重要的米底王子，现在处于亚述的保护之下，并定期上贡。再向南，在扎格

第二十章　萨尔贡家族

罗斯山脉中部进行了一系列成功的战斗，并与伽姆布鲁——一支定居在底格里斯河下游左岸的阿拉米亚部落——结为同盟，这些行动的本来目的是在埃兰和两河流域之间建立起一个缓冲国的屏障，但埃萨尔哈东取得了更大的胜利：在胡姆巴-哈达什死后，他谋划并成功地把一位与亚述友好的王子——乌尔塔基（Urtaki，公元前675年）——推上了埃兰王位。

通过武力与外交的出色结合，在巴比伦、腓尼基以及沿着北部和东部边境1200英里（约1900千米）的地带获得了不甚稳定的和平局面，同时，埃萨尔哈东也在着手他的伟大计划：征服埃及。[26] 早在公元前679年，他就占据了"处在埃及河边境（瓦迪-阿瑞什［Wadi al'Arish］，在内盖夫）"的阿扎尼（Arzani）。随后，他做了很多努力去赢得此时大批定居在叙利亚沙漠的阿拉伯人的友谊，因为若没有他们的合作，就不可能在帝国西南地区发起任何大规模的战役。例如，他将辛那赫里布征服的阿杜穆（Adumatu，阿勒-尧弗［al Jauf］）归还给它之前的统治者哈载勒（Hazail），包括他崇拜的神灵也一并归还于他。并且，当瓦布（Uabu，瓦哈布［Wahab］）起义反抗哈载勒之子时，后者得到了亚述全力的军事支持。[27] 最终，在公元前671年的春天，当他认为所有的边界都安全了，而且阿拉伯人也持友好或者中立态度，他便率军挺进叙利亚，这是在通往埃及的道路上迈出的第一步。他试图围困推罗，因为其国王曾发生过反叛，虽然这座城市奋起反抗，但被埃萨尔哈东迅速攻下。亚述人继续向南进军，抵达腊皮胡（Rapihu，加沙南部的瑞法赫丘［Tell Rifah］），穿过西奈沙漠，在那里他们看到了许多可怕的东西，如"袭击人并致命的双头蛇"和"拍打着双翅的绿色野兽"。经历了15天艰难险阻的行军之后，他们踏上了埃及的绿色土地。

尽管法老塔哈尔卡（Taharqa）及其军队进行了顽强的抵抗，但征服这片辽阔的国家所花费的时间短暂得令人惊讶：

> 从小城伊什胡普瑞（Ishhupri）到他的王宫驻地孟菲斯，相距15天的路程（三月）。我每日不断地与埃及和埃塞俄比亚的国王塔哈斯喀（Tahasqa，塔尔库[Tarqû]）浴血奋战，他是被众大神诅咒之人。我用（我的）箭头击中了他5次，（造成的）创伤（令他永远）不能康复，紧接着我包围了孟菲斯，他的王宫驻地府邸。我用挖掘隧道、在城墙上打开缺口和攻城云梯的方式在半天之内占领了这座城市。我把他的皇后、王宫里的妇女、其"当然继承人"乌沙那胡如（Ushanahuru）、他的其他子嗣、他所拥有的财产、马匹以及不可计数的大小牛羊作为战利品带回亚述。① 我将所有的埃塞俄比亚人都驱逐出埃及——甚至不曾留下一个人来效忠（于我）。我在埃及的每一处地方，亲自委任了新的（当地的）国王、总督、官吏、港口督察，以及其他的官员和行政人员。我一直为阿淑尔神和（其他）伟大的神，我的主人，设置了固定的献祭牺牲。作为（他们的）领主，我把贡品强行加在他们身上（每年上贡一次），永不停止。[28]

---

① "马匹以及不可计数的大小牛羊"是"财产"的一部分，不应当与财产并列，但原著如此，特此说明。——译者注

第二十章 萨尔贡家族

但是，埃及并不是一个容易被捕食的猎物。两年后，塔哈尔卡从他逃亡的南方回来了，收复了孟菲斯，并在尼罗河三角洲煽动起针对亚述人的叛乱。埃萨尔哈东再次踏上前往埃及的征程，但他在哈兰因病而亡（公元前669年）。

3年之前，公元前672年5月，在亚述军队、贵族、外国大使以及国内居民代表面前，他庄严地宣布他的儿子阿淑尔巴尼帕为王位的合法继承人，并委任另一个儿子沙马什-顺-乌金（Shamash-shum-ukîn）为巴比伦尼亚总督。同一天，附属国的国王签订了一个篇幅很长且细致的条约，宣誓效忠王储，这些条约的副本已经出土于尼姆鲁德。[29] 甚至埃萨尔哈东的母亲，具有阿拉米亚血统的那齐雅-扎库图也将她的影响力压在维持平衡的天平上，并从巴比伦人及其未来的总督那里获得了对未来亚述统治者效忠的誓言。[30] 埃萨尔哈东这位没有留下任何隐患的勇敢而睿智的国王，确保了亚述帝国没有王朝危机随着他的死亡而到来。

阿淑尔巴尼帕

王权顺利更迭后，两位王子分别登上了各自权力的宝座：阿淑尔巴尼帕于父亲死后一个月在尼尼微登基；一年后，沙马什-顺-乌金接管了巴比伦。但是，帝国并未因此而分裂。很可能，埃萨尔哈东如此安排的目的是通过给予他们主权来满足他的巴比伦臣民，尽管所有人都清楚，阿淑尔巴尼帕的地位凌驾于其兄弟之上。沙马什-顺-乌金在他自己的王国中享有全权；阿淑尔巴尼帕控制着亚述本土、边远行省及其附属国的统治者，负责整个帝国的战争和外交政策。这可能是一个拙劣的解决问题的方法，但却有效地维持了 16 年之久。

阿淑尔巴尼帕（Ashurbanipal①，公元前 668—公元前 627 年）在继承亚述王位的同时，[31]也继承了因父亲之死而中断的镇压埃及反叛的任务。[32] 总指挥（阿卡德语为 turtânu）带着一支小规模的军队立即被派往那个遥远的国度，在孟菲斯南部的平原遭遇了塔哈尔卡和他的军队。亚述人赢得了胜利，并收复了该城。不过，塔哈尔卡逃脱了，正如他当年从埃萨尔哈东的军队中逃走一样。随后，阿淑尔巴尼帕下令组建一支由亚述人、腓尼基人、叙利亚人和塞浦路斯人以及在尼罗河三角洲招募的埃及士兵组成的庞大队伍。这支军队离开孟菲斯，开始向底比斯（亚述语为 Ni'）进军，但当听到消息说下埃及（Lower Egypt）的王子要反叛后便停止了前进：

> 所有的国王……都谈论着反叛的事，他们做出如下邪恶的决定：塔哈尔卡已被赶出埃及，我们自己该怎么办？继续留下来吗？他们派遣他们的使者与努比亚的国王塔哈尔卡签订同盟协议：让我们和平共处，让我们互相体谅，国土分配于我们之间，决不允许任何外国统治者插足。[33]

其中有一个国王背叛了，反叛者被抓了起来。许多人被处死了，其他人——特别是赛斯（Sais）的国王尼科（Necho）——被押往尼尼微。亚述人深知他们不能再继续长征，留在身后的却是一个情绪高涨的三角洲。此外，他

---

① "Ashur-ban-apli" 意为"阿淑尔神是太阳的创造者"。

第二十章　萨尔贡家族

们现在远离祖国2000千米，处在一个陌生而充满敌意的国家的中心地带，且有着完全不同的语言、习俗与宗教信仰。无论如何，在缺乏足够数量的行政人员与军队的情况下，他们都无法直接统治这个国家。唯一的解决办法就是宽恕和哄骗三角洲的国王，争取他们的支持，希望他们对库什人（Kushite，即苏图人）塔哈尔卡的仇恨能够解决余下的问题。阿淑尔巴尼帕因此释放了战俘，并且将赌注押在尼科身上，其祖先曾统治过整个埃及。他将他送回赛斯，"穿着华丽的衣服"，并满载丰盛的礼物。

两年过去了，塔哈尔卡在流亡中死去。公元前664年，他的儿子塔奴塔孟（Tanutamûn，亚述人称之为覃达-马奈［Tanda-mane］）欢呼雀跃地进入底比斯。他沿着尼罗河航行到孟菲斯，在孟菲斯附近袭击了一支以埃及人为主的军队，并轻松地击败了他们。尼科在那次小冲突中被杀；三角洲的其他国王都躲在沼泽地中避难，在那里他们无法被赶走。就在那时，驻扎在孟菲斯以南某处的亚述大军开始向底比斯进军。他们终于进入了这座伟大而美丽的城市，"如狂风骤雨般"洗劫并摧毁了这座城市，带走了"沉甸甸的数不胜数的战利品"，包括两座高耸的镀银方尖碑，每座重达近38吨。这座埃及南部的大都市再也没能从这次毁坏中恢复元气。

尽管阿淑尔巴尼帕的铭文以第一人称撰写，但实际上他不大可能亲临埃及。另外，似乎可以肯定的是，他曾两次亲自干预腓尼基：公元前667年，把阿尔瓦德国王雅金鲁（Iakinlu）"置于他的枷锁之下"，该国王强迫外国船只在自己的港口卸货，而非亚述港口；随后，公元前662年，进攻推罗国王巴阿鲁（Ba'alu），因为他拒绝继续进贡。推罗与阿尔瓦德一样，建在一座岛屿之上，但与黎巴嫩海岸更近，被认为是坚不可摧，它被围困，弹尽粮绝，被迫投降。对付阿尔瓦德可能也用了类似的战术，并取得了同样的战果。然而，这两座城市的统治者却得到了令人惊讶的宽大处理，无疑是因为阿淑尔巴尼帕的军队已全部用来参加埃及的军事活动，他既不能失去腓尼基的附庸，也无法为其他战线提供更多的军队。他仅仅获得了叛军的臣服，以及他们的礼物和他们的女儿以充实后宫。出于同样的原因，他对盖吉兹（Gyges，古古［Gugu］）被西里米安人骚扰时发出的求救充耳不闻。盖吉兹是安纳托利亚西部吕底亚——一个遥远的国家，它世代的国王的名字我的父辈从来没有听说过——的国王。盖吉兹独自守卫了他的王国，并通过将两名战俘送到尼尼微证明自己的成功。[34]

战胜塔奴塔孟和腓尼基给了阿淑尔巴尼帕几年的喘息时间，在这期间他能够把他的注意力转向北部和东部边界。这一统治的年代极不确定，可能在公元前665年至公元前655年之间。它必须被放置在王室铭文中所描述的反对曼奈和米底的战役中——可能与斯基泰人首领马迪斯结盟，几年后被证明是十分有效的——以及反对埃兰国王乌尔塔基的战役中。乌尔塔基对埃萨尔哈东"施与的好处无动于衷"并"像一大群蝗虫一样蹂躏阿卡德"，[35]最终被击败。西里米安人与塔巴勒国王联盟，击败吕底亚，盖吉兹在战争中被杀，以及他们对两河流域的入侵被亚述人阻止。这些事件大致发生在公元前650年至公元前640年之间。

公元前7世纪中叶前不久，那些一直支持阿淑尔巴尼帕的众神似乎抛弃了他。约公元前 655 年，普萨美提克（Psamtik，普萨美提克一世［Psammetichus I］）——可能为尼科的某个儿子——在尼罗河三角洲举起独立的大旗，并在伊奥尼亚和卡里安（Carian）雇佣兵的帮助下将亚述人驱逐出埃及，一直追击至巴勒斯坦的阿什都德（Ashdod）。我们知道的这些资料来自希罗多德，[36] 因为在楔形文字文献中自然没有提及这一灾难事件，只在"腊萨姆圆筒印章"（Rassam cylinder）上有一段铭文，阿淑尔巴尼帕说道，盖吉兹"派遣他的军队去援助埃及国王图沙米尔基（Tushamilki），他已经摆脱他（阿淑尔巴尼帕）的王权束缚"。在其他时间，军队会被派去进攻普萨美提克一世，埃及不会如此轻易地就从亚述手中溜走。但此时亚述的大部分军队正与埃兰人鏖战，阿淑尔巴尼帕为了拯救两河流域不得不放弃埃及。当时的埃兰国王是泰普特-胡姆班（Tept-Humban，亚述铭文中为泰姆曼［Teumman］），他是一个篡权者，六七年前登上了王位，迫使乌尔塔基的儿子们去尼尼微避难。泰姆曼要求引渡他们，遭到了阿淑尔巴尼帕的拒绝，因此爆发了战争。埃兰人在对亚述不忠诚的伽姆布鲁人的帮助下发动了袭击，他们在凯尔哈河上的图里兹（Tulliz）战败后，被赶回自己的国家。泰姆曼在战争中被杀，他的头被砍下来，被得意扬扬地带回尼尼微。在那里——正如一个著名的浮雕所示——它被挂在王宫花园里的一棵树上。[37] 伽姆布鲁人也受到了惩罚，埃兰被乌尔塔基家族中的两个成员胡姆巴尼伽什和塔马瑞图（Tammaritu）瓜分。在那里也像在埃及一样，亚述人不想也无法把这个被征服的国家直接置于自己的统治之下，他们采取了折中的措施，最终也使他们别无选择，只能撤退或者彻底毁灭。

埃兰战争的插曲还没结束，巴比伦尼亚又发生了起义。16年来，沙马什-顺-乌金一直表现得如同一个可信赖的兄弟。但巴比伦尼亚民族主义的毒素慢慢地侵蚀了他，终于，他认为巴比伦应与尼尼微一样有权统治世界。公元前652年，他关闭了西帕尔、巴比伦和巴尔西帕通往亚述的大门，并建立了一个庞大的联盟，包括菲利斯丁人、犹大人、叙利亚沙漠的阿拉伯人、伊拉克南部的迦勒底人、埃兰人，甚至吕底亚人和埃及人。假如这些民族同时发动攻击，亚述一定会被征服。幸运的是，这个阴谋被及时察觉了。在一个措辞强硬的公告中，阿淑尔巴尼帕警告巴比伦人们：

> 关于这个虚伪的兄弟给你们说的所有的空话，我已经全部知晓了。它们只不过是一阵风而已，不要相信他……不要听信他的谎言，一刻也不要。你们不要玷污自己的美名，它们在我面前和在世界面前是洁净的，也不要使你们成为冒犯神灵的罪人。[38]

但巴比伦人拒绝听从他的劝告，于是亚述国王向他的兄弟进军。据一个巴比伦年表记载，"三年来，战争持续不断，没完没了"。[39] 最终，沙马什-顺-乌金失去了希望。传言他自己放火烧了宫殿，在火焰中死去（公元前648年）。[40] 苏美尔和阿卡德和平了，阿淑尔巴尼帕把一个叫坎达拉奴（Kandalanu）的神秘人物推上王座，其来历不明。[41] 不久之后，他开始惩罚其他叛军，并立刻卷入反对阿拉伯人的战争中，[42] 因为阿拉伯人不仅曾支持沙马什-顺-乌金，还不断袭击西部的附属国。这是一场艰难的战争，亚述军队勇敢地与那些难以捉摸的敌人战斗，消失在可怕的沙漠里，那里"地上渴了没有水喝，天上甚至没有鸟飞"。但在这里，亚述军队再次创造了奇迹：瓦特（Uate'）和他的盟军纳巴泰人——他们早就定居在死海周围——被打败了；阿比阿特（Abiate'）和他的契达尔（Qedar）部落被包围，被切断了水源，并被强迫"切开他们的骆驼，喝去它们的血，并用污水来止渴"。另外，哈载勒之子，另一位名叫瓦特的人也被俘了，下巴上装了一个环，脖子上戴着颈圈，"被迫去守卫尼尼微东门的酒馆"。关于这次战役的战利品，阿淑尔巴尼帕说道：

> 在市场上，用少于1舍客勒银子的价格，骆驼就被运到我的国家里。苏塔穆工人（sutammu-workers）得到骆驼，（甚至）奴隶作为礼物，酿酒师作为施舍，园丁们作为额外的报酬！"[43]

降服阿拉伯人后，阿淑尔巴尼帕派军攻打他之前保护的埃兰国王，因为他曾收受反叛者巴比伦王的贿赂并援助他。这场漫长曲折的埃兰战争，以及使三位王公相继登上苏萨王位的阴谋和变革，都是一些略显乏味的细节，在这里不做叙述。[44] 可以说，在公元前639年，亚述人取得了最后的胜利。埃兰的全部国土被毁坏，它的财物被洗劫一空。顺便一提的是，这仅仅是报复，因为在这些战利品中发现了"苏美尔、阿卡德以及整个巴比伦尼亚的银、金等财产和货物，这些东西是埃兰前任国王们在某七次袭击中掠走的"。苏萨的塔庙被摧毁了，它的圣殿被侵犯，它的众神被囚禁或者"扔到风中"。被征服的埃兰人甚至被赶出坟墓，他们的国家也被从地图上抹去：

> 他们那些不敬畏我主阿淑尔和伊什塔尔，以及折

磨我的父王的早期和晚近的国王的坟墓，都被我毁坏、踩躏并暴露在阳光之下。他们的骨头被我带回亚述，我令他们的灵魂永远不得安宁。我剥夺了他们享有祭祀食物与水的权利。

"走了一个月零二十五天"的路程，我洗劫了埃兰的各个省区，我把盐和西赫鲁（sihlu，一种多刺的植物）撒在它们中间……我将苏萨、马达图（Madaktu）、哈特马什（Haltemash）的尘土以及它们城市中的其他部分聚集在一起，带回亚述……人们的喧哗声、牛羊的脚步声、欢快的呐喊声都被我从他们的土地上抹去了。我令野驴、瞪羚以及草原上的各种野兽躺在他们身边，就像在家一样。[45]

无数的耻辱得到洗刷，埃兰人与两河流域人之间长达3000年的纷争终于得到了解决。

攻陷苏萨后不久，阿淑尔巴尼帕为他的胜利举行了大型的庆祝活动。在他尼尼微奢华的宫殿中，这位博学多识、气势凌人、冷酷无情的君王企图令"全世界"拜倒在他的脚下。埃兰的3位王子、1个"阿拉伯国王"，他们真正地被系在他的战车上。他那位背信弃义的兄弟得到了与其罪行相称的死刑，之后他亲自统治巴比伦。推罗和阿尔瓦德骄傲的商人、倔强的犹太人[46]和暴躁的阿拉米亚人，都被征服了。曼奈人被"打碎"，西米里安人被压制在海湾里。塔巴勒和西里西亚的统治者起初怀有敌意，后来也把他们的女儿送去国王的寝宫。因为援助过普萨美提库斯德，吕底亚国王盖基兹眼睁睁地看着他自己的国家被北部野蛮的勇士烧毁，自己也丢了性命。但这时，他的儿子阿尔迪

第二十章 萨尔贡家族

斯祈求作为恩赏戴上亚述的枷锁。从孟菲斯、底比斯、苏萨以及其他不可计数的城市掠夺来的战利品在尼尼微比比皆是。从爱琴海的绿色海岸到阿拉伯燃烧的沙漠,"伟大的名字阿淑尔"都受到人们的尊重和敬畏。亚述帝国看起来从未如此强大,亚述人从未有这般不可战胜。然而在这辉煌灿烂的盛景中有多少阴影!富饶的埃及永远消失了;埃兰被征服,成为一片废墟;巴比伦尼亚也惨遭蹂躏,除了一个规模不详的亲亚述派别,其他国家对亚述都充满了仇恨。腓尼基人惨遭奴役,并把他们的海洋和殖民帝国的地位输给了他们的对手希腊;附庸国的王子们并不可靠;经历一个世纪之久的艰苦又血腥的战争后,亚述军队已经疲惫不堪、精疲力竭;其边界从尼罗河回撤到死海,从阿腊腊特山回缩到托罗斯山的第一褶皱区,从里海缩回到扎格罗斯山地;在扎格罗斯之外,是可疑的盟军斯基泰人,以及令人敬畏的敌人米底人。不论外表看起来如何,此时的亚述帝国比以往任何时候都更加虚弱。很多人一定在心里暗自揣测,以色列先知们竟敢宣布这样的预言:

> 凡看见你的,都将逃离你,
> 并且说:尼尼微荒芜了,
> 谁将为她哀悼呢?……
> 在那里,火焰必将吞噬你,
> 刀剑必将砍下你,
> 它将如吞下蛀虫一样吃掉你……
> 你的伤痕无法医治,
> 你的伤势极其严重,
> 凡是听到你传闻的,

都必将把掌拍在你身上,
因为你所犯下的恶行,
谁没有遭遇过呢?[47]

第二十一章
亚述的荣耀

阿淑尔巴尼帕统治时期，与汉穆拉比统治时期一样，是古代伊拉克历史上一个非常重要、关键的历史时期，我们需要在这里做一个短暂的停留。在详细地描述了亚述帝国如何形成之后，从逻辑上讲，我们应该审视一下在战争和外交活动的背后还发生了什么。例如，囊括了整个"肥沃新月"地带，从里海延伸到尼罗河谷——至少在某个时段——的庞大政治单位，其社会和经济结构是什么？其对内对外贸易的货物、线路和规模数量是什么？在和平时期，尼尼微与诸附属国之间联系的方式是什么？亚述的统治对巴比伦人、叙利亚人、伊朗人和其他附属民族的物质与精神生活，以及对亚述人自己的生活产生了怎样的影响？简言之，何为亚述帝国？

这个极难回答的问题只有在全面、细致地了解亚述帝国的基础上才可以实现，但这将需要比目前更多的材料。尤其是外围区域，文献资料很少，因为在叙利亚、腓尼基、安纳托利亚、亚美尼亚和伊朗地区的亚述行政中心几乎没有被发掘，甚至在地图上也鲜有标记。目前，我们所知的大部分资料信息来自阿淑尔、尼尼微和卡勒胡的国家档案，以及在亚述本土和巴比伦尼亚其他几个城市发现的各种官员或私人文件。尽管这些文献数量众多、内容有趣,但仅偶尔涉及边远省份。就涉及帝国核心的文献来说,能从中得到的关于某些领域,如社会和经济状况、土地占有权和国内贸易等方面的知识仍然十分有限,有很多空缺与不确定性。[1] 综合各方面来看,我们目前所了解最多的主题还是国王和他的朝廷、中央及地方的行政管理、军队,当然还有艺术。毕竟,也正是这些主题构成了亚述"消失的力量"和"永恒的荣耀"的主要成分,我们将把注意力集中在它们身上。在下一章里,我们将利用阿淑尔巴尼帕著名的图书馆来描述公元前 7 世纪两河流域各种科学所能达到的阶段。通过这样的做法,我们希望可以消除在阅读无休止的战争记载时轻易形成的一种印象:将他们看作一群狼是完全错误的,[2] 作为一个充满智慧且高度文明的民族,他们对鲜血的渴求远不如对知识和文化的渴求。

亚述的国家

"伟大的王、强有力的王、世界之王、亚述国之王",这个坐在尼尼微王座上的人,体现了一个掠夺性国家所有压倒性力量,担负着最高的宗教和管理责任。协助他的官员、服从他命令的行省总督、传递他信息的大使,都非他的大臣,而仅仅是他的"奴仆"。在许多方面,国王即是国家。然而,作为数百万人民绝对主人的阿淑尔巴尼帕,与统治几英亩土地的早期苏美尔城邦的恩西,他们之间的区别在于他们所掌握权力的范围,而不在于它的性质。而理想状况下,亚述王只是从众人之中被选出来代表众神为社会服务的一个人。[3] 他是阿淑尔神在尘世间的代表和媒介，正如拉伽什的古地亚是宁吉尔苏神的代表和媒介一样。事实上，在公元前 18 世纪的沙姆西－阿达德一世采用"沙如姆"（*sharrum*，王）的称号之前，所有早期的统治者都把自己称作阿淑尔神的"伊沙库姆"（*ishakkum*，等同于恩西），而且这个称谓在亚述国王头衔的长长名单中保留了很长一段时间。

神选的原则太古老了，并且理论上总是遭受质疑。然而，一种合作原则或许可以追溯至亚述国王"居住在帐篷里"的时代，那时他只是众人之中的一个酋长。这种合作制度解释了"名年官"系统——高级官员将他们的名字命名为其统治之年年名——与相对不稳定的君主制。君主从他的儿子中选择继任者，但是他的选择——虽然是通过神谕，由阿淑尔神授意，辛神和沙马什神确认——也必须得到皇室其他成员和帝国贵族的认可，王国的国内是否和平决定于他们是否接受国王的选择。正如我们所见，阿淑尔－尼腊瑞五世和辛那赫里布统治之后发生的宫廷政变，本质上源自兄弟之间的互相嫉妒，源自那些高级官员不承认国王所选定的继承人，转而支持其他王子。然而，总体上来说，世袭制是被接受的。在他们的铭文中，许多亚述君主非常自豪于可以追溯他们一长串的王室祖先，在某些情况下，可以追溯到神话中的英雄阿达帕。

一旦被选定，王子就要离开父亲的宫殿，进入坐落于底格里斯河畔，位于尼尼微上游几千米的塔尔比苏（Tarbişu，现在的谢里夫汉［Sherif Khan］）的"继承者之屋"[4]。在那里，他为自己将来的王室职责做准备，并逐渐被赋予重要的军事或行政职务，其中包括在战争期间暂代国王担任国家最高首领。许多王子会得到非常全面的教育。例如，阿淑尔巴尼帕讲述了他的学校教育和军事训练，如下：

> 我学到了大师阿达帕一世（Adapa I）的技艺：所有书写知识的隐藏珍宝，天和地的符号……我和有学问的涂油祭司学习了有关天的知识；我解决了之前不清楚的复杂的乘除问题；我已经阅读了苏美尔人的艺术剧本和晦涩、难以掌握的阿卡德语，愉快地阅读了《大洪水之前的石碑》……以下是我每天都做的事：我登上我的坐骑，愉快地驾驶它，去了狩猎小屋（？）。我拉开弓，射出箭，这是我勇敢的标志。我像投标枪一样投掷重长矛。我像车夫一样拉紧缰绳，使车轮转动。我学习使用 aritu 和 kababu 盾，像一个重装弓箭手一样……与此同时，我还要学习皇家礼仪，用国王的姿态走路。我站立在国王面前，我的父亲，向贵族们下达命令。没有我的同意，不得任命任何一位总督。我不在的时候，不得任用任何一位地方官员。"[5]

当国王去世后，所有亚述人都要进行哀悼，国王并非被埋葬在尼尼微或卡勒胡，而是被埋葬在帝国最古老的都城阿淑尔。在古老的皇宫地下穹顶室里发现了 5 口沉重的石棺，它们曾装过阿淑尔-贝勒-卡拉、阿淑尔那西尔帕、沙马什-阿达德五世的尸体，也许还装过辛那赫里布和埃萨尔哈东的妻子埃沙尔哈马特（Esharhamat）的尸体，这些棺材在古代就已被盗掘。一个近期发表的泥板指出，死去国王的尸体可能漂浮在他们充满油脂的石棺里。[6] 1989年，伊拉克考古学家在尼姆鲁德的惊人发现提供了亚述陵墓中所藏珍宝的想象。在那里，在阿淑尔巴尼帕王宫内殿下层，发现了3座未被盗掘的坟墓。其中一具遗骸是一名男子，陪伴遗体的是不少于200件的黄金首饰。另一座墓穴中有两具女性尸体，暂定为萨尔贡二世的妻子塔里亚（Taliya）和亚巴（Yaba），亚巴可能是沙勒马奈舍尔五世的配偶。根据最可靠的报告之一记载，[7] 这座墓穴中有大约200件黄金首饰，如项链、耳环、戒指、手镯、脚镯和服饰扣件，以及数百件的小黄金衣饰和3个纯金碗。除此之外，还有1个象牙盒、1个青铜与象牙的镜子，以及两个雪花石膏罐，里面装着供来世享用的食物残渣。第三座墓穴的主人是阿淑尔那西尔帕的妻子穆里苏（Mulisu），但是中间那座巨大石棺内空空如也，或许皇后的尸体被转移去了其他地方。然而，在被一些遗骸包围着的三座青铜棺材内发现了440件黄金首饰，其中包括1顶王冠。在这3座墓穴中发现的黄金总重量大约为57千克，但这些物品真正的价值在于它们的华美，黄金与象牙、雪花石膏、玻璃和彩色半宝石的完美结合以及它们的制作技巧：在许多细丝制品中，有些线细得只能用放大镜才看得见。寻找其他墓葬的考古发掘正在计划时，海湾战争爆发了。

在举办完皇室葬礼的短暂间歇后，加冕仪式在阿淑尔城举行。这是一个简单的仪式。王储被抬在一个轻便的王座上，由一位祭司在前面引导，并大声呼喊："阿淑尔是王！阿淑尔是王！"他们向国家之神的神庙埃库尔（Ekur）进发。进入圣殿后，他献上盛满油的金碗，1马那银子以及1件华丽的刺绣外衣。他拜伏于神祇面前，由高级祭司为他涂油，授予其王权的象征："阿淑尔神的王冠与宁利勒神①的权杖"，同时向众人宣告：

> 王冠戴在你的头上——愿阿淑尔神与宁利勒神，王冠的主人，将其戴在你的头上一百年。
>
> 你脚踏在埃库尔，你的双手伸向阿淑尔、你的神——愿他们赐福！
>
> 在阿淑尔，你的神面前，愿你的圣职与你儿子们的圣职蒙恩！
>
> 用你笔直的权杖扩张你的国土。
>
> 愿阿淑尔神立即赐予你满足、公正与和平。[8]

随后，新任国王前往王宫。在那里，贵族与官员向他致敬，并交出他们的职务徽章。在大多数情况下，这个姿态纯粹是象征性的，它仅仅意味着提醒在场的所有人，他们是国王的仆从，在任何时候都可能被解职。我们可以确信，加冕仪式之后会有一场公众的庆典。

亚述国王的统治与所有两河流域君主的统治方式大致相同，尽管皇家信件表明，相较于其他时期，例如汉穆拉比统治时代，地方政府享有更大的主动权。每天，国王被告知在帝国内和国外发生的所有重要事件。随后，他给予命令与建议，任命行政官员处理控诉案件，接见、招待高级官员及外国使节，在一大群书吏的帮助下处理大量往来信件。作为军队的最高统帅，他起草军事作战计划，检阅军队，并且时常御驾亲征。在战场之外，他通过用战车射杀野兽或者在宫殿里用长矛与狮子搏斗的方式，来展示他

---

① 宁利勒女神，最初为恩利勒神的女性对应者，是阿淑尔神的配偶。

的勇气和技能。办公室工作、开招待会、打猎,这些活动足以与现代国家元首的活动相媲美,但亚述国王也是一名祭司,同时也是一个复杂的巫术-宗教实践体系的奴隶,这个体系耗费了他大量的时间,给他的日常工作增加了沉重的负担。作为众神的第一仆人与其他神职人员的首领,他监督神庙的建造或维护,任命祭司,并积极参加亚述和巴比伦尼亚的主要宗教仪式,如新月节庆典与新年节庆典,以及一些似乎特意为国王设计的仪式,尤其是"塔库图"仪式(tâkultu,"吃")——一场献给所有神灵的盛宴,以祈求得到他们的保护——和"比特-瑞姆基"仪式(bît rimki,"澡堂")——一种在王室澡堂沐浴时向诸神祈祷的仪式。[9] 作为臣民的代表,国王"像护身符一样被操纵——或变成一只在神面前承担社会所有罪孽的替罪羊"[10]。他不得不屈服于偶尔的禁食、仪式剃须和其他羞辱,当出现对亚述人极其糟糕的征兆时,他只能通过"替罪王"的诡计才能逃脱死亡。我们已经看到(原著第 183 页),在伊辛-拉尔萨时期两河流域这一奇怪制度的例子已经出现了。阿淑尔巴尼帕统治时期的一封信提到了一种类似的情形[11]:似乎是为了保住沙马什-顺-乌金的性命,一位特定的人达姆齐(Damqi),阿卡德的监督官之子,在恍惚之中被女预言家选中。一位被宫女赐予他为妻,在短暂的"统治"后,他和他的妻子被一起处死。这只是对一种广泛信仰的极端、极其罕见的应用。两河流域人相信,诸神通过多种方式来表达自己的意愿,因此他们总是密切关注各种迹象与征兆。这些迹象和征兆无论是建立在恒星与行星的运动、对梦和自然现象的解释、献祭的羊肝脏的形态、鸟的飞行、怪物的诞生、抛洒在水上的油滴的活动方式，还是建立在火焰的朝向之上，占卜在亚述都是一门高度发展的、官方的"科学"。[12]国王通过口头或书信报告的方式，适时得到有利和不利的预兆，在没有事先咨询巴鲁-祭司（barû-priests）或皇家占星师的情况下，不能做出任何重要的决定。以下是从皇家书信中选取的两个例子。贝勒-乌舍兹布（Bêl-ushezib）写信给埃萨尔哈东说：

> 当一颗星在黎明闪耀如炬，在傍晚逐渐消隐，敌人的军队将会大举进攻。
>
> 当南风骤起，持续不停，变为狂风，从狂风变为暴风雨——毁灭的日子——那么王子不论进行什么远征，都将获得财富。[13]

扎基尔（Zakir）写信给阿淑尔巴尼帕说：

> 在提比特的第十五日，午夜时分，将会发生月食。它始于东（边），然后向西拓展。阿穆如及其领土上邪恶的暴乱终将损害他自己。这场动乱的过错是阿穆如国王及其国土，因为他让国王、我的主人的敌人进入阿穆如的国土。让国王、我的主人，做他想做的事吧。国王、我的主人，将会俘获他。国王将会使他失败……[14]

然而，如果认为亚述的内外政策由迷信所决定，那就错了，因为我们所了解的亚述的全部历史都印有现实主义的印记。占星师与占卜师给国王提供了一个很宽泛的一般情况，国王可以在这个范围内"随心所欲"。甚至会出现这种情况，国王会连续占卜数卦，直到获得符合自己计划的征兆为止。

第二十一章 亚述的荣耀

为了管理其庞大的帝国，亚述国王依靠的是一个可以与奥斯曼帝国（包括宦官）相媲美的管理体制，[15] 甚至效率更高。围绕在他身边的是一群高级官员，如"司令官"（*turtânu*）、"持杯长"（*rab shaqê*）、宫廷传令官（*nâgir ekalli*）、"监督者"（*abarakku*）以及"大法官"（*sukallu dannu*），更不必说还有其他低级官吏，他们看管宫殿、马厩和仓库。那些具有久负盛名头衔的人并非现代意义上的官员。除"司令官"之外，他们主要扮演顾问的角色，在某些突发情况下也会处理多种任务，包括行省的管理。但治理行省的任务一般交给其他高级官员，我们在提格拉特帕拉沙尔三世时代已经提及，在那里，我们看到，总督的职责定义得十分明确（见原著第 306 页），并且具有一个十分稳固的组织体系。在行省总督（*bêl pihâti* 或 *shaknu*）之下是地区长官（*rab alâni*，直译为镇长），其下又有"市长"（*hazannu*）及小村镇长老会议。高级官吏居住在首都舒适的房屋中或行省的宫殿内。[16] 他们有自己的宫廷与土地，雇佣了数百的工人与奴隶。如果他们有强烈意愿，还可以征集大批军队。具有权势和财富，他们可能会危及王权——实际上，他们过去这样做过——如果国王不能用"恩威并举"的方式将他们掌控在手中："威"是害怕违背他们所宣誓的"效忠"（*adû*）誓言，害怕被撤职，甚至被处死（尽管没有证据表明死刑曾经使用于他们身上），"恩"是赐予他们王室土地，[17] 但谨慎地将其分散于数省，此外还赏赐给他们战利品，分享从亚述及其附属国勒索来的多种税收。为了更加安全，一些职位被分设多人，例如辛那赫里布时期，"司令官"被分为"右司令官"与"左国王也对帝国的大城市及其祭司、占卜者、书吏、医生、工匠和艺术家实行类似的控制，像所有知识分子一样，那些人也时常喜欢找些麻烦。他们也要宣誓"效忠"，如果反叛会受到极其严厉的惩罚，但他们是王室关注和宠爱的对象。萨尔贡正是向这个城市的"资产阶级"讲述了在库尔德斯坦的伟大战役。许多城市，如阿淑尔城，几乎享有完全的自由，而另一些城市，甚至在巴比伦尼亚，也被免除了税收、通行费和徭役。

由于术语的不准确与文献的匮乏，亚述帝国的经济状况仍然未能完全厘清。经济的基础一如既往地是农业，工业主要分散在城市周围的手工作坊里。理论上，全部土地均属于国王。实际上，也确实有大量土地属于国王，这一部分土地由农民耕种，作为他们的义务，或者由履行"伊尔库"（ilku）的人耕种。然而，我们从发现于哈兰的一次人口普查和土地买卖合同可以看出，[18] 存在小土地私有者，也存在属于王室家族或神庙的大规模土地，或者被高级官员购买而来的大规模地产。关于内部交易，我们几乎一无所知，或许是由于公元前8世纪起，大多数交易都是用阿拉米亚语写在羊皮纸或莎草纸上，因此无法长久保存，都毁坏掉了。

由于受到国王的鼓励，[19] 对外贸易十分繁荣，包括埃及、经由迪尔蒙到达的海湾国家以及被腓尼基船队光临的爱琴海地区。最常见的交换货物是金属和稀有物品，如棉花、皮棉、染料、珍贵的宝石和象牙。[20] 值得注意的是，亚述人的领土征服使得他们得以自由进入黎巴嫩的铁矿和安纳托利亚的银矿。在各种形式的交易中，白银用于支付手段，通过帝国的商品被征税。

亚述帝国居民被分为三个等级：自由民（无论他们的社会地位如何，包括游牧民族）、依附于国家或富裕土地所有者（在一些文献中使用穆什根奴）以及由负债家庭和战俘而来的"奴隶"，但是奴隶也享有法律权益并且可以在政府管理部门中担任要职。亚述官员在区别本国居民时，采用了模糊的术语如"尼舍"（nishê，人们）、"那普沙提"（napshâti，人类）、阿尔达尼（ardâni，仆人）等，而没有区分他们的等级、功能或者职业。[21] 这表明，在官僚眼中，亚述所有居民被视为一个整体服务于国王（dullu sharri），这些服务不仅包括服务公共事业的劳役，还包括参加被称为"亚述国家工业"的战争。

亚述的军队

在3个世纪中几乎年年都要征召作战，从积雪的亚美尼亚和伊朗的高山至海国的沼泽地以及埃及滚烫的沙漠，他们不屈不挠，几乎战无不胜，军队是亚述强大无敌的工具。[22] 与马其顿方阵和罗马军团一样，亚述军队成功的秘诀在于士兵的素质和武器的优越，以及，正如我们所想的那样，军队严格的纪律。

最初，亚述的军队在伊拉克北部的农民中招募，那是一个混合的种族，天生就是战士，兼具贝都因人的勇敢、农民的坚韧与高地人的凶悍。

然而，自从提格拉特帕拉沙尔三世统治以来，士兵被分成三类，分别被称为职业军人、义务兵和预备兵。[23] 职业军人经过挑选、招募驻扎在亚述的主要城市和帝国的每个行省，构成了常备军（kisir sharruti）的主体。他们中有的是土生土长的亚述人，但大多数来自先前独立的国家，如巴比伦尼亚和叙利亚王国。阿拉米亚人占主导地位，其中伊图斯（Itusi'）部落和古腊亚（Guraya）部落提供了许多备受称赞的突击部队。此外，还有一些由米底人、西里米安人、阿拉伯人，甚至是埃兰人组成的雇佣军。常备军中的一些部队组成王室卫队。应征入伍的士兵可以分为两组：国王卫队和预备役。国王卫队（sabê sharri）一般都是由青年男子组成，他们为了完成"伊尔库"兵役而被暂时组织起来。他们也招募自帝国全境的各个社会阶层；他们每天领取定量配给，在家或营地里等待，如有需要，会立刻应召入伍。预备兵（sha kutalli，直译为"之后的那些"）会在任何需要的时候被征召，如弥补军队减员。最后，所有人口中的成年男子都可以被征募到上述类别的军队中，以防发生异常漫长且艰巨的冲突。在许多战争中，如埃及远征，亚述国王会要求他的附庸们把他们的军队交给他指挥使用。

这一复杂的征兵体系有许多好处。一方面，这些军队遍及帝国各处，随时准备平息当地叛乱，或击退亚述边境突如其来的袭击；另一方面，常备军的存在使迅速组织大规模军事行动所需要的部队成为可能，也使打持久战成为可能。在旧的征兵体制下，一些战役不得不被缩短，以便人们能够重新投身于农业活动中。[24] 我们必须要补充，亚述军队还有其他有价值的主要资产，主要有一个组织完备的通信系统，一般通过快速信使、有时以狼烟信号完成，以及一个可以与现代国家相媲美的国家安全与间谍系统。[25]

尽管留下来的战争记录十分丰富，但令人惊讶的是，我们对军队的规模、组织和战术方法知之甚少。参战的士兵数量很少给出——阿淑尔巴尼帕曾经提到有50000人；在喀尔喀尔战役中，沙勒马奈舍尔三世组织了120000人来对抗70000名敌人——敌军的损伤总是被过分夸大，而亚述伤亡人数却从未提及。如果要求提供总体数字，我们大胆猜测，公元前7世纪，亚述国王有能力动员一支400000至500000人的军队，不包括预备兵。在军事等级制度的认识上，我们也存在一些空白：从"司令员"和"持杯长"（经常作为前者的副手）几乎直接到了"七十人队长"和"五十人队长"。但是，我们知道，在骑兵军官中有各种等级，例如国王的贴身护卫"匕首人"，其他团体也有他们自己的"上校"。战争记载虽然使用了丰富多彩的术语，但不可避免地过于含糊笼统，因此我们对他们所用的战术一无所知，只有在极少情况下，才看得到有关埋伏与突然袭击的线索。综合来看，我们信息的主要来源仍然以尼姆鲁德、霍尔萨巴德和尼尼微宫殿石板上的大量战争场景的浮雕以及巴腊瓦特青铜大门上的雕绘为主。[26] 被描绘的步兵分为两类：轻装步兵（弓箭手和投石手）与重装步兵（长矛手）。轻装步兵身披短式战袍，没有防御武器，然而长矛手身披铠甲，手持圆形或长方形盾牌，有时盾牌比他们还高。投石手一般不戴帽子，但是弓箭手和长矛手戴着高高的锥形盔，极少情况下戴一顶冠顶盔，与希腊人戴的头盔相似。除了他们特有的武器，[27] 大多数步兵还带有短剑、匕首或狼牙棒。最晚从提格拉特帕拉沙尔三世之后，所有人都穿着前部系带的半长靴。骑兵也穿着类似的"制服"，武装着小型弓箭或长矛。他们的坐骑没有马鞍或马镫，但在萨尔贡时代后期，马匹也披上了盔甲，使得骑手和坐骑都出奇地像我们中世纪的骑士。第三类士兵乘坐两轮轻便马车作战，一般有两到三匹马。一辆战车由三到四人共乘：一名驾车夫，一或两名弓箭手和两名盾牌兵。男女侍从、装载给养与行李的运输车紧随出征的大军之后。渡河的工具有普通的船只，或者以沥青密封的芦苇船（即今阿拉伯的 qûfa，至今仍在底格里斯河上游地区使用）或者充气的山羊皮筏。

亚述军队最有价值的装备之一就是十分有效的攻城器械。许多城市，尤其是亚美尼亚和叙利亚的城市，都建有坚固的防御工事，攻下它们绝非易事。但亚述军队中包含一支重要的工程兵，他们填平护城河、把土石投掷到城墙上、挖掘隧道。与此同时，攻击者在固定塔楼或活动塔楼上弯弓射箭，打击敌人的弱点，用巨大的攻城锤撞击墙或大门，在盾牌的掩护下发起进攻。被围困的敌人试图通过向战车投掷油火和火把，或通过铁链缠绕攻城锤来抵抗。最后的进攻通过城墙缺口或使用云梯进行。一旦城市被攻占和劫掠，居民会被杀死或充当俘虏。亚述人根据城市的战略价值决定或放火烧毁它，或拆除夷为平地，或重新设防。

战争是亚述君主的巨大骄傲，官方雕刻家们十分细致地刻画了它的各个方面。数十幅浮雕显然是为了进一步解释刻在直立石、石碑、独立巨石、山岩和雕像周围永无休止的铭文,它们重现了士兵们举行游行、战斗、杀戮、掠夺、推倒城墙和护送囚犯时的场景。在这一系列没有任何国家可比的战争图像记录中,在这近乎单调的恐怖展示中,必须将一些浮雕分开,这些浮雕在铭文中没有可比拟的相应记载。它们形象地表现了士兵在营地的帐篷里休息、梳洗马匹、屠宰牛、烹饪食物、吃饭、喝酒、玩游戏和跳舞等场景。这些充满生活气息的细小场景给战争悲剧添加了富有人情味的一笔。在昔日无情的杀手中,出现了一个熟悉而又和蔼可亲的形象:过去、现在和未来所有军队中谦卑、单纯、轻松愉快的"普通士兵"。

亚述的艺术

亚述军队在公元前614至公元前609年的大灾难年代里被击溃、歼灭,随后就消失了,距今已经十分遥远,但亚述艺术的遗迹却有幸得以留存下来,其数量和质量都令人印象深刻。

自从100多年前,那些"用冷眼注视着尼尼微"的大石像被第一次运到欧洲以来,"亚述的艺术"一词很容易令人联想到雕塑,尤其是浮雕。在公元第一千纪,在底格里斯河畔,圆形雕塑的代表性很差。由于某些未知原因,亚述各个都城的雕像都很少,其中最好的一些雕像——例如在不列颠博物馆里的阿淑尔巴尼帕的雕像——也都千篇一律,毫无生气,在许多方面不如新苏美尔时期大师们的作品。相反,浮雕却总是很有趣味,经常能达到一种真正的美感,无疑代表了"亚述人最伟大、最具有原创性的成就"[28]。

浮雕技术几乎与两河流域文明本身一样古老,但在相当长一段时间内都只用于在神庙前竖立的石碑上。浮雕最早见于瓦尔卡(乌鲁克或捷姆迭特-那色时期)的"狩猎碑",后来出现在一些伟大的作品中,如埃安那吞的"鹫碑"和那腊姆辛的"胜利碑",一直到加喜特和中巴比伦的"界碑"(kudurrus)。亚述人继承了这个传统的同时增加了一些宗教题材(如藏于柏林博物馆作为植物神的阿淑尔神),[29] 但很快他们就放弃了这一题材,专注于表现国王。帝国的石碑通常竖立在被征服国家中,用以纪念亚述所取得的胜利,它们充其量是忠实的艺术品,其历史价值或许比其制作的质量更值得关注。另外,石板浮雕可能源自国外。用雕刻装饰建筑的理念似乎源自安纳托利亚的赫梯人,早在公元前2千纪,赫梯人就用"直立石"来装饰他们的宫殿。亚述人在他们自己国内的小山上找到了大量石灰岩,这种岩石虽然多孔且酥脆,但仍有多种用途,或者他们从国外进口了更好的材料。他们用无数的劳力去开采和运输原石,优秀的艺术家去勾绘主题,技艺精湛的工匠去摆弄凿子。他们吸收了赫梯人的发明,并将其提升到非常完美的程度。守卫他们宫门的带翅半人半牛或半人半狮的巨大浮雕,至今仍然栩栩如生,呼之欲出。它们在整体上处理得更加严谨和谐,在细节上处理得更加准确精细,技巧或许举世无双。刻有浅浮雕的石板排列在房间与走廊上,使人能近距离地观察,它们的构图完美平衡,它们所揭示的观察的敏锐性——特别是涉及动物——以及弥漫在它们身上的运动感,都令人震惊。这是真正的"伟大的艺术"，除了古典希腊的雕刻，它们在这一领域内超越了这个世界上其他所有作品。

虽然我们不可能在这里给出亚述浮雕的简要分析，但我们想强调这种艺术形式的一个特性，这使它有别于古代近东的类似艺术。迄今所见的两河流域所有纪念碑都带有一定的宗教意义，以一种或多种方式围绕着神灵。然而，亚述浮雕的中心主题通常为国王——不是具有超自然英雄主义的国王，在尺寸上也不像埃及浮雕中高大的神王，而是一个人，虽然是手握大权、极其勇敢的君主。此外，国王也被描绘在游行庆祝、狩猎、休息、接受敬意或贡品，或者领导他的军队参加战争等各种场景中，但从未展示他在实际生活中所履行的祭司职能。小神、半神和英雄也有所刻画，但大神明显地缺失——除非在岩刻上——或简化为他们的符号象征：一杆插在祭坛上的长矛，或是天空中有翼的圆盘。亚述王权与苏美尔和巴比伦尼亚的王权一样，沉浸于宗教之中，唯一可能的解释是装饰宫殿的雕刻石板是政治宣传的一种方式，它们既可叙事，又可起到装饰的作用。其作用并非用来取悦和安抚神灵，而是在人类心中激起尊崇、赞美与敬畏。总体上看，亚述雕刻家的作品似乎是历史上最早将艺术"人性化"的尝试之一，试图去除它们从史前时代继承下来的巫术或宗教含义。

人们很久以来就知道，许多雕像与浮雕涂有颜色。另外，神庙与宫殿使用了色彩鲜艳的釉面砖，带有各种装饰图案，形成了浮雕与壁画间的一种过渡。[30] 根据近来的发掘，我们现在可以推测，壁画装饰了大多数——如果不是全部的话——官方建筑与许多私人住宅的墙体。由于画在易碎的墙壁灰泥上，壁画一般都消失了，但在霍尔萨巴德、尼姆鲁德和阿赫马尔（提勒-巴尔西帕）还有大块的碎片被复制或者移往博物馆。与浮雕一样，壁画在这个地区也有很深的根基，至少在亚述，它更倾向于世俗题材。壁画根据房间的大小与功能而产生变化，它们从几何图案的简单饰带到覆盖墙壁大部分的精致嵌板，并将花卉图案、动物、战争和狩猎场景以及皇家肖像组合在一起，呈水平带状排列。从许多复原的作品来看，亚述的绘画毫不逊色于浮雕，阿赫马尔的壁画，[31] 显示了极大的表达自由及高超的技艺。

亚述人在金属加工方面是专家——或许我们应当说他们雇佣了专家。他们给我们留下了各式各样精美的青铜、金和银质的盘子、器皿和装饰品。在皇室工厂中做工的女奴隶，编织精心设计的毯子，用灵动的手指刺绣，这些可以从国王与大臣们穿着的袍服显示出来，（雕刻家）又把他们以最微小的形式复制在石头上。[32] 他们的切石匠与雕刻家相反，比起世俗题材，更偏爱传统宗教神话题材。新亚述的圆筒印章，其雕刻技艺炉火纯青，展现出一种冷峻而迷人的美。此外，在所谓的"小型艺术"中，还必须给发现在亚述的象牙以一席之地。

两河流域地区，在早王朝时期象牙雕刻就被废弃了，直到公元前2千纪中期重现于埃及势力影响下的地区：巴勒斯坦（拉齐什、美吉多）和地中海沿岸（乌伽里特）。腓尼基、以色列王国以及叙利亚阿拉米亚诸国各城市的繁荣，它们与埃及密切的商业往来（埃及为其提供原料）解释了公元前1千纪初象牙雕刻这种艺术形式不仅在叙利亚、巴勒斯坦（撒马利亚、哈马）地区，而且在亚述、伊朗

(兹维耶）和亚美尼亚（托普腊克-卡勒）得到了很大的发展。毫无疑问，出土于亚述霍尔萨巴德、阿斯兰-塔什（Arslan Tash，哈达图），尤其是尼姆鲁德——出土文物最多的一个遗址[33]——的大多数象牙雕刻是作为贡品与战利品，来自帝国西部地区。不过，有一些作品——在风格与灵感上纯粹属于亚述——一定是在亚述的工作间里制作的，虽然很难判定究竟是出自国外的叙利亚-腓尼基艺术家之手，还是两河流域自己人之手。象牙用于装饰椅子、王座、床、屏风和门，或者做成盒子、碗、花瓶、勺子、别针、梳子和把手。象牙的制作有多种不同的方法：雕刻、浮雕、圆雕、透雕、半宝石镶嵌、素色、彩绘和镀金。所用主题也同样引人注目。除纯粹的埃及主题，如荷鲁斯诞生（Horus）或者哈托尔女神（Hathor）外，还有"窗前的妇女"、母牛、鹿和狮鹫，这些更多地属于腓尼基风格，以及群兽互斗、英雄与野兽搏斗、裸体的女人或女神、狩猎场景与游行队伍，专家们认为这些属于半叙利亚-半两河流域风格。值得注意的是，这些主题都十分和平。有几件作品描绘了"伟大的亚述国王"的僵硬形象，其独自一人或有士兵相伴。但那些微笑的女人——例如，来自尼姆鲁德令人尊敬的"蒙娜丽莎"（Mona Lisa）——那些快乐的音乐家与舞蹈者，那些平静而神秘的狮身人面像，那些哺乳小牛的母牛，用优雅而充满爱意的动作转过头来舔它们，都很令人愉快和放松。无论他们是否创作于亚述，这些象牙作品都让人们对其所有者的心态有了更多的了解。他们见证了亚述人对魅力和精致的敏感，正如他们的图书馆证明了他们对博学的品味。

第二十二章
尼尼微的书吏

1849年,在伊拉克考古的英国考古先驱在尼尼微的辛那赫里布宫殿中打开了"两个很大的房间,整个区域铺满了1英尺(约30厘米)、或更深的泥板"[1]。3年以后,莱亚德的助手拉萨姆,在挖掘名为库云基克的遗址时,在辛那赫里布的孙子阿淑尔巴尼帕的宫殿中,有了同样的发现。总共多达25000块泥板和碎片被送往大英博物馆,在那里它们形成了世界上同类收藏中最丰富的收藏。[2] 人们检查后发现,"阿淑尔巴尼帕图书馆"① 可以分为两部分:一部分是数量相对较少的"档案文献",如王室铭文、信件和行政管理文献;另一部分则是"图书馆文献",包括文学文本(如神话和传说)和大量的"科学性"文献——其中占卜和驱邪占了主要部分。这些泥板文献中,许多是根据国王的要求在尼尼微抄写的古代苏美尔和巴比伦文献的复制本,而其他一些则是从巴比伦搜集而来。保存在王室信件中的一些信件显示,亚述国王渴望文化,并组织了一场广泛搜集古代铭文的活动,特别是在高度文明的苏美尔和

---

① 在辛那赫里布王宫中发现的泥板实际上大部分属于阿淑尔巴尼帕,这个君王在他统治早期使用了他祖父居住的王宫。

阿卡德国家。

当你收到这封信件时（阿淑尔巴尼帕写给沙杜那[Shaduna]），带上这三个人（他们的名字在后面）和巴尔西帕城中博学的人，去寻找所有的泥板，他们家中所有的泥板和所有埃兹达神庙（Ezida）中所藏的所有泥板……

在你的档案室中去寻找有价值的泥板，寻找亚述没有的泥板，把它们送给我。我已经给许多官员和首领写信……没有人会拒绝给你哪怕一块泥板；当你看见任何泥板或仪式泥板，虽然我没有写信给你让你搜集，但如果你认为对我的王宫有益，请把它寻找出来，挑选出来，并把它们送给我。[3]

王室宫殿[4]并不是唯一收藏珍贵泥板的地方。亚述所有的首都城市和主要的行省城市都有神庙图书馆，甚至有私人图书馆。阿淑尔和尼姆鲁德都有重要的图书馆。在哈兰附近的苏勒坦丘（Sultan Tepe），英国－土耳其发掘队的发掘显示了库尔迪－奈尔伽尔（Qurdi-Nergal）丰富的有关文学和宗教文本的收藏，他是月神辛的一位祭司。这些文本除了著名的文献如《吉尔伽美什史诗》《那腊姆辛传奇》和《歌咏正直受害者的诗》，还有许多杰出的文学作品——如有趣的《尼普尔穷人的故事》——这是以前未知的文献。[5]

在这些古代文献被带到亚述后，它们要么按照原样保存，要么用当时特有的小巧、整洁的楔形文字符号复写下来。许多文本会被部分或全部改写，以适应当时的文化潮流，其他的则会按照原样被抄写下来。通常会发生这样的情况：在原来单词或句子破损的地方，书吏会留下空白，以添加他自己的评论或在空白处写上"我不明白"（*ul idi*）或"以前被损坏"（*hepu labiru*）。有时书吏不把他的风格印在泥板上，而是印在覆盖在象牙或木板上的腊上，几块木板通过金属铰链像微型折叠屏一样绑在一起。1953年，在尼姆鲁德的一口井里发现了许多这样的书写板，其中一些是关于天文学的作品，这些书写板是在城市被洗劫期间被扔到井里的。[6] 行政管理文献和经济文献一般都存储在坛子或篮子里，图书馆里的泥板好像都存放在架子上，但由于它们总是散落在被毁坏的建筑物的地板上，因此很难理解它们所采用的分类方法。当然我们知道，属于相同系列的泥板会被编号，或者用一个排版标注结束，这个排版标注同时也是下一个泥板的第一句。例如，《埃奴马-埃里什》（《创世史诗》）第三块泥板以这个句子结束：

> 他们为他建了一个雄伟的房间。

这句话开始了第四块泥板的叙述。亚述版本的《吉尔伽美什史诗》的第11块有如下的"末页"：

> 第11块泥板"他看见了吉尔伽美什"（一系列）的每一件事情。
>
> 根据原文写下并核对整理。
>
> 阿淑尔巴尼帕的宫殿、宇宙之王、亚述之王。

收集这些过去的文字遗迹所付出的辛勤努力和对它们的精心保存，不仅是对书吏们的尊重，也是对国王——他们的主人的尊重。自相矛盾的是，造成巨大破坏的亚述人为后代保存了苏美尔、阿卡德和巴比伦以及他们自己国家的大量的精神财富。

第二十二章　尼尼微的书吏

两河流域的科学

阿淑尔巴尼帕图书馆不太可能只为国王本人大量使用。他或许为了自己的高贵荣耀去翻译《来自洪水之前的石头》，或者阅读伟大的史诗——《吉尔伽美什》《埃塔那》和《阿达帕》——但他几乎没有时间和意愿去阅读根据他的命令搜集而来的成千上万的泥板书籍。王宫图书馆允许王宫书吏和神庙书吏进入，他们可以在那里寻找他们所需的参考文献。它可能属于"学院"（"知识之屋"，bit mummi）的一部分，例如在不同时期、不同城市都蓬勃发展的学院，或许为了吸引两河流域有学识的学者，并把他们固定在尼尼微而修建的。这些学者不仅处理大量的文学、历史和宗教作品，还处理哲学作品、各种动物、植物和矿产列表、地理列表、医药处方、数学泥板、天文观察等，总而言之，就是大量的科学文献、百科全书，它们就是亚述-巴比伦的知识宝库。这些文献对我们来说同古代学者一样宝贵，虽然原因不同。尽管他们要求对古代两河流域的科学做一个全面的调查，但仅凭它们是不充分的。因此在本章我们使用了比公元前7世纪库云基克泥板更近或更古老的资料，尤其是从尼普尔、哈马勒、阿淑尔和乌鲁克出土的科学文献，时间范围从公元前3千纪末期到约公元前第三世纪。[7]

希腊人了解并钦佩"迦勒底人"，主要把他们当作巫师或预言家，对他们的记忆造成了很大的伤害。的确，广泛意义上的巫术（即自称用语言或行为去影响超自然的力量），通常同苏美尔-阿卡德的宗教有密切的联系。在两河流域，占卜艺术在很早时期就得到了完善和编撰，但直到前基督时代末期，巫术活动的庸俗化才得到充分的发挥。巫术和流行的占星术远非巴比伦智慧的最后定论，而是一个奄奄一息的文明发展衰败的标志。我们现在确信，苏美尔人和亚述-巴比伦人一样，都幸运地拥有一个真正的科学心态所需的几乎所有品质。首先，他们有一颗无法满足的好奇心，好奇心激发他们去搜集古代泥板，建立古代博物馆，以及从遥远的国家将稀有的各种植物和不认识的动物带回国内。他们有耐心，从汇编账目到他们的艺术作品，对细节的执着在他们所有的活动中明显地表现出来。他们拥有敏锐的观察力，热情洋溢地研究大自然，记录并关联了大量数据。与其说是出于实际目的，不如说是为了纯粹的知识，至少在某些领域，在探索的道路上走了很远。其次，他们的数学证明了他们的抽象思维能力达到了前古典时代罕见的程度。他们唯一缺乏的天赋似乎是综合能力。

一进入学校，[8] 这位未来的书吏便有机会运用这些天生的品质。教学活动本质是口头上的——没有发现任何科目的教科书——因此，发展了他的听觉记忆。然后，开始学习错综复杂的楔形文字，每个符号都可以被读作一个单词或一个音节，有几个音值，而且事实上必须要掌握两种非常不同的语言——苏美尔语和阿卡德语——迫使他立即开始相当复杂的语言学研究。他必须记住一长串符号，包括它们的名字、发音和两种语言的含义，而不是字母表。有一些音节表幸存了下来，这是非常幸运的，如果没有它们，我们不可能理解苏美尔语。在第二阶段，学生使用动词变化表、词汇表——物体列表、同一类别的技术术语或表达公式列表——双语或三语字典，包括苏美尔语方言、加喜特语、赫梯语，还有后来的希腊语。特别有趣的是刻着古朴象形符号的泥板，每个符号刻着新亚述时期所对应的字符。约 2600 年之前，这些象形符号就废弃了。刻写这些泥板对亚述人来说，没有任何的实际价值，这进一步证明了他们对研究工作的纯粹热爱。一般而言，科学是恩基-埃阿的领域，处于马尔杜克的儿子那布神的保护之下，而女神尼萨巴，"她的手中握着铁笔"，掌管着更加困难的和更为荣耀的书写艺术。

这种教育体系自然使亚述-巴比伦学者倾向于记录他的观察结果，并以列表的形式提供给他的同事和学生。[9] 例如，两河流域的动物学、植物学以及矿物学用词汇表的方式传达给我们，有时安排得有些窘迫，但表达了对大量材料分类所做的巨大努力。[10] 地理文献主要包括国家、山川、河流或城市的各种列表以及行程列表，它们对现代历史学家极其有用，特别是当他们用时辰（bēru）或"双小时"（"double-hours"，大约 10 千米）表示两个城镇之间的距离时。据我们所知，这里并没有真正的地图，但对土地和城市的规划已经被发现，最有趣的是尼普尔的规划图，它与现代考古学家对该地遗址的调查高度吻合。我们也拥有一块刻在泥板上的残缺不全的"世界地图"，时间可以追溯到公元前 6 世纪：地球表面是平的，被圆形的"比特河"环绕；地球的中间流淌着幼发拉底河；罗盘的四个点上坐落着一些不熟悉的国家，用很少的文字进行了描述；最北端的地方被称为"永远看不到太阳的地方"——可能显示了一个（虚无的）黑暗区域，在一些文学文献中被提及，或显示了一个事实，从两河流域观察太阳从未穿过天空北部的一部分区域。[11] 如果我们不去理会王表和建筑铭文，这些实际上不是历史，而是宣传和献祭文献，我们发现历史也可以用表格的形式来展现：国王列表、地名和王朝列表、同步列表等。甚至巴比伦编年表，这个更接近连续历史的叙述，事实上也不过是历史事件发展列表。另外，我们还有数学和天文泥板以及症状和预后的医疗列表——更不用说神灵列表、神庙列表、节日列表、征兆列表等。更精确一点，两河流域的科学被称为"一个科学的列表"，但必须强调的是，其教学是口头的，幸存下来的文献是"手册"或者"vade-mecums"而不是教材。毫无疑问，亚述-巴比伦人所知道的远比文献中记载的知识要多。例如，大块石头的运输和竖立，或者长渡槽的建造，这需要对若干物理定律等高级知识有深入的了解；同样地，某些化学原理被巧妙地隐藏在秘密配方之中，被成功地应用于药物和颜料的制备，以及有色玻璃[12]和搪瓷砖的制造。此外，至少在两个领域——数学和天文学——我们能够理解主导科学发展的心理机制，而两河流域文明正是在这些领域取得了最大的进步。

在大部分居民都是文盲的国家里，书吏——经常来自书吏家庭，他们收入丰厚，自然受到尊敬——发挥了至关重要的作用；实际上，在整个历史时期发挥了最重要的作用，因为如果没有他们，两河流域社会将不复存在，或者将会塌陷。[13]

第二十二章　尼尼微的书吏

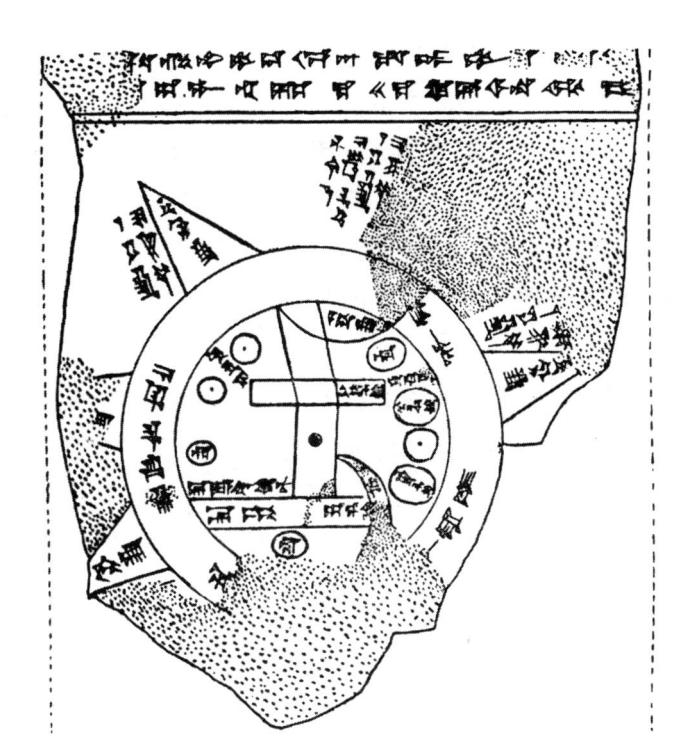

巴比伦的"世界地图",公元前 6 世纪(见正文),来自 B. 迈斯纳:《巴比伦尼亚和亚述》,1925(B. Meissner, *Babylonien und Assyrien*, 1925)。

数学和天文学

我们对两河流域数学知识[14]的了解主要来自两类文献：以各种方式排列的数字列表（加法和减法系列、乘法和除法系列等）和问题文献。令人吃惊的是，记载的这些问题大部分都是高年级学生的练习题（或者甚至是一些智力游戏），而不是像人们在所谓的"原始"或"古老"社会中所期望的那样，涉及建筑、土地测量、灌溉和其他有实际价值的问题。以下例子特别具有典型性。

问题 1

我发现了一块石头，但我没有称它的重量；我增加了 $\frac{1}{7}$，然后又增加了 $\frac{1}{11}$。我称它的重量是：1 马那重。试问：这个石头最初的重量是多少？石头的重量是：1 马那（mana），8 舍客勒（shekel），22 $\frac{1}{2}$ 筛（lines）。[15]

问题 2

如果有人问你：就像我建造的广场的一边一样，我挖得很深，我提取了 1.5 musaru（60^3）泥土，我把我的地基做出了正方形。请问：我挖了多深？

你，在你的程序中用 12 操作，取 12 的倒数，乘以 13000，这就是你的体积。这里有一个数字 7300，7300 的立方根是什么？30 是其立方根。30 乘以 1，得 30，30 乘以另一个 1，也得 30。30 乘以 12 得 60

第二十二章 尼尼微的书吏

（360）。30是正方形的边长，60（360）是深度。[16]

第一个问题的描述显示它是一个纯假设性问题，给出了解决方法，但解决方法一定是通过老师口头传授的。相反，在第二个问题中，解题过程发展得比较成熟，可以看出古巴比伦的数学家对立方根的使用特别熟练。记载这个问题的泥板的时间约为公元前17世纪或公元前18世纪。当然，他们也了解平方根，能计算出2的平方根，只有很小的误差（1.414213代替了1.414214）。所涉及的计算也指出了两河流域数学问题的两个主要特征：它们是六十进位制系统；在古代使用所有计数系统都是"并列"的（包括罗马系统），但两河流域人单独地使用位值记法或"位置"系统，也就是说，给定数字的值随其在书面数字中的位置而变化的系统（例如，当我们写3333时，同样的数字它们的值分别为3000，300，30，3）。六十进制和"位置"系统都为计算提供了很大的优势，不幸的是，十进制也在六十进制中使用，数字"0"直到塞琉古王国（Seleucid）时期才出现。因此解释两河流域的数学问题充满了困难，甚至对于专家也是如此。我们可以推测在许多情况下，学生都需要给予必要的口头提示。

另外需要强调的一点是，巴比伦人不使用符号，他们使用代数的方法而不是算术的方法进行运算。他们对很多问题使用的术语表明，他们只能通过一个等价于使用二次方程的过程来求解。[17] 例如：

我将正方形的边长扩大7倍，把正方形的面积扩大11倍，结果是6，15（采用六十进位制）。写下7和11。

假定方程式为 $11x^2+7x=6,15$。

许多数学泥板显示，巴比伦人似乎熟悉函数，他们的计算偶尔会涉及序列、指数和对数关系。他们的思维是抽象的，他们喜欢数字仅仅是因为它们本身，几乎忘记了它们的实际用途。因为这个原因，他们的几何学落后于他们的代数学。[18]他们知道三角形、矩形和圆的一些基本性质，但是不能证明它们，只能用粗略近似法去测量多边形的表面积。当泥板上刻画有几何图形时，这些通常是用来说明算数问题的。与希腊人相反，巴比伦人对线、面和体积的性质不感兴趣，而对它们之间相互关系所显示出来的复杂计算更感兴趣。

数学在天文学中得到了更广泛的应用，并使这门科学的精确度在古代世界达到了无与伦比的地步。[19]在两河流域，研究天体运动的需要源于双重关注：形而上学和年代学。他们认为天上发生的事情会反映在地球上，行星和星座与神、国王和城市相对应，如果它们之间的关系可以被预见，那么就有可能预测未来。在很大程度上，这种戏剧性的不稳定性是两河流域哲学的基础。因此，占星术是天文学的基础，尽管所采用的系统从来不是僵化的，并为神和人的能动性留出了空间，以占星术形式的预测出现在阿契美尼时期。另外，两河流域人不得不解决阴历历法。我们追溯到遥远的过去，月亮的圆周变化被认为是测量时间的一种方便手段。一年开始于春分后的第一个新月，每年有12个月，每个月29或30天。每一天以太阳初升的时候开始，分为12"双小时"（"时辰"），每个时辰分为60"双分钟"（"double-minutes"）——一个我们现在仍旧在使用，需要感谢巴比伦人的体系。但不幸的是阴历比太阳年（阳历）少约11天，因此9年之后，两者之间的差别就有一个完整的季度。并且阴历开始于晚上，当新月第一次被看到之时。但那些住在伊拉克的人知道，东方的天空并不总是像欧洲人想象的那样清澈，云层、灰尘或沙尘暴可能会使这种观察变得不可能。那么，官方天文学家是如何决定这个月已经开始了呢？他们又是如何提前计算出任何一个月开始的确切日期和时间呢？月球周期的规律是什么？——既然月球的运动与太阳的运动是联系在一起的，那么太阳周期的规律又是什么呢？

两河流域的天文学家在这一领域取得的令人惊叹的结果，显然不是由于他们仪器的完美——他们只有指南针（一个简单的日晷）、漏斗（一个靠水流工作的时钟）和马球（一种记录悬挂在半球体上方的小球投射出的阴影的仪器）。这要归功于持续、准确的观察，以及利用数学对所获得的数据进行外推的结果。在很早时期，太阳和行星的"运行道路"就被确定，并被分成12个"站"，它们本身也被划分成30度（我们黄道十二宫的最早起源）。我们拥有巴比伦第一王朝期间对金星（伊什塔尔）的观察记录，[20]以及公元前8世纪至公元前7世纪时期记载的关于星星的详细目录。不久之后，他们便对月食，后来对日食能够进行精确的预测。几个世纪以来，太阳年和阴历年之间的差异所造成的困难被主观任意地解决了，国王决定在一年中增加一个或两个月。公元前8世纪，天文学家发现235个农历月刚好是19个阳历年。在他们的建议下，国王那布-那西尔在公元前747年，下令在19个阴历年中插入额外的7个月。"那波那萨尔日历"（Nabonassar）便成了公元前388年至公元前367年间的标准历法。[21] 与此同时，在阴历、阳历和恒星星历的编制方面已经做了大量的工作。公元前4世纪初期由那布-瑞马尼（Nabûrimâni）所绘制的关于新月、满月和日食的泥板已达到难以置信的精确。[22] 巴比伦最伟大的天文学家基迪奴（Kidinnu）经过大量测算，约在公元前375年给出了对太阳年的精确时间，只有4分32.65秒的误差。他关于太阳从节点运动数值的误差实际上比现代天文学家奥波尔泽（Oppolzer）在1887年所做的误差还要小。[23]

虽然值得敬佩，但两河流域的天文学缺少我们所称的综合性。与生活在同一时代的最近最优秀的希腊天文学家相反，巴比伦的天文学家从未试图将他们收集的大量数据集合成连贯的宇宙理论，如萨摩斯的阿利斯塔克（Aristarchus of Samos）的"日心说"或希帕克（Hipparchus）的"地心说"。究其原因，可能与他们完全臣服于神有关，这使他们接受了这个世界的现状，而不是想象构建中的世界。此外，他们的思维方式也不同。引用一位专家的话："希腊人既是哲学家也是几何学家，迦勒底人是经验主义者和复杂的计算者。"[24] 正如我们将要看到的，同样的缺陷——如果算作缺陷——在两河流域的医学中也会发现。

医　学

对于仍被视为是一门艺术而非仅仅是一门科学的医学，

当然，不能指望有多高的精确度。两河流域医学值得特别研究的理由主要有以下三个方面：文献丰富、内容非常有趣以及时常遭受误解。[25]

两河流域人认为，疾病是神对犯有罪过的人施加的惩罚。"罪"这个字在这里应以广义的角度来理解，不仅包括法律和道德上的罪行，也包括宗教职责履行过程中的小过失与疏忽，以及无意间触犯的某些禁忌。被冒犯的神灵可以直接进行打击。因此，在《汉穆拉比法典》、巴比伦界碑以及古代近东的政治条约中，他们分别要求派遣各种"严重的疾病"降临到任何破坏或篡改文件的人身上，医生和祭司在病人表现出的症状中都识别出了各种神的"手"。神灵也可以让恶魔占有病人，每一个恶魔侵害病人身上他所喜欢的部位，或者他们让一个男人或女人成为男巫或女巫所施咒语的牺牲品。因此，疾病本质上是一种道德缺陷、一种污点、一种使人在道德上不洁和身体不健康的谴责。道德疾病要求道德治疗，治疗方法在许多时候都是巫术的和宗教的。巴鲁-祭司或占卜者被要求竭尽所能地运用各种方法来找出隐藏的引起神怒的罪过，阿什普-祭司（ašipu-priest）用巫术仪式和咒语搅扰恶魔，众神通过祈祷和祭品得到安抚。

如果两河流域的医学只是由道德净化构成，它便很难获得医学的名称。对我们所拥有文本的广泛研究表明，它有另外一个完全不同的方面。古代伊拉克有真正的医生，他们不仅认识到大多数疾病的起因是超自然的，而且也认识到引发疾病的自然因素如尘土、污物、食品、饮料，甚至接触传染；他们有时会把病人交给巴鲁-祭司或阿什普-

祭司，但他们总是在一旁极其细致地观察症状，然后将其归为症候群或疾病，进行化学或器械治疗。两河流域一直以来都有一种理性而务实的医学（asûtu），与祭司和巫术-宗教医学并驾齐驱。[26]

这些医师（asû）既不是祭司也不是巫术医生，而是一种处于亚述-巴比伦社会中中上阶级的专业人员。他们在学校里学过几年基础科学，随后又花了几年时间跟资深同伴一起学习，掌握他的艺术（技术）。《汉穆拉比法典》有九条规定关于医学（或更确切地说，是关于外科手术），它们规定了某些手术的收费标准，并宣布用肢体伤害甚至处死来惩罚职业过失（见原著第 205 页），给人的印象是医学职业受国家控制，并对医师的能力不够信任。但这些法律条文只是特殊案件中的判例，人们还没有发现它们在现实生活实行过的案例。事实上，医生在任何时候都受到高度尊敬，可能他们还能够自己建立收费标准。有名望的（医师）顾问很受欢迎，并且我们知道，王室宫廷间还进行医生的交换。例如，公元前 14 世纪时，米坦尼国王图什腊塔把一名医生派遣给法老阿蒙涅斐斯三世，巴比伦医学专家也曾被派遣给赫梯国王哈图西里三世（公元前 1275—公元前 1250 年）。

我们有相当数量医生写的症状列表与处方单，还有许多封写给医生或医生寄出的信件。根据写于公元前 8 世纪至公元前 5 世纪属于同一系列的泥板或泥板残片，拉巴特（Labat）教授重建了一篇关于医学诊断与预后的完整"论文"。[27] 它包括 40 块泥板，分为 5 "章"。第一章实际上是为驱魔人写的，它解释了前往病人家里可能见到的不详

征兆。例如:

> 当驱魔人前往病人的房子时……如果他看见一头黑色的猪,这个病人将会死掉,(或者)在经受极端痛苦后,他被治愈……如果看见了一头白色的猪,病人将会被治愈;(或者)他将陷入危难之中……如果他看见一头红色的猪,病人会在第三个月(或者)第三天(死掉?)……[28]

论文接下来对各种症状的描述,这些症状按器官、症状或疾病以及发生的顺序分组在一起。最后一组由6块泥板构成,为妇科和婴幼儿疾病。整篇论文的重点在于预后,而不在于诊断本身,治疗措施则很少提到。类似文献或文献集只论述某些器官的疾病,其他文献则更详细地论述治疗方式。以下是从容易识别的疾病中选择的几个例子:

癫痫

> 如果(病人的)脖子不断扭向左边;如果他的手脚都向外延伸;如果他的眼睛望向天空,睁得很大;如果口水从他的嘴里流出;如果他打鼾;如果他失去了知觉;如果最后……那是癫痫大发作(grand mal):辛神之"手"。[29]

尿路结石

> 如果……他的膀胱结石(aban mushtinni)长达三天,这个人将要喝啤酒;(这样)结石就会融化;如果这个人不喝啤酒而喝大量的水,他将会走向他的命运(即死掉)。[30]

严重黄疸

如果一个人身体呈黄色,他的面部又黄又黑,舌面发黑，那是 ahhazu……对于这种病医生束手无策：这个人会死；他不会被治愈"。[31]

有几篇文献专门讨论精神疾病，包括"抑郁症"，它不像人们所想象的那么现代。[32] 两河流域医生的诊断与预后是迷信与准确观察的混合物，但他们的治疗却与巫术无关。[33] 迄今已知最古老的"药典"是可追溯到乌尔第三王朝的食谱合集，其中描述了由矿物和植物制成的软膏、乳液和混合物的制备，可能写于乌尔第三王朝两三百年之前。除了注射，药物被以各种可能的方式施用：混合物、药水、吸入、熏蒸、滴注、药膏、搽剂、泥敷剂、灌肠剂、栓剂。对我们来说，通常不可能确定进入其成分中的一些单体和盐，但在许多情况下，那些最近才被废弃或仍在药房中使用的成分可以被识别。例如，在下面的处方中，口服鸦片和局部使用润肤剂被用来治疗尿潴留：

> 捣碎罂粟籽，与啤酒混合，让病人喝下去。碾碎一些没药，用油调和，用青铜管把它吹进他的尿道中去。把压碎的银莲花放在啤酒里让病人喝下去。[34]

下面是一个复杂而又合理的膏剂配方，适用于治疗"肺部狭窄"：

> 取……1只羊的部分肝脏；$\frac{1}{2}$升椰枣；15 舍克勒冷杉松节油，15 舍克勒松树松节油，15 舍克勒月桂，13 舍克勒防风根，10 舍克勒甘蓝树脂，7 舍克勒芥末，2 舍克勒斑蝥……把这些药物与油脂和椰枣放在砂浆里一起研磨，倒在瞪羚皮上，包起来在疼痛区域，放置三天。在此期间病人必须饮用甜啤酒，吃滚烫的

饭，待在温暖的地方。第四天取下膏药等等。[35]

在许多情况下，医生会用到器械治疗。一封阿淑尔巴尼帕私人医生阿腊德-南那（Arad-Nanna）在写给前者的信中，叙述了他对治疗鼻出血的看法：

> 关于鼻子出血……敷料没有被正确使用。它们被放在鼻子的一侧，既干扰了呼吸又会使血流进嘴里。鼻子应该被塞住末端，这样空气进入就会被堵住，出血就会停止。[36]

现代的医生也不会改变这个疗法。

最后，我们必须引入一个惊人的文献，它证明——并不像一般认为的那样——两河流域人具有一些卫生学与预防医学的概念。公元前1780年左右，马瑞国王金瑞-林在写给他妻子西布图的信中说道：

> 我听说娜娜米（Naname）生病了，她跟宫廷里的很多人有接触。她在她的房子里会见过很多女士。那么现在你要严格命令：任何人不准用她喝过水的杯子喝水，任何人不准坐她坐过的椅子，任何人不准在她睡过的床上睡觉。她不应该在她的房子里面再会见众人。那种病具有传染性（mushtahhiz，源自动词 ahâzu，抓住）。[37]

这样看来，尽管两河流域的医学仍被迷信笼罩，但已经具有了许多实证科学的特征。它把一部分传给了希腊人，与埃及的医学一起，为公元前5世纪伟大的希波克拉底改革铺平了道路。但它在2000多年的发展历程中，仅取得了很小的进步。两河流域的医生，像她的天文学家，将他们的艺术建立在形而上学的教义之上，从而关闭了寻求理性解释的富有成效的大门。他们知道很多"何时"和"什么"的答案,但他们缺乏好奇心去问自己"如何"和"为什么"。他们从不试图建立理论,而是谦虚地——或者说是明智地——竭尽全力搜集资料。公平地说,他们的成就往往超过古代近东其他有学问的人。

第二十三章
迦勒底人诸王

公元前612年，在阿淑尔巴尼帕庆祝其胜利不到30年之后，尼尼微的宫殿在火光中倒塌，随之倒塌的还有亚述帝国。巴比伦尼亚的迦勒底国王和他们的联盟米底人对这场突然的、暴力的和根本性的毁灭负责，迦勒底人也成为两河流域唯一的主人。他们的统治者见证了伊拉克南部一个巨大的建筑工程，并且巴比伦城——现在变成近东地区最大、最漂亮的城市——变成了建筑、文学和科学复兴运动的中心。这看起来像是另一个尼尼微的诞生，实际上尼布甲尼撒二世在西方的战争显示，一个巴比伦帝国正在逐步代替亚述帝国。但灿烂的"新巴比伦时期"[1]非常短命。最后一个伟大的两河流域君主的继任者是一个软弱、没有责任心的王子，他无力抵挡在东方兴起的强大敌人。公元前539年，巴比伦毫无抵抗地落入波斯征服者居鲁士（Cyrus）手中。

这些事件以简洁的悲剧填充了两河流域作为独立国家历史上的最后一章，这一章我们必须进行详细的叙述。

尼尼微的陷落

公元前 639 年之后，阿淑尔巴尼帕的年表突然中断，其统治的后 12 年，完全处于一片黑暗之中。对于这一时期沉默的原因，我们不得而知，但这似乎是内乱和军事失败综合作用的结果。希罗多德是我们对这一时期信息的主要来源，他告诉我们，米底国王弗拉欧特斯（Phraortes）袭击了亚述，但在战争中丢掉了性命，他的儿子克亚克雷斯（Cyaxares）继承了王位。然而，不久之后米底人被斯基泰人征服，被迫向其进贡达 28 年之久。野蛮的骑兵从扎格罗斯倾泻而出，袭击亚述、叙利亚和巴勒斯坦。如果普萨美提克没有贿赂他们，斯基泰人也会攻入埃及。最终，克亚克雷斯在一次宴会中趁斯基泰人的首领醉酒时杀害了他，最终取得了自由。希罗多德也提到另一场战争，米底人攻击尼尼微的攻势被一支斯基泰人的军队缓解——这个记载是可信的，因为我们知道阿淑尔巴尼帕曾同斯基泰人的首领马迪斯结为同盟（见原著第 332 页）。[2] 这些事件大约发生在公元前 653 年（弗拉欧特斯死亡的日期）到公元前 630 年之间。他们如何影响了亚述人，我们不得而知。但如果希罗多德对斯基泰人入侵的描述是真实可信的话，那么他们的游牧部落可以穿越整个帝国并安全返回家园的事实，就是亚述军队陷入非同寻常的虚弱状态的雄辩证据。毫无疑问，导致公元前 614 年至公元前 609 年最后灾难的关键就发生在这些模糊不定的几年间。

现在一般认为阿淑尔巴尼帕死于公元前 627 年，有证

第二十三章 迦勒底人诸王

据表明他在巴比伦安置的傀儡国王坎达拉奴也死于同一年。根据最新也可能是最可信的对那段文献匮乏时期所发生事件的重建，[3] 年迈的亚述国王于公元前630年退位，将王位留给了他的一个名为阿淑尔-埃提勒-伊兰尼（Ashur-etil-ilâni）① 的儿子。在前3年里，情况一切正常，但在坎达拉奴死后不久，巴比伦尼亚再次发生动荡。派驻到那个地区的一位亚述将军辛-舒姆-里西尔（Sin-shum-lishir）发动了叛乱，但很快被王室军队镇压。辛-沙尔-伊什昆（Sin-shar-ishkun）②，阿淑尔巴尼帕的另一个儿子，掌控了巴比伦，并且宣称自己为巴比伦尼亚的国王。在公元前626年初，在他的首都发生了巷战，可能是由那布-阿普拉-乌簌尔（Nabû-apla-usur③，那波帕拉沙尔［Nabopolassar］）发动的。那布-阿普拉-乌簌尔一般被认为是卡勒杜（迦勒底人）部落的一员，并自封为"海国"国王。辛-沙尔-伊什昆逃亡尼尼微，把巴比伦留给了迦勒底人。公元前626年被那波帕拉沙尔以及他的继承人视作巴比伦第十一王朝和最后一个王朝——或我们所称的迦勒底（可能是错误的）[4] 或新巴比伦王朝——的正式开始（官方）之年。随后，战争在阿淑尔-埃提勒-伊兰尼与他兄弟之间爆发，战争持续了3年，两河流域南部的许多城镇几度易手。公元前623年，阿淑尔-埃提勒-伊兰尼在尼普尔附近的一场战争中被杀，辛-沙尔-伊什昆成为亚述的国王。由于他不能忍受巴比伦的独立，便向那波帕拉沙尔公开宣战。在随后

---

① "Ashur-etil-ilâni"意为"阿淑尔神，众神之中的英雄"。
② "Sin-shar-ishkun"意为"辛神，已经指定了国王"。
③ "Nabû-apla-usur"意为"那布神，保护（我的）儿子"。

的 7 年中，这个不幸的国家成为残酷战争的舞台，这些战争不断发生在亚述人仍然控制的坚固城市的周围。但是，迦勒底人坚决抵抗，他们占领了关键城市尼普尔。最终，在公元前 616 年，他们完全控制了整个苏美尔和阿卡德地区。一个令人惊喜的巧合，公元前 616 年，也成为一系列巴比伦编年史的开端。这些编年史使我们能够一步步地、几乎一日一日地跟踪两河流域的历史，包括尼尼微和其他亚述城市陷落的宝贵记录。[5]

与此同时，两河流域周边国家的政治局势正在迅速恶化。来自北方地区的威胁已不足为惧：乌拉尔图因其强大的邻国而持中立态度，西米里安人现在处于斯基泰人的统治之下，没有任何扩张的迹象。但在伊朗，克亚克雷斯重新集结他的军队，使之变成强有力的战争机器。从他的首都埃克巴塔那（Ecbatana，哈马丹），他统治着"第三米底"（the three Medias），从乌尔米耶湖到德黑兰地区，并且间接统治着在更南边建立起来的波斯人。在东方，埃兰人恢复了一定程度的独立，戴尔的边境城镇已经发动起义。在西方，腓尼基的城市似乎已经断绝了同尼尼微的联系，亚述在巴勒斯坦地区的控制如此松散，以至于犹大国王约西亚（Josiah）能够在撒马利亚（Samaria）行省——前以色列王国[6]——推行他的宗教改革。公元前 616 年的 4 月至 5 月期间，那波帕拉沙尔离开了巴比伦，沿幼发拉底河向哈兰地区进军，沿底格里斯河最远到达了阿腊法（基尔库克）和阿淑尔城，他进行了围攻但没有取得成功。为了得到埃兰人的友谊，他归还了他们被囚禁在巴比伦的诸神的雕像。但他却没有得到埃兰人的武力支持，不敢独自向他的竞争对手发起全面攻击。另外，亚述的辛-沙尔-伊什昆采取守势，看到他的权威在自己的国家内受到挑战，寻求并获得了埃及人的联盟。埃及人并没有忘记他们在斯基泰人的入侵中险象环生，并惊恐地注视着米底人在伊朗和小亚细亚地区的进展。埃及现在被她以前的征服者寻求解救，这对陷于困境的亚述人来说至关重要。然而，埃及对她的联盟并未进行积极的支持，直到公元前612或公元前611年，但这时已经太迟了。

亚述人可能已经屈从于接受巴比伦的自治权，或许他们可以与米底人达成某种妥协，如果独立的米底人没有使用他们的力量去打破平衡。公元前615年底，他们突然进攻亚述，占领了阿腊法。在接下来的冬季中，他们向尼尼微进军，然而他们并没有发动进攻，而是向南进军，攻陷了阿淑尔城：

> 他（米底人），我们的编年史记载，进攻了城镇……他摧毁了城市的城墙。他对大部分居民进行了可怕的屠杀，掠夺了这座城市，并将俘虏从该城带走。[7]

对于这场战争，巴比伦人来得太晚以至于未能参加战争。那波帕拉沙尔和克亚克雷斯（巴比伦人称为乌马基什塔尔［Umakishtar］）在阿淑尔的城墙下会晤，"他们建立了双边的友谊与和平"。后来，那波帕拉沙尔的儿子尼布甲尼撒与克亚克雷斯的女儿阿米提斯（Amytis）缔结了婚姻，这一联盟得到了进一步巩固。[8] 从此之后，巴比伦人和米底人联手作战，亚述注定走向灭亡。

接下年的几年，那波帕拉沙尔沿着幼发拉底河发动的战争都没有取得成功，直到公元前612年的夏季，发动了对亚述主要城市尼尼微的最后攻击。这个城市的防守特别坚固，巴比伦人和米底人最初的进程十分缓慢。然而，在3个月之后的围困之后：

> 他们对该城发动了一次猛烈的攻击，在阿布月（7月到8月）第……天，城市被占领，首长（人们）被打得落花流水。在那一天，亚述国王辛-沙尔-伊什昆（被杀害了？），他们掠走了城市和神庙中的大量财宝，并把城市变成一片废墟和一堆残片。[9]

公元前612年底，亚述的3座首都城市——宗教首都阿淑尔、行政管理中心尼尼微、军事中心尼姆鲁德——以及亚述所有的重要城市[10]都被摧毁了。但亚述帝国又苟延残喘了3年。辛-沙尔-伊什昆被杀害，他的一个官员以阿淑尔-乌巴里特的名字登上了王位，颇具讽刺的是，这个名字与公元前13世纪时将亚述从胡里-米坦尼手中解放出来的那个伟大君主的名字相同（见原著第260页）。他重整亚述余下军队，与埃及最后赶来的援兵驻扎在哈兰。公元前610年，巴比伦人和乌曼-曼达（Umman-manda，米底人？）[11]向哈兰进军。亚述-埃及人放弃了这座城市，越过幼发拉底河避难，这座城市落入了米底人手中。第二年，在试图夺回他的据点失败后，他失踪了。

就这样，在短短3年时间里，这个让世界因恐惧而颤抖了3个世纪的巨人悲惨地走到了尽头。那波帕拉沙尔用如下词语写下了他的墓志铭：

> 我在苏巴如姆（亚述）的土地上大肆屠杀，我将敌人的土地变为土堆和废墟。
>
> 从遥远的时代起，亚述人就曾统治过所有的人们，

他的沉重的枷锁给这片大地上的人们带来了伤害,我将他赶出了阿卡德,我扔掉了他的枷锁。[12]

就我们所知,没有人坐在尼尼微的废墟上为其写哀歌(悼念)。[13]

尼布甲尼撒

米底人似乎并没有宣称对这个王国拥有主权,虽然在推翻它时他们做出了巨大的贡献。但他们在哈兰保留了一段时间的驻军,可能是把哈兰作为进一步征服小亚细亚的潜在起点。巴比伦人仍然保持着对亚述的全部主权,实际上它几乎已经在地图上被抹去,除了像阿腊法(基尔库克)这样的几个行省城市明显免遭战争的破坏,没有被占领,他们也没有修复他们所造成的破坏。他们做的所有努力在于两河流域南部地区宗教和文化的复兴。在对外政策方面,则是着重加强对托罗斯前沿边境和叙利亚-巴勒斯坦地区附属民的保护。后者在脱离亚述主人的统治后,却又落入了埃及人手中。在一次姗姗来迟、徒劳无功的拯救盟友的努力中,公元前609年,埃及法老尼科二世(Necho II)入侵了叙利亚-巴勒斯坦地区,击败并杀死了试图愚蠢地阻挡他的约西亚。[14] 现在埃及军队占领了卡尔凯米什,越过了幼发拉底河。拥有卡尔凯米什,控制腓尼基海岸和内陆对巴比伦人来说甚至比它们对亚述人更重要,因为实际上他们现在几乎所有的贸易都是与西方进行。迦勒底人的国王可以放弃重建亚述帝国的所有希望;他们可以把山那边的土地抛弃给米底人;但他们不能接受被剥夺富裕的行省，不能眼睁睁地看着他们通往地中海的大门被埃及人、叙利亚的阿拉米亚人或腓尼基人阻挡。他们的统治充满了在"哈提土地"上的反复征服，他们所谓的征服实际上不过是为了确保巴比伦繁荣的重要来源而进行的无休止的斗争。

在他取得对亚述战争的最终胜利之后，那波帕拉沙尔年事已高，越来越依靠他的儿子那布-库杜瑞-乌簸尔（Nabû-kudurri-usur，即尼布甲尼撒）完成军事活动。公元前607年，这个年轻、充满活力的皇太子被委以将埃及驱逐出叙利亚的重任。在幼发拉底河流域某些地点建立桥头堡的两年尝试失败后，尼布甲尼撒召集了他的军队，攻击了卡尔凯米什（公元前605年的5月至6月）。埃及的要塞虽由希腊雇佣兵守卫，进行了顽强的抵抗，但最终被击溃、被屠杀或俘虏：

> 至于其他从战败中逃脱的埃及军队，他们逃跑得如此迅速，没有武器拿在身上。在哈马地区，巴比伦的军队赶上了他们，打败了他们，以至于没有一个人能逃回他们的国家。[15]

现在整个叙利亚-巴勒斯坦地区完全向巴比伦人敞开了大门。当尼布甲尼撒听闻其父亲去世的消息时，他们已经到达了埃及边境的贝鲁西亚。没有浪费时间——东方君主的去世总是一个关键时刻——他立刻返回巴比伦，只用了23天时间，在他到达首都之后戴上了王冠（公元前605年9月23日）。[16]

巴比伦人大概已经知道，入侵叙利亚地区相对比较容易，但要守住它却异常困难。叙利亚北部地区通常十分顺服，但无论腓尼基人、菲利斯汀人还是犹太人都并非心甘情愿地向巴比伦进贡，因为他们刚刚停止了——如此不情愿——向尼尼微的进贡。此外，看到叙利亚"殖民地"这一古老梦想刚刚成形但马上又消失了的埃及，现在比以往任何时候都感觉更加火上浇油。不久，尼布甲尼撒便发现他几乎每年都不得不在地中海展示他的力量，镇压各地的反叛，就像萨尔贡与他的继承者所做的那样。在卡尔凯米什战役结束12年后，他再次来到了叙利亚，从大马士革、推罗、西顿和耶路撒冷收缴贡物，同时也摧毁了阿斯卡龙，因为它的统治者发动了反叛。公元前601年，编年史提到了巴比伦国王和埃及国王之间进行了一场伟大的战役，虽然不是决定性的——"他们进行了激烈的肉搏战，并对彼此造成了严重的伤害"。公元前599年，尼布甲尼撒从他的一个叙利亚营地中，"派遣了他的军队搜寻沙漠"攻击契达尔的阿拉伯人。[17] 公元前598年或公元前597年的冬天，犹大国王约雅敬（Jehoiakim）对先知耶利米（Jeremiah）的警告视而不见，拒绝向巴比伦赠送贡物，不久去世。巴比伦人很快进行了报复。公元前597年的3月16日，耶路撒冷被占领，年轻的国王约雅敬连同3000名犹大人被驱逐，他的王位被绰号为西底家（Zedekiah）的马塔尼亚（Mattaniah）取代。[18] 不幸的是，在一系列巴比伦编年史中有空白，剥夺了我们对随后几年连续性的叙述，但我们从其他资料可知，尼科的继承者普萨美提克二世（Psammetichus II）领导了一场对叙利亚的远征（约在公元前600年）；法老阿普利斯（Apries，公元前588—公元前562年）则占领了加沙，攻击了推罗和西顿。[19] 埃及军队的临近，以及相信可以得到埃及军队的帮助，可能鼓励了西底家进行造反。尼布甲尼撒在霍姆斯附近瑞卜拉（Riblah）的大本营指挥军事行动。在历经18个月的围攻后，耶路撒冷在公元前587年7月29日被强力占领。西底家在逃往耶利哥的途中被俘虏。

> 于是他们抓住了国王，将他带到了瑞卜拉，带到巴比伦国王面前；他们对他进行了审判。他们在西底家面前杀了他的儿子们，然后挖出了他的双眼，用铜脚镣捆住了他，将他带去了巴比伦。[20]

成千上万的犹大人与他们的国王一起被驱逐，其他人则逃到埃及避难。一名当地总督被任命管理犹大地区。耶路撒冷被洗劫一空，它的城墙"四周都被堆倒了"，所罗门建造的"耶和华圣殿"也被大火烧毁。于是，在以色列人之后的135年，"犹大人被赶出了这片土地"[21]。

根据记载，尼布甲尼撒在叙利亚的最后一次行动，是对推罗的围攻。围攻持续了不少于13年的时间，最终占领了该城，它的国王也被取代。在大英博物馆馆藏的一块残缺泥板，暗示了发生在公元前568年与埃及法老阿马西斯（Amasis）的一场战役，并且提到了一个埃及城镇，但这并不能作为巴比伦人涉足尼罗河流域的充分证据。[22] 在其统治结束之前至少10年，西部地区被尼布甲尼撒牢牢掌握在手中。黎巴嫩山，这个取之不尽、用之不竭的木材来源地，可以被经常、固定地开采。

> 我使那个国家高兴，通过根除它的所有敌人。我将所有四处流散的居民，带回了他们的居住地。以前的国王没有做过的事情，我做到了：我凿开陡峭的山

峰，劈开岩石，打开通道，修建了一条笔直的道路（运输）雪松。我使黎巴嫩的居民安全地生活在一起，不让任何人打扰他们。[23]

与此同时，米底人向西北方向进军，持续入侵亚美尼亚（约公元前590年）和卡帕多西亚。公元前585年，当米底国王克亚克雷斯和吕底亚国王阿里亚提斯（Alyattes）在"日食之战"中狭路相逢时，他们意识到武力无法解决他们的冲突，尼布甲尼撒充当调停者，通过谈判使两个国家达成了停战协定，并且将他们的共同边界定在了哈里斯河（Halys）。[24] 但是或许经过他的同盟国同意，或为了预防北部地区米底人可能发起的攻击，尼布甲尼撒占领了西里西亚，"在乌拉尔图的边境"建立了几个要塞城市。

尼布甲尼撒统治末期十分昏暗。这位伟大的国王病死于公元前562年10月1日。他的儿子阿美-马尔杜克（Amêl-Marduk，在《旧约》中被称为埃维勒-美罗达[Evil-Merodach]）仅仅统治了两年的时间。根据波诺索斯的记载，[25] "因为他管理事物毫无章法并且残忍的风格"被他的妹夫奈瑞格里萨罗斯（Neriglisaros，"Neriglissar"即奈尔伽尔-沙尔-乌苏尔［Nergal-shar-usur］）反对和杀害，奈瑞格里萨罗斯是一个商人，被尼布甲尼撒委任处理政治事务。最终他成了巴比伦的国王，在其铭文中提到他重新修建了神庙和其他公众设施，我们知道的他对国家的唯一贡献是在其统治时期（公元前559—公元前556年），他在与皮林杜（Pirindu，西部西里西亚）的国王阿普阿舒（Appuashu）的战争中取得了胜利。使得曾经被阿普阿舒掠夺的西部西里西亚落入巴比伦的手中，并且俘获了一些当地的居民。[26] 在其死后，他的儿子拉巴什-马尔杜克（Labâshi-Marduk）继承了王位，但拉巴什-马尔杜克过于年幼，被其身边的官员折磨致死。最后这些阴谋者将他们中的那布-那伊德（Nabû-na'id，即那波尼杜[Nabonidus]）① 选为国王（公元前556年6月）。但在4年前伊朗也发生了一系列的事情，古代世界又再次面临着它们的命运。

巴比伦的陷落

那布-那伊德，或者我们用希腊语的名字来称呼他，那波尼杜（公元前556—公元前539年）是两河流域长长的君主名单中最为神秘和吸引人的君主之一。[27] 他的父亲是那布-巴拉特苏-伊可比（Nabû-balatsu-iqbi），其是巴比伦贵族但没有王室血统，他的母亲是哈兰辛神的一个女信徒。当他登上王位时已是六十多岁的老人了，他曾在尼布甲尼撒和奈瑞格里萨尔统治时期掌握重要的管理职能。他非常喜欢他的母亲——她去世于公元前547年，享年104岁，埋葬时用皇室的荣耀埋葬[28]——他从她那里继承了对宗教事务的浓厚兴趣，以及对她毕生服务的神的特殊的、几乎是独有的虔诚。那布-那伊德死后，前波斯的巴比伦人，急于取悦他们的新君主，竭尽所能地去玷污他。在一个被称为《那波尼杜的诗篇》的诽谤中，他们指责他是一个疯子，一个吹嘘他从未赢得过的胜利的骗子，最重要的是，他是一个亵渎马尔杜克，崇拜辛神——"一个在这个国家

---

① Nabû-na'id 意为那布神赞扬了（这位国王）。

没有人见过的神"——的异教徒。[29] 这些恶毒的指控获得了作者自己也几乎没有预料到的成功。虽然他们混淆了名字，产生了尼布甲尼撒的疯狂故事，就像《但以理书》（The Book of Daniel）中所说的那样，并在著名的《死海古卷》的一个片段中找到了相应的记载。[30] 即使是最谨慎的现代历史学家也不得不承认，它们蕴含着真理的火花。至少有一些那波尼杜的铭文显示，在他的心目中辛神的地位比国家主神马尔杜克的地位更高，全国各地的月神圣所都是他特别关注的对象：他不仅华丽地重修了塔庙和乌尔城的一些神庙，而且重建了位于哈兰的辛神的神庙埃-胡勒-胡勒（E. hul. hul）。该神庙"在反对亚述的战争中，被米底人破坏"，这些似乎形成了在他统治期间的固定观念。然而，那布-那伊德出于政治或情感因素试图用辛神取代马尔杜克成为巴比伦万神殿中的众神之首，不得不说是一件十分过分的事情。两河流域的其他神庙——包括位于巴比伦的伟大的马尔杜克神庙——也因为他的宗教狂热而受益。在重建新神庙之前，他会急切地去寻找能够证实该地是神圣之所的奠基物或地基，这证明了他对苏美尔和阿卡德宗教传统的依恋。由于他为寻找这些书写文件进行了长期的挖掘，那波尼杜得到了"王室考古学家"的绰号，虽然他的目标和方法都和考古学无关。尽管如此，国王当然还是与他的臣民分享了他那个时代特有的对研究过去的热情。在新巴比伦时期——实际上是在随后的阿契美尼时期——有大量的古代编年史被复写，国王表被编撰，古物被热情收藏。引用一个有趣的例子：当吴雷在乌尔挖掘恩-宁伽勒迪-南那（En-nigaldi-Nanna，以前读作贝勒-沙勒提-南那尔［Bêl-shalti-Nannar］）——那波尼杜的女儿，辛神的高级女祭司——的寝宫时，他很疑惑地发现在同一个建筑物里，在同一个居住层里有许多不同时期的物品，比如一个加喜特时期的"库杜如"、国王舒尔吉雕像残片、一个拉尔萨国王的黏土圆锥体。直到后来他才意识到他发掘的是一个女祭司的私人博物馆。[31]

与这位虔诚而明显软弱的君主形成鲜明对比的是令人敬畏的居鲁士二世，"伟大的国王，阿契美尼人，帕尔苏马什（Parsumash）和安善的国王"，他在公元前559年登上了波斯王位，比那波尼杜取得王位早了3年。

波斯人——一个使用印欧语的民族——在公元前2千纪末期从北方进入伊朗，与米底人同一时期进入伊朗，并与其建立了紧密的联系。他们在伊朗高原上缓慢地迁移，到达并占领了阿拉伯-波斯湾沿岸现在仍被称为法尔斯（Fars）的山区。公元前7世纪接近尾声时，对他们的历史了解得更多，他们分裂为两个王国，处在阿契美尼斯（Achaemenes，哈曼尼什［Hahamanish］）之子泰斯佩斯（Teispes）后代的统治之下。波斯（帕尔萨［Parsa］或帕尔苏马什）本土，即伊斯法罕和设拉子（Shiraz）之间，由泰斯佩斯的大儿子阿瑞阿拉姆尼斯（Ariaramnes）家族统治。而在更西边、沿着埃兰边界的安善国（或安赞［Anzan］）则由阿瑞阿拉姆尼斯的兄弟居鲁士一世（Cyrus I）家族统治。这两个国家都是米底的附属国。在一代或两代人之后，阿瑞阿拉姆尼斯王廷控制了居鲁士王廷。但居鲁士的儿子，冈比西斯一世（Cambyses I，大约公元前600—公元前559年）扭转了局面，通过与他的米底霸主阿

第二十三章　迦勒底人诸王

斯提阿格斯（Astyages）的女儿联姻提高了自己的威望。也正是这次婚姻，居鲁士二世出生了。在那波尼杜统治初期，居鲁士（库腊什［Kurash］）从他位于帕萨尔加德（Pasargadae）的宫殿里统治着伊朗一大片与世隔绝的地区，并以此向他的祖父致敬。但这个波斯王子既不缺乏野心也不缺乏智慧。他已经开始减少对周围伊朗部落的臣服，并慢慢增大他的王国。这时，巴比伦国王给了他一个得到帝国的良机。

我们已经看到那波尼杜最大的夙愿便是重建辛神在哈兰的神庙。但他心中珍爱的不仅仅是这个庇护所，还有拥有从两河流域北部到叙利亚和小亚细亚的市场和战略城市，这对巴比伦王国的经济和安全极为重要。不幸的是，哈兰从公元前610年之后便落入了米底人的手中，那波尼杜无力单独与米底人抗争。在埃兰人的真正接班人波斯人看来，巴比伦人过去经常依靠埃兰人的帮助。那波尼杜向居鲁士寻求帮助，居鲁士接受了。阿斯提阿格斯闻到了阴谋的味道，传唤他的外孙到埃克巴塔那，但是遭到了拒绝。一场激烈的战争随之发生了，最终以波斯人的胜利告终。被他自己的将军出卖，阿斯提阿格斯被居鲁士俘虏，后者在将来某天发现自己既是波斯王国又是米底王国的统治者（公元前550年）。这一重要事件，我们从古典作家的作品中早已知道，[32]在同时代的楔形文字文本中也有提到。在他的一个铭文中，[33]那波尼杜告诉我们，马尔杜克在梦中出现，命令他去重建在哈兰的埃-胡勒-胡勒神庙。因为国王反对，于是哈兰落入了"乌曼-曼达"（米底）手中，马尔杜克回应道：

你所说的乌曼-曼达,他们和他们的土地以及他们的国王不会存在太长时间了。在随后的第三年,我会使安善的国王居鲁士,他们年轻的奴隶,驱赶他们。用他为数不多的军队,他将驱散这个广泛分布的乌曼-曼达。

他(居鲁士)俘虏了乌曼-曼达的国王阿斯提阿格斯(伊什图美古[Ishtumegu]),将他囚禁在自己的国家。

对该冲突更加准确的另一个描述出现在所谓的《那波尼杜编年史》中:

国王伊什图美古召集他的军队,向安善的国王居鲁士进军,为了在战场上与他交锋。但伊什图美古的军队背叛了他,他们用脚镣将他带给了居鲁士。[34]

在战胜米底之后,居鲁士开始了一系列辉煌的军事战役,10年后,这些战役使他建立了一个比曾经想要建立的帝国都要大得多的帝国。他的第一个目标是吕底亚,由极其富有的克罗伊索斯(Croesus)统治。没有经过亚美尼亚高地,居鲁士带领着他的军队沿着与托罗斯山麓平行的道路前进,越过杰济拉草原。渡过了尼尼微下面的底格里斯河,经过哈兰向西方进军,他占领了巴比伦的附属国西里西亚,由此打破了同那波尼杜建立的联盟,把巴比伦推到了吕底亚以及其传统盟友埃及人一边。但无论是埃及人还是巴比伦人都没有派遣军队去帮助克罗伊索斯,克罗伊索斯只有单独迎战波斯人,在皮特云(Pteryum)被击败(公元前547年)。吕底亚被吞并,爱奥尼亚的希腊城市也一个接一个地沦陷,整个小亚细亚都屈服于波斯的统治。对小亚细亚的征服完成后不久,居鲁士将他的武器指向了相反的方

第二十三章　迦勒底人诸王　　**445**

向。坐落在伊朗东部的帕提亚和阿瑞亚（Aria）王国，位于土耳其斯坦和阿富汗的索格迪亚（Sogdia）和巴克特里亚以及印度的部分地区，相继落入他的手中。波斯帝国现在的疆域从爱琴海延伸到帕米尔高原（Pamirs），将近有 5000 千米之长。面对这样一个巨人，巴比伦没有希望能够幸存下来。

在那一时期，那波尼杜在阿拉伯半岛。在他的编年史里我们读到，在其统治的第三年，那波尼杜进入叙利亚，在"哈梯之地"（当时叙利亚被如此称呼）组织军队，进入了阿拉伯沙漠，围攻以东（阿尔-焦夫，在阿卡巴以东 450 千米）这个曾被亚述人占领的重要定居点。由于泥板中一个不幸的破损，战役结束后他是否返回家园不能确定，但第七年至第十一年的记录表明"国王在台马（Temâ）"，导致新年节不能在巴比伦进行庆祝。[35] 台马（阿拉伯语为 Teima）是阿拉伯半岛西部的一个巨大绿洲。我们从在哈兰出土的一个铭文可知，[36] 若从台马出发，那波尼杜可以很容易地从一个绿洲到达另一个绿洲，最远可以到达雅垂布（Iatribu，麦地那［Medina］）。巴比伦国王在阿拉伯半岛的所作所为是古代伊拉克历史上最令人烦恼的问题之一。各种各样的见解被提出，[37] 最合理的解释为：或许因为台马是阿拉伯半岛一些贸易路线的交叉点，同时也是辛神崇拜的一个重要中心。那波尼杜竭力去编制与阿拉伯人的联系，以便使他们的联盟共同抵抗波斯人。哈兰铭文给出的官方理由是，他因为国内战争和饥荒自动放弃了巴比伦尼亚。然而，这些解释都不能说明 10 年不间断地离开首都的原因，除非我们假设他是被他的敌人阻止难以回到巴比伦。他将（国家的）管理权交到他儿子贝勒-沙尔-乌苏尔手中

（Bêl-shar-usur，伯沙撒［Belshazzar］），一个有能力的战士，却是一个糟糕的政治家，他的权威受到影响力不断增长的前波斯政党的挑战。因为在几乎每一个通过胜利使波斯赢得统治的国家里，居鲁士的政策都是获得他的新臣民的善意，而不是恐吓他们服从。波斯人把自己当成解放者，仁慈地对待他们的因犯，尊重甚至鼓励当地的宗教、传统和习俗。因此在整个近东地区居鲁士极受人们欢迎，在大部分巴比伦人看来，他们认为成为这个好国王的子民，并不会有任何损失，甚至在一面墙上这样写道：巴比伦是个很好的猎物（容易被征服）。

公元前539年秋，居鲁士进攻巴比伦。那波尼杜最终从阿拉伯返回，为了保卫首都，他命令伯沙撒沿着底格里斯河部署他的军队。但波斯人有人数上的压倒性优势。并且，库提（即亚述）总督古巴如（Gubaru，古布亚斯［Gobryas］），原本应该保护伯沙撒军队的左翼，却投向了敌军的怀抱。接下来的事情在那波尼杜的编年史中进行了详细的记载：[38]

> 在塔什瑞图月（Tashritu，9月—10月），当居鲁士袭击底格里斯河欧比斯（Opis）的阿卡德军队时，阿卡德的居民们反叛，但是他（那波尼杜）屠杀了这些迷惑的居民。
>
> 第15天，西帕尔被攻占，未经过战斗。那波尼杜逃走。
>
> 第16天，库提总督古巴如与居鲁士的军队兵不血刃地进入了巴比伦。随后，当那波尼杜返回巴比伦时，被俘虏。

第二十三章 迦勒底人诸王

直到这个月结束,身着盾牌的古提姆人一直护卫在埃萨吉拉(马尔杜克神庙),但没有人在埃萨吉拉和它的建筑物中拿起武器。没有错过正确(举行仪式)的时间。

在阿腊萨奴(Arahsamnu,10月—11月)的第三天,居鲁士进入了巴比伦。和平的树枝散布在他面前,"和平"的状态被强加在所有的城市。居鲁士向全体巴比伦人致以问候……

伯沙撒在欧比斯的战役中被杀害,那波尼杜可能在巴比伦失去了他的生命,虽然根据其他资料,居鲁士任命他为卡曼尼亚(Carmania,伊朗中部)总督。[39] 巴比伦非但没有像它的对手尼尼微那样被摧毁,反而受到了极大的尊重。从被波斯占领的第一天(公元前539年10月12日)起,他们小心翼翼,不以任何方式冒犯巴比伦人,尽一切努力将他们安置在自己的家中,并使全国政令通行。在战争中由那波尼杜带到巴比伦的苏美尔和阿卡德的众神也被重新安置在他们的神龛内——"这个地方使他们高兴",甚至被米底人掳走的亚述诸神也被归还,他们的神庙被重修。居鲁士使众人都知道,他把自己视作这个国家统治者的继承人,他崇拜马尔杜克神,并"高兴地赞美他的伟大神灵"。实际上,我们可以相信这位波斯征服者,一个用阿卡德语书写的黏土圆筒印章的铭文中,[40] 他声称巴比伦人热情地接受了他的统治:

巴比伦城所有的居民,以及整个苏美尔和阿卡德国家,王子们和地方统治者,都向他(居鲁士)鞠躬,亲吻他的脚,他在欢呼声中接受了王权。他们笑容满面地迎接他，把他作为主人。由于他的帮助，他们从死亡中复活，免受伤害和灾难。人们崇拜他。

第二十四章
巴比伦的辉煌

虽然很短暂（公元前626—公元前539年），但迦勒底国王的统治却在历史上留下了很深的印记。大量的纪念碑、皇室铭文、信件、法律和商业记录都有助于我们构建一个相对完整、准确的新巴比伦王国。从这些资料中，出现了两个主要特征，使整个时期具有自己的鲜明特点：宗教复兴与广泛的建筑活动相结合、作为主要社会和经济单位的神庙的复兴。

地理、外部环境和统治者的意志，使亚述成为一个不断扩张的军事国家。同样的因素，经过上千年政治上的搁浅，却使得巴比伦尼亚成为苏美尔-阿卡德传统的继承人与守护者。巴比伦尼亚是两河流域的"神圣地区"，得到亚述人的承认并受到他们的普遍尊重。因此，公元前6世纪巴比伦的复兴，注定要以宗教复兴的形式出现。为了重建圣所，恢复古老的仪式，庆祝不断增加仪式展示的宗教节日，迦勒底国王投入了大量的时间、精力和金钱。在他们的官方铭文中，总是把重点放在他们的建筑上，而不是他们好战的表演上。他们本可以像他们的祖先一样，宣称自己对"全部世界"的"宇宙"拥有王权；他们更喜欢称自己为"埃萨吉拉和埃基达①的供奉者（*zaninu*）"——一个出现于数千块散布在整个伊拉克南部地区砖块上的头衔。他们庞大的重建工作包括所有苏美尔与阿卡德的主要城市，从西帕尔到乌鲁克和乌尔。但是，首都如所预料的那样，得到了优先照顾：重建、扩建、加固与美化装饰，巴比伦城成为世界奇迹之一。先知耶利米在预言其将要衰败之时，也忍不住称赞它是"神手中的金杯，令世上的一切为其陶醉"。希罗多德，据说在公元前460年到访这里，赞誉"其辉煌超过了已知世界上的任何一座城市"[1]。

这种名声当之无愧吗？还是如同其他事例一样，是东方过分夸张与希腊过于轻信的结果？这个问题的答案不该在今天构成这个著名遗址大部分的荒芜土堆和一堆堆坍塌的泥砖墙里寻找，而应该在科尔德威（R. Koldewey）和其同事的出版物中寻找，他们在1899年到1917年间代表德国东方协会（Deutsche Orient Gesellschaft）发掘了巴比伦城。[2] 德国人18年艰苦耐心的工作，仅仅恢复了这座城市规划的大致轮廓，以及该城市的主要遗迹。但我们现在拥有足够多的考古证据来完成、确认或者修正希罗多德的经典描述，分享他的热情。

巴比伦，伟大的城市

以古代的标准来衡量，巴比伦无疑是一座非常大的城市。它占地约850公顷，据我们所知，包含了1179座规模

---

① 分别为马尔杜克在巴比伦的神庙和他的儿子那布在巴尔西帕的神庙。

不一的神庙，其正常情况下的人口规模估计在 100000 人左右，但它至少可以容纳 25 万人。这座城市在平面上大致呈正方形，被幼发拉底河一分为二，现在仍流向废墟西侧，城市周围被一道"内墙"环绕。为了不让敌人在巴比伦的侧翼施压，尼布甲尼撒修建了长约 8 千米的"外墙"，在城市的边"增加了 4000 腕尺（cubits）宽的土地"。两堵城墙之间的广阔区域在特征上属于郊区，由遍布在花园和棕榈林中的泥房子和芦苇棚构成。据我们目前所知，此处还包括仅有的两座官方建筑：尼布甲尼撒的"夏宫"，遗址位于城镇的东北角，现在的土丘被称为巴比勒（Bâbil）；另一座官方建筑或许是比特-阿基图（bît akîtu），或许是新年节的神庙，至今尚未发现其确切地点。

有塔楼加固和护城河保护的巴比伦城墙[3]是非凡的建筑，在古代备受推崇。围绕市区的内部防线由 2 堵用晒干的砖砌成的墙组成，墙之间有一个 7 米宽的空间，用作军事道路；护城河大约有 50 米宽，河水源自幼发拉底河。城外的防御工事大约有 8 千米长，由 3 堵平行的墙构成，其中 2 堵由烧制的砖建造。这些墙体之间的空隙由碎石和填土填充。根据希罗多德的说法，这座城镇外城墙的顶部有 25 米宽，可以容纳 1 辆甚至 2 辆 4 匹马的马车并排行驶，使部队可以从城镇的一端迅速向另一端移动。然而，最终结果证明，这个强大的防御系统并没有发挥作用：可能在城内同伙的帮助下，波斯人从幼发拉底河低水位的河床进入巴比伦，进行突然袭击。这说明每个盔甲都有它自己的缺点，防御工事的价值在于它们背后进行守卫的人。

内墙上共有 8 座城门，每一座都以神的名字命名。西北门，或者伊什塔尔门，在城市的宗教活动中扮演了非常重要的角色，幸运的是它保存得最为完整，它的墙体仍然高出现在的地面12米。[4] 与古代近东大多数城门一样，它由一条长长的通道组成，由突出的塔楼分成几个入口，每个入口背后都有警卫室进行守卫。但伊什塔尔门主要的关注点在于其华美的装饰。前墙和通道的整个表面都覆盖着蓝色的搪瓷砖，上面刻有红白相间的龙（象征着马尔杜克）和公牛（象征着阿达德）的浮雕，交替排列在一起。即使是地基也加以相似的装饰，只是没有使用釉砖。动物形象总数估计约有575个。通道被盖上了屋顶，看到这些奇怪的生物在昏暗的火炬和油灯下闪闪发光，一定产生了最令人震惊和敬畏的效果。

伊什塔尔门由一条宽阔的、真正的宏伟大道从北面进入，该大道被巴比伦人称为 Aibur-shabu，寓意"愿敌人不能跨越它"，但今天更为人所熟知的是"游行大道"。这条大道有20多米宽，由白色石灰岩石板和红色角砾石板铺砌而成。大道两边有两堵厚厚的墙，与大门上的墙一样令人印象深刻，因为每边都有60个红色或黄色鬃毛的雄狮（象征着伊什塔尔）浮雕被塑造在蓝色陶瓷上。这些墙后面有三座巨大的建筑，被德国人称为"北方堡垒"（Nordburg）、"主城堡"（Hauptburg）和"高级工作区"（Vorwerk）。这三座建筑构成了城市防御系统的一部分，虽然"主堡垒"有时也被用作皇室或者王子的住宅，或者作为某种博物馆。[5] 在它的遗址中出土了许多铭文和雕像，时间从公元前2000年到公元前5世纪，在其中有一座一只狮子正在践踏一名男子的玄武岩雕像，被称作"巴比伦的雄狮"。这件巨大、制作粗糙的作品的来源尚不清楚，但对于我们所

第二十四章 巴比伦的辉煌

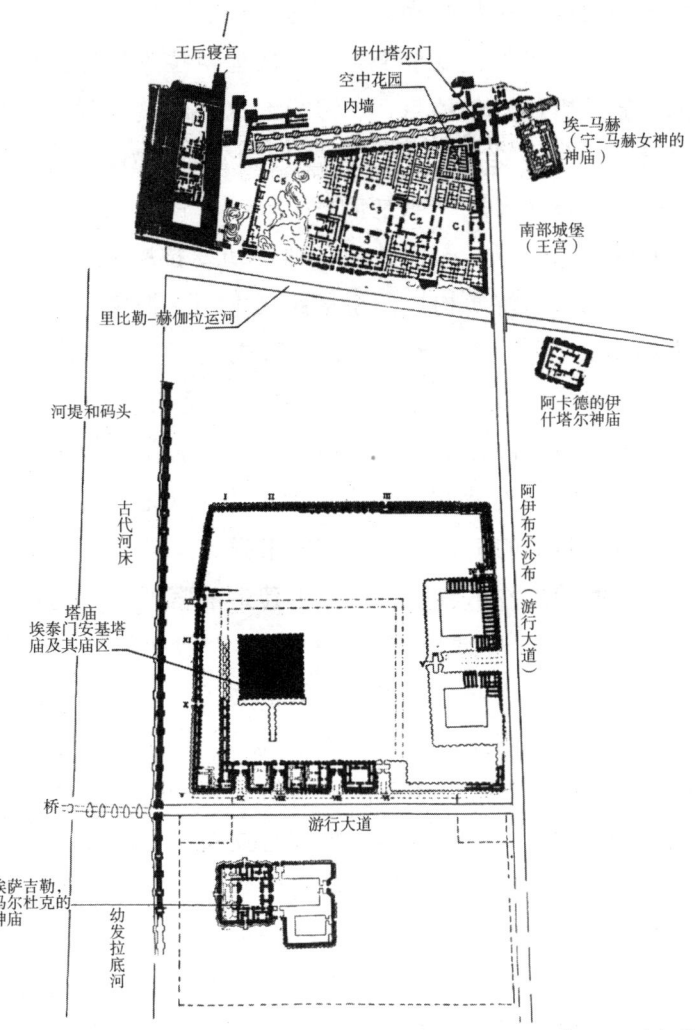

巴比伦中心城区规划图。作者根据科尔德威的平面图所作。R. 科尔德威:《巴比伦重建》(*Das wieder erstehende Babylon*, 1925)。

熟知的两河流域雕塑来说，它是外来的，它表达了一种力量和威严的印象，以至于它已经成为伊拉克辉煌过去的象征。通过伊什塔尔门后，"游行大道"继续延伸，但相对变窄了一些，穿过市区。它经过皇宫前，穿过一条名为 Libil hegalla（寓意"愿它带来丰收"）的人工运河，绕过塔庙的广阔区域，向西转向，到达幼发拉底河，一座由6个形似船只的桥墩构成的桥横跨其上。它把这座城市分成两部分：东面是错综复杂的私人住宅（米尔克斯丘[mound of Merkes]）[6]，西面和南面是宏伟的宫殿和寺庙。就在城墙之后，临近伊什塔尔门的是"南城堡"（Südburg），"这座房子是人类的奇迹、大地的中心、光辉的住所、陛下的王宫"——简单来说，是尼布甲尼撒在他父亲那波帕拉沙尔较小宫殿之上建造的宫殿。[7] 这座宏伟庞大的建筑由"游行大道"穿过一个独立的纪念大门进入，由5个连续的庭院组成，每个庭院由办公室、接待大厅和皇室公寓围绕。王座室面积很大（约52米×17米），似乎是拱形的。与亚述王宫不同的是，没有巨型"人首飞牛"守卫大门，没有雕刻石板或直立石排列在墙上。仅有的装饰——很明显是为了取悦人们的眼睛而非激发人们的恐惧——由动物、伪柱和黄、白、红和蓝色的花卉图案组成，镶嵌在釉面砖上。特别令人感兴趣的是宫殿东北角的一处特殊建筑。它位于地面以下，由一条狭窄的走廊和14个小拱形地下室组成。在其中一个地窖里发现了一口不同寻常的井，有3个井并排，与链条泵相连。在这个结构中，很容易让人看到屋顶花园的地下结构，即古典作家描述著名的"巴比伦空中花园"——有一个传说告诉我们——尼布甲尼撒为了讨他的妻子米底公主阿米提斯开心而修建了它。[8] 最近在那里进行的发掘产生了一个并不浪漫的结果：这些房间只是作为行政管理泥板的储藏室。[9]

在皇宫的南边，在一片被扶壁环绕的广阔空间的中央，矗立着"巴别塔"（Tower of Babel），这个巨大的塔庙被叫作埃泰门安基（E-temen-an-ki），意为"天与地的圣殿"。它与巴比伦本身一样古老，被辛那赫里布毁坏，又被那波帕拉沙尔和尼布甲尼撒重建。正如我们所看到的一样，它现在已经被完全毁坏了，仅剩地基可供考古学家研究。因此，任何关于埃泰门安基神庙的重建本质上都主要依赖于这些研究所得到的微薄数据，依赖于希罗多德的亲眼描述，依赖于被称为"埃萨吉拉泥板"的一个文献中用相当模糊的术语给出的测量。[10] 它无疑是一座巨大的遗迹，底部宽90米，高度可能与之相当，不少于7层。在其南面，由三级台阶通向第二层，塔庙的其余部分通过斜坡攀登。顶部是一座神龛（sahuru），用华丽的"蓝色珐琅砖加固"，据希罗多德记载，[11] 神龛内有一张黄金桌子和一张大床，被"从所有女性中选择的土著妇女"使用，偶尔也被马尔杜克神使用。这一说法有时被认为是描述了巴比伦的"圣婚"仪式，但目前没有其他的证据来证实。

埃萨吉拉（E-sag-ila），"抬起头的神庙"，是马尔杜克神庙的名字。马尔杜克神是巴比伦的守护神，从汉穆拉比统治时期开始成为巴比伦万神殿中地位最高的神。它是由高大的复杂建筑物和广阔的庭院组成，坐落在塔庙的南边，在"游行大道"的一侧，而不像大多数两河流域的神庙那样位于塔庙脚下。所有的巴比伦国王都将自己的恩惠给予

了这座最伟大的圣所,尤其是尼布甲尼撒,他奢华地重修和装饰了"天与地的宫殿,王权的宝座":

> 白银、黄金、昂贵的宝石、青铜、来自马干的木材,凡昂贵的、富足的,山上的产物、海里的财富、大量的(物品),奢侈的礼物,我将它们带到我的城市巴比伦,带到他(马尔杜克)的面前。
>
> 在埃萨吉拉,他王权的宫殿,我完成了修复工作。埃库阿(Ekua),马尔杜克——众神的恩利勒——的礼拜堂,我使它的墙壁像太阳一样闪闪发光。闪闪发光的金子,好像它是石膏,我用它以及天青石、雪花石膏来装扮神庙的内壁……
>
> 杜-阿扎格(Du-azag),给命运命名的地方……王权的圣殿、神权的圣殿、众神中智慧之神的圣殿、马尔杜克王子的圣殿,先王用白银装饰了它,我使它身披闪耀的黄金,一个华丽的装饰……
>
> 我的心告诉我要重建埃萨吉拉;我不停地思考它。我从黎巴嫩著名的森林,买来最好的雪松,我用它来建造埃库阿的屋顶……在神庙的内部,这些坚固的雪松大梁……我用闪闪发光的金子装饰它们。在低处的雪松梁,我用白银和珍贵的宝石装饰它们。我每天都在为埃萨吉拉祈祷。[12]

希罗多德对埃萨吉拉的财富也有所强调,他对这座塔庙进行了描述,称作"下庙":

> 在那里有一个巨大的黄金宙斯雕像(Zeus,即马尔杜克),坐落在一个巨大的黄金底座上,脚凳和椅子也由黄金制成;根据迦勒底人的说法,黄金总重约

800塔兰特（3吨）。神庙外面是一个黄金祭坛。此外还有另一个巨大的祭坛，所有成熟的羊群在上面献祭，只有乳兽可以在黄金祭坛上献祭。在大祭坛上，迦勒底人每年甚至在上面献上1000塔兰特的熏香……[13]

然而在希罗多德访问巴比伦23个世纪之后，马尔杜克的巨大神庙被埋在20多米厚的泥沙之下，使大范围的挖掘变得不太可能。以相当大的代价，德国人挖掘了主圣殿（*Hauptbau*），在那里有许多房间对称性地围绕着一个中央庭院，他们确定是埃库阿——马尔杜克的圣殿。他们也认出了马尔杜克的配偶萨尔帕尼吞女神的小礼拜堂以及其他神，如埃阿、那布的小教堂。周围的建筑，只有外墙和大门能够辨识。由于在古代就被彻底掠夺，埃萨吉拉已经没有遗留下什么有价值的物品。在这个人造山丘的上部，藏匿着先知的伙伴阿姆兰－伊波尼－阿里（Amran ibn 'Ali）的坟墓，为穆斯林永久保留了附着在巴比伦那部分地区的神圣品格。

新年节

每年的春天，宗教信仰在整个苏美尔和阿卡德蔓延，最后在巴比伦结晶。在这几天中，所有人的思想都聚焦在首都巴比伦举行的宗教仪式上，因为它们为两河流域人的恐惧和希望提供了答案。它们使人们意识到，人类共同经历了大自然的伟大复兴，过去被废除，宇宙即刻回归混乱，国家的命运取决于神的宣判。除了一个充满神奇美德的复杂仪式，没有什么能解决这场不可避免的危机，结束压垮人类的可怕的不确定性。

公元前第一千纪期间在巴比伦庆祝的新年节，或者阿基图节（akîtu），[14] 起源于两股强大宗教思潮的融合：一种是非常古老的生育崇拜，由季节性盛宴和一种"圣婚"仪式组成，该仪式直到公元前2千纪上半叶的某些城市才得到证实；另一种是由尼普尔的神学家发展的一种相对较新的宇宙起源论，其中世界的创造归功于恩利勒战胜了提阿马特和混乱的力量。在世界被创造之后，由"风神"主持的众神大会，宣布了这片土地的命运、人类的命运。创造和命运的命名不是唯一的，也不是最终的，而是每年一次并且有条件的。伟大的宇宙斗争被认为每年都会发生，其结果不可预测。在巴比伦的阿基图节日中，大自然从匮乏到丰收的过程与神圣秩序的恢复相一致，其中马尔杜克发挥了最重要的作用，他将恩利勒神的品质、众神之王和他自己肥沃之城的守护神的品格结合在一起。

新年节开始的第一天被称作扎格穆克（zagmuk），在尼散月（Nisan，3月至4月），持续11天或12天。不幸的是，描述它的石板已经损坏，但足以让我们清楚地看到前6天的仪式，尽管有一些间隙。关于第一天的仪式，从保持下来的材料我们仅知道一个祭司打开了埃萨吉拉的"神圣大门"，打开了它伟大的庭院。第二天，大祭司舍什伽鲁（sheshgallu）在黎明前起床，用幼发拉底河的水清洗自己，然后进入神庙，吟诵了一段秘密祈祷，请求马尔杜克赐福于巴比伦和它的人们。然后让祭司（erib bîti）、咒语者（kalû）和歌手进入神庙，举行了他们自己的仪式。接下来的内容太过零碎，而无法理解，但似乎提到了困难时期，谈到了"被遗忘的仪式""敌人"和"对马尔杜克的诅咒"。第三天刚开始的事情与第二天非常相似，随后3个工匠被召唤，给他们提供了材料，用来制作两个木制雕像，上面装饰着宝石，穿着红色的衣服。一个雕像挥舞着毒蛇，另一个则挥舞着蝎子。第四天，一清早祭司们要向马尔杜克神和他的配偶萨尔帕尼吞反复祈祷，第二餐之后，在下午的晚些时间，舍什伽鲁-祭司吟诵完整的长篇史诗《埃奴马-埃利什》(《创世史诗》)，虽然安奴的王冠和恩利勒的座椅仍被尊重所覆盖，但在史诗中，他们已经被马尔杜克所取代。

第五天，首先要举行一个净化神庙的仪式。一个特殊的祭司，即马什马舒（*mashmashu*）拿着香炉和火把围绕埃萨吉拉神庙行走，将底格里斯河的水洒在它的墙上，并把香柏木树脂抹在上面。一个屠夫被召进庙里，把一只羊的头砍下来，拿着它的尸体在神庙里面环行一周。然后在祭司的帮助下，把羊的头和尸体扔进河里，这个"替罪羊"被认为可以把前一年所有的罪都带走；然后，马什马舒和屠夫要离开巴比伦待在旷野中，直到节日结束后才可以返回。舍什伽鲁-祭司——他避开了这些仪式，以免变得不洁——命令工匠们用绣有黄金的蓝色面纱盖住马尔杜克的儿子纳布——当时正乘船从巴尔西帕[15]（比尔斯-尼姆鲁德［Birs Nimrud］）前往巴比伦——的神龛。

到了晚上，国王进入埃萨吉拉神庙。在马尔杜克神的雕像面前，他将王权的标志——节杖、指环和权杖——交给舍什伽鲁-祭司，他将它们放在马尔杜克神前面的椅子上，然后击打了国王的脸颊：

> 他（祭司）说，我们精心准备的这些细致的仪式，将陪伴他（国王）出现在贝勒神面前……他将拖住他的耳朵，让他拜倒在地……接着国王便会说道（仅仅一次）：
>
> "我，国家的主人，没有犯罪。我没有忽略你的神性，我没有破坏巴比伦，我没有下令推翻……埃萨吉拉神庙，我没有忘记它的仪式，我没有像雨点一样击打下属的脸颊……我没有羞辱他们……我守护着巴比伦，我没有破坏它的城墙……"

祭司向国王保证：

> 不要害怕……贝勒神会听到你的祈祷……他会扩大你的统治……他会提升你的王权……贝勒神会永远保佑你。他会摧毁你的敌人，打倒你的对手。

王权的标志被归还国王，他再次被击打：

> 他（祭司）将会击打国王的脸颊。当他击打国王脸颊的时候，如果国王流泪了，（这意味着）贝勒神是友好的；如果没有眼泪流出，贝勒神将非常愤怒：敌人将会兴起，使他垮台。[16]

这个羞辱性仪式的象征意义非常清晰：国王，是社会的替罪羊，他为他的罪恶赎罪，并提醒他的权力只归功于神。然后在晚上，他也参加其他一些仪式，其中包括一个在燃烧的芦苇中焚烧一头公牛的仪式。

关于第六天，我们所知道的就是纳布神从巴尔西帕到达神庙，同时，3天前制作的两个"邪恶小雕像"被斩首，它们的头被投到火中。我们的主要叙述到此就中断了，但从其他文献可知，还有其他的神也来到了巴比伦，特别是来自西帕尔、库塔（Kutha）和基什。第九天，国王进入马尔杜克的神殿，"握住他的手"——一个用来总结王室参与节日的手势[17]——将他与其他神灵一起安置在乌布舒金那（ubshukkinna）神龛里。在这第一次神圣的集会中，宣布了马尔杜克的最高主权，就像《创世史诗》中叙述的那样，命运也第一次被命名。随后，一支伟大、庄严的游行队伍形成了，包括所有男神和女神的雕像。马尔杜克神坐在闪闪发光的黄金和珍贵石头装饰的马车上，在国王的引导下走在队伍的最前端，它到达行军大道，在香气、歌曲和音乐的氛围中，沿着"游行大道"，穿过巴比伦。当游行队伍经过时，人们跪着崇拜它。通过伊什塔尔门之后，游行队伍离开了城市，在幼发拉底河进行短暂航行后，到达了比特-阿基图（bît akîtu），一座位于大公园中央充满植物和鲜花的神庙。[18]我们缺乏在那里举行仪式的有关细节，但马尔杜克战胜邪恶势力的胜利一定会被庆祝。[19]诸神在比特-阿基图停留3天。在尼散月的第十一天，他们返回埃萨吉拉，在那里再次集会，再一次去裁决"大地的命运"。对于这个模糊的表述所代表的真正含义，我们并不知晓。也许是关于战争、饥荒、洪水等特定事件的神谕被宣告了，也许是众神从总体上重申了他们对巴比伦人和他们君主的保护。集会最终在伴随着音乐和祈祷的大型宴会中结束。在尼散月的第十二天，所有已经回到巴比伦的神将返回到他们各自的城市，祭司们回到他们的神庙，国王回到他的王宫。伟大的新年节便结束了。

经济生活

从宗教思想的高峰到经济生活的世俗现实,对迦勒底巴比伦尼亚来说两者的距离并不大,因为在许多地方,宗教人员既要照顾人们的精神需求,又要照顾人们的物质需求。比如说,乌鲁克伟大神庙埃-安那的档案显示,该神庙拥有大量地产,其中部分用于出租。神庙与两河流域内部和外部进行广泛的贸易,形成了一个几乎独立于中央政府的社会和经济单位。[20] 这些经济行为由一个专门的管理人员"沙塔穆"(*shatammu*)进行管理,监工"齐普"(*qipu*)和"首席书吏"(*tupshar bîti*)辅助。神庙雇佣了大量的人员:贵族(*mâr bâni*)和从事不同行业的工匠(*ummanê*)。雇佣自由民和奴隶负责神庙土地的耕作和收割、运河的开挖和维修、放牧牛群和羊群以及确保货物的交易和储藏。在神庙的服务人员中有一类人员"西尔库"(*shirku*)特别值得注意。"西尔库"字面意思为"神圣的",由不同阶层的男人和女人构成,被永久"奉献"在神庙中,执行各种任务,没有报酬,但由神职人员供养。[21] 土地的收成、贸易的收益、田地和房屋的租金、贸易的税收以及部分祭品和牺牲——理论上是可以选择的,但实际上是强制性的——共同构成了神庙的收入。相似的机构可能存在于其他城市,尽管到目前为止出版的关于私人间交易的文献主要来自巴比伦、西帕尔、尼普尔、巴尔西帕和乌尔。[22]

迦勒底王朝时期寺庙的重要性可能起源于公元前 11 世

纪至公元前 10 世纪。在此之前，历史的一般趋势是通过建立大型皇家庄园和发展私人财产来逐步减少寺庙的特权。在阿拉米亚入侵的"黑暗时期"，形势有了不同的变化。尽管缺少书面文献的证据，我们可以合理地猜测，当侵略者洗劫并占领了这片开阔的土地时，两河流域的农民和工匠们在城市中或在城市周围避难，并为仅存的权威，即当地神职人员服务。神庙于是成了两河流域南部地区社会、经济、文化中心——使人回想起我们中世纪修道院所扮演的角色状态——拥有无限的设备去扩充他们的领域。在亚述统治时期，当文献再次可使用时，显示巴比伦尼亚的财富集中在她的"圣城"中。亚述国王在很大程度上依赖寺庙来维持巴比伦的政治稳定，他们给予寺庙恩惠，并普遍免除他们的税收和义务；但同时也将他们紧紧控制在政府的管理之下，并偶尔"借走"他们的财物。[23] 亚述帝国的倒塌很大程度上使神庙从政府的干预中解放出来，如果那波帕拉萨尔和尼布甲尼撒出于个人的奉献精神以及对既定传统的忠诚，在物质上重建并装饰了神庙，那么他们就放弃干涉他们的组织机构，而满足于从其收入中获得 20% 的回报。然而那波尼杜却企图将神庙的商业活动置于王室的紧密监控之下。公元前 553 年，他任命了两名高官——"委任皇家官员"和"国王金库的皇家官员"——派驻到乌鲁克的埃-安那神庙，根据指令去监督神庙的交易，确保定期收取王室的什一税和其他税收。很可能就是这件事，而不是国王的异端邪说，使祭司们与国王疏远，并把他们推到居鲁士一边。

这项不受欢迎的新政策无疑是由严重的财政困难导致

的。尼布甲尼撒在重建巴比伦和其他城市时消耗了大量的财富，那波尼杜自己的"考古"活动也花费巨大。此外，政府不得不供养一支庞大而永恒的军队。除了埃兰，北部和东部地区的所有国家实际上都关闭了与两河流域的贸易往来，即便叙利亚-巴勒斯坦地区仍旧掌握在巴比伦人手中，但频繁的反叛活动使得这些遥远的行省更多的是一种负担而不是一种资产。并且，腓尼基人的诸多城市已经失去了它们之前的许多财富。公元前6世纪，正是希腊海上贸易和殖民扩张的高潮时期，东地中海的主要贸易中心不再是黎巴嫩沿海，而是在希腊、爱奥尼亚、吕底亚、西里西亚和埃及。支出的增加和收入的减少严重消耗了王室财政，并严重影响了巴比伦尼亚的总体经济。对雇佣和买卖合同的一项研究表明，在新巴比伦王朝的初期和末期，市场价格出现了明显的上涨。公元前600年左右，一个男奴隶的价格是40舍克勒白银，而50年之后的价格增长为50舍克勒白银。尼布甲尼撒一世统治时期，1舍克勒可以购买2—4"升"（qa）耕地，但在那波尼杜统治时期，只能购买1—2"升"耕地。[24] 食品、衣物以及其他生活必需品也有相似的上涨。由于各种原因，很难描述出工资的确切水平，但看起来在整个王朝时期它们都保持在一个较低的水平。例如，一个不熟练的劳工，其平均月工资为1舍克勒。使用这个工资，他可以购买2浦式耳（bushels）古物和3浦式耳椰枣，刚刚够他养家糊口。结果，人们开始借贷长期贷款，信贷膨胀使巴比伦的经济更加恶化。

在这里，术语"钱"不应该使用通常意义上的概念，因为铸币——据说公元前7世纪由吕底亚人发明——在大

第二十四章 巴比伦的辉煌

流士一世统治时期（公元前 521—公元前 486 年）之前，在近东地区并没有广泛流通。巴比伦人使用的是一种具有各种不同形状的小块银子，但有标准的重量单位：舍克勒（shiqlu），重量大约是 1 盎司（ounce）的十分之三；1 马那（mana）为 60 舍克勒，约 18 盎司；1 比尔图（biltu）为 60 马那，大约 67 磅（pounds）。日常使用的还有"半舍克勒"，以及"舍"（she），字面意思为 1 "粒"白银。这个系统非常古老，早在公元前第二千纪时，两河流域便出现了刻有铭文或图案以使其精美的青铜锭，亚述人则是在他们的商业贸易中使用银、铅，以及后来的铜。新巴比伦时期的新奇之处是采用了银本位制，则出现了制银标准，白银和黄金的比例在 10：1—14：1 之间变化。标准化货币作为一种参考体系，使计算工作变得相当容易，从而促进了交易。银本位制也鼓励了信贷的发展，原因很简单，银"硬币"易于储存和操作。"新交易媒介无论引入到何地，高利贷、抵押贷款、被奴役的债务人也随之出现"。[25] 公元前 6 世纪，古巴比伦的私营企业得到了空前繁荣的发展。虽然大多数人忍受了相当大的困难，但少数资本家和商人的"王朝"——如巴比伦的埃吉比（Egibi）家族——在房地产、奴隶贸易、放贷、商业和农业公司以及银行业务——如贷款和代表客户处理存款——方面却赚取了大量的财富。[26]

货币制度的出现和资本的发展其重要性怎么强调都不为过，但作为主要社会和经济单位的神庙的复兴也同样重要。这两者都有助于解释巴比伦在失去政治自主权后发生的事情。经济萧条导致了两河流域文明的衰落，但神庙使它又存活了近 600 年。一个惊人的巧合是,这个文明的死亡与它的诞生一样:在众神的庇护下。

第二十五章
文明的消亡

不久之前，我们才描述的这座大城市（巴比伦）就像古代伊拉克的所有城镇和村庄一样，被埋在厚厚的一层泥土下。在这些"土丘"上，随处可见刻有铭文的泥砖，但没有学者可以读懂它。在几千年的两河流域历史中所产生的艺术纪念碑、文学经典著作和科学作品，事实上我们对这些都毫不了解。古代两河流域文明灭亡了，也被遗忘了。即使在今天，当面对最荒凉的废墟时，没有人能不去想它是什么时候，如何和为什么灭亡的。

如果波斯人对待巴比伦就像米底和巴比伦对待尼尼微那样的话，便不会有任何问题和疑惑了。除了亚述，近东还提供了其他几乎在一夜之间就消失了的国家和文化的案例，例如它们毁灭性战争的受害者——赫梯王国博阿兹柯伊、乌拉尔图和弗里吉亚。但波斯人并没有摧毁巴比伦，也没有摧毁巴比伦尼亚的其他城市。大量属于阿契美尼、希腊和帕提亚时期的纪念碑和文献，证实了两河流域文明一直延续到公元 1 世纪。它们是如何缓慢地衰落，并最终消失的呢？

这一极其重要的问题尚未得到应有的重视，似乎主要有两个原因。一方面，它包含了三个独立的研究领域。近东塞姆历史学家、希伯来学家或训练有素的亚述学家,自然不愿涉足他们不完全熟悉的希腊和伊朗研究领域,而希腊学家和伊朗学家,他们研究更广泛的问题,倾向将两河流域文明视为超出他们正常工作范围的边缘话题。另一方面,对地球上任何一个文明而言,其衰落和灭亡都是一个十分复杂的过程,取决于政治、种族、语言、宗教、经济,甚至地理环境等多种因素。在这种特殊的情况下,这些因素常常会超出我们的知识范围。尽管如此,在详细描述了两河流域文明的诞生之后,我们至少应该努力去解释它是如何灭亡的。公元前539年这一决定命运的日期之后的几个世纪里,巴比伦永远失去了独立。在这里我们将简要介绍两河流域在三个相关外国统治时期的历史:

阿契美尼时期(公元前539—公元前331年)
希腊化时期(公元前331—公元前126年)
帕提亚时期(公元前126—公元227年)

阿契美尼时期

对于大部分巴比伦人而言,波斯人对他们国家的征服仅仅是改变了一个王朝统治而已。巴比伦被占领后不久,底格里斯河和幼发拉底河之间的生活走上了正常的轨道,商业活动与以前一样进行,唯一不同的就是合同上的日期由"'库腊什(即居鲁士),巴比伦国王,大地之王'之年"代替了"那布-那伊德之年"。[1] 巴比伦的管理最初委托给那波尼杜的前将军戈比亚斯(Gobryas),但在公元前538年的尼散月,居鲁士的儿子冈比西斯(卡布齐亚

第二十五章 文明的消亡

[Kambuziya]）在新年节仪式上"握着贝勒神的手"，从此之后成为总督，总部设在西帕尔，并有当地的一批官员辅佐。公元前528年，居鲁士在一场远征的战役中去世，作为王太子的冈比西斯便成了波斯国王。除了巴比伦士兵编入波斯军队，并参加了对埃及的征服，这一时期的历史我们所知甚少。无论这位国王在尼罗河谷的疯狂故事中有多少真相，但似乎可以确认巴比伦尼亚在他统治期间享受了完全的和平。

公元前522年初，冈比西斯的去世是这一"蜜月期"结束的标志。他的兄弟巴尔迪亚（Bardiya）篡夺了王位，但8个月后被大流士击败并杀死。[2] 虽然大流士具有王室血统——他是阿瑞阿拉姆尼斯的后代，因此属于阿契美尼家族——但他的权威很快受到了挑战。许多居鲁士任命的总督拒绝承认这个新王，同时在米底的第二个弗拉欧特斯和在波斯的"伪巴尔迪亚"（pseudo-Bardiya）都聚集了许多支持者。迄今为止，颇为顺从的巴比伦人，在加入叛军方面并不迟缓，因为在他们许多人心中自由的火焰仍在高高燃烧。长篇楔形文字铭文用三种语言——古波斯语、巴比伦语和埃兰语——刻写在贝希斯敦岩石上，记载了大流士战胜敌人的事迹。[3] 这个波斯国王亲自告诉我们，一个名叫尼丁图-贝勒（Nidintu-Bêl）的巴比伦人如何通过宣称自己是"尼布甲尼撒，那波尼杜的儿子"而组织了一支军队，并夺取了巴比伦的王权。大流士亲自率兵出击，在底格里斯河和幼发拉底河把巴比伦人打得溃不成军，并将反叛者追击到他的首都，在那里将他抓住并处死。根据有具体日期的数据显示，"尼布甲尼撒三世"的统治时间从公元前522年的10月到12月。公元前521年8月，当大流士为了他的王位在米底和波斯战斗的时候，巴比伦人"第二次打破了停战协定"。一个冒牌者——也声称自己是"尼布甲尼撒——那波尼杜的儿子"——实际上是一个"阿拉米亚人"（乌拉尔图人），名叫阿腊卡（Arakha），赫尔迪塔（Hàldita）之子。大流士派遣了他的一个名叫温达法那（Vindafârna）的将军去与他作战。

> 我对他说："向前冲！与这支不向我宣誓的巴比伦军队作战！"温达法那带领着波斯军队向巴比伦进军。阿胡拉马兹达（Ahuramazda）给予我帮助。遵照阿胡拉马兹达的意志，温达法那与巴比伦人作战并且俘获了他们。当他抓获阿腊卡和他的主要追随者——贵族时，马尔伽扎那月（Margazana）的第22天已经过去了。于是，我下达命令："阿腊卡和贵族，他的主要追随者，将在巴比伦被刺死！"[4]

"尼布甲尼撒四世"于公元前521年11月27日被处死，他仅仅"统治"了4个月的时间。[5] 公元前520年初，大流士最终消灭了他所有的敌人，被近东大部分地区承认为国王。随后他立刻实施了许多重要改革，目的是加强自己的统治，将他庞大帝国的不同区域凝聚在一起。行政管理系统被重塑，很大程度上是基于亚述模式。总督的数量增加了，并且他们的权威通过设立军事总督、税收官和王室巡视员得到了进一步的限制。皇家信使们在令人钦佩的公路网上可以迅速从爱琴海骑行到海湾。一部类似于《汉穆拉比法典》的普通法实行于全体居民之中。建立以金本位为基础的统一货币体系，在贸易和银行业中使用金币"大流克"(daric),一个"大流克"金币价值20舍克勒白银。通过行政重组、清除腐败、课以重税和王室的严密控制,在大流士长期统治的其余时间里(公元前522—公元前486年),巴比伦保持着安静。

然而,在薛西斯(Xerxes)统治的第四年,巴比伦人发动了其历史上最后一次企图恢复自由的斗争(公元前482年)。从迪尔巴特(Dilbat)、巴尔西帕、巴比伦的契约显示,贝勒-西曼尼(Bêl-shimanni)在8月、沙马什-埃瑞巴(Shamash-eriba)在9月相继被接受为国王。我们从其他文献中了解到,总督佐菲鲁斯(Zophyrus)被杀,薛西斯大怒,派遣他的妹夫美伽比苏斯(Megabysus)去镇压这次反叛。[6]镇压异常残酷,叛军被拷打和杀害,对巴比伦本身造成的确切损害则很难评估。如果希罗多德在大约20年后真的造访了他所描述的城市,我们可以得出结论,它几乎没有受到什么伤害——实际上,这位"历史学之父"仅仅提到了,薛西斯从埃萨吉拉神庙里夺走了巨大的马尔杜克黄金雕像。而阿里安(Arrian)、克特西亚斯(Ctesias)、斯特拉波则认为城墙被拆除,神庙被夷为平地。因为在后期的文献里提到了埃萨吉拉和其他圣殿,所以它们可能只是部分被破坏。在之后几个世纪中,它们是因为缺乏维护而最终变成一片废墟,而不是因为暴力破坏。

巴比伦人恢复国家君主制的失败,造成的影响远远不止是声望的丧失。自古以来,国王们就对众神负责,为他们的臣民谋福利。城市以及神庙、宫殿、防御工事、公园、花园都归功于国王。他们从来没有在保证运河的开挖、畅通和延长,堤坝和水坝的修建,土地权利的保护等方面失败过。在像古代伊拉克这样的国家里，这些公共事务十分重要。无论寺庙在自己的领域内能取得什么成就，只有长期居住在该国并不断了解其需求的国王，才能在全国范围内筹集资金和动员此类事业所需的劳动力。如果没有统治者，两河流域在很大程度上将会瘫痪。可以预见，无人维护的建筑物迟早会倒塌，运河会淤塞，部分土地会变成荒漠。

起初，波斯国王意识到他们对最富有和最文明的行省之一的责任，执行了两河流域传统上的一些王室职责。例如，居鲁士恢复了辛神的神庙在乌尔的辖区，他和大流士重修了乌鲁克的埃-安那神庙。在巴比伦的冬季行宫中，大流士建造了一座军火库、一座王储宫殿，并为自己的宫殿建造了一座阿帕达纳（apadana，即波斯风格、由柱子支撑的大厅）。[7] 但薛西斯和他的继承者，对希腊发动了一场无休止并花费昂贵的战争，似乎对巴比伦并没有过多的关注。从薛西斯即位（公元前485年）到亚历山大征服（公元前331年）的整个时期，建筑遗存和建筑铭文都极度缺乏。在伊拉克南部地区，在那些历史遗物（situ）中发现的商业文献证实，巴比伦、巴尔西帕、基什、尼普尔、乌鲁克以及乌尔——仅仅提及了主要城市——它们依旧存在，甚至其中一些城市还相当繁荣，[8] 但它们的纪念碑似乎都没有重建或重修。而北部地区，仍在遭受着公元前614—公元前609年所造成的巨大破坏。我们从一封信件中得知，[9] 约公元前410年，在那个地区有五个"城镇"是行政中心，波斯贵族在那里拥有领地。但除了阿尔巴伊勒（Arba'il），它们仅仅都是远离底格里斯河河谷的大村庄而已。公元前401年,色诺芬带领着10000希腊雇佣兵穿过亚述,把尼姆鲁德(他称之为拉瑞萨[Larissa])描述为"沙漠",甚至认不出在梅斯拉(Mescila,摩苏尔)附近"大型未设防防御工事"中尼尼微的城墙。[10]

不利的经济条件可能加剧了两河流域文明的衰落。波斯帝国的主动脉,从萨尔迪斯(Sardis)到苏萨的"皇家大道"(Royal Road)在山脚下铺设,绕过了巴比伦。与印度以及东方的贸易通常被波斯人所垄断,因为他们与这些国家的距离更近。叙利亚被大流士和薛西斯从两河流域分离出来。巴比伦尼亚和亚述一起成为帝国第九个总督管辖地,承担着过重的税收:他们需要每年向王室提供1000塔兰特的白银,每年要向波斯王廷提供4个月的食物供应。此外,他们不得不忍受一个自以为是、贪婪的地方政府。[11] 如果我们相信希罗多德的记载,巴比伦尼亚总督每天都要收到1阿尔塔巴(artaba,大约57升)的白银,喂养800匹公马,16000匹母马,他的印度狗则由4个村庄来喂养![12] 由于以上原因,在新巴比伦时期就存在的物价上涨趋势,在阿契美尼时期依然存在:在大流士死后的1个世纪里,生活费用翻了一番,工资却没有得到相应的增加。同时,一所房子的平均租金从居鲁士统治时期的每月15舍克勒涨到阿尔塔薛西斯一世统治时期(Artaxerxes I,公元前464—公元前424年)的每月40舍克勒银子。[13] 当然,大银行家和高利贷者在这种状况下获得了不少利益。例如,尼普尔的穆腊舒(Murashû)家族——公元前455—公元前403年在两河流域南部地区经营的一家实力雄厚的公司——专门负责出租波斯官员、士兵集团以及"公务员"

拥有但却不去亲自耕种的土地；他们便提供牛、农业工具以及灌溉用水，从收益中分一杯羹。此外，他们还把衣服、食物和装备租借给应征参战的人，把钱（利率为40%—50%）借给那些无法偿还债务或税款的人。[14]

同样重要的是，阿契美尼统治所带来的种族和语言的变化。巴比伦尼亚的居民已经与米底人、阿拉伯人、犹太人、埃及人、乌拉尔图人以及在亚述和巴比伦时代的其他外族人进行了混合，而在大流士和薛西斯统治时期，又受到了大量波斯血统的影响：许多波斯人被国王授予大量的地产，其他人被委任为法官或授予或大或小的管理职位。[15]随着人口的迁移，伊朗的神灵也进入了底格里斯-幼发拉底河河谷。事实上，没有证据表明他们当时是有组织的宗教团体，而薛西斯禁止崇拜除阿胡拉马兹达以外神灵的禁令也从未得到遵守。但仅仅是一些巴比伦人把他们的闪米特名字改为由雅利安众神组成的名字的事实，就暴露了他们个人对原有信仰忠诚度的减弱。对来自不同地方、有着不同语言的所有居民，现在仅仅有一种共同的语言：阿拉米亚语。阿拉米亚语早已在西亚地区广泛使用，易于学习，非常适合写在莎草纸或羊皮纸上，被大流士正式采纳为整个帝国的官方通用语。在家庭中、街道上和商店里，阿拉米亚语代替了巴比伦语，只有学者或神庙祭司仍旧阅读和书写楔形文字符号系统的阿卡德语和苏美尔语。大量的文学、宗教和历史文献在阿契美尼时期被复写，以及天文学家的杰出作品，如那布-瑞马尼和基迪奴（参见原著第365页），这些都证明了两河流域的传统文化在这些具有严格专业要求的圈子里仍非常活跃。然而，对大多数人来说，刻在泥板上的铭文是毫无意义的。历史也告诉我们，如果一个国家忘记了它的语言，忘记了它的过去，那么它很快将会迷失自己。

遭受压迫、贫困以及部分"私有化"，这就是此时的两河流域。公元前4世纪的最后几十年，亚历山大给她带来了一种全新的、完全不同的生活。

希腊化时期

公元前331年10月1日的高加米拉（Gaugamela）战役，[16]打开了亚历山大通往巴比伦尼亚和波斯的道路，如同两年前的伊苏斯（Issus）战役为其打开了通往叙利亚和埃及的道路一样。驻扎在巴比伦的波斯军队不战而降，马其顿征服者胜利地进入了这个古老的闪米特大都市。与居鲁士一样，他意识到无法统治"一百个不同的民族"，除非他能够赢得他们的心。他向马尔杜克神献祭，命令重修被认为是被薛西斯破坏的神庙———一项永远无法完成的艰巨任务。[17] 巴比伦人向他欢呼，将他视为解放者，并且立即承认了他的王权。在巴比伦停留了1个月后，他向苏萨进军。此后，他开始向东方进行了一场伟大的军事远征，最远到达了恒河（the River Ganges）一带。9年之后，当他返回时，头脑中充满了宏伟的计划：将巴比伦和埃及的亚历山大城（Alexandria）定为帝国的两大首都；它们可以通过即将被征服的阿拉伯半岛周围的海域连接起来；印度洋海岸将被探索；打通幼发拉底河到波斯湾的航线；在巴比伦修建一座大型港口，另一座修建在入海口。然而，这些计划大多都没有来得及实施：公元前 323 年 6 月 13 日，亚历山大在巴比伦去世，也许是因为疟疾，享年 32 岁。

在那时，亚历山大唯一的儿子，即将来的亚历山大四世（Alexander IV）还未出生，他的兄弟菲利普-阿瑞迪斯（Philip Arrhideus）在马其顿称王。但是这位年轻且智力迟钝的王子的权威形同虚设，有名无实。真正的权力落在了亚历山大的将军们手中——亚历山大大帝麾下的 6 位马其顿将军安提柯一世（Antigonus I）、安提帕特（Antipater）、卡山得（Cassander）、吕西马库斯（Lysimachus）、托勒密和塞琉古一世（Seleucus I）——他们瓜分了帝国，并且斗争了 42 年，以防止对方重建帝国。在这一时期——古代历史上最复杂的时期之一——巴比伦几易其手。最初，摄政王佩迪卡斯（Perdiccas）坐上了军事集团的第一把交椅。公元前 321 年，佩迪卡斯被谋杀后，马其顿骑兵首领塞琉古被他的同伙推上了军事总督的宝座。公元前 316 年，安条克（Antigonus），这个雄心勃勃的弗里吉亚总督，将塞琉古驱逐出巴比伦，迫使他去埃及向托勒密寻求庇护。但塞琉古在公元前 312 年返回了巴比伦，重新夺取了他的总督地位，并且在后来的 4 年中成功抵住了安条克与其儿子德米特里欧斯（Demetrius）的不断攻击。这是一场激烈而痛苦的战争，给巴比伦及其领土带来了可怕的苦难——"在这片土地上到处充斥着哭泣和哀悼"，并作为一种主旋律，不停地重复着。一部巴比伦编年史记载了这些事件。[18] 最终，安条克被打败，在弗里吉亚的伊普苏斯（Ipsus）被杀死（公元前 301 年），塞琉古在巴比伦尼亚总督之外又兼任了叙利亚以及小亚细亚东部地区的总督。然而，这一时期西部的战争仍在塞琉古、托勒密、迪美特流斯以及色雷斯（Thrace）的马其顿统治者吕西马库斯之间继续。公元前281年9月,[19] 在科鲁皮登（Korupedion）击败吕西马库斯几个月之后，塞琉古被托勒密的一个儿子刺死。塞琉古在公元前305年获得了国王的称号，但对巴比伦人而言，"西鲁库之年"（year of Silukku），即塞琉古时代，开始于他从埃及返回后的第一个新年节：公元前311年4月3日。这是两河流域第一次使用连续纪年系统。

伊普苏斯战役之后，塞琉古直接或间接地统治着从印度边界到埃及、从黑海到波斯湾的广大领土。但这个帝国缺乏内聚力，几乎在其形成之时便已经开始瓦解。到公元前200年，塞琉古的后代们事实上已经失去了他们所有的行省以及托罗斯山和扎格罗斯山以外的受保护国，在巴比伦也被帕提亚人征服（公元前126年）之后，剩下的只有叙利亚北部的一个小国，由于王朝危机而四分五裂，在公元前63年很容易成为罗马人的牺牲品。事实上，自从公元前300年5月，塞琉古在奥伦特河上修建安堤阿，并且将其视作他最喜爱的行宫时，塞琉古王国从本质上讲一直是一个叙利亚王国。如果我们将安条克三世（Antiochus III，公元前222—公元前187年）恢复东部领土的一次不成功的企图排除，统治者们的外交和军事活动，几乎全部被吸引到与埃及的托勒密们为争夺腓尼基港口和内陆的无休止的冲突中。这对巴比伦人来说意味着和平，看到战争的蹂躏从他们自己的国家转移到"河对岸的国家"，即他们现在所称的叙利亚，他们一定松了一口气。但这也意味着巴比伦失去了它应该拥有的特权地位，它应该成为马其顿领域内的首都，就像其地理和历史所注定的那样。在未来的许多年里，这个世界的政治、文化和经济中心已经从幼发拉底河河岸转移到了地中海海岸。

毋庸置疑，亚历山大和其继承者最持久的成就是在埃及和西亚建立了许多城市，这些城市以希腊城邦为典范，居住着希腊-马其顿的定居者以及东方臣民。他们这样做是仅仅希望建立一个政治和军事据点的网络，还是旨在促进希腊文化和东方生活方式，是一个备受争议的问题。[20] 但最后的结果非常显著：近东地区在不同程度上都出现了"希腊化"，这些地区的城市生活方式也发生了深刻的转变。我们知道仅在两河流域至少就有 12 座这样的城市，[21] 从最北端的埃德萨-安提阿（Edessa-Antioch）到波斯湾上或附近的亚历山大-查拉克斯（Alexandria-Charax）。它们通常修建在古代城镇或乡村的旁边或上面，虽然他们的布局和建筑特征是全新的。公元前 274 年，安条克可能在闪米特乌帕（欧比斯）遗址上修建的"底格里斯河上的塞琉西亚"（Seleucia-on-the-Tigris，乌马尔［Umar］丘，泰西封［Ctesiphon］对面），不仅是两河流域而且还是整个塞琉古王国最大的城市，居民人口达 600000。航拍照片清楚地显示出了它的"网格平面图"，居住区被笔直的大道和街道隔开，它们以直角相交。战前以及自 1964 年以来在那里进行的挖掘，在这座塞琉古城市出土了许多建筑和大量的物品（泥人、雕像、硬币、珠宝、陶器），其废墟被埋在帕提亚时期的一座同样大而富裕的城市下面。[22] 考古学家在杜腊-欧罗普斯（Dura-Europus，萨拉西耶［Salahiyeh］，位于幼发拉底河岸，古代马瑞上游 50 千米）发现了相似的情况，在这里希腊遗迹——一个堡垒、一个宫殿以及至少一个神庙——都可以在帕提亚建筑下找到踪迹。[23]

这些希腊化的城市都位于连接中亚和地中海的大贸易路线上，依靠运输贸易蓬勃发展。尤其是塞琉西亚，是来自印度的两条陆地贸易线路的交会点（一条通过巴克特里亚和伊朗北部，另一条通过波斯波利斯和苏萨），是从印度出发途经海湾的重要海上贸易线路的交会点，也是几条穿过阿拉伯半岛的贸易小道的交会点。来自塞琉西亚的黄金、象牙、香料、熏香、珍贵的宝石，以及两河流域自身的产品——小麦、大麦、椰枣、毛织品和沥青——被运送到叙利亚，沿着幼发拉底河到达杜腊-欧罗普斯，或沿着底格里斯河，跨过杰济拉到达尼西宾（米格多利亚的安条克）和埃迪萨（Edessa）。在希腊化时代，欧洲、亚洲与非洲部分地区的商业交往非常活跃，毫无疑问，塞琉古王国从总体上来说也非常繁荣——至少在公元前3世纪期间。令人遗憾的是，我们关于巴比伦尼亚的资料非常缺乏，但出版的少数商业文本（主要来自乌鲁克）表明，甚至在较古老的城镇内也存在着大量的商业活动，而且价格已经大大低于阿契美尼时期的水平。[24]

在塞琉古两河流域地区普遍流行的新的经济模式和人口状况对老城市造成了深刻的、多种多样的影响。尼姆鲁德因其位于底格里斯河的航线上，再次复活为一个小但非常繁荣的城镇。同样，尼尼微、马瑞和阿斯兰-塔什在经历了长期的废弃后又重新发展了起来。[25] 乌尔慢慢地衰亡了，可能是由于和亚历山大里亚-卡拉克斯的竞争以及该地区水文的变化。巴比伦也受到了严重的影响。诚然，马其顿统治者们在复兴半荒废的城市并使其现代化的道路上做出了些许努力。在最后一份阿卡德语书写的王室铭文中，安条克一世（Antiochus I，公元前281—公元前260年）称自己为"埃萨吉拉和埃兹达的供养者"，像迦勒底国王们一样，他声称它"是用他庄严的手组成建造的"，并从"哈梯"（叙利亚）带来了这些神庙的第一批砖块。[26] 塞琉古三世时期（Seleucus III，公元前225—公元前223年）的一块泥板显示，在这一时期巴比伦神龛中的众神仍得到定期的供奉。希腊化建筑的遗迹在巴比勒丘和尼布甲尼撒宫殿的遗址上被发现。在安条克四世统治时期（Antiochus IV，公元前175—公元前164年）——这位国王在宣传希腊文化方面做了大量工作——巴比伦建造了一座体育馆和一座引人注目的希腊剧院，后来被帕提亚人进一步扩建。[27] 然而，此时的巴比伦不仅不再是王室行政管理中心，并且已经部分地荒废了，当塞琉西亚建成后，许多居民迁移了过去。[28] 我们不知道在西帕尔、基什以及尼普尔发生了什么，但从塞琉古时期建立的许多令人印象深刻的纪念碑来看，乌鲁克似乎相当的繁荣。围绕埃-安那塔庙修建的一个巨大露台，完全改变了这片神圣区域的外在形态，在城市其他地方则修建了两座巨大的神庙：一座是献给伊什塔尔女神的伊瑞伽勒神庙（Irigal，或者更准确一点，埃什-伽勒［Esh-gal］），另一座是所谓的比特-瑞什（Bît rêsh）神庙，献给安奴神。[29] 这两座寺庙都具有巴比伦神庙的传统特征，尽管在伊里加尔祭祀室墙壁的釉面砖上有一段长长的铭文，明显是用阿拉米亚字体和语言写成。这一时期同样典型的是国王授予两个城市执政官希腊语的名字，即安奴-乌巴里特-尼卡腊库斯（Anu-uballit Nicarachus）和安奴-乌巴里特-凯法伦（Anu-uballit Kephalon），正是他们修建了这些神庙。对泥板契约和带有希腊语或阿拉米亚语铭文的"布拉埃"（bullae）①的研究表明，乌鲁克（希腊人称为奥克[Orchoi]）庇护了一个重要的希腊社区，但保留了其古老的法律和习俗，并免除了某些王室税收。大多数商业交易是由神庙组织来完成，在这些经济活动中，普通公民可以通过一种与我们现代股份制没有太大区别的制度来获得经济利益。[30] 半独立神庙国家的存在在希腊化时代的小亚细亚得到了很好的证明，乌鲁克很可能拥有与塞琉古的自由城市类似的地位。

在诸如乌鲁克、西帕尔、巴比伦以及巴尔西帕城的神庙里，苏美尔-阿卡德文明得以保存。在整个塞琉古时期，天文学家和占星家继续在泥板上记录天体运动，而书吏则以编年史的形式记录下当时的事件，并复写了许多非常古老的神话、仪式、赞美诗和预兆。在塞琉西亚这样的城市里蓬勃发展的高度发达的希腊文化，对古巴比伦知识界不那么保守的成员产生了强烈的吸引力，这似乎是有先见之明的；但是，如果可以汇编一个在两河流域土生土长的希腊作家的长名单，[31] 往往很难区分哪些人具有纯希腊-马其顿血统，哪些具有巴比伦人血统却采用了希腊语的名字。事实上，现有的证据似乎表明了一个相反方向的趋势：希腊人对迦勒底人的科学和伪科学的著作越来越感兴趣，超过了对两河流域历史和文学的关注。公元前第二和第三世

---

① 用细绳粘在写有官方文件的莎草纸或羊皮纸上的小黏土球。

纪，巴比伦人苏迪涅斯（Sudinês）将基迪奴和其他天文学家的著作翻译为希腊语，马尔杜克神的祭司贝罗苏斯也用希腊语书写了一个融合了占星术和历史性叙述的奇怪的综合性著作《巴比伦尼亚志》（*Babyloniaca*），[32] 并将它献给了安条克一世。虽然它们都有一定的局限性，但这些文化接触为后人保留了两河流域科学家最杰出的一些著作，但两河流域人对宿命论和占星术信仰方面最令人不快的最终作品，却渗透并腐化了西方的宗教。

帕提亚时期

帕提亚人——斯基泰人的一个分支——于公元前250年第一次登上历史舞台，阿尔萨斯（Arsaces）带领他的游牧部落离开了土耳其斯坦的草原，迁徙到伊朗的东北部定居。[33] 到公元前200年，"阿萨西斯王朝"（Arsacids，即安息帝国）在"里海之门"（the Caspian Gate，赫卡托皮洛斯[Hecatompylos]）和迈赫德（Meshed，尼赛亚[Nisaia]）之间稳固地建立起来。公元前160年至公元前140年间，米特里达特一世（Mithridates I）征服了整个伊朗高原，随后到达了底格里斯河，将他的营帐驻扎在塞琉西亚对面的泰西封。几年之后，塞琉西亚的德米特里欧斯二世（Demetrius II）成功地收复了巴比伦和米底，但在公元前126年，阿塔巴奴斯二世（Artabanus II）在这些地区重新恢复了统治，从此之后，底格里斯河和幼发拉底河河谷便一直处于帕提亚王朝手中——除了罗马皇帝图拉真（Trajan）和塞普提米乌斯-塞维鲁（Septimus Severus）的

第二十五章 文明的消亡

两次短暂统治——直到公元 227 年，与帕提亚王国的其余部分一起落入萨珊人（Sassanian）的统治之下。

为了统治他们的帝国，阿萨西斯王朝只能依靠一个虽然是勇敢的但人数却是较少的帕提亚贵族集团，他们智慧地利用塞琉古王朝创建的社会组织，或者那些在塞琉古王国废墟上成长起来的社会组织。他们鼓励希腊风格城市的发展，容忍独立的附属王国的形成，如奥斯若尼（Osrhoene，在埃德萨-乌尔法［Edessa-Urfa］周围）、阿迪贝尼（Adiabene，对应于古代的亚述）以及卡腊西奈王国（Characene，靠近阿拉伯——波斯湾）。在基督教时代之初，位于阿淑尔城以西 58 千米瓦迪-塔尔塔尔（Wadi Thartar）河岸上古老的商队城市哈特腊，获得了自治权，并成为一个小而繁荣的名为阿腊巴（Araba）国家的中心。[34] 阿萨西斯与它的附属国都非常富有，因为它们实际上控制着亚洲和希腊-罗马世界之间的所有贸易线路，带来的后果是公元前 2 世纪和公元前 1 世纪两河流域因政府或地区的倡议而进行密集的建筑活动，这也是两河流域地区的标志。不仅塞琉西亚、杜腊-欧罗普斯以及其他繁荣的交易市场城市修建了大量新的建筑，而且数百年来一直处于废墟中的城镇和村庄也被重新居住。在伊拉克南部，几乎在每一个挖掘的遗址中都发现了帕提亚王朝的痕迹，尤其在巴比伦、基什、尼普尔、乌鲁克甚至是被遗忘的吉尔苏。亚述北部也再次复活：奴孜、卡克祖（Kakzu）、西巴尼巴（Shibanniba）被重新居住，阿淑尔城被重修，变成了至少与亚述帝国全盛时期的阿淑尔城一样大的城市。[35] 但必须要强调的是，这些复活的居住区与之前亚述人或巴比伦人的居住区几乎没什么共同点。如果不是全部，它们中的大部分都有笔直的街道，街道上通常排列着圆柱，在古老的塔庙顶端经常修建有一座堡垒，广场可以出现在任何地方。石墙或石灰石彻底代替了传统的泥砖墙。这些建筑本身有着一侧向外敞开的高耸拱形房间，优雅的柱廊和模制灰泥的装饰，与两河流域建筑师修建的建筑截然不同，就像希腊-伊朗统治者的雕像与古地亚或阿淑尔那西尔帕的雕像有显著不同一样。

这些建筑数据以及文献证据，显示了外来人口带来的巨大影响。最初，外来的希腊人和马其顿人数量可能并不太多，他们与巴比伦人肩并肩地生活在一起，社会交往较少。总之，他们保留了他们的民族、制度、艺术、语言，一言以蔽之，他们的"希腊性"（Greekhood）仍处在自称为"希腊之友"（philhellen）的开明君主的保护之下。但在两河流域定居的新来民族——大部分是阿拉米亚人、阿拉伯人以及伊朗人——数量巨大，他们与当地人很容易混合在一起，因为他们都起源于东方，多属于闪米特民族，使用相同的语言。每座城市，无论新旧，都包容对外国神灵的信仰。例如，在杜腊-欧罗普斯便有两个希腊神庙、一个阿拉米亚人圣殿、一个基督小教堂、一个犹太会堂和一个密特拉寺（Mithreum），更不用说还有许多当地诸神和帕米拉诸神的神龛了。同样地，苏美尔-阿卡德人的奈尔伽尔神、希腊神赫耳墨斯（Hermes）、阿拉米亚的阿塔腊特（Atar'at）女神和阿拉伯人的阿拉特神（Allat）、沙米亚神（Shamiya）都在哈特腊有自己的神庙，围绕在庄严的沙马什神圣殿的周围——沙马什神是所有塞姆民族信仰的太阳神。甚至在安奴神和伊什塔尔神的故乡乌鲁克，仍然可以看到一座迷人的小庙宇，它的风格更像罗马人，而非希腊人，供奉着伊朗伽雷乌斯神（Gareus）。此外，还有一座非凡的半圆形建筑的遗迹，被认为是米什腊神（Mithra）的神庙。[36] 在两河流域的犹太人数量众多，从公元36年到公元60年甚至更久，当地一个皈依犹太教的家族在首都阿尔贝拉（Arbela，埃尔比勒）统治着阿迪贝尼。[37] 根据东方传统文献，在同一时期，基督教从安提阿和埃德萨开始向两河流域北部地区渗透。

这些民族和思想的洪流淹没了残存的苏美尔-阿卡德文明。几份契约合同、大约200份天文或占卜文献、两三份残破的编年史以及巴比伦-希腊词汇表，构成了我们对那一时期所掌握的楔形文字文本的全部。[38] 目前所知的最后一份楔形文字文献——一份天文学"年鉴"——大约书写于公元74年或公元75年。[39] 巴比伦的祭司和天文学家们很可能在几代人时间里，在莎草纸或牛皮纸上继续使用阿拉米亚语，但这类作品不太可能被发现。我们知道，许多古老的神庙被修复了，阿淑尔神在它的故乡被崇拜，直到公元4世纪，对那布神的崇拜才被视为异端。但并没有证据显示，前国家主神马尔杜克的神庙埃萨吉拉被修缮。事实上，在公元前127年希美罗斯（Hymeros）起义后的镇压过程中，或者在公元前52年米特里达特二世（Mithridates II）和奥罗德（Orodes）之间的内战中，巴比伦受到的破坏可能比薛西斯带来的破坏更为严重。公元115年，当图拉真在进入这个曾经富丽堂皇的城市时，他并不是"握着贝勒神的手"，而是向亚历山大的灵魂献祭。84年之后，塞普提米乌斯-塞维鲁发现它已经被完全遗弃。[40]

我们对萨珊王朝统治时期（公元224—公元651年）两河流域的行政、社会和经济地位的了解甚少。但我们通过希腊和拉丁作家的记载得知，这个地区的北部被罗马人（或拜占庭人）与波斯人[41]之间长达4个世纪几乎不间断的战争所蹂躏，公元256年，阿淑尔城被沙普尔一世（Shapur I）摧毁，就像它之前被米底人所摧毁一样。在泰西封，人们可以欣赏到一座克斯洛一世（Chosroes I）时期的宏伟宫殿的残存遗迹，而另一位萨珊国王更为简陋的住宅则在基什被挖掘出来。[42]在乌鲁克，在吉尔伽美什最初修建的城墙附近，一位当地统治者（？）连同他的金叶皇冠被埋藏在此。[43]萨珊时期的陶器碎片证实了对其他古代遗址的占领和重新占领。在公元7世纪初期伊斯兰征服之前，军事挫折、内乱和经济困难等因素一起导致了萨珊王国的衰落和两河流域文明的毁灭。许多运河因无人管理而逐渐干枯；河流由于没有监管而自由蜿蜒；人们抛弃了缺水的城镇，而散居在边远的山村；古代伊拉克的城市逐渐埋葬在沙漠和山谷的淤泥中。那些幸存下来的城市——因公元629年形成的覆盖整个苏美尔地区的"大沼泽"；[44]或者因为13世纪蒙古人入侵而形成的大规模、系统性的破坏；又或者因为穷人或文盲对建筑材料的重新利用，对他们来说，古代伊拉克的历史几乎没有任何意义——又遭到了严重的破坏。

结　语

古代世界最古老和非凡的文明就此灭亡了。公元前7世纪末亚述遭受了残忍的毁灭，而巴比伦又存活了6个世纪，与最后的楔形文字文献一起在基督时代初期消失了。诞生于乌鲁克和捷姆迭特-那色文化时期（公元前3500年—公元前3000年），两河流域文明至少持续了3000年的时间。

在它缓慢衰落时期（公元前500—公元100年），经济状况的影响比人们认为的要小，地理环境的改变——两条河流的改道、运河堵塞、土地盐碱化——导致许多古代城镇和乡村被遗弃。直到萨珊王朝统治末期（第5世纪—第6世纪）大片地区的人口减少才呈现出大规模的比例。总的来说，两河流域文明的衰退和灭亡有三个主要原因：国家政府的缺失；亚历山大和其继承者所建立的新城市与旧居住地相互竞争，并最终取代了它们；由既不能被遏制也不能被同化的接连不断的入侵者——波斯人、希腊人、阿拉米亚人、前穆斯林阿拉伯人——带来的深刻的种族、语言、宗教和文化的变革。在她悠久的历史中，两河流域受到多次入侵。库提人、阿摩利人、胡里人、加喜特人和阿拉米亚人在底格里斯-幼发拉底河河谷建立起一个优于他们自身文明的年轻和充满活力的文明,并不断地适应、吸收这个文明。但是对于公元前 3 世纪文明程度很高的希腊人,对于柏拉图和亚里士多德(Aristotle)的门徒,巴比伦人除了他们天文学家的深奥作品,几乎没有什么可以奉献;没有什么比巴比伦人自己放弃的复杂的楔形文字更适合当时扎根伊拉克的世界性社会的要求了。希腊-马其顿人和东方定居者在那个国家发现的是一种在很多方面都过时和僵化了的文化,由一些寺庙中的祭司传承下来。自汉穆拉比时期开始,文学中便缺少了自发性和创造性;雕塑随着亚述的灭亡而消亡;在建筑方面,在迦勒底和塞琉古王朝时期仍有一些让人印象深刻的建筑物,但也只是在坚持以往的传统模板;至于各种科学,它们明显已经达到了它们的极限,除了数学和天文学两种引人注目的科学例外。对传统的依恋,也许是苏美尔-阿卡德文明的主要特征,确保了它 3000 年来的凝聚力和连续性,但现在它已成为一种障碍,而不是一种财富。两河流域文明的关键期——希腊化时代,可以与 16 世纪的文艺复兴相比较,甚至与我们现代的时代相比较。亚历山大所开创的新世界是一个瞬息万变的世界,它致力于广泛的商业交往,充满了好奇心,渴望重新评估其大部分的宗教、道德、科学和艺术价值。[1] 在这样一个世界上,容不下只要少数学者才能读懂的文学、一种从过时的思想和模式中汲取灵感的艺术、一种逃避理性解释的科学、一种不承认怀疑论的宗教。两河流域文明,就像埃及文明一样,是注定要灭亡的。如果允许把一个高度复杂的现象用一个单一且必然不准确的公式概括，人们可以说它死于老迈。

然而，一个文明的灭亡不可能不留下任何痕迹，甚至是我们，20世纪的人们，也必须向古代两河流域的居民致谢。当我们利用原子和探索行星的时候，我们应该记住，这要归功于巴比伦人数学和天文学的基本原理，包括我们仍然用来划分圆和时钟的"按位"计数系统和六十进位系统。我们同样也要感谢它们——虽然它们的价值存在较大质疑——大量的占星术，从现代出版的大量关于这门伪科学的出版物来看，它们并未失去对大众的吸引力。除了这些遗产，还有有效行政管理的雏形（毫无疑问是亚述人创造的）；一些制度，比如国王的加冕礼；一些主要用于宗教艺术的符号（例如新月、马耳他十字架、"生命之树"）；通过希腊语或阿拉伯语传播过来的一些词语——例如英语中的 cane（藤条，阿卡德语 *qânu*）、alcohol（酒精，*guhlu*）、dragoman（领航人，*targumanu*）、gypsum（石膏，*gassu*）、myrrh（没药，*murru*）、saffron（藏红花，*azupiranu*）、naptha（石脑油，*naptu*），或法语中的 corne（兽角，*qarnu*）和 mesquin（吝啬的，*mushkênu*），[2] 最后还有《圣经》中存在的诸多两河流域元素。与我们希腊罗马文明所留下的巨大遗产相比，这一切可能显得轻描淡写。这类清单，即便详尽无遗，也不能完全公正地评价苏美尔-阿卡德文明在人类历史上的重要性。我们仅仅去评估那些两河流域留存至今的遗迹、遗物，就像在细数从遥远的先祖那里继承来的家具残片，却忘记了先祖塑造了我们祖先的生活，也间接地塑造了我们的生活。

在基督诞生前的70个世纪，耶莫的居民和伊拉克北部新石器时代其他居住点的居民，积极参与了农业发明，这是人类历史上一个关键性革命。他们的直系后代是最早制作和装饰陶器、模制和烘焙泥砖、使用金属制品的人之一。在底格里斯河和其支流的两岸，在萨万和乔加-马米地区，人们开始了第一次灌溉农业的实验，时间大概是公元前5000年。这种新奇的做法很快被幼发拉底河平原采用并加以完善，大约2000年之后，车轮、帆以及播种犁也在那里被发明出来，第一批大城市及其神庙和"名望之家"被修建，几乎完美的艺术品也产生了。大约在公元前3300年，大约比埃及早两个世纪，苏美尔人发明了书写，这是另一场根本性的革命。书写使人们能够与遥远的人交流；提炼和发展他们的思想；将它们代代相传，使他们永垂不朽，因为它们被刻在石头上，更多的时候是刻在黏土上，这两种材料都是不朽的。同两河流域的塞姆人（阿卡德人、巴比伦人和亚述人）一起，苏美尔人使用这种神奇的工具不仅记录他们的账目，还用它们来保存对过去的记忆；在一个连贯的系统中集合一些迄今截然不同的宗教概念；尊敬和服务他们的神，并从他们那里获得对他们自己未来的预见；颂扬他们的国王；编纂他们的律法；对周围迷人的世界进行分类，为科学研究奠定基础；使用神话、传说、历史故事及"智者的忠告"来恰当地表达他们的哲学思想，从宇宙和人类的创造到无法解决的善恶问题，以及成千上万的在这里无法列举出来的其他事情，因为在前古典时代，没有其他民族留给我们如此多样的文本。这些是真正的"两河流域的遗产"，而不是一些制度、一些符号和一些词汇。正是由于这一系列令人印象深刻的技术发现和智力成就，两河流域人才得以在"我们自己过去的历史上占有重要的地位"。[3] 值得注意的是，这一在两河之间繁荣起来的文明并不局限于亚洲西南部。它已经到达了欧洲，最终通过两个阶段到达我们所有人：首先，在史前时代，它的技术从一个地方传播到另一个地方；然后则通过我们的犹太-基督教传统和希腊文化的双渠道，传播它的精神和艺术内容。

长期被所谓的"希腊奇迹"所迷住的古典学者，现在已经开始意识到古代东方的文化成就对希腊思想、艺术和伦理形成阶段的全面影响。[4] 而东方，在前古典时代的大部分时间里，在文化上则很大程度上依赖于两河流域。在亚历山大带领希腊人进入亚洲前，爱琴海上的诸多国家已经同赫梯建立了直接的联系，且通过海洋同迦南和埃及建立了商业联系。商人、工匠、使者、王子、皇家信使、医生甚至祭司在近东内外广泛旅行。我们知道，在公元前2千纪初期，亚述在小亚细亚中心地区建立了殖民地；在公元前1500年至公元前1200年间，迈锡尼商人居住在叙利亚海岸的乌伽里特，可以定期到加喜特时期的天青石圆筒印章（它们也许是来自亚述国王的礼物）被发现于希腊底比斯宫殿。[5] 同时，使用原始楔形文字符号书写的两河流域史诗和神话也在尼罗河两岸以它们原本的楔形文字被复制。因此，我们毫不惊讶地发现，希腊文明"是建立在东地中海的基础上"[6]——其大部分由两河流域文明的材料构成。前面已经提到亚述-巴比伦的医学为公元前5世纪—公元前4世纪伟大的希波克拉底改革铺平了道路，[7] 很可能，希腊早期的数学家们如毕达哥拉斯（Pythagoras），在很大程度上借鉴了他们的巴比伦前辈。分析东方对希腊艺术和文学的影响则很困难，因为在灵感激发、平行的独立创作和纯粹的借用之间不总是容易区分。当然可以举出一个毋庸置疑的例子，现在一般认为《伊索寓言》（*Aesopian fable*）有苏美尔-阿卡德的前身，吉尔伽美什是赫拉克勒斯（Heracles）和尤利西斯（Ulysses）的原型，[8]而看一眼希腊大陆和岛屿的雕像和雕塑，立刻就会发现它们早期和当代的两河流域作品有着密切的联系。[9]

如果两河流域对希腊产生的影响得到了证实，那么，我们相信它对其他近东国家则施加了更大的影响也是合情合理的。有关赫梯、希伯来、迦南、乌伽里特、米底和阿契美尼王朝的波斯的事例已被反复证明。但在后来的东方文明中两河流域文明的遗产是什么？帕提亚、萨珊伊朗的遗产是什么？希腊化、罗马和安纳托利亚的拜占庭的遗产是什么？阿拉伯的遗产是什么？伊斯兰教及其组织机构的遗产是什么？从帕提亚时期到如今的伊拉克，甚至到更遥远的地方，其自身的遗产是什么？罗斯托夫采夫（Rostovtzeff）教授——希腊和东方世界为数不多的自由学者之一——在50年前写道："我们正在逐渐了解巴比伦和波斯艺术对印度和中国艺术发展所造成的影响有多巨大。"[10]现有的资料虽然分散，但已相当丰富，但似乎还没有人从这一特定的角度来研究它，但这可以等等。在叙利亚和伊朗还有如此多的遗址丘等待挖掘，还有如此多的泥板文书和其他铭文需要去出版、修订或再版，在古代两河流域漫长的历史中，还有如此多的地方需要阐明，以至于几代亚述学者、考古学家和历史学家在未来几个世纪内都必须全力以赴。

参考文献和注释

第一章

[1] For physical geography: P. Beaumont, G. H. Blake and J. M. W. Wagstaff, *The Middle East, a Geographical Study*, London, 1976. For historical geography (and often much more): J. B. Pritch-Ard (Ed.), *The Times Atlas of the Bible*, London, 1989; the *Tübinger Atlas des Vorderen Orients*, Wiesbaden, 1977 ff., and the subsidiary series: *Répertoire Géographique des Textes Cunéiformes* (RGTC), 1974 ff.; M. Roaf, *Cultural Atlas of Mesopotamia and the Ancient Near East*, Oxford, 1990.

[2] On fauna: E. Douglas van Buren; *The Fauna of Ancient Mesopotamia as Represented in Art*, Roma, 1939; F. S. Bodenheimer, *Animal and Man in Bible Land*, Leiden, 1960; B. Landsberger, *The Fauna of Ancient Mesopotamia*, Roma, 1960 (philological study); B. Brentjes, *Wildtier und Haustier im alten Orient*, Berlin, 1962. On flora: M. Zohari, *Geobotanical Foundations of the Middle East*, Stuttgart, 1973; E. Guest et al., *Flora of Iraq*, Baghdad, 1966 ff.; M. B. Rowton, "The woodlands of ancient western Asia," *JNES* XXVI (1967), pp. 261-277.

[3] K. W. Butzer, *Quaternary Stratigraphy and Climate of the Near East*, Bonn, 1958, and *CAH*, I, 1, pp. 35-62; J. S. Sawyer (ed.), *World Climate from 8000 to 0 B. C.*, London, 1966; W. NUTZEL, "The climate changes of Mesopotamia and bordering areas, 14000 to 2000 B. C.," *Sumer*, XXXII (1976), pp. 11-24.

[4] Herodotus, II, 5.

[5] Put forward by Pliny, *Hist. Nat.*, VI, xxxi, 13, as early as the first century A. D., this theory was codified by De Morgan in *MDP*, I (1900), pp. 4-48.

[6] G. M. Lees and N. L. Falcon, "The geographical history of the Mesopotamian plains," *Geogr. Journal*, CXVIII (1952), 1, pp. 24-39.

[7] C. E. Larsen, "The Mesopotamian delta region: a reconsideration of Lees and Falcon," *JAOS*, XCV (1975), pp. 43-57. P. Kassler, "The structural and geomorphic evolution of the Persian Gulf" in B. H. Pursuer, *The Persian Gulf*, Berlin, Heidelberg, New York, 1973, pp. 11-32. W. Nutzel, "The formation of the Arabian Gulf from 14000 B. C.," *Sumer* XXXI (1975), pp. 101-111.

[8] G. Roux, "Recently discovered ancient sites in the Hammar-Lake district," *Sumer*, XVI (1960), pp. 20-31.

[9] M. S. Drawer, "Perennial irrigation in Mesopotamia," in *A History Technology*, London, 1955, I, p. 545 ff.; P. Buringh, Living conditions in the lower Mesopotamian plain in ancient times, *Sumer*, XIII (1957), pp. 30-46; R. Mcc. adams, "Historic patterns of Mesopotamian irrigation agriculture," in T. E. Downing and Mcg. Gibson(eds.), *Irrigation Impact on Society*, Tucson, 1971, pp. 1-6.

[10] For some scholars, an extensive salinization in southern Iraq between 2400 and 1700 B. C. was the reason for the decline of the political power of the Sumerians. See: T. Jacobsen and R. Mcc. Adams, "Salt and silt in ancient Mesopotamian agriculture" in *Science*, CXXVIII (1958), pp. 1251-1258; T. Jacobsen, *Salinity and Irrigation Agriculture*, Malibu, 1982. For a dif-

ferent opinion, see: M. L. A. Powell, "Salt, seed and yields in Sumerian agriculture," *ZA*, LXV (1985), pp. 7-38.

[11] M. Ionides, *The Régime of the Rivers Euphrates and Tigris*, London, 1937.

[12] S. N. Kramer, *HBS*, pp. 65-69; *The Sumerians*, Chicago, 1963, pp. 105-109 and 340-342. Also see: B. Landsberger, "Jahreszeiten in Sumerisch-Akkadischen," *JNES*, VII (1949), pp. 248-297.

[13] Herodotus, I, 193; Strabo, XVI, 14.

[14] T. Jacobsen, in *Sumer*, XIV (1958), p. 81, quoted 2537 litres of barley per hectare (2.47 acres) in the vicinity of Girsu (Tello) c. 2400 B. C., as against I, 165 to 1288 litres in the same region during the fifties. The reliability of ancient texts on this subject is discussed by K. Butz in E. Lipinski (ed.), *State and Temple Economy in the Ancient Near East*, Leuven, 1979, pp. 257-409. Detailed studies on ancient Mesopotamian agriculture are published in *Bulletin on Sumerian Agriculture*, Cambridge, 1984 ff.

[15] A. H. Preussner, "Date culture in ancient Babylonia," *AJSL*, XXXVI (1920), pp. 212-232; W. H. DOWSON, *Dates and Date Cultivation in Iraq*, Cambridge, 1923; B. Landsberger, "The date-palm and its by-products according to the cuneiform sources", *AfO*, XVII (1967).

[16] According to R. Ellison, "Diet in Mesopotamia," *Iraq*, XLIII (1981), pp. 35-43, the diet in Mesopotamia at different periods provided 3495 calories per day on average.

[17] On this desert in general, see: C. P. Grant, *The Syrian Desert*, London, 1937 (with extensive bibliography).

[18] On this region, see: A. M. Hamilton, *Road through Kurdistan*, London, 1958; R. J. Braidwood and B. Howe, *Prehistoric Investigationsin Iraqi Kurdistan*, Chicago, 1960, pp. 12–17.

[19] W. Thesiger, "The marshmen of southern Iraq," *Geogr. Journal*, CXX (1954), pp. 272–281; *The Marsh Arabs*, London, 1964.

[20] R. J. Forbes, *Bitumen and Petroleum in Antiquiry*, Leiden, 1936; *Studies in Ancient Technology*, I, Leiden, 1955, pp. 1–118.

[21] Numerous books and articles have been published on Mesopotamian trade. See notably: A. L. Oppenheim, "The seafaring merchants of Ur," *JAOS*, LXXIV (1954), pp. 6–17; W. F. Leemann, *Foreign Trade in the Old Babylonian Period*, Leiden, 1960; *Trade in the Ancient Near East*, London, 1977 (articles from *Iraq*, XXXIX (1977); N. Yoffee, *Explaining Trade in ancient Western Asia*, Malibu, 1982; T. Stetch and V. C. Pigott, "The metal strade in southwestern Asia in the third millennium B. C. ," *Iraq*, XLVIII (1986), pp. 39–64. On particular metals: J. D. Muhly, *Copper and Tin*, Hamden, Conn. , 1973; K. R. Maxwell-Hyslop, "Sources of Sumerian gold," *Iraq*, XXXIX (1977), pp. 84–86.

[22] J. Lewy, "Studies in the historic geography of the ancient Near East," *Orientalia*, XXI (1952), pp. 1–12; 265–292; 393–425; A. Goetze, "An Old Babylonian itinerary," *JCS*, VII (1953), pp. 51–72. D. O. Edzard and G. Frantz-Szabo. "Itinerare" *RLA*, V(1977) 216–220.

[23] W. W. Hallo, "The road to Emar," *JCS*, XVIII (1964), pp. 57–88, and remarks by A. Goetze, ibid. , pp. 114–119.

[24] Sir Arnold T. Wilson, *The Persian Gulf*, London, 1954.

[25] For Bahrain, see: G. Bibby, *Looking for Dilmun*, Penguin

Books, London, 1972; D. T. Potts (ed.), *Dilmun, New Studies in the Archaeology and Early History Bahrain*, Berlin, 1983; Shaikha Haya Ali Al-Khalifa and M. Rice (ed.), *Bahrain Through the Ages: the Archaeology*, London, 1986. For Saudi Arabia and the United Arab Emirates, consult the *Proceedings of the Seminar for Arabian Studies*, London, from 1971. Reports of excavations and other papers are published in a variety of scientific journals. For a general view, see: D. T. Potts, *The Arabian Gulf in Antiquity*, vol. I, Oxford, 1990.

第二章

[1] On Mesopotamian archaeology in general, cf.: A. Parrot, *Archéologie Mésopotamienne*, 2 vols, Paris, 1946–1953; H. Frankfort, *The Art and Architecture of the Ancient Orient*, Harmondsworth, 1954; Seton lloyd, *The Archaeology of Mesopotamia*, London, 1978.

[2] Up to the end of the third millennium B. C., temples and palaceswere, with rare exceptions, made of sun-dried bricks. Baked bricks were almost exclusively used for the pavement of open courtyards, bathroom floors and drains. In many buildings of later periods only the lower part of the walls was built of kiln-baked bricks.

[3] The Akkadian (Assyro-Babylonian) word is *tilu*. Sentences such as: "I turned this town into a mound (*tilu*) and a heap of ruins (*karmu*)" are frequently found in Assyrian royal inscriptions.

[4] More details on excavation methods can be found in Setonlloyd, *Mounds of the Near East*, Edinburgh, 1962. cf. also A. Parrot,

AM, II, pp. 15-78. On certain sites where buildings are not too deeply buried, time and money can be saved by "scraping" the superficial layers of debris. This provides a kind of "map" of the town and enables the archaeologists to detect areas worthy of true excavations. Tell Taya, in northern Iraq, is an example of this method (cf. J. Curtis(ed.) , *Fifty Years of Mesopotamian Discovery*, London, 1982, figs. 57 and 58).

[5] M. B. Rowton, *CAH*, I, 1, p. 197.

[6] *ANET*, pp. 269-270.

[7] *ANET*, p. 271.

[8] *ARAB*, II, p. 433.

[9] Th. Jacobsen, *The Sumerian King List*, Chicago, 1939.

[10] A. Ungnad, *RLA*, II, 1938, p. 412 ff.

[11] For a general survey of this complicated problem, cf. : A. Parrot, *AM*, II, pp. 332-438. The dates 1792-1750 B. C. were proposed by Sidney Smith in *Alalakh and Chronology*, London, 1940, and accepted by an increasing number of scholars (cf. M. B. Rowton, "The date of Hammurabi," *JNES*, XVII (1958), pp. 97-111).

[12] W. F. Libby, *Radio-carbon Dating*, Chicago, 1955. For details on the technique, limits and problems of the Carbon 14 method, see: C. Renfrew, *Before Civilization*, Harmondsworth, 1976, pp. 53-92 and pp. 280-294.

[13] For details, cf. S. A. Pallis, *Early Explorations in Mesopotamia*, Copenhagen, 1954, and Seton Lloyd, *Foundations in the Dust*, London, 1980.

[14] Xenophon, Anabasis, iii, 4.

[15] Strabo, XVI, 5.

[16] For details, see C. H. Fossey, *Manuel d'Assyriologie*, vol. I, Paris, 1904; S. A. Pallis, *The Antiquity of Iraq*, Copenhagen, 1956; C. Bermant and M. Weitzman, *Ebla*, London, 1979, pp. 70-123.

[17] S. N. Kramer, *The Sumerians*, Chicago, 1963, p. 15.

[18] D. J. Wiseman, *The Expansion of Assyrian Studies*, London, 1962.

[19] Summaries and preliminary reports of these "salvage excavations" in Iraq have been published in a variety of specialized journals, notably *Sumer*. XXXV (1979) ff. and *Iraq*, XLIII (1979) ff. Some final reports are available in book form. For a general view of the "Assad dam project" in Syria, see J. C. Margueron (ed.), *Le Moyen Euphrate*, Leiden, 1980.

第三章

[1] H. Field, *Ancient and Modern Man in Southwestern Asia*, Coral Gables, Calif., 1956.

[2] R. J. Braidwood and B. Howe, *Prehistoric Investigations in Iraqi Kurdistan*, Chicago, 1960; T. C. Young, P. E. L. Smith and P. Mortensen (ed.), *The Hilly Flanks and Byond*, Chicago, 1984.

[3] R. Solecki, *Shanidar, the Humanity of Neanderthal Man*, London, 1971.

[4] K. W. Butzer, *CAH*, I, 1 (1970), pp. 49-62.

[5] H. E. Wright Jnr, "The Geological Setting of Four Prehistoric Sitesin North Eastern Iraq," *BASOR*, 128 (1952), pp. 11-24; "Geologic Aspects of the Archaeology of Iraq," *Sumer*, XI (1955), pp. 83-90.

[6] D. A. E. Garrod and J. G. D. Clark, *CAH*, I, 1, pp. 74–89 and pp. 118–121.

[7] M. L. Inizan, "Des indices acheuléens sur les bords du Tigre, dans le nord de l'Iraq," *Paléorient*, XI, 1 (1985), pp. 101–102.

[8] Naji-Al-'Asil, "Barda Balka," *Sumer*, V (1949), pp. 205–206; H. E. Wright, Jnr and B. Howe, "Preliminary Report on Soundingsat at Barda Balka," *Sumer*, VII (1951), pp. 107–110.

[9] D. A. E. Garrod, "The Palaeolithic of Southern Kurdistan: Excavations in the Caves of Zarzi and Hazar Merd," *Bulletin No 6, Amer. School of Prehist. Research*, New Haven (1930).

[10] Preliminary reports in Sumer, VIII (1952) to XVII (1961). Also see: R. Solecki, "Prehistory in Shanidar valley, northern Iraq," *Science*, CXXXIX (1963), pp. 179–193, and the book quoted above, note 3.

[11] E. Trinkhaus, "An inventory of the Neanderthal remains from Shanidar Cave, northern Iraq," *Sumer*, XXXIII (1977), pp. 9–47.

[12] A. Leroi-Gourhan, "The flowers found with Shanidar V, a Neanderthal burial in Iraq," *Science*, CXC (1975), pp. 562–564.

[13] R. J. Braidwood, "From Cave to Village in Prehistoric Iraq," *BASOR*, 124 (1951), pp. 12–18. R. J. Braidwood and B. Howe, *Prehistoric Investigations in Iraqi Kurdistan*, Chicago, 1960, pp. 28–29, 57–59, 155–156.

[14] For more detail on the Mesolithic and Neolithic periods in the Near East, consult: P. Singh, *Neolithic Cultures of Western Asia*, London and New York, 1974; J. Mellaart, *The Neolithic of the Near East*, London, 1975 and D. and J. Oates, *The Rise of Civilization*, Oxford, 1976.

[15] R. Solecki, *An Early Village Site at Zawi Chemi Shanidar*, Malibu, Calif., 1980.

[16] R. J. Braidwood and B. Howe, *Prehistoric Investigations*, op. cit., pp. 52 and pp. 170.

[17] R. J. Braidwood and B. Howe, ibid., p. 50.

[18] M. Van Loon, "The Oriental Institute excavations at Mureybet, Syria," *JNES* XXVII (1968), pp. 264-290. J. Cauvin, *Les Premiers Villages de Syrie-Palestine du IXe au VIIe Millénaire avant J.-C.*, Lyon/Paris, 1978.

[19] F. Hole, K. V. Flannery, J. A. Neely, H. Helbaek, *Prehistory and Human Ecology in the Deh Luran Plain: an Early Village Sequence from Khuzistan, Iran*, Ann Arbor, Conn. 1969.

[20] For more detail on this subject, see: H. J. Nissen, *The Early History of the Ancient Near East, 9000-2000 B. C.*, Chicago, 1988, pp. 15-27.

[21] J. R. Harlan and D. Zohary, "Distribution of wild wheat and barley," *Science*, CLIII (1966), pp. 1075-1080; J. R. Harlan, "Awild harvest in Turkey," *Archaeology*, XX(1967), pp. 197-201.

[22] L. R. Binford, "Post-Pleistocene adaptations" in S. R. and L. R. Binford(ed.), *New Perspectives in Archaeology*, Chicago, 1968, pp. 313-342; K. V. Flannery, "Origins and ecological effects of early domestication in Iran and the Near East" in J. A. Sabloff and C. C. Lamberg-Karlowsky(ed.), *The Rise and Fall of Civilizations*; Menlo Park, Calif., 1974, pp. 245-268.

[23] R. J. and L. Braidwood, "Jarmo: a village of early farmers in Iraq," *Antiquity*, XXIV (1950), pp. 189-195; J. Mellaart, *The Neolithic of the Near East*, pp. 80-82.; P. Singh, *Neolithic Cultures*, pp. 116-121.

［24］P. Mortensen,*Tell Shimshara*: *the Hassuna Period*, Copenhagen, 1970.

［25］To our knowledge, only summaries have yet been published in *Iraq*, XLI (1979), pp. 152-153 and XLIII (1981), p. 191.

［26］D. Schmandt-Besserat, "The use of clay before pottery in the Zagros," *Expedition*, XVI (1974), pp. 11-17.

［27］On the origins and significance of pottery, see H. J. Nissen, op. cit. , pp. 27-32.

第四章

［1］On Mesopotamian proto-history in general, in addition to the books listed in note 14 of Chapter 3, see: J. Mellaart, *Earliest Civilizations of the Near East*, London, 1965; M. E. L. Mallowan, *Early Mesopotamia and Iran*, London, 1965; Seton Lloyd, *The Archaeology of Mesopotamia*, London, 1978; C. L. Redman, *The Rise of Civilization*, San Francisco, 1978.

［2］Seton Lloyd and Fuad Safar, "Tell Hassuna," *JNES*, IV (1945), pp. 255-289.

［3］C. S. Coon, "Three Skulls from Hassuna," *Sumer*, IV (1950), pp. 93-96.

［4］T. Dabbagh, "Hassuna pottery," *Sumer*, XXI (1965), pp. 93-111.

［5］R. J. Braidwood, L. Braidwood, J. G. Smith and C. Leslie, "Matarrah, a southern variant of the Hassunan assemblage, excavated in 1948," *JNES*, XI (1952), pp. 1-75.

［6］Danish excavations in 1957-1958. cf. P. Mortensen, *Tell Shimshara. The Hassuna Period*, Copenhagen, 1970.

［7］Excavated by a Soviet team since 1969. For a summary of the results, see N. Y. Merpert and R. M. Munchaev, "Early agricultural settlements in the Sinjar plain, northern Iraq," *Iraq*, XXXV (1973), pp. 93-113; "The earliest levels at Yarim Tepe I and Yarim Tepe II in northern Iraq," *Iraq*, XLVI (1987), pp. 1-36.

[8] Preliminary reports by D. Kirkbride in *Iraq* from vol. XXXIV (1972) to vol. XXXVII (1975). Also see, by the same author, "Umm Dabaghiyah" in J. Curtis(ed.), *Fifty Years of Mesopotamian Discovery*, London, 1982, pp. 11-21.

[9] Excavated by the Yarim Tepe team. Summaries in "Excavations in Iraq" in *Iraq*, XXXV (1973), XXXVII (1975), XVIII (1976) and XXXVIII (1977).

[10] Japanese excavations from 1956 to 1965, resumed in 1976. Final reports by N. Egami et al.: *Telul eth-Thalathat*, 3 vols., Tokyo, 1959-1974.

[11] E. E. Hertzfeld, *Die Ausgrabungen von Samarra*, V, Berlin, 1930.

[12] Preliminary reports by B. Abu Es-Soof, K. A. Al-'Adami, G. Wahida and W. Yasin in *Sumer*, XXI (1965) to XXVI (1970). For a global view of the results: J. Mellaart, *The Neolithic of the Near East*, London, 1975, pp. 149-155.

[13] H. Helbaek, "Early Hassunan vegetables from Tell es-Sawwan, near Samarra," *Sumer*, XX (1964), pp. 45-48.

[14] J. Oates, "The baked clay figurines from Tell es-Sawwan," *Iraq*, XXVIII (1966), pp. 146-153.

[15] In the Hamrin basin, Samarran houses, pottery and implements have been found by Japanese archaeologists at Tell Songor and by Iraqi archaeologists at Tell Abada. K. Matsumoto, "The Samarra period at Tell Songor A" in J. L. Huot(ed.), *Préhistoire*

de la Mésopotamie, Paris, 1987, pp. 189–198; Sabah Abboud Jasim, "Excavations at Tell Abada," *Iraq*, XLV (1983), pp. 165–186.

[16] Preliminary reports by J. Oates in *Sumer*, XXII (1966), pp. 51–58 and XXV (1969), pp. 133–137; *Iraq*, XXXI (1969), pp. 115–152 and XXXIV (1972), pp. 49–53. By the same author, "Choga Mami" in J. Curtis (ed.), *Fifty Years* ... pp. 22–29; "The Choga Mami traditional" in J. L. Huot (ed.), *Préhistoire de la Mésopotamie*, pp. 163–180.

[17] M. Freiherr Von Oppenheim, *Der Tell Halaf*, Leipzig, 1931. Detailed publication: *Tell Halaf*, I, *Die prähistorischen Funde*, Berlin, 1943.

[18] R. Campbell Thompson and M. E. L. Mallowan, "The British excavations at Nineveh," *AAA*, XX (1933), p. 71 ff.

[19] M. E. L. Mallowan and C. Rose, "Prehistoric Assyria. The excavations at Tell Arpachiyah," 1933, *Iraq*, II (1935), pp. 1–78.

[20] M. E. L. Mallowan, "The excavations at Tell Chagar Bazar," *Iraq*, III (1936), pp. 1–86; IV (1937), pp. 91–117.

[21] Ismall Hijara et al., "Arpachiyah, 1976," *Iraq*, XLII (1980), pp. 31–54; J. Curtis; "Arpachiyah," in *Fifty Years*..., pp. 30–36.

[22] P. J. Watson, "The Halafian culture: a review and synthesis," in T. C. Young, P. E. L. Smith, P. Mortensen (ed.), *The Hilly Flaanks and Beyond*, Chicago, 1983, pp. 231–250.

[23] D. Frankel, *Archaeologists at Work: Studies on Halaf Pottery*, London, 1979.

[24] This is a physico-chemical technique giving very precise measurements of about 30 elements commonly found in clay, A clay

of a specific origin has a specific chemical composition which is both characteristic and unique, like a chemical fingerprint. Since pottery is usually made of the local clay, this method is used to determine the origin of a given piece of pottery (I. Perlman, F. Asaro, H. V. Michel in *Annual Review of Nuclear Science*, XXII [1972], pp. 383-426). On its application to the Halaf period, see: T. E. Davidson and H. Mckerrell, "The neutron activation analysis of Halaf and "Ubaid pottery from Tell Arpachiyah and Tepe Gawra," *Iraq*, XLII (1980), pp. 155-167.

[25] J. Mellaart, *The Neolithic of the Near East*, London, 1975, pp. 169-170.

[26] H. R. Hall and C. L. Woolley, *Al-' Ubaid*, London, 1927 (*UE*, I).

[27] Fuad Safar, Mohammed Ali Mustafa and Seton Lloyd, *Eridu*, Baghdad, 1982.

[28] Some French archaeologists have questioned the religious nature of these buildings and prefer to call them "prestige buildings". They claim that they might have housed eminent members of the communities or served as community halls similar to the *mudhifs* of the Marsh Arabs. However, the majority of archaeologists believe that most of them were temples.

[29] C. Ziegler, *Die Keramik von der Qal'a des Haǧǧi Mohammed*, Berlin, 1953.

[30] D. Stronach, "Excavations at Ras al ' Amiya," *Iraq*, XXIII (1961), pp. 95-137.

[31] Y. Calvet, in *Larsa et Oueili, Travaux de 1978-1981*, Paris, 1983, pp. 15-70; and in *Préhistoire de la Mésopotamie*, Paris, 1987, pp. 129-152.

[32] J. L. Huot,"Un village de basse Mésopotamie: Tell el 'Oueili à l'Obeid 4",in *Préhistoire de la Mésopotamie*,pp. 129-152.

[33] M. O. Roaf, "The Hamrin sites: Tell Madhhur," in *Fifty Years*...pp. 40-46.

[34] J. Oates,"Ubaid Mesopotamia reconsidered,"in T. C. Young et al. (Ed.), *The Hilly Flanks and Beyond*, Chicago, 1983, pp. 251-272. These 45 apparently intermittent settlements are spread from the southern border of Kuwait to Bahrain and Qatar; another has been found in Bushir peninsula (Iran). They seem to have been camps of fishermen using 'Ubaid 2,3 or 4 pottery made in Mesopotamia and local flint tools.

第五章

[1] See, in particular: C. H. Kraeling and R. Mcc. Adams (eds.), *City Invincible*, Chicago, 1960; M. B. Rowton, *The Role of Watercoursesin in the Growth of Mesopotamian Civilization*, Neukirchen-Vluyn, 1969; P. J. Ucko, R. Tringham and G. W. Dimbleby (eds.), *Man, Settlement and Urbanism*, London, 1972; T. E. Dawning and Mcguire Gibson (eds.), *Irrigation's Impact on Society*, Tucson, 1974.

[2] R. Mcc. Adams and H. J. Nissen, *The Uruk Countryside*, Chicago, 1972; Mcguire Gibson, *The City and Area of Kish*, Miami, 1972. R. Mcc. Adams, Heartland of Cities Chicago, 1981.

[3] The results of the German excavations at Uruk-Warka (1928-1939 and 1952 onwards) are published in a series of preliminary reports known as *Uruk Vorlaüfiger Berichte* (abbreviated *UVB*). In addition, volumes of monographs (*Ausgrabungen der*

Deutschen Forschungsgemeinschaft in Uruk-Warka) deal with particular aspects of the excavations.

[4] H. Lenzen, *Die Tempel der Schicht Archaisch V in Uruk*, ZA, 49 (1949), pp. 1-20.

[5] Seton Lloyd and Fuad Safar, "Tell Uqair," *JNES*, 11 (1943), pp. 131-158.

[6] Excavated by the Iraqis in the late sixties. Preliminary reports by B. Abou-Es-Soof and I. H. Hijara in *Sumer*, XXII (1966), XXIII (1967), XXV (1969) and XXIX (1973).

[7] German excavations. Preliminary reports by H. Heinrich et al., in *MDOG*, CI (1969) to CVIII (1976). General book on the subject: E. Strommenger, *Habuba Kabira, eine Stadt von 5000 Jahren*, Mainz, 1980.

[8] An excellent introduction to glyptics can be found in D. Collon, *First Impressions: Cylinder Seals in the Ancient Near East*, London, 1987.

[9] Published by A. Falkenstein, *Archaische Texte aus Uruk*, Leipzig, 1942.

[10] D. Diringer, *Writing*, London, 1962; I. J. Gelb, *A Study of Writing*, Chicago, 1974; D. Hawkins, "The origin and dissemination of writing in Western Asia" in P. R. S. Moorey (ed.), *The Origins of Civilization*, Oxford, 1979; C. B. F. Walker, *Reading the Past: Cuneiforms*. London, 1987.

[11] D. Schmandt-Besserat, *An Archaic Recording System and the Origin of Writing*, Malibu, Calif., 1977.

[12] Khafaje: *OIC*, XX (1936), p. 25; Habuba Kabira: *AJO*, XXIV (1973), fig. 17; Tell Brak: *Fifty Years of Mesopotamian Discovery*, London 1982, p. 65, fig. 51.

[13] E. Mackay, *Report on Excavations at Jemdet Nasr, Iraq*, Chicago, 1931; H. Field and R. A. Martin, "Painted pottery from Jemdet Nasr," *AJA*, 39 (1935), pp. 310-318. For more recent excavations, see: R. J. Matthews, *Iraq*, LI (1989), pp. 225-248 and LII (1990), pp. 25-40. For discussions on this period, consult U. Finkbeiner and W. Röllig(ed.), *Čamdat Nasr: Period or Regional Style?* Wiesbaden, 1986.

[14] H. Heinrich, *Kleinfunde aus den archaischen Tempelschichten in Uruk*, Leipzig, 1936, pp. 15-16, pl. 2-3, 38. Hunt stele in *UVB*, V (1934), pp. 11-13, pl. 12-13. Woman's head in *UVB*, XI(1940), frontispiece.

[15] W. A. Ward, "Relations between Egypt and Mesopotamia from prehistoric times to the end of the Middle Kingdom," *JESHO*, VII (1974), pp. 121-135; I. E. S. Edwards, in *CAH*, I, 2, pp. 41-45.

[16] Seton Lloyd, "Iraq Government soundings at Sinjar," *Iraq*, VII (1940), pp. 13-21.

[17] P. Delougaz and Seton Lloyd, *Pre-Sargonid Temples in the Diyala Region*, Chicago, 1942.

[18] The main articles have been conveniently gathered in T. Jones (ed.), *The Sumerian Problem*, New York, 1969. See also: A. parrot *AM*, II, pp. 308-331.

[19] There is still considerable uncertainty as regards the meaning of KI. EN. GI. Some scholars think that *Shumer* and *Kengi/Kengi(r)* are different pronunciations of the same word in the two Sumerian dialects, *emeku* and *emesal*. Others believe that KI. EN. GI is a "compound ideogram", but they disagree on the way it should be read. On this subject, see F. R. Kraus, *Sumerer und Akkader*, Amsterdam, 1970, pp. 48-51.

[20] On the question of early contacts between Sumerians and Semites, see: F. R. Kraus, op. cit., and the articles by D. O. Edzard, W. Von Soden, I. J. Gelb, S. N. Kramer and P. Amiet in *Geneva*, VIII (1960), pp. 241-314.

[21] Skulls from Kish (S. Langdon, *Excavations at Kish*, Paris, 1924, pp. 115-125), from Ubaid (*UE*, I, 1927, pp. 214-240), from Ur (*UE*, II, 1934, pp. 400-407) and from Eridu (*Sumer*, V, 1949, p. 103).

[22] H. Frankfort, *The Birth of Civilization in the Near East*, London, 1954, p. 50, n. 1.

第六章

[1] For general studies on Mesopotamian religion, see: S. N. Kramer, *Sumerian Mythology*, New York, 1961; W. H. P. Römer, "The religion of ancient Mesopotamia" in J. Bleeker and G. Windengren (ed.), *Historia Religionum*, I, Leiden, 1969; H. Ringgren, *Religions of the Ancient Near East*, London, 1973, pp. 1-123; T. Jacobsen, *The Treasure of Darkness: a History of Mesopotamian Religion*, London, 1976. The most recent and complete book on mythology is that of J. Bottero and S. N. Kramer, *Lorsque les Dieux faisaient l'Homme*, Paris, 1989.

[2] Excellent translations of Sumerian and Akkadian religious texts can be found in R. Labat, A. Caquot, M. Sznycer and M. Vieyra, *Les Religions du Proche-Orient*, Paris, 1970; J. B. Pritchard (ed.), *Ancient Near Eastern Texts Relating to the Old Testament*, 3rd edition, Princeton, 1969; A. Falkenstein and

W. Vonsoden, *Sumerische und Akkadische Hymnen und Gebete*, Stuttgart, 1953.

[3] W. G. Lambert, "The historical development of the Mesopotamian pantheon" in H. Goedicke and J. J. M. Roberts (ed.), *Unity and Diversity*, Baltimore/London, 1975.

[4] E. Cassin, *La Splendeur Divine*, Paris, 1968.

[5] H. Vorlander, *Mein Gott*, Neukirchen-Vluyn, 1975. This personal god is often represented on cylinder-seals of the Ur III period.

[6] T. Jacobsen, *The Treasures of Darkness*, p. 20.

[7] Possibly in the first centuries of the Early Dynastic period, after Enmebaragesi, King of Kish, had built the temple of Enlil in Nippur. (S. N. Kramer, *Geneva*, VIII [1960], p. 277, note 25.)

[8] Hymn to Enlil: *ANET*, 3rd Edition, p. 575.

[9] List of *me* in S. N. Kramer, *The Sumerians*, Chicago, 1963, p. 116.

[10] Myth "Enki and the World Order": S. N. Kramer, *Sumerian Mythology*, pp. 59-62; *The Sumerians*, pp. 172-183; J. Bottero and S. N. Kramer, *Lorsque les Dieux...*, pp. 165-188.

[11] W. W. Hallo and J. Van Dijk, *The Exaltation of lnanna*, New Haven/London 1968 (cf. *ANET*, pp. 579-582). Also see the hymns and prayers to lnanna in R. Labat et al., *Les Religions du Proche-Orient*, pp. 227-257.

[12] S. N. Kramer, *The Sacred Marriage Rite*, Bloomington, 1969; *Le Mariage Sacré*, Paris, 1983.

[13] D. Reisman, "Lddin-Dagan's Sacred Marriage hymn," *JCS*, XXV (1973), pp. 185-202.

[14] Sumerian version in *ANET*, pp. 52-57; Assyrian version,

ibid. ,pp. 106-109. J. Bottero and S. N. Kramer,*Lorsque les Dieux*…,pp. 275-300 and 318-330.

[15] R. Graves,*The Greek Myths*,London,1955.

[16] On these legends,cf. : S. G. F. Brandon, *Creation Legends of the Ancient Near East*,London,1963,and A. Heidel,*The Babylonian Genesis*,Chicago,1951.

[17] W. Thesiger,*Geogr. Journal*,CXX (1954),p. 276.

[18] A. Heidel,*The Babylonian Genesis*, Chicago, 1954; E. A. Speiser in *ANET*,pp. 60-72 and 501-503. J. Bottero and S. N. Kramer,*Lorsque les Dieux*…,pp. 602-679.

[19] As suggested by Th. Jacobsen in *The Intellectual Adventure of Ancient Man*,Chicago,1946,p. 170. Others see in *mummu* an epithet of Tiamat:"mother Tiamat","creator Tiamat"or the like (cf. A. Heidel,"The meaning of *mummu* in Akkadian literature,"*JNES*,VII [1948],pp. 98-105).

[20] M. J. Seux,*Hymnes et Prières aux Dieux de Babylonie et d'Assyrie*,Paris,1976. Also see A. Falkenstein and W. Von Soden,op. cit. ,note 1 above.

[21] W. G. Lambert,*Babylonian Wisdom Literature*,Oxford,1960, p. 101.

[22] *The Gilgamesh Epic*, Old Babylonian version, III, iv, 6-8. (Transl. E. A. Speiser,*ANET*,p. 79).

[23] "*Inanna's Descent to the Netherworld*,"Obv. 8-11 (Transl. A. Heidel,op. cit. ,p. 121).

[24] "*Ludlul bet nemeqi*," II, 36-42, 48 (W. G. Lambert, op. cit. ,p. 41).

第七章

[1] S. N. Kramer, *Enmerkar and the Lord of Aratta: a Sumerian Epic Tale of Iraq and Iran*, Philadelphia, 1952.

[2] S. N. Kramer, "Enki and Ninhursag: a Paradise myth" in *ANET*, pp. 37–41.

[3] E. A. Speiser, "Adapa" in *ANET*, pp. 101–103; S. A. Picchjoni, *Il Poemetto di Adapa*, Budapest, 1981.

[4] G. Roux, "Adapa, le vent et l'eau," *RA*, LV (1961), pp. 13–33.

[5] Th. Jacobsen, "Primitive democracy in ancient Mesopotamia," *JNES*, II (1943), pp. 159–172; "Early political development in Mesopotamia," *ZA*, LII (1957), pp. 91–140.

[6] Th. Jacobsen, *The Sumerian King List*, Chicago, 1939.

[7] *Bad-tibira* has been identified with Tell Medain, near Telloh (V. E. Crawford, *Iraq*, XXII [1960], pp. 197–199). *Larak* might be Tell el Wilaya, near Kut-el-Imara (*Sumer*, XV [1959], p. 51). *Sippar* is modern Abu Habba, about 32 kilometres south-west of Baghdad, partly excavated by H. Rassam in 1881–1882, by V. Scheil in 1894 and by W. Andrae and J. Jordan in 1927 (cf. *AM*, I, pp. 101, 159, 326). *Shuruppak* is Tell Fara, about 64 kilometres south-east of Diwaniyah, excavated by the Germans in 1902–1903 (H. Heinrich and W. Andrae, *Fara*, Berlin, 1931) and by the Americans in 1931 [E. Schmidt, *Museum Journal*, (Philadelphia) XXII (1931), pp. 193–245].

[8] "Gilgamesh," tablet XI, pp. 9–196 (quotations from A. Hei-

del's translation). See also: E. Sollberger, *The Flood*, London, 1962.

[9] Usually identified with mount Pir Omar Gudrun, 2612 metres, in the Zagros range, south of the Lower Zab (E. A. Speiser, *AASOR*, VIII [1928], pp. 18, 31).

[10] For these early versions, cf.: *ANET*, pp. 42-44, 99-100, 104-106, 512-514, and W. G. Lambert and A. R. Millard, *Atra-hasis. The Babylonian Story of the Flood*, Oxford, 1969.

[11] Sir Leonard Woolley, *AJ*, IX (1929), pp. 323-330; X (1930), pp. 330-341; *Ur of the Chaldees*, London, 1950, p. 29; *Excavations at Ur*, London, 1954, pp. 34-36; *UE*, IV, pp. 15 ff.

[12] Among recent publications on this subject, cf.: M. E. L. Mallowan, "Noah's Flood reconsidered," *Iraq*, XXVI (1964), pp. 62-82; H. J. Lenzen, "Zur Flutschicht in Ur," *BM*, III (1964), pp. 52-64; R. L. Raikes, "The physical evidence for Noah's Flood," *Iraq*, XXVIII (1966), pp. 52-63.

[13] A. D. Kilmer, "The Mesopotamian concept of overpopulation and its solution reflected in mythology," *Orientalia*, XLI (1972), pp. 160-177.

[14] H. De Genouillac, *Premières Recherches Archéologiques à Kich*, 2 vol., Paris, 1924-1925; S. Langdon, L. C. Watelin, *Excavations at Kish*, 3 vol., Paris, 1924-1934. Updating by P. R. S. Moorey, *Kish Excavations*, 1922-1923, Oxford, 1978. Present name of the site: al-Uhaimir.

[15] English translation by E. A. Speiser in *ANET*, pp. 114-118. The latest, most complete study is that of J. V. Kinnier Wilson, *The Legend of Etana, a New Edition*, Warminster, 1985.

[16] S. N. Kramer, "Gilgamesh and Agga," *ANET*, pp. 44-47; W. H. P. Römer, *Das Sumerische Kurzepos Bilgamesh und Akka*, Neukirchen-Vluyin, 1980.

[17] For Enmerkar, see note 1 above, plus: A. Berlin, *Enmerkar and Ensuhkeshdanna: a Sumerian Narrative Poem*, Philadelphia, 1979. For Lugalbanda, C. Wilcke, *Das Lugalbanda Epos*, Wiesbaden, 1969.

[18] Located near lake Urmiah by E. I. Gordon, *Bi. Or.*, XVII (1960), p. 132, n. 63; near Kerman, in central Iran, by Y. Madjizadeh, *JNES*, XXXV (1976), p. 107; around Shahr-i Sokhta, in eastern Iran, by J. F. Hansman, *JNES*, XXXVII (1978), pp. 331-336.

[19] On the Sumerian cycle of Gilgamesh, see *HBS*, pp. 174-181 and 190-199; *ANET*, pp. 45-52; *Gilgamesh et sa Légende*, Paris, 1960.

[20] In 1960 the Gilgamesh epic had been translated into twelve languages (*Gilgamesh et sa Légende*, pp. 24-27), and this figure is probably much higher now. Among the main English translations are those of A. Heidel, *The Gilgamesh Epic and Old Testament Parallels*, Chicago, 1949; E. A. Speiser and A. K. Grayson in *ANET*, pp. 72-79 and 503-507 (from which we quote), and J. Gardner, J. Maier and R. Henshaw, *Gilgamesh*, New York, 1984.

[21] Beside various Iraqi sites (notably Nineveh), fragments of tablets of the Gilgamesh epic have been found in Palestine (Megiddo) and Turkey (Sultan Tepe, Boghazköy). The Hittite and Hurrian translations were found at the latter site.

第八章

[1] Inscriptions found in 1973 at al-Hiba have shown that this site is ancient Lagash, whilst Telloh is Girsu. The two towns are 30 kilometres apart, but together with Shurgal (Nina) they were part of the same city-state named "Lagash". V. E. Crawford, "Lagash,"*Iraq*, XXVI (1974), pp. 29-35.

[2] Fifteen campaigns of excavations were carried out in Girsu (then called Lagash) between 1877 and 1910, and four campaigns between 1929 and 1933. For a review of the overall results, see A. Parrot, *Tello*, Paris, 1948.

[3] D. O. Edzard, "Enmebaragesi von Kish,"ZA, 53 (1959), pp. 9-26.

[4] Abu Salabikh is 20 kilometres from Nippur. It has been excavated by the Americans from 1963 to 1965 and by the British since 1975. Preliminary reports in *Iraq* since 1976. Overall results of excavations by N. Postgate in J. Curtis (ed.), *Fifty Years of Mesopotamian Discovery*, London, 1982, pp. 48-61. The ancient name of this town could be Kesh (not to be confused with Kish).

[5] The Italian excavations at Ebla began in 1964 and are still in progress. General books on archaeology and texts: P. Matthiae; *Ebla, an Empire Rediscovered*, New York, 1980; G. Pettinato, *The Archives of Ebla. An Empire Inscribed in Clay*; Garden City, N. Y., 1981. The texts are published in two parallel series: *Materiali Epigrafici di Ebla*, Napoli, since 1979, and *Archivi Reali di Ebla*, Roma, since 1985. Numerous studies in the

periodical *Studi Eblaiti*, Roma, since 1979 and many other publications.

[6] Preliminary reports of the first twenty-one campaigns of excavations at Mari (1933 – 1939 and 1951 – 1974) in *Syria* and *AAAS*. Four volumes of final reports have been published. The temples, sculptures and inscriptions of the Early Dynastic period can be found in *Mission Archéologique de Mari*, vol. I, *Le Temple d'Ishtar*, Paris, 1956; vol. III, *Les Temples d' Ishtarat et de Ninni-zaza*, Paris, 1967, vol. IV, *Le Trésor d' Ur*, Paris, 1968. For an overview, see: A. Parrot, *Mari, Capitale Fabuleuse*, Paris, 1974. The French excavations at Mari have been resumed and are going on.

[7] W. Andrae, *Das wiedererstandene Assur*, Leipzig, 1938, 2nd revised edition, Munich, 1977. For more detail, by the same author: *Die archaischen Ischtar-Temple in Assur*, Leipzig, 1922.

[8] British excavations from 1967 to 1973. Preliminary reports in *Iraq*, XXX (1968) to XXXV (1973). Overall results by J. E. Reade in J. Curtis (ed.), *Fifty years*..., pp. 72–78.

[9] German excavations under A. Moortgat, since 1958. Preliminary reports 1969–1973 by A. Moortgat et al., *Tell Chuera in Nordöst Syrien*, Köln and Opladen, 1960–1975.

[10] Eight volume of reports on the Chicago Oriental Institute excavationsin the Diyala basin have been published between 1940 and 1967 in the series "Oriental Institute Publications" (*OIP*). Six of them concern the third millennium B. C. For a short description see Seton Lloyd, *The Archaeology of Mesopotamia*, London, 1978, pp. 93–134.

[11] O. Tunca, *L'Architecture Religieuse Protodynastique en Mésopotamie*,

2 vol. , Leuven, 1984. Also see: H. E. W. Crawford, *The Architectureof Iraq in the Third Millennium B. C.* , Copenhagen, 1977, pp. 22–26 and 80–82.

[12] cf. A. Parrot, *Sumer*, 2nd edition, 1981, fig. 13–15, 127–130, 133, 134 (Tell Asmar); 131, 132 (Khafaje); 137–138 (Tell Khueira); 30, 148, 153, 154 (Mari); 139–141 (Nippur), 135 (Eridu), 136(Telloh); 144 (al-Ubaid).

[13] A. Parrot, *Sumer*, 1981, p. 148.

[14] Seton Lloyd, *The Archaeology of Mesopotamia*, London, 1978, pp. 132–134; G. M. Schwartz, "The Ninevite V period and current research," *Paléorient*, II, 1985, pp. 52–70; M. Roaf, R. Kilick, "A mysterious affair of style: the Ninevite V pottery of Northern Mesopotamia," *Iraq*, XLIX (1987), pp. 199–230.

[15] Seton Lloyd, op. cit. , pp. 124–127; D. Collon, *First Impressions. Cylinder Seals in the Ancient Near East*, London, 1987, pp. 20–31.

[16] Numerous studies have been devoted to this subject. Among these, see: A. Falkenstein, "La cité-temple sumérienne" in *Cahiers d' Histoire Mondiale*, I, Paris, 1954, pp. 784–814; S. N. Kramer, *The Sumerians*, Chicago, 1963, pp. 73–112; I. J. Gelb, "The ancient Mesopotamian ration system," *JNES*, XXIV (1965), pp. 230–243; C. C. Lamberg-Karlovisky; "The economic world of Sumer" in D. Schmandt-Besserat (ed.), *The Legacy of Sumer*, Malibu, Calif. , 1976, pp. 59–68.

[17] I. M. Diakonoff, *Sale of Land in Presargonic Sumer*, Moscow, 1954.

[18] W. W. Hallo, *Early Mesopotamian Royal Titles*, New Haven, 1967; M. J. Seux, *Epithètes Royales Akkadiennes et Sumériennes*, Paris, 1967.

[19] Kish: E. Mackay, *A Sumerian Palace and the "A" Cemetery at Kish*, Chicago, 1929; P. R. S. Moorey, *Kish Excavations*, Oxford, 1978, pp. 55-60; Mari: A. Parrot, *Syria*, XLII (1965) to XLIX (1972); *Mari, Capitale Fabuleuse*, Paris, 1974, pp. 73-88; Eridu: F. Safar, *Sumer*, VII (1950), pp. 31-33.

[20] C. L. Woolley, *Ur, the Royal Cemetery* (*UE* II), London, 1934; *Ur of the Chaldees* (updated by P. R. S. Moorey), London, 1982, pp. 51-103.

[21] C. J. Gadd, "The spirit of living sacrifice in tombs," *Iraq*, XXII (1960), pp. 51-58.

[22] *ANET*, p. 51 [cf. S. N. Kramer, *Iraq*, XXII (1960), pp. 59-68].

[23] P. R. S. Moorey, "What do we know about the people buried in the Royal Cemetery?" *Expedition*, XX (1977-1978), pp. 24-40; G. Roux, "La grande énigme des tombes d'Ur," *L'Histoire*, (Paris), LXXV (1985), pp. 56-66.

[24] M. Lambert, "Les réformes d'Urukagina," *RA*, LI (1957), pp. 139-144, and *Orientalia*, XLIV (1975), pp. 22-51; S. N. Kramer, *The Sumerians*, pp. 79-83; B. Hruska, "Die Reformtexte Urukagi-nas," in *Le Palais et la Royauté*, pp. 151-161.

[25] The very important site of Ur (el-Mughayir, 15 kilometres south-west of Nasriyah) was excavated by a British-American team from 1922 to 1934. Final reports in *Ur Excavations* (*UE*), London, 10 volumes published. Texts in *Ur Excavations Texts* (*UET*), London/Philadelphia, 9 volumes published. For an overview see C. L. Woolley *Ur of the Chaldees*, London, 1982.

[26] A. Parrot and G. Dossin, *Le Trésor d'Ur*, Paris, 1968. On the problems raised by this discovery, cf. M. E. L. Mallowan, *Bi.*

Or. , XXVI (1969), pp. 87 – 89; E. Sollberger, *RA*, LXIII (1969), pp. 169–170, and G. Dossin, *RA*, LXIV (1970), pp. 163–168.

[27] As told by Entemena: *ISA*, pp. 63 ff. ; *RISA*, pp. 57 ff. , *IRSA*, pp. 71 ss. Latest study: J. S. Cooper, *Reconstructing History from Ancient Inscriptions: the Lagash-Umma Border Conflict*, Malibu, Calif. , 1983.

[28] Akshak is probably to be located to the east of the Tigris, between the Diyala and the Lesser Zab.

[29] This text was initially published by G. Pettinato, notably in *Oriens Antiquus*, XIX (1980), pp. 231–245, as a campaign of Eblaites against Mari. This was challenged on grammatical grounds by D. O. Edzard in *Studi Eblaiti*, XIX (1980) and interpreted by him, followed by other scholars, as described here.

[30] A. Archi, "Les rapports politiques et économiques entre Ebla et Mari" in *MARI*, IV, Paris, 1985, pp. 63–83.

[31] F. Pinnock, "About the trade of early Syrian Ebla," ibid. , pp. 85–92.

[32] Excavated by the University of Chicago in 1903–1904. E. J. Banks, *Bismaya, or the Lost City of Adab*, New York, 1912.

[33] *ISA*, pp. 90 ff. ; *RISA*, pp. 89 ff. ; S. N. Kramer, *The Sumerians*, pp. 322–323.

[34] *ISA*, pp. 218 ff. ; *RISA*, pp. 97 ff. ; Th. Jacobsen, *ZA*, 52 (1957), pp. 135–136; S. N. Kramer, *The Sumerians*, pp. 323–324.

第九章

[1] Condensed information on the Semites in general can be found

in: S. Moscati, *The Semites in Ancient History*, Cardiff, 1959.

[2] For criticism of the "Arabian theory", cf. J. M. Grinz, "On the original home of the Semites," *JNES*, XXI (1962), pp. 186-203. But we cannot agree with the author's views that northern Mesopotamia and southern Armenia were the cradle of the Semites.

[3] On nomads in the ancient East, see: J. R. Kupper, *Les Nomades en Mésopotamie au Temps des Rois de Mari*, Paris, 1957, and the penetrating studies of M. B. Rowton in *Orientalia*, XLII (1973), pp. 247-258; *JNES*, XXXII (1973), pp. 201-215; *JESHO*, XVII (1974), pp. 1-30.

[4] S. N. Kramer, *Genava*, VIII (1960), p. 277.

[5] A. Guillaume, *Prophecy and Divination among the Hebrews and other Semites*, London, 1939.

[6] R. D. Biggs, "Semitic names in the Fara period," *Orientalia*, XXXVI (1967), pp. 55-66.

[7] On this subject, see the articles by D. O. Edzard and L. J. Gelb in *Aspects du Contact Suméro-Akkadien*, Geneva, 1960, and F. R. Kraus, *Sumerer und Akkader*, Amsterdam/London, 1970.

[8] *ANET*, p. 119; B. Lewis, *The Sargon Legend*, Cambridge, Mass., 1980; J. S. Cooper and W. Heimpel, "The Sumerian Sargon Legend," *JAOS* CIII (1983), pp. 67-92.

[9] We are referring to Sargon's inscriptions, many of which are second-millennium copies. See: *IRSA*, pp. 97-99; *ANET*, pp. 260-268 and H. E. Hirsch, "Die Inschriften der könige von Agade," *AfO*, XX (1963), pp. 1-82.

[10] The various sites suggested are listed in *RGTC*, I, p. 9 and II, p. 6. The hypothesis that Agade was the present Mizyiad, 6 ki-

lo-metres north-west of Kish (H. Weiss, *JAOS*, XVC [1975], pp. 442-451) has been disproved by Iraqi excavations of that mound.

[11] "Hymnal prayer of Enheduanna: the adoration of Inanna in Ur," *ANET*, pp. 579-582 (transl. S. N. Kramer).

[12] Unidentified city (*RGTC*, I, p. 76), probably in northern Syria and perhaps Irim of the Ebla texts.

[13] On the bronze head, see M. E. L. Mallowan in *Iraq*, III (1936), p. 104 ff. On the texts, see I. J. Gelb, *Old Akkadian Writing and Grammar*, Chicago, 1961, pp. 194-195.

[14] W. Albright, "The epic of the King of the Battle," *JSOR*, VII (1923), pp. 1 ff. ; E. F. Weidner, "Der Zug Sargons von Akkad nach Kleinasien," *Bo. Stu.*, VI (1922).

[15] J. Nougayrol, "Un chef d'oeuvre inédit de la littérature babylonienne," *RA*, XLV (1951), pp. 169 ff. On a late text purporting to describe the geography of Sargon's empire, see: A. K. Grayson, "The Empire of Sargon of Akkad," *AfO*, XXV (1974-1977), pp. 56-64.

[16] King, *Chronicles*, I, pp. 27-156; *ABC*, pp. 152-154; *ANET*, p. 266.

[17] A. Goetze, "Historical allusions in Old Babylonian omen texts," *JCS*, I (1947), p. 256, No. 13. For a discussion of the weapons involved (stone tablets, heavy seals, other cylindrical objects?), cf. D. J. Wiseman, "Murder in Mesopotamia," *Iraq*, XXXVI(1974), p. 254.

[18] *IRSA*, p. 104.

[19] P. Matthiae, *Ebla*, *in Impero Ritrovato*, Torino, 1977, pp. 47, 182. It seems that the Early Dynastic palace of Mari was de-

stroyed on the way.

[20] This huge tell was first excavated in 1937 – 1938, then from 1976 onwards. For an overall view of the results, see: M. E. L. Mallowan in *Twenty-five Years of Mesopotamian Discovery*, London, 1956, pp. 24 – 38, and D. Oates in J. Curtis (ed.), *Fifty Years of Mesopotamian Discovery*, London, 1982, pp. 62 – 71. Recent reportsin *Iraq*. To the vast "Narâm-Sin Palace" (in fact a fortified administrative building) must now be added several houses and a temple.

[21] Rock sculpture of Darband-i-Gawr in S. Smith, *History of Early Assyria*, London, 1928, p. 97. Stele of Narâm-Sin: J. De Morgan, *MDP* (1900), pp. 144 ff. ; V. Scheil, *MDP*, II (1900), pp. 53 ff. ; A. Parrot, *Sumer*, pls. 212–213.

[22] So called because it was written on an apocryphal stele allegedly deposited in Kutha (Tell Ibrahim). cf. O. Gurney, *Anatolian Studies*, V (1955), pp. 93 – 113. In another inscription, Narâm-Sin admits defeat; his numerous troops were crushed and he could only defend Agade; but the text is incomplete. cf. A. K. Grayson and E. Sollberger, "L'insurrection générale contre Narâm-Suen," *RA*, LXX (1976), pp. 103–128.

[23] *MDP*, IV, pl. XI; *ISA*, pp. 246 ff. ; *RISA*, p. 151.

[24] J. S. Cooper, *The Curse of Agade*, Baltimore/London, 1983.

[25] S. Piggott, *Prehistoric India*, Harmondsworth, 1950; Sir Mortimer Wheeler, *The Indus Civili-zation*, Cambridge, 1962; *Civilizations of the Indus Valleyand beyond*, London, 1966; G. L. Possehl (ed.) *Harappan Civilization*, Warminster, 1982. Commercial relations with the Indus valley were already established during the Early Dynastic period (*UE*, II, pp. 397 ff.).

[26] A five-foot-high pyramidal block of diorite covered with an Akkadian inscription in sixty-nine columns and known as the "obelisk of Manishtusu" refers to the purchase by the king of a large estate in central Mesopotamia. Translation by V. Scheil, *MDP*, II (1900), pp. 1-52. See also: H. Hirsch, *AfO*, XX (1963), p. 14.

第十章

[1] On the Guti, see: C. J. Gadd, *CAH*, I, 2, pp. 457-463 and W. W. Hallo, article "Gutium" in *RLA*, 3 (1971), pp. 708-720.

[2] R. Kutscher, *The Brockmon Tablets at the University of Haifa. Royal Inscriptions*, Haifa, 1989, pp. 49-70.

[3] *IRSA*, p. 132; W. H. P. Römer, "Zur Siegensinschrift des königs Utu-hegal von Unug (c. 216-2110 v. Chr.)," *Orientalia*, LIV (1985), pp. 274-288.

[4] S. N. Kramer, "The Ur-Nammu law-code: who was its author?" *Orientalia*, LII (1983), pp. 453-456.

[5] The main studies concerning ziqqurats are: H. J. Lenzen, *Die Entwicklung der Zikkurat*, Leipzig, 1941; Th. Busink, *De Babylonische Tempeltoren*, Leiden, 1949; A. Parrot, *Ziggurats et Tour de Babel*, Paris, 1949; W. Rollig, "Der Turm zu Babel" in A. Rosenberg (ed.), *Der babylonische Turm. Aufbruch ins Masslose*, München, 1975.

[6] S. N. Kramer and A. Falkenstein, "Ur-Nammu law code," *Orientalia*, 23 (1954), pp. 40-51. E. Szlechter, "Le code d'Ur-Nammu," *RA*, XLIX (1955), pp. 169-177. J. J. Finkelstein, "The laws of Ur-Nammu," *JCS*, XXII (1968-1969), pp.

66-82.

[7] C. L. Woolley, *The Ziggurat and its Surroundings* (*UE*, V), London, 1939; Sir Leonard Woolley and R. P. S. Moorey, *Ur of the Chaldees* London, 1982, pp. 138-147.

[8] A. Falkenstein, *Die Inschriften Gudeas von Lagash*, 1, Rome, 1966. Bibliography in W. Römer, "Zum heutigen' Stande der Gudeaforschung," *Bi. Or.*, XXVI (1969 pp. 159-171. The quotations given here are from: Cylinder A, translation M. Lambert and R. Tournay, *RB*, 55 (1948), pp. 403-423 (cf. A. L. Oppenheim in *ANET*, p. 268); Statue E, translation M. Lambert, *RA*, XLVI (1952), p. 81.

[9] A. Parrot, *Tello*, Paris, 1948, pp. 147-207; *Sumer*, pp. 220-232. Some doubt has been expressed as to the authenticity of some of these statues: F. Johansen; *Statues of Gudea Ancient and Modern*, Copenhagen, 1978.

[10] S. N. Kramer, "The death of Ur-Nammu and his descent to the Netherworld," *JCS*, XXI (1967), pp. 104-122.

[11] W. W. Hallo, "Simurrum and the Hurrian frontier," *RHA*, XXXVI (1978), pp. 71-82. *Shashrum* is Shimshara; *Urbilum* is modern Erbil; *Harshi* might be at or near modern Turz Kurmatli; *Simurrum* has not been identified but could be between Arbil and Kirkuk.

[12] A. Falkenstein and W. Von Soden, *Sumerische und Akkadische Hymnen und Gebete*, Stuttgart, 1953, pp. 114-119; J. Klein, *The Royal Hymns of Shulgi, King of Ur*, Philadelphia, 1981.

[13] Sir Leonard Woolley and R. P. S. Moorey, *Ur of the Chaldees*, pp. 163-174.

[14] Ur-Nammu had married one of his sons with the daughter of Apil-

kin, king of Mari, M. Civil, *RA*, LVI (1962), p. 213.

[15] T. B. Jones and J. W. Snyder, *Sumerian Economic Texts from the Third Ur Dynasty*, Minneapolis, 1961, pp. 280-310; J. P. Gregoire, *Archives Administratives Sumériennes*, Paris, 1970, pp. 61-62 and 201-202.

[16] On this institution, cf. W. Hallo, "A Sumerian amphictyony," *JCS*, XIV (1960), pp. 88-114.

[17] P. Michalowski, "Foreign tribute to Sumer during the Ur III period," *ZA*, LXVIII (1978), pp. 34-49.

[18] These texts have been and are still being published in a wide variety of periodicals. So far, there is no global study on the subject, but much information can be drawn from the books cited in note 15 above.

[19] E. Sollberger, "L'opposition au pays de Sumer et d'Akkad" in A. Finet (ed.), *La Voix de l'Opposition en Mésopotamie*, Bruxelles, 1973, pp. 29-30.

[20] H. Limet, *Le Travail du Métal au Pays de Sumer au Temps de la Troisième Dynastie d'Ur*, Paris, 1960.

[21] H. Waetzoldt, *Untersuchungen zur neusumerischen Textilindustrie*, Roma, 1972.

[22] On this controversial subject, see: M. A. Powell, "Sumerian merchants and the problem of profits," *Iraq*, XXXIX (1977), pp. 23-29; D. C. Snell, "The activities of some merchants of Umma," ibid., pp. 45-50; H. Limet, "Les schémas du commerce néosumérien," ibid., pp. 51-58.

[23] I. J. Gelb, "Prisoners of war in early Mesopotamia," *JNES*, XXII (1973), pp. 70-98.

[24] I. J. Gelb, "The ancient Mesopotamian ration system,"

JNES, XXIV (1965), pp. 230-241.

[25] M. Civil, "Shu-Sin's historical inscriptions: collection B," *JCS*, XXI (1967), pp. 24-38; W. W. Hallo, in *RAH*, XXXVI (1978), p. 79.

[26] A. Ungnad, article "Datenlisten" in *RLA*, II, p. 144; *IRSA*, p. 52. This in fact was a wall, 275 kilometres long, which linked the Euphrates to the Tigris somewhere north of modern Baghdad.

[27] On the Amorites generally, see: K. M. Kenyon; *Amorites and Canaanites*, London, 1963; G. Buccellati, *The Amorites of the Ur III period*, Napoli, 1963; A. Haldar, *Who were the Amorites?*, Leiden, 1971; M. Liverani, "The Amorites" in D. J. Wiseman (ed.), *Peoples of Old Testament Times*, Oxford, 1972, pp. 101-133.

[28] E. Chiera, *Sumerian Epics and Myths*, Chicago 1934, Nos 58 and 112.

[29] E. Chiera, *Sumerian Texts of Varied Contents*, Chicago, 1934, No. 3.

[30] On the reign of Ibbi-Sin and the fall of Ur, see: T. Jacobsen, "The reign of Ibbi-Suen," *JCS*, VII (1953), pp. 36-44; E. Sollberger, article "Ibbi-Sin" in *RLA*, V, pp. 1-8; J. Van Dijke, "Ishbi-Erra, Kindattu, l'homme d'Elam et la chute de la ville d'Ur," *JCS*, XXX (1978), pp. 189-207.

[31] S. N. Kramer, "Lamentation over the destruction of Ur," *ANET*, pp. 455-463. There is also a lamentation over the destruction of Sumer and Ur (ibid., pp. 611-619) and fragmentary lamentations over the destruction of Nippur, Uruk and Eridu; cf. S. N. Kramer, "The weeping goddess: Sumerian

prototype of the Mater Dolorosa,"*Biblical Archaeologist*, 1983, pp. 69-80.

第十一章

[1] On the socio-economic conditions of Mesopotamia in that period, see: A. L. Oppenheim, *Ancient Mesopotamia*, Chicago, 1964, pp. 74-125, and C. J. Gadd in *CAH*, II, 1, pp. 190-208. Numerous articles have been published on the subject.

[2] W. F. Leemans, *The Old Babylonian Merchant*, Leiden, 1950; *Foreign Trade in the Old Babylonian Period*, Leiden, 1960.

[3] F. R. Kraus, "The role of temples from the third dynasty of Ur to the first Babylonian dynasty," *Cahiers d' Histoire Mondiale*, I, 1954, p. 535.

[4] Isin is Ishan Bahriyat, 25 kilometres south of Nippur. German excavations started in 1973 are still in progress. First final reports: B. Hrouda, *Isin-Ishan Bahriyat*, I and II, München, 1977, 1981. Larsa is Senkereh, 48 kilometres north of Nasriyah and not far from Uruk. French excavations in progress since 1968. Interim reports by J. C. Margueron, then J. L. Huot in *Sumer*, XXVII (1971) ff. and *Syria*, XLVII (1970) ff. Also see: J. L. Huot (ed.), *Larsa et ' Oueili, Travaux de* 1978-1981, Paris, 1983.

[5] W. P. H. Romer, *Sumerische "Königshymnen" der Isin-Zeit*, Leiden, 1965. A list of these hymns has been published by W. W. Hallo in *Bi. Or.*, XXIII (1966), pp. 239-247.

[6] A. L. Oppenheim, "The seafaring merchants of Ur," *JAOS*, LXXIV (1954), pp. 6-17.

[7] S. N. Kramer, "The Lipit-Ishtar Lawcode" in *ANET*, pp. 159-161. E. Szlechter, "Le code de Lipit-Ishtar," *RA*, LI (1957), pp. 57-82; 177-196, and *RA*, LII (1958), pp. 74-89.

[8] On the substitute King, cf.: H. Frankfort, *Kingshipand the Gods*, Chicago, 1955, pp. 262-265. J. Bottero, "Le substitute royal et son sort en Mésopotamie ancienne," *Akkadica*, IX (1978), pp. 2-24.

[9] A. K. Grayson, *ABC*, p. 155.

[10] Marad is Wanna es-Sa'dun, 24 kilometres north of Diwaniya. On these small Amorite kingdoms, see: D. O. Edzard, *Die Zweite Zwischenzeit Babyloniens*, Wiesbaden, 1957.

[11] H. Frankfort, Seton Lloyd, Th. Jacobsen, *The Gimilsin Temple and the Palace of the Rulers at Tell Asmar*, Chicago, 1940, pp. 116-200. Also see D. O. Edzard, op. cit., pp. 71-74; 118-121; 162-167.

[12] E. Szlechter, *Les Lois d' Eshnunna*, Paris, 1954; A. Goetze, *The Laws of Eshnunna*, New Haven, 1956; *ANET*, pp. 161-163.

[13] Taha Baqir, *Tell Harmal*, Baghdad, 1959. The texts from Tell Harmal have been published in *Sumer*, VI (1950) to XIV (1958) and in *JCS*, XIII (1959) to XXVII (1975).

[14] *Assur* (Qal'at Sherqat) was excavated by a German expedition under W. Andrae between 1903 and 1914. Final reports were published in the *WVDOG* collection until the middle fifties. For a condensed account of the results, cf W. Andrae, *Das widererstandene Assur* (2nd edition revised by B. Hrouda), München, 1977.

[15] A. Poebel, "The Assyrian King List from Khorsabad," *JNES*, I (1942), pp. 247-306; 460-495. A similar list has been pub-

lished by I. J. Gelb in *JNES*, XIII (1954), pp. 209–230. On these lists, see: F. R. Kraus, *Könige, die in Zelten wohnten*, Amsterdam, 1965, and H. Lewy in *CAH*, I, 2, pp. 743–752.

[16] On the beginnings of the Assyrian kingdom, see D. Oates, *Studies in the Ancient History of Northern Iraq*, London, 1968, pp. 19–41.

[17] The inscriptions of the early kings of Assyria have been published in *ARI*, I, pp. 4–18 and in *RIMA*, I, pp. 14–46.

[18] On the palace, see: J. Margueron, "L'architecture de la fin du IIIe millénaire à Mari" in *Miscellanea Babylonica*, Paris, 1985, pp. 211–222. On the history: J. M. Durand, "La situation historique des *shakkanakku*: nouvelle approche," *MARI*, 4, 1985, pp. 147–172.

[19] D. Charpin, J. M. Durand, "'Fils de Sim'al': les origines tribales des rois de Mari," *RA*, LXXX (1986), pp. 141–183.

[20] G. Dossin, "L'inscription de fondation de Iahdun-Lim, roi de Mari," *Syria*, XXXII (1955), pp. 1–28.

[21] D. Charpin, in *Miscellanea Babylonica*, pp. 60–61.

[22] Tell Leilan, excavated by a team of Yale University since 1979, has yielded a super temple with spiral columns and a large building containing tablets and cylinder-seals. Latest interim report in *AJA*, XCXIV (1990), pp. 529–581. Also see: H. Weiss, "Tell Leilan and Shubat-Enlil," *MARI*, 4, pp. 269–292.

[23] M. T. Larsen, in *RA*, XLVIII (1974), p. 16. This opinion is shared by D. Charpin and J. M. Durand.

[24] The 20000 odd tablets (most, but not all letters) which form the royal archives of Mari are published in transliteration and translation as *Archives Royales de Mari* (*ARMT*), Paris, 1950 ff.

In 1991, this series, not yet completed, had twenty-six volumes. Many other texts or studies are published separately in *MARI*(= *Mari*, *Annales de Recherches Interdisciplinaires*) ; Paris, created in 1982 (seven volumes published), and in other periodicals such as *RA*, *Iraq*, *Syria*, etc.

[25] *ARMT*, I, 124. The three quotations that follow are taken from *ARMT* (volume and number), IV, 70; I, 61 and I, 69 respectively.

[26] J. R. Kupper, *Les Nomades en Mésopotamie au temps des Rois de Mari*, Paris, 1957.

[27] *Qatna*, modern Mishrifeh, 18 kilometres north-east of Homs, was excavated by the French between 1924 and 1929: R. Du Mesnil du Buisson, *Le Site Archéologique de Mishrifé-Qatna*, Paris, 1935.

[28] *ARMT*, V, 6.

[29] *ARMT*, IV, 88.

[30] Inscription of Samsi-Addu in *ARI*, I, p. 26.

[31] Bahija Khalil Ismail, "Eine Siegesstele des königs Dadusavon Esnunna," in W. Meid and H. Trenkwalder, *Im Bannkreisdes Alten Orients*, Innsbruck, 1986, pp. 105–108.

[32] *ARMT*, I, 93; IV, 5, 14.

[33] *ARMT*, V, 56.

第十二章

[1] For example the head of Hammurabi (?) at the Louvre Museumand the top of the stele with Hammurabi's "Code of Laws" (A. Parrot, *Sumer*, 1981, figs. 282 and 280 respectively).

[2] Illustrations corresponding to these examples can be found in A. Parrot, op. cit., pp. 257-298.

[3] W. G. Lambert, *Babylonian Wisdom Literature*, Oxford, 1960, p. 10.

[4] T. Jacobsen, *The Treasures of Darkness*, New Haven, 1976, p. 147.

[5] W. G. Lambert, op. cit. above.

[6] On the reign in general, see: Th. De Liagre Bohl, "King Hammurabi of Babylon in the setting of his time," in *Opera Minora*, Leiden, 1953, pp. 339-363; H. Schmökel, *Hammurabi von Babylon*, Oldenbourg, 1958; H. Klengel, *Hammurapi von Babylon und seine Zeit*, Berlin, 1976; C. J. Gadd in *CAH*, II, 1, pp. 176-220.

[7] The date-formulae of Hammurabi are given in German translation by Ungnad in *RLA*, II, pp. 178-182. English translation by A. L. Oppenheim in *ANET*, pp. 269-271. It has been suggested that in these first campaigns Hammurabi acted as ally, or even as vassal of Shamshi-Adad of Assyria (C. J. Gadd, *CAH*, II, I, p. 177).

[8] D. Charpin, J. M. Durand, "La prise du pouvoir par Zimri-Lim" in *MARI*, 4, 1985, pp. 318-319.

[9] On a recently published seal of Zimri-Lim, this king calls himself "son of Hadni-Addu" (*MARI*, 4, pp. 336-338), This does not necessarily mean that his true father was not Iahdun-Lim, as Zimri-Lim might have been adopted by Hadni-Addu (otherwise unknown) when he was in exile.

[10] B. Lafont, "Les filles du roi de Mari" in J. M. Durand (ed.), *La Femme dans le Proche-Orient Antique*, Paris, 1987,

pp. 113-125.

[11] A. T. Clay, *The Empire of the Amorites*, New Haven, 1919, p. 97.

[12] L. King, *The Letters and Inscriptions of Hammurabi*, London, 1900-1902; F. Thureau-Dangin, "La correspondance de Hammurabi avec Shamash-hasir," *RA* XXI (1924), pp. 1-58.

[13] D. O. Edzard, *The Near East*, New York, 1967, pp. 213-214; R. Harris, *Ancient Sippar*, Leiden, 1975, pp. 39-142; N. Yoffee, *The Economic Role of the Crown in the Old Babylonian Period*, Malibu, Calif., 1977, p. 148; R. Harris, "On the process of secularization under Hammurabi," *JCS*, XV (1961), pp. 117-120.

[14] Code of Hammurabi, Prologue, I, 1-30. Marduk, in Sumerian Amar-Utu, "bullock of the Sun-god" seems to have been a solar deity of minor rank. Although the patron god of Babylon, the capital-city of the first great Babylonian kingdom, he did not figure at the head of the pantheon until the second half of the second millennium B. C. See: H. Schmökel, "Hammurabi und Marduk," *RA*, LIII (1959), pp. 183-204.

[15] The Code of Hammurabi has been translated into several languages and copiously commented. The most recent English translations are in *ANET*, pp. 163-180 (Th. J. Meek) and in G. R. Driver and G. C. Miles, *Babylonian Laws*, Oxford, 1955-1956. Vol. I: Legal Commentary; vol. II: Translation and Philological Commentary.

[16] G. R. Driver and G. C. Miles, *Babylonian Laws*, pp. 48 ff.; F. R. Kraus, "Ein zentrales Problem des altmesopotamischen Rechtes: was ist der Codex Hammu-rabi?" *Genava*, VIII (1960),

pp. 283-296. J. J. Finkelstein, "Ammisaduqa's edict and the Babylonian 'Law Codes'," *JCS*, XV (1961), pp. 91-104; D. J. Wise-Man, "The Laws of Hammurabi again," *JSS*, VII (1962), pp. 161-172.

[17] Part of the stele was erased in antiquity, resulting in the loss of five to seven columns of text and approximately thirty-five laws. Fragments of the Code on clay tablets help fill the gap.

[18] E. A. Speiser, "Mushkênum," *Orientalia*, XXVII (1958), pp. 19-28. The *mushkénum* is already mentioned in the Laws of Eshnunna, §§ 12,13,24,34,50.

[19] The Babylonian marriage was essentially a contract (*CH*, § 128). Before the ceremony, the future husband presented his father-in-law with a "bridal gift" (*terhatum*), and the bride's father gave her a dowry (*sheriqtum*) of which she had perpetual possession.

[20] Neither the Laws of Eshnunna nor the Sumerian Laws (Ur-Nammu, Lipit-Ishtar) mention the *ilkum* which might have been introduced by Hammurabi as a political measure. Note, however, that the absence of this institution in these Law Codes could be due to the fact that they are not so well preserved as the Code of Hammurabi.

[21] Code of Hammurabi, Epilogue, xxiv, 30-59 (transl. Th. J. Meek).

第十三章

[1] H. W. F. Saggs, *Everyday Life in Babylonia and Assryria*, London, 1965; S. Dalley, *Mari and Karana, Two Old Babylonian*

Cities, London, 1984, pp. 50-111.

[2] On Shimshara: J. Lassøe, *The Shemshara Tablets, a Preliminary Report*, Copenhagen, 1959; *People of Ancient Assyria*, London, 1963. Tell al-Rimah lies 60 kilometres west of Mosul. British excavations from 1964 to 1971. Preliminary reports in *Iraq*, XVII (1965) to XXIV (1972). Summary by D. Oates in J. Curtis (ed.), *Fifty Years of Mesopotamian Discovery*, London, 1983, pp. 86-98. The identification of this mound as ancient *Karana* is debated. Archives published by S. Dalley, C. B. F. Walker and J. D. Hawkins: *The Old Babylonian Tablets from Tell al-Rimah*, London, 1976.

[3] Street chapels of Pa. Sag, Ninshubur and unidentified minor gods at Ur: Sir Leonard Woolley, *AJ*, X (1930), pp. 368-372; *Excavations at Ur*, pp. 190-192; D. J. Wiseman, "The goddess Lamaat Ur," *Iraq*, XXII (1960), pp. 166-171; Sir Leonard Woolley, Sir Max Mallowan and T. C. Mitchell (ed.), *Ur Excavations: The Old Babylonian Period* (*UE* VII), London, 1976.

[4] Examples: temple of Hani and Nisaba at Tell Harmal, *Sumer*, II (1946), pp. 23-24; temple of Ishtar-Kititum at Ischâli, *IOC*, XX (1936), pp. 74-98.

[5] The principal temples in that period are those of Ischâli, Assur, Tell Leilan, Tell al-Rimah and Larsa, and the temple of the goddess Ningal at Ur. General view in E. Heinrich, *Die Tempel und Heiligtümer im alten Mesopotamien*, Berlin, 1982.

[6] For details on temples and cults, apart from general books on Mesopotamian religion, see: *Le Temple et le Culte, compte-rendu de la XXe Rencontre Assyriologique Internationale*, Leiden, 1972.

[7] R. S. Ellis, *Foundation Deposits in Ancient Mesopotamia*, New Haven and London, 1967.

[8] On the difficult subject of Mesopotamian music, as reconstructed from Hurrian tablets of "score", see: D. Wulstand, *Music and Letters*, LII (1971), pp. 365 – 382; A. Kilmer, *RA*, LXVIII (1974), pp. 69-82; M. Duchesne-Guillemin, "Déchiffrement de la musique babylonienne," *Academia dei Lincei*, Roma, 1977, pp. 1-25.

[9] The studies on Neo-Sumerian feasts published by H. Sauren and H. Limet in *Actes de la 17ème Rencontre Assyriologique Internationale*, Ham-sur-Heure, Belgium, 1970, pp. 11-29 and 59-74, would probably apply to the Old Babylonian period with minor changes.

[10] F. Thureau-Dangin, *Rituels Accadiens*, Paris, 1907, p. 10 ff. (cf. *ANET*, pp. 334 – 338.) This ritual dates, in fact, to the Hellenistic period, but it certainly reproduces a much older original.

[11] The fundamental study on priests in the Old Babylonian period is that of J. Renger, "Untersuchungen zum Priestertum der altbabylonischen Zeit," *ZA*, XXIV (1967), pp. 110 – 198; XXV (1969), pp. 104-230.

[12] See: R. Harris, article "Hierodulen" in *RLA*, IV, pp. 151-155; J. Bottero, article "Homosexualität" in *RLA*, IV, pp. 459-468.

[13] R. Harris, "The *naditu* woman" in *Studies presented to A. L. Oppenheim*, Chicago, 1964, pp. 106 – 135, and *Ancient Sippar*, Leiden, 1975, pp. 305-312.

[14] The priests received part of the offerings and of the animals sacrificed in proportions fixed by royal decree. See, for in-

stance, the stone-tablet of Nabû-apal-iddina, King of Babylon, in *BBS*, pp. 120-127.

[15] A. Parrot, *Mission Archéologique à Mari*, III, Le Palais, 3 vol. , Paris, 1958-1959. J. Margueron, *Recherches sur les Palais Mésopotamiens de l'Age du Bronze* Paris, 1982, pp. 209-380. Three other palaces are known for that period: Sin-kashid's palace at Uruk, the palace of the kings of Eshnunna at Tell Asmar and the palace at Tell al-Rimah. All three figures in Margueron, op. cit.

[16] H. Vincent, *Revue Biblique* (1939), p. 156.

[17] G. Dossin, *Syria*, XVIII (1937), pp. 74-75.

[18] A. Parrot, *Le Palais, II*; *Sumer*, fig. 254-259; B. Pierre, "Décorpeint à Mari et au Proche-Orient," *MARI*, 3, Paris, 1984.

[19] A. Parrot, *Mari, une Ville Perdue*, Paris, 1938, p. 161.

[20] J. Bottero, article "Küche" in *RLA*, VI, pp. 277-298. "La plus vieille cuisine du monde," *L'Histoire* (Paris), XLIX (1982), pp. 72-82.

[21] *ARMT*, I, 64; IV, 79.

[22] Modern Tell Ashara, on the Euphrates, 72 kilometres north of Mari. American excavations are in progress. Preliminary reports in *Syro-Mesopotamian Studies*, Malibu, Calif. , since 1977.

[23] *ARMT*, III, 62.

[24] G. Dossin, "Une révélation du dieu Dagan à Terqa," *RA*, XLII (1948), pp. 125-134.

[25] A town on the lower Khabur, probably Tell Fedain.

[26] Examples taken from *ARMT*, II, 106; VI, 43; I, 89; II, 112 respectively.

[27] This was the usual opening sentence for letters. The sender

spoke to the scribe who was to read the letter to the addressee.

[28] Sir Leonard Woolley, *UE*, VII, pp. 12–39; 95–165; *Ur of the Chaldees*, London, 1982, pp. 191–213.

[29] C. J. Gadd, "Two sketches from the life at Ur," *Iraq*, XXV (1963), pp. 177–188.

[30] For details, see: H. W. F. Saggs, *Every day Life in Babylonia and Assyria*; On house furniture and equipment: A. Salonen, *Die Möbel der alten Mesopotamien*, Helsinki, 1963; *Die Hausgeräte deralten Mesopotamien*, Helsinki, 1965–1966.

[31] On Mesopotamian schools, pupils and teachers, see: C. J. Gadd, *Teachers and Students in the oldest Schools*, London, 1956; A. W. Sjoberg, "Der Vater und sein missratener Sohn," *JCS*, XXV (1973), pp. 105–119; "The Old Babylonian Eduba" in *Sumero-logicalStudies in Honor of Thorkild Jacobsen*, Chicago, 1976, pp. 158–179.

[32] *AJ*, XI (1931), pp. 364–366. *Excavations at Ur*, pp. 186–187.

[33] A. L. Oppenheim, *JAOS*, 74 (1954), pp. 15, 17; W. F. Leemans, *The Old Babylonian Merchant*, Leiden, 1950, pp. 78–95; *Foreign Trade in the Old Babylonian Period*, Leiden, 1960, pp. 121–123 and 136–139.

第十四章

[1] As can be expected, there is a vast literature on the Indo-Europeans. For a general view of the subject, see R. A. Crossland, "Immigrants from the North," *CAH*, I, 2, pp. 824–876; G. Cardona, H. M. Hoenigswald and A. Senn (ed.), *Indo-European and Indo-Europeans*, Philadelphia, 1970, J. P. Mallory,

In Search of the Indo-Europeans, London, 1989.

[2] V. G. Childe, *The Dawn of European Civilization*, London, 1957; P. Bosch-Gimpera, *Les Indo-Européens: Problèmes Archéologiques*, Paris, 1961; M. Gimbutas, *Bronze Age Cultures in Central and Eastern Europe*, The Hague, 1965.

[3] According to C. Renfrew, *Before Civilization*, Harmondsworth, 1976, the development of metallurgy in the Balkans was independent of Asiatic influences.

[4] J. L. Caskey, *CAH*, I, 2, pp. 786-788, and II, 1, pp. 135-140; cf. M. I. Finley, *Early Greece: the Bronze and Archaic Ages*, London, 1970.

[5] See J. Chadwick, *The Decipherment of Linear B*, Cambridge, 1959. See also: S. Dow and J. Chadwick, *CAH*, I, 1 pp. 582-626.

[6] On the Minoan civilization, cf. F. Matz in *CAH*, I, 1, pp. 141-164 and 557-581. See also: S. Hood, *The Minoans: Crete in the Bronze Age*, London, 1971, and N. Platon, *Crete*, London, 1971.

[7] Sir Mortimer Wheeler, "The Indus civilization," *CAH* (Supplementary Volume), 2nd ed., Cambridge, 1960; *Civilization of the Indus Valley and Beyond*, London, 1966.

[8] G. F. Dales, "Civilizations and floods in the Indus Valley," *Expedition*, VII (1965), pp. 10-19; J. P. Agrawal and S. Kusumgar, *Prehistoric Chronology and Radiocarbon Dating in India*, London, 1974.

[9] J. Mellaart, *Catal Hüyük: a Neolithic Town in Anatolia*, London, 1967; *The Neolithic of the Near East*, London, 1975, pp. 98-111.

[10] R. J. and L. S. Braidwood, *Excavations in the Plain of Anti-*

och, I, Chicago, 1960; M. J. Mellink, "The prehistory of Syro-Cilicia," *Bi. Or.* , XIX (1962), pp. 219-226.

[11] J. Mellaart, "Anatolia *c.* 4000-2300 B. C. ," *CAH*, I, 2, pp. 363-416.

[12] P. Garelli, *Les Assyriens en Cappadoce*, Paris, 1963; L. L. Orlin, *Assyrian Colonies in Cappadocia*, The Hague/Paris, 1970; M. T. Larsen, *Old Assyrian Caravan Procedures*, Istanbul, 1967; *The Old Assyrian City-State and its Colonies*, Copenhagen, 1976; K. R. Veenhof, *Aspects of Old Assyrian Trade and its Terminology*, Leiden, 1977.

[13] On the Hittites generally, see: O. R. Gurney, *The Hittites*, London, 1980; J. G. Macqueen, *The Hittites and their Contemporaries in Asia Minor*, London, 1986.

[14] On the Hurrians generally, see: I. J. Gelb, *Hurrians and Subarians*, Chicago, 1944; F. Imparati, *I Hurriti*, Firenze, 1964; G. Wilhelm, *The Hurrians*, Warminster, 1989. Also see the articles published in *RHA*, XXXVI (1978) and in *Problèmes Concernantles Hurrites*, 2 vol. , Paris, 1977-1984.

[15] *Alalah* is modern Tell Atchana, between Aleppo and Antioch. British excavations in 1936 - 1939: Sir Leonard Woolley, *Alalah*, London, 1955; *A Forgotten Kingdom*, 2nd ed. , Harmondsworth, 1959. Texts published by D. J. Wiseman, *The Alalah Tablets*, London, 1953.

[16] The ancient town of Gasur, re-baptized Nuzi by the Hurrians, is Yorgan Tepe, 13 kilometres south-west of Kirkuk. American excavations from 1925 to 1931: R. F. S. Starr, *Nuzi: Report on the Excavations at Yorgan Tepe, near Kirkuk*, Cambridge, Mass. , 1937-1939. Bibliography on texts from Nuzi in M. Di-

etrich, O. Loretz and W. Mayer; *Nuzi Bibliography*, Neukirchen-Vluyn, 1972. Recent studies in M. A. Morrison and D. I. Owen (eds), *Studies on the Civilization and Culture of Nuziand the Hurrians*, Winona Lake, Ind. , 1981.

[17] A. J. Tobler, *Excavations at Tepe Gawra*, II, Philadelphia, 1950; Tell Billa (Assyrian *Shibbaniba*), near Bashiqa (16 kilometres north-east of Mosul), was also excavated by the Americans from 1930 to 1933. Reports in *BASOR*, Nos. 40 to 60. The Hurrian level has yielded houses and pottery, but no texts.

[18] On horses in the Near East, see: A. Salonen, *Hippologica Accadica*, Helsinki, 1956; A. Kammenhuber, *Hippologica Hethitica*, Wiesbaden, 1961; J. A. H. Potratz, *Die Pferdestrensen des alten Orients*, Roma, 1966.

[19] K. Kenyon, *Archaeology in the Holy Land*, London, 1960; J. Mellart, *Earliest Civilizations in the Near East*, pp. 22-46 and 57-62; *The Neolithic of the Near East*, pp. 22-69; 227-243. See also the chapters by J. Mellaart, M. E. L. Mallowan and R. De Vaux in *CAH*, I, 1, pp. 264-270, 282-284, 413-421, 499-538; and *CAH*, I, 2, pp. 208-237.

[20] Syria: H. Klengel, *Geschichte Syriens im 2. Jahrtausend v. u. Z*, 3 vol. , Berlin, 1965-1970; *Geschichte und Kultur Altsyriens*, Wien-München, 1980. Palestine: R. De Vaux, *Histoire Ancienne d'Israëldes Origines à l'Installation en Canaan*, Paris, 1971. Egypt: A. H. Gardiner, *Egypt of The Pharaohs*, Oxford, 1961.

[21] Ugarit (modern Ras Shamra) lies about 10 kilometres north of the Syrian port of Lattaqieh. French excavations since 1928. Preliminary reports in *Syria*, 1929 ff. and *AAAS*, 1951 ff. Short synthesis in *Ras Shamra 1929-1979*, Lyons, 1979. Also see: G.

Saade, *Ougarit, Métropole Cananéenne*, Beirut 1979.

[22] W. A. Ward, "Egypt and the East Mediterranean in the early second millennium B. C. ," *Orientalia*, XXX (1961), pp. 22-45, 129-155.

[23] W. F. Albright, *The Archaeology of Palestine*, Harmondsworth, 1954, p. 80.

[24] R. De Vaux, op. cit. , pp. 245-253, with discussion on the dateof Abraham's entry into Palestine.

[25] J. Bottero, *Le Problèmes des Habiru à la 4ème Rencontre Assyriologique Internationale*, Paris, 1954; M. Greenberg, *The Hab/piru*, New Haven, 1955. See also: J. Bottero, "Habiru," *RLA*, IV (1972), pp. 14-27.

第十五章

[1] N. Yofee, *The Economic Role of the Crown in the Old Babylonian Period*, Malibu, Calif. , 1977, pp. 143-151; J. Renger in E. Lipinski (ed.), *State and Temple Economy in the Ancient Near East*, I, Leuven, 1979, p. 252.

[2] J. Bottero, "Désordre économique et annulation de dettes en Mésopotamie à l'époque paléo-babylonienne," *JESHO*, IV (1961), pp. 113-164.

[3] Mcg. Gibson, "Violation of fallow and engineered disaster in Mesopotamian civilization" in T. E. Downing and Mcg. Gibson (ed.), *Irrigation Impact on Society*, Tucson, Ariz. , 1974, pp. 7-19.

[4] The main sources for the period are the royal inscriptions (*IRSA*, pp. 220-229), the year-names published by A. Ungnad in *RLA*, II, pp. 182-192 and by B. E. Morgan in *Manchester Cu-*

neiform Studies, II (1952), pp. 31 ff., 44 ff., and III (1953), pp. 56 ff., 72 ff. and 76 ff., and the Babylonian chronicle published by King, *Chronicles*, II, pp. 15–24. On the period in general, cf. C. J. Gadd in *CAH*, II, 1, pp. 220–224, and M. Stol, *Studies in Old Babylonian History*, Istanbul, 1976.

[5] Sir Leonard Woolley and P. R. S. Moorey, *Ur of the Chaldees*, London, 1982, p. 191; W. Hinz in *CAH*, II, 1, p. 266.

[6] Little is known about this dynasty which, according to the Babylonian Royal Lists A and B (*RLA*, VI, pp. 91–100), had eleven kings and lasted 368 years (sic). Its capital-city, Urukug, has not yet been identified. The name of its first king can also be read Iliman.

[7] Inscription of Esarhaddon, *ARAB*, II, § 576. cf. *ARI*, I. p. 31.

[8] A *Kashtiliash* whose name appears among the Semitic rulers of Hana is probably the same person as the second successor of *Gandash* who founded the Kassite dynasty outside Babylon during the reign of Samsu-iluna.

[9] F. R. Kraus, *Ein Edikt des Königs Ammi-saduqa von Babylon*, Leiden, 1958. cf. J. J. Finkelstein, "The edict of Ammisaduqa, a new text," *RA*, LXIII (1969), pp. 45–64 and 189–190.

[10] F. Cornelius, "Die Annalen Hattushilish I," *Orientalia*, XXVII (1959) pp. 292–296; F. Imparati and C. Saporetti, "L'autobiografia di Hattushili I," *Studi Classici e Orientali*, XIV (1965), pp. 40–85.

[11] Inscription of Telepinus (c. 1500 B. C.). cf. F. Hrozny, "Eine Inschrift des königs Telepinus," *Bo. Stu*, III (1919), pp. 202–204.

[12] So far, the only synthetic studies on the Kassites are those of

T. H. Carter, *Studies in Kassite History and Archaeology*, Bryn Mawr, 1962 (dissertation) and of E. Cassin in *Fischer Weltgeschichte*, III, Frankfurt, 1966, pp. 12-70. To be completed by J. A. Brinkman, "The monarchy in the time of the Kassite dynasty" in P. Garelli (ed.), *Le Palais et la Royauté*, Paris, 1974, pp. 395-408, and by the article "Kassiten" in *RLA*, V, pp. 464-473.

[13] K. Balkan, *Kassitenstudien*, I, *Die Sprache der Kassiten*, New Haven, 1954.

[14] Published by F. E. Peiser and H. Winckler in *KB*, I (1889), pp. 194-203. See now: A. Grayson, *ABC*, pp. 157-170.

[15] The inscription was published by F. Delitzch, *Die Sprache der Kossäer*, Leipzig, 1904. Agum states that he brought the statues "from the country of Hani". Is this a scribal error for Hatti, or did the Hittites leave the statues in the country of Haña (the region of Terqa) on their way home? On this problem see: K. Jaritz; "Quellen zur Geschichte der Kashshu dynasty," *Mitteilungen des Instituts für Orientforschung*, VI (1958), pp. 205-207.

[16] *Synchr. History*, I, 1-17.

[17] J. Jordan, *UVB*, I (1930), p. 30; *AAO*, pp. 63-64, pl. 70a.

[18] Taha Baqir, "Excavations at 'Aqar Quf," *Iraq*, Supplement 1944-1945, and *Iraq*, VIII (1946), pp. 73-92.

[19] See Chapter 15, note 18.

[20] Most Kassite *Kudurrus* have been published by L. King in *Babylonian Boundary Stones*, London, 1912.

[21] U. Seidl, "Die babylonischen *Kudurru-Reliefs*," *BM*, IV (1968), pp. 7-220.

[22] On these seals, see T. Beran, "Die Babylonische Glyptik der

Kassitenzeit," *AfO*, XVIII (1958), pp. 255–287, and A. Limet, "Les Légendes des Sceaux Kassites," Bruxelles, 1971. Also see D. Collon, *First Impressions*, London, 1987, pp. 58–61.

第十六章

[1] Details and bibliography on the events briefly described in this chapter can be found in *CAH*, II, particularly chapters 8, 10, 15, 17–20, 21 (a), 24, 25, 29, 31 and 32. Shorter accounts are available in all general histories of the ancient Near East, e. g. W. Hallo and K. Simpson, *The Ancient Near East, a History*, New York, 1971.

[2] *ARAB*, I, § 47–59; *ARI*, I, pp. 32–41; Synchronistic History I, 5'–7' (*ABC*, pp. 158–159).

[3] American (1940) and German (1955–1956) excavations at Tell Fekheriyeh, near Ras-el-'Ain, on the Khabur, have failed to confirm the traditional identification of this site with Washukkanni. For an interesting attempt at finding that city, using neutron-activation analysis of clay from royal Mitannian letters, cf. A. Dobel, W. J. Van Liere and A. A. Mahmud, *AfO*, XXV (1974–1977), pp. 259–264.

[4] S. Smith, *The Statue of Idrimi*, London, 1949. cf. *ANET*, pp. 557–558; *CAH*, II, 1, pp. 433–436. In this inscription, Idrimi recounts how he lost and recovered his throne.

[5] R. S. F. Starr, *Nuzi* II, Cambridge (Mass.), 1937, pl. 118; H. Klengel, "Mitanni: Probleme seiner Expansion und politische Struktur," *RHA*, XXXVI (1978), pp. 94–95.

[6] Treaty between Mattiwaza and Suppiluliumas, Rev. 8–10 (E.

Weidner, Politische Dokumente aus Kleinasien, *Bo. Stu*, VIII (1923), p. 39.

[7] *EA*, 29.

[8] *EA*, 17, 29.

[9] *CAH*, II, 1, p. 679; O. R. Gurney, *The Hittites*, London, 1980, p. 27.

[10] These tablets (abbreviated *EA*) were found at el-Amarna (ancient Akhetaton in Egypt), the ephemeral capital-city under Amenophis IV, but they are now dispersed in various museums. They were first gathered and published by J. A. Knudtzon, *Die El-Amarna Tafeln*, Leipzig, 1915; English translation: S. A. Mercer, *The Tell el-Amarna Tablets*, Toronto, 1939. Latest French translation: W. L. Moran, *Les Lettres d'Amarna*, Paris, 1987. Apart from one letter in Hurrian and two in Hittite, they are all written in Akkadian with a few glosses in Cananaean.

[11] For a general survey of the period, cf. E. Cavaignac, *Subbiluliuma et son Temps*, Paris, 1932; K. A. Kitchen, *Suppiluliuma and the Amarna Pharaohs*, Liverpool, 1962 and A. Goetze, *CAH*, II, 2, pp. 1-20, 117-129 and 252-273.

[12] *EA*, 7, lines 69-72.

[13] *EA*, 7, lines 53-54.

[14] *EA*, 14.

[15] Treaty between Suppiluliumas and Mattiwaza, Rev. 50 (*Bo. Stu*, VIII [1923], p. 17).

[16] *EA*, 15-16.

[17] *Synchr. Hist.*, I, 8-17. Also the so-called "Chronicle P", I, 9-14. (*ABC*, pp. 159 and 172).

[18]"Chronicle P,"III,10-19. (*ABC*,pp. 174-175).

[19]cf. M. C. Astour,"The partition of the confederacy of Mukish-Nuhashshe-Nii by Shuppiluliuma," *Orientalia*, XXXVIII (1969),pp. 381-414.

[20]Identified with Tell Kazel,north of Tripoli [M. Dunand and N. Saliby,*AAS*,VII (1957),pp. 3-16].

[21]Qadesh is Tell Nebi Mend,in the Orantes river valley,25 kilometres south of Homs. So far,this site has been the object of only limited excavations: M. Pezard, *Mission Archéologique à Tell Nebi Mend*, Paris, 1931. On the battle of Qadesh, see: *CAH*, II, 2, pp. 226 - 228 and 253 - 254, with bibliography p. 952.

[22]*ANET*,pp. 199-203.

[23]J. Friedrich,*Der Alte Orient*,XXIV,3 (1925),p. 26. cf. J. M. Munn-Rankin,*CAH*,II,2,pp. 274-279.

[24]*ARAB*,1, § 73; *ARI*,I,p. 58.

[25]*Synchr. Hist.*,I,24-31 (War between Adad-nirâri and Nazi-Maruttash). cf. *ABC*,pp. 160-161.

[26]*ARAB*,I, § 116; *ARI*,I,p. 82.

[27]This magnificent site has been excavated by a French mission in Iran in the 1950-1960 period. cf. R. Ghirshman et al., *Tchoga-Zanbil*(*Dur Untash*),Paris,1966-1970.

[28]W. G. Lambert,"Three unpublished fragments of the Tukulti-Ninurta epic,"*AfO*,XVIII (1957-1958),pp. 38-51 (gives a complete translation). cf. E. Weidner, "Assyrischen Epen über die Kassiten-Kämpfe,"*AJO*,XX (1963-1964),pp. 113-116. Inscriptions of Tukulti-Ninurta in *ARI*,I,pp. 101-134.

[29]*ARAB*,I, § 145; *ARI*,I,pp. 119,126.

[30] *Chronicle P*, IV, 8-9 (cf. *ARAB*, I, § 141). cf. *ABC*, p. 176.

[31] Ibid., IV, 9-13. *Kâr-Tukulti-Ninurta* (modern Tukul Akir), two *kilometres* north of Assur, on the left bank of the Tigris, was excavated by the Germans in 1913-1914: W. Bachmann, *MDOG*, 53, pp. 41-57; W. Andrae, *Das widererstandene Assur*, pp. 121-125.

[32] On the fall of the Kassite dynasty, see: D. J. Wiseman, *CAH*, II, 2, p. 446 and R. Labat, ibid., pp. 486-487. Contrary to K. Jaritz, op. cit., pp. 224-225, the Elamite king Shilhak-Inshushinak did not take part in these events, though he later campaigned in northern Iraq.

第十七章

[1] R. D. Barnett, "The Sea-Peoples," *CAH*, II, 2, pp. 359-378; N. K. Sandars, *The Sea-Peoples, Warriors of the Ancient Mediterranean, 1250-1150 B. C.*, London, 1978; R. A. Macalister, *The Philistines, their History and Civilization*, Chicago, 1965.

[2] Later, the *Parsua* moved to the south-western part of Iran, occupied a district in the Bakhtiari mountains close to Elam and gave it their name: *Parsu (m) ash*, Persia, Fars. (See: R. Ghirsh-Man, *Iran*, Harmondsworth, 1954, pp. 91 and 119.)

[3] W. F. Albright, *From the Stone Age to Christianity*, 2nd ed., New York, 1957, pp. 13 and 255. See also: O. Eissfeld, *CAH*, II, 2, pp. 307-330. This author favours a date of *c*. 1400 B. C. for the entry into Egypt.

[4] *I Kings* i-ix; *II Chronicles* i-ix. O. Eissfeld, "The Hebrew

King dom," *CAH*, II, 2, pp. 537-605.

[5] cf. A. Schaefer, *Ugaritica* I, Paris, 1939, pp. 43-46; J. Nougayrol, "Guerre et paix à Ugarit," *Iraq*, XXV (1963), pp. 120-121. M. C. Astour, " New evidence for the last days of Ugarit," *AJA*, LXIX (1965), pp. 253-258.

[6] *I Kings* v. 1-12; vii. 13 ff. ; ix. 11-14; *II Chronicles* ii. 3-16; iv. 11-18.

[7] On the civilization of the Phoenicians, see: D. Harden, *The Phoenicians*, London, 1962; S. Moscati, *The World of the Phoenicians*, London, 1973; A. Parrot, M. H. Chehab, S. Moscati, *Les Phéniciens*, Paris, 1975.

[8] On the alphabet, cf. G. R. Driver, *Semitic Writing*, Oxford, 1948; D. Diringer *The Alphabet*, London, 1948; J. G. Fevrier, *Histoire de l' Ecriture*, Paris, 1948; I. J. Gelb, *A Study of Writing*, London, 1952.

[9] C. H. Gordon, *Ugaritic Literature*, Roma, 1949; G. R. Driver, *Canaanite Myths and Legends*, Edinburgh, 1956; *ANET*, pp. 130-155.

[10] On the Neo-Hittites generally see: O. Gurney, *The Hittites*, London, 1980, pp. 41-47; J. D. Hawkins, article "Hatti, the first millennium B. C." in *RLA*, IV, pp. 152-159. On writing and grammar, E. Laroche, *Les Hiéroglyphes Hittites*, Paris, 1960. For alist of hieroglyphic inscriptions, see E. Laroche, "Liste des documents hiéroglyphiques," *RHA*, XXVII (1969), pp. 110-131.

[11] Seton Lloyd, *Early Anatolia*, Harmondsworth, 1956, pp. 177-182. Good summary in the articles by I. J. Gelb and M. J. Mellink in *Bi. Or.*, VII (1950), pp. 129-150.

[12] J. D. Hawkins, "Assyrians and Hittites," *Iraq*, XXXVI (1974), pp. 67-83.

[13] On the Aramaeans in general, cf. S. Schiffer, *Die Aramäer*, Leipzig, 1911; E. G. Kraeling, *Aram and Israel*, New York, 1918; R. T. O'Callaghan, *Aram Naharaim*, Rome, 1948, pp. 93-130; A. Dupont-Sommer, *Les Araméens*, Paris, 1949; A. Malamat, "The Aramaeans," in D. J. Wiseman (ed.), *Peoples of Old Testament Times*, London, 1973, pp. 134-155.

[14] *Deuteronomy* xxvi. 5.

[15] *ARAB*, 1, § 166.

[16] S. Moscati, "The Aramaean Ahlamu," *JSS*, IV (1959), pp. 303-307.

[17] M. Freiherr Von Oppenheim, *Der Tell Halaf*, Leipzig, 1931, pp. 71-198, and *Tell Halaf II, Die Bauwerke*, Berlin, 1950; A. Moortgat *Tell Halaf, III, Die Bildwerke*, Berlin, 1955; B. Hrouda, *Tell Halaf IV, Die Kleinfunde aus historischer Zeit*, Berlin, 1962.

[18] P. Garelli, "Importance et rôle des Araméens clans l'administration de l'empire assyrien" in H. J. Nissen and J. Renger (ed.), *Mesopotamien und seine Nachbarn*, Berlin, 1982, II, pp. 437-447; H. Tadmor, "The aramaization of Assyria: aspects of western impact," ibid., pp. 449-470.

[19] On this and following periods, see: J. A. Brinkman, *A Political History of Post-Kassite Babylonia (1158 - 722B. C.)*, Rome, 1968.

[20] On this curious text of "lamentation", see H. Tadmor, "Historical implications of the correct rendering of Akkadian *dâku*," *JNES*, XVII (1958), pp. 138-139. cf. *CAH*, II, 2, p. 501.

[21] L. King, *BBS*, No. VI, pp. 29-36.

[22] W. G. Lambert, "The reign of Nebuchadnezzar I: a turning point in the history of ancient Mesopotamian religion" in W. S. Mccullough (ed.), *The Seed of Wisdom*, Toronto, 1964, pp. 3-13.

[23] *ARAB*, I, § 257 (Inscription of Tiglathpileser I).

[24] *ARAB*, I, § 300-303; *ANET*, pp. 274-275.

[25] *ARAB*, I, § 309. cf. E. Weidner, "Die Feldzüge and Bauten Tiglatpilesers I," *AfO*, XVIII (1958), pp. 342-360.

[26] Stone tablet of Nabû-apal-iddina (885-852 B. C.), Col. I, 4-5. (L. King, *BBS*, p. 121.)

[27] L. W. King, *Chronicles*, II, pp. 143-179. cf. in particular, the "Religious chronicle" (*ABC*, pp. 133-138); some parts of the "Dynastic chronicle" (*ABC*, pp. 139-144) and a fragment of Assyrian chronicle (*ABC*, p. 189).

[28] P. Gössmann, *Das Erra-Epos*, Würzburg, 1955; L. Cagni, *L'epopea di Erra*, Rome, 1969. cf. R. Borger and W. G. Lambert, *Orientalia*, XXVII (1958) pp. 137-149.

[29] "Religious chronicle," III, 4-15 (*ABC*, pp. 137-138).

[30] M. Dietrich, *Die Aramäer Südbabyloniens in der Sargonidenzeit (700-648 B. C.)*, Neukirchen-Vluyn, 1970. cf. F. Malbran in *Journal Asiatique*, Paris, 1972, pp. 15-38.

第十八章

[1] Exactly since Ninurta apal-ekur (1192-1180 B . C.).

[2] The main sources for the political history of the so-called Neo-Assyrian period are (1) the Assyrian royal inscriptions translated by D. Luckenbill, *Ancient Record of Assyria and Babylonia* (*ARAB*), 2 vol., Chicago, 1926-1927, and, partly, by A. K.

Grayson, *Assyrian Royal Inscriptions* (*ARI*), 2 vol., Wiesbaden, 1972-1976; (2) the Babylonian royal inscription to be found in J. A. Brinkman, *A Political History of Post-Kassite Babylonia* (*PKB*), Roma, 1967; (3) the Assyrian and Babylonian Chronicles translated by A. K. Grayson, *Assyrian and Babylonian Chronicles* (*ABC*), Locust Valley (New York), 1975; (4) the royal correspondence from Nineveh published by R. F. Harper, *Assyrian and Babylonian Letters belonging to the Kuyunjik Collection of the British Museum* (*ABL*), 14 vol., London/Chicago, 1892-1914, and translated by Leroy Waterman, *Royal Correspondence of the Assyrian Empire* (*RCAE*), 4 vol., Ann Arbor, Mich., 1930-1936; (5) the royal correspondence from Nimrud published and translated by D. J. Wiseman, H. W. Saggs, J. V. Kinnier Wilson and B. Parker in *Iraq*, XII (1950) to XXVIII (1966); the remarkable series *State Archives of Assyria* (*SAA*), K. Deller et al. (ed.), 5 volumes published, Helsinki, 1987 ff.; the *Old Testament*, notably *II Kings*, *II Chronicles*, *Prophets*. For a general view of the Assyrians and Assyria, see: H. W. F. Saggs, *The Might that was Assyria*, London, 1984.

[3] Inscriptions of Adad-nirâri II in *ARAB*, I, §§ 355-399 and *ARI*, II, § 394-460.

[4] *ARAB*, I, § 360; *ARI*, II, §§ 420,422; *Synchr. History*, III, 1-6 (*ABC*, p. 166). cf. *PKB*, pp. 177-180.

[5] *Synchr. History*, III, 9-21 (*ABC*, p. 166). cf. *PKB*, pp. 180-182.

[6] *ARAB*, I, § 402-434; *ARI*, II, § 464-488. Also see: W. Schramm, "Die Annalen des assyrischen königs Tukulti-Ninurta II," Bi. Or. XXVII (1970), pp. 147-160.

[7] On this subject see W. G. Lambert, "The reigns of Assurnasirpal II and Shalmaneser III, an interpretation," *Iraq*, XXXVI (1974), pp. 103-106; H. Tadmor, "Assyria and the West: the ninth century and its aftermath" in H. Goedicke and J. J. Roberts (ed.), *Unity and Diversity*, Baltimore, 1975, pp. 36-48; A. K. Grayson, "Studies in Neo-Assyrian history: the ninth century B. C.," *Bi. Or.*, XXXIII (1976), pp. 134-145; M. Liverani, "The ideology of the Assyrian empire" in M. T. Larsen (ed.), *Power and Propaganda*, Copenhagen, 1979, pp. 297-317; J. Reade, "Ideology and propaganda in Assyrian Arts," ibid., pp. 329-343.

[8] D. G. Hogarth, *The Ancient Near East*, London, 1950, p. 25.

[9] It was only in the Middle-Assyrian period (XIII XIth centuries) that Ashur became a dominant war god. In an Assyrian version of the Epic of Creation (*enuma elish*), he replaces Marduk at the second rank of the Mesopotamian pantheon.

[10] F. M. Fales, "The enemy in the Neo-Assyrian inscriptions: the 'moral judgement'," in H. J. Nissen and J. Renger (ed.), *Mesopotamien und seine Nachbarn*, Berlin, 1982, II, pp. 425-435.

[11] *ARAB*, I, § 466, 501-502; *ARI*, II, § § 574, 641. The talent (*biltu*) was about 33 kilos and the *gur*, about 70 litres.

[12] See A. T. Olmstead, *History of Assyria*, New York, 1923, pp. 530-532.

[13] J. N. Postgate, *Taxation and Conscription in the Assyrian Empire*, Rome, 1974, pp. 201-202.

[14] *AAO*, pl. 82; A. Parrot, *Assur*, Paris, 1961, pls. 22-23.

[15] Inscriptions of Ashurnasirpal in *ARAB*, I, § § 436-552 *ARI*,

II § § 529-869. Also: E. Michel,"Die Texte Assur-nasir-aplis II," *Die Welt der Orient* II (1954),pp. 313-321,404-407.

[16]*ARAB*,I, § 443. *ARI*,II, § 587.

[17]*ANET*,p. 276; *ARAB*,I, § §479,518; *ARI*,II, § 586.

[18]*Tushhan* is Kurkh,twenty miles south of Diarbakr. *Kar-Ashur-nasir-pal* and *Nibarti-Ashur*,facing each other on either side of the Euphrates,are probably Zalabiyah and Halabiyah,between Raqqa and Deir-ez-Zor.

[19]*ARAB*,I, § §443,445,472; *ARI*,II, § §547,549,579.

[20] For a reappraisal of Assyrian "cruelty",see H. W. F. Saggs, "Assyrian prisoners of war and the right to live,"*AfO*,*Beiheft* 19(1982),pp. 85-93. Also see the remarks of A. T. Olmstead, "The calculated frightfulness of Ashur-nasir-apal," *JAOS*,XXXVIII(1918),pp. 209-263.

[21]*ARAB*,I, § 489; *ARI*,11, § 653.

[22] A. H. Layard,*Nineveh and its Remains*,London,1849; *Nineveh and Babylon*,London,1882.

[23] British excavations from 1949 to 1963. Preliminary reports in *Iraq*,XII (1950) to XXV (1963). Final report: M. E. L. Mallowan,*Nimrud and its Remains*,2 vol. ,London,1966. Summaries in M. E. L. Mallowan,*Twenty-five Years of Mesopotamian Discovery*, London, 1956, pp. 45 - 78, and in J. Curtis (ed.),*Fifty Years of Mesopotamian Discovery*, London, 1982, pp. 99-112. Polish excavations from 1972 to 1982. Summarized by R. Sobolewski in *ZA*,LXXI (1982),pp. 248-273. Iraqi restorations and excavations since 1970.

[24] D. J. Wiseman, "A new stele of Assur-nasir-pal," *Iraq*, XIV (1952),pp. 23-39.

[25] *AAO*, pl. 93.

[26] D. Oates, "Fort Shalmaneser. An interim report," *Iraq*, XXI (1959), pp. 98–129; "The excavations at Nimrud," 1960, *Iraq*, XXIII (1961), pp. 1–14, J. Laessøe, "A statue of Shalmaneser III, from Nimrud," *Iraq*, XXI (1959), pp. 147–157.

[27] H. Rassam, *Asshur and the Land of Nimrod*, New York, 1897; D. Oates, "Balawat (Imgur-Enlil')," *Iraq*, XXXVI (1974), pp. 173–178; J. Curtis, "Balawat" in *Fifty Years of Mesopotamian Discovery*, pp. 113–119. On the gates: L. W. King, *Bronze Reliefs from the Gates of Shalmaneser*, London, 1915. cf. *AAO*, pl. 91, 92; A. Parrot, *Assur*, pl. 121–129.

[28] To the inscriptions published in *ARAB*, I, § § 553–612, add now; G. G. Cameron, "The annals of Shalmaneser III, a new text," *Sumer*, VI (1950), pp. 6–26; Fuad Safar, "A further text of Shalmaneser III," *Sumer*, VII (1951), pp. 3–21; J. Laessøe, "Building inscriptions from Fort Shalmaneser," *Iraq*, XXI (1959), pp. 38–41. Poetic version of the campaign in Urartu: W. G. Lambert, "The Sultantepe tablets, VIII, Shalmaneser in Ararat," *Anatolian Studies*, XI (1961), pp. 143–158. J. V. Kinnier Wilson, "The Kurba'il statue of Shalmaneser III," *Iraq*, XXIV (1962), pp. 90–115.

[29] French excavations 1929–1931: F. Thureau-Dangin and M. Dunand, *Til-Barsib*, Paris, 1936.

[30] *ARAB*, I, § 611; *ANET*, p. 279. Note that this is the first historical mention of the Arabs.

[31] *ARAB*, I, § 681. cf. *II Kings* viii. pp. 7–15.

[32] *BBS*, pp. 120–127.

[33] *ARAB*, I, § 624. *Synchr. Hist.* III, pp. 22–35 (*ABC*, p.

167).

[34] A throne-base found at Nimrud shows Shalmaneser shaking hands with Marduk-zakir-shumi. cf. D. Oates, *Iraq*, XXV (1963), pp. 20-21, and P. Hulin, ibid., pp. 48-69.

第十九章

[1] Inscriptions of Shamshi-Adad V in *ARAB*, I, §§ 713-729 and in *JNES*, XXXII (1973), pp. 40-46. On the chronology of the reign, see A. K. Grayson in *Bi. Or*, XXXIII (1976), pp. 141-143.

[2] *ARAB* I, § 731. The presence of this stele among those of the Assyrian kings, and the dedication, by the governor of Kalhu, of a statue for the life of Adad-nirâri and that of Sammuramat (*ARAB*, I, § 745) suggest that Sammuramat had a considerable power, even though it has not been proven that she exerted the regency (S. Page, *Orientalia*, XXXVIII (1969), pp. 457-458).

[3] Among recent studies on Semiramis, see: H. Lewy, "Nitokris Naquî'a," *JNES*, XI (1952), pp. 264-286; W. Eilers, *Semiramis: Entstehung und Nachhall einer altorientalische Sage*, Wien, 1971; G. Roux, "Semiramis, la reine mystérieuse de l'Orient," *L'Histoire*, LXVIII (1984), pp. 20-32; G. Pettinato, *Semiramide*, Milano, 1985.

[4] Diodorus Siculus, *Bibl. Hist.*, II, 4-20.

[5] Herodotus, *Hist.*, I, 184; Berossus, *Babyloniaca*, in *Sources for the Ancient Near East*. Malibu, Calif., 1978, p. 164.

[6] Inscriptions of Adad-nirâri III in *ARAB*, I, §§ 732-743. For other inscriptions, see H. Tadmor, "The historical inscriptions of Adad-nirâri III," *Iraq*, XXXV (1973), pp. 141-150.

[7] A. R. Millard and H. Tadmor, "Adad-nirâri III in Syria," XXXV (1973), pp. 57-64.

[8] F. Thureau-Dangin, "Linscription des lions de Til-Barsib," *RA*, XXVII (1930), pp. 1-21.

[9] The reigns of these three kings are mostly known from the lists of eponyms (*ARAB*, II, § 1198).

[10] "Eclectic chronicle," lines 7-15 (*ABC*, pp. 182-183); *PKB*, pp. 223, 225-226.

[11] Intermittent British excavations since 1960. Preliminary reports by Seton Williams et al., in *Iraq*, XXIII (1961), XXIX (1967) and XL (1978).

[12] According to D. Stronach (*Iraq*, XXXVI, 1974, pp. 239-248), the Persians migrated across the Iranian plateau and reached the north-eastern fringe of Elam soon after 700 B. C..

[13] If we judge from the valuable objects found during the American excavations at Hasanlu, south of Lake Urmiah, from 1959 to 1977. For bibliography see "Bibliography of the Hasanlu Project" in L. D. Levine and D. W. Young (ed.), *Mountains and Lowlands*, Malibu, Calif., 1977.

[14] Among the recent books devoted to Urartu, see: C. Burney and O. H. Lang, *The Peoples of the Hills: Ancient Ararat and Caucasus*, London, 1971; B. Piotrovskii, *Ourartou*, Geneva, 1970. Origins and development: M. Salvini, *Nairi e Ur(u)atri*, Roma, 1967. Inscriptions: F. Konig, *Handbuch der Chaldischen Inschriften*, *AfO*, Beiheft 8, 1955. On art: B. Piotrovskii, *Urartu, the Kingdom of Van and its Art*, London, 1967.

[15] On these titles and the organization of the peripheral Assyrian provinces, see: R. A. Henshaw, "The office of *shaknu* in Neo-

Assyrian times," *JAGS*, LXXXVII (1967), pp. 717-725; LXXXVIII (1968), pp. 461-483. J. N. Postgate, "The place of the *shaknu* in Assyrian government," *Anatolian Studies*, XXX (1980), pp. 69-76. J. Pečirkova, "The administrative organization of the Neo-Assyrian empire," *Archiv Orientalni*, XLV (1977), pp. 211-228.

[16] F. Malbran-Labat, *L' Armée et l' Organisation Militaire de l' Assyrie*, Geneva/Paris, 1982, pp. 59-61.

[17] *ARAB*, I, § § 770, 772, 795, 806.

[18] On this question, see the thorough study of B. Oded, *Mass Deportation and Deportees in the Neo-Assyrian Empire*, Wiesbaden, 1979.

[19] Inscriptions of Tiglathpileser III in *ARAB*, I, § § 761-822. To these must be added the fragments discovered at Nimrud and published by D. J. Wiseman in *Iraq*, XIII (1951); XVIII (1956) and XXVI (1964). Also see: L. D. Levine, *Two Assyrian Stelae from Iran*, Toronto, 1972, and N. Postgate, "The inscription of Tiglath-Pileser III at Mila Mergi," *Sumer*, XXIX (1973), pp. 47-59.

[20] *ARAB*, I, § 772; *II Kings* xv. pp. 19-20.

[21] French excavations in 1928: F. Thureau-Dangin et al., *Arslan Tash*, Paris, 1931. cf. G. Turner, *Iraq*, XXX (1968), pp. 62-68. Tiglathpileser III had his own palace at Nimrud.

[22] R. Ghirshman, *Iran*, Harmondsworth, 1954, p. 94.

[23] Nimrud letter published by H. W. Saggs in *Iraq*, XVII (1955), p. 128. cf. M. Cogan, "Tyre and Tiglat-Phalazar III," *JCS*, XXV (1973), pp. 96-99.

[24] *II Chronicles* xxviii, pp. 5-8; *II Kings* xv, pp. 29-30; xvi, 5-9; cf. *ANET*, pp. 283-284.

[25] The royal inscription in *ARAB*, I, § § 829-830 is, in reality, an inscription of Esarhaddon. On the meagre sources for this reign, see *PKB*, p. 244.

[26] Inscriptions of Sargon in *ARAB*, II, § § 1-230. The reference edition is that of A. G. Lie, *The Inscriptions of Sargon II of Assyria*, I, *The Annals*, Paris, 1929. Add: C. J. Gadd, "Inscribed prisms of Sargon from Nimrud," *Iraq*, XVI (1954), pp. 172-202. The correspondence of Sargon has now been published by S. Parpola and G. B. Lanfranchi in *SAA*, I (1987) and V (1990). On the chronology of the reign, see: H. Tadmor, "The campaigns of Sargon II of Assur," *JCS*, XII (1958), pp. 22-40, 77-100.

[27] *Babyl. Chronicle* I, pp. 33-37. C. J. Gadd, "Inscribed barrel cylinder of Marduk-apal-iddina II," *Iraq*, XV (1983), pp. 123-134.

[28] *ARAB*, II, § 5; *ANET*, p. 285; R. Borger, "Das Ende des aegyptischen Feldern Sib'e = Sô," *JNES*, XIX (1960), pp. 49-53.

[29] *ARAB*, II, § § 30, 62; *ANET*, p. 286. cf. H. Tadmor ibid., pp. 83-84.

[30] *RCAE*, esp. Nos. 101, 123, 145, 148, 251, 380, 381, 424, 444, 515. Nimrud letters: H. W. Saggs, *Iraq*, XX (1958), pp. 182-212.

[31] F. Thureau-Dangin, *Une Relation de la Huitième Campagne de Sargon*, Paris, 1912. *ARAB*, II, § § 139-189. On the so-called "Letters to the Gods", see A. L. Oppenheim, "The city of Assur in 714 B. C.," *JCS*, XIX (1960), pp. 133-147.

[32] F. Thureau-Dangin, op. cit., p. 7.

[33] French excavations in 1843-1844 and 1852-1854: P. E. Botta and E. Flandin, *Les Monuments de Ninive*, Paris, 1849-

1850; V. Place, *Ninive et l'Assyrie*, Paris, 1867-1870. American excavations in 1930-1935; G. Loud, *Khorsabad*, Chicago, 1936-1938.

[34] *ARAB*, II, § 89.

[35] J. A. Brinkman; *Prelude to Empire*, Philadelphia, 1984, p. 54, n. 254.

第二十章

[1] D. D. Luckenbill, *The Annals of Sennacherib* (*OIP*, II), Chicago, 1924; *ARAB*, II, § § 231-496; A. Heidel, "The octagonal prism of Sennacherib in the Iraq Museum," *Sumer*, IX (1953), pp. 117-188; A. K. Grayson, "The Walters Art Gallery Sennacherib inscription," *AfO*, XX (1963), pp. 83-96; J. Reade, "Sources for Sennacherib: the prisms," *JCS*, XXVII (1975), pp. 189-196.

[2] U. Cuzzoli, *I Cimmeri*, Roma. 1968; A. Kammenhuber, article "Kimmerier" in *RLA*, V, pp. 594-598.

[3] *RCAE*, Nos 146, 197. The kingdom of Urartu survived until 590, when it was conquered by the Medes. Inscriptions of Argishti II and Rusas II, a contemporary of Ashurbanipal, have been found.

[4] Berossus, *Babyloniaca* III 2 cf. J. Elayi and A. Cavaignac, *Oriens Antiquus*, XVIII (1979), p. 70.

[5] Text of this campaign in *ARAB*, II, § § 233 ff. and in *ANET*, pp. 287-288. The capitulation of Lakish is represented on a relief from Nineveh: *AAO*, pl. 101.

[6] *II Kings* xviii. 13-xix. 34; *II Chronicles* xxxii. 1-22; *Isaiah* xxxvi.

1-xxxvii. 38. W. Von Soden, "Sanherib vor Jerusalem, 701 B. C.," in *Festchrift Erich Stier*, Munster, 1972, pp. 43-51.

[7] *II Kings* xix. 35; Herodotus, II, 141; Berossus in Josephus, *Jewish Antiquities*, X, i, 4-5.

[8] See the studies by J. A. Brinkman, "Sennacherib's Babylonian problem: an interpretation," *JCS*, XXV (1973), pp. 89-99; L. D. Levine, "Sennacherib's southern front: 704-869 B. C.," *JCS*, XXXIV (1982), pp. 28-58.

[9] *ARAB*, II, § 242.

[10] *ARAB*, II, § § 246-247, 318-322, 350, 353.

[11] Tell 'Umar, on the Tigris, south of Baghdad.

[12] S. Parpola, "A letter from Shamash-shum-ukin to Esarhaddon," *Iraq*, XXXIV (1972), pp. 21-34.

[13] Assyrian version of the battle in *ARAB*, II, § § 253-254. The "Babylonian Chronicle" (*ABC*, p. 80) talks of an "Assyrian retreat". Hallulê is probably to be located near the lower Diyala river.

[14] *ARAB*, 11, § § 339-341. The "Babylonian Chronicle" (*ABC*, pp. 80-81) simply says: "On the first day of the month of *kislimu* the city was taken. Mushezib-Marduk was captured and taken to Assyria".

[15] *II Kings* xxx. 36-37; "Babylonian Chronicle" (*ABC*, p. 81); *ARAB*, II, § 795. See: E. G. Kraeling, "The death of Sennacherib," *JAOS*, LIII (1933), pp. 335-346; S. Parpola, "The murder of Sennacherib" in B. Alster (ed.), *Death in Mesopotamia*, Copenhagen, 1980, pp. 171-182.

[16] Nebi Yunus is built up and has hardly been touched by archaeologists. Kuyunjik has been the object of several campaigns

of excavations since the pioneer work of Layard in 1847. For a general description of the site, cf. R. Campbell Thompson, *A Century of Exploration at Nineveh*, London, 1929; T. Madhloom and A. M. Mehdi, *Nineveh*, Baghdad, 1976.

[17] *ARAB*, II, § 366.

[18] T. Jacobsen and Seton Lloyd, *Sennacherib's Aqueduct at Jerwan*, Chicago, 1935; J. Reade, "Studies in Assyrian geography I, Sennacherib and the waters of Nineveh," *RA*, LXXII (1978), pp. 47-72 and pp. 157-180.

[19] W. Bachmann, *Felsreliefs in Assyrian*, Leipzig, 1927; L. W. King, "Some unpublished rock inscriptions of Sennacherib on the Judi-Dâgh," *PSBA*, XXXV (1913), pp. 66-94.

[20] Most of Esarhaddon's inscriptions are to be found in R. Borger, *Die Inscriften Asarhaddons, König von Assyrien*, Graz, 1956. Other inscriptions have since been published, including *Sumer*, XII (1956), pp. 9-38; *AfO*, XVIII (1957-1958), pp. 314-318; *Iraq*, XXIII (1961), pp. 176-178; XXIV (1962), pp. 116-117; XXVI (1964), pp. 122-123; *JCS*, XVII (1963), pp. 119-131.

[21] *ARAB*, II, § § 501-505; *ANET*, pp. 288-290.

[22] *ARAB*, II, § 639-687. cf. J. Nougayrol, *AfO*, XVIII (1957-1958). On the role played by the queen Naqi'a/Nakûtu in this reconstruction, see: H. Lewy, "Nitokris-Naqîa," *JNES*, XI (1952), pp. 264-286.

[23] "Babylonian Chronicle," II, 39-50; IV, 1-2, 9-10 (*ABC*, pp. 82-83); "Esarhaddon's Chronicle," 10-11-35-37 (*ABC*, pp. 126-127).

[24] On this treaty, see now: S. Parpola, K. Watanabe, *Neo-Assyrian*

Treaties and Loyalty Oaths (*SAA*,II),Helsinki,1988,pp. 24-27.

[25] On the Scythians generally, see: T. Talbot Rice, *The Scythians*, London, 1957; B. D. Grapow, *Die Skythen*, Berlin, 1978; A. M. Khazanov, "The dawn of Scythian history," *Iranica Antiqua*, XVII (1982), pp. 49-63.

[26] A. Spalinger, "Esarhaddon in Egypt," *Orientalia*, XLIII (1974), pp. 295-306. On Egypt in that period, see: K. A. Kitchen, *The Third Intermediate Period in Egypt*, Warminster, 1973.

[27] A. K. Irvin, "The Arabs and Ethiopians" in D. J. Wiseman (ed.), *People of Old Testament Times*, Oxford, 1973, p. 291. Texts in *ARAB*, II, § § 518-536, 551; *ANET*, pp. 191-192.

[28] *ANET*, p. 293. In reality, bloody battles were fought at Memphis, and the kings of the Delta remained on their throne. Statues of Taharqa and of the Egyptian goddess Anuqet have been discovered at Nineveh (Nebi Yunus). cf. V. Vikentiev; *Sumer*, XI (1955), pp. 111-114; XII (1956), pp. 76-79.

[29] D. J. Wiseman, "The vassal-treaties of Esarhaddon," *Iraq*, XXX, (1958), pp. 1-99. cf. *ANET*, pp. 534-541. Also see *SAA II*, pp. 28-58.

[30] The so-called "Zakûtu treaty", *SAA*, II, pp. 62-64.

[31] *ARAB*, II, pp. 762-1129; M. Streck, *Assurbanipal*, 3 vols., Leipzig, 1916. T. Bauer, *Das Inschriftwerk Assurbanipals*, Leipzig, 1933; A. C. Piepkorn, *Historical Prism Inscriptions of Ashurbanipal*, Chicago, 1933. Other texts or fragments: W. G. Lambert, *AfO*, XVIII (1957-1958), pp. 382-398; D. J. Wiseman, *Iraq*, XXVI (1964), pp. 118-124; E. Knudsen, *Iraq*, XXIX (1967), pp. 49-69; A. Millard, *Iraq*, XXX (1968), pp. 98-114; R. Borger, *AfO*, XXIII (1970), p. 90.

[32] J. H. Breasted, *Ancient Records of Egypt*, Chicago, 1906 - 1907, IV, pp. 919 ff. Also see: A. Spalinger, "Assurbanipal and Egypt: a source study," *JAOS*, XCIV (1974), pp. 316-328.

[33] *ANET*, pp. 294-295 (cf. *ARAB*, 11, § 772).

[34] Ashurbanipal (*ARAB*, II, § § 784-785, 849, 909-910) says that Gyges sent him a messenger with a letter stating that he had seen the god Ashur in a dream, who had told him to "seize the feet of the King of Assyria and evoke his name to fight the enemy".

[35] *ARAB*, II, § 855.

[36] Herodotus, II, p. 152.

[37] *AAO*, pl. 114; D. Frankel, *Ashurbanipal and the Head of Teumman*, London, 1977.

[38] *RCAE*, No. 301.

[39] See the text published by Knudsen in *Iraq*, XXIX (1967), pp. 55-56, where mention is made of cannibalism.

[40] This is the famous "suicide" of Sardanapallus', as told by Diodorus Siculus II, 27, who confused Ashurbanipal (Sarda-napallus) with his brother. The text published by M. Cogan and H. Tadmor in *Orientalia*, L (1981), pp. 229-240 confirms that Shamash-shum-ukîn died in a fire, but does not speak of suicide.

[41] The belief that Kandalanu was the name taken by Ashurbanipal as King of Babylon is rejected by most scholars. cf. J. A. Brinkman, *Prelude to Empire*, Philadelphia, 1984, pp. 105-106; H. W. F. Saggs, *The Might that was Assyria*, pp. 114, 117.

[42] Texts in *ARAB*, II, § § 817-830, 868-870, 878-880, 940-943, 946-950, and in *ANET*, pp. 297-301. Detailed study by Weippert, "Die Kampfe des assyrischen Königs Assurbanipal gegen die Araber," *Die Welt des Orients*, VII (1973-1974),

pp. 38-85.

[43] *ANET*, p. 299.

[44] Good summary in W. Hinz, *The Lost World of Elam*, New York, 1971.

[45] *ARAB*, 11, §§ 810-811.

[46] According to *II Chronicles* xxxiii. II, the Assyrians took Manasseh, King of Judah, and "carried him to Babylon". This event is not mentioned in the (incomplete) Assyrian records.

[47] *Nahum*, 7, 15, 19.

第二十一章

[1] J. N. Postgate, "The economic structure of the Assyrian empire," in T. Larsen (Ed.), *Power and Propaganda*, Copenhagen, 1979, pp. 193-221 (esp. pp. 194-217).

[2] Lord Byron, "The Assyrian came down like the wolf on the fold," *The Destruction of Sennacherib*, canto I, line 1.

[3] On this subject in general, cf. R. Labat, *Le Caractère Religieux dela Royauté Assyro-Babylonienne*, Paris, 1939, and H. Frankfort, *Kingship and the Gods*, Chicago, 1948.

[4] This site has been briefly excavated by Layard in 1850 and Rawlinson in 1852. cf. J. E. Curtiss and A. K. Grayson, *Iraq*, XLIV (1982), pp. 87-94.

[5] *ARAB*, II, § 986.

[6] A. Haller, *Die Gräber und Grüfte von Assur*, Berlin, 1954, pp. 170-180. J. Mcginnis, "A Neo-Assyrian text describing a royal funeral," *SAA Bulletin*, I, 1, 1987, pp. 1-11.

[7] These tombs have not yet been studied and published scientific-

ally. To our knowledge, at the time of writing the only information available comes from newspapers and magazines.

[8] H. Frankfort, op. cit., p. 259; Also see R. Labat, op. cit., pp. 82-87; J. Renger, article "lnthronization" in Rla, V, pp. 128-136.

[9] R. Frankena, *Tâkultu*, Leiden, 1954 (in Dutch with summary in English). J. Laessøe, *Studies on the Assyrian Ritual and Series bît rimki*, Copenhagen, 1955; R. Borger, "Das dritte 'Haus' der Serie *bît rimki*," *JCS*, XXI (1967), pp. 1-17.

[10] H. Frankfort, op. cit., p. 259.

[11] *RCAE*, No. 437 (R. Labat, op. cit., p. 359; H. Frankfort, op. cit., p. 264).

[12] R. Campbell Thompson, *The Reports of the Magicians and Astrologers of Nineveh and Babylon*, London, 1900, remains fundamental. Among studies on Mesopotamian divination and magical practices, the most penetrating is that of J. Bottero, "Symptômes, signes, écriture" in J. P. Vernant et al. (eds.), *Divination et Rationalité*, Paris, 1974.

[13] *RCAE*, No. 1237.

[14] *RCAE*, No. 137.

[15] J. V. Kinnier Wilson, *The Nimrud Wine List*, London, 1972. See also: E. Klauber, *Assyrisches Beamtentum*, Leipzig, 1910, and P. Garelli, "Remarques sur l'administration de l'empire assyrien," *RA*, LXVII (1974), pp. 1129-1240. Also see Chapter 19, note 15.

[16] C. Preusser, *Die Wohnaüser in Assur*, Berlin, 1955, pp. 15-60. G. Loud and Ch. B. Altman, *Khorsabad*, II, Chicago, 1938.

[17] J. N. Postgate, *Neo-Assyrian Grants and Decrees*, Rome, 1969.

[18] C. J. Johns, *An Assyrian Doomsday Book*, Leipzig, 1901; J. N. Postgate, op. cit. G. Van Driel, "Land and people in Assyria," Bi. Or., XXVII (1970), pp. 168-175; F. M. Fales, *Censimenti e Castati di Epoca Neo-Assyria*, Roma, 1973.

[19] Sargon forced Egypt to open trade relations with Assyria (C. J. Gadd, *Iraq*, XVI, 1954, p. 179) and Esarhaddon encouraged the Babylonians to engage in commerce with "all countries" (R. Borger, *Die Inschriften Asarhaddons*, pp. 25 ff.).

[20] A. L. Oppenheim, *Ancient Mesopotamia*, pp. 93-94, and "Essay on overland trade in the first millennium B. C.," *JCS*, XXI (1967), pp. 236-254.

[21] G. Van Driel, "Land and people in Assyria: some remarks," *Bi. Or.*, XXVII (1970), pp. 168-175; P. Garelli, "Problèmes de stratification sociale dans l'empire assyrien," in *Gesellschaftsklassen im alten Zweistromland*, München, 1972, pp. 73-79.

[22] To the fundamental and still valid study of W. Manitius, "Das stehende Herr der Assyrerkönige und seine Organization," *ZA* (ancient series), XXIV (1910), pp. 97-148 and 185-224, must now be added that of F. Malbran-Labat, *L'Armée et l'Organisation Militaire de l'Assyrie*, Geneva/Paris, 1982. Also see: Y. Yadin, *The Art of Warfare in Biblical Lands*, London, 1963.

[23] J. N. Postgate, *Taxation and Conscription in the Assyrian Empire*, Rome, 1974, pp. 218-226.

[24] H. W. Saggs, "Assyrian warfare in the Sargonid period," *Iraq*, XXV (1963), pp. 145-154 (esp. pp. 146-147).

[25] A. L. Oppenheim, "The eyes of the Lord," *JAOS*, LXXXVIII (1968); F. Malbran-Labat, op. cit., pp. 13-29; 41-57.

[26] J. E. Reade, "The Neo-Assyrian court and army: evidence

from the sculptures,"*Iraq*,XXXIV (1972),pp. 87-112.

[27] Pieces of equipment and weapons were found in "Fort Shalmaneser" at Nimrud: D. Stronach, "Metal objects from the 1957 excavations at Nimrud,"*Iraq*,XX (1958),pp. 169-181.

[28] Among the numerous publications devoted to Assyrian reliefs, see: C. J. Gadd,*The Stones of Assyria*,London,1936,and *Assyrian Sculptures in the British Museum from Shalmanezer III to Sennacherib*, London, 1938; E. Weidner, *Die Reliefs der assyrischen Könige*, Berlin, 1939; R. D. Barnett and M. Falkner,*The Sculptures of Assur-nasir-apli*, *Tiglathpileser III*, *Esarhaddon from the Central and South-West Palaces at Nimrud*, London,1962; R. D. Barnett and N. Forman,*Assyrian Palace Reliefs in the British Museum*, London, 1970; R. D. Barnett, *Sculptures from the North Palace of Ashurbanipal at Nineveh*, London,1976. See also: *AAO*,pls. 77,83-114. Excellent photographs in A. Parrot,*Nineveh and Babylon*,London,1961,and E. Strommenger,*The Art of Mesopotamia*,London,1964.

[29] A. Walter,*Kultrelief aus dem Brunnen des Assur Tempels zu Assur*,Leipzig,1931; *AAO*,pl. 72.

[30] A. Walter,*Farbige Keramik aus Assur*,Berlin,1923; G. Loud and Ch. B. Altman,*Khorsabad*,*II*,Chicago,1938,pl. 89.

[31] A. Parrot,*Assur*,fig. 109-111; 343-345.

[32] See, in particular, the splendid embroidered coat of Ashurnasirpal in *AAO*,p. 104; fig. 41.

[33] M. E. L. Mallowan,*The Nimrud Ivories*,London. 1978. cf. R. D. Barnett,*A Catalogue of the Nimrud Ivories in the British Museum*;London,1975; M. E. L. Mallowan et al. ,*Ivories from Nimrud*,4 vol. , London,1966-1974 ff. On the difficult prob-

lem of the origin of ivory and of the styles of ivory objects, see: R. D. Barnett, *Iraq*, XXV (1963), pp. 81-85; I. J. Winter, *Iraq*, LXI (1981), pp. 1 - 22; D. Collon, *Iraq*, XXXIX (1977), pp. 219-222.

第二十二章

[1] Seton Lloyd, *Foundations in the Dust*, London, 1980, p. 126.

[2] C. Bezold, *Catalogue of the Cuneiform Tablets ... in the British Museum*, London, 1889-1899, with supplements by L. W. King in 1914 and by W. G. Lambert and W. G. Millard in 1968.

[3] *RCAE*, IV, p. 213, No. 6 (transl. E. Chiera, *They Wrote on Clay*, Chicago, 1938, p. 174). cf. also *RCAE*, Nos. 18, 255,688.

[4] Among other royal libraries is that of Tiglathpileser I. cf. E. Weidner, "Die Bibliothek Tiglathpilesers I," *AfO*, XVI (1952), p. 197 ff.

[5] These texts have been published by O. R. Gurney, W. G. Lambert and J. J. Finkelstein in *Anatolian Studies*, II (1952) to XXII (1972). On the last named piece, see: J. S. Cooper, "Structure, humour and satire in the Poor Man of Nippur," *JCS*, XXVII (1975), pp. 163-174. Also: J. Bottero in *Les Pouvoirs Locaux en Mésopotamie*, Bruxelles, 1980, pp. 24-28.

[6] S. Parpola, "Assyrian library records," *JNES*, XLII (1983, pp. 1-29); D. J. Wiseman, "Assyrian writing-boards," *Iraq*, XXVII (1955), pp. 3-13.

[7] On Mesopotamian sciences in general: O. Neugebauer, *The Exact Sciences in Antiquiry*, Providence, Rhode Island, 1957; R.

labat,"La Mésopotamie" in *La Science Antique et Médiévale, Histoire Générale des Sciences*, I, Paris, 1957, pp. 73 – 138. In spite of its date, B. Meissner, *Babylonien und Assyrien*, II, Heidelberg, 1925, is still extremely useful.

[8] On schools, see Chapter 13, note 31.

[9] On these lists, see A. L. Oppenheim, *Ancient Mesopotamia*, Chicago, 1964, pp. 180, 248, 371.

[10] B. Landsberger, *Die Fauna des alten Mesopotamien*, Leipzig, 1934; R. C. Thompson, *A Dictionary of Assyrian Chemistry and Geology*, Oxford, 1936; *A Dictionary of Assyrian Botany*, London, 1949; M. Levey, *Chemistry and Chemical Technology in Ancient Mesopotamia*, Amsterdam, 1959.

[11] W. Horowitz, "The Babylonian map of the world," *Iraq*, L (1988), pp. 147–165.

[12] A. L. Oppenheim et al., *Glass and Glassmaking in Ancient Mesopotamia*, Corning, N. Y., 1970.

[13] This point has recently been emphasized by J. C. Margueron, *Les Mésopotamiens*, Paris, 1991, Vol. II, pp. 179–181.

[14] Good summary on mathematics by R. Caratini in R. Labat, op. cit., pp. 103 – 137 (with bibliography). See also: O. Neugebauer, "Ancient mathematics and astronomy" in C. Singer et al. (eds.), *A History of Technology*, I, Oxford, 1954, pp. 785–804; E. M. Bruins, "Interpretation of cuneiform mathematics," *Physis*, IV (1962), pp. 277–340. More recently: G. Ifrah, *Histoire Universelle des Chiffres*, Paris, 1981; J. Friberg, "Methods and traditions of Babylonian mathematics," *Historia Mathematica*, VIII (1981), pp. 277– 318; *Id.*, "Index of publications on Sumero-Akkadian mathematics and related topics," *AfO*

Beiheft, XIX (1982), pp. 225-232; R. Bradley, "Mathematics in ancient Mesopotamia", *Ur* (Baghdad), 1981/1983, pp. 28-31.

[15] R. Labat, op. cit., p. 112.

[16] Taha Baqir, *Sumer*, VII (1951), p. 30.

[17] R. Labat, op. cit., p. 113.

[18] H. Goetsch, "Die Algebra der Babylonier," *Archive for History of Exact Sciences*, Berlin and New York, 1968, pp. 79-153.

[19] O. Neugebauer, *Astronomical Cuneiform Texts*, 3 vol., London, 1955, "Ancient mathematics and astronomy" in C. Singer et al., *A Histoty of Technology*, Oxford, 54; *A History of Ancient Mathematics and Astronomy*, New York, 1975. Good summaries in R. Labat, op. cit., note 7, pp. 123-137 and in H. W. F. Saggs, *The Greatness that was Babylon*, London, 1962, pp. 453-459.

[20] S. Langdon and J. K. Fotheringham, *The Venus Tablets of Ammizaduga*, London, 1928, and J. D. Weir, *The Venus Tablets of Ammizaduga*, Istanbul, 1972; E. Reiner, *Same title*, Malibu, Calif., 1975.

[21] R. A. Parker and W. H. Dubberstein, *Babylonian Chronology*, Providence, Rhode Island, 1956, pp. 1-3.

[22] A. T. Olmstead, *History the Persian Empire*, Chicago, 1948, p. 206.

[23] A. T. Olmstead, op. cit., p. 457.

[24] G. Sarton, "Chaldaean astronomy in the last three centuries B. C.," *JAOS*, LXXV (1955), pp. 166-173 (citation p. 170).

[25] Most medical texts have been published by F. Köcher, *Die babylonisch-assyrische Medizin in Texten und Untersuchungen*, 6 vol., Berlin, 1963-1680. General studies in G. Contenau, *La Médecineen Assyrie et en Babylonie*, Paris, 1938; H. E. Sig-

erist, *A History of Medicine*, I, Oxford, 1951, pp. 377-497; A. L. Oppenheim, "Mesopotamian medicine," *Bulletin of the History of Medicine*, XXXVI(1962), pp. 97-108.

[26] E. K. Ritter, "Magical expert (= ašipu) and physician (= asû): notes on two complementary professions in Babylonian medicine," *Assyriological Studies*, Chicago, XVI (1965), pp. 299-321.

[27] R. Labat, *Traité Akkadien de Diagnostics et Pronostics Médicaux* Leiden, 1951.

[28] R. Labat, *Traité*, op. cit., p. 3.

[29] R. Labat, *Traité*, p. 81.

[30] R. Labat, *Traité*, p. 173.

[31] F. Kuchler, *Beiträge zur Kentniss der Assyrisch-Babylonischen Medizin*, Leipzig, 1904, p. 60.

[32] J. V. Kinnier Wilson. "An introduction to Babylonian psychiatry," *Festschrif Benno Landsberger*, Chicago, 1965, pp. 289-298; *Id.*, "Mental diseases in ancient Mesopotamia" in *Diseases in Antiquity*, Springfield, III, 1967, pp. 723-733.

[33] L. Legrain, "Nippur old drug store," *University Museum Bulletin*, VIII (1940), pp. 25-27; M. Civil, "Prescriptions médicates sumériennes," *RA*, LIV (1960), pp. 57-72; S. N. Kramer, The Sumerians, Chicago, 1963, pp. 93-98; P. Herrero, *La Thérapeutique Mésopotamienne*, Paris, 1984.

[34] R. C. Thompson, "Assyrian prescriptions for disease of the urine," *Babyloniaca*, XIV (1934), p. 124.

[35] R. C. Thompson, "Assyrian prescriptions for diseases of the chest and lungs," *RA*, XXXI (1934), p. 23.

[36] *RCAE*, No. 108.

[37] A. Finet,"Les Médecins au royaume de Mari,"*Annuaire de l' Institut de Philologie et d' Histoire Orientales et Slaves*, Bruxelles, XV (1954-1957), pp. 123-144.

第二十三章

[1] The principal sources for the political history of this period are: 1. The six Babylonian chronicles assembled by A. K. Grayson in *ABC*, pp. 87-111; 2. A few letters published by E. Ebeling, *Neubabylonische Briefe*, München, 1949; 3. The Old Testament, notably *II Kings*, *II Chronicles* and the Prophets; 4. Some classical authors (Herodotus, Diodorus Siculus, Josephus, Berossus); 5. The royal inscriptions published by S. Langdon, *Die Neubabylonischen Königsinschriften* (*NBK*), Leipzig, 1912; their bibliography has been updated by P. R. Berger under the same title in *AOAT*, IV, Neukirchen-Vluyn, 1973.

[2] Herodotus, I, 102 ff. cf. Diodorus Siculus, II, p. 26, pp. 1-4.

[3] R. Borger, "Der Aufstieg des neubabylonischen Reiches," *JCS*, XIX (1965), pp. 59-78; J. Oates, "Assyrian chronology, 631-612 B. C. ," *Iraq*, XXVII (1965), pp. 135-159; W. Von Soden, " Aššuretillilani, Sinsariškun, Sinšum(u) liser, und die Ereignisse im Assyrerreich nach 635 v. Chr. ," *ZA*, LVIII (1967), pp. 241-255; J. Reade, "The accession of Sinsharishkun," *JCS*, XXVIII (1970), pp. 1-9.

[4] See the reservations expressed by J. A. Brinkman, *Prelude to Empire*, Philadelphia, 1964, p. 110, note 551, on the ethnic origin of Nabopolassar.

[5] This very important chronicle was first published by C. J.

Gadd, *The Fall of Nineveh*, London, 1923, then, with additions, by D. J. Wiseman, *Chronicles of Chaldaean Kings*, London, 1956 and lately by A. K. Grayson in *ABC*, pp. 90-96. cf. *ANET*, pp. 303-305.

[6] *II Kings* xxiii. 4, 15-19; *II Chronicles* xxxiv. 6.

[7] D. J. Wiseman, *Chronicles*, p. 57; *ABC*, p. 93.

[8] Discussion by C. J. Gadd, *The Fall of Nineveh*, pp. 10-11.

[9] D. J. Wiseman, *Chronicles*, pp. 59-61; *ABC*, p. 94.

[10] Kalhu (Nimrud) is not mentioned in the chronicle. It seems that it was taken in 614 and destroyed in 610 B.C. (D. Oates, Iraq, XXIII (1961), pp. 9-10).

[11] The term *Umman-manda*, first used in the second millennium B.C. to designate Indo-European warriors on chariots (F. Cornelius, "ERIN-manda," *Iraq*, XXV, 1963, pp. 167-170), then loosely used for the Cimmerians and/or the Scythians, here seems to apply to the Medes (D. J. Wiseman, *Chronicles*, p. 16).

[12] *NBK*, p. 61; A. T. Olmstead, *History of Assyria*, p. 640.

[13] Joyful reactions in Judah: *Zephaniah* ii. 13 ff. ; *Nahum* ii. ff. , *Ezekiel* xxxi. 3 ff. ; xxxii. 22 ff.

[14] *II Kings* xxiii. 29; *II Chronicles* xxxv. 20; *Jeremiah* xiv. 2; Herodotus, II, 159.

[15] D. J. Wiseman, *Chronicles*, pp. 59-61; *ABC*, p. 99.

[16] The most recent general studies on this king and his reign are: A. Boyd and T. S. R. Boase, *Nebuchadnezzar*, London, 1972; D. J. Wiseman, *Nebuchadrezzar and Babylon*, Oxford, 1985.

[17] "Chronicle of the early years of Nebuchadnezzar II," lines 6-7 and 9-10, *ABC*, p. 101.

[18] *II Kings* xxiv. p. 17; *Jeremiah* xxxvii. p. 1; Josephus, *Antiq.*

Jud., x, p. 6; D. J. Wiseman, *Chronicles*, pp. 32-35, 73.

[19] cf. A. Gardiner, *Egypt of the Pharaohs*, pp. 260-261.

[20] *II Kings*, xxv. pp. 6-7 (cf. *II Chronicles* xxxvi. pp. 13-20; *Jeremiah* xxxiv. pp. 1-18).

[21] Five years later, however, Jerusalem revolted and other Jews were deported (*Jeremiah* lii. 30). It has been estimated that 15000 men with their families were deported in 587 B. C. and that the three deportations involved in all some 50000 people.

[22] D. J. Wiseman, *Chronicles*, p. 30, pp. 94-95.

[23] From an inscription of Nebuchadrezzar in Wadi-Brissa, Lebanon: *NBK*, p. 175; *ANET*, p. 307.

[24] Herodotus, I, p. 74.

[25] Berossus, III, pp. 108-110. Also see the Nabonidus stele in *ANET*, pp. 308-311. On Neriglissar, see: R. H. Sack, "Nergal-šarra-usur, King of Babylon, as seen in the cuneiform, Greek, Latin and Hebrew sources", *ZA*, LXVIII (1978), pp. 129-149.

[26] D. J. Wiseman, *Chronicles*, pp. 37-42, pp. 75-77.

[27] General studies on Nabonidus's reign: R. H. Sack, "Nebuchadnezzar and Nabonidus in folklore and history," *Mesopotamia*, XVII (1982), pp. 67-131; P. A. Beaulieu, *The Reign of Nabonidus king of Babylon 556-539 B. C.*, New Haven/London, 1989.

[28] Nabonidus had written a biography of his mother after her death, in two stelae. Texts in *ANET*, pp. 311-312 and pp. 560-562.

[29] S. Smith, "The verse account of Nabonidus," *Babylonian Historical Texts*, London, 1924, pp. 83-97. cf. *ANET*, pp. 312-315.

[30] *Daniel*, IV, 28-33. cf. R. Meyer, *Das Gebete des Nabonid*,

Berlin, 1962; W. Dommerhausen, *Nabonidus im Buche Daniel*, Mainz, 1964.

[31] Sir Leonard Woolley and P. R. S. Moorey, *Ur of the Chaldees*, London, 1982, pp. 251-253; J. Oates, *Babylon*, 1979, pp. 160-162.

[32] Herodotus, I, pp. 127-130; Strabo, XV, p. 3, p. 8; Diodorus Siculus, II, p. 34, p. 6.

[33] *NBK*, p. 221. cf. A. L. Oppenheim, *The Interpretation of Dreams in the Ancient Near East*, Philadelphia, 1956, p. 250, no. 12.

[34] Nabonidus Chronicle, II, pp. 1-4 (*ABC*, p. 106; *ANET*, pp. 305-307).

[35] Nabonidus Chronicle II, pp. 5-25.

[36] C. J. Gadd, "The Harran inscription of Nabonidus," *Anatolian Studies*, VII (1958), pp. 35-92.

[37] See notably: W. Röllig, "Nabonid und Tema," *Compte rendu de la XIe Rencontre Asryriologique Internationale*, Leiden, 1964, pp. 21-32; W. G. Lambert, "Nabonidus in Arabia," *Proceedings of the Vth Seminar for Arabian Studies*, London, 1972, pp. 53-64; P. A. Beaulieu, op. cit., note 27, pp. 178-185.

[38] Nabonidus Chronicle, III, pp. 12-19 (*ABC*, pp. 109-110; *ANET*, p. 306).

[39] Josephus, *Contra Apionnem*, I, p. 21; Eusebius, Praep. Evang. IX, p. 41.

[40] F. H. Weissbach, *Die Keilinschriften der Achaemeniden*, Leipzig, 1911, pp. 2 ff.; *ANET*, pp. 315-316.

第二十四章

[1] *Jeremiah*, li., 7; Herodotus, I, p. 178. The Hebraic and Greek or Latin sources on Babylon have been assembled by W. H. Lane, *Babylonian Problems*, London, 1923, and the cuneiform sources by E. Unger, *Babylon, die heilige Stadt nach der Beschreibung der Babylonier*, Berlin, 1970.

[2] Each important part of the site has been published separately in the series: *Wissenschaftliche Veröffentlichungen der Deutschen Orient-Gesellschaft* (*WVDOG*), Berlin. Overall review of the results by R. Koldewy, *Das viedererstehende Babylon*, Leipzig, 1925 reprinted in Zurich in 1981. Also see: J. Wellard, *Babylon*, New York, 1974, and J. Oates, *Babylon*, London, 1979, pp. 144-159.

[3] F. Wetzel, *Die Stadtmauem von Babylon* (*WVDOG*, p. 48), Leipzig, 1930.

[4] R. Koldewey, *Das Ischtar-Tor in Babylon* (WBDOG, p. 32), Leipzig, 1918; J. Oates, *Babylon*, pp. 153-156, fig. 105-109; A. Parrot, *Nineveh and Babylon*, London, 1961; fig. 220-222.

[5] R. Koldewey and F. Wetzel, *Die Königsburgen von Babylon*, II (*WVDOG*, p. 55), Leipzig, 1932.

[6] O. Reuther, Merkes, *die Innenstadt von Babylon* (*WVDOG*, p. 47), Leipzig, 1926.

[7] R. Koldewey and F. Wetzel, *Die Königsburgen von Babylon*, I (*WVDOG*, p. 54), Leipzig, 1931.

[8] Diodorus Siculus, II, 10; Strabo, XVI, i, 5; Quintus Curtius, *Hist Alex*., V, i, 31-35; Berossus in Josephus, *Antiq. Jud.*, X,

pp. 226-227; *Contra Apionnem*, 1, p. 19.

[9] J. Oates, *Babylon*, p. 151. Lists of rations for the Jews exiled in Babylon have been found among these tablets (cf. *ANET*, p. 308). On the "Hanging Gardens", see: W. Nagel, "Wo lagen die "Hängenden Gärten" in Babylon, *MDOG*, CX, (1978), pp. 19-28.

[10] F. Wetzel, E. Weissbach, *Das Hauptheiligtum des Marduk in Babylon: Esagila und Etemenanki* (*WVDOG*, 59), Leipzig, 1938. On ziqqurats see the publications referred to in chapter 10, note 5.

[11] Herodotus, I, pp. 182-183.

[12] *NBK*, pp. 125-127.

[13] Herodotus, I, p. 183.

[14] The New Year Festival can be reconstructed from various texts, the most important being the *akîtu*-ritual dating to the Seleucid period published by F. Thureau-Dangin, *Rituels Accadiens*, Paris, 1921, pp. 127-154 (*ANET*, pp. 331-334). Descriptions and studies in: A. Pallis, *The Babylonian Akîtu Festival*, Copenhagen, 1926; R. Labat, *Le Caractère Religieux*, pp. 166-176; H. Frankfort, *Kingship and the Gods*, pp. 313-333. Important article by A. Falkenstein, *akiti*-Fest und *akiti*-Festhaus, in *Festschrift Johannes Friedrich*, Heidelberg, 1959, pp. 147-182. Outside Babylon, New Year Festivals were celebrated in Assur, Nineveh, Erbil, Harran, Dilbat and Uruk, but at different dates.

[15] Partially excavated by the Germans in 1902 (R. Koldewey, *Die Tempel von Babylon und Borsippa* [*WVDOG*, p. 15], Leipzig, 1911, pp. 50-59). Important remains of the ziqqurat and of the temple.

[16] *ANET*, p. 334.

[17] For the significance of the gesture and its relationship with the legitimacy of the king, see A. K. Grayson, "Chronicles and the *akîtu* festival" in A. Finet (ed.), *Actes de la XVIIe Rencontre Assyriologique Internationale*, Ham-sur-Heure (Belgium), 1970, pp. 160–170.

[18] The *bît akîtu* of Assur, described by Sennacherib (*ARAB*, II, § § 434–451c) has been excavated (*RLA*, I, p. 188; *AM*, I, pp. 228–230). Excavations at Uruk (*UVB*, 1956, pp. 35–42) have yielded the plan of its *bît akîtu*. According to A. Falkenstein op. cit., there were three *akîtu*-temples in Babylon during the Neo-Babylonian period.

[19] W. G. Lambert, "The great battle of the Mesopotamian religious year: the conflict in the *akîtu* house," *Iraq*, XXV (1963), pp. 189–190.

[20] The main study on this subject is that of D. Coquerillat, *Palmeraies et Cultures de l' Eanna d' Uruk* (559–520), Berlin, 1968. See also: H. F. Lutz,. *Neo-Babylonian Administrative Documents from Erech*, Berkeley, 1927; R. P. Dougherty, *Archives from Erech*, New Haven, 1927–1933. On the temple administration, H. W. F. Saggs, "Two administrative officials at Erech in the sixth century B. C. ," *Sumer*, XV (1959), pp. 29–38, and *The Greatness That Was Babylon*, op. cit., pp. 261–268; P. Garelli in *Le Proche-Orient Asiatique*, II, pp. 159–164 and pp. 287–290.

[21] R. P. Dougherty, *The shirkutu of Babylonian Deities*, New Haven, 1923.

[22] O. Kruckmann, *Neubabylonische Rechts-und Verwaltungstexte*,

Leipzig, 1933; H. H. Figulla, *Business Document of the New Babylonian period* (*UET*, IV), London, 1949; M. San Nicolo and H. Petschow, *Babylonische Rechtsurkunden aus dem 6. Jahrhundert vor Chr.*, München, 1960.

[23] A. T. Olmstead, *History of Assyria*, pp. 256-257.

[24] B. Meissner, *Warenpreise in Babylonia*, Berlin, 1936; W. H. Dubberstein. "Comparative prices in later Babylonia," *AJSL*, LVI (1930), pp. 20-43. 1 *qa* was worth 10 *gar*, or 675 square feet. For a radically different opinion, cf. P. Garelli, op. cit., pp. 285-287.

[25] G. Childe, *What Happened in History*, Harmondsworth, 1942, p. 193.

[26] A. Ungnad, "Das Haus Egibi," *AfO*, XIV (1941-1944), pp. 57-64; R. Bogaert, *Les Origines Antiques de la Banque de Dépôt*, Leiden, 1966, pp. 105-118.

第二十五章

[1] On these dates and their historical implications, see R. A. Parker and W. H. Dubberstein, *Babylonian Chronology 626 B. C. - A. D. 75*, Providence, Rhode Island., 1956.

[2] For a discussion of the events leading to the "usurpation" of Darius, see A. T. Olmstead, *History of the Persian Empire*, Chicago, 1948, pp. 107-113.

[3] F. H. Weissbach, *Die Keilinschriften der Achaemeniden*, Leiden, 1911; F. W. Konig, *Relief und inschrift des Koenigs Daraios I. am Felsen von Bagistan*, Leiden, 1938. cf. G. G. Cameron, "The Old Persian text of the Bisitun inscription," *JCS*, V (1951), pp. 47-54.

[4] Behistun, § 50.

[5] On these two revolts: Th. De Liagre Böhl, "Die babylonischen Prätendenten zur Anfangzeit des Darius (Dareios), I," *Bi. Or.*, XXVI (1968), pp. 150-153.

[6] R. A. Parker and W. H. Dubberstein, op. cit., p. 17; Herodotus, I, p. 183; Strabo, XVI, i, 5; Arrian, *Anabasis*, VII, xvii, p. 2; Diodorus, II, ix, 4 ff.; Ctesias, *Persica*, Epit. 52-53; F. M. Th. De Liagre Bohl, "Die babylonischen Prätendenten zur Zeit Xerxes," *Bi. Or.*, XIX (1962), pp. 110-114.

[7] Sir Leonard Woolley and P. R. S. Moorey, *Ur of the Chaldees*, London, 1982, p. 259; *UVB*, XII-XIII (1956), p. 17; pp. 28-31; F. Wetzel, E. Schmidt and A. Mallwist; *Das Babylon der Spätzeit*, (*WVDOG*, p. 62), Berlin, 1957, pp. 25-27.

[8] A. T. Clay, *Legal and Commercial Transactions dated in the Assyrian, Neo-Babylonian and Persian Periods*, Philadelphia, 1908; A. Tremayne, *Records from Erech, Time of Cyrus and Cambyses*, New Haven, 1925.

[9] This was a letter of introduction, written in Aramaic, given to a tradesman who returned from Babylonia to Egypt via Assyria: D. Oates, *Studies in the Ancient History of Northern Iraq*, London, 1968, pp. 59-60.

[10] Xenophon, *Anabasis*, II, 4 to III, 5; D. Oates, op. cit., pp. 60-61; G. Goosens, "L' Assyrie après l' empire," *Compte rendu de la IIIe Rencontre Assyriologique Internationale*, Leiden, 1854, p. 93.

[11] A. T. Olmstead, op. cit., p. 293; M. W. Stolper, *Management and Politics in Later Achaemenid Babylonia*, 2 vol., Ann Arbor, 1974.

[12] Herodotus, I, 192; A. T. Olmstead, op. cit., p. 293.

[13] A. T. Olmstead, op. cit., pp. 299-301.

[14] G. Cardascia, *Les Archives des Murashû*, Paris, 1951.

[15] R. Zadok, "Iranians and individuals bearing Iranian names in Achaemenian Babylonia," *Israel Oriental Studies*, VII (1977), pp. 89-138.

[16] Often called, wrongly, the battle of Arbela (Erbil). The battle took place in the plain of Keramlais, 23 kilometres east of Nineveh. cf. Sir Aurel Stein, *Geographical Journal*, C (1942), p. 155.

[17] Arrian, *Anabasis*, III, xvi, 4; VII, xvii, 2; Strabo, XVI, i, 5.

[18] "Chronicle concerning the Diadochi," *ABC*, pp. 115-119.

[19] A. J. Sachs and D. J. Wiseman, "A Babylonian King List of the hellenistic period," *Iraq*, XVI (1954), pp. 202-211.

[20] Discussion in M. Rostovtzeff, *The Social and Economic History of the Hellenistic World*, Oxford, 1941, I, pp. 499-504.

[21] The term "Mesopotamia" is taken here in its broader sense. During the Seleucid period, the country was divided into three satrapies: Mesopotamia in the north, Babylonia in the south and Parapotamia along the Euphrates.

[22] American excavations in 1927-1932 and 1936-1937. Italian, then Italian-Iraqi excavations from 1964 to 1974, resumed in 1985. Preliminary results in *Mesopotamia*, I (1966) to VIII (1973-1974), then XXI (1986). Summary of results by A. Invernizzi, "Ten years research in the al-Mada" in area: Seleucia and Ctesiphon, *Sumer*, XXXII (1976), pp. 167-175.

[23] French excavations 1922-1923; American excavations, 1928-1939. Several Preliminary and Final Reports published. For a

general account of the excavations, M. Rostovtzeff, *Dura-Europus and its Art*, Oxford, 1938.

[24] A. T. Clay, *Legal Documents from Erech dated in the Seleucid Era*, New Haven, 1913; O. Krückman, *Babylonische Rechts-und Verwaltungsurkunden aus der Zeit Alexanders und die Diadochen*, Weimar, 1931. Also see: G. K. Sarkisian in *VDI*, I (1955), pp. 136 – 170 and *Forschungen und Berichte*, XVI (1975), pp. 15–76.

[25] Nimrud: D. and J. OATES, "Nimrud, 1957: the Hellenistic Settlement," *Iraq*, XX (1958), pp. 114–157. Seleucid graves at Mari: A. Parrot, *Syria*, XVI (1935), pp. 10 – 11; XXIX (1952), pp. 186 – 187; XXXII (1955), pp. 189 – 190. Remains of a Greco-Oriental temple at Arslan-Tash, F. Thureau-Dangin, *Arslan-Tash*, Paris, 1931.

[26] *ANET*, p. 317.

[27] F. Wetzel et al., op. cit., pp. 3–21. The theatre has recently been re-excavated and restored by the Iraqi Directorate of Antiquities. cf. *Iraq*, XXXIV (1972), pp. 139–140.

[28] Pliny, Naturalis historia, VI, p. 122; Pausanias, *Descriptio Graeciae*, I, xvi, p. 3.

[29] R. North, "Status of the Warka Excavation," *Orientalia*, XXVI (1957), pp. 206 – 207, 228 – 333, 327 – 341 (with bibliography).

[30] M. Rutten, *Contrats de l' Epoque séleucide conservés au Musée du Louvre*, Paris, 1935. On temple organization and functions, see: G. J. P. Mcewan, *Priest and Temple in Hellenistic Babylonia*, Wiesbaden, 1981.

[31] W. Röllig, "Griechische Eigennamen in den Texten der Baby-

lonische Spätzeit," *Orientalia*, XXIX (1960), pp. 376-391; A. Kuhrt, "Assyrian and Babylonian traditions in classical authors: a critical synthesis" in H. J. Nissen and J. Renger (ed.), *Mesopotamien und seine Nachbarn*, Berlin, 1982, II, pp. 538-541.

[32] Latest English translation: S. M. Burstein, *The Babyloniaca of Berossus*, in *Sources for the Ancient Near East*, I, 5, Malibu, Calif., 1978.

[33] N. C. Debevoise, *A Political History of Parthia*, Chicago, 1938.

[34] German excavations, 1903-1914 (W. Andrae, *Hatra*): Iraqi excavations since 1951. Preliminary reports in *Sumer*, VIII (1952) ff. For a general description of the site, see: D. Holmesfredericq *Hatra et ses Seulptures Parthes*, Leiden, 1963, and W. I. Al-Salihi, *Hatra* (Historical Monuments of Iraq, p. 2), Baghdad, 1973.

[35] H. Lenzen, *Die Partherstadt Assur* (*WVDOG*, p. 57), Leipzig, 1933.

[36] R. North, *Orientalia*, XXXVI (1957), pp. 241-243; *UVB*, XIV (1958), pp. 18-20; XVI (1960), pp. 13-21 ; *BaM*, VI (1960), pp. 104-114.

[37] Josephus, *Antiq. Jud.*, XVIII, 310-379.

[38] J. N. Strassmaier, "Arsakideninschrifte," *ZA*, III (1888), pp. 129-142. Th. J. Pinches and H. Sayce, *PSBA* (1902), pp. 108 ff. ; Th. J. Pinches, *The Old Testament in the Light of the Historical Records of Assyria and Babylonia*, London, 1902, pp. 481-486; J. Kohler and A. Ngnad, 100 *ausgewählte Rechtsurkunden der Spätzit des babyonischen Schrifttums*, Leipzig, 1909; A. J. Sachs and J. Schaum-Berger, *Late Babylonian As-*

tronomical and Related Texts, Providence, Rhode Island, 1955.

[39] A. J. Sachs and J. Schaumberger, op. cit., No. 1201 (mentioned but not published).

[40] Dion Cassius, LXXI, p. 2; Ammianus Marcellinus, XXIII, vi, p. 34; Zonaras, XI, p. 22, XII, p. 2. L. Dillemann, "Ammien Marcellinet les pays de l'Euphrate et du Tigre," *Syria*, XXXVIII (1961), pp. 86-158.

[41] V. Chapot, *La Frontière de l'Euphrate*, Paris, 1907; A. Poidebard, *La Trace de Rome dans le Désert de Syrie*, Paris, 1934; D. Oates, *Studies in the Ancient History of Northern Iraq*, Oxford, 1968, pp. 67-117; *Id*., "Ain Sinu," in J. Curtis (ed.), *Fifty Years of Mesopotamian Discovery*, London, 1982, pp. 120-122.

[42] Ctesiphon was studied by German, then German and American archaeologists in 1931-1932 and, more recently, by the Italians working in Seleucia (see note 22 above). On the Kish palace: S. Langdon, "Excavations at Kish and Barghutiat," *Iraq*, I (1934), pp. 113-122; P. R. S. Moorey, *Kish Excavations* 1923-1933, Oxford, 1978, pp. 180 ff.

[43] H. Lenzen, "Ein Goldkranz aus Warka," *Sumer*, XIII (1957), pp. 205-206. On this tomb, the date of which has not been determined with certainty, cf. *UVB*, XV (1959), pp. 27-34; XVI (1960), pp. 23-29.

[44] G. Le Strange, *The Lands of the Eastern Caliphate*, 3rd ed., London, 1966, pp. 26-29.

结 语

[1] W. W. Tarn,*La Civilisation Hellénistique*,Paris,1936,pp. 219-237.

[2] A list of these words will be found in H. W. F. Saggs,*The Greatness that was Babylon*,London,1962,pp. 493-495. This book also contains other examples of our Mesopotamian heritage.

[3] J. Bottero,"L'Assyriologie et notre histoire," *Dialogues d'Histoire Ancienne*,VII,Paris,1981,p. 95.

[4] Numerous studies have been devoted to the relations between the Greek and Oriental civilizations. They include: R. M. Haywood,*Ancient Greece and the Near East*,London,1965; M. L. West,*Early Greek Philosophy and the Orient*,London,1971; H. A. Hoffner (ed.), *Orient and Occident*, (AOAT, 22), Neukirchen-Vluyn, 1973; D. Kagan,*Problems in Ancient History*,I, *The Ancient Near East and Greece*,New York,1975.

[5] E. Porada,"The cylinder seals found at Thebes in Beotia,"*AfO*, XXVIII (1981-1982),pp. 1-70; J. A. Brinkman,"The Western Asiatic seals found at Thebes in Greece,"ibid.,pp. 73-77.

[6] C. H. Gordon,*Before the Bible*,London,1962,pp. 9,132.

[7] J. Filliozat,"Pronostic médicaux akkadiens, grecs et indiens," *Journal Asiatique*,CCXL (1952),pp. 299-321; M. Sandrail,*Les Sources akkadiennes de la Pensée et de la Méthode hippocratiques*, Toulouse,1953.

[8] C. H. Gordon,op. cit.,pp. 49-97,pp. 218-277. R. Graves,*The Greek Myths*,Harmondsworth,1957,II,p. 8.

[9] See,for instance,R. D. Barnett,"Ancient Oriental influences on archaic Greece"in *The Aegean and the Near East*,*Studies presented*

to H. Goldman, New York, 1956, pp. 212-238; R. A. Jairazbhoy, *Oriental Influences in Western Art*, London, 1965.

[10] M. Rostovtzeff, *The Social and Economic History of the Hellenistic World*, Oxford, 1941, I, p. 84.

年　表
I. 史前时期

时间 公元前	时期	两河流域 北部	两河流域 南部	两河流域的技术和文化发展
约70000年	旧石器时代中期	巴达-巴尔 沙尼达尔 D（约60—35000） 哈扎尔-默德		穴居的狩猎采集者们居住在洞穴和岩石掩体中
35000 25000 12000	旧石器时代晚期	沙尼达尔 C（约34—25000） （Hialus） 沙尼达尔 B2 扎尔齐·帕莱伽瓦		晚期智人。石器的改良和多样化。更广泛的食物范围
9000	中石器时代	沙尼达尔 B1 扎维-科米-沙尼达尔		细石器工具和武器。黑曜石被进口。骨制品。第一批黏土小雕像。第一组住宅。动物驯养开始

续表

时间 公元前	时期	两河流域 北部	两河流域 南部	两河流域的技术和文化发展
8000		卡润-舍黑尔 姆莱法特		
7000		穆雷贝特 耶莫	布斯-摩尔戴赫 阿里克什	可食用植物和动物驯养的进步。村庄。陶器的发明。第一批烧制砖
6000	新石器时代	乌姆-达巴吉亚 哈苏那 耶里姆丘1 马塔腊赫		铜的使用。第一批壁画。第一批印章。第一批神庙。装饰奢华的容器。黏土和雪花石膏小雕像。砖的广泛使用
5500	铜石并用时代	萨马腊 哈拉夫 耶里姆丘2 阿尔帕契亚丘	库埃伊里（欧贝德0）	
4500		乔加-马米	埃瑞都（欧贝德1） 哈吉-默罕默德（欧贝德2）	

续表

时间 公元前	时期	两河流域 北部	两河流域 南部	两河流域的技术和文化发展
4000 3750	古青铜时代	—北部欧贝德— 高腊丘 和许多其他遗址	—南部欧贝德— 欧贝德、乌尔 和许多其他遗址	神庙和房屋增加规模和复杂性 赤陶镰刀和杵
3000		高腊丘 喀林-阿格哈丘、格莱霜什、哈布巴-卡比腊 和许多其他遗址 —乌鲁克时期— 布腊克丘	乌鲁克、乌凯尔丘 和许多其他遗址	城镇化。陶工轮盘。平衡犁。航行。金属加工（青铜、金、银）。第一批圆筒印章。书写的发明（约3300）。雕刻的发展。扩大贸易
2700	历史时期	—尼尼微 V—	捷姆迭特-那色	苏美尔文明
			早王朝 I	城邦。有防御的城镇。书写的发展。
			早王朝 II	
2500			早王朝 III	来自法腊和萨拉比克的行政管理档案

II. 早王朝时期（约公元前 2900—公元前 2334 年）[①]

时间 公元前	子分期	基什	乌鲁克	乌尔	拉伽什	马瑞	埃卜拉	其他王朝
2750	早王朝 I	基什 I	乌鲁克 I					
	早王朝 II	21 位国王（包括埃塔那）从大洪水到：恩美巴腊吉西（约 2700）	4 位"神话"国王：美基伽舍尔 恩美尔班达 卢伽尔班达 杜穆兹 约 1 个世纪, 下至 吉尔伽美什					
2700		阿伽						
2650								
2600	早王朝 IIIA		约 2660 到 2560 年间, 吉尔伽美什的 6 位继承人	王室墓地 美卡兰杜格				

[①] 这一时期的编年是不确定的。所有的日期都是大致的。被他们的铭文证实的马瑞国王们（明显不同于《苏美尔王表》中的那些）的顺序尚未建立。

续表

时间 公元前	子分期	基什	乌鲁克	乌尔	拉伽什	马瑞	埃卜拉	其他王朝
2550		乌胡布（约2570）美西林（约2550）		阿卡兰杜格（约2600）Ur I 美萨奈帕达（约2560—2525）阿-安奈帕（约2525—2485）	恩-赫伽尔（约2570）	马瑞王朝 根据苏美尔王表：6王，136年？	阿万	阿达布 宁-基萨勒西
	基什 II							3王
2500		6王（+阿克沙克的组组）从约2520到:	乌鲁克 II	美基格奴那（约2485—2450）恩里里（约2445）	卢伽尔-萨格-恩古尔（约2500年）乌尔-南舍（约2490）	伊勃舒（约2500）拉姆吉-马瑞		美-杜尔巴 派里 13王统治到约2250年 卢伽尔-达鲁 哈马兹 约2450

续表

时间 公元前	子分期	基什	乌鲁克	乌尔	拉伽什	马瑞	埃卜拉	哈塔尼什	其他王朝
2450	早王朝 IIIB	恩比-伊什塔尔（约2430） 基什 III	恩-恩-沙库什-安那（约2430—2400）	巴里里 乌尔 II	阿库尔伽尔（约2465） 埃安那吞（约2455—2425） 埃那那吞 I（约2425） 恩铁美那（约2400）	伊昆-沙马什 伊昆-沙马干 伊波鲁-伊勒 马瑞控制埃卜拉	伊格瑞什-哈兰 伊尔卡布-达穆 阿雷奴姆	哈塔尼什 兹兹=？	阿克沙克 祖祖 温孜 普祖尔-尼腊赫

续表

时间 公元前	子分期	基什	乌鲁克	乌尔	拉伽什	马瑞	埃卜拉	其他王朝
2400		库-巴巴（女客栈老板）	卢伽尔-基尼舍-杜杜（约2400）		埃那那吞 II 恩-恩塔尔兹 卢巴勒安达 乌如宁吉那（约2350）		埃布瑞温	伊舒 II 舒-辛
2350		基什 IV 普茱尔-辛		4位国王（名字未知）				
2300		乌尔-扎巴巴（约2340）					伊比-西皮什	

续表

时间公元前	子分期	基什	乌鲁克	乌尔	拉伽什	马瑞	埃卜拉	其他王朝
			卢伽尔基萨勒西乌鲁克Ⅲ卢伽尔扎吉西（约2340—2316）					
	阿卡德							阿卡德王朝沙如金（萨尔贡）（约2334—2279）

III. 阿卡德王朝、古地亚王朝和乌尔第三王朝（约公元前 2334—公元前 2004 年）

时间公元前	阿卡德/乌尔	乌鲁克/伊辛	库提/拉尔萨	拉伽什	马瑞
	阿卡德王朝	卢伽尔扎吉西			萨尔贡占领马瑞和埃卜拉
	沙如金（萨尔贡）(2334—2279)				
2300	瑞穆什（2278—2270）马尼什图苏（2269—2255）				
	那腊姆辛（2254—2218）				那腊穆辛征服马瑞，摧毁埃卜拉
2250	沙尔-卡里-沙瑞（2217—2193）			卢伽尔-乌顺伽尔（2230—2200）	沙卡那库时期 伊迪迪什

续表

时间	阿卡德/乌尔	乌鲁克/伊辛	库提/拉尔萨	拉伽什	马瑞
公元前 2200	混乱时期 舒-图如鲁(2168—2154) 乌尔 III 乌尔-那穆(2112—2095) 舒尔吉(2094—2047)	乌鲁克 IV 乌尔-宁吉那(2153—2147) 乌尔-吉吉腊(2146—2141) +3位国王 乌鲁克 V 乌图赫伽尔(2123—2113)	库提人的王朝 21位库提国王统治到2120年 库提人入侵阿卡德和苏美尔 提瑞坎(x—2120)	 拉伽什恩西 乌尔-巴巴(2155—2142) 古地亚(2141—2122) 乌尔-宁吉尔苏(2121—2118) 皮瑞格-美(2117—2115) 乌尔-伽尔(2114) 楠-马哈兹(2113—2111) 拉伽什总督 乌尔属臣 乌尔-宁苏那 乌尔-宁基马腊 卢-基瑞拉扎	舒-达干 伊斯马-达干(2199—2154) 奴尔-美尔 伊什图坡-伊隆 伊什昆-阿杜 阿皮勒-金(2126—2091) 伊丁-伊隆 伊隆-伊什塔尔 图冉-达干(2071—2051)

续表

时间	阿卡德/乌尔	乌鲁克/伊辛	库提/拉尔萨	拉伽什	马瑞
公元前	阿玛尔-辛（2046—2038） 舒-辛（2037—2029） 伊比-辛（2028—2004） 乌尔陷落（2004）	伊辛王朝 伊什比-埃腊（2017—1985）	拉尔萨王朝 那坡兰衣（2025—2005） 埃米苏姆（2004—1977）	伊尔-南那 拉伽什独立（2023）	普祖尔-伊什塔尔（2050—2025） 希拉勒-埃腊 哈依-达干（2016—2008）

IV. 伊辛－拉尔萨、古巴比伦和古亚述时期（约公元前 2000—公元前 1600 年）

时间公元前	伊辛	拉尔萨	巴比伦	马瑞	亚述	埃什奴那	安纳托利亚
2025		拉尔萨王朝那坡兰农（2025—2005）				埃什奴那独立	
	伊辛王朝伊什比－伊腊（2017—1985）				乌什皮雅	伊鲁舒－伊里雅（约2028）	
		埃米簌姆（2004—1977）			基基雅	奴尔－阿洋	卡帕多西亚文化
2000					阿基雅		
	舒－伊里舒（1984—1975）	萨米乌姆（1976—1942）			普祖尔－阿淑尔王朝	基瑞基瑞	
	伊丁－达干（1974—1954）				普祖尔－阿淑尔 I	比拉拉马	
	伊什美－达干（1974—1954）				沙林－阿赫	伊沙尔－腊马什舒	
1950		扎巴伊亚（1941—1933）				乌苏尔－阿瓦苏阿祖姆	
						乌尔－宁马尔	

续表

时间公元前	伊辛	拉尔萨	巴比伦	马瑞	亚述	埃什奴那	安纳托利亚
	李皮特-伊什塔尔（1934—1924）乌尔-宁乌尔塔（1923—1896）	袭古农（1932—1906）			伊鲁舒马	乌尔-宁吉孜达伊尔忒克-阿达德I	亚述商人在卡帕多西亚殖民（卡内什 *karum* I）
1900	布尔-辛（1895—1874）	阿比-萨雷（1905—1895）苏穆-埃勒（1894—1866）	巴比伦I苏穆-阿布姆（1894—1881）苏穆-拉-埃勒（1880—1845）		埃瑞舒姆I（约1906—1867）	沙瑞雅贝拉库姆瓦腊萨	
1850	李皮特-恩利勒（1873—1869）伊腊-伊米提（1868—1861）恩利勒-巴尼（1860—1837）	奴尔-阿达德（1865—1850）辛-伊迪楠（1849—1843）		阿摩利人王朝亚吉德-林（约1830—1820）	伊库奴姆沙如-今（萨尔贡I）普祖尔-阿淑尔II	伊比克-阿达德II	卡内什 *karum* 被放弃

续表

时间 公元前	伊辛	拉尔萨	巴比伦	马瑞	亚述	埃什奴那	安纳托利亚
	扎姆比阿、伊泰尔-皮沙 (1836—1828) 辛-马吉尔 (1827—1817) 达米喀-伊里舒 (1816—1794)	辛-埃瑞巴姆、辛-伊科沙姆-伊泰-采里-阿达德 (1842—1835) 瓦腊德-辛 (1834—1823) 瑞姆-辛 (1822—1763)	萨比乌姆 (1844—1831) 阿皮勒-辛 (1830—1813) 辛-穆巴里志 (1812—1793)	亚赫顿-林(约1820—1796) 雅斯马赫-阿达德 (1796—1776)	那腊姆-辛 埃瑞舒姆II 沙姆西-阿达德I (1809—1776)	那腊姆-辛 达杜沙(约1805—1780)	皮特哈那 卡内什 karum II
1800	汉穆拉比征服伊辛(1787)	汉穆拉比征服拉尔萨(1763)	汉穆拉比 (1792—1750)	金瑞林 (1776—1761) 汉穆拉比摧毁马瑞城	伊什美-达干 (1780—1741) 汉穆拉比征服亚述(?)	伊巴勒-皮-埃勒II 汉穆拉比征服埃什奴那	阿尼塔
1750	海国王朝	瑞姆-辛II (1741—1736)	叁苏-伊鲁那 (1749—1712)				

601

续表

时间公元前	伊辛	拉尔萨	巴比伦	马瑞	亚述	埃什奴那	安纳托利亚
1700	伊鲁马-伊隆（伊里曼,约1732） 伊婕-伊里-尼比 达米格-伊里舒 伊什基巴勒 舒什西 古勒基沙尔		阿比-埃舒赫（1711—1684） 阿米迪塔那（1683—1647） 阿米喀杜喀（1646—1626）	加喜特人 干达什（约1730） 阿古姆 I 哈那国王什什提里雅什 I 乌什西 阿比腊塔什 卡什提里雅什 II 乌尔孜古马什 哈尔巴西胡	穆特-阿什库尔 瑞穆什 阿西农 混乱状态：从普祖尔-辛到阿达瑞8 参苏-伊鲁那摧毁埃什奴那 贝鲁-巴尼（1700—1691） 里巴雅（1690—1674） 沙尔马-阿达德 I（1673—1662） 伊坡塔尔-辛（1661—1650） 巴扎亚（1649—1622） 鲁拉亚（1621—1618）	伊科什-提斯帕克	
1650							古赫梯帝国 拉巴那斯 I 哈图西里 I（1650—1620）

续表

时间 公元前	伊辛	拉尔萨	巴比伦	马瑞	亚述	埃什奴那	安纳托利亚
1600	5位其他的国王们，到埃亚-伽米勒（约1460）		参苏迪塔那（1625—1595） 约1595：巴比伦被赫梯人征服 阿古姆 II	提坡塔克改 阿古姆 II	基迪-尼奴瓦（1615—1602） 沙尔马-阿达德 II（1601） 埃瑞舒姆 III（1598—1586） 沙姆西-阿达德 II（1585—1580）		穆尔西里 I（1620—1590） 韩提里 I（1590—1560）

V. 加喜特时期（约公元前 1600—公元前 1200 年）[1]

时间公元前	巴比伦	亚述	胡里－米坦尼	安纳托利亚	叙利亚－巴勒斯坦	埃及	埃兰
1600	约 1595 年：巴比伦被赫梯征服；加喜特王朝	埃瑞舒姆 III 沙姆西－阿达德 II 伊什美－达干 II	基尔塔	古赫梯帝国（约从 1680）		希克索斯时期	埃帕尔提王朝（约从 1850 年）
	阿古姆 II 卡拉端美（约 1570）	沙姆西－阿达德 III	舒塔尔那 I（约 1560）	韩提里 I（1590—1560）			塔塔（1600—1580）
1550	布尔那布瑞雅什 I	阿淑尔－尼腊瑞 I（1547—1522）	米坦尼王国形成	齐丹塔 I	希克索斯人被驱逐出埃及		阿塔－美腊－哈勒基（1580—1570）
		普祖尔－阿淑尔 III（1521—1498）	帕腊塔尔那（约 1530）	阿穆那	阿拉拉赫国王伊德瑞米	阿摩西斯 I（1576—1546）	帕拉－伊什珊（1570—1545）
1500	卡什提里雅什 III	恩利勒－那采尔	萨乌斯塔塔尔（约 1500）	胡兹亚什 I		阿蒙诺菲斯 I（1546—1526）	库尔－基尔维什（1545—1520）
		奴尔－伊里		铁列平（1525—1500）	埃及人进军叙利亚	图特摩斯 I（1526—1512）	
	乌兰布瑞雅什	阿淑尔－腊比 I	亚述外于米坦尼统治下	阿鲁瓦那什		图特摩斯 II（1512—1504）	库克－那浑泰（1520—1505）

[1] 在布尔那布瑞雅什 II 之前进行统治的加喜特诸王的数量、顺序和年代是非常不确定的。古赫梯帝国的最后几任国王也同样如此。

续表

时间公元前	巴比伦	亚述	胡里-米坦尼	安纳托利亚	叙利亚-巴勒斯坦	埃及	埃兰
1450	阿古姆 III 卡达什曼-哈尔贝 I	阿淑尔-那丁-阿赫 I 恩利勒-那采尔 II	奴孜档案	韩提里 II 齐丹塔 II 胡兹亚什 II	叙利亚被埃及入占领	图特摩斯 III （1504—1450）	库提尔-那浑泰 II （1505—?）
	卡褶达什			新赫梯帝国			
	库瑞伽勒祖 I	阿淑尔-尼腊瑞 II 阿淑尔-贝勒-尼舍舒	阿尔塔塔马 I （约1430）	图塔里亚 I （1450—1420）	阿蒙诺菲斯在叙利亚-巴勒斯坦的战役	阿蒙诺菲斯 II （1450—1425）	
1400	卡达什曼-恩利勒 I	阿淑尔-那丁-阿赫 II	舒塔尔那 II（约1400）	阿尔努旺达 I （1420—1400）		图特摩斯 IV （1425—1417）	
	布尔那布瑞雅什 II （1375—1347）	埃瑞巴-阿达德 （1392—1366）	阿尔塔塔马 II	图什腊塔	图塔里亚 II 哈图西里 II 图塔里亚 III （1395—1380）	阿蒙诺菲斯 III （1417—1379）	
		阿淑尔-乌巴里武 I（1365—1330）			阿玛尔那时期 （约1400—1350）	阿蒙诺菲斯 IV （埃赫那吞） （1379—1362）	
1350	卡腊哈尔达什		舒塔尔那 III	苏皮鲁流马 I（约1380—1336）	北部叙利亚被赫梯征服		
	库瑞伽勒祖 II （1345—1324）						

续表

时间 公元前	巴比伦	亚述	胡里-米坦尼	安纳托利亚	叙利亚-巴勒斯坦	埃及	埃兰
1300		恩利勒-尼腊瑞 阿瑞克-登-伊鲁（1319—1308） 阿达德-尼腊瑞 I（1307—1275）	舒塔卡腊 I=?	马提瓦扎 阿尔努旺达 II 沙图瓦腊 I（1335—1310）	乌伽里特档案 字母楔形文字	图坦卡蒙（1361—1352） 艾伊（1352—1348） 荷勒姆赫布（1348—1320）	伊合伊哈伊基德斯 I 伊吉-哈勒（1350—1330） 胡尔帕提拉
	卡达什曼-图尔古（1297—1280） 卡达什曼-恩利勒 II（1279—1265） 库杜尔-恩利勒 沙伽拉提-舒瑞雅什（1255—1243）	沙勒马奈色尔 I（1274—1245）		穆瓦塔里斯（1309—1287） 瓦萨萨塔 沙图瓦腊 哈图西里 III（1286—1265）	卡叠什战役（1300） 埃及-赫梯条约（1286）	第19王朝 拉美西斯 I（1319—1317） 塞提 I（1317—1304） 拉美西斯 II（1304—1237）	阿塔尔-基塔赫（1310—1300） 胡姆班-尼美那（1300—1275） 温塔什-那皮瑞沙（1275—1240）
1250							

年表

续表

时间公元前	巴比伦	亚述	胡里-米坦尼	安纳托利亚	叙利亚-巴勒斯坦	埃及	埃兰
1200	卡什提里雅什 IV 亚述总督们（1235—1227） 恩利勒-那丁-舒米 阿达德-舒马-伊迪那 阿达德-舒马-乌簇尔（1218—1189） 美里-西帕克（1188—1174） 马尔杜克-阿帕勒-伊迪那 （1173—1161） 扎巴巴-舒马-伊迪那	图库尔提-宁奴尔塔 I（1244—1208） 阿淑尔-那丁-阿皮里 阿淑尔-尼腊瑞 III 恩利勒-库杜瑞-乌簇尔 宁奴塔-阿帕勒-埃库尔（1192—1180） 阿淑尔-丹 I（1179—1134）		图塔里亚 IV（1265—1235） 阿尔努旺达 III（1235—1215） 苏皮鲁流马 II（1215—?） 弗里吉亚人和卡斯凯人毁灭赫梯帝国（约1200）	摩西和出埃及 海上民族的入侵。腓力斯丁人。以色列人开始征服迦南	梅涅普塔赫（1237—1209） 第 20 王朝 拉美西斯 III（1198—1166） 拉美西斯 IV	温帕塔尔-那皮瑞沙 基腾-胡特兰（1235—1210?） 舒特鲁基德斯 哈鲁图什-因舒西那克（1205—1185） 舒特鲁克-那浑泰（1185—1155）

续表

时间公元前	巴比伦	亚述	胡里-米坦尼	安纳托利亚	叙利亚-巴勒斯坦	埃及	埃兰
1150	恩利勒-那丁-阿赫（1159—1157）加喜特王朝结束					到拉美西斯 XI（1166—1085）	库提尔-那洋泰西勒巴克-因舒西那克（1150—1120）

VI. 中巴比伦和中亚述时期（约公元前 1150—公元前 750 年）

时间公元前	巴比伦	亚述	腓尼基－叙利亚
1150	巴比伦 IV（伊辛 II） 马尔杜克－卡比特－阿赫舒（1156—1139） 伊提－马尔杜克－巴拉突 宁奴尔塔－那丁－舒米 尼布甲尼撒 I（1124—1103）	阿淑尔－丹 I（1179—1134） 阿淑尔－瑞什－伊西 I（1133—1116） 提格拉特帕拉沙尔 I（1115—1077）	
1100	恩利勒－那丁－阿皮里 马尔杜克－那丁－阿赫 马尔杜克－沙皮克－泽瑞		新赫梯王国在北叙利亚
1050	阿达德－阿普拉－伊迪那（1067—1046） 马尔杜克－泽尔－某 那布－舒姆－里布尔（1032—1025）	阿沙瑞德－阿帕勒－埃库尔 阿淑尔－贝勒－卡拉（1074—1057） 沙姆西－阿达德 IV 阿淑尔那срые帕勒 I（1050—1032） 沙勒马奈尔 II（1031—1020）	阿拉米亚人在叙利亚定居并向两河流域扩张

续表

时间 公元前		巴比伦	亚述	腓尼基-叙利亚
1000	巴比伦 V	西姆巴尔-西帕克 （1024—1007）	阿淑尔-尼腊瑞 IV	
	巴比伦 VI	2 位国王（1007—1004） 尤尔马-沙金-舒米 （1003—987） 2 位国王（986—984）	阿淑尔-沙金-腊比 II （1016—973）	比布罗斯 阿希拉姆 （约 1000）
	巴比伦 VII	马尔-比提-阿普拉-乌簇尔		伊托巴阿勒 （约 980）
	巴比伦 VIII	那布-穆金-阿皮里 （977—942）	阿淑尔-瑞什-伊西 II 提格拉特帕拉沙尔 II （967—935）	大马士革 哈达德扎尔齐
950		宁奴尔塔-库杜瑞-乌簇尔 马尔-比提-阿赫-伊迪那 （941—?）	阿淑尔-丹 II （934—912）	阿比巴阿勒 （约 940） 推罗 希兰 （约 969—931）
		沙马什-穆达米喀	阿达德-尼腊瑞 II （911—891）	耶黑米尔克 （约 920）
900		（？—约 900） 那布-舒马-乌金（899—888？）	图库尔提-宁奴尔塔 II	埃里巴阿勒

续表

时间 公元前	巴比伦	亚述	腓尼基－叙利亚	叙利亚
850	那布－阿普拉－伊迪那 （887—855？）	阿淑尔那西尔帕 II （883—859）	西皮特巴阿勒	大马士革 本－哈达德 I （880—841）
	马尔杜克－扎基尔－舒米 I （854—819）	沙勒马奈尔 III （858—824）	喀尔喀尔战役 （853）	
800	马尔杜克－巴拉苏－伊可比 巴巴－阿哈－伊迪那 5位未知名的国王	沙姆西－阿达德 V （823—811） 阿达德－尼腊瑞 III （810—783）		哈扎勒 （841—806）
	宁奴尔塔－阿普拉－某			
	马尔杜克－贝勒－泽瑞	沙勒马奈尔 IV		本－哈达德 II （806—?）
	马尔杜克－阿普拉－乌簇尔			
	埃瑞巴－马尔杜克 （769—761）	阿淑尔－丹 III （772—755）		

续表

时间	巴比伦	亚述	腓尼基－叙利亚
公元前	那布－舒马－伊什昆（760—748）	阿淑尔－那拉瑞V（754—745）	

此表格在原著中将巴比伦、亚述、腓尼基－叙利亚、巴勒斯坦、安纳托利亚、埃及罗列在了一起，考虑到排版的因素，译者将其分割成两个表格，即将前三者罗列在这个表格里，将后三者罗列在下一个表格，且这两个表格的标题相同。下文其他表格有类似情况的，则不再说明。——编者注

VI. 中巴比伦和中亚述时期（约公元前 1150—公元前 750 年）

时间公元前	巴勒斯坦	安纳托利亚	埃及
1150	士师时代 欧斯尼尔 以笏		第二十王朝 最后的拉美西斯王朝
1100	巴腊克、底波拉 基甸 耶弗他	吕底亚王国建立 （赫拉克利德斯） （约1205—700） 亚述对抗穆什基的战役	第三中间期 第二十一王朝 斯门德斯（约1085）
1050	参孙 撒母耳 君主王国 扫罗（1030—1010） 大卫（1010—970）	在爱琴海岸的第一批殖民地爱奥利亚、伊奥利亚、多利安 （约1100—950）	波苏森尼斯 I（约1050）

续表

时间公元前	巴勒斯坦		安纳托利亚	埃及
1000	所罗门（970—931）			阿蒙尼摩普（约1000） 西阿蒙（约975） 第22王朝 舍尚克 I（945—924） 奥索尔康 I（924—889）
950	罗波安（931—913）	以色列 耶罗波安 I（931—910） 拿答 巴沙（909—886） 以拉（886—885） 心利，暗利（885—874）		塔克罗斯（889—874）
900	亚比央 亚撒（911—870） 约沙法(870—848)	亚哈(874—853)	乌拉尔图王国	奥索尔康 II（874—850）

续表

时间 公元前	巴勒斯坦		安纳托利亚	埃及
850	约兰（848—841）	亚哈谢、约兰 耶户（841—814）	阿腊美（约850）	塔克罗斯 II（850—825）
800	亚哈谢 亚她利雅 约阿施（835—796）	约哈斯 （814—798）	萨杜尔 I（832—825） 伊什普伊尼（824—806） 麦努阿（805—788）	舍尚克 III（825—773） 第23王朝 （利比亚）
	亚玛谢 （796—781）	约阿施（793—783）	阿尔吉什提 I（787—766）	（约817—730） 5位国王
	乌西雅 （781—740）	耶罗波安 II （783—743）	萨杜尔 II（765—733）	帕米 舍尚克 V （767—730）

VII. 新亚述和新巴比伦时期（约公元前 744—公元前 539 年）[①]

时间公元前	巴比伦	亚述	腓尼基-叙利亚	犹大	巴勒斯坦 以色列
750	巴比伦 IX（从 977）				
	那布-那西尔（那波那萨尔）（747—734）	提格拉特帕拉沙尔 III（744—727）	大马士革 腊金（740—732）	约坦（740—736）	米拿现（743—738）
	2 位国王（734—732）那布-穆金-泽瑞	沙勒马奈尔 V（726—722）	732：大马士革的征服	亚哈斯（736—716）	比加 何细亚（732—724）
	美罗达-巴拉丹 II（721—710）	萨尔贡 II（721—705）	新赫梯王国和阿拉米亚王国并入亚述帝国（747—704）	希西家（716—687）	722：撒马利亚被攻陷

[①] 开始于阿淑尔那采尔帕勒 II（公元前 883—公元前 859 年）统治的新亚述时期标注在年表 VI 中。

续表

时间 公元前	巴比伦	亚述	腓尼基-叙利亚	巴勒斯坦
700	3 位国王（703—700） 阿舒尔-那丁-舒米（699—694） 2 位国王（693—689）	辛那赫里布（704—681）	西顿 鲁莱	
	沙马什-舒那-乌金（668—648）	埃萨尔哈东（680—669） 阿淑尔巴尼帕（668—627）	西顿 阿布迪-米勒库提	玛拿西（687—642）
650	坎达拉努（647—627） 巴比伦 X 迦勒底王朝	阿淑尔-埃提勒-伊兰尼 辛-舒姆-里西尔	亚述在腓尼基的战役	亚们 约西亚（640—609）

续表

时间 公元前	巴比伦	亚述	腓尼基-叙利亚	巴勒斯坦
600	那布-阿普拉-乌薩尔（那波帕拉沙尔，625—605） 尼布甲尼撒 II（604—562）	辛-沙尔-伊什昆 阿淑尔-乌巴里忒 II 612—609：亚述被米底人和巴比伦人征服	卡尔凯米什战役	约哈斯 约雅敬 约雅斤 西底家（598—587） 587：以色列被尼布甲尼撒征服
550	埃维勒-美罗达 奈瑞格里斯萨尔 那布-那伊德（那波尼德）		573：推罗被尼布甲尼撒征服	

VII. 新亚述和新巴比伦时期（约公元前 744—公元前 539 年）

时间公元前	安纳托利亚		伊朗		埃兰	埃及	
			米底	波斯			
750	乌拉尔图 萨杜尔 II（765—733）	弗里吉亚 米达斯（约 740—700）			最后的王朝 胡摩阿什-塔赫腊赫（? 760—742） 胡姆巴-尼伽什 I（742—717）	第 XXIV 王朝（库什人） 第 XXV 王朝 特夫那赫特 波科瑞斯	皮安赫（751—716）
700	鲁萨斯 I（730—714） 阿尔吉什提 II 714—?	吕底亚 麦尔姆那德王朝	德奥西斯（约 728—675）	阿契美尼斯	舒特鲁克-那浑泰 II（717—699） 哈鲁图什-因舒西那克（699—693）		沙巴卡（716—707） 沙巴塔卡（701—689）

续表

时间 公元前	安纳托利亚	伊朗		埃兰	埃及
650	鲁萨斯 II 萨杜尔 III	古盖斯 （685—644） 阿尔迪斯 （644—615） 萨狄亚特斯 （615—610） 阿吕亚特斯 （610—561）	泰斯佩斯 （675—640） 居鲁士 I （640—600）	弗拉欧特斯 （675—653） 克亚克萨雷斯 （653—585）	胡姆班-尼美那 （692—687） 胡姆巴-哈尔达什 I （687—680） 乌尔塔基（674—663） 泰普特-胡姆班-因舒西那克（泰姆提曼，668?—653） 塔马瑞图 I（653） 胡姆巴-哈尔达什 III（648—644?） 阿淑尔巴尼帕征服苏萨并劫掠埃兰	塔哈尔卡 （689—664） 亚述在埃及的战役 赛伊斯复兴第 XXVI 王朝 普萨美提克 I （664—609） 653：亚述人被驱逐出埃及 尼科 II（609—594）

续表

时间 公元前	安纳托利亚	伊朗	埃兰	埃及
600	鲁萨斯 III		610: 埃兰被巴比伦人和米底人瓜分	普萨美提克 II（594—588）
	乌拉尔图被米底人征服			阿普利斯（588—568）
		阿斯提阿格斯（585—550）		
		冈比西斯（600—559）		阿马西斯（568—526）
	克罗伊斯（561—547）			
500		居鲁士 II（559—530）		
		米底国王居鲁士		
	居鲁士征服吕底亚，然后征服安纳托利亚			

VIII. 阿契美尼王朝和希腊化时期（约公元前539—公元前126年）

时间公元前	希腊	伊朗	两河流域
550	梭伦，执政官（从约620）	阿契美尼王朝（从约700年）	
	庇西特拉图（僭主）（539—528）	冈比西斯 II（530—522）	539: 居鲁士征服巴比伦
500	米底战争（490—478）	大流士 I（522—486）薛西斯 I（485—465）	阿契美尼时期尼布甲尼撒 III 和尼布甲尼撒 IV 叛乱（522—521）贝勒-西马尼和沙马什-埃瑞巴叛乱（482）薛西斯袭击巴比伦
450	伯里克利（将军）（443—430）	阿塔薛西斯 I（464—424）	约460: 希罗多德在巴比伦？穆腊舒家族，尼普尔的银行家们（455—403）天文学家那布-瑞马尼和基迪奴

续表

时间 公元前	希腊	伊朗	两河流域
400	伯罗奔尼撒战争（431—404）	大流士 II（423—405） 阿塔薛西斯 II（404—359）	401: 色诺芬在巴比伦尼亚
350	马其顿的菲利普（359—337） 亚历山大大帝（336—323）	阿塔薛西斯 III（358—338） 大流士 III（335—331）	高加米拉（331），亚历山大进入巴比伦 并于323年病逝于那里
300	继承者 塞琉古 I（305—281） 塞琉古王朝		希腊化时期 311: 塞琉古时代开始 约300: 在底格里斯河畔建立塞琉西亚 最后的阿卡德语王铭（安条克 I） 贝罗苏斯写作《巴比伦尼亚志》
250	安条克 I（281—260） 安条克 II（260—246） 塞琉古 II（245—226） 安条克 III（222—187）	帕提亚的阿萨西斯 阿萨西斯（250—248） 提利达特斯 I（248—211）	在乌鲁克建造诸神庙

续表

时间 公元前	希腊	伊朗	两河流域
200		阿塔巴奴斯 I（211—191）	
150	安条克 IV（175—164） 德米特里欧斯 I（162—150） 德米特里欧斯 II（145—126） 安条克 VIII（126—96）	米特里达特 I（171—138） 阿塔巴奴斯 II（128—124） 米特里达特 II（123—88）	希腊戏剧在巴比伦 144: 米特里达特发现泰西封 德米特里欧斯再次征服巴比伦尼亚 126: 阿塔巴奴斯 II 从塞琉古王朝夺取巴比伦尼亚 帕提亚时期 主要的建筑作品
100		奥罗德 I（80—76） 弗拉特斯 III（70—57）	亚述族群恢复 （亚述）阿迪贝尼，奥斯若尼（埃德萨＝乌尔法）和卡腊西奈（古代的海国）王国
50	64: 庞培征服安条克	奥罗德 II（57—37）	克拉苏在卡雷（哈兰）被击败（公元前 53 年）

IX. 帕提亚和萨珊波斯时期（公元前126—公元637年）

时间	罗马	伊朗	两河流域
公元前50年	凯撒和安东尼	弗拉特斯 IV（公元前37—公元2）	38：拉比埃努斯对抗帕提亚的战争
公元	罗马帝国 奥克塔维乌斯-奥古斯都 （公元前27—公元14）		
	提比略（14—37）	阿塔巴奴斯 III （11—38）	
	卡里古拉（37—41） 克劳狄（41—54）		
50	尼禄（54—68）	沃洛盖塞斯 I（51—78）	哈特腊奠基 （约70？）
	韦伯罗（70—79） 图密善（81—96）	帕科鲁斯 II （78—115）	74 或 75：最后已知的楔形文字文本
100	图拉真（98—117）	奥斯洛斯（109—128）	在乌鲁克的伽雷乌斯神庙
	哈德良（117—138）		

续表

时间	罗马	伊朗	两河流域
150	安敦尼（138—161） 马可-奥勒留（161—180） 康茂德（180—192）	米特里达特 IV（128—147） 沃洛盖塞斯 III（148—192）	114—117：图拉真在两河流域的战役，夺取了泰西封并到达了阿拉伯-波斯海湾 哈特腊王国（约160—240）
200	塞普提米乌斯-塞维鲁（193—211） 卡拉卡拉（211—217） 亚历山大-塞维鲁（222—235）	沃洛盖塞斯 IV（192—207） 阿塔巴奴斯 V（208—226） 萨珊王朝 阿尔达希尔 I（224—241）	164：卡西乌斯，叙利亚的使节，征服尼西宾和泰西封 197：塞普提米乌斯-塞维鲁征服泰西封 卡拉卡拉在卡雷（哈兰）被谋杀 萨珊时期 226：阿尔达希尔征服两河流域 232：亚历山大-塞维鲁的失败的战役
250	瓦莱里安（253—260） 奥勒里安（270—275）	沙普尔 I（241—272）	240：阿尔达希尔毁灭瓦特腊 256：沙普尔毁灭阿淑尔城 260：瓦莱里安成为沙普尔的俘虏 262：奥戴那图斯（帕尔米拉）与罗马结盟，进军泰西封

续表

时间	罗马	伊朗	两河流域
300	戴克里先（285—305） 君士坦丁（312—337） 君士坦提乌斯II（337—361）	巴腊姆II（276—293） 那尔塞斯（293—302） 沙普尔II（309—379）	296：对抗那尔塞斯的战争，然后进入和平状态 罗马获得在两河流域的行省 338-350：君士坦提乌斯和沙普尔II之间战时和罗马人入侵两河流域，然后因为饥荒而撤退
350	叛道者犹利安（361—363） 约维安（363—364） 狄奥多西（379—395）	巴腊姆IV（388—399）	约维安撤走罗马在两河流域北部的要塞 叙利亚的基督教文学在埃德萨、尼西宾和阿尔贝拉（埃尔比勒）处于全盛时期
400	拜占庭帝国（395—1453）	耶兹德吉尔德I（399—420）	拜占庭和萨珊王朝之间的间歇性战争 两河流域的经济衰退 637：伊斯兰阿拉伯征服两河流域的开始

651

地　图[1]

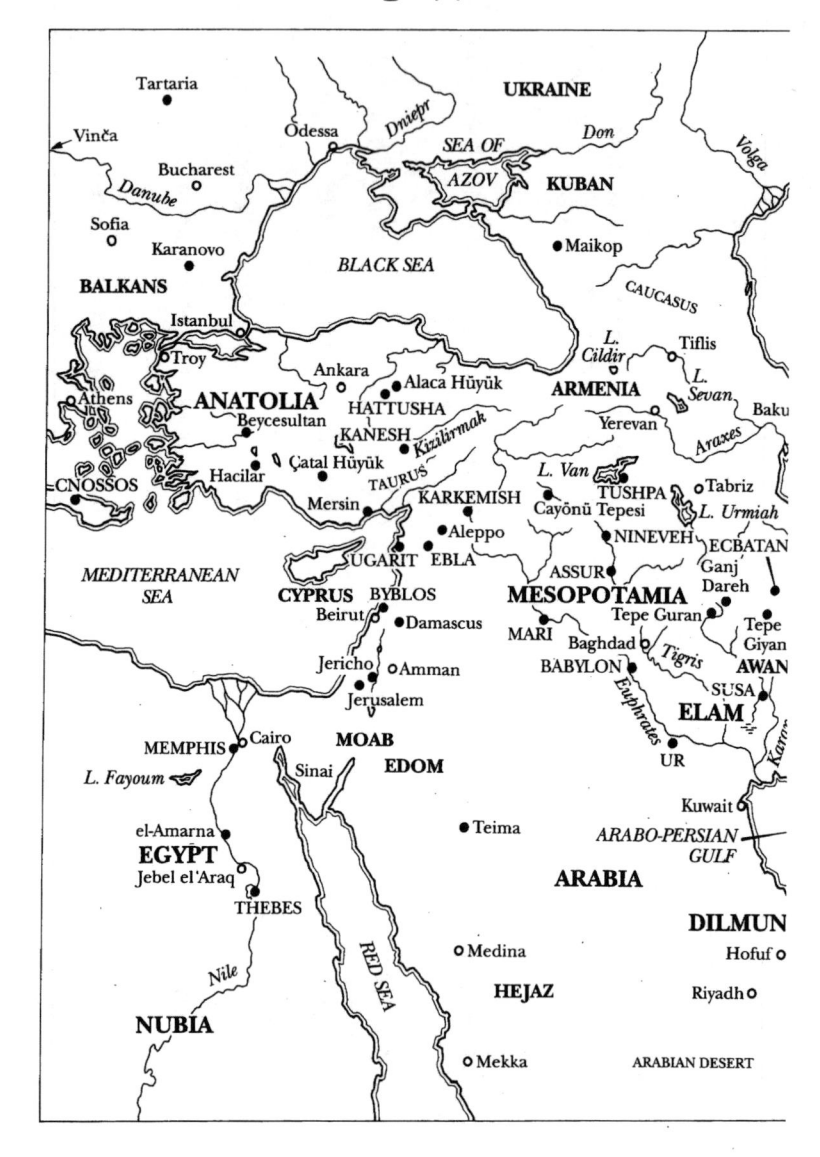

---

① 书中地图系原文插附地图。——编者注

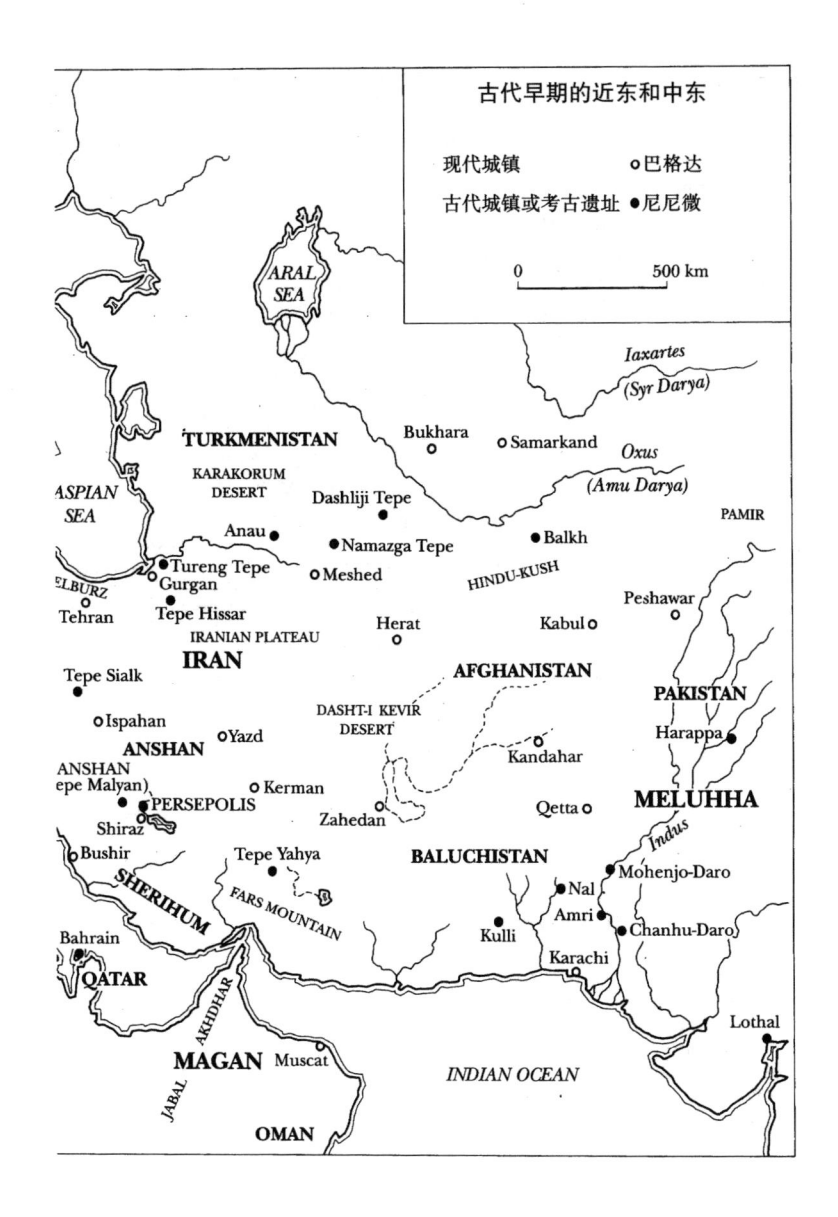

古代早期的近东和中东

现代城镇　　　○巴格达
古代城镇或考古遗址　●尼尼微

0　　　　500 km

ARAL SEA
CASPIAN SEA
Iaxartes (Syr Darya)
Oxus (Amu Darya)
PAMIR
TURKMENISTAN
Bukhara
○Samarkand
KARAKORUM DESERT
Dashliji Tepe
Anau
●Namazga Tepe
●Balkh
HINDU-KUSH
ELBURZ
●Tureng Tepe
○Meshed
Peshawar
Gurgan
Tehran
Tepe Hissar
Herat
Kabul○
IRANIAN PLATEAU
IRAN
AFGHANISTAN
PAKISTAN
Tepe Sialk
●
○Ispahan
DASHT-I KEVIR DESERT
Harappa●
ANSHAN
○Yazd
●
ANSHAN
Kandahar
epe Malyan)
○Kerman
●PERSEPOLIS
Zahedan
Qetta○
MELUHHA
Shiraz
Tepe Yahya
Indus
○Bushir
BALUCHISTAN
●Mohenjo-Daro
SHERIHUM
FARS MOUNTAIN
●Nal
Amri●
Bahrain
Kulli
●Chanhu-Daro
QATAR
Karachi
JABAL AKHDHAR
Lothal
●
MAGAN Muscat
INDIAN OCEAN
OMAN

两河流域南部地图

Tigris

MANKISUM?

Choga Mami ▲
Mandali

TUTTUL (Hît)

Purattu (Euphrates)

Durul (Diyala)

WARUM

RAPIQUM?

ESHUNNA (T. Asmar)

DUR-KURIGALZU
('Aqar Quf)

Baghdad

TUTUB
(Khafaje)

T. 'Aqrab

SUHUM

Ramâdi

T. Harmal

Ishchali

L. Habbaniyah

T. ed-Deir

CTESIPHON

AKSHAK, UPÊ/OPIS?

SIPPAR
(Abu Habba)

SELEUCIA

T. 'Uqair

MALGUM

KUTHA (T. Ibrahim)

▲ Jemdat Nasr
▲ Ras el-'Amiya

Kerbela

AGADE?

KISSURA (Hatab)

BABILIM/BABYLON

KISH

AKKAD

Hilla

BARSIPPA (Birs Nimrod)

MASHKAN-
SHAPIR

KAZALLU?

Abu
Salâbikh

DILBAT (Dulaim)

NIPPUR
(Nufar)

SELLUSH

MARAD (W. es-Saadun)

Kufa

Diwaniyah

Desert

Nejef

ISIN
(Bahriyat)

SHURUPPAK (T. Fara

Purattu (Euphrates)

Hajji Mohammed

两河流域南部

现代城镇	○ 巴格达
古代城镇和现在的名字	● 乌尔(穆吉哈伊尔丘)
位置不确定的古代城镇	◐ 拉腊克
约公元前2000年幼发拉底河的大致路线	▲ 乌凯尔丘
现代边界	— — —
T = 土丘	
沼泽地	

0　　　　　　　　100 km

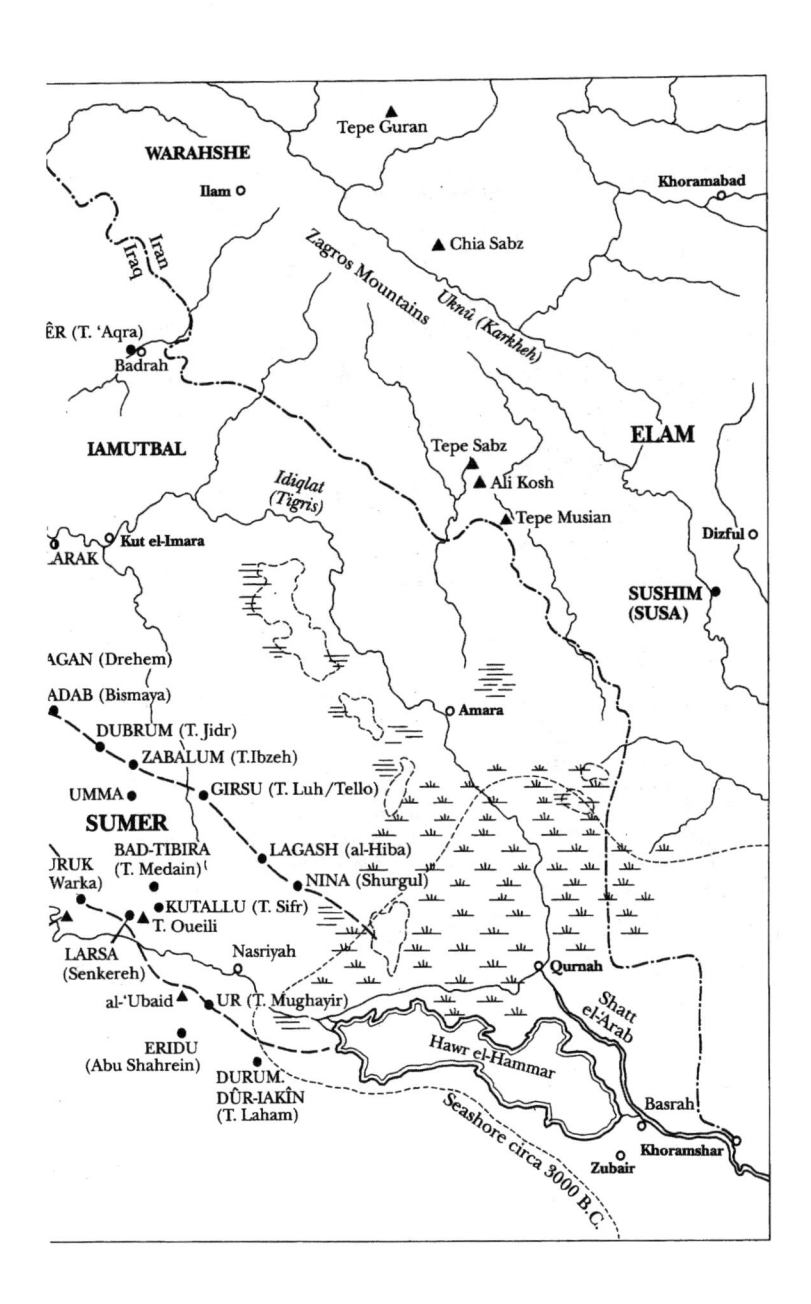

地 图

631

两河流域北部和古代叙利亚地图，主要地名如下：

- Taurus Mountain Range
- KUMMUHU (Commagene)
- AMEDI (Diarbakr), Pir Hussain
- TUSHHAN (Kurkh)
- CILICIA, MARQASI (Maras)
- Karatepe, Sakcegözü
- Adana, SAM'AL (Zencirli), Gaziantep, Birecik
- KARKEMISH (Jerablus), SAMOSATA (Samsat)
- QUMMANI
- TARSUS, Ceyhan, Kara Su, SAÇURA (Sajur)
- HADATU (Arslan Tash), EDESSA (Urfa)
- Iskanderun, HAZAZU ('Azaz), TIL BARSIP (T. Ahmar), HARRANU (Harran), Turkey/Syria
- 'Amuq, T. Tainat, APRIE (Afrin), ARPAD (T. Rifa'at), Membij, T. Aswad, T. Khueira, GUZANA (T. Halaf)
- ANTIOCHIA, IAMHAD, Habuba Kabira, Jabal 'Abd el-Aziz
- MEDITERRANEAN SEA, ALALAH ('Atchana), T. Judeideh, HALAB (Aleppo), Mureybet, BALIH (Balikh), JAZIRAH
- EMAR (Meskene), Raqqa, TUTTUL (T. Biya')
- UGARIT (Ras Shamra), QARQAR, EBLA (T. Mardikh), NEBARTI-ASHUR (Zalabiyah)
- Lattaqieh, SIYANNU, AMURRU, KAR-ASHURNASIRPAL? (Halabiyah), PURATTU (Euphrates)
- SHUKSI (T. Sukas), Mt. BASAR (Jabal Bishri)
- Jebel Ansarieh, HAMA (Hama), el-Kowm, Deir ez-Zor
- USHNU?, Buqras
- ARAD (Ruad), QATNA (Mishrife), Syro-Mesopotamian Desert, TERQA (T. Ashara)
- SUMUR (T. Kazel), EMISSA (Homs), DURA-EUROPOS (Salahiye)
- QADESH (T. Nebi Mend), TADMUR (Palmyre), MARI (T. Hariri)
- Tripoli, RIBLA
- GUBLA, BYBLOS, LABNANI
- Beirut, Lebanon, Beqa'a, Lebanon/Syria, Yabrud
- SIDUNU, SIDON (Saida)
- Ramad, DIMASHQI (Damascus)
- SURU, TYRE (Sur), Litani, Mt. SANIR (Hermon)

图例：
- 现代城镇 ○ 摩苏尔
- 古代城镇和现在的名字 ● 马瑞（哈瑞瑞丘）
- 位置不确定的古代城镇 ◎ 埃卡拉图？
- 史前遗址 ▲ 沙尼达尔
- 岩刻和铭文 ∴
- 现代边界 ———
- T = 土丘
- 干湖
- 0 — 100 km

地　图

NAIRI
IDIQLAT (Tigris)
Kashiari Mountains (Tur-Abdin)
SUBARTU
Mardin Amuda
○ (URKISH?)   Cizre
ZABU ELU (Upper Zab)
Rezayeh
Turkey
Iraq
Hasanlu
Chagar Bazar   NASIPINA (Nisibin)
SHUBAT-ENLIL
(T. Leilan)
KAHAT (T. Barri)
Mila Mergi   Shanidar
Maltai
Bavian   Jerwan
Jebel Baradost
Zawi Chemi   Topzawa
Kurdistan Babkhal
Barak
Hajji Firuz
Rayat
T. Brak
Hassaka
Jebel Sinjar
SINGARA (Sinjar)
Cf.p.305
T. 'Afar
KARANA (T. Rimah)
DUN-SHARRUKIN
(Khorsabad)
NINUA (Nineveh)
Mosul
Mlefaat
KALHU (Nimrud)
Hassuna
ZABU ELU (Upper Zab)   Rowanduz
Kalwanian
URBILUM. ARBA-ILU
(Erbil)   SHUSHARRA
Qalinj Agha   (Shimshara)
Saqqiz
Zagros Mountain Range
Iran
Iraq
Umm Dabaghiya
DUR-KATLIMMU
(T. Sheikh Hamad)
SAGARATUM? (T. Suwar)
ASSYRIA
ASSUR
HATRA   (Qala 'at Sherqat)
KAKZU (Saidawa)
SIMURRUM?
(Altin Köprü)
ZABU SHUPALU (Lower Zab)
ARRAPHA
(Kirkuk)
GASUR. NUZI
(Yorgan Tepe)
Matarrah
Zarzi
Karim Shehir
Barda Balka   Palegawra
Chemchemal   Jarmo Sulaimaniyah
Hazar Merd
Penjwin
Halabja

Baghuz
Abu Kemal
HANA ('Anat)
Haditha
Wadi Tharthar
IDIQLAT (Tigris)
Tekrit
EKALLATUM?
Samarra
T. es-Sawwan
MANKISUM?
Tuz Kurmatli
RADANU ('Adhem)
Khanaqin
T. Abada
Sar-i Pul
Choga Mami
Mandali
Zagros

TUTTUL (Hit)
Ramadi
Baghdad
ESHNUNNA
(T. Asmar)

633

两河文明三千年

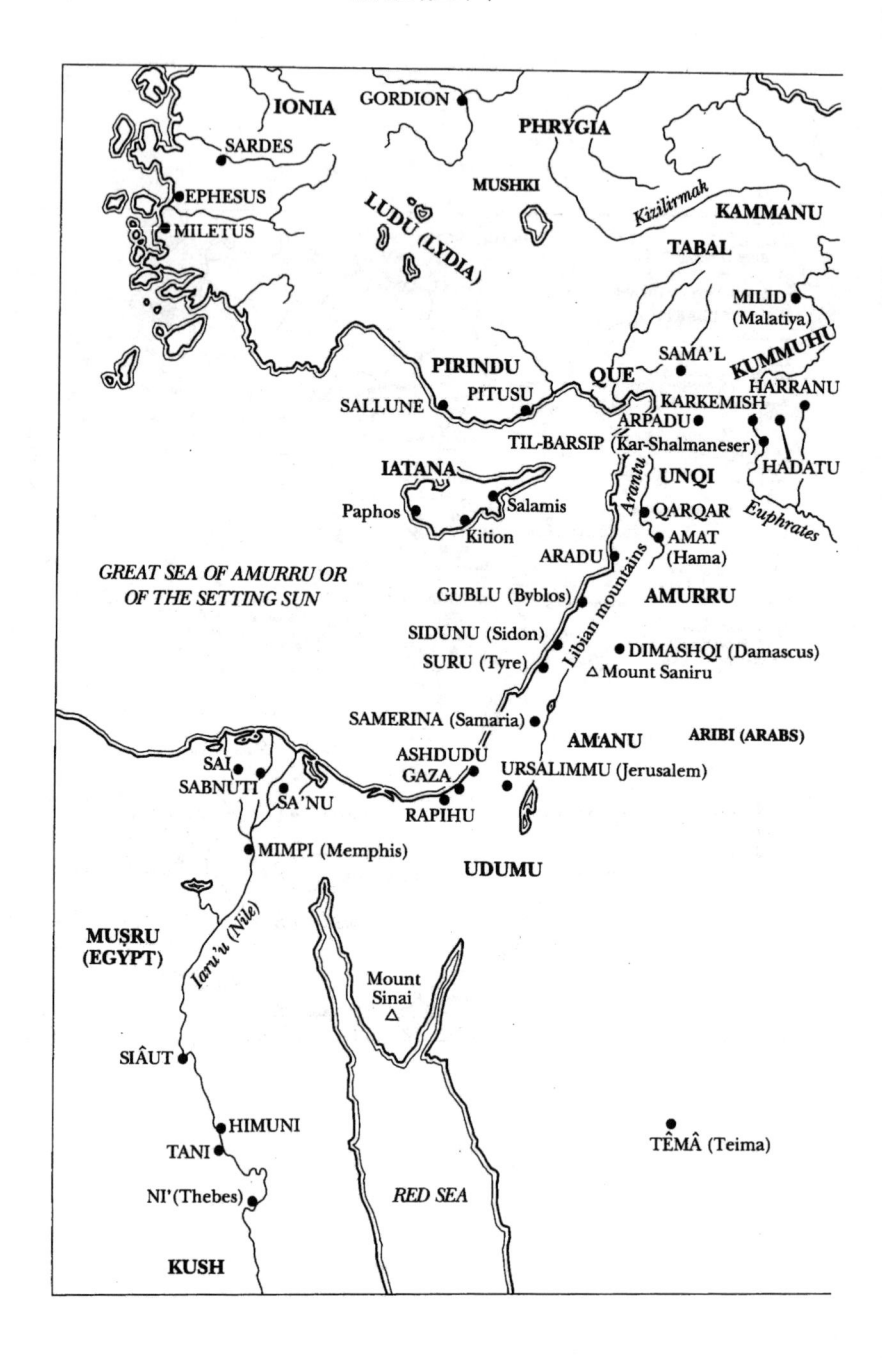

IONIA
GORDION
SARDES
PHRYGIA
EPHESUS
MUSHKI
MILETUS
LUDU (LYDIA)
Kizilirmak
KAMMANU
TABAL
MILID (Malatiya)
KUMMUHU
QUE SAMA'L
PIRINDU
PITUSU
KARKEMISH
HARRANU
SALLUNE
ARPADU
TIL-BARSIP (Kar-Shalmaneser)
HADATU
IATANA
Arantu
UNQI
Paphos
Salamis
QARQAR
Euphrates
Kition
AMAT (Hama)
ARADU
GREAT SEA OF AMURRU OR
OF THE SETTING SUN
GUBLU (Byblos)
AMURRU
SIDUNU (Sidon)
SURU (Tyre)
DIMASHQI (Damascus)
△ Mount Saniru
SAMERINA (Samaria)
AMANU
ARIBI (ARABS)
SAI
ASHDUDU
SABNUTI
GAZA
URSALIMMU (Jerusalem)
SA'NU
RAPIHU
MIMPI (Memphis)
UDUMU
MUSRU
(EGYPT)
Iaru'u (Nile)
Mount Sinai △
SIÂUT
HIMUNI
TANI
TÊMÂ (Teima)
NI' (Thebes)
RED SEA
KUSH

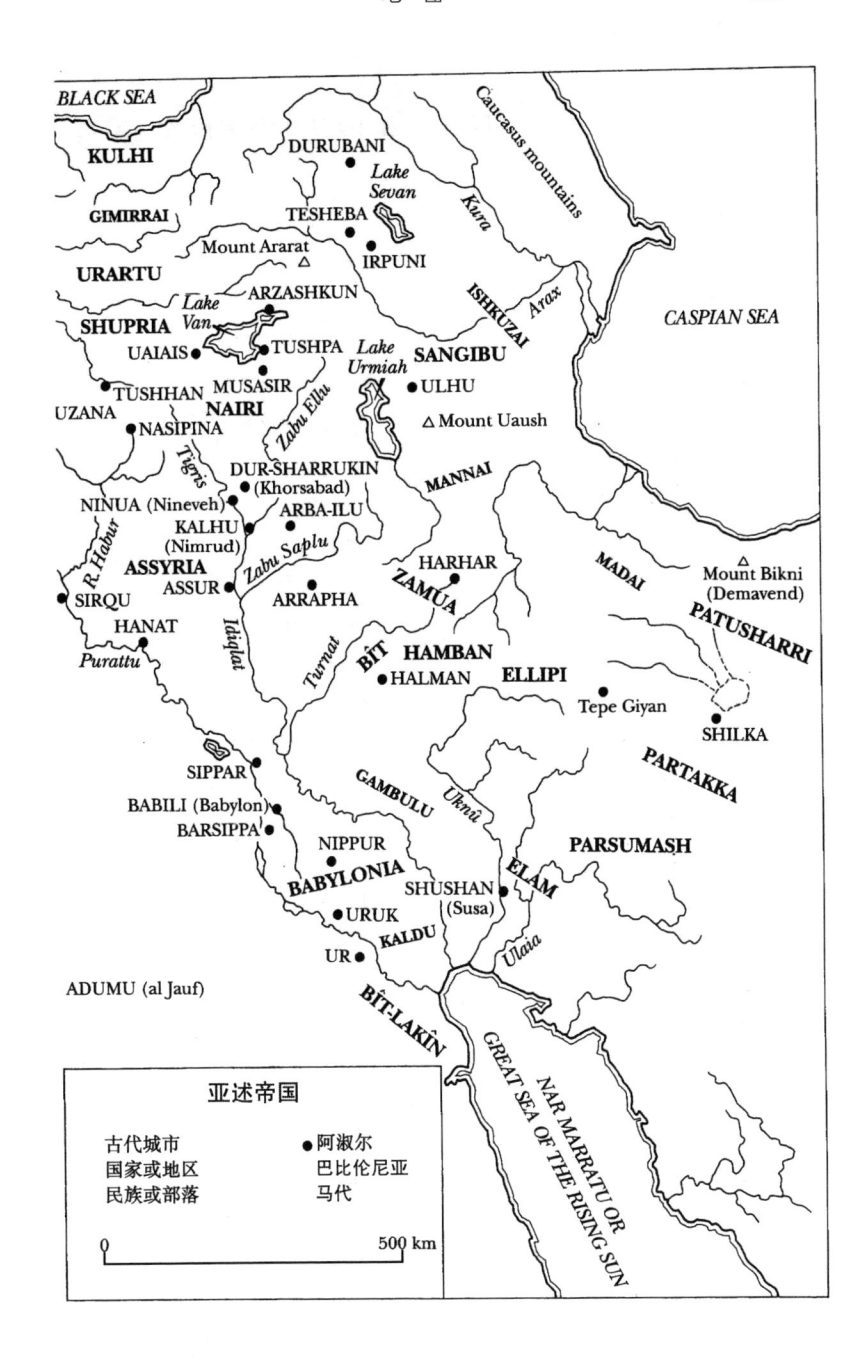

地 图

亚述帝国

BLACK SEA
KULHI
DURUBANI
Lake Sevan
GIMIRRAI
TESHEBA
Mount Ararat
IRPUNI
URARTU
ARZASHKUN
Lake Van
SHUPRIA
UAIAIS
TUSHPA
Lake Urmiah
SANGIBU
ISHKUZAI
Kura
Arax
Caucasus mountains
CASPIAN SEA
TUSHHAN
MUSASIR
ULHU
UZANA
NAIRI
Mount Uaush
NASIPINA
Zabu Ellu
MANNAI
DUR-SHARRUKIN (Khorsabad)
NINUA (Nineveh)
ARBA-ILU
KALHU (Nimrud)
Zabu Saplu
HARHAR
MADAI
Mount Bikni (Demavend)
R. Habur
ASSYRIA
ASSUR
ARRAPHA
ZAMUA
PATUSHARRI
SIRQU
HANAT
Tigris
Idiqlat
BIT HAMBAN
HALMAN
ELLIPI
Tepe Giyan
Purattu
Turnat
SHILKA
PARTAKKA
SIPPAR
GAMBULU
BABILI (Babylon)
BARSIPPA
Uknu
PARSUMASH
NIPPUR
BABYLONIA
SHUSHAN (Susa)
ELAM
URUK
KALDU
UR
Ulaia
ADUMU (al Jauf)
BIT-LAKIN
NAR MARRATU OR GREAT SEA OF THE RISING SUN

古代城市 ● 阿淑尔
国家或地区 巴比伦尼亚
民族或部落 马代

0　　　　500 km

地图《古代早期的近东和中东》中地名译名

Afghanistan 阿富汗
Alaca Hüyük 阿拉贾休于
Aleppo 阿勒颇
Amman 阿曼
Amri 阿姆里
Anatolia 安纳托利亚
Anau 安瑙
Ankara 安卡拉
Anshan 安善王朝
Anshan 安善（Tepe Malyan，马勒严丘）
Arabia 阿拉伯
Arabian Desert 阿拉伯沙漠
Arabo-Persian Gulf 阿拉伯-波斯海湾
Aral Sea 咸海
Araxes 阿拉克西斯河
Armenia 亚美尼亚
Assur 阿淑尔
Athens 雅典
Awan 阿万

Babylon 巴比伦
Baghdad 巴格达
Bahrain 巴林
Baku 巴库
Balkans 巴尔干地区
Balkh 巴尔赫
Baluchistan 俾路支斯坦
Beirut 贝鲁特

Beycesultan 贝塞苏尔坦
Black Sea 黑海
Bucharest 布加勒斯特
Bukhara 布哈拉
Bushir 布什尔
Byblos 比布罗斯

Cairo 开罗
Caspian Sea 里海
Caucasus 高加索地区
Cayönü Tepesi 恰约尼山
Chanhu-Daro 桑胡-达罗
Cnossos 克诺索斯
Cyprus 塞浦路斯
Çatal Hüyük 恰塔尔休于

Damascus 大马士革
Danube 多瑙河
Dashliji Tepe 达什里吉丘
Dasht-i Kevir Desert 卡维尔盐质荒漠
Dilmun 迪尔蒙
Dniepr 第聂伯河
Don 顿河

Ebla 埃卜拉
Ecbatana 埃克巴塔那
Edom 以东
Egypt 埃及

地 图

Elam 埃兰
Elburz 厄尔布尔士山脉
el-Amarna 阿马尔那丘
Euphrates 幼发拉底河

Fars Mountain 法尔斯山

Ganj Dareh 甘吉-达雷
Gurgan 库尔干

Hacilar 哈西拉
Harappa 哈拉帕
Hattusha 哈图沙
Hejaz 希贾兹
Herat 赫拉特
Hindu-Kush 兴都-库什山脉
Hofuf 霍夫

Iaxartes 亚克萨特斯河（Syr Darya，锡尔河）
Indian Ocean 印度洋
Indus 印度河
Iran 伊朗
Iranlan Plateau 伊朗高原
Ispahan 伊斯法罕
Istanbul 伊斯坦布尔

Jabal Akhdhar 阿赫德哈尔山
Jebel el 'Araq 阿拉克山
Jericho 耶利哥
Jerusalem 耶路撒冷

Kabul 喀布尔

Kandahar 坎大哈
Kanesh 卡内什
Karachi 卡拉奇
Karakorum Desert 哈拉和林沙漠
Karan 卡蓝
Karanovo 卡拉诺沃
Karkemish 卡尔凯米什
Kerman 克尔曼
Kizilirmak 克孜勒河
Kuban 库班河
Kulli 库里
Kuwait 库维特

Lothal 洛塔尔
L. Cildir
L. Sevan 塞万湖
L. Van 凡湖
L. Urmiah 乌尔米耶湖
L. Fayoum 法尤姆湖

Magan 马干
Maikop 迈科普
Mari 马瑞
Medina 麦地那
Mediterranean Sea 地中海
Mekka 麦加
Meluhha 麦鲁哈
Memphis 孟菲斯
Mersin 梅尔辛
Meshed 麦什德
Mesopotamia 两河流域
Moab 摩押

Mohenjo-Daro 摩亨佐-达罗
Muscat 马斯喀特

Nal 纳尔山
Namazga Tepe 纳马兹嘎丘
Nile 尼罗河
Nineveh 尼尼微
Nubia 努比亚

Odessa 奥德萨
Oman 阿曼
Oxus 奥克苏斯河（Amu Darya，阿姆河）

Pakistan 巴基斯坦
Pamir 帕米尔
Persepolis 波斯波利斯
Peshawar 白沙瓦

Qatar 卡塔尔
Qetta 奎塔

Red Sea 红海
Riyadh 利雅得

Samarkand 撒马尔罕
Sea of Azov 亚速海
Sherihum 舍里胡姆
Sinai 西奈
Sofia 索菲亚
Susa 苏萨

Tabriz 大不里士
Tartaria 塔尔塔里亚
Taurus 托罗斯山
Tehran 德黑兰
Teima 台马
Tepe Giyan 吉严丘
Tepe Guran 古兰丘
Tepe Hissar 希萨尔丘
Tepe Sialk 西亚克丘
Tepe Yahya 亚赫亚丘
Thebes 底比斯
Tiflis 梯弗里斯
Tigris 底格里斯河
Troy 特洛伊
Tureng Tepe 图任格丘
Turkmenistan 土库曼斯坦
Tushpa 图什帕

Ugarit 乌伽里特
Ukraine 乌克兰
Ur 乌尔

Vinča 温查
Volga 伏尔加河

Yazd 亚兹德
Yerevan 耶烈万

Zahedan 扎黑丹

地图《两河流域南部》中地名译名

Abu Salâbikh 阿布-萨拉比赫
Adab 阿达布（Bismaya，比斯马亚）
Agade 阿卡德
Akkad 阿卡德王朝
Akshak 阿克沙克
Ali Kosh 阿里-克什
al-'Ubaid 欧贝德
Amara 阿马腊

Babilim/Babylon 巴比里姆/巴比伦
Badrah 巴德拉
Bad-Tibira 巴德-提比腊（T. Medain，美戴因丘）
Baghdad 巴格达
Barsippa 巴尔西帕（Birs Nimrod，比尔斯-尼姆鲁德）
Basrah 巴士拉

Chia Sabz 奇亚-萨卜兹
Ctesiphon 泰西封
Choga Mami 乔加-马米

Dêr 戴尔（T.'Aqra，阿咯腊丘）
Desert 沙漠
Dilbat 迪尔巴特（Dulaim，杜徕姆）
Diwaniyah 迪瓦尼耶
Dizful 迪兹富勒
Dubrum 杜布鲁姆（T. Jidr，吉德尔丘）
Dur-Kurigalzu 杜尔-库瑞伽勒祖（'Aqar Quf，阿卡尔库夫）

Durul 杜如尔（Diyala，迪亚拉河）
Durum. Dûr-Iakîn 杜如姆-杜尔-雅恳（T. Laham，拉哈穆丘）

Elam 埃兰
Eridu 埃瑞都（Abu Shahrein，阿布-沙赫瑞尹）
Eshunna 埃什奴那（T. Asmar，阿斯马尔丘）

Girsu 吉尔苏（T. Luh/Tello，鲁赫/泰罗丘）

Hajji Mohammed 哈吉-穆罕默德
Hawr el-Hammar 哈马尔湖沼泽
Hilla 希拉

Iamutbal 埃穆特巴勒
Idiqlat 伊迪克拉特（Tigris，底格里斯河）
Ilam 伊拉姆
Iraq 伊拉克
Iran 伊朗
Ishchali 伊什夏利
Isin 伊辛（Bahriyat，巴赫里亚特）

Jemdat Nasr 捷姆迭特-那色

Kazallu 卡扎鲁
Kerbela 凯尔贝拉
Khoramabad 霍拉马巴德
Khoramshar 霍拉姆沙尔
Kish 基什

Kissura（Hatab）基苏腊（哈塔卜）
Kufa 库法
Kutallu 库塔鲁（T. Sifr, 西法尔丘）
Kut el-Imara 库特-伊马腊
Kutha 库塔（T. Ibrahim, 易卜拉欣丘）

Larak 拉腊克
Lagash 拉伽什（al-Hiba, 希巴）
Larsa 拉尔萨（Senkereh, 森凯瑞赫）
L. Habbaniyah 哈巴尼亚湖

Malgum 马勒古姆
Mandali 曼达里
Mankisum 曼基苏姆
Marad 马腊德（W. es-Saadum）
Mashkan-Shapir 马什坎-沙皮尔

Nasriyah 那斯瑞亚
Nejef 奈杰夫
Nina 尼那（Shurgul, 舒尔古勒）
Nippur（Nufar）尼普尔（奴法尔）

Purattu 普腊图（Euphrates, 幼发拉底河）

Qurnah 库尔那

Ramâdi 腊马迪
Rapiqum 腊皮库姆
Ras el ʻAmiya 腊斯-阿米雅

Seashore circa 3000 B. C. 约公元前 3000 年的海岸
Seleucia 塞琉西亚

Sellush-Dagan 塞鲁什-达干（Drehem, 德莱海姆）
Shatt el-ʻArab 沙特-埃勒-阿拉伯
Shuruppak 舒如帕克（T. Fara, 法腊丘）
Sippar 西帕尔（Abu Habba, 阿布-哈巴）
Suhum 苏胡
Sumer 苏美尔
Sushim 苏西（Susa, 苏萨）

T. ʻAqrab 阿喀腊布丘
Tepe Guran 古兰丘
Tepe Musian 穆西安丘
Tepe Sabz 萨卜兹丘
T. ed-Deir 迪尔丘
T. Harmal 哈马勒丘
T. Oueili 奥伊里丘
T. ʻUqair 乌凯尔丘
Tigris 底格里斯河
Tutub 图图卜（Khafaje, 卡法贾）
Tutul 图图勒（Hît, 希特）

Uknû 乌科奴河（Karkheh, 凯尔哈河）
Upê/Opis 乌帕/欧比斯
Umma 温马
Ur 乌尔（T. Mughayir, 穆吉哈伊尔丘）
Uruk 乌鲁克（Warka, 瓦尔卡）

Warahshe 瓦腊舍
Warum 瓦如姆

Zagros Mountains 扎格罗斯山脉
Zabalum 扎巴鲁姆（T. Ibzeh, 伊卜泽赫丘）
Zubair 祖拜尔

地图《两河流域北部和古代叙利亚》中地名译名

Abu Kemal 阿布-凯马勒

Adana 阿达那

Alalah 阿拉拉赫（'Atchana 阿特沙奈）

Amanus Mountains 阿马奴斯山

Amedi 阿美迪（Diarbakr，迪亚巴克尔）

Amuda 阿穆达（Urkish，乌尔基什）

'Amuq 阿穆可

Amurru 阿穆如

Antiochia 安条克

Aprie 阿普里埃河（Afrin，阿夫林河）

Arad 阿腊德（Ruad，如阿德）

Arpad 阿帕德（T. Rifa'at，瑞法特丘）

Arrapha 阿腊法（Kirkuk，基尔库克）

Assur 阿淑尔（Qala'at Sherqat，喀拉特-舍尔喀特）

Assyria 亚述

Babkhal 巴布哈尔洞穴

Baghdad 巴格达

Baghuz 巴胡兹

Balih 巴里赫河（Balikh，巴里赫河）

Barak 巴腊克

Barda Balka 巴达-巴尔卡

Bavian 巴维安

Beqa'a 贝卡谷地

Beirut 贝鲁特

Birecik 比雷吉克

Bohan Su 波韩-苏河

Buqras 布喀腊斯

Ceyhan 杰伊汉河

Chagar Bazar 卡伽尔-巴扎尔

Chemchemal 恰姆恰马勒

Choga Mami 乔加-马米

Cilicia 西里西亚

Cizre 吉兹雷

Deir ez-Zor 迪尔-埃兹-佐尔

Dimashqi 迪马什科（Damascus，大马士革）

Dura-Europos 杜腊-欧罗普斯（Salahiye，萨拉西耶）

Dur-Katlimmu 杜尔-卡特林姆（T. Sheikh Hamad 谢赫-哈马德丘）

Dun（应为：Dur，译者注）-Sharrukin 杜尔-沙如金（Khorsabad，霍尔萨巴德）

Ebla 埃卜拉（T. Mardikh，马尔迪克丘）

Edessa 埃德萨（Urfa，乌尔法）

Ekallatum 埃卡拉图

el-Kowm 考姆丘

Emar 埃马尔（Meskene，美斯凯奈）

Emissa 埃米萨（Homs，霍姆斯）

Eshnunna 埃什奴那（T. Asmar，阿斯马尔丘）

Euphrates 幼发拉底河

Gaziantep 加齐安泰普

Gasur/Nuzi 伽苏尔/奴孜（Yorgan Tepe, 约尔干丘）
Gubla 古卜拉/ Byblos 比布罗斯
Guzana 古扎那（T. Halaf, 哈拉夫丘）

Halabja 哈拉布贾
Habuba Kabira 哈布巴-卡比腊
Hadatu 哈达图（Arslan Tash, 阿斯兰-塔什）
Haditha 哈迪萨
Hajji Firuz 哈吉-菲鲁兹
Hama 哈马（Hama, 哈马）
Hana 哈那（'Anat 阿那特）
Harranu 哈腊奴（Harran, 哈兰）
Hasanlu 哈桑鲁
Hassaka 哈萨卡
Hassuna 哈苏那丘
Hatra 哈特腊丘
Hazar Merd 哈扎尔-默德
Hazazu 哈扎祖（'Azaz, 阿扎兹）

Iamhad 延哈德/Halab 哈拉颇（Aleppo 阿勒颇）
Idiqlat 伊迪克拉特（Tigris, 底格里斯河）
Irag 伊拉克
Iran 伊朗
Iskanderun 伊斯肯德伦

Jabal 'Abd el-Aziz 阿布德-阿勒-阿兹兹山
Jarmo 耶莫
Jazirah 杰济拉
Jebel Akra 阿科拉山
Jebel Ansarieh 安萨瑞埃赫山
Jebel Baradost 巴拉多斯特山

Jebel Sinjar 辛贾尔山
Jerwan 杰万村

Kahat 卡哈特（T. Barri, 巴瑞丘）
Kaiwanian 凯万尼安
Kakzu 卡克祖（Saidawa, 赛达瓦）
Kalhu 卡勒胡（Nimrud, 尼姆鲁德）
Karana 卡腊那（T. Rimah, 瑞马赫丘）
Kara Su 卡腊-苏
Kar-Ashurnasirpal 卡尔-阿淑尔那西尔帕
Karatepe 卡拉佩泰
Karim Shehir 卡润-舍黑尔
Karkemish 卡尔凯米什（Jerablus, 哲拉布鲁斯）
Khanaqin 卡奈根
Kummuhu 库穆胡（Commagene, 科马根）
Kurdistan 库尔德斯坦

Labnani 拉卜那尼
Lake Urmiah 乌尔米耶湖
Lattaqieh 拉塔科埃赫
Lebanon 黎巴嫩
Litani 里塔尼河

Maltai 马尔泰
Mandali 曼达里
Mankisum 曼基苏姆
Mardin 马尔丁
Mari 马瑞（T. Hariri, 哈瑞瑞丘）
Marqasi 马尔喀西（Maras 马腊什）
Matarrah 马塔腊赫
Mediterranean Sea 地中海
Membij 美姆比治

地　图

Mila Mergi 米拉-梅尔吉
Mlefaat 姆莱法特
Mosul 摩苏尔
Mt. Basar 巴萨尔山（Jabal Bishri，比什瑞山）
Mt. Sanir 萨尼尔山（Hermon 赫尔蒙山）
Mureybet 穆雷贝特丘

Nairi 奈瑞
Nasipina 纳西比那（Nisibin，尼西宾）
Nebarti-Ashur 奈巴尔提-阿淑尔（Zalabiyah，扎拉比亚赫）
Ninua 尼奴瓦（Nineveh，尼尼微）

Palegawra 帕莱伽瓦
Penjwin 盆杰文
Pir Hussain 皮尔-侯赛因
Purattu 普腊图（Euphrates，幼发拉底河）

Raqqa 腊喀

Qummani 琨马尼
Qadesh 卡叠什（T. Nebi Mend，奈比-门德丘）
Qalinj Agha 喀林-阿格哈丘
Qatna 喀特那（Mishrife，米什瑞费丘）
Qarqar 喀尔喀尔

Radanu 拉达努河（'Adhem，阿德黑姆河）
Ramad 腊马德
Ramadi 腊马迪
Rayat 腊亚特
Rezayeh 瑞扎耶赫
Ribla 瑞卜拉

Rowanduz 罗万杜兹

Sagaratum 萨伽腊吞（T. Suwar，苏瓦尔丘）
Sagura 萨古腊（Sajur，萨余尔）
Sakcegözü 萨克凯戈祖
Sam'al 萨马勒（Zencirli，泽克里）
Samarra 萨马腊
Samosata 萨摩萨塔（Samsat，萨姆萨特）
Saqqiz 萨科兹
Sar-i Pul 萨尔普勒
Seyhan 塞伊汉河
Shanidar 沙尼达尔
Shubat-Enlil（T. Leilan）舒巴特-恩利勒（雷兰丘）
Shcksi 什克西（T. Sukas，苏卡斯丘）
Shusharra 舒沙腊（Shimshara，莘沙腊丘）
Sidunu 西杜奴/Sidon 西顿（Saida，塞达）
Simurrum 西穆如姆（Altin Köprü，阿尔廷库普里）
Singara 辛伽腊（Sinjar，辛贾尔）
Siyannu 西亚奴
Subartu 苏巴尔图
Sulaimaniyah 苏莱曼尼亚
Sumur 苏穆尔（T. Kazel，卡泽勒丘）
Suru 苏如/Tyre 推罗（Sur 苏尔）
Syria 叙利亚
Syro-Mesopotamian Desert 叙利亚-两河流域沙漠

Tadmur 塔德穆尔（Palmyre，帕尔米拉）
Tarsus 塔尔苏斯
T. Abada 阿巴达丘
T.'Afar 阿法尔丘

T. Aswad 阿斯瓦德丘
T. Brak 布腊克丘
Taurus Mountain Range 托罗斯山脉
Tekrit 提克里特
Terqa 泰尔喀（T. Ashara，阿沙腊）
T. es-Sawwan 萨万丘
Til Barsip 提勒-巴尔希帕（T. Ahmar，阿赫马尔丘）
T. Judeideh 尤戴德丘
T. Khueira 奎腊丘
Topzawa 托普扎瓦
Tripoli 的黎波里
T. Tainat 台那特丘
Turkey 土耳其
Tushhan 图什汉（Kurkh，库尔克）
Tuttul 图图勒（T. Biya'，比亚丘）
Tuttul 图图勒（Hît，希特）
Tuz Kurmatli 图兹-库尔马特里

Ugarit 乌伽里特（Ras Shamra，腊斯-沙姆腊）
Umm Dabaghiya 乌姆-达巴吉亚
Urbilum/Arba-Ilu 乌尔比隆/阿尔巴-伊勒（Erbil，埃尔比勒）
Ushnu 乌什奴

Wadi Tharthar 瓦迪-塔尔塔尔

Yabrud 耶卜鲁德

Zabu Elu 上扎布（Upper Zab，上扎布）
Zabu Shupalu 下扎布（Lower Zab，下扎布）
Zagros 扎格罗斯
Zagros Mountain Range 扎格罗斯山脉
Zarzi 扎尔兹
Zawi Chemi 扎维-科米

地图《亚述帝国》中地名译名

Adumu 阿杜穆（al Jauf，阿勒-尧弗）
Amanu 阿马奴
Amat 阿马特（Hama，哈马）
Amurru 阿穆如
Aradu 阿拉杜
Arantu 阿兰图河
Arax 阿腊克斯河
Arba-Ilu 阿尔巴-伊勒
Aribi 阿瑞比人（Arabs 阿拉伯人）
Arpadu 阿尔帕杜
Arrapha 阿腊法
Arzashkun 阿尔扎什昆
Ashdudu 阿什杜杜
Assur 阿淑尔
Assyria 亚述

Babili 巴比里姆（Babylon，巴比伦）
Babylonia 巴比伦尼亚
Barsippa 巴尔西帕
Black Sea 黑海
Bît-Hamban 比特-哈姆般
Bît-Lakîn 比特-拉恳

Caspian Sea 里海
Caucasus mountains 高加索山脉

Dimashqi 迪马什科（Damascus，大马士革）
Dur-Sharrukin 杜尔-沙如金（Khorsabad，霍尔萨巴德）
Durubani 杜如巴尼

Elam 埃兰
Ellipi 埃里皮
Ephesus 以弗所
Euphrates 幼发拉底河

Gaza 加沙
Gambulu 甘布鲁
Gordion 戈耳迪翁
Gimirrai 吉米雷
Great Sea of Amurru or of the Setting Sun 阿穆如的大海或日落之海
Gublu 古卜鲁（Byblos，比布罗斯）
Guzana 古扎那

Hadatu 哈达图
Halman 哈勒曼
Hanat 哈那特
Harhar 哈尔哈尔
Harranu 哈腊奴
Himuni 希穆尼

Iatana 亚塔那
Iaru'u 亚如乌（Nile 尼罗河）
Idiqlat 伊迪克拉特（底格里斯河的阿卡德语，译者注）

Ionia 伊奥尼亚
Irpuni 伊尔普尼
Ishkuzai 斯基泰人

Kammanu 坎马奴
Kaldu 卡勒杜
Kalhu 卡勒胡（Nimrud，尼姆鲁德）
Karkemish 卡尔凯米什
Kition 基蒂翁
Kizilirmak 克孜勒河
Kulhi 库勒希
Kummuhu 库穆胡
Kura 库腊河
Kush 库什

Lake Sevan 塞万湖
Lake Urmiah 乌尔米耶湖
Lake Van 凡湖
Libian mountains 黎巴嫩山脉
Ludu 鲁杜（Lydia，吕底亚）

Madai 马代
Mannai 曼奈人
Miletus 米利都
Milid 米里德（Malatiya，马拉提亚）
Mimpi 米姆皮（Memphis，孟菲斯）
Mount Ararat 阿腊腊特山
Mount Bikni 比克尼山（Demavend，德马温德山）
Mount Saniru 萨尼如山
Mount Sinai 西奈山
Mount Uaush 瓦乌什山
Musasir 穆萨西尔

Mushki 穆什基人
Mu ur 穆簇尔（Egypt，埃及）

Nairi 奈瑞
Nar Marratu or Great Sea of the Rising Sea 苦海或日出之海
Nasipina 纳西比那
Ni'尼（Thebes，底比斯）
Ninua 尼奴瓦（Nineveh，尼尼微）
Nippur 尼普尔

Paphos 帕福斯
Parsumash 帕尔苏马什
Partakka 帕尔塔卡
Phrygia 弗里吉亚
Pirindu 皮林杜
Pitusu 皮图苏
Purattu 普腊图（幼发拉底河的阿卡德语，译者注）

Qarqar 喀尔喀尔
Que 库埃

Rapihu 腊比胡
Red Sea 红海
R. Habur 哈布尔河

Sabnuti 萨卜奴提
Sai 塞伊
Salamis 萨拉米斯
Sallune 萨鲁尼
Sama'l 萨马勒
Samerina 萨美瑞那（Samaria，撒马利亚）

地 图

Sangibu 桑吉布
Sa'nu 萨奴
Sardes 萨迪斯
Shilka 西勒卡
Shupria 舒坡瑞亚
Shushan 舒珊（Susa，苏萨）
Siâut 西奥特
Sidunu 西杜奴（Sidon，西顿）
Sippar 西帕尔
Sirqu 希尔库
Suru 苏如（Tyre，推罗）

Tabal 塔巴勒
Tani 塔尼
Têmâ 台马（Teima，台马）
Tepe Giyan 吉严丘
Tesheba 泰舍巴
Tigris 底格里斯河
Til-Barsip 提勒-巴尔希帕（Kar-Shalmaneser, 卡尔-沙勒马奈舍尔）
Turnat 图尔那特河
Tushhan 图什汉
Tushpa 图什帕

Uaiais 乌埃埃斯
Udumu 乌杜穆
Uknû 乌科奴河
Ulaia 乌拉雅河
Ulhu 乌勒胡
Unqi 温奇
Urartu 乌拉尔图
Ursalimmu 乌尔萨林姆（Jerusalem，耶路撒冷）
Ur 乌尔
Uruk 乌鲁克

Zabu Ellu 上扎布
Zabu Saplu 下扎布
Zamua 扎穆阿

索引①②

A-annepadda（阿-安奈帕达），123

'Abd-al-Aziz, Jabal（阿布德-阿勒-阿兹兹山），10

Abdi-Milkuti（阿布迪-米勒库提），326

Abi-eshuh（阿比-埃舒赫），244

Abi-sare（阿比-萨雷），183

Abiate（阿比阿特），334

Abraham（亚伯拉罕），104，107，239，268

Abu-Kemal（阿布-凯马勒），14

Abu-Salabikh（阿布-萨拉比克），31，124，131

Abu-Shahrain（阿布-沙赫润），59，see also Eridu（埃瑞都）

Achaeans（亚该亚人），261

Achaemenes（阿契美尼斯），383

Achaemenians（阿契美尼人），249，364，383，406-412

Adab（Bismaya）（阿达布，比斯马亚），131，143

Adad*（阿达德神），115，188，198，278，391

Adad-idri（阿达德-伊德瑞），297

Adad-narâri I（阿达德-那腊瑞一世），262

Adad-nirâri II（阿达德-尼腊瑞二世），25，280，283

Adad-nirâri III（阿达德-尼腊瑞三世），24，283，301-302，309

Adad-apal-iddina（阿达德-阿帕勒-伊迪那），281

Adana（Ataniya）（阿达那，阿塔尼亚），272

Adapa（阿达帕），100，105-107，357

Adasi（阿达西），243，254

'Adhem river（阿德黑姆河），11

Adiabene（阿迪贝尼），419，420

Adumatu（阿杜马图），328

Aeolians（埃奥利亚人），266

'Afar, Tell（阿法尔丘），51

Afghanistan（阿富汗），13，83，266，385

Agade（阿卡德），3，152，154，158，161

Agga 115，123，140

Agum II（阿古姆二世），246

Ahab（阿哈布），303

Ahaz（阿哈兹），309-310

Ahlamû（阿赫拉穆），263，267，274，278，279，286

Ahmar, Tell（阿赫马尔），272，297，352-353，see also Til-Barsip（提勒-巴尔希帕）

Ahuni（阿胡尼），289

Ahuramazda*（阿胡拉马兹达），411

Akalamdug（阿卡兰杜格），136，137，140

Akkad（阿卡德）
  culture（文化），124，127，133，147，151，153，174，186，195，196，212，231，251，276，355，359，417

---

① 现代地名用斜体，神的名字后面用星号标识。
② 条目中的页码为原书面码，即本书旁码。——译者注

索 引

history（历史），80，122，144，145，146-160，161，162，180，184，281，332，334，387
religion and ruling system（宗教和管理体系），15，88，107，130，171，382，420
Akshak（阿克沙克），131，142
Akum Kakrime（阿古姆-卡克瑞美），248
Alaja（阿拉贾），230，231
Alalah（阿拉拉赫），234，236，238，245，256，258，272
Alam（阿拉米亚），200-201
Aleppo（Iamhad）（阿勒颇，延哈德）14，56，157，190，193，198，223，245，256，257，260，272，275
Alexander IV（亚历山大四世），413
Alexander the Great（伟大的亚历山大），25，301，410，412-413，414，421，423
Alexandria-Charax（亚历山大-查拉克斯），412，415，416
Ali Kosh，Tepe（阿里克什丘），41，42，44，46
Alichar（阿里嚓尔），78，230
Allat *（阿拉特神），420
Alshe（阿勒什），260
Alyattes（阿里亚提斯），380
Amalekites（阿马莱基斯），291
Amanus mountains（阿马奴斯山）13，153-154，157，272，290
Amar-Sin（阿马尔-辛），60，170，172，174，175，176，182
Amarna，el-（阿马尔那丘），247，257，258，269，274
Amasis（阿马西斯），280
Amêl-Marduk（阿美勒-马尔杜克），380-381
Amenophis I（阿蒙菲斯一世），256

Amenophis II（阿蒙诺菲斯二世），257
Amenophis III（阿蒙诺菲斯三世），256，257，258，368
Amenophis IV（阿蒙诺菲斯四世），257，258-259，260
Ammi-ditana（阿米迪塔那），244
Ammi-chaduqa（阿米嚓杜喀），244
Amon（亚扪），268，282，309
Amorites（阿摩利人），10，85，116，124，148，157，175-177，179-194，passim190，238，423
Amosis I（阿摩西斯一世），254
'Amuq（阿穆可），50，230，272
Amurru（Tidnum）（阿穆如，提德奴姆），175，343-344
Amytis（阿米提斯），376，394
An *（安神），Anum *（安奴神），see Anu *（安奴神）
'Anah（Hana），（阿那赫，哈那）274
'Anat *（Atta）（阿那特神，阿塔神），275
Anatolia（安纳托利亚）
culture（文化），46，53，58，59，127，228，232，351
geography（地理），13，14，143，156，237，346
history（历史），83，154，225，227，230，233，245，254，256，266，282，331
Anittas（阿尼塔斯），233
Annu-banini（安奴巴尼尼），158
Anshan（安善），168，169，383
Anshar *（安沙尔），96，97
Antasurra（安塔苏腊），144
Antigonus（安提柯），413
Antioch（安堤阿），272，275，414，415，420
Antiochus I（安条克一世），415，416，418

Antiochus III（安条克三世），414

Antiochus IV（安条克四世），416

Anu *（An）（安奴神）

　legend（传说），88，93，96，106，115，117，119

　worship（崇拜），68，70，99，202，398，417，420

Anu-uballit Kephalon（安奴-乌巴里特-凯法伦），417

Anu-uballit Nicarachus（安奴-乌巴里特-尼卡腊库斯），417

Anunit *（安奴尼特神），216

Anunnaki *（安奴那基神），110，112-113

Anzu *（安祖神），196

Apil-Sin（阿皮勒-辛），24

Aplahanda（阿普拉汉达），193

Appuashu（阿普阿舒），381

Apsu *（阿普苏神），95-96

'Aqar Quf, Tell（阿卡尔库夫丘），30，249

'Aqrab, Tell（阿喀腊布丘），126

Arabia（阿拉伯半岛），9，148-150，269，273，385-386，415

Arabs（阿拉伯人），9，147，148，150，276，308，333，334，347，379，411，420，421

Arad-Nanna（阿腊德-南那），370

Arahtu canal（阿腊赫图运河），322

Arakha（阿腊卡），407-408

Aram-Bêt-Rehob（阿腊姆-贝特-雷侯布），275

Aram-Ma'akah（阿腊姆-马卡赫），275

Aram-Sôbah（阿腊姆-嗖巴赫），275

Aramaeans（阿拉米亚人）

　culture（文化），147，150，273-277，287，307，347，411，417，420

　history（to 11th C. B. C.）（历史），10，147，148，265，267-268，269-270，274-275，279-280，423

　（from 11th C. B. C.），282，283，289-290，296-297，298，303，308，311，321，327，335，377，402

Arame（阿腊美），296

Ararat, Mt（阿腊腊特），5，304，336

Aratta（阿腊塔），116

Arax river（阿腊克斯河），304

Arba'il（阿尔巴伊勒），299，410，see also Erbil（埃尔比勒）；Urbêl（乌尔贝勒）

Arbela（阿尔贝拉），420

Ardys（阿尔迪斯），335

Arennum（阿雷奴姆），143

Argistis I（阿尔吉提斯一世），303

Aria（阿瑞雅），385

Ariaramnes（阿瑞阿拉姆尼斯），383，407

Arik-dên-ilu（阿瑞克-登-伊鲁），262

Aristarchus（阿利斯塔克），366

Arman（阿尔曼），157

Armenia（亚美尼亚）

　culture（文化），42，226，234，304，353

　geography（地理），5，7，13，14，157，304

　history（历史），225，279，282，296，303，326，380

Arpachiyah, Tell（阿尔帕契亚丘），30，55-56，58

Arpad（阿帕德），24，272，303，304

Arrapha（阿腊法），299，302，375，377，see also Kirkup（吉尔库坡）

Arsaces（阿尔萨斯），418-419

Arslan Tash（阿斯兰 塔什），353，416，see also Hadâtu（哈达图）

Artabanus II（阿塔巴奴斯二世），418

Artatama（阿尔塔塔马），259

索 引

Artatama I（阿尔塔塔马一世），256
Artaxerxes I（阿塔薛西斯一世），411
Artaxerxes II（阿塔薛西斯二世），301
Arunasil*（Varuna）（阿如那西勒神，瓦如那神），235
Aruru*（阿如如神），117
Arvad (Ruâd Island)（阿瓦德），269，270，279，331，335
Aryans（雅利安人），see Indo-Aryans（印度-雅利安人）
Arzani（阿扎尼），327
Ascalon（阿斯卡龙），309，320
Ashdod（阿什都德），312，332
Ashnan*（阿什南神），99
Ashur*（Assur）（阿淑尔神），85，95，188，262，313，338，341，351，421
Ashur-bêl-kala（阿淑尔-贝勒-卡拉），280，340
Ashur-bêl-nishêshu（阿淑尔-贝勒-尼舍舒），248
Ashur-dân I（阿淑尔-丹一世），278
Ashur-dân II（阿淑尔-丹二世），280
Ashur-dân III（阿淑尔-丹三世），25，302
Ashur-etil-ilâni（阿淑尔-埃提勒-伊兰尼），373，374
Ashur-nirâri V（阿淑尔-尼腊瑞五世），303，304
Ashur-rêsh-ishi（阿淑尔-雷什-伊什），278
Ashur-taklak（阿淑尔-塔克-拉克），24
Ashur-uballit I（阿淑尔乌巴里特一世），257，260，262，376
Ashur-uballit II（阿淑尔-乌巴里感二世），376
Ashurbanipal（阿淑尔巴尼帕）
　culture（文化），109，135，295-296，339-340，343-344，350，355-356，357，370

reign（统治），25，243，318，319，326，329-336，373
Ashurdaninaplu（阿淑尔-丹尼那普鲁），299
Ashur-nadin-shumi（阿淑尔-那丁-舒米），321，322
Ashurnasirpal II（阿淑尔那西帕尔二世），284，286，288-294，298，300，340，348
Asmar, Tell（阿斯马尔丘），79，126，127，208，see also Eshunna（埃什奴那）
Assur（city）（阿淑尔城）
　archaeology（考古），86，125，337
　culture（文化），232，326，340，345，353，356，358
Assur（city）-contd.（城市）
　geography（地理），5，187
　history（历史），3，79，170，179，187-188，190-191，254，256，299，302，375，376，419，421
Assur（god）（阿淑尔神），see Ashur（阿淑尔）
Assyria（亚述）
　archaeology（考古），28，30，79，287
　culture（文化），23，80，117，147，263-264，276，292-296，304，309，315-317，323-324，340-341，350-354，355-371，passim，427
　geography（地理），11，12，262，274，283-285，345-346
　history (to 12th C. B. C)（历史），15，147，198，199-200，231，235，241，248，257，260-263，427
　history (from 12th C. B. C.)（历史），267-269，277-290，296-315，318-336，372-377，passim，410，419
　religion（宗教），85-86，95，99，156，340-343，351，359，366-367，387

system of government and army（管理和军队系统），187-188，285-288，290-291，306-308，338-350，300，402-403，425
Astyages（阿斯提阿格斯），383，384
Aswad, *Tell*（阿斯瓦德丘），56
Ataniya（Adana）（阿塔尼亚，阿达那），272
Atar'at *（阿塔腊特），420
Atrahasis（阿特腊哈西斯），111，112-113，196
'Atta *（'Anat）（阿塔神，阿那特），275
'Attar *（阿塔尔），275，*see also* Ishtar（伊什塔尔）
Awan（阿万），141，169
Azerbaijan（阿塞拜疆），13，14，156，232，304，312-313
Azitawandas（Kara Tepe）（阿基塔万达斯，卡腊），271，272
Azriyau（阿兹瑞亚），308
Ba'alu（巴鲁），331
Bab-Salimeti（巴布-萨里美提），322
Baba *（巴巴神），131，134
Babylon（巴比伦）
　archaeology（考古），18，21，27，28，30，31，208，337，390-396，419
　culture（文化），23，95，101-103，117，147，192，195，202-206，214-224，251 - 252，351，358 - 367，*passim*，372，389-396，423-428
　dynasties（王朝），23-24，184，195，212，228，243，251，254，277，278，281，298，374
　geography and economy（地理和经济），6，9，199，401-404，410，411，416
　history（to 12th C. B. C.）（历史），3，27，79-80，179，184-185，186-187，194，195-202，225，241-246，248，253，254，260，263-265
　（c. 12th 7th C. B. C.），30，277-279，281，282，283，284，298，303，308，310-312，314，318，321，322-323
　（from 7th C. B. C.），325-326，329，333-334，372，373-380，*passim*，385-388，406-409，412-416，*passim*，418
　religion（宗教），86，88，93-103，*passim*，202，209 - 214，223，248，325，342，382，389，395-400，411，416-417，420-421
Bactria（巴克特里亚），385，415
Bad-tibira（巴德-提比腊），108
Badrah（巴德拉），186，*see also* Dêr（戴尔）
Badtibira（巴德提比腊），131
Baghdad（巴格达），30，186，223
Baghuz（巴胡兹），54
Bahdi-Lim（巴赫迪-林），220
Bahrain（巴林），15，160，*see also* Dilmun（迪尔蒙）
Bakhtiari mountains（巴克提雅瑞山脉），303
Balawat（巴拉瓦特），295，348
Ba'il（巴伊勒），24
Balikh *（巴里赫神），115，235
Balikh river（巴里赫河），10，56，125
Baluchistan（俾路支），83
Baradost mountains（巴拉多斯特山），37，38-39
Barak（巴腊克），39
Barda-Balka（巴达-巴尔卡），33，35，36
Bardiya（巴尔迪亚），407
Barsippa（巴尔西帕），298，333，399，408，410，421
Bartatua（巴尔塔图亚），326

索 引

Basrah（巴士拉），5
Bavian（巴维安），324
Beaker Folk（宽口陶器人），227
Behistun（贝希斯敦），29, 407
Beirut（贝鲁特），239
Bêl *（贝勒神），281, 310, 314, 399,
　　see also Marduk（马尔杜克神）
Bêl-daian（贝勒-达严），24
Bêl-ibni（贝勒-伊波尼），321
Bêl-shalti-Nannar（贝勒-沙提-南那尔），383
Bêl-shimanni（贝勒-西曼尼），408
Bêl-ushezib（贝勒-乌舍兹布），343
Bêlit-ilâni *（贝里特-伊兰尼），313
Belshazzar（Bêl-shar-usur）（伯沙撒，贝勒-沙尔-乌苏尔），386-387
Beluchistan（俾路支省），232
Ben-Hadad II（本-哈达德二世），297, 302
Beq'a（贝喀），275
Berossus（贝罗苏斯），418
Beycesultan（贝塞苏尔坦），230
Biknî, Mt（比克尼山），309
Bilalama（比拉拉马），186, 202
Billa, Tell（比拉丘），235
Birs-Nimrud（比尔斯-尼姆鲁德），see Barsippa（巴尔西帕）
Bisitun（比斯敦），39
Bismaya（比斯马亚），143, see also Adab（阿达布）
Bît-Adini（比特-阿迪尼），275, 280, 289, 297
Bît-Agushi（比特-阿古什），275, 303, see also Aleppo（阿勒颇）
Bît-Bahiâni（比特-巴赫雅尼），275, 280
Bît-Bazi（比特-巴兹），281
Bît-Hadipê（比特-哈迪佩），280
Bît-Halupe（比特-哈鲁佩），289

Bît-Iakin（比特-雅金），311, 321
Bocchoris（波科瑞斯），312
Boghazköy（博阿兹柯伊），231, 257, 265, 267, see also Hattusas（哈图沙）
Brak, Tell（布腊克丘），58, 76, 79, 157, 170
Bunnu-Eshtar（布奴-埃什塔尔），194
Buqras（布喀腊斯），53
Buriash *（布瑞雅什神），247
Burnaburiash I（布尔那布瑞雅什一世），248
Burnaburiash II（布尔那布瑞雅什二世），258-259, 260
Burushanda（布如山达），154
Byblos（比布罗斯），50, 53, 93, 238, 239, 269, 270, 279
Cambyses I（冈比西斯一世），383
Cambyses II（冈比西斯二世），406, 407
Canaanites（迦南人），124, 147, 148, 150, 259, 265, 266, 267, 268, 269, 275, 427
Cappadocia（卡帕多西亚），231, 232, 233, 380
Carians（卡里安人），332
Carmania（卡曼尼亚），387
Carmel, Mt,（迦密山）39, 297-298
Carthage（迦太基），271
Caspian Sea（里海），336
Çatal Hüyük（恰塔尔休于），53, 230
Caucasus mountains（高加索山），13, 34, 304
Chagar Bazar, Tell（卡伽尔-巴扎丘），30, 54, 55, 58, 234, 236
Chaldaeans（迦勒底人），3, 85, 203, 249, 281, 298, 302, 333, 334, 358, 372, 377-379, 418, 424
Characene（卡腊西奈），419
Chemchemal（恰姆恰马勒），36, 38, 44

China（中国），428

Choga Mami（乔加-马米），31，54，60，62，83，425

Chogha-Zambil（乔加-赞比勒），263

Chosroes I（克斯洛一世），421

Christians（基督徒），420

Cidenas（西迪那斯），365-366，see also Kidunnu（基杜奴）

Cilicia（西里西亚），14，58，230，271，272，314，320，335，380，381，385，403

Cimmerians（西米里安人），304，319，326-327，331，332，335，347，374

Commagene（科马根），245，272，304，see also Kummuhu（库穆胡）

Crete（克里特），154，227，228，238-239，270，271

Croesus（克罗伊索斯），385

Ctesias（克特西亚斯），301，302，409

Ctesiphon（泰西封），418，421

Cyaxares（克亚克雷斯），373，374，375-376，380

Cyprus（塞浦路斯），13，93，154，270，322，see also Iatnana（雅塔那）

Cyrus I（居鲁士一世），383

Cyrus II（居鲁士二世），372，383-385，386-388，406，409，411

Dadusha（达杜沙），193-194，197

Dagan *（达干神），153，182

Daiakku（达雅库），327

Daiân-Ashur（达严-阿淑尔），296，300

Damascus（大马士革），14，223，275，297-298，302，303，310，379

Damiq-ilishu（达米喀-伊里舒），25，243

Damkina *（旦基那神），97

Damqi（丹姆齐），343

Danuna-folk（达奴那-佛克），272

Darband-i-Gawr（达尔班德伊伽乌），157

Darius I（大流士一世），29，301，403，407-408，409，410，411

David（大卫），268，274-275

Dead Sea（死海），34，334，336

Deh Luran（迪赫-鲁兰），see Luristan（卢里斯坦）

Deir-ez-Zor（迪尔-埃兹-佐尔），14

Demavend, Mt（德马温德山，比克尼，Biknî），309

Demetrius (4th C. B. C.)（德米特里欧斯），413

Demetrius II（德米特里欧斯二世），418

Dêr（戴尔），15，186，311，374

Der, Tell ed-（戴尔），31

Diarbakr（迪亚巴克尔），14

Dilbat（迪尔巴特），408

Dilmun（迪尔蒙），15，89，104-105，140，182，274，314，see also Bahrain（巴林）

Diyala river and valley（迪亚拉河），11，14，30，36，76，79，125，151，169，186，299

Dorians（多里安人），264，266，270

Drehem（德莱海姆），234，see also Sellush-dagan（塞鲁什-达干）

Dudu（杜杜），138

Dumuzi *（杜穆兹神），69，91-92，106，108，116，see also Tammuz（塔穆兹）

Dûr-Iakîn (Tell Lahm)（杜尔-雅金，拉赫姆丘），314

Dûr-Kurigalzu（杜尔-库瑞伽勒祖），249，250

Dûr-Sharrukîn（杜尔-沙如金），315-317

Dura-Europus（杜腊-欧罗普斯），415，419，420

索 引

E-Anna（埃-安那），68，69，71，73，
　248，401，402，409，416
E-engur（埃-恩古尔），144
E-ninnu（埃-宁奴），166
Ea＊（埃阿），89，96-98，106-107，109-
　111，113，115，313，359，396，see also
　Enki（恩基）
Ea-gâmil（埃阿-伽米勒），248
Ea-nâsir（埃阿-那西尔），223-224
Eannatum（埃安那吞），141-142，143，
　350
Ebla（埃卜拉），78，124-125，142-143，
　150，153-154，156，157，192，237
Ebrium（埃布瑞温），142
Ecbatana（埃克巴塔那），374，see also Hamadan
　（哈马丹）
Edessa（埃德萨），415，420
Edom（以东），268，302，309，312，385
Egypt（埃及）
　archaeology（考古），247，257
　culture（文化），3，6-7，78，137，164，
　　228，237-238，252，259，271，273，
　　346，353，371，411，414-415
　History（to 8th C. B. C.）（历史），225，
　　235，238-240，245，253-261，263，
　　265，266，282，287，309-314，passim
　（from 8th C. B. C.），318，320，327-
　　329，330，332，375，377，378-379，
　　385，403，412，427
　ruling system（管理体系），139，267，269
E. hul. hul（埃胡勒胡勒），382，384
Ekallâtum（埃卡拉吞），189，190，191，
　193，198，279
Ekron（埃克荣），320
Ekur（埃库尔），341
El＊（埃勒神），275

Elam（埃兰）
　culture（文化），77，167，186，232，347
　geography（地理），15，156
　history（to 12th C. B. C.）（历史），140，
　　141，153，155，157-158，159，160，
　　169，177，179，184-185，198-199，
　　243，260，263-265
　history（from 12th C. B. C.）（历史），
　　277-278，282，287，310-311，314，
　　318，321-322，326，332-333，334-
　　335，374，375，403
Emar（Meskene）（埃马尔，美斯凯奈），14，32
Emutbal（埃穆特巴勒），24，197
En-nigaldi-Nanna（恩-尼伽勒迪-南那），383
En-shakush-anna（恩-沙库什-安那），143
Enakalli（恩那卡里），141
Enheduanna（恩赫杜安那），153
Eninkimar（恩宁基马尔），152
Enki＊（恩基神），88，89，92，93，104，
　359，see also Ea（埃阿）
Enkidu（恩基都），117-119
Enlil＊（恩利勒）
　legend（传说），94，95，108，111，115，
　　196，397
　worship（崇拜），88-89，99，104，139，
　　159，181，202，249，398
Enlil-bâni（恩利勒-巴尼），183
Enlil-nadin-ahnê（恩利勒-那丁-阿赫奈），
　265
Enlil-nirâri（恩利勒-尼腊瑞），262
Enmerkar（恩美尔卡），104，116
Enna-Dagan（恩那-达干），142
Enshag＊（Inzak）（恩沙格神；因扎克神），
　104，105
Entemena（恩铁美那），137-138，143
Erbil（埃尔比勒），20，194，see also Urbêl

（乌比勒），Arba'il（阿巴伊勒）
Erech（埃雷克），68，see also Uruk（乌鲁克）
Ereshkigal *（埃瑞什基伽勒），87，92，101
Eriba-Marduk（埃瑞巴-马尔杜克），303
Eridu（埃瑞都）
　archaeology（考古），30，59-61，68，134，163
　culture（文化），54，57，64，65，70，83，106，108
　geography（地理），4，131
Erishum I（埃瑞舒姆一世），188
Erridu-Pizir（埃瑞都-皮兹尔），161
Esagila（埃萨吉拉），98，298
Esarhaddon（埃萨尔哈东），318，324-329，343
Esharhamat（埃沙尔哈马特），340
Eashnunna（埃什奴那），126，176-177，179，185-187，190，193，197，198-200，243，see also Asmar, Tell（阿斯马尔）
Eski Mosul（埃斯基-摩苏尔），31
Etana（埃塔那），114-115，196，357
Ethiopia（埃塞俄比亚），269，328
Euphrates river（幼发拉底河）
　geography（地理），2，4-8，10，11-12，16，31，36，67，390-391，393，412，423
　trade and settlement（贸易和驿站），13，64，65，66，83，130，152，154，182，189，190，272，280，318，425-426
Ezekiah（以西家），320
Failakka Island（法拉卡岛），15，see also Kuwait（库维特）
Fallujah（费卢杰），14，197
Fara, Tell（法腊丘），124，143，see also

Shuruppak（舒如帕克）
Farama, Tell（法腊马丘），see Pelusium（贝鲁西亚）
Fars mountains（法尔斯山），383
Fertile Crescent（肥沃新月），148，150，234，267，273，318
Gambulû（伽姆布鲁），281，327，333
Ganges river（恒河），412
Ganj Dareh（甘吉-达雷），46
Gareus *（伽雷乌斯神），420
Gasgas（伽斯伽斯），245
Gasur（伽苏尔），234-235，see also Nuzi（奴孜）
Gatamdug *（伽塔杜格神），166
Gaugamela（高加米拉），412
Gawra, Tepe（高腊丘），30，55，56，64，79，235
Gaza（加沙），309，312，379
Geshtin-anna *（盖什汀-安那神），92
Geshur（盖舒尔），275
Gilgamesh（吉尔伽美什），100，109，112，113，116-121，123，137，156，196，252，356，421，427
Gimil-Ningishzida（吉米勒-宁吉什兹达），223
Gimirrai（吉米雷），see Cimmerians（西米里安人）
Gindibu（根迪布），297
Girsu（吉尔苏），122，124，127，128，131，132，134，165-168，172，173，419
Giyan, Tepe（吉安），309
Gobryas（戈比亚斯），406
Grai Resh（格莱雷什），79
Greeks（希腊人）
　culture（文化），23，230，276，358，359，366，371，414-418，419-420，

索 引

426-427

history（历史），225，226-229，265，266，270，336，385，403，423

Gubaru（Gobryas）（古巴如），386-387

Gudea（古地亚），81，165，166-168，338

Gula *（古拉神），99

Gulgamesh（吉尔伽美什），100

Gungunum（衮古农），183

Guran, *Tepe*（古兰丘），46

Guraya（古腊亚），347

Gurgum（古尔衮），272，304，314

Guti（库提），156，158，159，161，162，166，169，170，193，199，247，262，263，421

Guzana（古扎那），14，24，275，302，see also Halaf, Tell（哈拉夫丘）

Gyges（盖吉兹），331，332，335

Hanigalbat（哈尼伽勒巴特），235

Habiru（哈比如人），239-240

Habuba Kabira（哈布巴-卡比腊），70，76

Hacilar（哈西拉），46，230

Hadad *（哈达德神），275，see also Adad（阿达德）

Hadâtu（哈达图），309，see also Arslan Tash（阿斯兰-塔什）

Haditha（Qadissiyah）（哈迪萨，喀迪斯亚），31

Hadramaut（哈德腊茅特），148

Hajji Muhammad（哈吉默罕默德），54，57，60，61，83

Halabja（哈拉布贾），14

Halaf, *Tell*（哈拉夫丘），14，48，55-59，230，275，276，see also Guzana（古扎那）

Haldia *（哈迪雅），314

Halê（哈莱），188

Hallulê（哈鲁莱），322

Hallushu（Halutash）（哈鲁舒，哈鲁塔什），322

Halpa（哈勒颇），245

Haltemash（哈特马什），335

Halys river（哈里斯河），380

Hama（哈马），272，275，297，303，312，353

Hamadan（Ecbatana）（哈马丹，埃克巴塔那），14，374

Hamazi（哈马兹），141

Hammurabi（汉穆拉比），23-24，26，79，179，185，194，195-202，212，219，224，241-242

code of Law（《汉穆拉比法典》），162，186，195，196，202-206，265，366，367，408

Hamrîn, *Jabal*（哈姆林山），63，187

Hana（'Anah）（哈那，阿那赫），274

Hanaeans（哈纳人），188-189，190，244

Hanigalbat（哈尼伽巴特），263

Hanuna（哈奴那），312

Haradum（哈腊杜姆），32

Haraiva（哈腊瓦），266

Harappa（哈拉帕），160，229

Harbe *（哈比神），247

Hariri, *Tell*（哈瑞瑞丘），125，see also Mari（马瑞）

Harmal, *Tell*（哈马勒丘），31，186，209，358

Harran（哈兰），14，345，356，376，377，381，382，384，386

Hassuna, *Tell*（哈苏那丘），30，45，48，49-50，53，57，59，83，230

Hathor *（哈托尔神），354

Hatra, *Tell*（哈特腊丘），31，419，420

Hatti（哈提），245，261，272，378，385

Hattina（哈提那），275，see also Antioch（安堤阿）

Hattusas（哈图沙），245，271，see also Boghazköy（博阿兹柯伊）

Hattusilis I（哈图西里一世），245

Hattusils III（哈图西里三世），261-262，368

Hauran（豪兰），275

Hazael（哈扎勒），297，309

Hazail（哈载勒），327-328

Hazar Merd（哈扎尔-默德），37

Hazâzu（哈扎祖），24

Hebrews（希伯来人），147，162，239-240，273-274，276，see also Israel（以色列）；Jews（犹太人）

Heliopolis（赫利奥波利斯），139

Hepa *（赫帕神），234，235

Heracles（赫拉克勒斯），427

Hermes *（赫耳墨斯神），420

Hermon, Mt,（赫尔蒙山）275，297

Hipparchus（希帕克），366

Hiritum（黑瑞吞），198

Hissar, Tepe（希萨尔丘），78

Hît（Tutul）（希特，图图勒），153，283

Hittites（赫梯人）
　culture（文化），226，232-233，252，267，271-272，273，276，351，359
　history（历史），79，81，225，230-232，235，241，245-246，253，254，256，258，261，263，266，274
　Neo-Hittites（新赫梯人），267，271-273，276，290，296-297，302，304，308，586，314

Homs（霍姆斯），14

Horus *（荷鲁斯神），354

Hoshea（何细亚），310

Hulteludish（Hutelutush-Inshushinak）（胡特鲁迪什，胡特鲁图什-因舒西那克），278，282

Humba-haldash（胡姆巴-哈达什），326，327

Humban-nimena（胡姆板-尼美那），see also Umman-menanu（乌曼-美那奴）

Humbanigash（胡姆巴尼伽什），311，333

Hungary（匈牙利），227

Hurpatila（胡尔帕提拉），260

Hurrians（胡里人）
　culture（文化），160，185，187，234-237，239，249，252，276，304，423
　history（历史），156，157，161，169，225，229，233-235，241，245，253，254-256，263，274

Huwawa（Humbaba）（胡瓦瓦，浑巴巴），118

Hyksôs（希克索斯），240，254，255

Hymeros（希美罗斯），421

Iaggid-Lim（亚吉德-林），189

Iahdun-Lim（亚赫顿-林），189，190，192，198，219

Iakinlu（雅金鲁），331

Iamani（雅马尼），312

Iamhad（延哈德），190，193，198，238，245，see also Aleppo（阿勒颇）

Iaminites（雅米尼提斯人），188-189，193，198

Iaqqim-Addu（雅吉姆-阿杜），219-220

Iarim-Lim（雅瑞姆-林），238

Iarmuti（雅尔穆提），153

Iasmah-Adad（雅斯马赫-阿达德），190，191，192，193-194，198，219

Iatnana（雅特那那），314-315，see also Cyprus（塞浦路斯）

Iaua mâr Humri（雅瓦-马尔-胡姆瑞），298

Ibal-pî-El II（伊巴勒-皮-埃勒二世），197，198-199
Ibbi-Sin（伊比辛），176，177，185
Ibiq-Adad（伊比克-阿达德），190
Ibla（伊波拉），see Ebla（埃卜拉）
Iblul-Il（伊波鲁-伊勒），142，143
Idamaras（伊达马腊斯），189，192，198
Iddin-Dagan（伊丁-达干），91-92，182
Idrimi（伊德瑞米），256
Igmil-Sin（伊格米勒-辛），223
Ikun-Shamash（伊昆-沙马什），142
Ilâ-kab-kâbu（伊拉-卡波-卡布），189，190
Ili-ittia（伊里-伊提雅），24
Illyrians（伊利里亚人），266
Ilshu（伊勒舒），142
Ilu-bi'di（伊鲁-比迪），312
Iluma-ilu（伊鲁马-伊鲁），243，244
Ilushuma（伊鲁舒马），188
Imgur-Enlil（伊姆古尔-恩利勒），295，see also Balawat（巴拉瓦特）
Inanna*（伊南娜神），68，69，77，91-93，153，243，see also Ishtar（伊什塔尔）
Indar*（Indra）（因达尔神，因德腊神），235
India（印度），64，160，225，229-230，385，410，415，428
Indo-Aryans（印度-雅利安人），81，229，235，241，247
Indo-Europeans（印欧语系），225，226-230，232，233，235，247，265，266，271，383
Indus river and valley（印度河谷），13，15，160，229-230，see also Meluhha（麦鲁哈）
Inimagabesh（伊尼马伽贝什），158
Inshushinak*（因舒西那神），169
Inzak*（因扎克神），see Enshag（恩沙格）

Ionians（伊奥尼亚人）266，320，332，385，403
Ipiq-Adad II（伊比克-阿达德二世），186
Ipsus（伊普苏斯），413
Iran（伊朗）
　archaeology（考古），29，39，41，46，48，83，157，309
　culture（文化），9，78，266，353，418，420
　geography（地理），2，11，13，14，16，34，415
　history（历史），155，169，175，225，229，282，302，303，304，319，374，384，418
Irhuleni（伊尔胡雷尼），297
Irra-imitti（伊腊-伊米提），183
Isaiah（以赛亚），320
Ischâli（伊斯喀里），211
Isfahan（伊斯法罕），266，383
Ishbi-Irra（伊什比-伊腊），177，182
Ishkun Shamagan（伊什昆-沙马干），142
Ishme-Dagan（Isin）（伊什美-达干，伊辛），182，188
Ishme-Dagan（Mari）（伊什美-达干，马瑞），190，191-192，193，198，219
Ishtar*（伊什塔尔神），see also Inanna（伊南娜）
　legend（传说），111，115，119，257，278，301，365
　worship（崇拜），68，90，152，188，211，213，214，215，216，275，309，393，417，420
Ishtumegu（伊什图美古），385
Isin（伊辛），25，31，91，92，131，177，179，181-185，197，208，222，277
Isma-Adad（伊斯马-阿达德），219

Israel（以色列），267，268-269，275，291，295，298，302，303，310，336，375，see also Hebrews（希伯来人）；Jews（犹太人）

Itu'（伊图），307

Itusi'（伊图斯），347

Jabal Bishri（比什瑞山），176，279

Jacob（雅各），274

Jarlagab（贾拉伽波），158

Jarmo（耶莫），33，44-45，46，57，230

Jauf, al-（阿勒-尧弗），see Adumatu（阿杜穆）

Jazirah（杰济拉）
　archaeology and culture（考古和文化），54，58，59，235
　geography（地理），10，14，157，262，385，415
　history（历史），155，156，189，190，198，253，262-263，274，283

Jebail（耶拜尔），see Byblos（比布罗斯）

Jehoiakim（约雅敬），379

Jehu（耶户），295，298

Jemdat Nasr（捷姆迭特-那色），22，30，48，57，68-69，76-80，83，86，116，126，129，350，423

Jerablus（哲拉布鲁斯），5，14，see also Karkemish（卡尔凯米什）

Jeremiah（耶利米），379，390

Jericho（耶利哥），46，50，230

Jerusalem（耶路撒冷），93，269，320，379

Jesus（耶稣），276

Jews（犹太人），320，335，378，379，411，420，see also Hebrews（希伯来人）；Israel（以色列）

Jokha, Tell（约卡丘），140，see also Umma（温马）

Jordan river（约旦河），267，268

Joseph（约瑟夫），268

Joshua（约书亚），268

Josiah（约西亚），375，377

Judah（犹大），269，309，312，314，320，333，375，377，379-380

Judi Dagh（朱迪-达格），324

Kadashman-Enlil I（卡达什曼-恩利勒），257

KA．DINGIR．RA（巴比伦），184，see also Babylon（巴比伦）

Kaiwanian（凯万尼安），39

Kakzu（卡克祖），419

Kaldû（卡勒杜），281，302，see also Chaldeans（迦勒底人）

Kalhu（卡勒胡），291-292，295，303，315，337，see also Nimrud（尼姆鲁德）

Kandalanu（坎达拉奴），334，373

Kanesh-Kültepe（卡内什-库勒丘），232

Kapara（卡帕腊），276

Kaprabi（卡腊比），289

Kar-Ashurnasirpal（卡尔-阿淑尔那西尔帕），290

Kâr-Shulmanashared（卡尔-舒曼那沙雷德），297

Kara Tepe（Azitawandas）（卡腊丘，阿兹塔万达斯），271，272

Kara-Indash（卡腊-因达什），248

Karim-Shehir（卡润-舍黑尔），33，41

Karkara（卡尔卡腊），297，see also Qarqar（喀喀尔）

Karkemish（卡尔凯米什）
　archaeology（考古），272
　geography（地理），5，14，272
　history（历史），193，238，245，256，260，263，275，314，377，378

Karmir-Blur（卡米尔-布鲁尔），304

索 引

Karun river（卡伦河），15
Kashiari mountains（卡什阿瑞山），283，289，*see also* Tûr-'Abdin（图尔-阿布丁）
Kashshu *（卡什舒神），247
Kashtiliash I（卡什提里雅什一世），244
Kashtiliash IV（卡什提里雅什四世），263-264
Kassites（加喜特人），23，79，85，159，225，229，240-242，244，246-259，262-265，351，359，423，427
Kerkemish（科尔科米什），50
Kerkha river（凯尔哈河），15，333
Kermanshah（凯尔曼沙），14
Khabur river and area（哈布尔河流域），10，55，79，125，128，157，189，198，235，236，276，280
Khafaje（卡法贾），76，79，123，124，126，127，128，*see also* Tutub（图图卜）
Khanaqin（卡奈根），14
Khorsabad（霍尔萨巴德），187，315-317，348，352-355
Khshathrita（卡沙什瑞塔），327
Khueira, Tell（奎腊丘），125，127
Kidunnu（Cidenas）（基杜奴，西迪那斯），365-366，412，418
Kikkia（基基雅），187
Kilu-Hepa（基鲁-赫帕），256
Kimash mountain（基马什山），167
Kingu *（金古神），97-98，105
Kirkuk（基尔库克），20，186
Kish（基什）
  archaeology and culture（考古和文化），30，134，400，419，421
  geography（地理），111，112，131
  history（历史），114，115，123，139，140-141，142，143，152-158，186，

321，410，416
Kishar *（基沙尔），96
Kizil-Irmak river（基兹勒-伊尔马克河），245，380
Kizilkaya（基兹卡亚），230
Korain（科林），39
Korupedion（科鲁皮登），413
Kül Tepe（库勒丘），51
Kudur-Mabuk（库杜尔-马布克），184
Kullaba（库拉巴），68
Kültepe（库勒台佩），231，233
Kummanu（库马奴），272
Kummuhu（库穆胡），272，304，314，*see also* Commagene（科马根）
Kunalua（库那鲁），272
Kurash II（库腊什二世），*see also* Cyrus（居鲁士）
Kurdistan（库尔德斯坦）
  culture（文化），32，33，35，39，42
  geography（地理），7，16，36，313
  history（历史），79，156，158，161，169，193，283，320
Kurigalzu I（库瑞伽勒祖一世），249
Kurigalzu II（库瑞伽勒祖二世），257，260，262
Kussara（库萨腊），233，245
Kut el-Imara（库特-伊马腊），6
Kutha（库塔），298，400
Kutir-nahhunte（库提尔-那浑泰），265
Kutmuhu（库特穆胡），288
Kuturnahhunte I（库图尔那浑泰一世），243
Kuwait（科威特），15，104
Kuyunjik（库云基克），323，355，358，*see also* Nineveh（尼尼微）
Labarnas I（拉巴那斯一世），245
Labarnas II（拉巴那斯二世），245

Labâshi-Marduk（拉巴什-马尔杜克），381
Lachish（拉齐什），353
Lagash（*Telloh*）（拉伽什，泰罗），81，86，122，130，131，137-138，140-141，142，143，152，165，166，338
Lahamu*（拉哈穆神），96
Lahm，Tell（Dûr-Ikîn）（拉赫姆丘，杜尔金），314
Lahmu（拉赫穆），96
Lamgi-Mari（拉姆吉-马瑞），142
Larak（拉腊克），109，131
Larnaka（拉那卡），315
Larsa（拉尔萨）
　archaeology and culture（考古和文化），31，60，208，209，222，248，383
　geography（地理），6，131
　history（历史），179，181-185，186-187，219
Lebanon（黎巴嫩），78，147，237-238，255，267，269，270，346
Lebanon，*Mt*（黎巴嫩山），13，153-154，238，380
Leilan，Tell（雷兰丘），14，190
Lipit-Ishtar（里皮特-伊什塔尔），182，183，202
Litaû（里塔），281
Lugal-anne-mundu（卢伽尔-安奈-蒙杜），143
Lugal-kinishe-dudu（卢伽尔-基尼舍-杜杜），143
Lugalbanda（卢伽尔班达），116，156
Lugalzagesi（卢伽尔扎吉西），144-145，146，152，265
Luh，Tell（鲁赫丘），122
Lulê（鲁莱），320
Lullubi（鲁鲁比），156，157，158，160，161，169，193，247，262

Luristan（Deh Luran）（卢瑞斯坦，卢兰），42
Luwians（鲁维人），231，232，245，271
Lydia（吕底亚），319，331，332，333，335，380，385，403
Lysimachus（吕西马库斯），413
Macedonia（马其顿），225，276，412-413，414，420
Madaktu（马达图），335
Ma'dan（马丹），11-12
Madhhur，Tell（马德胡尔丘），63
Madyes（马迪斯），332，373
Magan（马干），13，15，157，167，
　see also Oman（阿曼）
Maghzaliyeh（马扎里耶），45
Malatiya（马拉提亚），272，*see also* Milid（米里德）
Malazgird（马拉吉德），279
Malgum（马勒古姆），197
Malta（马耳他），271
Maltai（马尔泰），324
Mami*（Nintu）（马米神，宁图神），113，
　see also Ninhursag（宁胡尔萨格什）
Mandali（曼达里），54，61
Mandannu（曼丹奴），157
Manishtusu（马尼什图苏），155，156，158，265
Mannaeans（Mannai）（曼奴亚人，曼奈人），303，304，312-313，319，327，332，335
Marash（Marqasi）（马腊什，马尔喀西），272
Mardik，Tell（马尔迪克丘），124
Marduk*（马尔杜克神）
　legend（传说），88，94，95，97-98，101，246，265，278，281，325-326，384
　worship（崇拜），99，195，202，203，248，251，298，382，387，391，395-400 *passim*，412

索引

Marduk-apal-iddina（Merodach-Baladan）（马尔杜克-阿帕勒-伊迪那，美罗达-巴拉丹），311-312，314，321，322
Marduk-nadin-ahhê（马尔杜克-那丁-阿赫），279
Marduk-zakir-shumi（马尔杜克-扎基尔-舒米），298
Mari（马瑞）
 archaeology（考古），30，124，125，134，191，196，208-209，238
 culture（文化），78，81，90，127，192，214-220，234，370
 geography（地理），5，14，199
 history（历史），140，142-143，144，153-154，157，170，188-194，198，200，274，416
Marqasi（Marash）（马尔喀西，马腊什），272
MAR. TU，116，175-178，182
Maruttash*（Marut）（马如塔什神、马如特神），247
Mashu mountain（马舒山），120
Matarrah（马塔腊赫），50，53
Mati'-ilu（马提-伊鲁），304，308
Mattiwaza（马提瓦扎），235，260
Mebaragesi（美巴腊吉西），123，139-140
Medes（米底）
 culture（文化），159，277，296，336，347，411
 history（历史），159，266，268，282，302，303，314，318-319，327，332，372-377，passim，380，383，384
Megabysus（美伽比苏斯），408
Megiddo（米吉多），50，353
Meluhha（麦鲁哈），13，15，89，160，167，see also Indus river（印度河）
Memphis（孟菲斯），237，328，330

Menahem（米拿现），308
Mernephtah（美楞普塔），268
Merodach-Baladan, see Marduk-apal-iddina（美罗达-巴拉丹，马尔杜克-阿帕勒-伊迪那）
Mersin（梅尔辛），50，230
Mesalim（美萨林），140，141
Mesannepadda（美萨奈帕达），123，140
Meskalamdug（美卡兰杜格），135，136，137，140
Meskene（美斯凯奈），14，see also Emar（埃马尔）
Meskiaggasher（美基伽舍尔），116
Meskiagnunna（美基格奴那），140
Midas（Mitâ）（米达斯，米塔），314
Milid（Malatiya）（米利德，马拉提亚），272，304，314
Minoans（米诺斯），228-229，238-239
Mitannians（米坦尼人），225，235，253，254-258，259，260，272，368
Mithra*（米什腊神），420，see also Mitrasil（米特腊西勒）
Mithridates I（米特里达特一世），418
Mithridates II（米特里达特二世），421
Mitrasil*（米特腊西勒神），235，see also Mithra（米什腊）
Mlefaat（姆莱法特），41
Moab（摩押），268，309，312
Mohenjo-Daro（摩亨佐-达罗），160，229
Moses（摩西），152，265，268
Moslems（穆斯林），148，396，421
Mosul（摩苏尔），49，125，305
Mulisu（穆里苏），340-341
Mummu*（穆穆神），96
Mureybet, Tell（穆雷贝特丘），41-42，44，46

Mursilis I（穆尔西里一世），245-246，254
Mursilis II（穆尔西里二世），261
Musasir（穆萨西尔），314
Mushezib-Marduk（穆舍兹布-马尔杜克），322
Mushki（穆什基人），278-279，288，314，see also Phrygians（弗里吉亚人）
Musri（穆斯瑞），279
Musru（穆斯如），see Egypt（埃及）
Muwatallis（穆瓦塔里斯），261
Myceneans（迈锡尼人），228-229，266，270，427
Nabateans（纳巴泰人），148，334
Nablânum（那布拉农），177
Nabonassar（那波那萨尔），see Nabû-nâsir（那布-那西尔）
Nabonidus（Nabû-na'id）（那波尼杜，那布-那伊德），381-387，402
Nabopolassar（Nabû-apla-usûr）（那波帕拉沙尔，那布-阿普拉-乌簌尔），374，375-377，378，394，402
Nabu*（那布神），281，315，359，396，399-400，421
Nabû-apal-iddina（那布-阿帕勒-伊迪那），298
Nabû-apla-usur（那布-阿普拉-乌簌尔），see Nabopolassar（那波帕拉沙尔）
Nabû-balatsu-iqbi（那布-巴拉特苏-伊可比），381
Nabu-kudurri-usur（那布-库杜瑞-乌簌尔），see Nebuchadrezzar（尼布甲尼撒）
Nabû-mukin-apli（那布-穆金-阿皮里），281
Nabu-na'id（Nabonidus）（那布-那伊德，那波尼杜），381
Nabû-nâsir（那布-那西尔），25，308，310，365

Nabû-rimâni（那布-瑞马尼），365，412
Nabû-shuma-ukîn（那布-舒马-乌金），283
Nagar（那伽尔），190
Naharim（那哈瑞姆），235（奈瑞），279
Nammu*（那穆神），94
Nanna*（南那），87，131，153，178，182，see also Sin*（辛神）
Nanshe*（南舍神），144，166-167
Naplânum（那坡兰农），181-182
Naqadah（涅迦达），78
Naqi'a-Zakûtu（那齐雅-扎库图），301，325，329
Narâm-Sin（那腊姆辛），154，156-158，159，169，170，187，190，193，265，351，356
Nasattyana*（Nasatyas）（那萨特亚那神，那萨特亚斯神），235
Nasriyah（那斯瑞亚），6，122
Nebi Mend, Tell（奈比-门德丘），258，see also Qadesh（卡叠什）
Nebi Yunus（约拿），323
Nebuchadrezzar I（尼布甲尼撒一世），277-278，282
Nebuchadrezzar II（尼布甲尼撒二世），281，372，376，377-381，382，390，394，395，402
Nebuchadrezzar III, IV（尼布甲尼撒三世、四世），407-408
Necho I（尼科一世），330，331，332
Necho II（尼科二世），377
Negeb（内盖夫），238
Neirab（内腊布），239
Neo-Hittites（新赫梯人），see Hittites（赫梯人）
Nergal*（奈尔伽尔），87，101，420
Nergal-eresh（奈尔伽尔-埃瑞什），24

索引

Nergal-ilia（奈尔伽尔-伊里雅），24
Neriglisaros（Nergal-shar-usur）（奈瑞格里萨罗斯，奈尔伽尔-沙尔-乌苏尔），381
Nesa（Nesha）（奈萨，奈沙），232，233
Nesites（涅西特），232-233
Nibarti-Ashur（尼巴提-阿淑尔），290
Nidaba*（尼达巴神），144
Nidintu-Bêl（尼丁图-贝勒），407
Nile river and delta（尼罗河和尼罗河三角洲），4，6-7，238，240，254，268，312，328，330-331，332
Nimrud（尼姆鲁德），*see also* Kalhu（卡勒胡）
  archaeology（考古），21，30，31，287，288，291-294，329，340，356
  culture（文化），348，352-353，354，356
  geography and history（地理和历史），5，291，376，410，416
Nina（尼那），131
Ninbanda（宁班达），136
Nineveh（尼尼微）
  archaeology（考古），30，31，50，54，55，154，287，311，337，348，355-356，358
  culture（文化），57，79，86，111，128，301，322，323，335，357
  geography（地理），5，14
  history（历史），3，27，79，190，299，372，373，375，376，410，416
Ningal*（宁伽勒神），164
Ningirsu*（宁吉尔苏神），86，131，138，140，142，166-167，338
Ningishzida*（宁基什兹达神），106
Ninhursag*（Ninmah；Nintu）（宁胡尔萨格神，宁马赫神；宁图神），91，104，123
Nini-zaza*（尼尼-扎扎神），127

Ninlil*（宁利勒神），249，341
Ninsun*（宁顺神），116
Nintu*（Mami）（宁图神，马尼神），113，*see also* Ninhursag（宁胡尔萨格神）
Ninua（尼奴瓦），*see* Nineveh（尼尼微）
Ninurta*（宁奴尔塔神），87，249，295
Ninus（尼奴斯），301
Nippur（尼普尔）
  archaeology（考古），21，30，31，163，182，209，360，419
  culture（文化），86，88，93，111，128，169，171，202，248，358，397
  geography（地理），6，131，274
  history（历史），3，139，140，143，159，161，177，374，410，416
Nisaba*（尼萨巴神），166，359
Nisibin（尼西宾），280，415
Nisir, Mt（尼西尔山），110
Nubia（努比亚），312
Nuhashshe（奴哈什舍），258
Nûr-Adad（奴尔-阿达德），183-184
Nuzi（奴孜），30，235，236，256，419
Oman（阿曼），13，15，78，148，155，156，160，*see also* Magan（马干）
Opis（欧比斯），387，*see also* Upâ
Orodes（奥罗德），421
Orontes river and valley（奥伦特河和山谷），14，175，297，414
Osrhoene（奥斯若尼），419
Oueili, Tell el-'（奥伊里丘），60
Pakistan（巴基斯坦），15
Palaites（帕莱特），232-233
Palegawra（帕莱伽瓦），33，38
Palestine（巴勒斯坦）
  archaeology and culture（考古和文化），14，46，48，50，78，353

geography（地理），148，266
history（历史），150，237-240，255，
　256，258，261，268-269，309，310-311，
　312，318，320，375，377-378，403
Palmyra（帕尔米拉），14，175，420，
　see also Tidmur（提德穆尔）
Paratarna（帕腊塔那），255-256
Parthians（帕提亚人），266，385，414，416，
　418-422
Parysatis（帕瑞萨提斯），301
Pasag *（帕萨格神），99
Pasargadae（帕萨尔加德），383
Peleset（贝莱塞特），see Philistines（菲利
　斯丁人）
Pelusium（贝鲁西亚），320-321，378
Peoples of the Sea（海上民族），266，267，
　269，271
Perdiccas（帕迪卡斯），413
Persepolis（波斯波利斯），27，29，249
Persians（波斯人）
　culture（文化），77，156，226，296，409，
　　410，411，428
　history（历史），159，266，268，277，282，
　　302，303，336，374，383-388，391，
　　406-407，421，423
Persian Gulf（波斯湾）
　geography（地理），4，15，34，36，95，
　　262，274，298，415
　trade and settlement（贸易和驿站），42，
　　65，80，130，155，160，242
Pharaohs（法老），237-238，239，240，
　254-259，268，312，414
Philip Arrhideus（菲利普-阿瑞迪斯），413
Philistines（菲利斯丁人），265，266，267，
　268，302，309，333，378
Phoenicia（腓尼基）

culture（文化），13，271，276，287，
　322，346，353-354
history（历史），148，267，269-270，
　302，308，320，326，331，333，336，
　374-375，377-378，403，414
Phraortes (6th C. B. C.)（弗拉欧特斯），407
Phraortes (7th C. B. C.)（弗拉欧特斯），
　372-373
Phrygia（弗里吉亚），266，271，279，
　282，288，314，319，326，413
Pir Hussain（皮尔-侯赛因），157
Pirindu（皮林杜），381
Pitkhanas（皮特哈那斯），233
Polatli（波拉蒂），230
Pontic mountains（庞蒂克山），319
Psammetichus I (Psamtik)（普萨美提克一
　世，普萨美提克），332，335，373
Psammetichus II（普萨美提库斯二世），379
Ptolemy（托勒密），25，413
Puabi (Shubad)（普阿比，舒巴德），136，
　137
Pulû（普鲁），310
Puqudû（普库杜），281
Puzur-Ashur I（普祖尔-阿淑尔一世），188
Puzur-Ashur III（普祖尔-阿淑尔三世），
　248，254
Puzur-Inshushinak（普祖尔-因舒西那克），
　157-158，169
Pythagoras（毕达哥拉斯），427
Qabra（喀布腊），194
Qadesh（卡叠什），258，261，263
Qadissiyah (Haditha)（喀迪西亚，哈迪萨），
　31
Qal'at Hajji Muhammad（喀拉特-哈吉-默罕
　默德），see Hajji
Muhammad（哈吉-默罕默德）

索 引

Qal'at Sherqat（喀拉特-舍尔喀特），125，see also Assur（阿淑尔）
Qalij Agha, Tell（喀林-阿格哈丘），70
Qarqar（喀尔喀），297，312，348
Qatar（卡塔尔），15
Qatna（喀特那），193，238，239，256，258
Qedar（契达尔），334，379
Quê（库伊），314
Qummani（库马尼），279
Qurdi-Nergal（库尔迪-奈尔伽尔），356，see also Sin（辛）
Qurnah（库尔那），5
Raiat（腊雅特），14
Ramâdi（腊马迪），12
Ramesses II（拉美西斯二世），261，268
Ramesses III（拉美西斯三世），266
Rania（腊尼雅），45
Rapihu（Tell Rifah）（腊比胡丘，瑞法赫），328
Rapiqum（腊皮库姆），186，197，274
Ras el'Amiya（腊斯-阿米雅），60
Ras el-'Ain（腊斯-艾因），55
Ras-Shamra（腊斯-沙姆腊），53，65，see also Ugarit（乌伽里特）
Rasunu（Rezin）（腊苏奴，雷津），308
Red Sea（红海），34，269
Rifa'at, Tell（瑞法特丘），see Arpad（阿帕德）
Rifah, Tell（Rapihu）（瑞法赫丘，腊比胡），328
Rimah, Tell al-（瑞马赫），31，208
Rîm-Sin of Elam（埃兰的瑞姆-辛），243
Rîm-Sin of Larsa（拉尔萨的瑞姆-辛），185，197，199-200
Rimush（瑞穆什），155，158
Romans（罗马人），414，421

Rowanduz（罗万杜兹），14，37，39
Ruâd（鲁亚德），269，see also Arvad（阿瓦德）
Rusahina（鲁萨黑那），304
Rusas I（鲁萨斯一世），313，314
Rusas II（鲁萨斯二世），327
Russia（俄罗斯），226，229，303，304，319，326
Sabakhs（萨巴克斯），312
Sabu（萨布），24
Sais（赛斯），330
Sakje-Gözü（萨克杰-格鲁兹），50，272
Salahiyeh（萨拉西耶），415
Sam'al（萨马勒），272，275，276，see also Ya'diya（亚迪亚）；Zenjirli（津吉尔利）
Samaria（撒马利亚），269，310，353，375
Samarra（萨马腊），48，53-55，57，61，83
Sammuramat（Semiramis）（萨穆腊马特，塞米腊米斯），301-302
Samsat（萨姆萨特），308
Samsi-Addu（萨姆西-阿杜），see Shamsi-Adad（沙姆西-阿达德）
Samsu-ditana（叁苏迪塔那），244，246
Samsu-iluna（叁苏伊鲁那），24，243-244
Sanir, Mt（萨尼尔山），297，see also Hermon, Mt（赫尔蒙山）
Sar-i-Pul（萨尔普勒），157
Sardur II（萨杜尔二世），304
Sardur III（萨尔杜尔三世），308
Sargon I of Assyria（亚述的萨尔贡一世），231
Sargon II of Assyria（亚述的萨尔贡二世），310-317，319，340，345
Sargon of Akkad（阿卡德的萨尔贡），122，

145, 146, 151-155, 157, 160, 187
Sarpanitum*（萨尔帕尼吞神），246, 248, 396, 398
Sassanians（萨珊人），418, 421-452, 423
Saudi Arabia（沙特阿拉伯），15
Saul（扫罗），268, 274-275
Sawwan, Tell es-（萨万丘），31, 53-54, 61, 62, 127, 425
Scythians（斯基泰人），326-327, 332, 336, 373, 374
Sea-Land（海国），243, 253, 322, 374
Seleucia（塞琉西亚），31, 363, 415, 416, 417, 418-419, 424
Seleucus I（塞琉古一世），413-414
Seleucus III（塞琉古三世），416
Sellush-Dagan（塞鲁什-达干），171, see also Drehem（德莱海姆）
Semiramis (Sammuramat)（塞米腊米斯，萨穆腊马特），301-302
Semites（塞姆人）
　culture（文化），68, 85, 87, 107, 124-125, 150-151, 159, 182, 186, 237, 420, 426
　history（历史），78, 80, 81, 114, 139, 144, 50, 153, 179, 180, 188, 238, 267
Sennacherib（辛那赫里布），301, 318, 319-324, 325, 328, 340, 345, 355, 394
Septimus Severus（塞普提米乌斯-塞维鲁），418, 421
Seti I（塞提一世），261
Shaduppum（沙杜普姆），186, see also Harmal（哈马勒）
Shalmaneser I（沙勒马奈舍尔一世），263, 544, 274, 291
Shalmaneser III（沙勒马奈舍尔三世），295-299, 300, 348
Shalmaneser IV,（沙勒马奈舍尔四世），302, 304
Shalmaneser V（沙勒马奈舍尔五世），310, 311, 340
Shamash*（沙马什神），88, 115, 118, 189, 203, 250, 281, 420, see also Utu（乌图神）
Shamash-eriba（沙马什-埃瑞巴），408
Shamash-mudammiq（沙马什-穆达米喀），283
Shamash-shum-ukîn（沙马什-顺-乌金），329, 333-334, 343
Shamiya*（沙米亚神），420
Shamshi（沙姆西），309
Shamshi-Adad I (Samsi-Addu)（沙姆西-阿达德一世，萨姆西-阿杜），189, 190-191, 192, 193-194, 198, 219, 220, 241, 289, 299, 338
Shamshi-Adad V（沙姆西-阿达的五世），299, 300, 303, 340
Shamshi-ilu（沙姆西-伊鲁），302
Shanidar（沙尼达尔），33, 35, 37-39, 40-41
Shapur I（沙普尔一世），421
Shar-kali-sharri（沙尔-卡里-沙瑞），158, 159, 176
Shara*（沙腊神），131, 142
Shatt el-Gharraf（沙特-埃勒-加拉夫），6, 122
Shatt-el-'Arab（沙特-埃勒-阿拉伯），5, 95
Shattuara（沙图瓦腊），263
Shaushatar（舒沙塔尔），256
Shehrizor（舍瑞佐尔），156
Sherif Khan（谢瑞夫-汉），339
Shibanniba（西巴尼巴），419
Shibtu（西布图），198, 370

Shilak-in-shushinak（西拉克-因-舒西那克），277，278

Shimshara, Tell（莘沙腊丘），45，50，53，208

Shipak*（西帕克神），247

Shiraz（设拉子），383

Shitti-Marduk（西提-马尔杜克），277-278

Shu-ilishu（舒-伊里舒），182

Shu-Sin（舒辛），175，176，186

Shubat-Enlil（舒巴特-恩利勒），14，198，219

Shulgi（舒尔吉），162，168-70，174，176，182，383

Shumalia*（舒马里雅神），247

Shumuqan*（舒穆坎神），99

Shuqamuna*（舒喀穆那神），247

Shuriash*（Surya）（舒瑞雅什神，苏尔亚神），247

Shuruppak（舒如帕克），6，109，111，112，113，131，132-133，see also Fara, Tell（法腊丘）

Shush（苏西），15，see also Susa（苏萨）

Shushtar（舒什塔尔），141

Shutarna I（舒塔尔那一世），256，257

Shutarna II（舒塔尔那二世），259

Shutruk-nahhunte（舒特鲁克-那浑泰），264-265

Sialk, Tepe（西亚克丘），78

Sib'e（西贝），312

Sicily（西西里岛），271

Sidka（西德卡），320

Sidon（Sidunu）（西顿，西杜奴），269，270，279，298，309，320，326，379

Siduri（西杜瑞），120

Sil-bêl（西勒-贝勒），24

Silli-Adad（采里-阿达德），184

Simalites（西马里提斯人），188-189

Simanum（西马农），175

Simirria, Mt（西米瑞雅山），313

Simurrum（西穆如姆），169

Sin*（辛神），87，115，250，275，356，382，384，see also Nanna（南那）

Sin-muballit（辛-穆巴里特），24，194，197

Sin-shar-ishkun（辛-沙尔-伊什昆），373，374，375，376

Sin-shum-lishir（辛-舒姆-里西尔），373

Sinai（西奈），238，267，268，328

Sin-idinnam（辛-尼丁楠），183-184

Sinjar, Jabal（辛贾尔山），10，79，125，192，198，199

Sippar（西帕尔），6，14，94，109，131，182，209，281，322，333，387，400，416

Sivas（西瓦斯），232

Sogdia（索格迪亚），385

Solomon（所罗门），268，269，274-275，379-380

Sotto, Tell（索托丘），51

Spain（西班牙），13，226，227，271

Subarians（苏巴里人），see Assyria（亚述人）

Subartu（苏巴尔图），155，200

Subat-Enlil（苏巴特-恩利勒），190

Suhu（苏胡），279

Suleimaniyah（苏莱曼尼亚），33，37，38，289

Sulili（苏里里），187

Sultan Tepe（苏勒坦丘），356

Sumer-and-Akkad（苏美尔和阿卡德），see Babylonia（巴比伦尼亚）

Sumerians（苏美尔人）
agriculture and industry（农业和工业），9，83，168，172-175

culture（文化），29，75-82，*passim*，124-130，*passim*，142，151，158-159，162，164，169，182，196，251，271，276，355，358-359，417，420，426

History（历史），66，67，77-80，122-128，138-146，*passim*，152-153，155，159，161，169-170，176-178，179，241，244，248，298，334

origins（起源），9-12，61，80-84，104-105，165

religion（宗教），85-103，105，107，166，180，209，249，275，308，382

ruling system and King List（统治体系和王表），107-108，114，115，123-125，130-138，142，158，160，161，171，181，205

Sumu-Ebuh（苏穆-埃布），190

Sumu-El（苏穆-埃勒），183，184

Sumu-Iaman（苏穆-雅曼），190

Sumuabi（苏穆阿比），24

Sumuabum（苏穆阿布姆），184

Sumulail（苏穆莱勒），24

Suppiluliumas（苏皮鲁流马），257，260-261，272

Sûri（Sûr）（苏瑞，苏尔），269，*see also* Tyre（推罗）

Sûru（苏如），289

Susa（苏萨）

culture（文化），78，157，167，249，265

history（历史），15，153，169，170，176-177，183，185，263，334-335

Sutaeans（苏图人），243

Sutû（苏图人），193，267，278，280，281

Syria（叙利亚）

archaeology（考古），31，41，46，48，50，124-125，271

culture（文化），9，53，65，78，218，233，235，236-237，322，353-354

geography（地理），2，10，34，148，175，191，234，237，261，270，273

history（to 12th C. B. C.）（历史），144，150，156，158，180，190，200-201，238-239，241，253，255，258，260-261

（from 12th C. B. C.），267，269，279，289-290，296-299，302，304，312，378-380，403，410，413

Tabal（塔巴勒），272，304，314，320，326，332

Tadmar（塔德马尔），*see* Tidmur（提德穆尔）

Tadu-Hepa（塔杜-赫帕），257，258

Taha Baqir, Tell（塔哈-巴吉尔丘），30

Taharqa（塔哈尔卡），328-329，330，331

Taliya（塔里亚），340

Tammaritu（塔马瑞图），333

Tammuz*（塔穆兹神），92-93，119，*see also* Dumuzi（杜穆兹神）

Tanuatamûn（塔奴塔蒙），331，332

Tarbisu（塔比苏），339

Tarsus（塔尔苏斯），230

Taurus mountains（托罗斯山脉）

geography（地理），5，10，13，14，34，36，64，153-154

history（历史），156，267，272，285-286，304

Taya，Tell（塔亚丘），125，126

Tayanat，Tell（塔亚那特丘），272

Tebiltu river（特比图河），323-324

Teisbaini（泰斯巴尼），304

Teispes（泰斯佩斯），383

Telloh（泰罗），*see* Lagash（拉伽什）

Telul ath-Thalathat（泰鲁勒-阿什-萨拉萨特），31，51

索 引   671

Temâ (Teima)（台马）, 386
Tept-Humban (Teumman)（泰普特-胡姆班，泰姆曼）, 332-333
Terqa（泰尔喀）, 189, 219
Teshup *（泰舒坡神）, 185, 234, 235
Teushpa（图什帕）, 326
Teye（泰伊）, 258
Thebes (Egypt)（底比斯，埃及）, 256, 257, 282, 331
Thebes (Greece)（底比斯，希腊）, 427
Thrace（色雷斯）, 266, 413
Tiamat *（提阿马特）, 95-96, 97, 108, 397
Tidmur (Tadmar)（提德穆尔，塔德马尔）, 14, 279, see also Palmyra（帕尔米拉）
Tidnum (Amurru)（提德农，阿穆如）, 175
Tiglathpileser I（提格拉特帕拉沙尔一世）, 274, 278-280, 285
Tiglathpileser II（提格拉特帕拉沙尔二世）, 280
Tiglathpileser III（提格拉特帕拉沙尔三世）, 303, 305-311, 314
Tigris river（底格里斯河）
  geography（地理）, 2, 4-8, 10, 11-12, 16, 31, 36, 187, 244, 322, 423
  trade and settlement（贸易和驿站）, 13, 14, 53, 61, 64, 129, 169, 187, 318, 415, 416, 425-426
Til-Barsip（提勒-巴尔西帕）, 272, 275, 297, 302, see also Ahmar, Tell（阿赫马尔丘）
Tiriqan（提瑞坎）, 161
Tishpak *（提什帕克神）, 185
Toprak Kale（托普腊克-卡雷）, 304, 353
Trajan（图拉真）, 418, 421
Troy, Trojan War（特洛伊, 特洛伊战争）, 78, 230, 231, 266

Tudia（图迪雅）, 187
Tudkhaliyas II（图卡里亚斯二世）, 256
Tukulti-Ninurta I（图库尔提-宁奴尔塔一世）, 263-264, 274, 285
Tukulti-Ninurta II（图库尔提-宁奴尔塔二世）, 283
Tulliz（图里兹）, 333
Tummal（图马勒）, 140
Tûr-'Abdin mountain（图尔-阿波丁山）, 280, 283, see also Kashiari mountains（卡什阿瑞山）
Turkestan（土耳其斯坦）, 266, 385, 418
Turkey（土耳其）, 2, 34, 39, 48, 50, 78, 84, 175, 230-232, 304, see also Anatolia（安纳托利亚）
Turukkû（图如库）, 193
Tushamilki（图沙米尔基）, 332
Tushhan（图什汉）, 290
Tushpa（图什帕）, 309
Tushratta（图什腊塔）, 235, 257, 259-260, 368
Tut-ankh-Amôn（图坦卡蒙）, 260
Tuthmosis I（图特摩斯一世）, 254
Tuthmosis III（图特摩斯三世）, 255, 256
Tuthmosis IV（图特摩斯四世）, 256
Tutub（图图人）, 126, 186, see also Khafaje（卡法贾）
Tutul（图图勒）, 153, see also Hît（希特）
Tyre（推罗）, 269, 270, 298, 309, 326, 328, 331, 335, 379, 380
Uabu (Wahab)（瓦布，瓦哈布）, 328
Uate'（瓦特）, 334
Ubaid, al-（欧贝德）, 30, 48, 54-55, 57, 59-65, 67-68, 70, 82-83, 123, 131, 230
Ubar-Tutu（乌巴尔-图图）, 109

Ugarit（乌伽里特），50，215，239，256，258，261，269，353，427，see also Ras-Shamra（腊斯-沙姆腊）
Ukîn-zêr（乌金-泽尔），310
Ulaia river（乌拉雅河），278
Ulamburiash（乌兰布瑞雅什），248
Ulysses（乌里西斯），427
'Umar, Tell（乌马尔丘），see Seleucia（塞琉西亚）
Umm Dabaghiya（乌姆-达巴吉亚），31，51，53，83
Umma（温马），131，140，141-142，143，152
Umman-menanu（Humban-nimena），（乌曼-美那奴，胡姆班-尼美那）322
United Arab Emirates（阿拉伯联合酋长国），15
Untash-napirisha（温塔什-那皮瑞沙），263
Unzi（温兹），see Zuzu（祖祖）
Upâ（Opis）（乌帕，欧比斯），322，387，415
Upêri（乌佩瑞），314
'Uqair, Tell（乌凯尔丘），30，69-70，77，127
Ur（乌尔）
 archaeology（考古），18，21，27，30，31，68，71，163，208-209，220-221
 culture（文化），65，77，129，131，136-138，140，153，163-165，169，171-172，195，220-224，248，369-370，382
 dynasties（王朝），13，60，79，123，140，162，172，180-181，204，235，249
 geography（地理），45，6，15，64，111-112，131，140

 history（历史），3，141，143-144，152，161-178，179，182，183，243，410，416
Ur-Nammu（乌尔-那穆），68，71，161-163，165，168，170，177，185，202
Ur-Nanshe（乌尔-南舍），135，140，141
Ur-Ninurta（乌尔-宁奴尔塔），183
Ur-Zababa（乌尔-扎巴巴），152
Urartu（乌拉尔图），234，263，282，287，296，300-305，passim，308，309，311，313-314，319，374，411，see also Armenia（亚美尼亚）
Urbêl（乌尔贝勒），194，see also Arba'il（阿尔巴伊勒）；Erbil（埃尔比勒）
Urfa（乌尔法），289，419
Urmiah, lake（乌尔米耶湖），14，266，296，303，313
Urshanabi（乌尔沙那比），120
Urshu（乌尔舒），245
Urtaki（乌尔塔基），327，332
Uruadri（乌腊德瑞），263，see also Urartu（乌拉尔图）
Uruinimgina（Urukagina）（乌如宁吉那，乌如卡吉那），138，143，202
Uruk（乌鲁克），see also Gilgamesh（吉尔伽美什）
 archaeology（考古），21，22，30，31，61，68-69，163，416，419，421
 culture（文化），68-76，77，78，82-83，86，88，92，126，127，129，131，248，358，401，402，409，416-417，420
 geography（地理），6，125，131
 history（历史），3，48，68，82，115-116，117-120，123，140，141，144，152，158，161，183，243，410
 ruling system（管理体系），134，135，140，

索 引

143
Ushanaharu（乌沙那哈如），328
Ushpia（乌什皮雅），187
Ut-napishtim（乌特-那皮什提），109-111，119-120
Utu *（乌图神），88，89，101，116，
  see also Shamash（沙马什神）
Utuhegal（乌图赫伽尔），161，162
Van, Lake（凡湖），5，279，296，303，313
Varuna *（Arunasil）（瓦如那神，阿如那西勒神），235
Vindafârna（温达法那），407-408
Wadi al' Arish（瓦迪-阿瑞什），327
Warad-Sin（瓦腊德-辛），184-185
Warahshe（瓦腊舍），153，169
Warka（瓦尔卡），68，69，117，350，
  see also Uruk（乌鲁克）
Wash ukkanni（瓦什-乌坎尼），255，256，258，259
Xenophon（色诺芬），27，410
Xerxes（薛西斯），408-410，411，412，421
Yaba（亚巴），340
Ya' diya（亚迪亚），272，308
Yarim Tepe（耶里姆丘），31，50-51，53，55，56
Yemen（也门），148
Zab rivers（扎布河），11，33，36，37，45，141，156，194，291
Zababa *（扎巴巴神），152
Zabalam（扎巴兰），131
Zabibê（扎比贝），308
Zagros mountains（扎格罗斯山）
  geography（地理），11，13，14，15，34，36，64
  history（历史），146，158，175，229，279，282，285-286，309，314
Zakir（扎基尔），343-344
Zakkalas（扎卡拉斯），267
Zamua（扎穆阿），289
Zanqu（赞库），283
Zarzi（扎尔兹），38
Zawi Chemi Skanidar（扎维-科米-沙尼达尔），40-41
Zedekiah（Mattaniah）（西底家，马塔尼亚），379
Zencirli（泽克里），272，see also Sam' al（萨马勒）
Zikirtu（兹基尔图），266，312
Zimri-Lim（金瑞-林），90，198，199，200，217，218，219-220，238，370
Ziusudra（兹乌苏德腊），111
Ziwiyeh（兹维耶），353
Zophyrus（佐菲鲁斯），408
Zuzu（Unzi）（祖祖，温兹），142